U0816805

# 广州统计年鉴

# GUANGZHOU STATISTICAL YEARBOOK

## 2014

（总第26期 NO. 26）

广 州 市 统 计 局
国家统计局广州调查队 编
Guangzhou Municipal Statistics Bureau
Guangzhou Survey Office of National Bureau of Statistics

中国统计出版社
China Statistics Press

©中国统计出版社 2014
版权所有。未经许可，本书的任何部分不得以任何方式在世界任何地区以任何文字翻印、拷贝、仿制或转载。

©2014 China Statistics Press
All rights reserved. No part of the publication may be reproduced or transmitted in any form or by any means, electronic or mechanical, including photocopying, recording, or any information storage and retrieval system, without written permission from the publisher.

**图书在版编目（CIP）数据**

广州统计年鉴. 2014 / 广州市统计局, 国家统计局广州调查队 编.
-- 北京 : 中国统计出版社, 2014.11
ISBN 978-7-5037-7188-0

Ⅰ. ①广…
Ⅱ. ①广… ②国…
Ⅲ. ①统计资料—广州市—2014—年鉴
Ⅳ. ①C832.651-54

中国版本图书馆 CIP 数据核字(2014)第 182606 号

## 广州统计年鉴-2014

作　　者/ 广州市统计局　国家统计局广州调查队
责任编辑/ 陈越月
出版发行/ 中国统计出版社
地　　址/ 北京市丰台区西三环南路甲 6 号　邮政编码/100073
电　　话/ 邮购（010）63376909　书店（010）68783171
网　　址/ http://csp.stats.gov.cn
印　　刷/ 广州市迪桦彩印有限公司
经　　销/ 新华书店
开　　本/ 890mm×1240mm　1/16
字　　数/ 1480 千字
印　　张/ 39.5
版　　别/ 2014 年 11 月第 1 版
版　　次/ 2014 年 11 月第 1 次印刷
定　　价/ 360.00 元

**如有印装差错，由本社发行部调换。**

## 《广州统计年鉴—2014》编辑委员会

**主　编**　郭志勇　贾景智

**副主编**　吴永红　李　华　梁文政　黄平湘
沈妙芬　吕耀雄
余家荣　吴永佳　薛海林　谢建能

**编　委**　（按姓氏笔画）
邓超蓝　孙晓茵　冯　俊　叶思海
刘树权　杨红慧　陈幸华　陈电雄
肖穗华　肖兴文　郑振威　欧小平
林红阳　罗志雄　栾　健　温欣明

## EDITORIAL BOARD

**Chairmen** Guo Zhiyong Jia Jingzhi

**Vice- chairmen**
Wu Yonghong Li Hua Liang Wenzheng Huang Pingxiang
Shen Miaofen Lv Yaoxiong
Yu Jiarong Wu Yongjia Xue Hailin Xie Jianneng

**Editorial Board** (in order of strokes of Chinese surname)
Deng Chaolan Sun Xiaoyin Feng Jun Ye Sihai
Liu Shuquan Yang Honghui Chen Xinghua Chen Dianxiong
Xiao Suihua Xiao Xingwen Zheng Zhenwei Ou Xiaoping
Lin Hongyang Luo Zhixiong Luan Jian Wen Xinming

## 《广州统计年鉴—2014》编辑部

**总编辑**　冯　俊

**副总编辑**　陈小璋　魏绍琼　区海鹏

**执行编辑**　区海鹏　喻松涛

**编辑人员**　（按姓氏笔画）
孔伟雄　邓　谦　方越峦　文苑棠
叶　峰　卢志霞　冯一雄　刘维敏
刘　钰　朱莹珺　汤晓迁　闫瑞娜
陈朝阳　陈　平　陈璐蕴　陈月婵
陈　贝　肖坤强　肖　鹏　李　俊
杨秀仪　杨　美　杨智勇　杨晓峰
杨俊辉　吴益峰　林　红　林伟红
林碧云　林　涓　周　虹　周庆林
周晓雯　罗奕洋　罗晓红　胡文洁
郑　彦　郑学仁　钟炳基　郭伟煌
袁汉波　莫广礼　黄健芳　黄燕玲
黄子晏　黄静文　梁汉学　梁炽高
梁树佳　曾　琼　曾　莉　董　丽
谢卫明　谢德文　谢　璇　熊慧清
蒲火元　魏承文

**英文翻译**　魏绍琼　周清华　陈婉清　李　俊

## EDITORIAL DEPARTMENT

**Editor-in-Chief** Feng Jun

**Deputy Editors-in-Chief** Chen Xiaozhang Wei Shaoqiong
Ou Haipeng

**Executive Copy-Editors** Ou Haipeng Yu Songtao

**Editorial Staff** (in order of strokes of Chinese surname)
Kong Weixiong Deng Qian Fang Yueluan Wen Yuantang
Ye Feng Lu Zhixia Feng Yixiong Liu Weimin
Liu Yu Zhu Yingjun Tang Xiaoqian Yan Ruina
Chen Chaoyang Chen Ping Chen Luyun Chen Yuechan
Chen Bei Xiao Kunqiang Xiao Peng Li Jun
Yang Xiuyi Yang Mei Yang Zhiyong Yang Xiaofeng
Yang Junhui Wu Yifeng Lin Hong Lin Weihong
Lin Biyun Lin Yu Zhou Hong Zhou Qinglin
Zhou Xiaowen Luo Yiyang Luo Xiaohong Hu Wenjie
Zheng Yan Zheng Xueren Zhong Bingji Guo Weihuang
Yuan Hanbo Mo Guangli Huang Jianfang Huang Yanling
Huang Ziyan Huang Jingwen Liang Hanxue Liang Chigao
Liang Shujia Zeng Qiong Zeng Li Dong Li
Xie Weiming Xie Dewen Xie Xuan Xiong Huiqing
Pu Huoyuan Wei Chengwen

**English Translators** Wei Shaoqiong Zhou Qinghua Chen Wanqing
Li Jun

综 合

GENERAL SURVEY

**地区生产总值（亿元）**
**[Gross Domestic Product (100 million yuan)]**

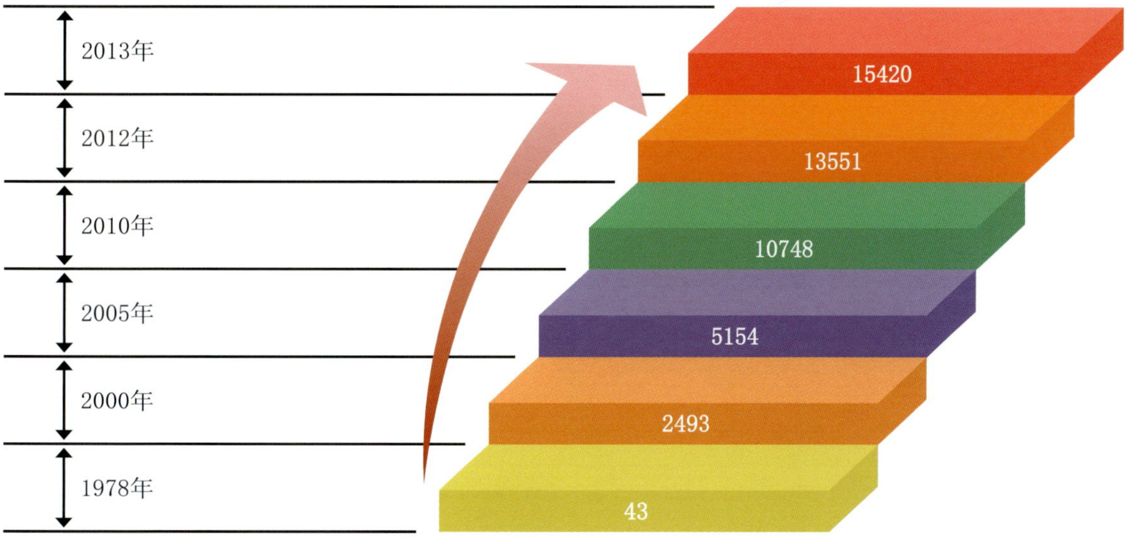


**地区生产总值构成（%）**
**[Proportions in GDP (%)]**

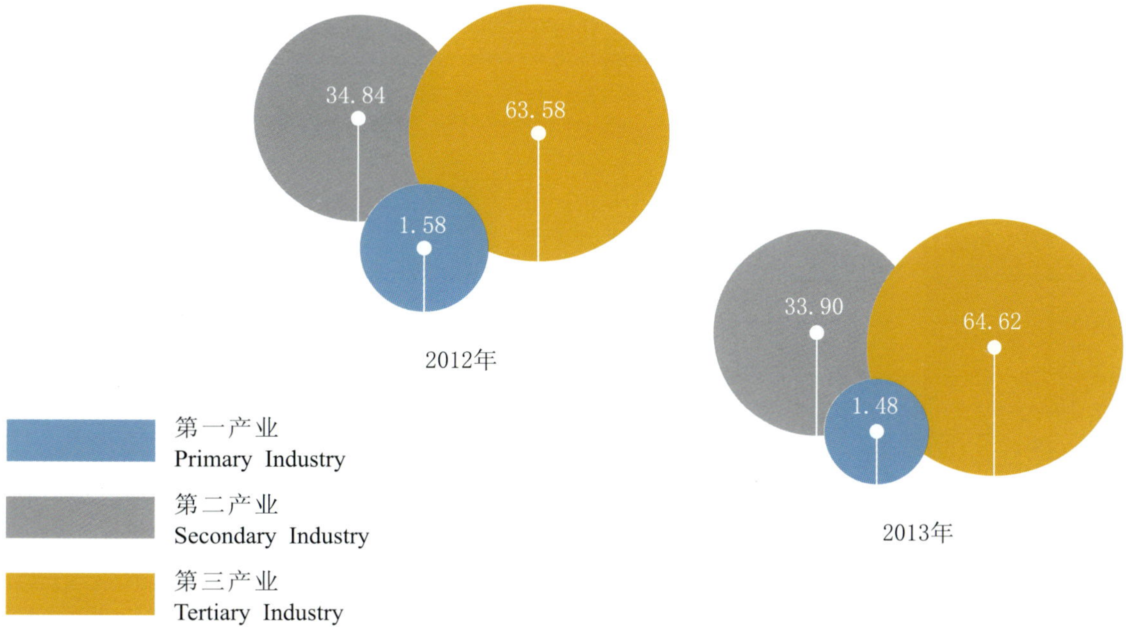

# 人口
# POPULATION

## 年末户籍总人口（万人）
[Total Registered Permanent Residents at Year-end (10000 persons)]

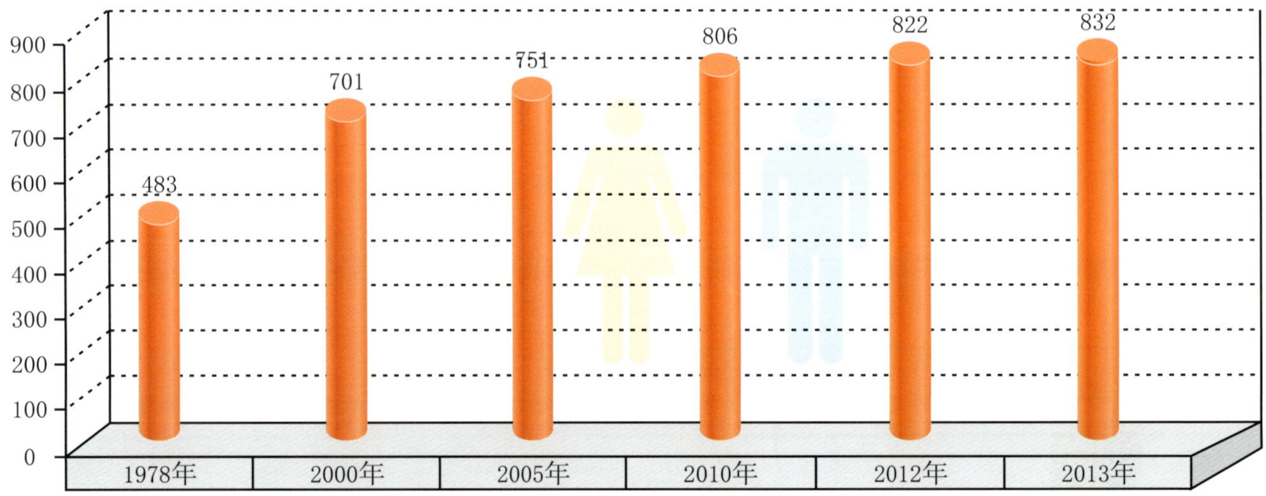


## 户籍人口自然增长率（‰）
[Natural Growth Rate of Registered Population (‰)]

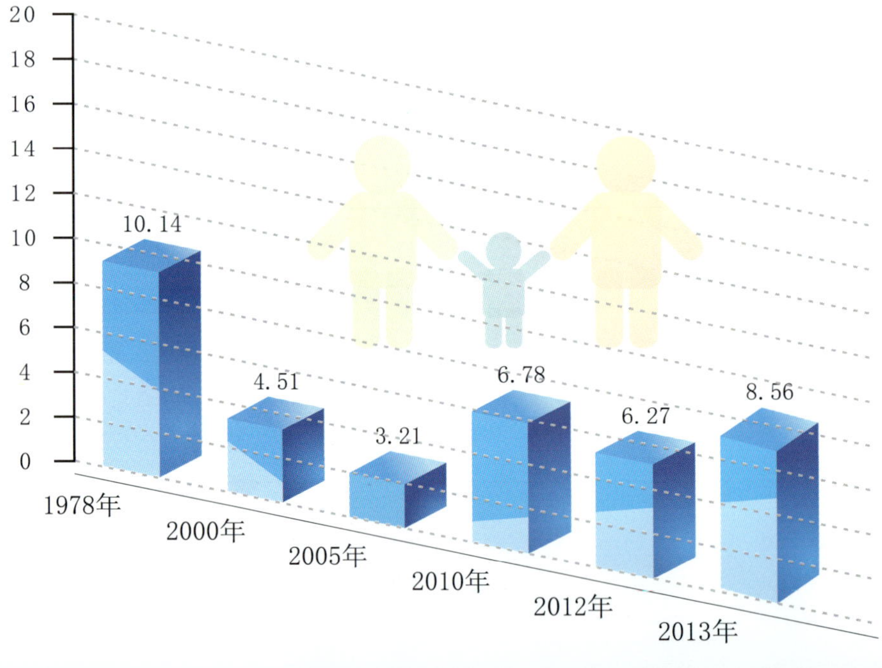

# 从业人员和工资
# EMPLOYMENT AND WAGES

社会从业人员（万人）
[Number of Employed Persons (10000 persons)]

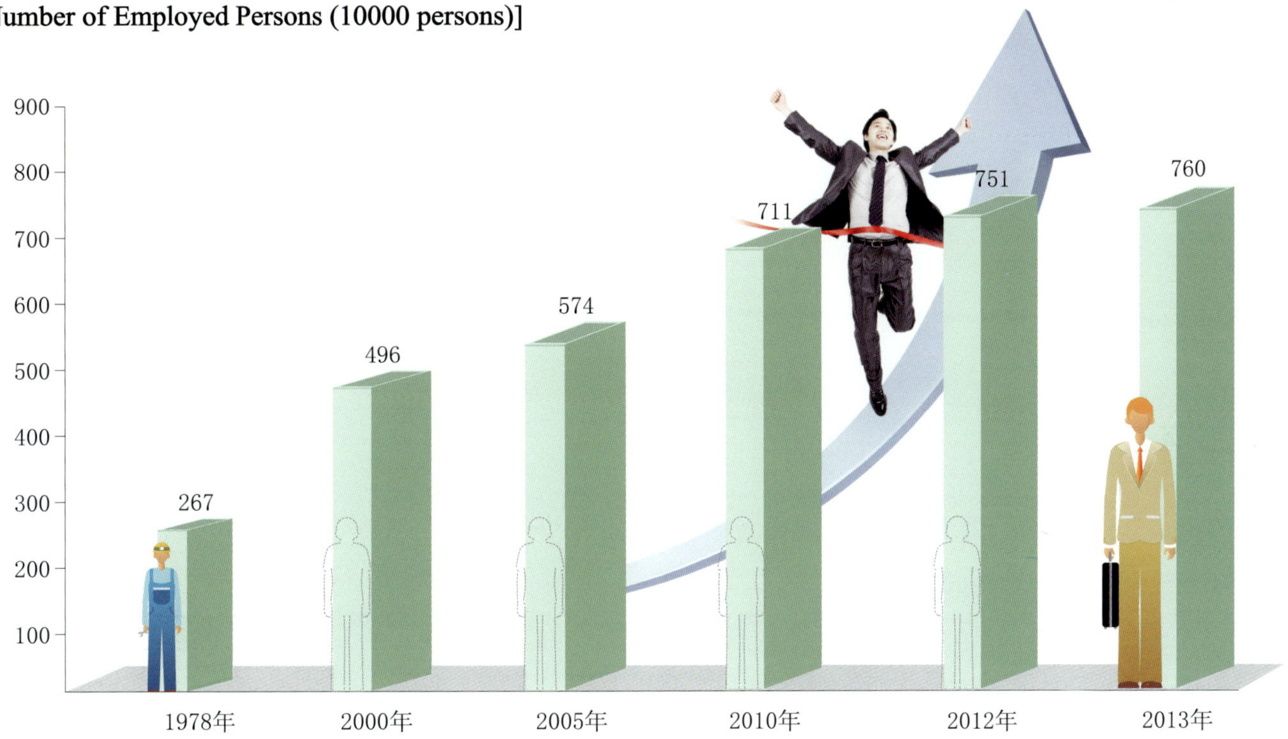


城镇非私营单位在岗职工年平均工资（元）
[Average Wage of Fully Employed Staff and Workers in Urban Units (yuan)]

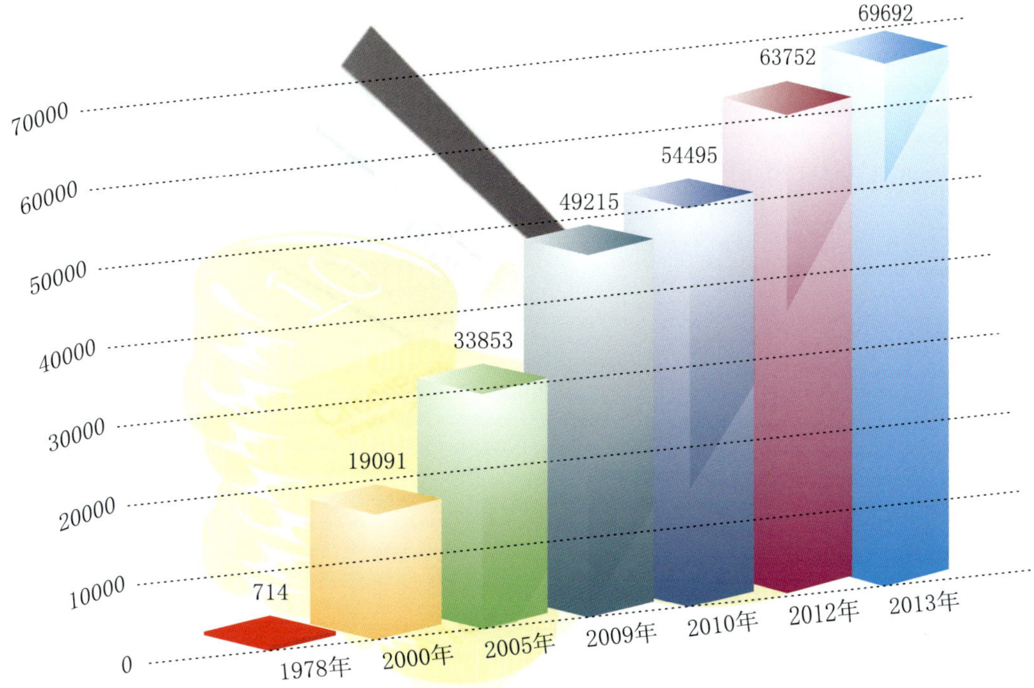

# 固定资产投资
INVESTMENT IN FIXED ASSETS

## 固定资产投资额（亿元）
[Total Investment in Fixed Assets (100 million yuan)]

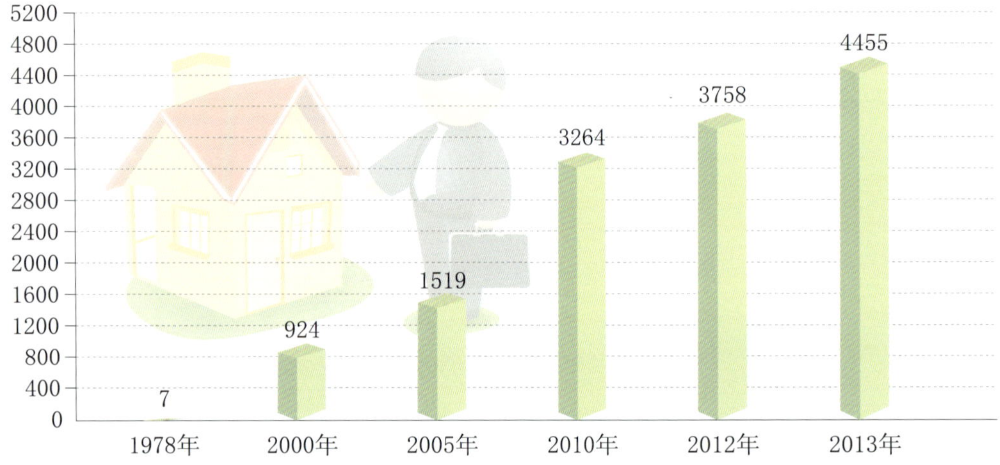


## 固定资产投资额三次产业构成（%）
[Compositions of Investment in Fixed Assets Classified by Three Strata of Industries (%)]

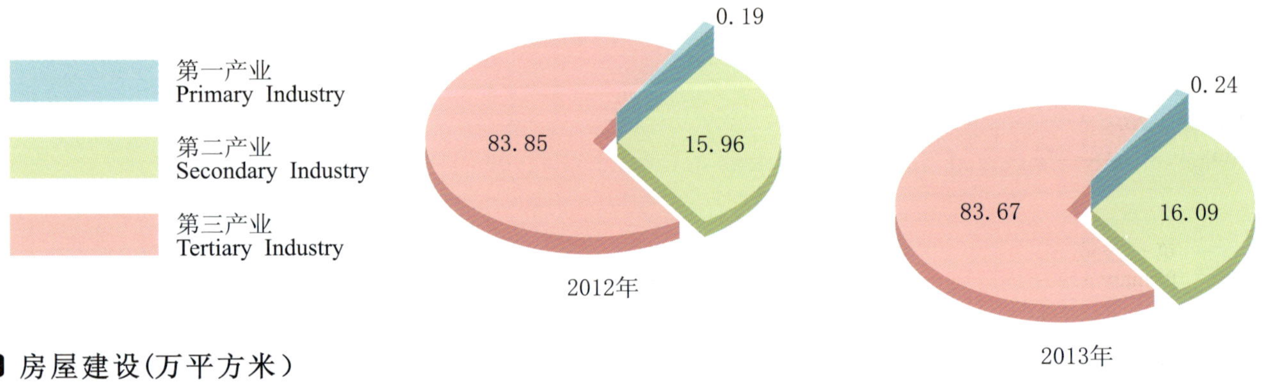


## 房屋建设(万平方米)
[Real Estate Development (10000 sq.m)]

房屋施工面积
Floor Space under Construction

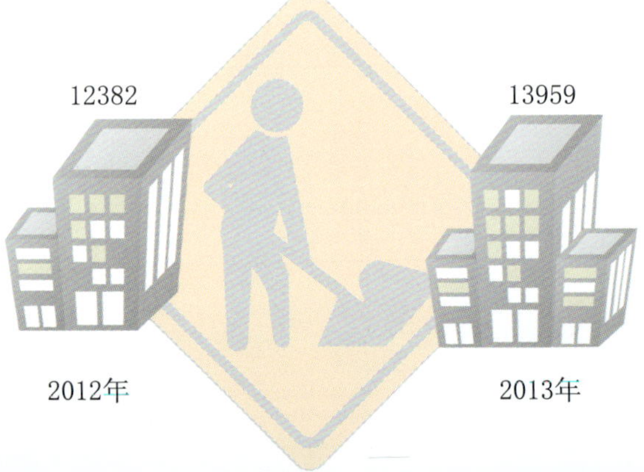


房屋竣工面积
Floor Space Completed

# 能源
ENERGY

## 能源消费总量（万吨标准煤）
[Total Energy Consumption (10000 tons of SCE)]

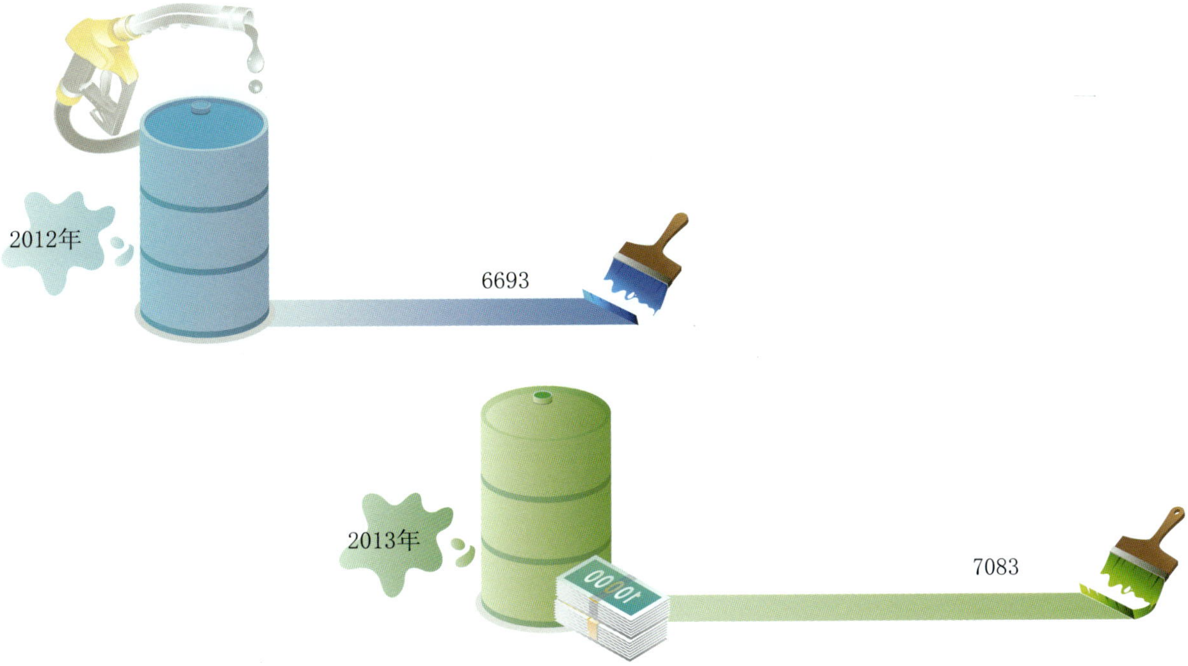


## 能源消费总量构成（%）( 2013 年）
[Proportions of Total Energy Consumption (%) (2013)]

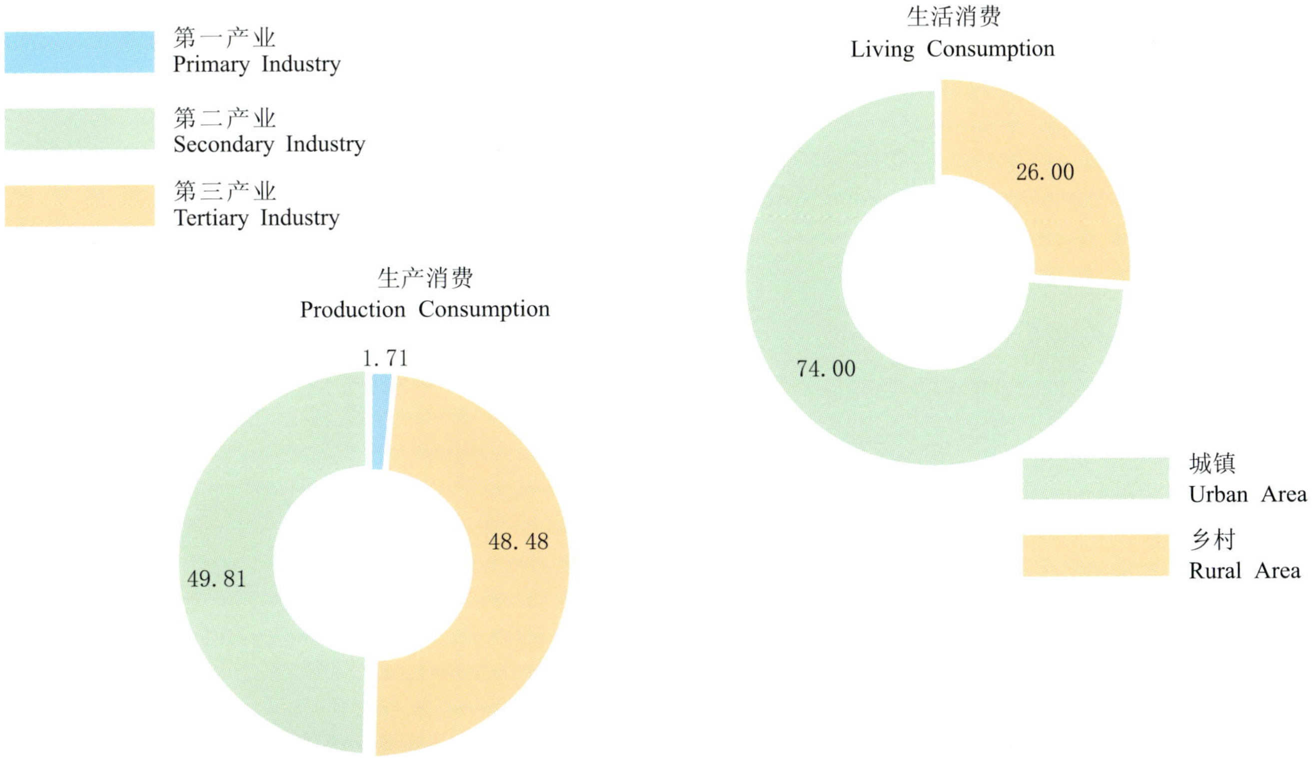

# 财政、金融

GOVERNMENT FINANCE,BANKING

**财政收支（按当年口径、亿元）**

[Revenue and Expenditure of Local Government (at the Coverage of Current Year,100 million yuan)]

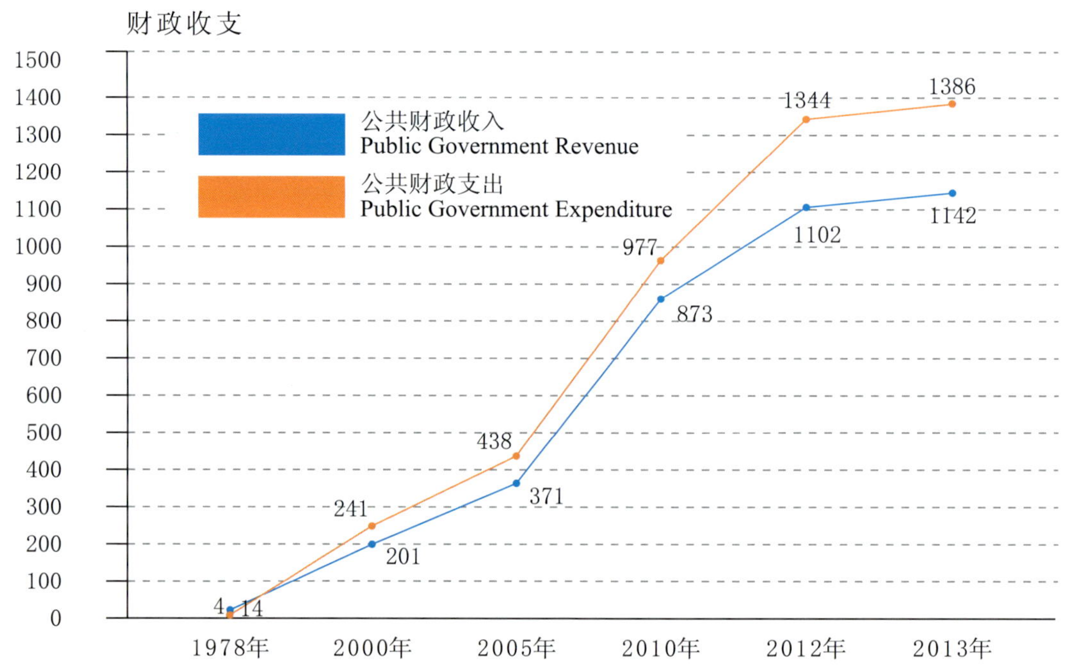


**金融机构人民币存、贷款余额（亿元）**

[RMB Saving Deposit and Loan of Financial Institutions (100 million yuan)]

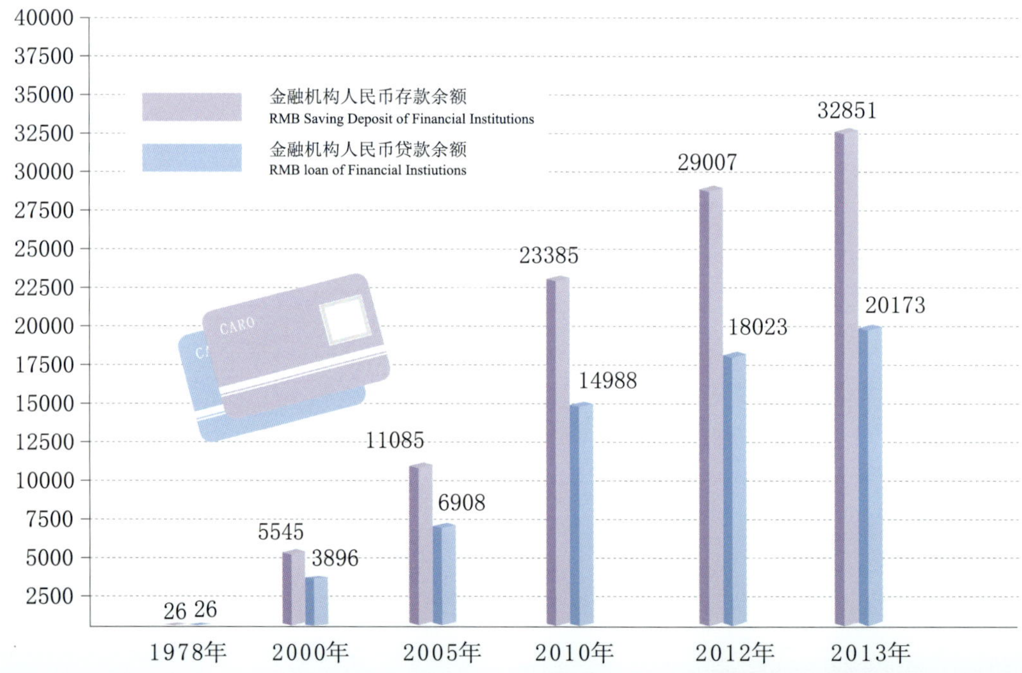

# 价格指数
PRICE INDICES

## 城市居民消费价格指数（以1978年价格为100）
[Urban Residents Consumer Price Indices (the price of 1978=100)]

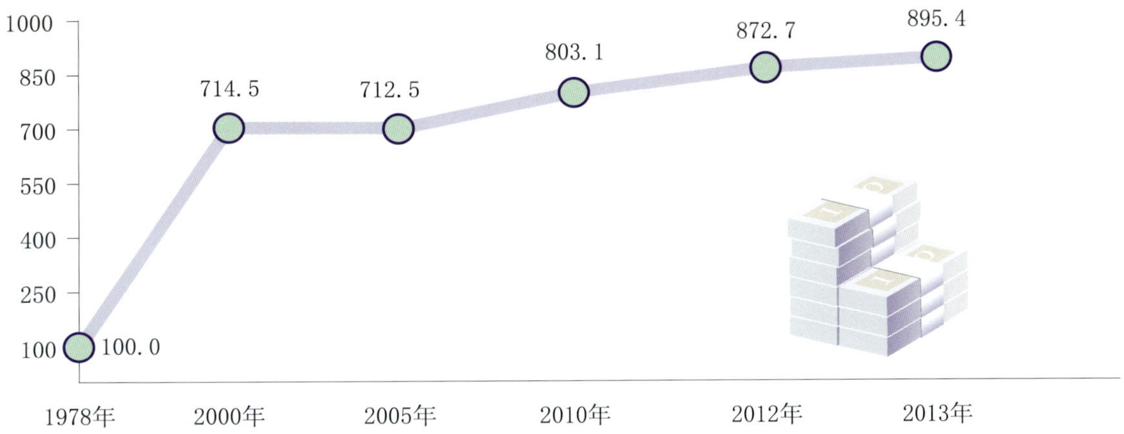


## 城市商品零售价格指数（以1978年价格为100）
[Urban Retail Price Indices in Main Years (the price of 1978=100)]

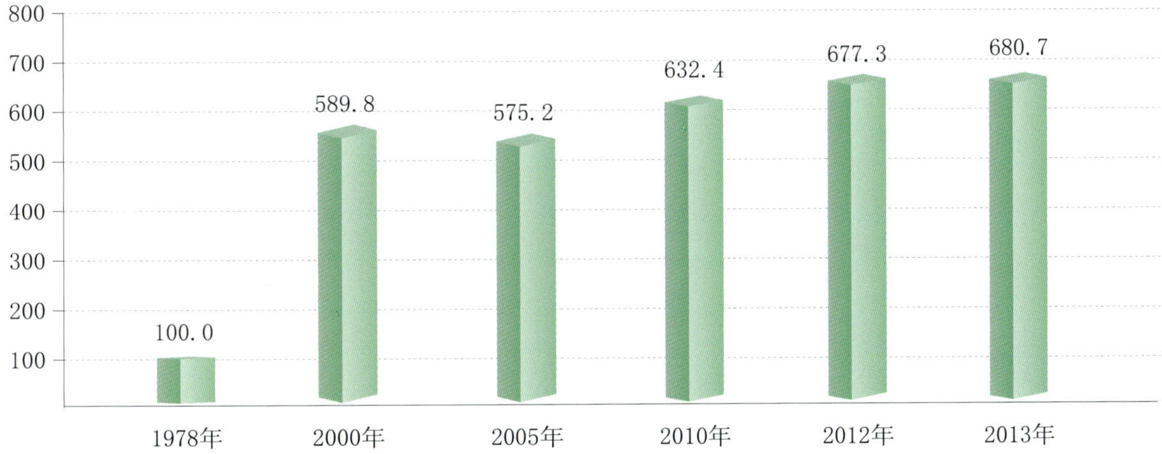

城市居民年人均可支配收入（元）
[Per Capita Annual Disposable Income of Urban Residents (yuan)]

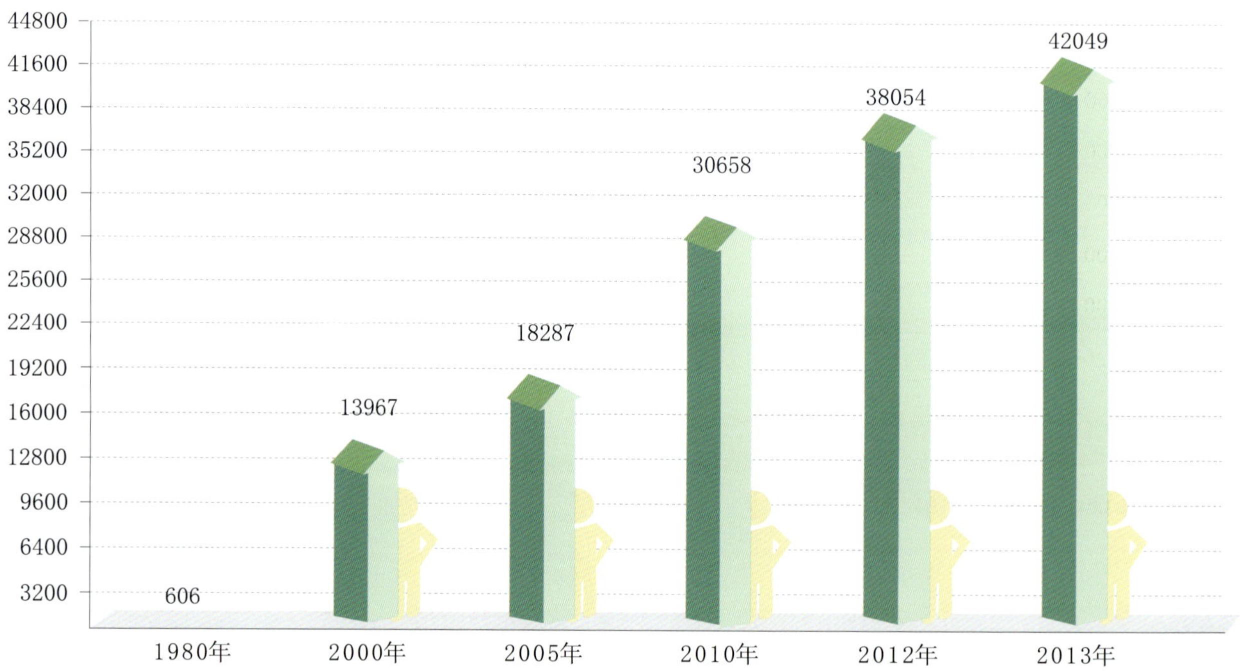


农村居民年人均纯收入（元）
[Per Capita Annual Net Income of Rural Residents (yuan)]

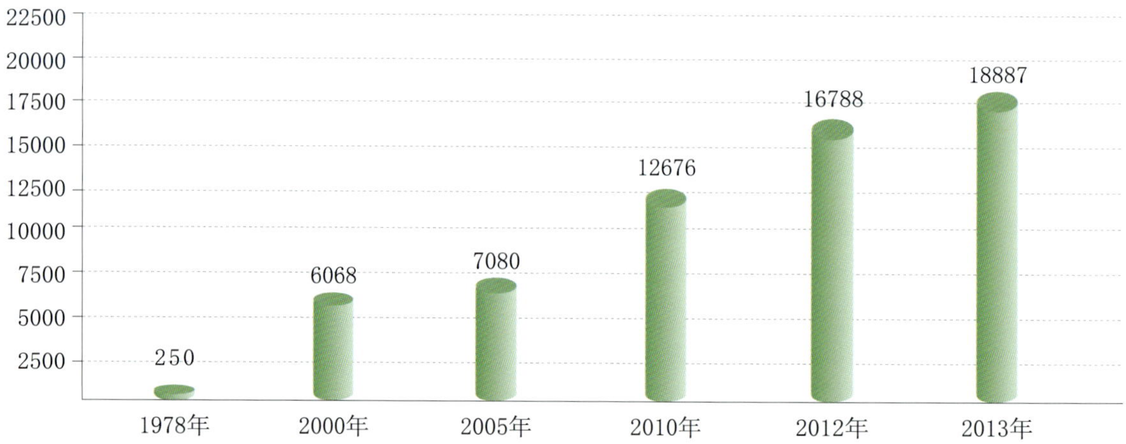

# 城市建设
## CITY CONSTRUCTION

**城市市政公用设施建设固定资产投资（亿元）**
[Investment in Fixed Assets in Public Facilities in Urban Districts (100 million yuan)]

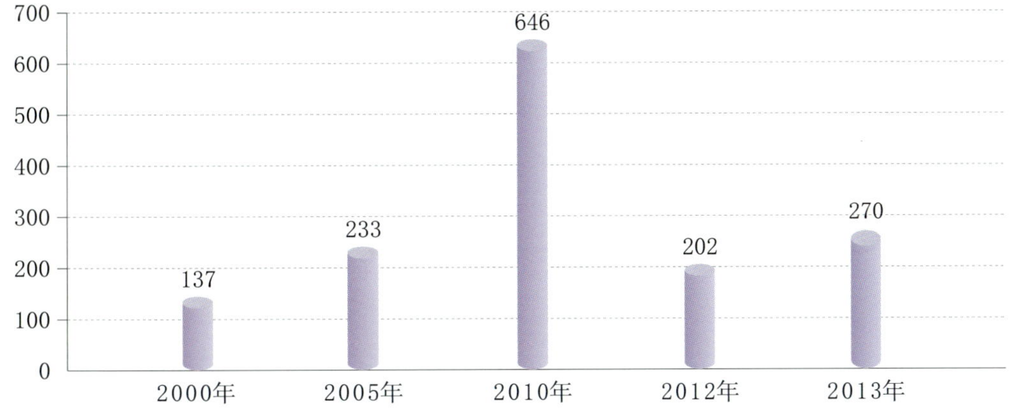


**城市道路面积（万平方米）**
[Roads Area in Urban Districts (10000 sq.m)]

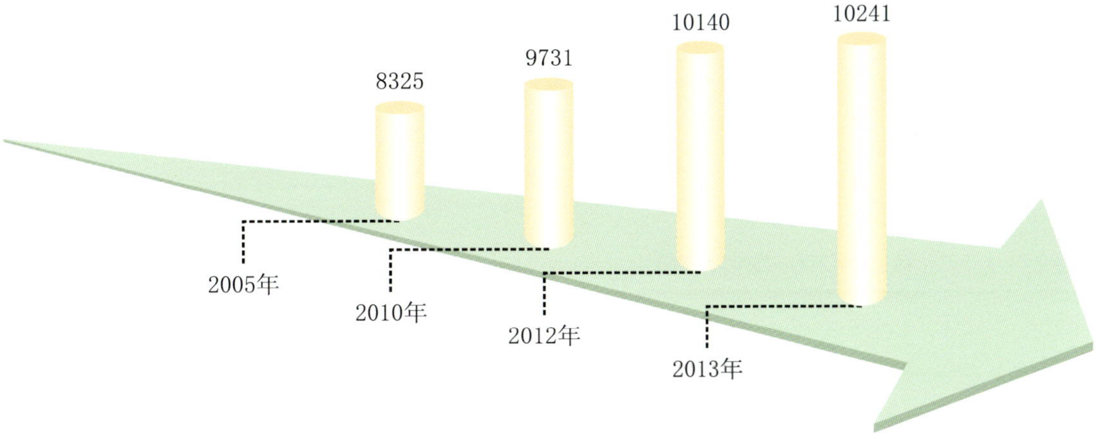


**绿地面积（公顷）**
[Area of Green Areas (hectare)]

## 农、林、牧、渔业总产值及增加值（亿元）
## [Gross Output Value and Added Value of Agriculture (100 million yuan)]

农、林、牧、渔业总产值
Gross Output Value of Agriculture

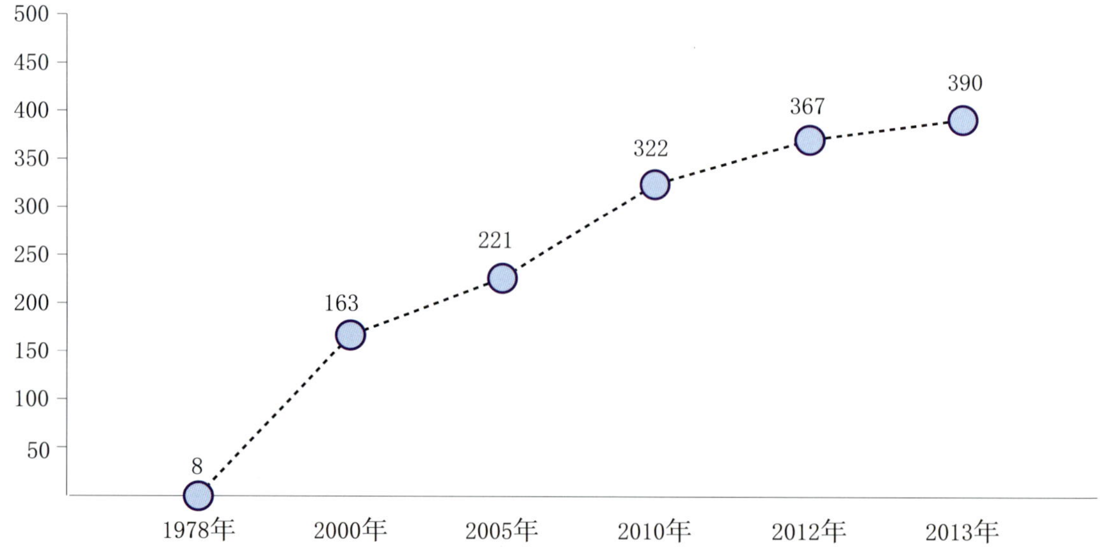


农、林、牧、渔业增加值
Added Value of Agriculture

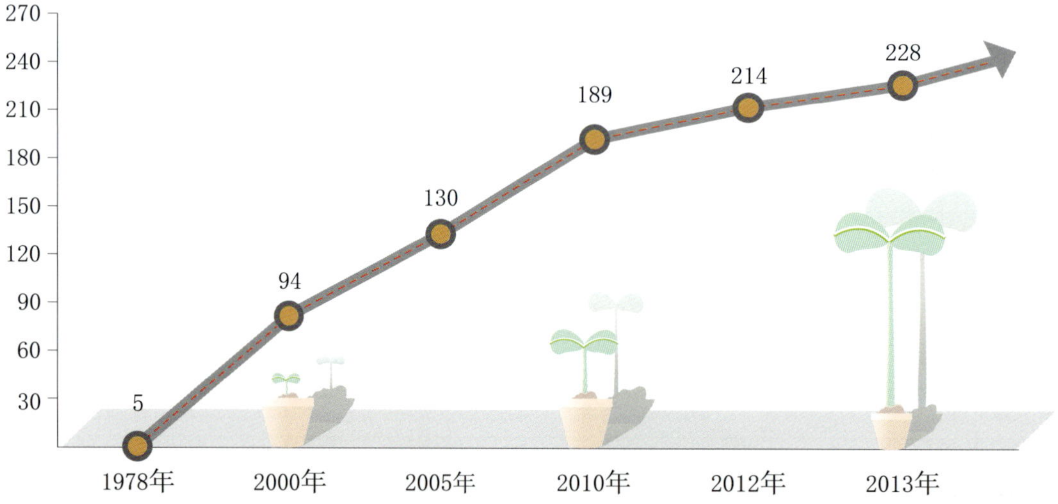

## 工业总产值（亿元）
[Gross Output Value of Industry (100 million yuan)]

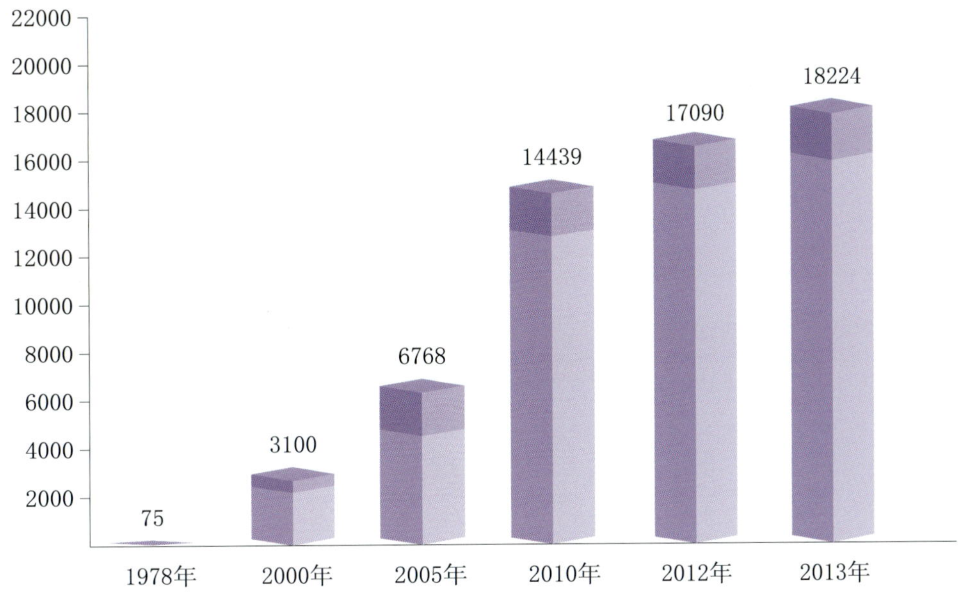


## 规模以上工业总产值构成（%）(2013)
[Proportions in Gross Output Value of Industry Enterprises above Designated Size(%) (2013)]

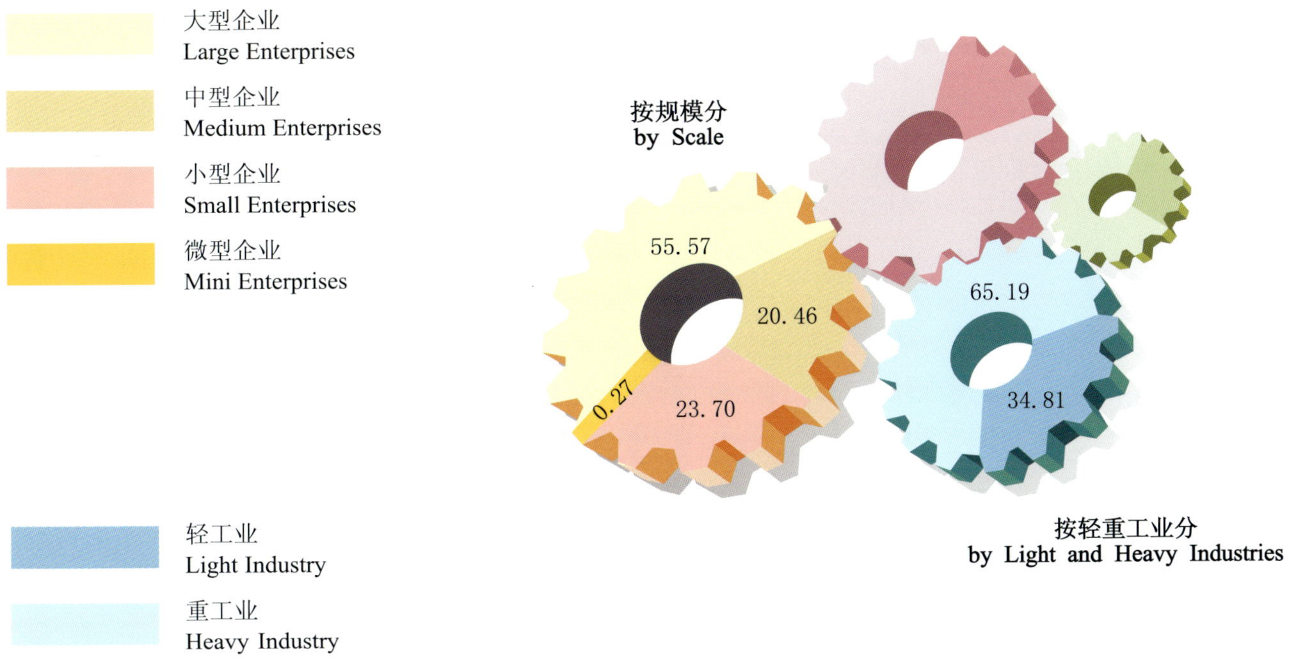

## 建筑业总产值（亿元）
[Gross Output Value (100 million yuan)]

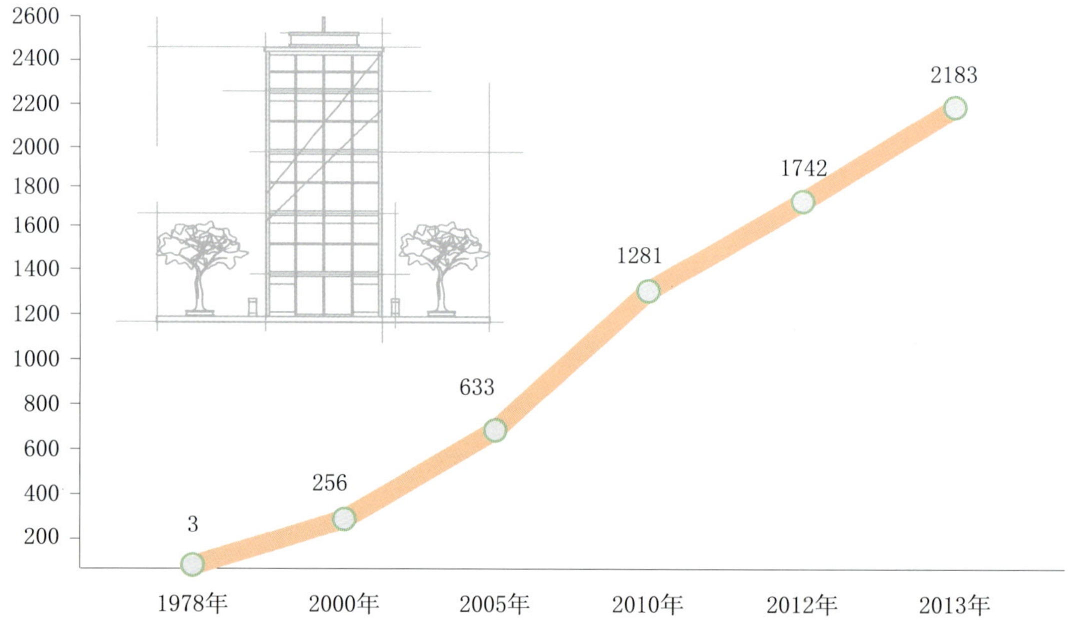

# 运输和邮电
## TRANSPORT，POSTAL AND TELECOMMUNICATION SERVICES

**□ 货物、旅客运输量**
[Freight and Passenger Traffic]

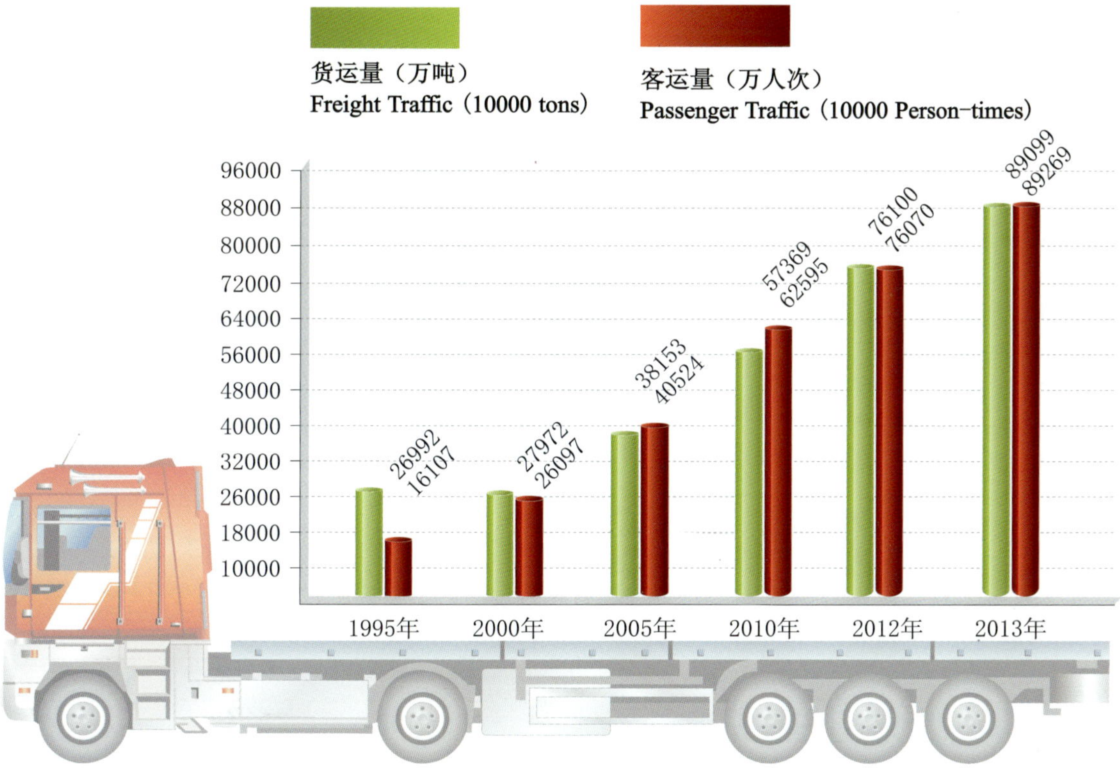


**□ 邮电业务收入（亿元）**
[Revenue of Postal and Telecommunication Services (100 million yuan)]

# 国内贸易
# DOMESTIC TRADE

## 社会消费品零售总额（亿元）
[Retail Sale of Consumer Goods (100 million yuan)]

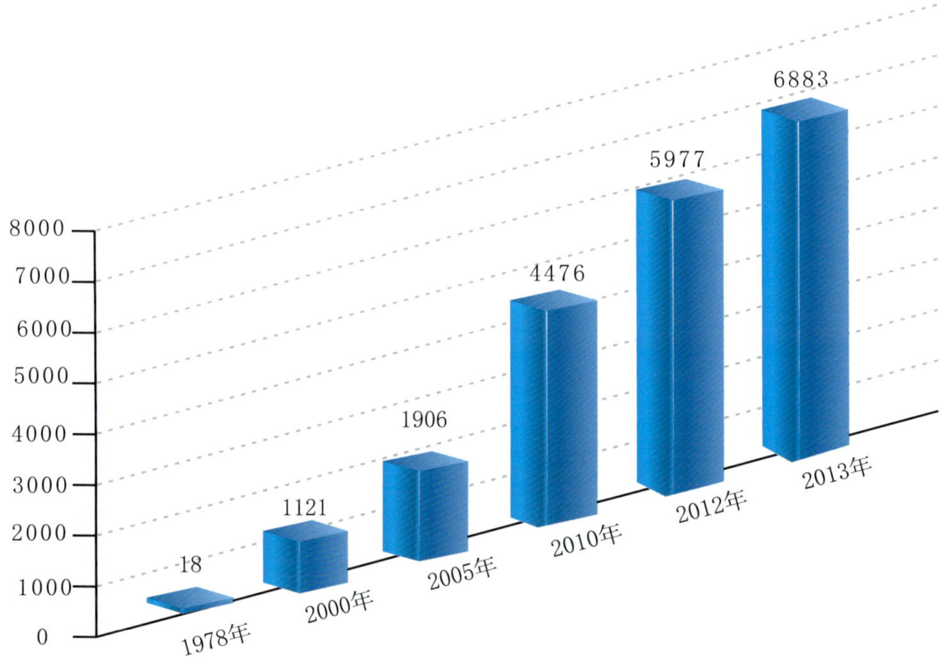


## 社会消费品零售总额构成（%）
[Proportions in Retail Sale of Consumer Goods (%)]

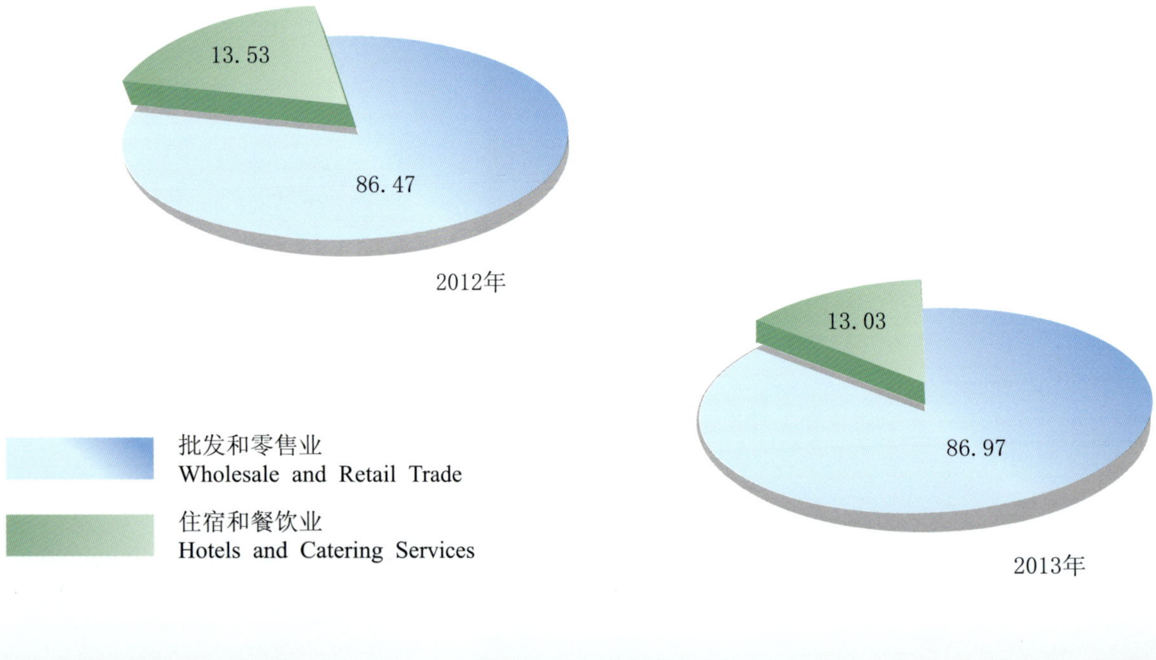

# 对外经济贸易和旅游

# FOREIGN ECONOMY AND TOURISM

## 海外旅游者（万人次）
[International Tourists (10000 person-times)]

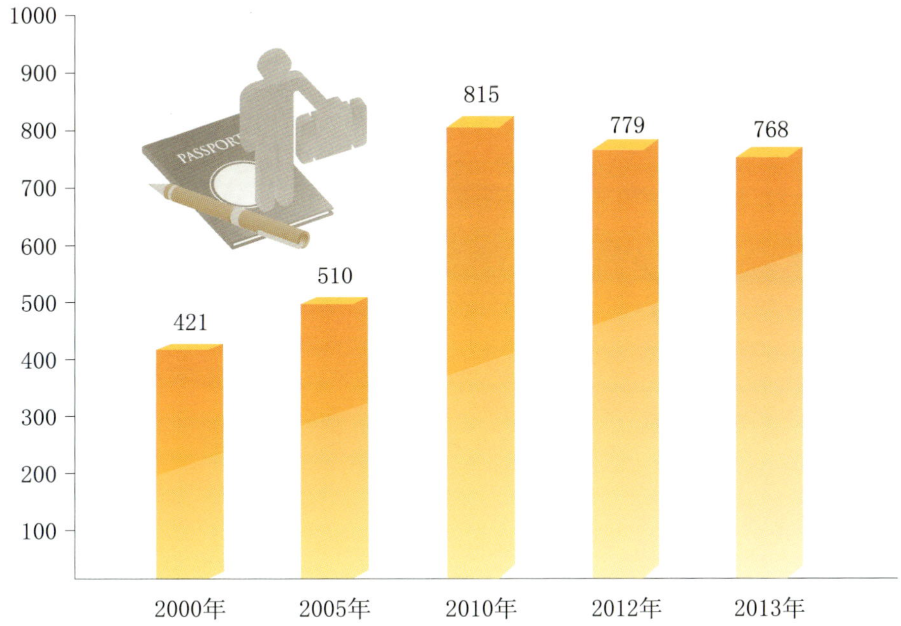


## 商品出口总值构成（%）
[Proportions in Total Value of Export Comodities (%)]

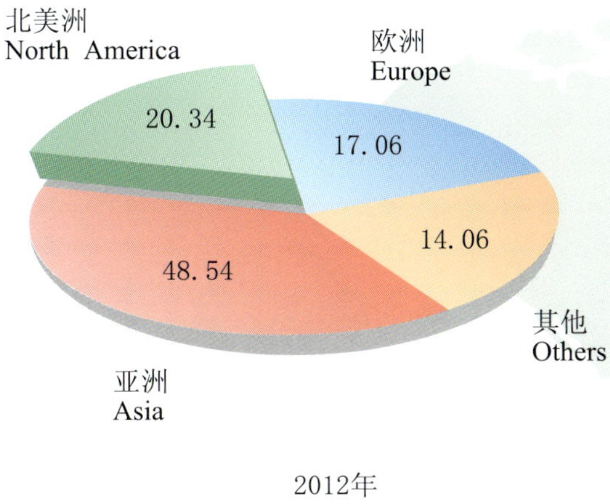


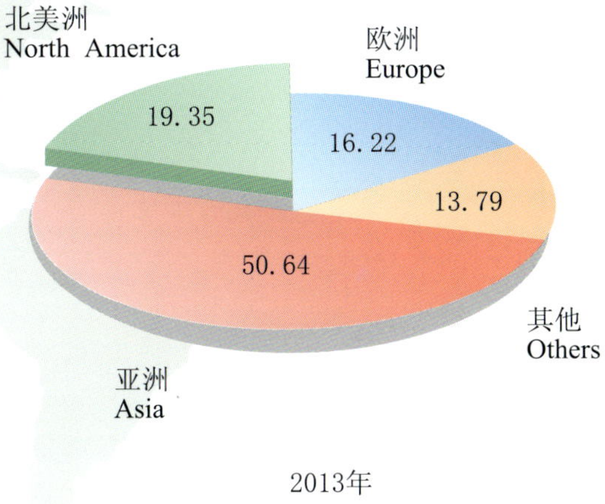

# 科 技
## SCIENCE AND TECHNOLOGY

### 城镇单位各类专业技术员（万人）
### [Number of Scientific and Technical Personnel in Urban Area (10000 Persons)]

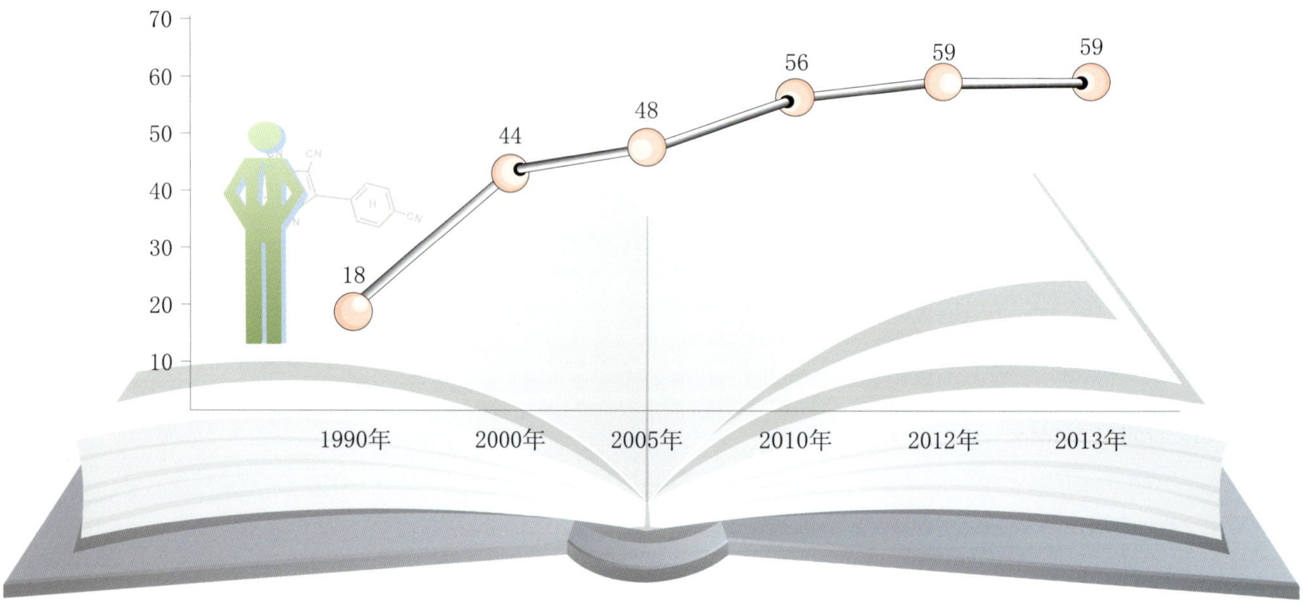


### 专利申请量和专利授权量
### [Patent Applications and Patent Certified]

专利申请量（件）
Patent Applications (item)

专利授权量（件）
Patent Certified (item)

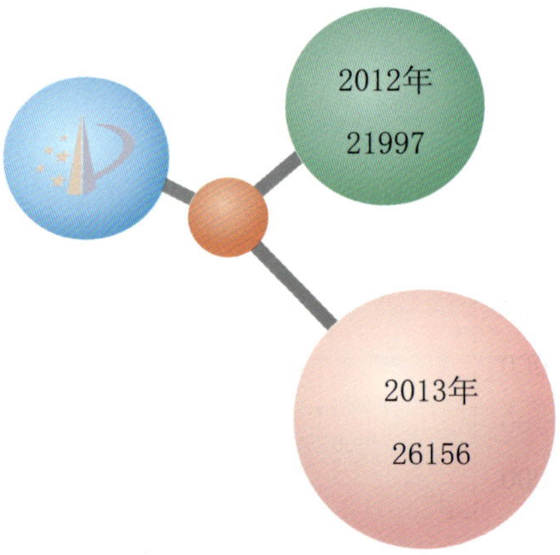

# 教育、文化、体育、卫生、社会福利、环保和其他

EDUCATION, CULTURE, SPORTS, PUBLIC HEALTH, SOCIAL WELFARE, ENVIRONMENTAL PROTECTION AND OTHERS

## 各类学校及在校学生数
[Number of Schools and Enrolled Students]

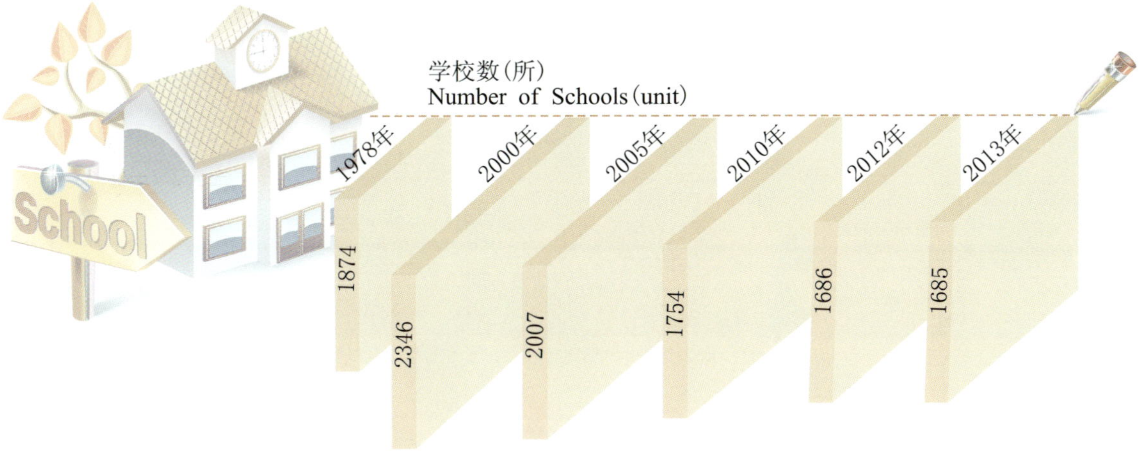


在校学生数(万人)
Number of Enrolled Students (10000 persons)

## 卫生事业机构床位数（张）
[Number of Beds in Health Institutions (unit)]

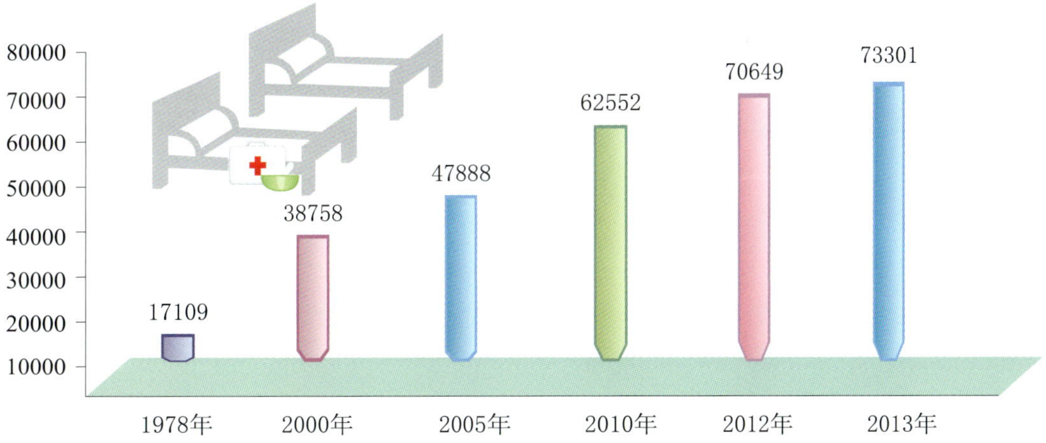

# 编者说明

## EDITOR'S NOTE

一、《广州统计年鉴—2014》是一本全面反映广州经济和社会发展的资料工具书。本书通过大量的统计数据，全面客观地记录了2013年及重要历史年份广州市经济、社会的发展情况。

二、全书内容分为17个篇目，即：1. 综合；2. 人口；3. 从业人员和工资；4. 固定资产投资；5. 能源；6. 财政、金融；7. 价格指数；8. 人民生活；9. 城市建设；10. 农业；11. 工业；12. 建筑业；13. 运输和邮电；14. 国内贸易；15. 对外经济贸易和旅游；16. 科技；17. 教育、文化、体育、卫生、社会福利、环保和其他。在附录部分，收集了全国、广东省及香港特别行政区、澳门特别行政区主要经济指标。

三、本年鉴资料主要来自政府各级统计局、国家统计局广州调查队的各种定期统计报表和抽样调查资料，部分资料来自省属、市属各主管部门。

四、本年鉴中全市包括市区和从化、增城两个县级市。市区包括荔湾区、越秀区、海珠区、天河区、白云区、黄埔区、番禺区、花都区、南沙区和萝岗区等10个区。

五、因2013年为第三次经济普查年份，经济普查数据最终定案时间较晚，本年鉴数据主要为经济普查初步数，正式数据以第三次经济普查公布的数据为准。

六、自2012年起，番禺区、南沙区按区域调整后新口径统计。2011年及以前年份按原口径统计。

七、本年鉴中所列指数和年平均增长速度均按可比口径计算。

八、本年鉴总量指标计算所采用的价格除注明外均为当年价格。

九、读者在使用历年资料时，凡与本年鉴有出入的，均以本年鉴为准。

十、本年鉴中部分数据合计数或相对数由于单位取舍不同而产生的计算误差，均未作机械调整。

十一、本年鉴表中的符号使用说明：“空格”表示该项统计指标数据不详或无该项数据；“…”表示数不足本表最小单位数；“#”表示其中的主要项。

# EDITOR'S NOTE

Ⅰ. **Guangzhou Statistical Yearbook 2014** (abbreviation as the Yearbook below)is an annual statistics publication, reflecting comprehensively the economic and social development of Guangzhou. It covers maily statistics in 2013 and some selected major data series in historically important years, at municipal level and local level of district or city at county level and township and village.

II. The Yearbook contains the following 17 chapters: 1. Gerneral Survey; 2. Population; 3. Employment and Wages; 4. Investment in Fixed Assets; 5. Energy; 6. Government Finance, Financial; 7. Price Indices; 8. People'S Livelihood; 9. City Construction; 10. Agriculture; 11. Industry; 12. Construction; 13. Transport, Postal and Telecommunication Services; 14. Domestic Trade; 15. Foreign Economy and Tourism; 16. Science and Technology; 17. Education, Culture, Sports, Public Health, Social Welfare, Environmental Protection and Others. The data listed in the Appendix are main economic indicators of China, Guangdong province, Hongkong Special Administrative Region and Macao Administrative Region.

III. The data in the Yearbook are mainly obtained from regular ststistical reports and sample surveys conducted by statistical bureaus of all levels of government and the Surney office of the National Bureau of statistics in Guangzhou. Some data are collected from the departments of the provincial and municipal government.

Ⅳ. In the Yearbook it totally includes ten urban districts and two cities at county-level, Conghua and Zengcheng. The ten urban districts include Liwan, Yuexiu, Haizhu, Tianhe, Baiyun, Huangpu, Panyu, Huadu, Nansha and Luogang.

V. 2013 is the third economic census year. The determined time of the final economic census data is too late. The data in this yearbook is mainly preliminary data of the economic census . The final data will be subject to the published data of the third economic census.

Ⅵ. Since 2012, Panyu Nansha according new the adjustment of administrative divisions statistics. Before 2011 according to the original caliber statistics.

VII. In the Yearbook all indices and annual growth speed are calculated on comparable coverage.

Ⅷ. The prices used in calculation in the Yearbook are current prices except noted.

Ⅸ. In any case the data of this book shall be deemed as the authoritative ones.

X. In the Yearbook all caculating errors of some total and regular figures for the differency of measuring units haven't, been adjusted.

Ⅺ. Notations in this book: blank space indicates data are not available; "…" indicates not large enough to be rounded into the least unit of measurement; "#" indicates major item in a category.

## 第一篇 综 合
## General Survey

## 第二篇 人 口
## Population

## 第三篇 从业人员和工资
## Employment and Wages

## 第四篇 固定资产投资
## Investment in Fixed Assets

## 第五篇 能 源
## Energy



## 第六篇 财政、金融
## Government Finance，Banking

## 第七篇　价格指数
## Price Indices

## 第八篇 人民生活
## People's Livelihood



## 第九篇 城市建设
## City Construction

## 第十篇 农 业
## Agriculture

## 第十一篇 工 业
## Industry

## 第十二篇 建筑业
## Construction

## 第十三篇 运输和邮电
## Transport, Postal and Telecommunication Services

## 第十四篇 国内贸易
## Domestic Trade

## 第十五篇 对外经济贸易和旅游
## Foreign Economy and Tourism

## 第十六篇 科 技
## Science and Technology



## 第十七篇 教育、文化、体育、卫生、社会福利、环保和其他
## Education, Culture, Sports, Public Health, Social Welfare, Environmental Protection and Others

## 附 录
## Appendix

第一篇 CHAPTER 1

# 综合
# GENERAL SURVEY

# 简要说明

# Brief Introduction

**第一篇　综　合**

一、本篇资料反映广州国民经济和社会发展的综合情况以及国民经济核算情况，分别由广州市统计局综合统计处和国民经济核算统计处整理提供。

二、综合统计资料是根据广州市统计局各专业统计年报资料以及广州市有关部门提供的统计资料加工整理而成。

三、国民经济核算资料主要包括广州市地区生产总值及其有关资料。2008年度广州市地区生产总值利用经济普查资料进行核算，并根据国家《利用经济普查数据修订年度历史数据的方法》和广州市的实际情况，对2006～2007年广州市年度GDP当年价数据进行了修订。

四、地区生产总值数据从2003年开始采用GB-2002国民经济行业分类，原第三产业中的农林牧渔服务业划入第一产业。

五、资料来源

1．行政区划资料由广州市民政局提供；

2．城市房地产市场交易情况、国有土地使用权出让、划拨情况由广州市国土资源和房屋管理局提供；

3．气象资料由广州市气象局提供；

4．劳动力市场情况由广州市人力资源和社会保障局提供；

5．技术市场交易情况由广州市科技和信息化局提供；

6．私营企业、城乡个体工商企业资料由广州市工商行政管理局提供。

**1 General Survey**

I. The summary data in this chapter reflect the national economy and social development of Guangzhou and also cover the data on its national economic accounts. The data are prepared and provided by the Division of Comprehensive Statistics and the Division of National Accounts of Guangzhou Municipal Bureau of Statistics respectively.

II. The summary data are processed and prepared in the light of the annual reports of various specialized fields provided by Guangzhou Municipal Bureau of Statistics and data provided by some related departments of Guangzhou Municipality.

Ⅲ. The data on the national economic accounts mainly cover the gross domestic Product (GDP)and related data of Guangzhou. The annual GDP of Guangzhou in 2008 was accounted according to the data from the First National Economic Census. According to the Way of Adjusting Historical Data Using the Data from the First National Economic Census stipulated by the National Bureau of Statistics and Guangzhou's factual situation, the GDP (current prices)of Guangzhou from 2006 to2007 was adjusted.

IV. The data of GDP has been grouped in accordance with GB-2002 national economic industries, and farming, forestry, animal husbandry and fishing services in old tertiary industry are classified to primary industry.

V. Data Resources comes as follows:

The data on administrative divisions are provided by Guangzhou Municipal Bureau of Civil Affairs.

The data on transaction in urban real estate, lease and administrative allocation of the use right of state-owned land are provided by Guangzhou Municipal Land Resources and Housing Administrative Bureau.

The data on meteorological phenomena are provided by Guangzhou Municipal Bureau Meteorology.

The data on labor force markets are provided by Guangzhou Municipal Bureau of Labor and Social Security.

The data on transactions in technology markets are provided by Guangzhou Municipal Bureau of Science and Technology.

The data on private enterprises and individuals are provided by Guangzhou Municipal Administration for Industry and Commerce.

# 1-1 行 政 区 划（2013年末）
# Administrative Divisions (Year-end of 2013)

单位:个 (unit)

| 区、县级市 | District and County-level City | 街道办事处 Street Communities | 镇 Towns | 社区居委会 Community Committees | 村民委员会 Villagers' Committees |
|---|---|---|---|---|---|
| **合　计** | **Total** | **136** | **34** | **1533** | **1142** |
| 市　区 | Urban Districts | 129 | 22 | 1432 | 639 |
| 荔湾区 | Liwan | 22 | | 195 | |
| 越秀区 | Yuexiu | 18 | | 267 | |
| 海珠区 | Haizhu | 18 | | 257 | |
| 天河区 | Tianhe | 21 | | 205 | |
| 白云区 | Baiyun | 18 | 4 | 253 | 118 |
| 黄埔区 | Huangpu | 9 | | 59 | |
| 番禺区 | Panyu | 11 | 5 | 87 | 177 |
| 花都区 | Huadu | 4 | 6 | 50 | 188 |
| 南沙区 | Nansha | 3 | 6 | 28 | 128 |
| 萝岗区 | Luogang | 5 | 1 | 31 | 28 |
| 县级市 | Cities at County Level | 7 | 12 | 101 | 503 |
| 增城市 | Zengcheng | 4 | 7 | 55 | 282 |
| 从化市 | Conghua | 3 | 5 | 46 | 221 |

# 1-2 各月平均温度、湿度（2013年）
# Monthly Average Temperature and Humidity (2013)

| 月份 | Month | 平均温度(℃) Average Temperature (℃) 全市 Total | 市区 Urban Districts | #番禺站 Panyu | #花都站 Huadu | 增城站 Zengcheng | 从化站 Conghua | 平均相对湿度(%) Average Humidity (%) 全市 Total | 市区 Urban Districts |
|---|---|---|---|---|---|---|---|---|---|
| **全年** | **Annual Total** | **22.0** | **21.5** | **23.1** | **22.4** | **21.6** | **21.1** | **77.0** | **81.0** |
| 一月 | January | 13.6 | 13.3 | 15.0 | 13.7 | 13.7 | 12.6 | 70.0 | 73.0 |
| 二月 | February | 17.6 | 17.3 | 18.6 | 17.4 | 17.8 | 16.7 | 76.0 | 80.0 |
| 三月 | March | 19.6 | 19.2 | 20.6 | 20.0 | 19.3 | 18.7 | 80.0 | 85.0 |
| 四月 | April | 20.9 | 20.6 | 21.7 | 21.1 | 20.7 | 20.5 | 86.0 | 90.0 |
| 五月 | May | 25.6 | 25.3 | 26.4 | 26.1 | 25.2 | 25.2 | 86.0 | 89.0 |
| 六月 | June | 28.0 | 27.6 | 29.0 | 28.6 | 27.5 | 27.5 | 81.0 | 84.0 |
| 七月 | July | 27.9 | 27.4 | 28.6 | 28.4 | 27.4 | 27.5 | 82.0 | 85.0 |
| 八月 | August | 27.9 | 27.4 | 28.9 | 28.7 | 27.3 | 27.3 | 83.0 | 87.0 |
| 九月 | September | 27.0 | 26.5 | 28.2 | 27.5 | 26.5 | 26.1 | 79.0 | 83.0 |
| 十月 | October | 23.6 | 22.9 | 25.3 | 24.5 | 22.9 | 22.3 | 66.0 | 72.0 |
| 十一月 | November | 19.5 | 19.0 | 20.8 | 20.0 | 19.3 | 18.3 | 71.0 | 75.0 |
| 十二月 | December | 12.3 | 11.9 | 13.5 | 12.9 | 12.1 | 10.9 | 62.0 | 65.0 |

# 1-3 各月降雨量、日照时数(2013年)
# Monthly Precipitation and Sunshine Hours (2013)

| 月份 | Month | 降雨量(毫米) Precipitation (millimeter) 全市 Total | #番禺站 Panyu | #花都站 Huadu | #增城站 Zengcheng | #从化站 Conghua | 日照时数(小时) Sunshine Hours (hour) 全市 Total | #番禺站 Panyu | #花都站 Huadu | #增城站 Zengcheng | #从化站 Conghua |
|---|---|---|---|---|---|---|---|---|---|---|---|
| **全年** | **Annual Total** | **2056.0** | **2042.7** | **1966.5** | **2178.5** | **1995.9** | **1636.7** | **1531.4** | **1762.5** | **1721.6** | **1585.8** |
| 一月 | January | 6.6 | 4.3 | 13.5 | 5.6 | 5.6 | 116.8 | 107.1 | 112.2 | 134.5 | 109.3 |
| 二月 | February | 10.8 | 9.4 | 11.9 | 12.6 | 12.3 | 65.0 | 59.4 | 62.8 | 75.4 | 65.6 |
| 三月 | March | 177.1 | 178.2 | 168.4 | 189.3 | 175.2 | 86.8 | 78.2 | 85.6 | 99.8 | 90.1 |
| 四月 | April | 268.4 | 355.5 | 241.0 | 248.3 | 214.2 | 38.8 | 37.5 | 38.7 | 42.7 | 35.0 |
| 五月 | May | 302.7 | 353.7 | 239.3 | 308.3 | 311.8 | 73.9 | 76.1 | 104.9 | 75.9 | 46.8 |
| 六月 | June | 229.1 | 150.4 | 251.1 | 273.6 | 242.1 | 167.3 | 178.1 | 188.9 | 156.7 | 152.1 |
| 七月 | July | 273.3 | 294.4 | 296.8 | 250.1 | 206.2 | 177.3 | 160.6 | 198.9 | 181.4 | 180.1 |
| 八月 | August | 396.6 | 381.0 | 357.7 | 438.9 | 409.8 | 162.3 | 153.8 | 180.3 | 163.1 | 162.5 |
| 九月 | September | 203.7 | 118.4 | 178.4 | 259.6 | 230.9 | 176.1 | 146.5 | 187.5 | 200.7 | 178.7 |
| 十月 | October | 5.9 | 8.6 | 0.3 | 12.5 | 2.9 | 224.4 | 210.9 | 238.0 | 241.9 | 208.2 |
| 十一月 | November | 40.3 | 57.2 | 50.7 | 25.0 | 26.4 | 150.1 | 140.3 | 160.9 | 145.1 | 152.4 |
| 十二月 | December | 141.5 | 131.6 | 157.4 | 154.7 | 158.5 | 197.9 | 182.9 | 203.8 | 204.4 | 205.0 |

# 1-4 土地面积和人口密度(2013年)
# Land Area and Population Density (2013)

| 区、县级市 | District and County-level City | 土地面积 (平方公里) Land Area (sq.km) | 年末常住人口 (万人) Permanent Populationat Year-end (10000 person) | 年末户籍人口 (万人) Registered Permanent Residents at Year-end (10000 person) | 常住人口密度 (人/平方公里) Permanent Population Density (person/sq.km) | 户籍人口密度 (人/平方公里) Population Density by Registered Permanent Residents (person/sq.km) |
|---|---|---|---|---|---|---|
| **全　市** | **Total** | **7434.40** | **1292.68** | **832.31** | **1739** | **1120** |
| 市　区 | Urban Districts | 3843.43 | 1126.48 | 686.64 | 2931 | 1787 |
| 荔湾区 | Liwan | 59.10 | 88.92 | 71.56 | 15046 | 12108 |
| 越秀区 | Yuexiu | 33.80 | 114.09 | 117.52 | 33754 | 34769 |
| 海珠区 | Haizhu | 90.40 | 158.34 | 98.89 | 17515 | 10939 |
| 天河区 | Tianhe | 96.33 | 148.43 | 80.95 | 15408 | 8403 |
| 白云区 | Baiyun | 795.79 | 226.57 | 88.15 | 2847 | 1108 |
| 黄埔区 | Huangpu | 90.95 | 46.67 | 20.64 | 5131 | 2269 |
| 番禺区 | Panyu | 529.94 | 144.86 | 82.06 | 2734 | 1548 |
| 花都区 | Huadu | 970.04 | 96.48 | 68.73 | 995 | 709 |
| 南沙区 | Nansha | 783.86 | 62.51 | 37.23 | 797 | 475 |
| 萝岗区 | Luogang | 393.22 | 39.61 | 20.91 | 1007 | 532 |
| 县级市 | Cities at County Level | 3590.97 | 166.20 | 145.67 | 463 | 406 |
| 增城市 | Zengcheng | 1616.47 | 105.18 | 85.44 | 651 | 529 |
| 从化市 | Conghua | 1974.50 | 61.02 | 60.23 | 309 | 305 |

# 1-5 法人和产业活动单位数（2013年）

单位：个

| 项　　目 | Item |
| --- | --- |
| **总　计** | **Total** |
| **按行业分** | **Grouped By Sector** |
| 第一产业 | Primary Industry |
| 第二产业 | Secondary Industry |
| 采矿业 | Mining |
| 制造业 | Manufacturing |
| 电力、热力、燃气及水生产和供应业 | Production and Supply of Electricity, Heat,Gas and Water |
| 建筑业 | Construction |
| 第三产业 | Tertiary Industry |
| 批发和零售业 | Wholesale and Retail Trade |
| 交通运输、仓储和邮政业 | Transport, Storage and Post |
| 住宿和餐饮业 | Hotels and Catering Services |
| 信息传输、软件和信息技术服务业 | Information Transmission, Software and Information Technology |
| 金融业 | Financial Intermediation |
| 房地产业 | Real Estate |
| 租赁和商务服务业 | Leasing and Business Services |
| 科学研究和技术服务业 | Scientific Research and Technical Services |
| 水利、环境和公共设施管理业 | Management of Water Conservancy, Environment and Public Facilities |
| 居民服务、修理和其他服务业 | Service to Households, Repair and Other Services |
| 教　育 | Education |
| 卫生和社会工作 | Health and Social Service |
| 文化、体育和娱乐业 | Culture, Sports and Entertainment |
| 公共管理、社会保障和社会组织 | Public Management, Social Security and Social Organizations |
| **按注册类型分** | **Grouped by Registration Status** |
| 内资 | Domestic Funded |
| 国有 | State-owned |
| 集体 | Collective-owned |
| 股份合作 | Cooperative |
| 联营企业 | Joint Ownership Enterprises |
| 有限责任公司 | Limited Liability Corporations |
| 股份有限公司 | Share-holding Corporations Ltd. |
| 私营企业 | Private Enterprises |
| 其他 | Others |
| 港、澳、台商投资企业 | Enterprises with Funds from Hong Kong, Macao and Taiwan Investors |
| # 与港、澳、台商合资经营企业 | Joint-venture Enterprises |
| 与港、澳、台商合作经营企业 | Cooperative Enterprises |
| 港、澳、台商独资经营企业 | Enterprises with Sole Funds |
| 港、澳、台商投资股份有限公司 | Share-holding Corporations Ltd. |
| 其他港、澳、台商投资企业 | Other Enterprises with Funds from Hong Kong, Macao and Taiwan |
| 外商投资企业 | Foreign Funded Enterprises |
| # 中外合资经营企业 | Joint-venture Enterprises |
| 中外合作经营企业 | Cooperative Enterprises |
| 外资企业 | Enterprises with Sole Foreign Funds |
| 外商投资股份有限公司 | Share-holding Corporations Ltd. |
| 其他外商投资企业 | Other Foreign Funded Enterprises |

# Number of Corporate Units and Industrial Establishments (2013)

(unit)

| 法人单位<br>Corporate<br>Units | 单产业<br>法人单位<br>Single Industry | 多产业<br>法人单位<br>Multi-industry | 产业活动单位<br>Industrial<br>Establishments | 其中：多产业法人所属的产业活动单位<br>Establishments belonging to Multi-industry Corporation | 法人单位数中企业法人<br>Enterprise<br>Judicial Entities |
|---|---|---|---|---|---|
| **200214** | **193318** | **6896** | **232702** | **32488** | **179546** |
| | | | | | |
| 1075 | 1047 | 28 | 1134 | 59 | 816 |
| 39014 | 37755 | 1259 | 40793 | 1779 | 39010 |
| 27 | 27 | | 28 | 1 | 27 |
| 34866 | 34000 | 866 | 35921 | 1055 | 34864 |
| 192 | 173 | 19 | 256 | 64 | 190 |
| 3929 | 3555 | 374 | 4588 | 659 | 3929 |
| 160125 | 154516 | 5609 | 190775 | 30650 | 139720 |
| 65157 | 62713 | 2444 | 76677 | 11520 | 65154 |
| 5796 | 5550 | 246 | 7701 | 1905 | 5766 |
| 4888 | 4596 | 292 | 6509 | 1621 | 4800 |
| 7953 | 7773 | 180 | 8834 | 881 | 7890 |
| 476 | 340 | 136 | 3381 | 2905 | 455 |
| 11128 | 10467 | 661 | 13998 | 2870 | 10974 |
| 31389 | 30709 | 680 | 37016 | 5627 | 26004 |
| 10484 | 10202 | 282 | 11255 | 771 | 9936 |
| 892 | 875 | 17 | 958 | 66 | 523 |
| 4254 | 4105 | 149 | 4946 | 692 | 3997 |
| 4531 | 4401 | 130 | 5054 | 523 | 1100 |
| 1668 | 1599 | 69 | 1928 | 260 | 428 |
| 3119 | 3063 | 56 | 3376 | 257 | 2639 |
| 8390 | 8123 | 267 | 9142 | 752 | 54 |
| | | | | | |
| 191379 | 185183 | 6196 | 217024 | 25645 | 170731 |
| 8297 | 7778 | 519 | 11402 | 3105 | 2060 |
| 8569 | 8386 | 183 | 9863 | 1294 | 5566 |
| 3100 | 2970 | 130 | 3620 | 520 | 3082 |
| 701 | 679 | 22 | 837 | 136 | 661 |
| 22493 | 21388 | 1105 | 27819 | 5326 | 22418 |
| 1762 | 1619 | 143 | 3854 | 2092 | 1752 |
| 128953 | 125145 | 3808 | 140549 | 11596 | 128461 |
| 17504 | 17218 | 286 | 19080 | 1576 | 6731 |
| 5600 | 5201 | 399 | 8641 | 3041 | 5590 |
| 697 | 629 | 68 | 1316 | 619 | 694 |
| 460 | 434 | 26 | 630 | 170 | 459 |
| 3692 | 3407 | 285 | 5572 | 1880 | 3688 |
| 67 | 58 | 9 | 136 | 69 | 67 |
| 684 | 673 | 11 | 987 | 303 | 682 |
| 3235 | 2934 | 301 | 7037 | 3802 | 3225 |
| 678 | 610 | 68 | 1439 | 761 | 677 |
| 158 | 149 | 9 | 406 | 248 | 158 |
| 2185 | 1975 | 210 | 4525 | 2340 | 2180 |
| 84 | 76 | 8 | 158 | 74 | 84 |
| 130 | 124 | 6 | 509 | 379 | 126 |

# 1-6　按行业和登记注册类型分组的法人单位数（2013年）

单位:个

| 项　　目 | Item | 总 计 Total |
|---|---|---|
| **总　计** | **Total** | **200214** |
| 第一产业 | Primary Industry | 1075 |
| 第二产业 | Secondary Industry | 39014 |
| 采矿业 | Mining | 27 |
| 制造业 | Manufacturing | 34866 |
| 电力、热力、燃气及水生产和供应业 | Production and Supply of Electricity, Heat,Gas and Water | 192 |
| 建筑业 | Construction | 3929 |
| 第三产业 | Tertiary Industry | 160125 |
| 批发和零售业 | Wholesale and Retail Trade | 65157 |
| 交通运输、仓储和邮政业 | Transport, Storage and Post | 5796 |
| 住宿和餐饮业 | Hotels and Catering Services | 4888 |
| 信息传输、软件和信息技术服务业 | Information Transmission, Software and Information Technology | 7953 |
| 金融业 | Financial Intermediation | 476 |
| 房地产业 | Real Estate | 11128 |
| 租赁和商务服务业 | Leasing and Business Services | 31389 |
| 科学研究和技术服务业 | Scientific Research and Technical Services | 10484 |
| 水利、环境和公共设施管理业 | Management of Water Conservancy, Environment and Public Facilities | 892 |
| 居民服务、修理和其他服务业 | Service to Households, Repair and Other Services | 4254 |
| 教　育 | Education | 4531 |
| 卫生和社会工作 | Health and Social Service | 1668 |
| 文化、体育和娱乐业 | Culture, Sports and Entertainment | 3119 |
| 公共管理、社会保障和社会组织 | Public Management, Social Security and Social Organizations | 8390 |

## Number of Corporate Units by Sector and by Status of Registration (2013)

(unit)

| 内资<br>Domestic Funded | 国有<br>State-owned | 集体<br>Collective-owned | 股份合作<br>Cooperative | 联营企业<br>Joint Ownership Enterprises | 有限责任公司<br>Limited Liability Corporations | 股份有限公司<br>Share-holding Corporations Ltd. | 私营企业<br>Private Enterprises | 其他<br>Others |
|---|---|---|---|---|---|---|---|---|
| **191379** | **8297** | **8569** | **3100** | **701** | **22493** | **1762** | **128953** | **17504** |
| 1035 | 61 | 22 | 1 | 4 | 91 | 1 | 408 | 447 |
| 35545 | 311 | 456 | 654 | 114 | 3380 | 434 | 29047 | 1149 |
| 25 | 1 | 2 | | | 10 | | 11 | 1 |
| 31500 | 195 | 346 | 611 | 99 | 2646 | 385 | 26138 | 1080 |
| 169 | 16 | 33 | | 3 | 55 | 5 | 53 | 4 |
| 3851 | 99 | 75 | 43 | 12 | 669 | 44 | 2845 | 64 |
| 154799 | 7925 | 8091 | 2445 | 583 | 19022 | 1327 | 99498 | 15908 |
| 62995 | 448 | 861 | 1417 | 216 | 7331 | 522 | 50921 | 1279 |
| 5461 | 122 | 93 | 66 | 19 | 817 | 41 | 4158 | 145 |
| 4667 | 163 | 73 | 246 | 19 | 389 | 36 | 3624 | 117 |
| 7589 | 66 | 9 | 24 | 24 | 1367 | 100 | 5815 | 184 |
| 400 | 39 | 2 | 3 | 1 | 135 | 76 | 131 | 13 |
| 10422 | 260 | 1319 | 106 | 70 | 2334 | 100 | 5613 | 620 |
| 30487 | 468 | 4962 | 163 | 113 | 3602 | 215 | 16162 | 4802 |
| 10102 | 591 | 98 | 89 | 43 | 2029 | 147 | 6668 | 437 |
| 868 | 327 | 41 | 3 | 5 | 137 | 6 | 288 | 61 |
| 4189 | 168 | 97 | 218 | 17 | 327 | 38 | 3061 | 263 |
| 4503 | 1357 | 204 | 18 | 25 | 172 | 14 | 756 | 1957 |
| 1665 | 448 | 210 | 11 | 4 | 54 | 4 | 297 | 637 |
| 3071 | 384 | 43 | 79 | 14 | 311 | 24 | 1965 | 251 |
| 8380 | 3084 | 79 | 2 | 13 | 17 | 4 | 39 | 5142 |

## 1-6 续表

单位:个

| 项　　目 | Item | 港、澳、台商投资企业 Enterprises with Funds from Hong Kong, Macao and Taiwan Investors | #与港、澳、台商合资经营企业 Joint-venture Enterprises |
|---|---|---|---|
| **总　计** | **Total** | **5600** | **697** |
| 第一产业 | Primary Industry | 33 | 4 |
| 第二产业 | Secondary Industry | 2215 | 326 |
| 采矿业 | Mining | 2 | |
| 制造业 | Manufacturing | 2136 | 310 |
| 电力、热力、燃气及水生产和供应业 | Production and Supply of Electricity, Heat,Gas and Water | 9 | 7 |
| 建筑业 | Construction | 68 | 9 |
| 第三产业 | Tertiary Industry | 3352 | 367 |
| 批发和零售业 | Wholesale and Retail Trade | 1282 | 104 |
| 交通运输、仓储和邮政业 | Transport, Storage and Post | 224 | 33 |
| 住宿和餐饮业 | Hotels and Catering Services | 136 | 21 |
| 信息传输、软件和信息技术服务业 | Information Transmission, Software and Information Technology | 220 | 23 |
| 金融业 | Financial Intermediation | 23 | 9 |
| 房地产业 | Real Estate | 545 | 78 |
| 租赁和商务服务业 | Leasing and Business Services | 573 | 62 |
| 科学研究和技术服务业 | Scientific Research and Technical Services | 235 | 12 |
| 水利、环境和公共设施管理业 | Management of Water Conservancy, Environment and Public Facilities | 14 | 3 |
| 居民服务、修理和其他服务业 | Service to Households, Repair and Other Services | 44 | 5 |
| 教　育 | Education | 14 | 1 |
| 卫生和社会工作 | Health and Social Service | 3 | 2 |
| 文化、体育和娱乐业 | Culture, Sports and Entertainment | 33 | 12 |
| 公共管理、社会保障和社会组织 | Public Management, Social Security and Social Organizations | 6 | 2 |

continued

(unit)

| #与港、澳、台商合作经营企业 Cooperative Enterprises | #港、澳、台商独资经营企业 Enterprises with Sole Funds | #港、澳、台商投资股份有限公司 Share-holding Corporations Ltd. | # 其他港、澳、台商投资企业 Other Share-holding Corporations Ltd. | 外商投资企业 Foreign Funded Enterprises | #中外合资经营企业 Joint-venture Enterprises | #中外合作经营企业 Cooperative Enterprises | #外资企业 Enterprises with Sole Foreign Funds | #外商投资股份有限公司 Share-holding Corporations Ltd. | # 其他外商投资企业 Other Share-holding Corporations Ltd. |
|---|---|---|---|---|---|---|---|---|---|
| **460** | **3692** | **67** | **684** | **3235** | **678** | **158** | **2185** | **84** | **130** |
| 2 | 25 | | 2 | 7 | 2 | 2 | 3 | | |
| 130 | 1616 | 26 | 117 | 1254 | 306 | 50 | 845 | 17 | 36 |
| 1 | 1 | | | | | | | | |
| 124 | 1606 | 24 | 72 | 1230 | 294 | 48 | 838 | 16 | 34 |
| 1 | 1 | | | 14 | 10 | 1 | 2 | 1 | |
| 4 | 8 | 2 | 45 | 10 | 2 | 1 | 5 | | 2 |
| 328 | 2051 | 41 | 565 | 1974 | 370 | 106 | 1337 | 67 | 94 |
| 15 | 955 | 14 | 194 | 880 | 111 | 13 | 692 | 31 | 33 |
| 63 | 84 | 4 | 40 | 111 | 40 | 22 | 42 | 1 | 6 |
| 21 | 79 | 3 | 12 | 85 | 23 | 4 | 52 | 4 | 2 |
| 4 | 157 | 5 | 31 | 144 | 28 | 12 | 96 | 5 | 3 |
| | 12 | 1 | 1 | 53 | 20 | | 30 | 3 | |
| 191 | 245 | 4 | 27 | 161 | 47 | 29 | 72 | 7 | 6 |
| 15 | 361 | 3 | 132 | 329 | 43 | 10 | 228 | 12 | 36 |
| 5 | 115 | 7 | 96 | 147 | 42 | 6 | 93 | 2 | 4 |
| 2 | 6 | | 3 | 10 | 2 | 3 | 5 | | |
| 2 | 18 | | 19 | 21 | 4 | 2 | 14 | | 1 |
| 2 | 8 | | 3 | 14 | 1 | 2 | 9 | | 2 |
| | 1 | | | | | | | | |
| 7 | 8 | | 6 | 15 | 7 | 3 | 2 | 2 | 1 |
| 1 | 2 | | 1 | 4 | 2 | | 2 | | |

# 1-7 国民经济和社会发展总量与速度指标

| 指　　标 | Item | 1978 | 2000 |
|---|---|---|---|
| 人口和劳动力 | Population and Employment | | |
| 年末户籍人口（万人） | Year-end Registered Permanent Residents (10000 persons) | 482.90 | 700.69 |
| 年末常住人口（万人） | Year-end Permanent Population (10000 persons) | 482.90 | 994.80 |
| 年末社会从业人员（万人） | Year-end Employment (10000 persons) | 266.90 | 496.26 |
| 城镇非私营单位从业人员年末人数(万人) | Number of Employed Persons at Year-end in Urban Units(10000 person) | 147.36 | 175.55 |
| 地区生产总值（亿元） | Gross Domestic Product (100 million yuan) | 43.09 | 2492.74 |
| 第一产业 | Primary Industry | 5.03 | 94.37 |
| 第二产业 | Secondary Industry | 25.24 | 1021.62 |
| 第三产业 | Tertiary Industry | 12.82 | 1376.75 |
| 人均地区生产总值（元） | Per Capita GDP (yuan) | 907 | 25626 |
| 农业生产 | Agriculture | | |
| 农林牧渔业总产值（亿元） | Gross Output Value of Agriculture, Forestry, Animal Husbandry and Fishery (100 million yuan) | 7.99 | 163.05 |
| 主要农业产品产量 | Output of Major Farm Products | | |
| 粮　食（万吨） | Grain (10000 tons) | 111.06 | 88.11 |
| 糖　蔗（万吨） | Sugarcane (10000 tons) | 134.34 | 7.60 |
| 水　果（万吨） | Fruits (10000 tons) | 5.17 | 32.97 |
| 花　生（万吨） | Peanuts (10000 tons) | 3.31 | 2.56 |
| 蔬　菜（万吨） | Vegetable (10000 tons) | 55.68 | 306.49 |
| 水产品（万吨） | Aquatic Products (10000 tons) | 3.16 | 32.52 |
| 工业生产 | Industry | | |
| 工业总产值（亿元） | Gross Industrial Output Value (100 million yuan) | 75.39 | 3100.02 |
| 主要工业产品产量 | Output of Major Industrial Products | | |
| 汽　车（万辆） | Motor Vehicles (unit) | 0.23 | 3.81 |
| 摩托车整车（万辆） | Motorcycles (10000 units) | | 60.31 |
| 自行车（万辆） | Bicycles (10000 units) | 57.05 | 134.87 |
| 家用电冰箱（万台） | Household Refrigerators (10000 sets) | | 58.14 |
| 彩色电视机（万台） | Color TV Sets (10000 sets) | 1.31 | 34.61 |
| 照相机（万架） | Cameras (10000 sets) | 1.73 | 86.81 |
| 房间空气调节器（万台） | Air Conditioners (10000 sets) | 0.32 | 103.43 |
| 原电池及原电池组（亿只） | Primary Cells and Batteries (100 million units) | 2.69 | 18.89 |
| 发电量（亿千瓦·时） | Electricity (100 million kwh) | 11 | 267 |
| 生　铁（万吨） | Pig Iron (10000 tons) | 20.56 | 66.68 |
| 粗　钢（万吨） | Crude Steel (10000 tons) | 18.46 | 151.16 |
| 水　泥（万吨） | Cement (10000 tons) | 94 | 1262 |
| 化学纤维（吨） | Chemical Fiber (ton) | 4562 | 38683 |
| 固定资产投资 | Investment in Fixed Assets | | |
| 固定资产投资（亿元） | Total Investment in Fixed Assets (100 million yuan) | 7.26 | 923.67 |
| #住　宅 | Residential Buildings | 0.90 | 325.03 |
| 社会消费品零售总额（亿元） | Total Retail Sales of Consumer Goods (100 million yuan) | 17.63 | 1121.13 |

注:本表工业总产值指数按照可比口径计算(下同)。

# Principal Aggregate Indicators on National Economic and Social Development and Growth Rates

| 2005 | 2010 | 2012 | 2013 | 速度指标(%) Indices and Growth Rates (%) | | | | | | | | |
|---|---|---|---|---|---|---|---|---|---|---|---|---|
| | | | | 指数(2013为以下各年) Index(2013 as percentage of the following years) | | | | | 平均增长速度 Average Annual Growth Rate | | | |
| | | | | 1978 | 2000 | 2005 | 2010 | 2012 | 1979–2013 | 2001–2013 | 2006–2013 | 2011–2013 |
| 750.53 | 806.14 | 822.30 | 832.31 | 172.4 | 118.8 | 110.9 | 103.2 | 101.2 | 1.6 | 1.3 | 1.3 | 1.1 |
| 949.68 | 1270.96 | 1283.89 | 1292.68 | 267.7 | 129.9 | 136.1 | 101.7 | 100.7 | 2.9 | 2.0 | 3.9 | 0.6 |
| 574.46 | 711.07 | 751.30 | 759.93 | 284.7 | 153.1 | 132.3 | 106.9 | 101.1 | 3.1 | 3.4 | 3.5 | 1.1 |
| 199.76 | 246.37 | 326.85 | 324.59 | 220.3 | 184.9 | 162.5 | 131.8 | 99.3 | 2.3 | 4.8 | 6.3 | 9.6 |
| 5154.23 | 10748.28 | 13551.21 | 15420.14 | 9137.9 | 494.7 | 258.9 | 137.3 | 111.6 | 13.8 | 13.1 | 12.6 | 11.2 |
| 130.22 | 188.56 | 213.76 | 228.46 | 566.9 | 154.3 | 118.4 | 109.5 | 103.0 | 5.1 | 3.4 | 2.1 | 3.1 |
| 2045.22 | 4002.27 | 4720.65 | 5227.34 | 10440.4 | 492.9 | 245.7 | 134.8 | 111.2 | 14.2 | 13.1 | 11.9 | 10.5 |
| 2978.79 | 6557.45 | 8616.80 | 9964.34 | 11003.6 | 515.9 | 274.2 | 139.6 | 112.1 | 14.4 | 13.5 | 13.4 | 11.8 |
| 53809 | 87458 | 105909 | 119695 | 3370.9 | 373.5 | 192.5 | 131.0 | 110.9 | 10.6 | 10.7 | 8.5 | 9.4 |
| 220.81 | 322.13 | 366.79 | 389.98 | 611.8 | 153.5 | 121.7 | 108.6 | 102.9 | 5.3 | 3.4 | 2.5 | 2.8 |
| 51.73 | 43.04 | 44.97 | 43.55 | 39.2 | 49.4 | 84.2 | 101.2 | 96.9 | -2.6 | -5.3 | -2.1 | 0.4 |
| 17.23 | 0.69 | 0.60 | 0.57 | 0.4 | 7.5 | 3.3 | 82.6 | 95.0 | -14.5 | -18.1 | -34.7 | -6.2 |
| 48.87 | 39.92 | 40.28 | 41.06 | 794.2 | 124.5 | 84.0 | 102.9 | 101.9 | 6.1 | 1.7 | -2.2 | 0.9 |
| 2.24 | 1.80 | 1.87 | 1.89 | 57.1 | 73.8 | 84.4 | 105.0 | 101.0 | -1.6 | -2.3 | -2.1 | 1.6 |
| 348.89 | 325.99 | 334.90 | 343.32 | 616.6 | 112.0 | 98.4 | 105.3 | 102.5 | 5.3 | 0.9 | -0.2 | 1.7 |
| 38.83 | 44.14 | 46.02 | 47.68 | 1508.9 | 146.6 | 122.8 | 108.0 | 103.6 | 8.1 | 3.0 | 2.6 | 2.6 |
| 6767.96 | 14438.99 | 17090.18 | 18224.26 | 18386.8 | 675.3 | 291.6 | 140.2 | 113.0 | 16.1 | 15.8 | 14.3 | 11.9 |
| 41.35 | 135.84 | 138.50 | 180.53 | 78491.3 | 4738.3 | 436.6 | 132.9 | 130.3 | 21.0 | 34.6 | 20.2 | 9.9 |
| 196.57 | 441.05 | 422.81 | 454.39 | | 753.4 | 231.2 | 103.0 | 107.5 | | 16.8 | 11.0 | 1.0 |
| 322.27 | 152.38 | 228.99 | 209.61 | 367.4 | 155.4 | 65.0 | 137.6 | 91.5 | 3.8 | 3.5 | -5.2 | 11.2 |
| 146.29 | 179.14 | 164.81 | 201.48 | | 346.5 | 137.7 | 112.5 | 122.2 | | 10.0 | 4.1 | 4.0 |
| 256.31 | 421.07 | 504.72 | 572.09 | 43671.0 | 1653.0 | 223.2 | 135.9 | 113.3 | 19.0 | 24.1 | 10.6 | 10.8 |
| 214.46 | 217.40 | 242.44 | 123.54 | 7141.0 | 142.3 | 57.6 | 56.8 | 51.0 | 13.0 | 2.8 | -6.7 | -17.2 |
| 292.71 | 636.78 | 550.65 | 564.06 | 176268.8 | 545.4 | 192.7 | 88.6 | 102.4 | 23.8 | 13.9 | 8.5 | -4.0 |
| 39.35 | 22.90 | 13.04 | 6.26 | 232.7 | 33.1 | 15.9 | 27.3 | 48.0 | 2.4 | -8.1 | -20.5 | -35.1 |
| 353 | 405 | 389 | 391 | 3620.6 | 146.6 | 110.9 | 96.6 | 100.5 | 10.8 | 3.0 | 1.3 | -1.2 |
| 103.84 | 104.20 | 89.40 | 63.26 | 307.7 | 94.9 | 60.9 | 60.7 | 70.8 | 3.3 | -0.4 | -6.0 | -15.3 |
| 308.71 | 403.17 | 144.54 | 236.93 | 1283.5 | 156.7 | 76.7 | 58.8 | 163.9 | 7.6 | 3.5 | -3.3 | -16.2 |
| 1920 | 868 | 884 | 889 | 947.7 | 70.4 | 46.3 | 102.4 | 100.5 | 6.6 | -2.7 | -9.2 | 0.8 |
| 17291 | 22511 | 19795 | 21277 | 466.4 | 55.0 | 123.1 | 94.5 | 107.5 | 4.5 | -4.5 | 2.6 | -1.9 |
| 1519.16 | 3263.57 | 3758.39 | 4454.55 | 61357.4 | 482.3 | 293.2 | 136.5 | 118.5 | 21.3 | 12.1 | 14.3 | 12.9 |
| 377.70 | 572.71 | 862.68 | 996.97 | 110774.4 | 306.7 | 264.0 | 174.1 | 115.6 | 24.1 | 6.9 | 12.0 | 21.2 |
| 1905.84 | 4476.38 | 5977.27 | 6882.85 | 37461.9 | 621.5 | 366.2 | 155.4 | 115.2 | 18.4 | 15.1 | 17.6 | 15.8 |

Note:Indices of gross industrial output value are calculated at comparable coverage(The same as below).

## 1-7 续表

| 指　　标 | Item | 1978 | 2000 |
|---|---|---|---|
| 运输邮电 | Transport, Post and Telecommunication | | |
| 全社会货运量 (万吨) | Total Freight Traffic (10000 tons) | | 27972 |
| #铁　路 | Railway | | 5398 |
| 公　路 | Highway | | 12549 |
| 水　路 | Waterway | | 9569 |
| 民　航 | Civil Aviation | | 27 |
| 全社会客运量 (万人次) | Total Passenger Traffic (10000 person-times) | | 26097 |
| #铁　路 | Railway | | 4848 |
| 公　路 | Highway | | 19964 |
| 水　路 | Waterway | | 190 |
| 民　航 | Civil Aviation | | 1095 |
| 港口货物吞吐量 (万吨) | Volume of Freight Handled at Ports (10000 tons) | 1950 | 12455 |
| 邮电业务收入 (亿元) | Postal and Telecommunication Services (100 million yuan) | 0.24 | 138.48 |
| 对外贸易、外经 | Foreign Trade and Economic Cooperation | | |
| 商品进口总值 (亿美元) | Total Imports through Customs (USD 100 million) | | 115.60 |
| 商品出口总值 (亿美元) | Total Exports through Customs (USD 100 million) | | 117.91 |
| 实际使用外资 (亿美元) | Amount of Foreign Capital Actually Used (USD 100 million) | | 31.15 |
| #外商直接投资 | Foreign Direct Investment | | 29.89 |
| 财　政 | Government Finance | | |
| 公共财政收入 (亿元) | Public Government Revenue (100 million yuan) | 13.65 | 200.55 |
| 公共财政支出 (亿元) | Public Government Expenditure (100 million yuan) | 3.87 | 240.72 |
| 价格指数 (上年=100) | Price Indices (preceding year =100) | | |
| 城市居民消费价格总指数 | Urban Residents Consumer Price Index | 100.3 | 102.8 |
| 人民生活 | People's Livelihood | | |
| 城镇非私营单位从业人员年平均工资(元) | Average Wage of Employed Persons in Urban Units (yuan) | 714 | 19091 |
| 城镇非私营单位在岗职工年平均工资(元) | Average Wage of Fully Employed Staff and Workers in Urban Units (yuan) | | 19674 |
| 城市居民年人均可支配收入 (元) | Per Capita Annual Disposable Income of Urban Households (yuan) | 442 | 13967 |
| 农村居民年人均纯收入 (元) | Per Capita Annual Net Income of Rural Households (yuan) | 250 | 6086 |
| 教育文化 | Education and Culture | | |
| 普通高等学校所数 (所) | Number of Regular Institutions of Higher Education (unit) | 15 | 31 |
| 普通高等学校在校学生数 (万人 | Number of Students Enrollment of Regular Institutions of Higher Education (10000 persons) | 2.17 | 18.51 |
| 普通中学所数 (所) | Number of Regular Secondary Schools (unit) | 234 | 388 |
| 普通中学在校学生数 (万人) | Number of Students Enrollment of Regular Secondary Schools(10000 persons) | 38.43 | 42.53 |
| 小学学校所数 (所) | Number of Primary Schools (unit) | 1515 | 1626 |
| 小学学校在校学生数 (万人) | Number of Students Enrollment of Primary Schools (10000 persons) | 56.92 | 75.70 |
| 卫　生 | Health Care | | |
| 医院病床数 (万张) | Hospital Beds (10000 units) | 1.44 | 3.37 |
| 卫生技术人员 (万人) | Medical Technical Personnel (10000 persons) | 3.15 | 5.57 |
| #医　生 | Doctors | 1.20 | 2.35 |

注：1. 国家统计局对2012年城市居民可支配收入统计方法有所调整，绝对值按新口径，增长幅度按可比口径计算。
　　2. 从2012年开始，“一般预算收入”改为“公共财政收入”、“一般预算支出”改为“公共预算支出”。

continued

| 2005 | 2010 | 2012 | 2013 | 速度指标(%) Indices and Growth Rates (%) | | | | | | | | |
|---|---|---|---|---|---|---|---|---|---|---|---|---|
| | | | | 指数(2013为以下各年) Index(2013 as percentage of the following years) | | | | | 平均增长速度 Average Annual Growth Rate | | | |
| | | | | 1978 | 2000 | 2005 | 2010 | 2012 | 1979–2013 | 2001–2013 | 2006–2013 | 2011–2013 |
| 38153 | 57369 | 76100 | 89099 | | 318.5 | 233.5 | 155.3 | 117.1 | | 9.3 | 11.2 | 15.8 |
| 6379 | 6689 | 6029 | 6137 | | 113.7 | 96.2 | 91.7 | 101.8 | | 1.0 | -0.5 | -2.8 |
| 20601 | 39696 | 52697 | 59142 | | 471.3 | 287.1 | 149.0 | 112.2 | | 12.7 | 14.1 | 14.2 |
| 10710 | 10169 | 16449 | 22908 | | 239.4 | 213.9 | 225.3 | 139.3 | | 6.9 | 10.0 | 31.1 |
| 63 | 90 | 99 | 102 | | 377.8 | 161.9 | 113.3 | 103.0 | | 10.8 | 6.2 | 4.3 |
| 40524 | 62595 | 76070 | 89269 | | 342.1 | 220.3 | 142.6 | 117.4 | | 9.9 | 10.4 | 12.6 |
| 6356 | 9362 | 10703 | 11703 | | 241.4 | 184.1 | 125.0 | 109.3 | | 7.0 | 7.9 | 7.7 |
| 30782 | 47296 | 58875 | 70815 | | 354.7 | 230.1 | 149.7 | 120.3 | | 10.2 | 11.0 | 14.4 |
| 104 | 273 | 307 | 299 | | 157.4 | 287.5 | 109.5 | 97.4 | | 3.5 | 14.1 | 3.1 |
| 3282 | 5664 | 6184 | 6452 | | 589.2 | 196.6 | 113.9 | 104.3 | | 14.6 | 8.8 | 4.4 |
| 27283 | 42526 | 45125 | 47267 | 2423.9 | 379.5 | 173.2 | 111.1 | 104.7 | 9.5 | 10.8 | 7.1 | 3.6 |
| 222.06 | 290.09 | 337.30 | 458.51 | 191045.8 | 331.1 | 206.5 | 158.1 | 135.9 | 24.1 | 9.6 | 9.5 | 16.5 |
| 268.07 | 553.89 | 582.52 | 560.89 | | 485.2 | 209.2 | 101.3 | 96.3 | | 12.9 | 9.7 | 0.4 |
| 266.68 | 483.79 | 589.15 | 628.07 | | 532.6 | 235.5 | 129.8 | 106.6 | | 13.7 | 11.3 | 9.1 |
| 28.41 | 40.81 | 47.43 | 50.79 | | 461 | 178.7 | 124.4 | 107.1 | | 12.5 | 7.5 | 7.6 |
| 26.49 | 39.79 | 45.75 | 48.04 | | 411.3 | 181.4 | 120.8 | 105.0 | | 11.5 | 7.7 | 6.5 |
| 371.26 | 872.65 | 1102.40 | 1141.80 | 8364.8 | 569.3 | 307.6 | 130.8 | 103.6 | 13.5 | 14.3 | 15.1 | 9.4 |
| 438.41 | 977.32 | 1343.65 | 1386.13 | 35817.3 | 575.8 | 316.2 | 141.8 | 103.2 | 18.3 | 14.4 | 15.5 | 12.4 |
| 101.5 | 103.2 | 103.0 | 102.6 | 895.4 | 125.4 | 125.7 | 111.5 | 102.6 | 6.5 | 1.8 | 2.9 | 3.7 |
| 33853 | 54495 | 62598 | 68594 | 9607.0 | 359.3 | 202.6 | 125.9 | 109.6 | 13.9 | 10.3 | 9.2 | 8.0 |
| 34328 | 54807 | 63752 | 69692 | | 354.2 | 203.0 | 127.2 | 109.3 | | 10.2 | 9.3 | 8.3 |
| 18287 | 30658 | 38054 | 42049 | 9511.7 | 301.1 | 229.9 | 137.2 | 110.5 | 13.9 | 8.8 | 11.0 | 11.1 |
| 7080 | 12676 | 16788 | 18887 | 8890.2 | 364.9 | 266.8 | 149.0 | 112.5 | 13.7 | 10.5 | 13.1 | 14.2 |
| 59 | 77 | 80 | 80 | 533.3 | 258.1 | 135.6 | 103.9 | 101.3 | 4.9 | 7.6 | 3.9 | 1.3 |
| 55.43 | 84.39 | 93.92 | 98.31 | 4530.4 | 531.1 | 177.4 | 116.5 | 109.7 | 11.5 | 13.7 | 7.4 | 5.2 |
| 448 | 475 | 478 | 494 | 211.1 | 127.3 | 110.3 | 104.0 | 104.7 | 2.2 | 1.9 | 1.2 | 1.3 |
| 55.03 | 57.23 | 55.07 | 54.69 | 142.3 | 128.6 | 99.4 | 95.6 | 97.4 | 1.0 | 2.0 | -0.1 | -1.5 |
| 1283 | 1004 | 941 | 936 | 61.8 | 57.6 | 73.0 | 93.2 | 97.4 | -1.4 | -4.2 | -3.9 | -2.3 |
| 90.34 | 82.48 | 82.26 | 85.93 | 151.0 | 113.5 | 95.1 | 104.2 | 104.8 | 1.2 | 1.0 | -0.6 | 1.4 |
| 3.94 | 5.32 | 6.22 | 6.49 | 450.4 | 192.5 | 164.6 | 121.9 | 117.1 | 4.4 | 5.2 | 6.4 | 6.9 |
| 6.42 | 9.55 | 10.67 | 11.48 | 364.5 | 206.1 | 178.8 | 120.2 | 113.9 | 3.8 | 5.7 | 7.5 | 6.3 |
| 2.59 | 3.36 | 3.74 | 3.97 | 330.8 | 168.9 | 153.3 | 118.1 | 111.5 | 3.5 | 4.1 | 5.5 | 5.7 |

Note:I.Since 2012,the coverage of per capita annual disposable income of urban households has been adjusted,the grow rate of which being calaulated at comparable coverage.

II.Since 2012 budgerary revenue of local government and budgetary expenditure of local government have been changed into public government revenue and public government expenditure.

# 1-8 平均每天主要社会经济活动

# Selected Indicators on Average Daily Social and Economic Activities

| 项　　目 | Item | 2012 | 2013 |
|---|---|---|---|
| **每天创造的财富** | **Daily Production** | | |
| 地区生产总值 (万元) | Gross Domestic Product (10000 yuan) | 371266 | 422470 |
| 工农业总产值 (万元) | Gross Output Value of Industry and Agriculture(10000 yuan) | 478273 | 509979 |
| 工业总产值 | Gross Output Value of Industry | 468224 | 499295 |
| 农业总产值 | Gross Output Value of Agriculture | 10049 | 10684 |
| 公共财政收入 | General Budgetary Revenue | 30203 | 31282 |
| **每天主要产品产量** | **Daily Output of Major Industrial Products** | | |
| 家用电冰箱 (台) | Household Refrigerators (set) | 4515 | 5520 |
| 电风扇 (台) | Electric Fans (set) | 2052 | 1710 |
| 彩色电视机 (台) | Television Sets (set) | 13828 | 15674 |
| 原电池及原电池组 (万只) | Cells (10000 units) | 357 | 171 |
| 钟 (只) | Clocks (unit) | 55212 | 34098 |
| 缝纫机 (架) | Sewing Machines (set) | | |
| 照相机 (架) | Cameras (set) | 6642 | 3385 |
| 自行车 (辆) | Bicycles (unit) | 6274 | 5743 |
| 汽　车 (辆) | Motor Vehicles (unit) | 3794 | 4946 |
| 啤　酒 (千升) | Beer (1000 Litre) | 3211 | 2894 |
| 卷　烟 (万支) | Cigarettes (1000 pieces) | 16657 | 18055 |
| 机制纸及纸板 (吨) | Machine-made Paper and Paperboard (ton) | 1997 | 1829 |
| **每天收入与消费量** | **Daily Income and Consumption** | | |
| 城市居民人均可支配收入 (元) | Per Capita Disposable Income of Urban Residents (yuan) | 104.26 | 115.20 |
| 城市居民人均消费性支出 (元) | Per Capita Living Expenditures for Consumption of Urban Residents (yuan) | 83.54 | 90.84 |
| 农村居民人均纯收入 (元) | Per Capita Net Income of Rural Residents (yuan) | 46.00 | 51.75 |
| 农村居民人均生活消费支出 (元) | Per Capita Living Expenditures for Consumption of Rural Residents (yuan) | 30.04 | 32.02 |
| 城镇非私营单位在岗职工年平均工资 (元) | Average Wage of Fully Employed Staff and Workers (yuan) | 174.66 | 190.94 |
| 城乡居民消费水平 (万元) | Resident Consumption (10000 yuan) | 85059 | 95132 |
| 社会消费品零售总额 (万元) | Total Resident Sales of Consumer Goods (10000 yuan) | 163761 | 188571 |

## 1-8 续表 continued

| 项　　目 | | Item | | 2012 | 2013 |
|---|---|---|---|---|---|
| **每天服务量** | | **Daily Service** | | | |
| 用电量 | （万千瓦·时） | Electricity Supply | (10000 kwh) | 19017 | 19471 |
| 售水量 | （万立方米） | Tap Water Sales | (10000 cu.m) | 427 | 440 |
| 液化气销售量 | （吨） | Sales of Liquefied Petroleum Gas | (ton) | 2461 | 2725 |
| 港口货物吞吐量 | （吨） | Volume of Freight Handled at Ports | (ton) | 1236305 | 1294986 |
| 全社会货运量 | （吨） | Total Freight Traffic | (ton) | 2084932 | 2441068 |
| 铁路货运量 | （吨） | Railway Freight Traffic | (ton) | 165178 | 168137 |
| 铁路客运量 | （人次） | Railway Passenger Traffic | (person-times) | 293233 | 320630 |
| 汽、电车客运量 | （万人次） | Passenger Traffic by Bus and Tram | (10000 person-times) | 719 | 722 |
| 出租汽车客运量 | （万人次） | Passenger Traffic by Taxi | (10000 person-times) | 211 | 210 |
| 邮电业务收入 | （万元） | Postal and Telecommunication Services | (10000 yuan) | 9241 | 12562 |
| 邮寄函件 | （万件） | Handled Letters | (10000 pcs) | 70 | 75 |
| 报纸发行量 | （万份） | Newspaper Circulation | (10000 copies) | 481 | 434 |
| 杂志发行量 | （万份） | Magazine Circulation | (10000 copies) | 16 | 16 |
| 电影观众人次 | （万人次） | Movie Spectators | (10000 person-times) | 3.32 | 3.91 |
| 主要宾馆接待来穗国际旅游人数 | （人次） | Number of International Tourists Received | (person-times) | 6538 | 5992 |
| 主要宾馆接待来穗国内旅游人数 | （人次） | Number of Domestic Tourists Received | (person-times) | 35437 | 36919 |
| **每天人口变动和婚姻** | | **Daily Population Changes and Marriages** | | | |
| 出生人口 | （人） | Births | (person) | 279 | 317 |
| 死亡人口 | （人） | Deaths | (person) | 138 | 123 |
| 迁入人口 | （人） | Immigrants | (person) | 360 | 309 |
| 迁出人口 | （人） | Emigrants | (person) | 285 | 191 |
| 登记结婚对数 | （对） | Marriages | (couple) | 253 | 243 |
| 离婚对数 | （对） | Divorces | (couple) | 57 | 68 |

# 1-9 按人口平均的国民经济主要指标

## Per Capita Main National Economic Indicators

| 项　　目 | Item | 2012 | 2013 |
|---|---|---|---|
| 地区生产总值　（元） | Gross Domestic Product　(yuan) | 105909 | 119695 |
| 工业总产值　（元） | Gross Output Value of Industry　(yuan) | 208814 | 220285 |
| 农业总产值　（元） | Gross Output Value of Agriculture　(yuan) | 4482 | 4714 |
| 公共财政收入 | Public Goverment Revenue | 13469 | 13801 |
| 粮食总产量　（公斤） | Gross Output of Grain Crops　(kilogram) | 55 | 53 |
| 社会消费品零售总额　（元） | Total Retail Sales of Consumer Goods　(yuan) | 73032 | 83196 |
| 固定资产投资额　（元） | Total Investment in Fixed Assets　(yuan) | 45921 | 53844 |
| 商品出口总值　（美元） | Total Exports on Customs Statistics　(USD) | 7198 | 7592 |
| 城市居民人均居住面积（平方米） | Per Capita Living Space of Urban Residents(sq.m) | 22.50 | 22.73 |

注:人均地区生产总值按常住人口计算。

Note: Per capita gross domestic product is calculated on permanent population.

# 1-10 各时期主要指标平均每年增长速度

## Average Annual Growth Speed of Main Indicators in Different Periods

单位:% (%)

| 时　期 | Period | 地区生产总　值 Gross Domestic Product | 工业总产值 Gross Output Value of Industry | 农林牧渔业总 产 值 Gross Output Value of Agriculture | 社会消费品零售总额 Total Retail Sales of Consumer Goods | 公共财政 Public Government Revenue | 居民消费水　平 Resident Consumption Level |
|---|---|---|---|---|---|---|---|
| “六五”时期 | 6th Five-year Plan Period | 12.7 | 12.8 | 6.2 | 21.2 | 13.3 | 13.0 |
| “七五”时期 | 7th Five-year Plan Period | 10.8 | 13.1 | 4.6 | 14.5 | 5.1 | 15.8 |
| “八五”时期 | 8th Five-year Plan Period | 20.2 | 26.1 | 10.0 | 30.1 | 21.3 | 8.9 |
| “九五”时期 | 9th Five-year Plan Period | 13.1 | 15.7 | 5.9 | 14.1 | 23.6 | 6.7 |
| “十五”时期 | 10th Five-year Plan Period | 13.8 | 18.3 | 5.8 | 11.1 | 18.1 | 13.0 |
| “十一五”时期 | 11th Five-year Plan Period | 13.5 | 15.8 | 2.3 | 18.7 | 18.6 | 11.0 |
| 1979-2013 | 1979-2013 | 13.8 | 16.1 | 5.3 | 18.4 | 13.5 | |
| 2001-2013 | 2001-2013 | 13.1 | 15.8 | 3.4 | 15.1 | 14.3 | 11.5 |
| 2003-2013 | 2003-2013 | 13.1 | 16.0 | 2.7 | 15.9 | 15.0 | 10.9 |
| 2006-2013 | 2006-2013 | 12.6 | 14.3 | 2.5 | 17.6 | 15.1 | 10.6 |
| 2007-2013 | 2007-2013 | 12.3 | 14.0 | 3.1 | 17.9 | 15.1 | 11.2 |

# 1-11 国民经济主要指标比例关系

## Proportions of Main National Economic Indicators

单位：%　　(%)

| 项　目 | Item | 2012 | 2013 |
|---|---|---|---|
| 全社会从业人员比例 | Employed Persons | | |
| 第一产业 | Primary Industry | 8.62 | 8.51 |
| 第二产业 | Secondary Industry | 37.50 | 34.62 |
| 第三产业 | Tertiary Industry | 53.88 | 56.87 |
| 地区生产总值三次产业比例 | Gross Domestic Product | | |
| 第一产业 | Primary Industry | 1.58 | 1.48 |
| 第二产业 | Secondary Industry | 34.84 | 33.90 |
| 第三产业 | Tertiary Industry | 63.58 | 64.62 |
| 工业总产值中轻重工业比例 | Gross Output Value of Industry | | |
| 轻工业 | Light Industry | 33.89 | 36.62 |
| 重工业 | Heavy Industry | 66.11 | 63.38 |
| 农林牧渔业总产值中各业比例 | Gross Output Value of Agriculture | | |
| #农　业 | Agriculture | 51.05 | 51.98 |
| 林　业 | Forestry | 0.88 | 1.02 |
| 牧　业 | Animal Husbandry | 20.91 | 19.45 |
| 渔　业 | Fishery | 17.37 | 17.37 |
| 社会消费品零售总额比例 | Total Retail Sales of Consumer Goods | | |
| 批发和零售业 | Wholesale and Retail Trade | 86.47 | 86.97 |
| 住宿和餐饮业 | Hotels and Catering Services | 13.53 | 13.03 |
| 固定资产投资比例 | Total Investment in Fixed Assets | | |
| 第一产业 | Primary Industry | 0.19 | 0.24 |
| 第二产业 | Secondary Industry | 15.96 | 16.09 |
| 第三产业 | Tertiary Industry | 83.85 | 83.67 |

# 1-12 主要年份人民物质文化生活水平
## People's Material and Culture Life in Main Years

| 项　　目 | Item | 2012 | 2013 |
|---|---|---|---|
| 城镇非私营单位在岗职工年平均工资（元） | Average Wage of Fully Employed Staff and Workers in Urban Units(yuan) | 63752 | 69692 |
| 城市居民年人均可支配收入（元） | Per Capita Annual Disposable Income of Urban Residents (yuan) | 38053.52 | 42049.14 |
| 农村居民年人均纯收入（元） | Per Capita Annual Net Income of Rural Residents (yuan) | 16788.48 | 18887.04 |
| 社会消费品零售总额（亿元） | Total Retail Sales of Consumer Goods (100 million yuan) | 5977.27 | 6882.85 |
| 城市居民人均居住面积（平方米） | Per Capita Living Space of Urban Residents (sq.m) | 22.46 | 22.73 |
| 储　蓄 | Savings Deposits | | |
| 城乡居民储蓄存款余额（亿元） | Outstanding Amount of Savings Deposits in Urban and Rural Areas (100 million yuan) | 11310.69 | 12253.98 |
| 平均每人储蓄额（元） | Per Capita Savings Deposits (yuan) | 138198 | 148119 |
| 交　通 | Transportation | | |
| 每万人拥有公交车辆（辆） | Possession of Buses per 10000 Persons (unit) | 14.92 | 15.72 |
| 公交车辆平均每日乘客人数（万人次） | Average Daily Passengers by Buses (10000 person-times) | 718.65 | 721.73 |
| 每万人拥有出租汽车（辆） | Possession of Taxis per 10000 Persons (uint) | 24.37 | 25.91 |
| 出租车平均每日乘客人数（万人次） | Average Daily Passengers by Taxi (10000 person-times) | 210.84 | 210.24 |
| 通讯、电信 | Postal and Telecommunication Services | | |
| 城市电话普及率(含移动电话)(部/百人) | Possession of Telephones per 100 Persons in Urban Areas (including mobile telephones) (sets/100 persons) | 484.83 | 497.41 |
| 每人每年函件交寄（件） | Per Capita Annual Number of Letters Mailed (unit) | 36 | 129 |
| 供　气 | Gas Supply | | |
| 居民燃气普及率（%） | Popularization Rate of Residents with Access to Gas (%) | 99.45 | 99.60 |
| 自来水 | Tap Water | | |
| 人均日生活用水量（升） | Per Capita Daily Water Used (liter) | 314 | 330 |

## 1-12 续表 continued

| 项　　目 | Item | 2012 | 2013 |
|---|---|---|---|
| 文　化 | Culture | | |
| 每百万人拥有出版物 | Number of Publications per one million Persons | | |
| 报纸(每天)　(份) | Newspaper (Daily)　(piece) | 112 | 109 |
| 杂志(每年)　(册) | Magazines (Annual)　(volume) | 1808 | 1816 |
| 图书(每年)　(册) | Books (Annual)　(volume) | 3565 | 2931 |
| 教　育 | Education | | |
| 每万人拥有在校大学生（人） | Number of University and College Students Enrollment per 10000 Persons　(person) | 1142 | 1181 |
| 适龄儿童入学率　(%) | Percentage of School-age Children Enrolled　(%) | 100.00 | 100.00 |
| 卫　生 | Public Health | | |
| 每万人拥有医院床位　(张) | Number of Hospital Beds per 10000 Persons　(unit) | 75 | 78 |
| 每万人拥有医生　(人) | Number of Doctors per 10000 Persons　(person) | 46 | 45 |
| 就　业 | Employment | | |
| 城镇每一就业者负担人口(人) | Number of Dependents per Employee in Urban Areas(person) | 1.83 | 1.82 |
| 绿　化 | Green Areas | | |
| 建成区绿化覆盖率　(%) | Coverage Rate of Green Areas in Developed Land Area　(%) | 40.5 | 41.0 |
| 人均公园绿地面积（平方米） | Per Capita Garden　(sq.m) | 15.5 | 15.9 |
| 居民家庭耐用消费品拥有量 | Number of Durable Consumer Goods Owned | | |
| 每百户城市居民家庭拥有 | Owned by per 100 Urban Households | | |
| 彩色电视机　(台) | Color TV Sets　(set) | 144 | 140 |
| 家用电脑　(台) | Computers　(set) | 130 | 131 |
| 组合音响　(套) | Hi-fi Stereo Component Systems　(set) | 66 | 67 |
| 洗衣机　(台) | Washing Machines　(set) | 103 | 103 |
| 电冰箱　(台) | Refrigerators　(set) | 103 | 103 |
| 空调器　(台) | Air Conditioners　(set) | 267 | 272 |
| 每百户农村居民家庭拥有 | Owned by Per 100 Rural Household | | |
| 彩色电视机　(台) | Color TV Sets　(set) | 135 | 132 |
| 洗衣机　(台) | Washing Machines　(set) | 96 | 97 |
| 电冰箱　(台) | Refrigerators　(set) | 99 | 100 |
| 空调器　(台) | Air Conditioners　(set) | 157 | 159 |
| 家用电脑　(台) | Computers　(set) | 87 | 83 |

# 1-13 主要年份地区生产总值

## Gross Domestic Product in Main Years

单位:万元 (10000 yuan)

| 年 份 Year | 地区生产总值 Gross Domestic Product | 第一产业 Primary Industry | 第二产业 Secondary Industry | 工 业 Industry | 建筑业 Construction | 第三产业 Tertiary Industry | 人均地区生产总值（元） Per Capita GDP (yuan) | 人均地区生产总值(美元) Per Capita GDP (USD) |
|---|---|---|---|---|---|---|---|---|
| 1978 | 430947 | 50287 | 252479 | 243585 | 8894 | 128181 | 907 | |
| 1979 | 487515 | 51561 | 269724 | 259145 | 10579 | 166230 | 1003 | |
| 1980 | 575497 | 62438 | 313734 | 295337 | 18397 | 199325 | 1160 | |
| 1985 | 1243623 | 120449 | 658130 | 577048 | 81082 | 465044 | 2302 | 784 |
| 1986 | 1395466 | 132079 | 701074 | 608511 | 92563 | 562313 | 2536 | 734 |
| 1987 | 1732050 | 156794 | 794127 | 693003 | 101124 | 781129 | 3092 | 831 |
| 1988 | 2400818 | 227772 | 1141606 | 972078 | 169528 | 1031440 | 4205 | 1130 |
| 1989 | 2878733 | 243187 | 1296309 | 1093864 | 202445 | 1339237 | 4953 | 1315 |
| 1990 | 3195952 | 257288 | 1362975 | 1180978 | 181997 | 1575689 | 5418 | 1133 |
| 1991 | 3866741 | 281734 | 1799166 | 1582970 | 216196 | 1785841 | 5956 | 1119 |
| 1992 | 5107027 | 356399 | 2413129 | 2120096 | 293033 | 2337499 | 7521 | 1364 |
| 1993 | 7443455 | 475960 | 3512607 | 3050098 | 462509 | 3454888 | 10481 | 1819 |
| 1994 | 9853082 | 606222 | 4556278 | 3870183 | 686095 | 4690582 | 13264 | 1539 |
| 1995 | 12591974 | 734606 | 5780268 | 4934092 | 846176 | 6077100 | 16207 | 1941 |
| 1996 | 14680643 | 811630 | 6719717 | 5775040 | 944677 | 7149296 | 18066 | 2175 |
| 1997 | 16781156 | 857155 | 7612156 | 6605408 | 1006748 | 8311845 | 19744 | 2382 |
| 1998 | 18935177 | 888763 | 8201281 | 7070126 | 1131155 | 9845133 | 21300 | 2573 |
| 1999 | 21391758 | 928522 | 9310691 | 7980207 | 1330484 | 11152545 | 23007 | 2779 |
| 2000 | 24927434 | 943718 | 10216241 | 8779835 | 1436406 | 13767475 | 25626 | 3096 |
| 2001 | 28416511 | 972806 | 11122943 | 9554676 | 1568267 | 16320762 | 28537 | 3448 |
| 2002 | 32039616 | 1030721 | 12113416 | 10509450 | 1603966 | 18895479 | 32339 | 3907 |
| 2003 | 37586166 | 1099080 | 14859261 | 13141254 | 1718007 | 21627825 | 38398 | 4639 |
| 2004 | 44505503 | 1171452 | 17880638 | 15941538 | 1939100 | 25453413 | 45906 | 5546 |
| 2005 | 51542283 | 1302159 | 20452183 | 18439550 | 2012633 | 29787941 | 53809 | 6569 |
| 2006 | 60818614 | 1285029 | 24415160 | 22270093 | 2145067 | 35118425 | 62495 | 7840 |
| 2007 | 71403223 | 1498737 | 28257805 | 26029310 | 2228495 | 41646681 | 69673 | 9163 |
| 2008 | 82873816 | 1691849 | 32278717 | 29724781 | 2553936 | 48903250 | 76440 | 11006 |
| 2009 | 91382135 | 1722837 | 34051588 | 31173422 | 2878166 | 55607710 | 79383 | 11618 |
| 2010 | 107482828 | 1885645 | 40022658 | 36449611 | 3573047 | 65574525 | 87458 | 12882 |
| 2011 | 124234390 | 2045420 | 45769763 | 41405926 | 4363837 | 76419207 | 97588 | 15027 |
| 2012 | 135512072 | 2137620 | 47206504 | 42641557 | 4564947 | 86167948 | 105909 | 16778 |
| 2013 | 154201434 | 2284630 | 52273431 | 47548175 | 4725256 | 99643373 | 119695 | 19264 |

注：1．本表数据按当年价格计算。
2．从1991年起，人均地区生产总值按常住人口计算。
3．人均地区生产总值(美元)按当年年平均汇率换算。

Note: I. The data in this table are calculated at current prices.
II. Since 1991 the per capita GDP are calculated by resident population.
III. The Per Capita GDP (USD) are calculated at current annual average exchange rate.

# 1-14 主要年份地区生产总值指数（上年=100）

## Indices of Gross Domestic Product in Main Years (Preceding Year=100)

| 年 份 Year | 地区生产总值 Gross Domestic Product | 第一产业 Primary Industry | 第二产业 Secondary Industry | 工 业 Industry | 建筑业 Construction | 第三产业 Tertiary Industry | 人均地区生产总值 Per Capita GDP |
|---|---|---|---|---|---|---|---|
| 1978 | 110.3 | 100.1 | 108.5 | 108.7 | 105.0 | 117.6 | 108.8 |
| 1979 | 113.4 | 100.4 | 107.5 | 106.6 | 132.2 | 128.1 | 110.8 |
| 1980 | 115.4 | 114.6 | 119.0 | 117.4 | 154.8 | 110.3 | 113.2 |
| 1985 | 118.3 | 107.4 | 124.3 | 123.1 | 135.7 | 111.7 | 116.3 |
| 1986 | 105.7 | 100.5 | 101.3 | 101.3 | 101.3 | 114.1 | 103.7 |
| 1987 | 115.2 | 99.0 | 108.2 | 108.6 | 104.5 | 128.9 | 113.2 |
| 1988 | 117.8 | 104.6 | 126.3 | 125.1 | 137.2 | 109.0 | 115.6 |
| 1989 | 104.7 | 100.7 | 100.6 | 101.0 | 96.9 | 111.4 | 102.9 |
| 1990 | 111.3 | 103.7 | 107.8 | 109.6 | 92.1 | 116.9 | 109.7 |
| 1991 | 116.3 | 109.1 | 127.2 | 128.6 | 118.2 | 108.0 | 114.6 |
| 1992 | 123.3 | 120.4 | 128.1 | 128.7 | 123.3 | 118.8 | 117.8 |
| 1993 | 126.4 | 102.1 | 133.6 | 132.1 | 144.0 | 122.4 | 120.9 |
| 1994 | 118.8 | 112.6 | 123.2 | 121.0 | 137.3 | 114.5 | 113.6 |
| 1995 | 116.4 | 104.1 | 116.9 | 118.6 | 107.0 | 117.4 | 111.3 |
| 1996 | 112.4 | 105.3 | 113.4 | 115.5 | 99.5 | 112.0 | 107.5 |
| 1997 | 113.4 | 105.5 | 112.9 | 114.6 | 99.7 | 114.9 | 108.4 |
| 1998 | 113.1 | 104.0 | 112.6 | 112.9 | 110.1 | 114.7 | 108.2 |
| 1999 | 113.2 | 110.4 | 115.5 | 115.2 | 118.1 | 110.5 | 108.2 |
| 2000 | 113.3 | 101.7 | 111.9 | 112.5 | 106.7 | 116.3 | 108.3 |
| 2001 | 112.7 | 102.2 | 110.9 | 111.1 | 109.5 | 114.8 | 110.1 |
| 2002 | 113.2 | 109.8 | 112.4 | 113.8 | 103.9 | 114.0 | 113.8 |
| 2003 | 115.2 | 104.5 | 121.6 | 124.5 | 101.6 | 111.4 | 116.6 |
| 2004 | 115.0 | 105.4 | 117.2 | 118.6 | 105.7 | 113.9 | 116.2 |
| 2005 | 112.9 | 105.6 | 113.0 | 113.8 | 105.6 | 113.3 | 114.3 |
| 2006 | 114.9 | 95.7 | 116.5 | 117.8 | 104.4 | 114.7 | 113.1 |
| 2007 | 115.3 | 102.8 | 113.8 | 115.1 | 100.5 | 116.7 | 109.5 |
| 2008 | 112.5 | 102.7 | 111.1 | 111.8 | 102.5 | 113.8 | 106.4 |
| 2009 | 111.7 | 103.8 | 109.3 | 109.2 | 111.5 | 113.4 | 105.2 |
| 2010 | 113.2 | 103.2 | 113.1 | 112.7 | 119.0 | 113.6 | 106.1 |
| 2011 | 111.3 | 103.0 | 111.7 | 111.5 | 114.0 | 111.3 | 107.5 |
| 2012 | 110.5 | 103.2 | 108.5 | 109.1 | 102.9 | 112.0 | 110.0 |
| 2013 | 111.6 | 103.0 | 111.2 | 112.1 | 102.4 | 112.1 | 110.9 |

注:本表数据按可比价格计算。

Note: The data in this table are calculated at comparable prices.

# 1-15 主要年份地区生产总值构成

## Composition of Gross Domestic Product in Main Years

单位：%　　　　(%)

| 年 份<br>Year | 地区生产总值<br>Gross Domestic Product | 第一产业<br>Primary Industry | 第二产业<br>Secondary Industry | # 工 业<br>Industry | 第三产业<br>Tertiary Industry |
|---|---|---|---|---|---|
| 1978 | 100.00 | 11.67 | 58.59 | 56.52 | 29.74 |
| 1979 | 100.00 | 10.57 | 55.33 | 53.16 | 34.10 |
| 1980 | 100.00 | 10.85 | 54.51 | 51.32 | 34.64 |
| 1985 | 100.00 | 9.69 | 52.92 | 46.40 | 37.39 |
| 1986 | 100.00 | 9.46 | 50.24 | 43.61 | 40.30 |
| 1987 | 100.00 | 9.05 | 45.85 | 40.01 | 45.10 |
| 1988 | 100.00 | 9.49 | 47.55 | 40.49 | 42.96 |
| 1989 | 100.00 | 8.45 | 45.03 | 38.00 | 46.52 |
| 1990 | 100.00 | 8.05 | 42.65 | 36.95 | 49.30 |
| 1991 | 100.00 | 7.29 | 46.53 | 40.94 | 46.18 |
| 1992 | 100.00 | 6.98 | 47.25 | 41.51 | 45.77 |
| 1993 | 100.00 | 6.39 | 47.19 | 40.98 | 46.42 |
| 1994 | 100.00 | 6.15 | 46.24 | 39.28 | 47.61 |
| 1995 | 100.00 | 5.83 | 45.91 | 39.18 | 48.26 |
| 1996 | 100.00 | 5.53 | 45.77 | 39.34 | 48.70 |
| 1997 | 100.00 | 5.11 | 45.36 | 39.36 | 49.53 |
| 1998 | 100.00 | 4.70 | 43.31 | 37.34 | 51.99 |
| 1999 | 100.00 | 4.34 | 43.53 | 37.31 | 52.13 |
| 2000 | 100.00 | 3.79 | 40.98 | 35.22 | 55.23 |
| 2001 | 100.00 | 3.42 | 39.14 | 33.62 | 57.44 |
| 2002 | 100.00 | 3.22 | 37.81 | 32.80 | 58.97 |
| 2003 | 100.00 | 2.93 | 39.53 | 34.96 | 57.54 |
| 2004 | 100.00 | 2.63 | 40.18 | 35.82 | 57.19 |
| 2005 | 100.00 | 2.53 | 39.68 | 35.78 | 57.79 |
| 2006 | 100.00 | 2.10 | 40.20 | 36.70 | 57.70 |
| 2007 | 100.00 | 2.10 | 39.57 | 36.50 | 58.33 |
| 2008 | 100.00 | 2.04 | 38.95 | 35.90 | 59.01 |
| 2009 | 100.00 | 1.89 | 37.26 | 34.11 | 60.85 |
| 2010 | 100.00 | 1.75 | 37.24 | 33.91 | 61.01 |
| 2011 | 100.00 | 1.65 | 36.84 | 33.33 | 61.51 |
| 2012 | 100.00 | 1.58 | 34.84 | 31.47 | 63.58 |
| 2013 | 100.00 | 1.48 | 33.90 | 30.84 | 64.62 |

注:本表数据按当年价格计算。

Note: The data in this table are calculated at comparable prices.

# 1-16 地区生产总值
## Gross Domestic Product

单位：万元

| 项　　目 | Item | 2012 | 2013 | 2013年比2012年增长(%) Growth Rate in 2013 over 2012 (%) |
|---|---|---|---|---|
| **地区生产总值** | **Gross Domestic Product** | **135512072** | **154201434** | **11.6** |
| 第一产业 | Primary Industry | 2137620 | 2284630 | 3.0 |
| 第二产业 | Secondary Industry | 47206504 | 52273431 | 11.2 |
| 工　业 | Industry | 42641557 | 47548175 | 12.1 |
| 建筑业 | Construction | 4564947 | 4725256 | 2.4 |
| 第三产业 | Tertiary Industry | 86167948 | 99643373 | 12.1 |
| 批发和零售业 | Wholesale and Retail Trade | 18968347 | 22693097 | 17.3 |
| 交通运输、仓储和邮政业 | Transport, Storage and Post | 9305903 | 10107596 | 7.8 |
| 住宿和餐饮业 | Hotels and Catering Services | 3837376 | 4168317 | 5.2 |
| 信息传输、软件和信息技术服务业 | Information Transmission, Software and Information Technology | 5191648 | 5394883 | 4.2 |
| 金融业 | Financial Intermediation | 9712728 | 11419286 | 10.7 |
| 房地产业 | Real Estate | 10225457 | 13466574 | 19.6 |
| 租赁和商务服务业 | Leasing and Business Services | 10885556 | 12771492 | 14.4 |
| 科学研究和技术服务业 | Scientific Research and Technical Services | 2879961 | 3116092 | 8.6 |
| 水利、环境和公共设施管理业 | Management of Water Conservancy, Environment and Public Facilities | 734514 | 754373 | 0.2 |
| 居民服务、修理和其他服务业 | Service to Households, Repair and Other Services | 1280809 | 1573889 | 18.5 |
| 教　育 | Education | 4344227 | 4631728 | 3.4 |
| 卫生和社会工作 | Health and Social Work | 3161133 | 3551021 | 12.9 |
| 文化、体育和娱乐业 | Culture, Sports and Entertainment | 2259865 | 2394360 | 5.4 |
| 公共管理、社会保障和社会组织 | Public Management, Social Security and Social Organizations | 3380424 | 3600665 | 9.0 |

注:本表数据绝对值按当年价格计算，增长速度按可比价格计算。

Note: The level data in this table are calculated at current prices while the growth rates at comparable prices.

# 1-17 各时期地区生产总值和平均每年增长速度

# Gross Domestic Product and Annual Average Growth Speed in Different Periods

| 时 期 | Period | 地区生产总值 Gross Domestic Product | 第一产业 Primary Industry | 第二产业 Secondary Industry | 工 业 Industry | 建筑业 Construction | 第三产业 Tertiary Industry |
|---|---|---|---|---|---|---|---|
| **绝对值(万元)** | **Absolute Figure (10000 yuan)** | | | | | | |
| “六五”时期 | 6th Five-year Plan Period | 4373327 | 459872 | 2395362 | 2137482 | 257880 | 1518093 |
| “七五”时期 | 7th Five-year Plan Period | 11603019 | 1017120 | 5296091 | 4548434 | 747657 | 5289808 |
| “八五”时期 | 8th Five-year Plan Period | 38862279 | 2454921 | 18061448 | 15557439 | 2504009 | 18345910 |
| “九五”时期 | 9th Five-year Plan Period | 96716168 | 4429788 | 42060086 | 36210616 | 5849470 | 50226294 |
| “十五”时期 | 10th Five-year Plan Period | 194090079 | 5576218 | 76428441 | 67586468 | 8841973 | 112085420 |
| “十一五”时期 | 11th Five-year Plan Period | 413960616 | 8084097 | 159025928 | 145647217 | 13378711 | 246850591 |
| 1950-1978 | 1950-1978 | 5578418 | 753734 | 3146791 | 2999275 | 147516 | 1677893 |
| 1979-2013 | 1979-2013 | 1174616396 | 28603685 | 449100512 | 403837796 | 45262716 | 696912199 |
| 1991-2013 | 1991-2013 | 1157577038 | 27012694 | 440825601 | 396597398 | 44228203 | 689738743 |
| 1996-2013 | 1996-2013 | 1118714759 | 24557773 | 422764153 | 381039959 | 41724194 | 671392833 |
| 2001-2013 | 2001-2013 | 1021998591 | 20127985 | 380704067 | 344829343 | 35874724 | 621166539 |
| 2003-2013 | 2003-2013 | 961542464 | 18124458 | 357467708 | 324765217 | 32702491 | 585950298 |
| **平均每年增长(%)** | **Annual Average Growth Speed (%)** | | | | | | |
| “六五”时期 | 6th Five-year Plan Period | 12.7 | 7.6 | 13.6 | 12.5 | 27.6 | 12.5 |
| “七五”时期 | 7th Five-year Plan Period | 10.8 | 1.7 | 8.4 | 8.8 | 5.3 | 15.9 |
| “八五”时期 | 8th Five-year Plan Period | 20.2 | 9.5 | 25.7 | 25.7 | 25.3 | 16.1 |
| “九五”时期 | 9th Five-year Plan Period | 13.1 | 5.4 | 13.2 | 14.1 | 6.6 | 13.7 |
| “十五”时期 | 10th Five-year Plan Period | 13.8 | 5.4 | 14.9 | 16.3 | 5.2 | 13.5 |
| “十一五”时期 | 11th Five-year Plan Period | 13.5 | 1.6 | 12.8 | 13.3 | 7.4 | 14.4 |
| 1950-1978 | 1950-1978 | 9.2 | 3.8 | 12.7 | 12.7 | 13.1 | 9.5 |
| 1979-2013 | 1979-2013 | 13.8 | 5.1 | 14.2 | 14.5 | 13.5 | 14.4 |
| 1991-2013 | 1991-2013 | 14.6 | 5.1 | 15.7 | 16.4 | 10.2 | 14.1 |
| 1996-2013 | 1996-2013 | 13.1 | 3.9 | 13.1 | 13.9 | 6.4 | 13.5 |
| 2001-2013 | 2001-2013 | 13.1 | 3.4 | 13.1 | 13.8 | 6.3 | 13.5 |
| 2003-2013 | 2003-2013 | 13.1 | 2.9 | 13.3 | 14.1 | 6.2 | 13.3 |

注:本表数据绝对值按当年价格计算，增长速度按可比价格计算。

Note: The level data in this table are calculated at current prices while the growth rates at comparable prices.

# 1-18 市区、县级市地区生产总值

## Gross Domestic Product by Urban District and City at County Level

| 项目 | Item | 2012 | | 2013 | |
|---|---|---|---|---|---|
| | | 市区 Urban Districts | 县级市 County-level City | 市区 Urban Districts | 县级市 County-level City |
| **绝对数(万元)** | **Absolute Figure (10000 yuan)** | | | | |
| 地区生产总值 | Gross Domestic Product | 124549279 | 10962793 | 141420049 | 12781385 |
| 第一产业 | Primary Industry | 1437146 | 700474 | 1523440 | 761190 |
| 第二产业 | Secondary Industry | 40929395 | 6277109 | 44950721 | 7322710 |
| 工业 | Industry | 36816631 | 5824926 | 40694596 | 6853579 |
| 建筑业 | Construction | 4112764 | 452183 | 4256125 | 469131 |
| 第三产业 | Tertiary Industry | 82182738 | 3985210 | 94945888 | 4697485 |
| 批发和零售业 | Wholesale and Retail Trade | 17978456 | 989891 | 21489904 | 1203193 |
| 交通运输、仓储和邮政业 | Transport, Storage and Post | 8917446 | 388457 | 9689394 | 418202 |
| 住宿和餐饮业 | Hotels and Catering Services | 3506306 | 331070 | 3793904 | 374413 |
| 金融业 | Finance Intermediation | 9695375 | 17353 | 11398884 | 20402 |
| 房地产业 | Real Estate | 9037936 | 1187521 | 11957814 | 1508760 |
| 其他服务业 | Other Service Industries | 33047219 | 1070918 | 36615988 | 1172515 |
| **增长速度(%)** | **Growth Rate (%)** | | | | |
| 地区生产总值 | Gross Domestic Product | 10.3 | 13.0 | 11.5 | 12.7 |
| 第一产业 | Primary Industry | 2.7 | 4.3 | 2.4 | 4.2 |
| 第二产业 | Secondary Industry | 7.2 | 17.1 | 10.8 | 14.0 |
| 工业 | Industry | 7.7 | 18.2 | 11.6 | 14.7 |
| 建筑业 | Construction | 3.0 | 1.7 | 2.4 | 2.6 |
| 第三产业 | Tertiary Industry | 12.2 | 7.6 | 12.1 | 11.8 |
| 批发和零售业 | Wholesale and Retail Trade | 17.7 | 8.9 | 17.1 | 21.0 |
| 交通运输、仓储和邮政业 | Transport, Storage and Post | 17.8 | 17.3 | 7.8 | 7.8 |
| 住宿和餐饮业 | Hotels and Catering Services | 5.2 | 6.0 | 4.8 | 9.1 |
| 金融业 | Finance Intermediation | 11.2 | 11.2 | 10.7 | 10.6 |
| 房地产业 | Real Estate | 15.7 | 9.4 | 20.9 | 10.1 |
| 其他服务业 | Other Service Industries | 8.0 | 1.4 | 9.5 | 8.1 |

注:本表数据增长速度按可比价格计算。

Note: The growth rates in this table are calculated at comparable prices.

# 1-19　地区生产总值使用表

## Utilization Balance Sheet of Gross Domestic Product

单位：万元　　　　(10000 yuan)

| 项　目 | Item | 2012 | 2013 | 2013年比2012年增长(%) Growth Rate in 2013 over 2012 (%) |
|---|---|---|---|---|
| **支出法地区生产总值** | **Gross Domestic Product by Expenditure Approach** | **135512072** | **154201434** | **11.6** |
| 最终消费支出 | Final Consumption Expenditure | 66129687 | 73774649 | 10.3 |
| 居民消费支出 | Household Consumption Expenditure | 48537638 | 54071340 | 10.8 |
| 农村居民 | Rural Households | 2665459 | 2967013 | 10.4 |
| 城镇居民 | Urban Households | 45872179 | 51104327 | 10.8 |
| 政府消费支出 | Government Consumption Expenditure | 17592049 | 19703309 | 9.2 |
| 资本形成总额 | Gross Capital Formation | 48110268 | 54937335 | 13.3 |
| 固定资本形成总额 | Gross Fixed Capital Formation | 44665210 | 51398251 | 14.0 |
| 存货增加 | Changes in Inventories | 3445058 | 3539084 | 4.1 |
| 货物和服务净流出 | Net Exports of Goods and Services | 21272117 | 25489450 | 11.9 |

# 1-20　居民消费水平

## Household Consumption

单位：元/人　　　　(yuan/person)

| 项　目 | Item | 2012 | 2013 | 2013年比2012年增长(%) Growth Rate in 2013 over 2012 (%) |
|---|---|---|---|---|
| 全市居民 | Total Households | 37934 | 41972 | 10.6 |
| 农村居民 | Rural Households | 13507 | 15504 | 14.8 |
| 城镇居民 | Urban Households | 42389 | 46589 | 9.9 |
| 农村居民与城镇居民对比（农村居民为1） | Ratio of Consumption of Urban Households to Rural Households (rural households=1) | 1：3.14 | 1:3.00 | |

注：本表数据绝对值按当年价格计算，增长速度按可比价格计算。

Note: The level data in this table are calculated at current prices while the growth rates at comparable prices.

## 1-21 各行业增加值（2013年）

单位：万元

| 项　　目 | Item |
|---|---|
| **地区生产总值** | **Gross Domestic Product** |
| 第一产业 | Primary Industry |
| 第二产业 | Secondary Industry |
| 工　业 | Industry |
| 建筑业 | Construction |
| 第三产业 | Tertiary Industry |
| 批发和零售业 | Wholesale and Retail Trade |
| 交通运输、仓储和邮政业 | Transport, Storage and Post |
| 住宿和餐饮业 | Hotels and Catering Services |
| 信息传输、软件和信息技术服务业 | Information Transmission, Software and Information Technology |
| 金融业 | Financial Intermediation |
| 房地产业 | Real Estate |
| 租赁和商务服务业 | Leasing and Business Services |
| 科学研究和技术服务业 | Scientific Research and Technical Services |
| 水利、环境和公共设施管理业 | Management of Water Conservancy, Environment and Public Facilities |
| 居民服务、修理和其他服务业 | Service to Households, Repair and Other Services |
| 教　育 | Education |
| 卫生和社会工作 | Health and Social Work |
| 文化、体育和娱乐业 | Culture, Sports and Entertainment |
| 公共管理、社会保障和社会组织 | Public Management, Social Security and Social Organizations |

## 1-22 各行业增加值构成（2013年）

单位：%

| 项　　目 | Item |
|---|---|
| **地区生产总值** | **Gross Domestic Product** |
| 第一产业 | Primary Industry |
| 第二产业 | Secondary Industry |
| 工　业 | Industry |
| 建筑业 | Construction |
| 第三产业 | Tertiary Industry |
| 批发和零售业 | Wholesale and Retail Trade |
| 交通运输、仓储和邮政业 | Transport, Storage and Post |
| 住宿和餐饮业 | Hotels and Catering Services |
| 信息传输、软件和信息技术服务业 | Information Transmission, Software and Information Technology |
| 金融业 | Financial Intermediation |
| 房地产业 | Real Estate |
| 租赁和商务服务业 | Leasing and Business Services |
| 科学研究和技术服务业 | Scientific Research and Technical Services |
| 水利、环境和公共设施管理业 | Management of Water Conservancy, Environment and Public Facilities |
| 居民服务、修理和其他服务业 | Service to Households, Repair and Other Services |
| 教　育 | Education |
| 卫生和社会工作 | Health and Social Work |
| 文化、体育和娱乐业 | Culture, Sports and Entertainment |
| 公共管理、社会保障和社会组织 | Public Management, Social Security and Social Organizations |

## Added Value by Sector (2013)

(10000 yuan)

| 合 计<br>Total | 劳动者报酬<br>Compensation of Employees | 固定资产折旧<br>Depreciation of Fixed Assets | 生产税净额<br>Net Taxes on Production | 营业盈余<br>Operating Surplus |
|---|---|---|---|---|
| **154201434** | **66418614** | **16486205** | **26811581** | **44485034** |
| 2284630 | 2215259 | 69371 | | |
| 52273431 | 23771187 | 5109646 | 11007230 | 12385368 |
| 47548175 | 21224509 | 4419363 | 10275573 | 11628730 |
| 4725256 | 2546678 | 690283 | 731657 | 756638 |
| 99643373 | 40432168 | 11307188 | 15804351 | 32099666 |
| 22693097 | 8119691 | 1202685 | 7162010 | 6208711 |
| 10107596 | 4381238 | 2068602 | 1057884 | 2599872 |
| 4168317 | 3315086 | 257345 | 355620 | 240266 |
| 5394883 | 1658116 | 1627958 | 483068 | 1625741 |
| 11419286 | 3145261 | 122183 | 1264022 | 6887820 |
| 13466574 | 2027871 | 3379455 | 3014581 | 5044667 |
| 12771492 | 3205903 | 1119339 | 1626066 | 6820184 |
| 3116092 | 1584713 | 247669 | 322292 | 961418 |
| 754373 | 357681 | 149982 | 40707 | 206003 |
| 1573889 | 1089544 | 75773 | 111676 | 296896 |
| 4631728 | 3956293 | 402384 | 76424 | 196627 |
| 3551021 | 2861566 | 143602 | 52522 | 493331 |
| 2394360 | 1385242 | 253509 | 237479 | 518130 |
| 3600665 | 3343963 | 256702 | | |

## Composition of Added Value by Sector (2013)

(%)

| 合 计<br>Total | 劳动者报酬<br>Compensation of Employees | 固定资产折旧<br>Depreciation of Fixed Assets | 生产税净额<br>Net Taxes on Production | 营业盈余<br>Operating Surplus |
|---|---|---|---|---|
| **100.00** | **43.07** | **10.69** | **17.39** | **28.85** |
| 100.00 | 96.96 | 3.04 | | |
| 100.00 | 45.48 | 9.77 | 21.06 | 23.69 |
| 100.00 | 44.64 | 9.29 | 21.61 | 24.46 |
| 100.00 | 53.90 | 14.61 | 15.48 | 16.01 |
| 100.00 | 40.58 | 11.35 | 15.86 | 32.21 |
| 100.00 | 35.78 | 5.30 | 31.56 | 27.36 |
| 100.00 | 43.34 | 20.47 | 10.47 | 25.72 |
| 100.00 | 79.53 | 6.18 | 8.53 | 5.76 |
| 100.00 | 30.74 | 30.18 | 8.95 | 30.13 |
| 100.00 | 27.54 | 1.07 | 11.07 | 60.32 |
| 100.00 | 15.06 | 25.09 | 22.39 | 37.46 |
| 100.00 | 25.10 | 8.77 | 12.73 | 53.40 |
| 100.00 | 50.86 | 7.95 | 10.34 | 30.85 |
| 100.00 | 47.41 | 19.88 | 5.40 | 27.31 |
| 100.00 | 69.23 | 4.81 | 7.10 | 18.86 |
| 100.00 | 85.42 | 8.69 | 1.65 | 4.24 |
| 100.00 | 80.59 | 4.04 | 1.48 | 13.89 |
| 100.00 | 57.85 | 10.59 | 9.92 | 21.64 |
| 100.00 | 92.87 | 7.13 | | |

# 1-23 三次产业对地区生产总值增长的贡献率(1990-2013年)

## Share of the Contributions of the Three Strata of Industry to the Growth of GDP (1990-2013)

单位：% (%)

| 年 份 Year | 地区生产总值 Gross Domestic Product | 第一产业 Primary Industry | 第二产业 Secondary Industry | #工 业 Industry | 第三产业 Tertiary Industry |
|---|---|---|---|---|---|
| 1990 | 100.0 | 1.7 | 37.1 | 41.0 | 61.2 |
| 1991 | 100.0 | 4.2 | 71.3 | 64.9 | 24.5 |
| 1992 | 100.0 | 6.2 | 56.3 | 50.4 | 37.5 |
| 1993 | 100.0 | 0.5 | 61.6 | 51.8 | 37.9 |
| 1994 | 100.0 | 3.7 | 62.5 | 49.4 | 33.8 |
| 1995 | 100.0 | 1.3 | 54.1 | 50.8 | 44.6 |
| 1996 | 100.0 | 2.0 | 57.0 | 57.3 | 41.0 |
| 1997 | 100.0 | 1.8 | 51.4 | 51.5 | 46.8 |
| 1998 | 100.0 | 1.2 | 51.1 | 46.9 | 47.7 |
| 1999 | 100.0 | 2.9 | 62.3 | 55.0 | 34.8 |
| 2000 | 100.0 | 0.5 | 49.7 | 46.8 | 49.8 |
| 2001 | 100.0 | 0.7 | 35.0 | 30.7 | 64.3 |
| 2002 | 100.0 | 2.5 | 37.8 | 36.2 | 59.7 |
| 2003 | 100.0 | 1.0 | 56.7 | 56.2 | 42.3 |
| 2004 | 100.0 | 1.1 | 48.3 | 46.6 | 50.6 |
| 2005 | 100.0 | 1.2 | 43.2 | 41.4 | 55.6 |
| 2006 | 100.0 | -0.7 | 43.9 | 42.7 | 56.8 |
| 2007 | 100.0 | 0.4 | 36.4 | 36.3 | 63.2 |
| 2008 | 100.0 | 0.4 | 35.1 | 34.5 | 64.5 |
| 2009 | 100.0 | 0.5 | 31.4 | 28.6 | 68.1 |
| 2010 | 100.0 | 0.4 | 38.1 | 34.0 | 61.5 |
| 2011 | 100.0 | 0.5 | 38.6 | 34.5 | 60.9 |
| 2012 | 100.0 | 0.5 | 30.2 | 29.2 | 69.3 |
| 2013 | 100.0 | 0.4 | 35.4 | 34.8 | 64.2 |

注：1. 本表数据按可比价格计算。
2. 三次产业贡献率指各产业增加值增量与GDP增量之比。

Note: I. The data of this table are calculated at comparable prices.
II. Share of the contributions of the three strata of industry to the growth of GDP refers to the proportion of the increment of the Value-added of each Industry to the increment of GDP.

# 1-24 三次产业对地区生产总值增长的拉动（1990-2013年）

## Contribution of the Three Strata of Industry to the Growth of GDP (1990-2013)

单位：百分点 (percentage points)

| 年 份<br>Year | 地区生产总值<br>Gross Domestic Product | 第一产业<br>Primary Industry | 第二产业<br>Secondary Industry | #工 业<br>Industry | 第三产业<br>Tertiary Industry |
|---|---|---|---|---|---|
| 1990 | 11.3 | 0.2 | 4.2 | 4.6 | 6.9 |
| 1991 | 16.3 | 0.7 | 11.6 | 10.6 | 4.0 |
| 1992 | 23.3 | 1.4 | 13.1 | 11.7 | 8.8 |
| 1993 | 26.4 | 0.1 | 16.3 | 13.7 | 10.0 |
| 1994 | 18.8 | 0.7 | 11.8 | 9.3 | 6.3 |
| 1995 | 16.4 | 0.2 | 8.9 | 8.4 | 7.3 |
| 1996 | 12.4 | 0.2 | 7.1 | 7.1 | 5.1 |
| 1997 | 13.4 | 0.2 | 6.9 | 6.9 | 6.3 |
| 1998 | 13.1 | 0.2 | 6.6 | 6.0 | 6.3 |
| 1999 | 13.2 | 0.4 | 8.2 | 7.2 | 4.6 |
| 2000 | 13.3 | 0.1 | 6.6 | 6.2 | 6.6 |
| 2001 | 12.7 | 0.1 | 4.5 | 4.0 | 8.1 |
| 2002 | 13.2 | 0.3 | 5.0 | 4.8 | 7.9 |
| 2003 | 15.2 | 0.1 | 8.6 | 8.5 | 6.5 |
| 2004 | 15.0 | 0.2 | 7.3 | 7.0 | 7.5 |
| 2005 | 12.9 | 0.2 | 5.6 | 5.4 | 7.1 |
| 2006 | 14.9 | -0.1 | 6.6 | 6.4 | 8.4 |
| 2007 | 15.3 | 0.1 | 5.6 | 5.6 | 9.6 |
| 2008 | 12.5 | 0.1 | 4.4 | 4.3 | 8.0 |
| 2009 | 11.7 | 0.1 | 3.6 | 3.3 | 8.0 |
| 2010 | 13.2 | 0.1 | 5.0 | 4.5 | 8.1 |
| 2011 | 11.3 | 0.1 | 4.3 | 3.9 | 6.9 |
| 2012 | 10.5 | 0.1 | 3.2 | 3.1 | 7.2 |
| 2013 | 11.6 | 0.1 | 4.1 | 4.0 | 7.4 |

注：1. 本表数据按可比价格计算。
2. 三次产业拉动指GDP增长速度与各产业贡献率之乘积。

Note: I. The data of this table are calculated at comparable prices.
II. Contribution of the three strata of industry to the growth of GDP refers to the growth rate of GDP multiplied by the contribution share of each industry.

# 1-25 三大需求对地区生产总值增长的贡献率和拉动（1991-2013年）

## Contribution Share and Contribution of the Three Components of GDP to the Growth of GDP (1991-2013)

| 年 份<br>year | 最终消费支出<br>Final Consumption Expenditure | | 资本形成总额<br>Gross Capital Formation | | 货物和服务净流出<br>Net Exports of Goods and Services | |
|---|---|---|---|---|---|---|
| | 贡献率<br>(%)<br>Contribution Share<br>(%) | 拉 动<br>(百分点)<br>Contribution<br>(percentage points) | 贡献率<br>(%)<br>Contribution Share<br>(%) | 拉 动<br>(百分点)<br>Contribution<br>(percentage points) | 贡献率<br>(%)<br>Contribution Share<br>(%) | 拉 动<br>(百分点)<br>Contribution<br>(percentage points) |
| 1991 | 9.6 | 1.6 | 41.4 | 6.7 | 49.0 | 8.0 |
| 1992 | 37.1 | 8.6 | 133.9 | 31.2 | -71.0 | -16.5 |
| 1993 | 21.1 | 5.6 | 68.5 | 18.1 | 10.4 | 2.7 |
| 1994 | 32.1 | 6.0 | 75.7 | 14.2 | -7.8 | -1.4 |
| 1995 | 31.5 | 5.2 | 59.6 | 9.8 | 8.9 | 1.4 |
| 1996 | 30.6 | 3.8 | 4.6 | 0.6 | 64.8 | 8.0 |
| 1997 | 39.3 | 5.3 | -3.7 | -0.5 | 64.4 | 8.6 |
| 1998 | 35.9 | 4.7 | 55.7 | 7.3 | 8.4 | 1.1 |
| 1999 | 51.5 | 6.8 | 33.9 | 4.5 | 14.6 | 1.9 |
| 2000 | 59.2 | 7.9 | 13.8 | 1.8 | 27.0 | 3.6 |
| 2001 | 63.7 | 8.1 | 28.3 | 3.6 | 8.0 | 1.0 |
| 2002 | 55.6 | 7.3 | 21.2 | 2.8 | 23.2 | 3.1 |
| 2003 | 43.8 | 6.7 | 17.4 | 2.6 | 38.8 | 5.9 |
| 2004 | 26.4 | 4.0 | 42.4 | 6.4 | 31.2 | 4.6 |
| 2005 | 46.8 | 6.0 | -8.5 | -1.1 | 61.7 | 8.0 |
| 2006 | 39.2 | 5.9 | 39.1 | 5.8 | 21.7 | 3.2 |
| 2007 | 43.9 | 6.7 | 18.4 | 2.8 | 37.7 | 5.8 |
| 2008 | 47.8 | 6.0 | 33.9 | 4.2 | 18.3 | 2.3 |
| 2009 | 53.9 | 6.3 | 61.8 | 7.2 | -15.7 | -1.8 |
| 2010 | 67.9 | 9.0 | 44.0 | 5.8 | -11.9 | -1.6 |
| 2011 | 49.2 | 5.6 | 17.5 | 2.0 | 33.3 | 3.7 |
| 2012 | 47.0 | 4.9 | 50.8 | 5.4 | 2.2 | 0.2 |
| 2013 | 42.3 | 4.9 | 39.7 | 4.6 | 18.0 | 2.1 |

注：1. 本表数据按可比价格计算。
2. 三大需求指支出法计算的GDP的三大构成项目，即最终消费支出、资本形成总额、货物和服务净流出。
3. 贡献率指三大需求增量与支出法计算的GDP增量之比。
4. 拉动指GDP增长速度与三大需求贡献率的乘积。

Note: I. The data of this table are calculated at comparable prices.
II. Three Components of GDP by expenditure approached are final consumption expenditure, gross capital formation and net exports of goods and services.
III. Contribution Share of the three components to the increase of the GDP refers to the proportion of the increment of the each component of GDP by expenditure approach to the Increment of GDP.
IV. Contribution of the three components to GDP growth refers to the growth rate of GDP multiplied by the contribution share of the three components.

## 1-26 国有土地使用权出让、划拨情况

## Lease and Administrative Allocation of the Right to the Use of the State-owned Land

| 项　　目 | Item | 2012 | 2013 |
|---|---|---|---|
| **国有土地使用权出让** | **Lease of the Right to the Use of the State-owned Land** | | |
| 出让小计 | Lease Sub-total | | |
| 出让地块　(宗) | Number of Plots　(piece) | 164 | 187 |
| 出让面积　(万平方米) | Areas　(10000 sq.m) | 711.18 | 1038.72 |
| 成交价款　(万元) | Value of Transactions　(10000 yuan) | 2631305 | 6635097 |
| # 协议出让 | Lease by Negotiation | | |
| 出让地块　(宗) | Number of Plots　(piece) | 56 | 29 |
| 出让面积　(万平方米) | Areas　(10000 sq.m) | 107.96 | 63.62 |
| 成交价款　(万元) | Value of Transactions　(10000 yuan) | 268774 | 261974 |
| **国有土地使用权划拨** | **Allocation of the Right to the Use of the State-owned Land** | | |
| 划拨地块　(宗) | Number of Plots　(piece) | 92 | 140 |
| 划拨面积　(万平方米) | Areas　(10000 sq.m) | 170.82 | 447.22 |

注：1. 本表数据由广州市国土房管局提供。
2. 本表数据已剔除被解除合同数据。

Note: I. The data in this table are provided by Guangzhou Municipal Administration of Land, Resources and House.
II. The data in this table has excluded the part of terminated contracts.

## 1-27 城市房地产市场交易情况

## Transactions in Urban Real Estate Market

| 项　　目 | Item | 2012 | 2013 |
|---|---|---|---|
| **新建商品房现售** | **Newly-constructed Commercial Buildings Sold out** | | |
| 成交面积　(万平方米) | Transacted Floor Space　(10000 sq.m) | 118.04 | 127.05 |
| # 住　宅 | Residential Buildings | 65.40 | 65.06 |
| 成交金额　(万元) | Transacted Value　(10000 yuan) | 2015806 | 2230203 |
| # 住　宅 | Residential Buildings | 1110173 | 1072292 |
| 住宅成交套数　(套) | Number of Transacted Flats　(flat) | 4811 | 4758 |
| 新建商品房预售 | **Newly-constructed Commercial Buildings Sold in Advance** | | |
| 备案合同面积(万平方米) | Contracted Floor Space on Record　(10000 sq.m) | 851.29 | 770.20 |
| # 住　宅 | Residential Buildings | 702.28 | 644.40 |
| 备案合同金额　(万元) | Contracted Value on Record　(10000 yuan) | 13175394 | 13323958 |
| # 住　宅 | Residential Buildings | 9671327 | 10087197 |
| 住宅备案合同套数　(套) | Number of Contracted Flats on Record　(flat) | 63579 | 56997 |
| 存量房买卖 | **Sales of Buildings in Stock** | | |
| 成交面积　(万平方米) | Transacted Floor Space　(10000 sq.m) | 631.24 | 889.66 |
| # 住　宅 | Residential Buildings | 494.34 | 727.22 |
| 成交金额　(万元) | Transacted Value　(10000 yuan) | 6232899 | 10086493 |
| # 住　宅 | Residential Buildings | 4831343 | 8453377 |
| 住宅成交套数　(套) | Number of Transacted Flats　(flat) | 59605 | 88893 |

注:本表数据由广州市国土房管局提供。

Note: The data in this table are provided by Guangzhou Municipal Administration of Land, Resources and Houses.

## 1-28 劳动力市场情况
## Statistics on Labor Force Market

| 项 目 | Item | 2012 | 2013 |
|---|---|---|---|
| 职业介绍服务机构数 (个) | Number of Employment Service Institutions (unit) | 876 | 925 |
| 劳动部门所属 | Run by Labor Departments | 205 | 175 |
| 非劳动部门所属 | Run by Non-labor Departments | 671 | 750 |
| 年末实有外省劳动力 (万人) | Number of Laborers Flowing in from Other Provinces at Year-end (10000 persons) | 293.15 | 290.42 |
| 年新增加的外省劳动力 (万人) | Number of Newly Increased Laborers Flowing in from Other Provinces at Year-end (10000 persons) | 53.81 | |
| 年末实有省内外来劳动力(万人) | Number of Laborers Flowing in from Guangdong Province at Year-end(10000 persons) | 121.05 | 124.05 |
| 城 镇 | Urban Areas | 35.02 | 35.77 |
| 农 村 | Rural Areas | 86.03 | 88.28 |

注："年新增加的外省劳动力"指标从2013年起按人社部的要求不再采集。
Note: Since 2013, number of newly increased laborers flowing in from other provinces at year-end has been canceled.

## 1-29 技术市场交易情况
## Statistics on Transactions in Technological Market

| 项 目 | Item | 2012 | | 2013 | |
|---|---|---|---|---|---|
| | | 合同数(项) Numbers of Contracts (unit) | 金额(万元) Value (10000 yuan) | 合同数(项) Numbers of Contracts (unit) | 金额(万元) Value (10000 yuan) |
| 买方市场 | Buyers' Market | 8394 | 1981048 | 8686 | 2228378 |
| 机关法人 | Official Organ as Juridical Person | 1391 | 155079 | 1326 | 143281 |
| 事业法人 | Institution as Juridical Person | 1100 | 111674 | 1242 | 68312 |
| 社团法人 | Mass Organization as Juridical Person | 25 | 2640 | 26 | 1164 |
| 企业法人 | Corporate as Juridical Person | 5650 | 1427125 | 5840 | 1926539 |
| 自然人 | Natural Person | 10 | 477 | 22 | 1181 |
| 其他组织 | Others | 218 | 284053 | 230 | 87901 |
| 卖方市场 | Sellers' Market | 8394 | 1981048 | 8686 | 2228378 |
| 机关法人 | Official Organ as Juridical Person | 3 | 107 | 8 | 389 |
| 事业法人 | Institution as Juridical Person | 3122 | 115599 | 3388 | 331277 |
| 社团法人 | Mass Organization as Juridical Person | 7 | 265 | 5 | 249 |
| 企业法人 | Corporate as Juridical Person | 5232 | 1862920 | 5261 | 1894321 |
| 自然人 | Natural Person | 28 | 2134 | 22 | 1868 |
| 其他组织 | Others | 2 | 23 | 2 | 274 |

# 1-30 公有制经济主要指标（2013年）

# Main Indicators of Public-owned Economy (2013)

单位：万元、% (10000 yuan, %)

| 项目 | Item | 全市 Total | #公有制经济 Public-owned Economy | 公有制经济占全市的比重 Ratio of Public-owned Economy to Total |
|---|---|---|---|---|
| 地区生产总值 | Gross Domestic Product | 154201434 | 66593592 | 43.19 |
| 规模以上工业 | Above Designated Size Industry | | | |
| 工业总产值 | Gross Industrial Output Value | 171987181 | 58548355 | 34.04 |
| 工业增加值 | Value Added | 44491105 | 15013060 | 33.74 |
| 产品销售收入 | Sales Revenue | 165067607 | 56266001 | 34.09 |
| 建筑业 | Construction | | | |
| 建筑业增加值 | Value Added | 4725256 | 2437311 | 51.58 |
| 固定资产投资中:建筑安装工程投资 | Investment in Construction Installation | 29692453 | 12016480 | 40.47 |
| 交通运输、仓储和邮政业 | Transport, Storage and Post | | | |
| 交通运输、仓储和邮政业增加值 | Value Added | 10107596 | 5463698 | 54.06 |
| 货物运输量 （万吨） | Freight Traffic (10000 tons) | 89099 | 50656 | 56.85 |
| 货物周转量 （万吨/公里） | Freight Ton-kilometers (10000 tons/kilometer) | 68224384 | 63714341 | 93.39 |
| 客运量 （万人次） | Passenger Traffic (10000 persons-times) | 89269 | 60943 | 68.26 |
| 旅客周转量 （万人/公里） | Passenger-kilometers (10000 persons/kilometer) | 22776307 | 19984641 | 87.74 |
| 邮政业务收入 | Revenue of Post | 1256412 | 255033 | 20.29 |
| 批发和零售业、住宿和餐饮业 | Wholesale, Retail Trade, Hotels and Catering Services | | | |
| 批发和零售业增加值 | Value Added of Wholesale and Retail Trade | 22693097 | 6921990 | 30.50 |
| 住宿和餐饮业增加值 | Value Added of Hotel and Catering Services | 4168317 | 252711 | 6.06 |
| 社会消费品零售总额 | Total Retail Sales of Consumer Goods | 68828473 | 11127395 | 16.17 |
| 商品销售总额 | Total Value of Commodities Sold | 413349006 | 133911502 | 32.40 |

# 1-31 各区、县级市国民经济主要指标（2013年）

| 项目 | | Item | |
|---|---|---|---|
| 土地面积 | （平方公里） | Total Land Area | (10000 sq.m) |
| 年末户籍人口 | （人） | Year-end Population by household registered | (person) |
| 街道办事处 | （个） | Street Communities | (unit) |
| 镇 | （个） | Towns | (unit) |
| 社区居委会 | （个） | Community Committees | (unit) |
| 村民委员会 | （个） | Village Committees | (unit) |
| 地区生产总值 | （万元） | Gross Domestic Product | (10000 yuan) |
| 第一产业 | （万元） | Primary Industry | |
| 第二产业 | （万元） | Secondary Industry | |
| # 工业 | | Value Added of Industry | |
| 第三产业 | （万元） | Tertiary Industry | |
| 年末全社会从业人员 | （人） | Total Number of Employed Persons at Year-end | (person) |
| # 城镇非私营单位在岗职工年末人数 | （人） | Number of Fully Employed Staff and Workers in Urban Units at Year-end | (person) |
| 城镇非私营单位在岗职工工资总额 | （万元） | Total Wages of Fully Employed Staff and Workers in Urban Units | (10000 yuan) |
| 城镇非私营单位在岗职工年平均工资 | （元） | Average Wages of Fully Employed Staff and Workers in Urban Units | (yuan) |
| 固定资产投资额（按法人单位办公所在地分） | （万元） | Investment in Fixed Assets (by legal person office location) | (10000 yuan) |
| 固定资产投资额（按项目所在地分） | （万元） | Investment in Fixed Assets (by project location) | (10000 yuan) |
| 建筑和安装工程 | （万元） | Construction and Erection Engineering | (10000 yuan) |
| 新增固定资产（按法人单位办公所在地分） | （万元） | Newly-increased Investment in Fixed Assets (by legal person office location) | (10000 yuan) |
| 公共财政收入 | （万元） | Public Government Revenue | (10000 yuan) |
| 公共财政支出 | （万元） | Public Government Expenditure | (10000 yuan) |
| 农林牧渔业总产值 | （万元） | Gross Output Value of Agriculture | (10000 yuan) |
| 社会消费品零售总额 | （万元） | Total Retail Sales of Consumer Goods | (10000 yuan) |
| 实际使用外商直接投资金额 | （万美元） | Foreign Direct Capital Actually Utilized | (USD 10000) |
| 普通中学学校数 | （所） | Number of Regular Secondary Schools | (unit) |
| 普通中学在校学生数 | （人） | Number of Students Enrolled in Regular Secondary Schools | (person) |
| 小学学校数 | （所） | Number of Primary Schools | (unit) |
| 小学在校学生数 | （人） | Number of Students Enrolled in Primary Schools | (person) |
| 幼儿园数 | （所） | Number of Kindergartens | (unit) |
| 幼儿园在园人数 | （人） | Number of Children Enrolled | (person) |
| 各类卫生机构数 | （个） | Number of Health Institutions | (unit) |
| # 医　院 | | Hospitals | |
| 各类卫生机构床位数 | （张） | Number of Beds | (unit) |
| # 医　院 | | Hospitals | |
| 卫生技术人员 | （人） | Medical Technical Personnel | (person) |
| # 执业（助理）医师 | | Licensed (Assistant) Doctors | |

# Main Indicators of National Economic by District and County-level City (2013)

| 荔湾区 Liwan | 越秀区 Yuexiu | 海珠区 Haizhu | 天河区 Tianhe | 白云区 Baiyun | 黄埔区 Huangpu | 番禺区 Panyu | 花都区 Huadu | 南沙区 Nansha | 萝岗区 Luogang | 增城市 Zengcheng | 从化市 Conghua |
|---|---|---|---|---|---|---|---|---|---|---|---|
| 59.10 | 33.80 | 90.40 | 96.33 | 795.79 | 90.95 | 529.94 | 970.04 | 783.86 | 393.22 | 1616.47 | 1974.50 |
| 715621 | 1175164 | 988878 | 809469 | 881536 | 206436 | 820596 | 687314 | 372322 | 209053 | 854448 | 602259 |
| 22 | 18 | 18 | 21 | 18 | 9 | 11 | 4 | 3 | 5 | 4 | 3 |
| | | | | 4 | | 5 | 6 | 6 | 1 | 7 | 5 |
| 195 | 267 | 257 | 205 | 253 | 59 | 87 | 50 | 28 | 31 | 55 | 46 |
| | | | | 118 | | 177 | 188 | 128 | 28 | 282 | 221 |
| 8684148 | 23751500 | 11373091 | 28009046 | 13293979 | 7014608 | 13664300 | 9022697 | 9087220 | 18928868 | 8524624 | 2847353 |
| 48997 | | 21319 | 28265 | 341183 | 12579 | 251186 | 301085 | 452115 | 66711 | 534834 | 226356 |
| 2013267 | 558301 | 1669251 | 3658776 | 3069822 | 4120704 | 4750892 | 5325273 | 6747357 | 14266486 | 4767794 | 1325508 |
| 1843983 | 198908 | 971096 | 3055352 | 2692478 | 4060596 | 4039214 | 5146633 | 6466736 | 13449008 | 4488490 | 1135681 |
| 6621884 | 23193199 | 9682521 | 24322005 | 9882974 | 2881325 | 8662222 | 3396339 | 1887748 | 4595671 | 3221996 | 1295489 |
| 307871 | 875725 | 552283 | 955306 | 1030416 | 191068 | 1052426 | 710253 | 397339 | 510773 | 647074 | 368761 |
| 130071 | 487257 | 273647 | 565999 | 279694 | 130330 | 258485 | 173754 | 145177 | 450248 | 134403 | 70408 |
| 856574 | 3638065 | 2002632 | 4645452 | 1979570 | 848803 | 1429114 | 958534 | 767858 | 2936121 | 707165 | 337894 |
| 64445 | 75594 | 73802 | 90684 | 71041 | 65789 | 53982 | 55446 | 53258 | 67378 | 52461 | 47656 |
| 1793234 | 3422542 | 6087602 | 8019938 | 4203014 | 1075961 | 4569354 | 2373508 | 2567381 | 5796501 | 3100680 | 1535793 |
| 2331245 | 2193892 | 3797306 | 7029478 | 5199479 | 1202066 | 5386188 | 2891333 | 3021235 | 6201302 | 3455867 | 1836117 |
| 1482749 | 1191395 | 2532676 | 4845817 | 2140892 | 601758 | 4498187 | 2045512 | 2551947 | 4096765 | 2509047 | 1195708 |
| 1043330 | 1661479 | 2556520 | 7667584 | 3496292 | 511336 | 2531424 | 1709309 | 1513773 | 4965492 | 2311990 | 710384 |
| 407649 | 468831 | 466288 | 581816 | 519531 | 171448 | 729836 | 664287 | 525772 | 1098127 | 629948 | 296720 |
| 567689 | 709628 | 688501 | 814823 | 703314 | 304273 | 994184 | 764791 | 761111 | 1359454 | 736524 | 402389 |
| 73371 | | 35688 | 59573 | 584567 | 19622 | 429408 | 525006 | 735514 | 127223 | 925241 | 384550 |
| 6124174 | 10707205 | 7313099 | 14997903 | 8551008 | 1074619 | 8867151 | 3378237 | 1473100 | 2562422 | 2729009 | 1050546 |
| 20300 | 36880 | 17019 | 62154 | 7044 | 6740 | 27170 | 37803 | 95613 | 149634 | 12604 | 2499 |
| 40 | 35 | 36 | 52 | 70 | 18 | 58 | 73 | 21 | 14 | 50 | 27 |
| 40868 | 59897 | 47956 | 51636 | 67653 | 13909 | 72825 | 56098 | 23298 | 13734 | 60311 | 38756 |
| 52 | 53 | 84 | 75 | 182 | 28 | 128 | 87 | 60 | 27 | 95 | 65 |
| 53551 | 58355 | 80308 | 99622 | 145778 | 29953 | 117786 | 109375 | 35685 | 19828 | 72074 | 36948 |
| 101 | 114 | 180 | 172 | 299 | 54 | 252 | 105 | 78 | 34 | 113 | 60 |
| 22977 | 29349 | 37617 | 40389 | 70942 | 13463 | 61836 | 32077 | 15536 | 8095 | 31859 | 14588 |
| 211 | 308 | 270 | 420 | 585 | 122 | 390 | 377 | 189 | 126 | 393 | 338 |
| 25 | 37 | 21 | 29 | 40 | 8 | 26 | 9 | 11 | 4 | 8 | 4 |
| 4647 | 21167 | 8272 | 8837 | 10989 | 2035 | 5617 | 3312 | 1377 | 1336 | 2942 | 2770 |
| 4497 | 19215 | 7515 | 8295 | 10204 | 1775 | 5449 | 2168 | 1235 | 786 | 1857 | 1868 |
| 7401 | 33430 | 12811 | 14756 | 14583 | 2533 | 9675 | 6204 | 2591 | 1883 | 5223 | 3712 |
| 2845 | 10727 | 4192 | 5185 | 5347 | 957 | 3524 | 2167 | 972 | 752 | 1769 | 1257 |

# 1-32 广州开发区国民经济主要指标
## Main Indicators of National Economy of Guangzhou Development Zone

| 项　　目 | Item | 2012 | 2013 |
|---|---|---|---|
| 年末社会从业人员 (人) | Year-end Employed Persons (person) | 390104 | 410715 |
| # 工业从业人员 | Employed Persons in Industry | 310108 | 333787 |
| 地区生产总值 (万元) | Gross Domestic Product (10000 yuan) | 20081900 | 21100057 |
| 第一产业 | Primary Industry | 69645 | 69730 |
| 第二产业 | Secondary Industry | 14405924 | 14796139 |
| 工　业 | Industry | 13604039 | 13976108 |
| 建筑业 | Construction | 801885 | 820031 |
| 第三产业 | Tertiary Industry | 5606331 | 6234188 |
| 固定资产投资额 (万元) | Investment in Fixed Assets (10000 yuan) | 4580810 | 5598256 |
| #基础(公共)设施 | Infrastructure | 1301619 | 1600595 |
| 工业项目 | Industry | 1653052 | 1758421 |
| 区内税收 (万元) | Tax (10000 yuan) | 4018099 | 4254639 |
| 利润总额 (万元) | Total Profits (10000 yuan) | 5014605 | 4439565 |
| # 工业利润 | Industry | 3036290 | 3649067 |
| 地方可支配财力 (万元) | Local Disposable Financial Resources (10000 yuan) | 1950307 | 2075952 |
| 地方财政支出 (万元) | Local Government Financial Expenditure (10000 yuan) | 1800965 | 1938102 |
| 工业总产值 (万元) | Gross Industrial Output Value (10000 yuan) | 50037845 | 51809200 |
| # 港澳台企业产值 | Enterprises with Funds from Hong Kong, Macao and Taiwan | 45329284 | 45373227 |
| 工业销售产值 (万元) | Output Value of Industrial Products Sold (10000 yuan) | 47285764 | 48215048 |
| 商品销售总额 (万元) | Total Sales of Industrial Products (10000 yuan) | 21656718 | 25653100 |
| 外贸出口总值 (万美元) | Total Exports (USD 10000) | 1700184 | 1535647 |
| 外贸进口总值 (万美元) | Total Imports (USD 10000) | 2210895 | 2029077 |
| 利用外资项目(合同)数(个) | Number of Projects (Contracts) for Utilization of Foreign Capital(USD 10000) | 79 | 97 |
| 合同利用外资金额(万美元) | Contracted Value of Foreign Capital to be Utilized (USD 10000) | 210000 | 220627 |
| 实际利用外资 (万美元) | Total Amount of Foreign Capital Actually Used (USD 10000) | 140063 | 149634 |
| # 外商直接投资 | Direct Foreign Investment | 140063 | 149634 |
| 在校学生数 (人) | Students Enrollment (person) | 40694 | 41688 |
| # 中学生 | Number of Students Enrollment of Secondary Schools | 14221 | 13734 |
| 小学生 | Number of Students Enrollment of Primary Schools | 18561 | 19828 |
| 专业卫生技术人员 (人) | Medical Technical Personnel (person) | 2311 | 2511 |

注：1. 广州开发区包括广州经济技术开发区、广州保税区、广州高新技术产业开发区和广州出口加工区。
　　2. 受2013年南方航空集团公司上报数据口径调整影响，开发区利润总额数据口径进行相应调整。

Note: I.The indicators include Guangzhou economic and technological development zone, Guangzhou bonded zone, Guangzhou hi-tech development zone and Guangzhou exportance manufacturing district.

II.The new coverage of Total Profits of Guangzhou Development Zone has been adopted because of the adjustment of the data coverage of China southern airlines group in 2013.

## 1-33 广州保税区国民经济主要指标

## Main Indicators of National Economy of Guangzhou Bonded Zone

| 项　　目 | | Item | | 2012 | 2013 |
|---|---|---|---|---|---|
| 工业增加值 | (万元) | Value-added of Industry | (10000 yuan) | 161667 | 195867 |
| 工业总产值 | (万元) | Gross Industrial Output Value | (10000 yuan) | 714708 | 753335 |
| 固定资产投资额 | (万元) | Investment in Fixed Assets | (10000 yuan) | 14334 | 136701 |
| 外贸出口总值 | (万美元) | Total Exports | (USD 10000) | 152216 | 110407 |
| 合同利用外资金额 | (万美元) | Foreign Capital to be Utilized in the Signed Agreements and Contracts | (USD 10000) | 3578 | 2900 |
| 实际利用外资 | (万美元) | Foreign Capital Actually Utilized | (USD 10000) | 3219 | 1358 |
| 外商投资企业 | | Foreign Investment Enterprises | | | |
| 项目(合同)数 | (个) | Number Of Projects (Contracts) | (unit) | 2 | 5 |
| 项目总投资 | (万美元) | Total Investment of Projects | (USD 10000) | 7546 | 12310 |
| 国内投资企业 | | Domestic Investment Enterprises | | | |
| 批准项目数 | (个) | Number of Projects Approved | (unit) | 43 | 44 |
| 注册资本 | (万元) | Registered Capital | (10000 yuan) | 8445 | 17560 |
| 进出区货物总值 | (万美元) | Total Value of Imports and Exports | (USD 10000) | 1663907 | 350813 |
| # 出口总值 | (万美元) | Exports | (USD 10000) | 152216 | 110407 |
| 进口总值 | (万美元) | Imports | (USD 10000) | 306541 | 240406 |
| 税收总额 | (万元) | Total Taxes | (10000 yuan) | 101694 | 87070 |

## 1-34 广州高新技术产业开发区国民经济主要指标

## Main Indicators of National Economy of Guangzhou Hi-tech Development Zone

| 项　　目 | | Item | | 2012 | 2013 |
|---|---|---|---|---|---|
| 营业总收入 | (万元) | Revenue | (10000 yuan) | 41063240 | 46801779 |
| 工业总产值 | (万元) | Gross Industrial Output Value | (10000 yuan) | 30331186 | 35014146 |
| 高新区企业数 | (个) | Number of Enterprises in Development Zone | (unit) | 5244 | 5317 |
| 认定高新技术企业数 | (个) | Number of Enterprises Certified | (unit) | 835 | 902 |
| 港澳台企业数 | (个) | Number of Enterprises with Funds from Hong Kong, Macao and Taiwan | (unit) | 1314 | 1387 |
| 职工人数 | (人) | Number of Staff and Workers | (person) | 431616 | 448690 |
| 利税总额 | (万元) | Total Profits and Taxes | (10000 yuan) | 4014883 | 3672230 |
| 合同利用外资 | (万美元) | Foreign Capital to be Utilized in the Signed Agreements and Contracts | (USD 10000) | 123191 | 20179 |
| 实际利用外资 | (万美元) | Foreign Capital Actually Utilized | (USD 10000) | 24333 | 62324 |

# 1-35 私营企业基本情况（2013年末，按行业分）

| 项　　目 | Item |
|---|---|
| 总　计 | **Total** |
| 农林牧渔业 | Agriculture, Forestry, Animal Husbandry and Fishing |
| 采矿业 | Mining |
| 制造业 | Manufacturing |
| 电力、热力、燃气及水生产和供应业 | Production and Supply of Electricity, Heat,Gas and Water |
| 建筑业 | Construction |
| 批发和零售业 | Wholesale and Retail Trade |
| 交通运输、仓储和邮政业 | Transport, Storage and Post |
| 住宿和餐饮业 | Hotels and Catering Services |
| 信息传输、软件和信息技术服务业 | Information Transmission, Software and Information Technology |
| 金融业 | Financial Intermediation |
| 房地产业 | Real Estate |
| 租赁和商务服务业 | Leasing and Business Services |
| 科学研究和技术服务业 | Scientific Research and Technical Services |
| 水利、环境和公共设施管理业 | Management of Water Conservancy, Environment and Public Facilities |
| 居民服务、修理和其他服务业 | Service to Households, Repair and Other Services |
| 教育 | Education |
| 卫生和社会工作 | Health and Social Service |
| 文化、体育和娱乐业 | Culture, Sports and Entertainment |
| 其他 | Others |

注:本表数据由广州市工商行政管理局提供。

## Basic Statistics on Private Enterprises (Year-end of 2013, by Sector)

| 全市 Total | | | # 城镇 Urban Areas | | |
|---|---|---|---|---|---|
| 户数 (户) Number of Enterprises (unit) | 投资者和雇工人数 (人) Investors and Employees (person) | 注册资金 (万元) Registered Capital (10000 yuan) | 户数 (户) Number of Enterprises (unit) | 投资者和雇工人数 (人) Investors and Employees (person) | 注册资金 (万元) Registered Capital (10000 yuan) |
| **296020** | **904499** | **48122086** | **227040** | **706568** | **36613221** |
| 991 | 3839 | 202902 | 725 | 2752 | 144482 |
| 18 | 182 | 3286 | 15 | 130 | 3143 |
| 45019 | 185963 | 5388008 | 32640 | 127947 | 3860011 |
| 139 | 665 | 66930 | 99 | 541 | 59025 |
| 13107 | 39479 | 2754637 | 10105 | 32299 | 2089322 |
| 110538 | 300984 | 10857103 | 85261 | 240820 | 8740777 |
| 9345 | 25682 | 1458588 | 7230 | 20861 | 1161517 |
| 5275 | 20330 | 265410 | 4119 | 14922 | 175550 |
| 8811 | 33352 | 2045462 | 7376 | 29257 | 1755483 |
| 430 | 1654 | 2157645 | 300 | 1304 | 1596055 |
| 10584 | 33589 | 4081168 | 7728 | 26873 | 2446679 |
| 42964 | 121702 | 12342765 | 33860 | 100592 | 9541223 |
| 37875 | 99413 | 5485669 | 29034 | 79558 | 4222298 |
| 857 | 3776 | 232160 | 679 | 3129 | 188644 |
| 5760 | 20404 | 325261 | 4485 | 15396 | 267462 |
| 318 | 989 | 18422 | 239 | 881 | 16359 |
| 234 | 1837 | 63753 | 160 | 897 | 24670 |
| 3755 | 10659 | 372917 | 2985 | 8409 | 320521 |

Note: The data in this table are provided by Guangzhou Municipal Administration for Industry and Commerce.

# 1-36 私营企业基本情况（2013年末，按地区分）

## Basic Statistics on Private Enterprises (Year-end of 2013, by Region)

| 项　目 | Item | 年末户数（户）Number of Enterprises at Year-end (unit) | 年末人数（人）Number of Personnel at Year-end (person) | 投资者人数 Numbers of Investors | 雇工人数 Number of Employees |
|---|---|---|---|---|---|
| **合　计** | **Total** | **296020** | **904499** | **559805** | **344694** |
| # 荔湾分局 | Liwan Department | 14736 | 41054 | 27903 | 13151 |
| 越秀分局 | Yuexiu Department | 32082 | 92225 | 62288 | 29937 |
| 海珠分局 | Haizhu Department | 29147 | 71296 | 51940 | 19356 |
| 天河分局 | Tianhe Department | 71452 | 180660 | 138924 | 41736 |
| 白云分局 | Baiyun Department | 52026 | 134004 | 93738 | 40266 |
| 黄埔分局 | Huangpu Department | 8808 | 27014 | 17144 | 9870 |
| 番禺分局 | Panyu Department | 34460 | 135429 | 62126 | 73303 |
| 花都分局 | Huadu Department | 14115 | 49051 | 25335 | 23716 |
| 南沙分局 | Nansha Department | 4692 | 19045 | 8712 | 10333 |
| 萝岗分局 | Luogang Department | 7399 | 21829 | 15830 | 5999 |
| 增城分局 | Zengcheng Department | 11111 | 61973 | 20379 | 41594 |
| 从化分局 | Conghua Department | 3721 | 22669 | 6919 | 15750 |

# 1-37 城乡个体工商业基本情况

## Basic Statistics on Individual Business in Urban and Rural Areas

| 年 份<br>Year | 期末户数<br>(户)<br>Number of Year-end Enterprises<br>(unit) | 从业人数<br>(人)<br>Number of Employees<br>(person) | 注册资金<br>(万元)<br>Registered Capital<br>(10000 yuan) |
|---|---|---|---|
| 2000 | 226016 | 380941 | 404995 |
| 2001 | 250672 | 427923 | 490425 |
| 2002 | 245505 | 415817 | 660203 |
| 2003 | 230229 | 360809 | 585762 |
| 2004 | 244756 | 375349 | 546263 |
| 2005 | 285557 | 446874 | 592574 |
| 2006 | 308655 | 492191 | 603861 |
| 2007 | 417392 | 633234 | 701374 |
| 2008 | 469128 | 710642 | 754857 |
| 2009 | 552031 | 858694 | 912604 |
| 2010 | 596854 | 953510 | 999560 |
| 2011 | 661026 | 1031588 | 1166051 |
| 2012 | 675449 | 1055281 | 1262195 |
| 2013 | 716711 | 1127338 | 1434127 |

注:本表数据由广州市工商行政管理局提供。

Note: The data in this table are provided by Guangzhou Municipal Administration for Industry and Commerce.

# 1-38 城乡个体工商业基本情况（2013年末，按行业分）

| 项　目 | Item |
| --- | --- |
| 总　计 | **Total** |
| # 农林牧渔业 | Agriculture, Forestry, Animal Husbandry and Fishing |
| 采矿业 | Mining |
| 制造业 | Manufacturing |
| 电力、热力、燃气及水生产和供应业 | Production and Supply of Electricity, Heat,Gas and Water |
| 建筑业 | Construction |
| 批发和零售业 | Wholesale and Retail Trade |
| 交通运输、仓储和邮政业 | Transport, Storage and Post |
| 住宿和餐饮业 | Hotels and Catering Services |
| 信息传输、软件和信息技术服务业 | Information Transmission, Software and Information Technology |
| 金融业 | Financial Intermediation |
| 房地产业 | Real Estate |
| 租赁和商务服务业 | Leasing and Business Services |
| 科学研究和技术服务业 | Scientific Research and Technical Services |
| 水利、环境和公共设施管理业 | Management of Water Conservancy, Environment and Public Facilities |
| 居民服务、修理和其他服务业 | Service to Households, Repair and Other Services |
| 教育 | Education |
| 卫生和社会工作 | Health and Social Service |
| 文化、体育和娱乐业 | Culture, Sports and Entertainment |

注:本表数据由广州市工商行政管理局提供。

# Basic Statistics on Individual Business in Urban and Rural Areas
## (Year-end of 2013, by Sector)

| 户 数 (户) Number of Enterprises (unit) | # 城 镇 Urban Areas | 从业人员 (人) Number of Employed Persons (person) | # 城 镇 Urban Areas | 注册资金 (万元) Registered Capital (10000 yuan) | # 城 镇 Urban Areas |
|---|---|---|---|---|---|
| **716711** | **701636** | **1127338** | **1099465** | **1434127** | **1381632** |
| 4290 | 3921 | 9209 | 8107 | 87663 | 75300 |
| 1 | 1 | 1 | 1 | 18 | 18 |
| 59898 | 57896 | 203853 | 195551 | 212732 | 201405 |
| 109 | 45 | 194 | 76 | 11801 | 2472 |
| 3004 | 2900 | 5744 | 5546 | 10317 | 9982 |
| 527249 | 517694 | 673627 | 661394 | 804057 | 791988 |
| 6587 | 6539 | 9879 | 9799 | 21164 | 20959 |
| 50239 | 48944 | 114506 | 111430 | 133956 | 129757 |
| 1203 | 1112 | 1625 | 1499 | 1566 | 1493 |
| 689 | 673 | 1123 | 1075 | 2428 | 2079 |
| 8740 | 8584 | 14764 | 14486 | 18327 | 17993 |
| 3500 | 3399 | 5774 | 5616 | 5914 | 5766 |
| 86 | 84 | 191 | 182 | 326 | 320 |
| 48951 | 47701 | 81349 | 79242 | 91458 | 89791 |
| 66 | 66 | 111 | 111 | 253 | 253 |
| 468 | 461 | 1672 | 1662 | 13221 | 13170 |
| 1631 | 1616 | 3716 | 3688 | 18926 | 18886 |

Note: The data in this table are provided by Guangzhou Municipal Administration for Industry and Commerce.

# 1-39 内资企业基本情况（2013年末）

| 项　　目 | Item |
| --- | --- |
| **总　　计** | **Total** |
| **按行业分** | **Grouped by Sector** |
| 农林牧渔业 | Agriculture, Forestry, Animal Husbandry and Fishing |
| 采矿业 | Mining |
| 制造业 | Manufacturing |
| 电力、热力、燃气及水生产和供应业 | Production and Supply of Electricity, Heat,Gas and Water |
| 建筑业 | Construction |
| 批发和零售业 | Wholesale and Retail Trade |
| 交通运输、仓储和邮政业 | Transport, Storage and Post |
| 住宿和餐饮业 | Hotels and Catering Services |
| 信息传输、软件和信息技术服务业 | Information Transmission, Software and Information Technology |
| 金融业 | Financial Intermediation |
| 房地产业 | Real Estate |
| 租赁和商务服务业 | Leasing and Business Services |
| 科学研究和技术服务业 | Scientific Research and Technical Services |
| 水利、环境和公共设施管理业 | Management of Water Conservancy, Environment and Public Facilities |
| 居民服务、修理和其他服务业 | Service to Households, Repair and Other Services |
| 教育 | Education |
| 卫生和社会工作 | Health and Social Service |
| 文化、体育和娱乐业 | Culture, Sports and Entertainment |
| 其他 | Others |

注：1. 本表数据由广州市工商行政管理局提供。
　　2. 本表不包括私营企业。

# Basic Statistics on Domestic-Funded Enterprises (Year-end of 2013)

| 企业数 (户) Numbers of Enterprises (unit) | # 国有企业 Stated-owned Enterprises | # 集体企业 Collective-owned Enterprises | # 公司 Corporations | # 其他企业 Other Enterprises | 注册资金 (万元) Registered Capital (10000 yuan) |
|---|---|---|---|---|---|
| **40508** | **3137** | **5755** | **26486** | **5130** | **59181364** |
| 297 | 64 | 84 | 141 | 8 | 109894 |
| 12 | 5 | 3 | 4 | | 8359 |
| 4237 | 377 | 1064 | 1575 | 1221 | 7783086 |
| 272 | 36 | 60 | 172 | 4 | 1669226 |
| 2013 | 301 | 270 | 1307 | 135 | 6748481 |
| 13093 | 995 | 2882 | 6935 | 2281 | 5294597 |
| 2079 | 356 | 162 | 1443 | 118 | 3273466 |
| 1282 | 190 | 102 | 598 | 392 | 693586 |
| 1149 | 12 | 14 | 1092 | 31 | 741968 |
| 3350 | 11 | 7 | 3328 | 4 | 4598053 |
| 3524 | 141 | 477 | 2820 | 86 | 7029488 |
| 4808 | 305 | 279 | 4014 | 210 | 16889925 |
| 2560 | 184 | 142 | 2102 | 132 | 2947120 |
| 225 | 30 | 26 | 164 | 5 | 865878 |
| 906 | 64 | 125 | 322 | 395 | 203849 |
| 131 | 11 | 26 | 84 | 10 | 18211 |
| 69 | 1 | 4 | 59 | 5 | 35591 |
| 498 | 53 | 28 | 324 | 93 | 269971 |
| 3 | 1 | | 2 | | 615 |

Note: I. The data in this table are provided by Guangzhou Municipal Administration for Industry and Commerce.
II. This table excludes private enterprises.

【地区生产总值】指按市场价格计算的一个地区所有常住单位在一定时期内生产活动的最终成果。

地区生产总值有三种核算方法，即生产法、收入法和支出法。三种方法分别从不同的角度反映国民经济生产活动成果。

支出法是从最终使用的角度反映生产活动最终成果的方法。最终使用包括最终消费支出、资本形成总额及货物和服务净流出三部分，计算公式为：支出法地区生产总值=最终消费支出+资本形成总额+货物和服务净流出。

【三次产业】根据社会生产活动历史发展的顺序对产业结构的划分，产品直接取自自然界的部门称为第一产业，对初级产品进行再加工的部门称为第二产业。为生产消费提供各种服务的部门称为第三产业。它是世界上通用的产业结构分类，但各国的划分不尽一致。我国2002年版国民经济行业分类标准：

第一产业：农、林、牧、渔业（包括农业、林业、畜牧业、渔业和农、林、牧、渔服务业）。

第二产业：工业（包括采矿业、制造业、电力、燃气及水的生产及供应业）和建筑业。

第三产业：除第一、第二产业以外的其他各业。

【最终消费支出】指常住单位为满足物质、文化和精神生活的需要，从本地区经济区域和地区外购买的货物和服务的支出。它不包括非常住单位在本地区经济区域内的消费支出。最终消费支出包括居民消费支出和政府消费支出。

【居民消费支出】指常住住户在一定时期内对货物和服务的全部最终消费支出，包括以货币形式购买的货物和服务，以实物报酬和实物转移方式获得的货物和服务，自产自用的货物和服务，自有住房服务，金融中介服务。

【政府消费支出】指政府部门为全社会提供公共服务的消费支出，等于政府部门的产出价值减去政府部门所获得的经营收入，政府部门产出价值等于它的经常性业务支出加上固定资产折旧。

【资本形成总额】常住单位在一定时期内获得减去处置的固定资产和存货的净额，包括固定资本形成总额和存货增加部分。

【固定资本形成总额】指常住单位在一定时期内购置、转入和自产自用的固定资产价值，扣除销售和转出的价值，包括有形固定资本形成总额和无形固定资本形成总额。

【存货增加】指常住单位在核算期内存货实物量变动的市场价值，即期末价值减期初价值的差额，再扣除当期由于价格变动而产生的持有收益。

【可比价格】指在不同时期的价值指标对比时，扣除了价格变动的因素，以确切反映物量的变化。按可比价格计算有两种方法：一种是直接用产品产量乘某一年的不变价格计算；另一种是用价格指数换算。

【平均每年增长速度】在我国计算平均增长速度有两种方法。一种是习惯上经常使用的“水平法”，又称几何平均法，是以间隔期最后一年的水平同基期水平对比来计算平均每年增长（或下降）速度；另一种是“累计法”，又称代数平均法或方程法，是以间隔期内各年水平的总和同基期水平对比来计算平均每年增长（或下降）速度。

在一般正常情况下，两种方法计算的平均每年增长速度比较接近。但在经济发展不平衡，出现大起大落时，两种方法计算的结果差别较大。

本年鉴内所列的平均每年增长速度，除固定资产投资、直接吸收外资是用“累计法”计算以外，其余均用“水平法”计算。从某年到某年平均增长速度的年份，均不包括基期年在内。如1979—2004年平均增长速度是以1978年为基期计算的，余类推。

【国有企业】指企业全部资产归国家所有，并按《中华人民共和国企业法人登记管理条例》规定登记注册的非公司制的经济组织。不包括有限责任公司中的国有独资公司。

【集体企业】指企业资产归集体所有，并按《中华人民共和国企业法人登记管理条例》规定登记注册的经济组织。

【股份合作企业】指以合作制为基础，由企业职工共同出资入股，吸收一定比例的社会资产投资组建，实行自主经营，自负盈亏，共同劳动，民主管理，按劳动分配与按股分红相结合的一种集体经济组织。

【联营企业】指两个及两个以上相同或不同所有制性质的企业法人或事业单位法人，按自愿、平等、互利的原则，共同投资组成的经济组织。联营企业包括国有联营企业、集体联营企业、国有与集体联营企业和其他联营企业。

【有限责任公司】指根据《中华人民共和国公司登记管理条例》规定登记注册，由2个以上，50个以下的股东共同出资，每个股东以其所认缴的出资额对公司承担有限责任，公司以其全部资产对其债务承担责任的经济组织。有限责任公司包括国有独资公司以及其他有限责任公司。

【股份有限公司】指根据《中华人民共和国公司登记管理条例》规定登记注册，其全部注册资本由等额股份构成并通过发行股票筹集资本，股东以其认购的股份对公司承担有限责任，公司以其全部资产对其债务承担责任的经济组织。

【私营企业】指由自然人投资设立或由自然人控股，以雇佣劳动为基础的营利性经济组织。包括按照《公司法》、《合伙企业法》、《私营企业暂行条列》规定登记注册的私营有限责任公司、私营股份有限公司、私营合伙企业和私营独资企业。

【与港澳台商合资经营企业】指港澳台地区投资者与内地的企业依照《中华人民共和国中外合资经营企业法》及有关法律的规定，按合同规定的比例投资设立、分享利润和分担风险的企业。

【与港澳台商合作经营企业】指港澳台地区投资者与内

地企业依照《中华人民共和国中外合作经营企业法》及有关法律的规定，依照合作合同的约定进行投资或提供条件设立、分配利润和分担风险的企业。

【港澳台商独资经营企业】指依照《中华人民共和国外资企业法》及有关法律的规定，在内地由港澳台地区投资者全额投资设立的企业。

【港澳台商投资股份有限公司】指根据国家有关规定，经商务部（外经贸部）依法批准设立，其中港、澳、台商的股本占公司注册资本的比例达25%以上的股份有限公司。凡其中港、澳、台商的股本占公司注册资本的比例小于25%的，属于内资企业中的股份有限公司。

【中外合资经营企业】指外国企业或外国人与中国内地企业依照《中华人民共和国中外合资经营企业法》及有关法律的规定，按合同规定的比例投资设立、分享利润和分担风险的企业。

【中外合作经营企业】指外国企业或外国人与中国内地企业依照《中华人民共和国中外合作经营企业法》及有关法律的规定，依照合作合同的约定进行投资或提供条件设立、分享利润和分担风险的企业。

【外资企业】指依照《中华人民共和国外资企业法》及有关法律的规定，在中国内地由外国投资者全额投资设立的企业。

【外商投资股份有限公司】指根据国家有关规定，经商务部（外经贸部）依法批准设立，其中外资的股本占公司注册资本的比例达25%以上的股份有限公司。凡其中外资股本占公司注册资本的比例小于25%的，属于内资企业中的股份有限公司。

【法人单位】指具备以下条件的单位：（1）依法成立、有自己的名称、组织机构和场所、能够独立承担民事责任；（2）独立拥有和使用（或授权使用）资产、承担负债、有权与其它单位签订合同；（3）会计上独立核算、能够编制资产负债表。法人单位包括企业法人、事业单位法人、机关法人、社会团体法人、民办非企业法人和其他法人。

【单产业法人】指只在一个地点，主要从事一种生产经营活动的法人单位。

【多产业法人】指坐落于两个及两个以上地点或主要从事两种及两种以上生产经营活动的，按照单位划分规定可以划分为两个或两个以上的产业活动单位的法人单位。

【产业活动单位】是法人单位的附属单位。产业活动单位应具备下列条件：（1）在一个场所从事一种或主要从事一种社会经济活动；（2）相对独立组织生产经营和业务活动；（3）能够掌握收入和支出等业务核算资料。

【Gross Domestic Product】refers to the final products of all resident units of a country (or region) during a certain period of time. In the practice of national accounting, Gross Domestic Product is calculated by three approaches, i.e. product approach, income approach, and expenditure approach, respectively, to reflect Gross Domestic Product and its composition of different aspects. Expenditure approach refers to total expenditure on final consumption, total capital formation and net exports of goods and services by resident units of a country in a certain period of time. Its calculating formula is:

Gross Domestic Product by Expenditure Approach = final consumption expenditure +gross capital formation +net export of goods and services.

【Three Strata of Industry】means the division of industrial structure according to the historical sequence of social productive activities. The sector which receives products directly from the nature is called the primary industry. The sector which re-processes primary products is called the secondary industry. The sector which offers various services for production and consumption is called the tertiary industry. This is a world universal classification of industrial structure. But it is different in different countries. As stated in China's standards on Classification of Sectors in National Economy Version 2002:

Primary Industry: agriculture, forestry, animal husbandry and fishery ( Including agriculture, forestry, animal husbandry and fishery sectors and services in support of these industries.

Secondary Industry: industry (including mining, manufacturing, production and supply of electricity, water and gas) and construction.

Tertiary Industry: any sector other than the primary or secondary industries.

【 Final Consumption Expenditure】 refers to the total expenditure of the resident units for purchases of goods and services from domestic economic territory and abroad to meet the requirements of material, cultural and spiritual life. It excludes the expenditure of nonresident units on consumption in the economic territory of the country. The final consumption expenditure is classified into household consumption expenditure and government consumption expenditure.

【Households Consumption Expenditure】refers to the total expenditure of resident households on the final consumption of goods and services, including the consumption of goods and services bought by the households directly with money, the goods and services provided to the households by the units in the form of payment in kind and transfer in kind; The goods and services produced and consumed by the households themselves, the services of house building possessed by themselves, the services of financial intermediary provided by the financial institutions.

【 Government Consumption Expenditure】 refers to the expenditure on the consumption of the public services provided by the government to the whole society. The former equals to the output value of the government services minus the value of operating income obtained by the government departments.(The output value of the government services equals to its current operating expenditure plus depreciation of fixed assets).

【 Total Capital Formation】 refers to the fixed assets acquired minus those disposed and the change in inventory, including the total fixed capital formation and the increase in inventory.

【Total Fixed Capital Formation】refers to the value of fixed assets purchased, transferred in by the resident units and those produced and used by themselves deducting the value of fixed assets sold and transferred out. It can be classified into total tangible capital formation and total intangible capital formation.

【Increase in Inventory】 refers to the market value of the change in inventory, i.e. the balance of value between the beginning and the end of the period minus the income produced by the change of prices in the current period .

【 Comparable Prices】 All factors of price change are deducted when comparing indicators over time to reflect accurately the changes in real term. Two methods are used for calculating comparable prices:1.output by constant price of certain year; 2. output in current prices divided by relevant price index.

【 Average Annual Growth Rate】 Two methods for calculating Average Annual Growth Rate are applied in China, one is often called"level approach"or geometry average, which is derived by comparing the growth rate for the last year of the interval with that of the beginning year; the other is called "accumulating approach"or algebraic average of equation method, which is calculated by comparing the total growth rate of each year for the interval with that of base year.

Usually the results calculated by the two methods are fairly close, but they differ sharply when imbalance occurred in economic development with striking fluctuations in growth.

The Average Annual Growth Rates listed in this statistical yearbook are calculated by "level approach" except for the growth rate of investment in fixed assets and foreign capital absorbed. The base years are not listed when the years are listed for average annual growth rates, for instance the average annual growth rate of 19792004 is calculated with the base year 1978.And the analogy of this is also for the rest.

【The state-owned enterprises】 are economic organizations whose assets are solely owned by the state and whose registrations are made according to "Regulations of the People's Republic of China for Controlling the Registration of Enterprises as legal Persons." Excluding the state-owned solely enterprises of liability limited companies.

【The collective-owned enterprises】 are economic organizations whose assets are owned by the collective and whose registration are made according to"Regulations of the People's Republic of China for Controlling the Registration of Enterprises as Legal Persons."

【Joint stock cooperative enterprises】 are a kind of collective economic organizations based on a cooperative system. In addition to the shares bought by their workers and staff, the enterprises also absorb a certain percentage of social capital. They enjoy staff, the autonomy in operation and take care of their own losses and profits. The shareholding work together, conduct democratic management, and combine distribution according to one's performance with sharing out profits according to shares.

【Joint operation enterprises】 refer to economic organizations set up with joint investment from legal persons of two or more enterprises of different ownerships or institutions according to principle of voluntary participation, equality and mutual benefit. They include state-owned joint operation enterprises, collective joint operation enterprises, state-collective joint operation enterprises and other types of joint operation enterprises.

【Company with limited liability】 is a company registered in accordance with the "Regulations of the People's Republic of China on Administration of Company Registration."Its investment comes from more than 2 and less than 50 shareholders. Each shareholder assumes limited liability for the company according to his subscription to capital stock. The company assumes liabilities for its debts according to all its assets. Such economic organizations include solely state invested companies and other types of companies with limited liability.

【The joint stock company limited】 refers to economic organizations registered in accordance with the"Regulations of the People's Republic of China on Administration of Company Registration."All its registered capital is composed of shares of equal value and its capital is collected through share issuing. The shareholders bear limited liability for the company according to the amount of shares they have bought from the company and the company assumes liabilities for its debts according to all its assets.

【Private enterprise】 refers to profit making economic organizations set up with investment from natural persons or with controlling interest in the hands of natural persons who employ laborers for operation. Such enterprises include private companies with limited liability, private joint stock companies limited, private partnership enterprises and solely individual invested enterprises, which are registered according to the "Company Law," "Partnership Enterprises Law" and "Temporary Regulations of Private Enterprises."

【The enterprise with investment from Hong Kong, Macao and Taiwan investors】 refer to those established according to the "Law of the People's Republic of China on Chinese foreign Joint Ventures"and regulations stipulated in relevant laws, by investors from those regions and the Chinese mainland enterprises with contracted share of investment and sharing profits and ventures between the parties.

【Cooperative ventures with Hong Kong, Macao and Taiwan investors】 refer to enterprises jointly set up by investors from Hong Kong, Macao and Taiwan and mainland enterprises according to the "Law of the People's Republic of China on Chinese foreign Contractual Joint Ventures" and other relevant regulations. They invest or provide conditions for establishment, decide profit distribution, and share risks according to provisions prescribed in the cooperative venture contracts.

【Solely invested Hong Kong, Macao and Taiwan enterprises】 refer to enterprises set up on the mainland according to the "Law of the People's Republic of China on Foreign Capital Enterprises and solely invested by investors from Hong Kong, Macao and Taiwan."

【The joint stock company limited funded by investors from Hong Kong, Macao and Taiwan】 refers to any joint stock company limited that is set up according relevant state regulations and is approved by the Ministry of Foreign Economic Relations and Trade. The investment from Hong Kong, Macao and Taiwan investors must account more than 25 percent of the company's total capital. If such investment is less than 25 percent, it shall be classified as a joint stock company limited invested by domestic investors.

【The Sino foreign joint ventures】 refers to any enterprise that is jointly set up by foreign enterprises or foreigners with Chinese enterprises in accordance with the "Law of the People's Republic of China on Joint Ventures with Chinese and Foreign Investment." The investors shall put in investment, share profits and risks according to the contract on the joint venture.

【The foreign capital enterprise】 refers to any enterprise that is set up on the Chinese mainland according to the "Law of the People's Republic of China on Foreign Capital Enterprises" and with all its investment coming from foreign investors.

【The foreign-invested joint stock company limited】 refers to any joint stock company limited that is set up according to relevant state regulations and is approved by the Ministry of Foreign Economic Relations and Trade. The foreign investment must account more than 25 percent of the company's total capital .If such investment is less than 25 percent, it shall be classified as a joint stock company limited invested by Chinese investors.

第二篇 CHAPTER 2

# 人口
# POPULATION

**第二篇　人　口**

一、本篇资料2—7表中2006～2009年的常住人口数根据2010年第六次全国人口普查结果进行了修正。2—9表中的婴儿死亡率由广州市卫生局提供，2—13表数据由广州市人口和计划生育局提供，其他资料均由广州市公安局提供。

二、本篇资料由广州市统计局人口和社会科技统计处整理提供。

三、本篇资料中的农业与非农业人口统计，2003年以前按户口性质分类。从2003年开始，非农业人口的统计口径根据省公安厅《转发公安部办公厅关于修改人口统计年报表等有关问题的通知》（广公（办）字[2003]146号）调整为：设区市的区和不设区市的市区所辖街道办事处区域内的常住人口和市辖镇、县辖镇所辖居民委员会或镇政府驻地村委会区域内的常住人口按非农业人口统计。表2—3和表2—4中2003～2011年的农业人口和非农业人口均按新口径列出。

**2 Population**

I. Table 2-7 Data in this chapter of the resident population data for 2006- 2009, according to the sixth national census in 2010 the results were correct. The death rate of infants in table 2-9 is provided by the Public Health Bureau of Guangzhou Municipality, the figures in table 2-13 are provided by the Population and Family Planning Bureau of Guangzhou Municipality, the other data on household population are provided by the Public Security Bureau of Guangzhou Municipality.

II. The data in this chapter are prepared by the Division of Population, Social, Science and Technology Statistics of Guangzhou Statistics Bureau.

Ⅲ . The agricultural population and nonagricultural population in this chapter were cataloged by residence registration before 2003.Since 2003 the statistical coverage of nonagricultural population has been adjusted in accordance with The Notice about Some Items on Changing the Annual Reporting Tables of Population Statistics Transmitted from the Ministry of Public Security stipulated by Guangdong Provincial Bureau of Public Security. The permanent population living in the region of sub-district offices under the jurisdiction of districts, neighborhood committees under the jurisdiction of towns and village committees where town governments seat are cataloged to non-agricultural population. The agricultural population and nonagricultural population from 2003 to 2011 in table 2-3 and table 2-4 are cataloged on new coverage.

## 2-1 主要年份全市年末户籍总户数、总人口数

## Total Registered Households and Population at Year-end in Main Years

| 年 份<br>Year | 总户数<br>(户)<br>Total Households<br>(household) | 总人口<br>(人)<br>Total Population<br>(person) | | | 性别比<br>(女=100)<br>Sex Ratio<br>(Female=100) |
|---|---|---|---|---|---|
| | | | 男<br>Male | 女<br>Female | |
| 1978 | 1145925 | 4828961 | 2454010 | 2374951 | 103.33 |
| 1979 | 1166403 | 4933902 | 2506207 | 2427695 | 103.23 |
| 1980 | 1162717 | 5018638 | 2549801 | 2468837 | 103.28 |
| 1985 | 1369661 | 5449820 | 2786389 | 2663431 | 104.62 |
| 1986 | 1414794 | 5554073 | 2844443 | 2709630 | 104.98 |
| 1987 | 1462530 | 5650761 | 2898250 | 2752511 | 105.29 |
| 1988 | 1514705 | 5769101 | 2964697 | 2804404 | 105.72 |
| 1989 | 1565517 | 5854265 | 3009581 | 2844684 | 105.80 |
| 1990 | 1641840 | 5942534 | 3055107 | 2887427 | 105.81 |
| 1991 | 1675951 | 6022186 | 3096991 | 2925195 | 105.87 |
| 1992 | 1722833 | 6122016 | 3151204 | 2970812 | 106.07 |
| 1993 | 1825541 | 6236647 | 3210324 | 3026323 | 106.08 |
| 1994 | 1832571 | 6370241 | 3284477 | 3085764 | 106.44 |
| 1995 | 1871894 | 6467115 | 3334356 | 3132759 | 106.44 |
| 1996 | 1905998 | 6560508 | 3380751 | 3179757 | 106.32 |
| 1997 | 1945905 | 6664862 | 3432921 | 3231941 | 106.22 |
| 1998 | 2007082 | 6741400 | 3469164 | 3272236 | 106.02 |
| 1999 | 2044756 | 6850024 | 3522913 | 3327111 | 105.89 |
| 2000 | 2100434 | 7006896 | 3605481 | 3401415 | 106.00 |
| 2001 | 2135837 | 7125979 | 3670177 | 3455802 | 106.20 |
| 2002 | 2162532 | 7206229 | 3705036 | 3501193 | 105.82 |
| 2003 | 2202851 | 7251888 | 3722168 | 3529720 | 105.45 |
| 2004 | 2259730 | 7376720 | 3779757 | 3596963 | 105.08 |
| 2005 | 2302890 | 7505322 | 3839680 | 3665642 | 104.75 |
| 2006 | 2346536 | 7607220 | 3883760 | 3723460 | 104.31 |
| 2007 | 2382491 | 7734787 | 3942645 | 3792142 | 103.97 |
| 2008 | 2425582 | 7841695 | 3990328 | 3851367 | 103.61 |
| 2009 | 2474396 | 7946154 | 4036898 | 3909256 | 103.27 |
| 2010 | 2526804 | 8061370 | 4089885 | 3971485 | 102.98 |
| 2011 | 2595686 | 8145797 | 4125784 | 4020013 | 102.63 |
| 2012 | 2646091 | 8222969 | 4158292 | 4064677 | 102.30 |
| 2013 | 2706068 | 8323096 | 4201393 | 4121703 | 101.93 |

# 2-2 主要年份市区年末户籍总户数、总人口数

# Total Registered Households and Population at Year-end in Urban Districts in Main Years

| 年 份<br>Year | 总户数<br>(户)<br>Total Households<br>(household) | 总人口<br>(人)<br>Total Population<br>(person) | | | 性别比<br>(女=100)<br>Sex Ratio<br>(Female=100) |
|---|---|---|---|---|---|
| | | | 男<br>Male | 女<br>Female | |
| 1978 | 706489 | 2831152 | 1455415 | 1375737 | 105.79 |
| 1979 | 730562 | 2936562 | 1508759 | 1427803 | 105.67 |
| 1980 | 738713 | 3026616 | 1554369 | 1472247 | 105.58 |
| 1985 | 883946 | 3288825 | 1698995 | 1589830 | 106.87 |
| 1986 | 918079 | 3359183 | 1739400 | 1619783 | 107.38 |
| 1987 | 953833 | 3417112 | 1771721 | 1645391 | 107.68 |
| 1988 | 993598 | 3490927 | 1815040 | 1675887 | 108.30 |
| 1989 | 1025382 | 3543943 | 1842415 | 1701528 | 108.28 |
| 1990 | 1054065 | 3579360 | 1860333 | 1719027 | 108.22 |
| 1991 | 1071417 | 3620203 | 1882611 | 1737592 | 108.35 |
| 1992 | 1097483 | 3672099 | 1912043 | 1760056 | 108.64 |
| 1993 | 1132152 | 3726270 | 1941594 | 1784676 | 108.79 |
| 1994 | 1155033 | 3803148 | 1986363 | 1816785 | 109.33 |
| 1995 | 1172637 | 3853751 | 2013560 | 1840191 | 109.42 |
| 1996 | 1193230 | 3901840 | 2037940 | 1863900 | 109.34 |
| 1997 | 1211123 | 3956521 | 2066387 | 1890134 | 109.32 |
| 1998 | 1229851 | 3993008 | 2081552 | 1911456 | 108.90 |
| 1999 | 1248357 | 4054958 | 2111591 | 1943367 | 108.66 |
| 2000(八区)(Eight Districts) | 1272083 | 4139045 | 2158187 | 1980858 | 108.95 |
| 2000(十区)(Ten Districts) | 1734902 | 5666812 | 2923865 | 2742947 | 106.60 |
| 2001 | 1765120 | 5769691 | 2977916 | 2791775 | 106.67 |
| 2002 | 1796157 | 5838920 | 3006336 | 2832584 | 106.13 |
| 2003 | 1832288 | 5882553 | 3023587 | 2858966 | 105.76 |
| 2004 | 1876081 | 5999184 | 3076779 | 2922405 | 105.28 |
| 2005 | 1927850 | 6172839 | 3160713 | 3012126 | 104.93 |
| 2006 | 1969169 | 6253289 | 3193861 | 3059428 | 104.39 |
| 2007 | 1998038 | 6367621 | 3246059 | 3121562 | 103.99 |
| 2008 | 2036487 | 6458299 | 3285790 | 3172509 | 103.57 |
| 2009 | 2079996 | 6546788 | 3324760 | 3222028 | 103.19 |
| 2010 | 2132479 | 6642840 | 3367607 | 3275233 | 102.82 |
| 2011 | 2197876 | 6713181 | 3396151 | 3317030 | 102.39 |
| 2012 | 2240751 | 6779677 | 3422611 | 3357066 | 101.95 |
| 2013 | 2286650 | 6866389 | 3458706 | 3407683 | 101.50 |

## 2-3 主要年份全市年末户籍常住户口户数、常住户口人口数

## Permanent Registered Households and Population at Year-end in Main Years

| 年份<br>Year | 总户数<br>(户)<br>Total Households<br>(household) | 人口数<br>(人)<br>Total Population<br>(person) | 农业人口<br>Agricultural Population | 非农业人口<br>Non-agricultural Population |
|---|---|---|---|---|
| 1978 | 1145925 | 4815417 | 2500559 | 2314858 |
| 1979 | 1166403 | 4919189 | 2480519 | 2438670 |
| 1980 | 1162717 | 5000658 | 2444826 | 2555832 |
| 1985 | 1369170 | 5431487 | 2475329 | 2956158 |
| 1986 | 1414007 | 5532926 | 2485169 | 3047757 |
| 1987 | 1461719 | 5632622 | 2492576 | 3140046 |
| 1988 | 1513715 | 5750293 | 2484339 | 3265954 |
| 1989 | 1564202 | 5837019 | 2475068 | 3361951 |
| 1990 | 1641063 | 5918462 | 2504602 | 3413860 |
| 1991 | 1674843 | 5997893 | 2514973 | 3482920 |
| 1992 | 1721098 | 6095547 | 2537164 | 3558383 |
| 1993 | 1784571 | 6204135 | 2450263 | 3753872 |
| 1994 | 1831663 | 6338332 | 2465936 | 3872396 |
| 1995 | 1871173 | 6433241 | 2480482 | 3952759 |
| 1996 | 1905305 | 6532967 | 2500263 | 4032704 |
| 1997 | 1945526 | 6629339 | 2520700 | 4108639 |
| 1998 | 2006279 | 6704699 | 2531875 | 4172824 |
| 1999 | 2042447 | 6807635 | 2551340 | 4256295 |
| 2000 | 2090384 | 6939568 | 2578513 | 4361055 |
| 2001 | 2127840 | 7058885 | 2548091 | 4510794 |
| 2002 | 2162199 | 7171300 | 2297622 | 4873678 |
| 2003 | 2202124 | 7226882 | 990540 | 6236342 |
| 2004 | 2251393 | 7348972 | 828510 | 6520462 |
| 2005 | 2294825 | 7466206 | 784226 | 6681980 |
| 2006 | 2330293 | 7573939 | 782154 | 6791785 |
| 2007 | 2361299 | 7701900 | 787611 | 6914289 |
| 2008 | 2402885 | 7802474 | 760735 | 7041739 |
| 2009 | 2450739 | 7917646 | 806140 | 7111506 |
| 2010 | 2510473 | 8042445 | 820905 | 7221540 |
| 2011 | 2580335 | 8129427 | 806652 | 7322775 |
| 2012 | 2646091 | 8222969 | 782640 | 7440329 |
| 2013 | 2706068 | 8323096 | 792254 | 7530842 |

注：从2003年开始，农业人口、非农业人口资料采用新口径，新口径见第二篇简要说明。

Note: Since 2003 agricultural population and non-agricultural population has been calculated on new coverage.

# 2-4 主要年份市区年末户籍常住户口户数、常住户口人口数

## Permanent Registered Households and Population at Year-end in Urban Districts in Main Years

| 年份<br>Year | 总户数<br>(户)<br>Total Households<br>(household) | 人口数<br>(人)<br>Total Population<br>(person) | 农业人口<br>Agricultural Population | 非农业人口<br>Non-agricultural Population |
|---|---|---|---|---|
| 1978 | 706489 | 2824263 | 761874 | 2062389 |
| 1979 | 730562 | 2929107 | 749647 | 2179460 |
| 1980 | 738713 | 3017029 | 731851 | 2285178 |
| 1985 | 883612 | 3273789 | 704242 | 2569547 |
| 1986 | 917449 | 3341057 | 691196 | 2649861 |
| 1987 | 953562 | 3401192 | 682976 | 2718216 |
| 1988 | 993263 | 3473936 | 662606 | 2811330 |
| 1989 | 1024797 | 3528713 | 644870 | 2883843 |
| 1990 | 1053971 | 3560658 | 646377 | 2914281 |
| 1991 | 1070730 | 3599347 | 646165 | 2953182 |
| 1992 | 1096423 | 3649764 | 654190 | 2995574 |
| 1993 | 1131776 | 3696322 | 659291 | 3037031 |
| 1994 | 1154793 | 3774178 | 660395 | 3113783 |
| 1995 | 1172515 | 3823234 | 656520 | 3166714 |
| 1996 | 1192970 | 3877482 | 656072 | 3221410 |
| 1997 | 1211021 | 3923866 | 656545 | 3267321 |
| 1998 | 1229635 | 3960411 | 654134 | 3306277 |
| 1999 | 1248048 | 4018469 | 653076 | 3365393 |
| 2000(八区)(Eight Districts) | 1271778 | 4091372 | 652572 | 3438800 |
| 2000(十区)(Ten Districts) | 1734590 | 5615121 | 1601135 | 4013986 |
| 2001 | 1764636 | 5720453 | 1565645 | 4154808 |
| 2002 | 1795951 | 5818625 | 1306224 | 4512401 |
| 2003 | 1831615 | 5863528 | | 5863528 |
| 2004 | 1873767 | 5983252 | | 5983252 |
| 2005 | 1925747 | 6140648 | | 6140648 |
| 2006 | 1957650 | 6231192 | | 6231192 |
| 2007 | 1985702 | 6346458 | | 6346458 |
| 2008 | 2023547 | 6431863 | | 6431863 |
| 2009 | 2067034 | 6532138 | | 6532138 |
| 2010 | 2124161 | 6632943 | | 6632943 |
| 2011 | 2188982 | 6703907 | | 6703907 |
| 2012 | 2240751 | 6779677 | | 6779677 |
| 2013 | 2286650 | 6866389 | | 6866389 |

注：从2003年开始，农业人口、非农业人口资料采用新口径，新口径见第二篇简要说明。

Note: Since 2003 agricultural population and non-agricultural population has been calculated on new coverage.

# 2-5 主要年份全市户籍总人口自然变动情况

## Statistics on Natural Changes of Total Registered Population in Main Years

单位：人、‰ (person, ‰)

| 年份<br>Year | 年平均人数<br>Annual Average Population | 出生<br>Birth | | 死亡<br>Death | | 自然增长率<br>Natural Growth Rate |
|---|---|---|---|---|---|---|
| | | 人数<br>Population | 出生率<br>Birth Rate | 人数<br>Population | 死亡率<br>Death Rate | |
| 1978 | 4753314 | 73470 | 15.46 | 25283 | 5.32 | 10.14 |
| 1979 | 4860133 | 82891 | 17.06 | 26345 | 5.42 | 11.64 |
| 1980 | 4959822 | 80604 | 16.25 | 27643 | 5.57 | 10.68 |
| 1985 | 5402904 | 89630 | 16.59 | 28968 | 5.36 | 11.23 |
| 1986 | 5501946 | 91522 | 16.63 | 27839 | 5.06 | 11.57 |
| 1987 | 5602417 | 89106 | 15.90 | 28794 | 5.14 | 10.76 |
| 1988 | 5709931 | 86032 | 15.07 | 30265 | 5.30 | 9.77 |
| 1989 | 5811683 | 91402 | 15.73 | 30910 | 5.32 | 10.41 |
| 1990 | 5898400 | 88289 | 14.97 | 32388 | 5.49 | 9.48 |
| 1991 | 5982360 | 78680 | 13.15 | 30476 | 5.09 | 8.06 |
| 1992 | 6072101 | 79592 | 13.11 | 33588 | 5.53 | 7.58 |
| 1993 | 6179332 | 82515 | 13.35 | 34619 | 5.60 | 7.75 |
| 1994 | 6303444 | 78614 | 12.47 | 33349 | 5.29 | 7.18 |
| 1995 | 6418678 | 75867 | 11.82 | 35735 | 5.57 | 6.25 |
| 1996 | 6513812 | 78339 | 12.03 | 37216 | 5.71 | 6.32 |
| 1997 | 6612685 | 75184 | 11.37 | 35696 | 5.40 | 5.97 |
| 1998 | 6703131 | 67695 | 10.10 | 40981 | 6.11 | 3.99 |
| 1999 | 6795712 | 81485 | 11.99 | 39176 | 5.76 | 6.23 |
| 2000 | 6928460 | 71248 | 10.28 | 39987 | 5.77 | 4.51 |
| 2001 | 7066438 | 67542 | 9.56 | 37641 | 5.33 | 4.23 |
| 2002 | 7166104 | 61929 | 8.64 | 39673 | 5.54 | 3.10 |
| 2003 | 7229059 | 57277 | 7.92 | 41082 | 5.68 | 2.24 |
| 2004 | 7314304 | 69928 | 9.56 | 41961 | 5.74 | 3.82 |
| 2005 | 7441021 | 65840 | 8.85 | 41949 | 5.64 | 3.21 |
| 2006 | 7556271 | 67662 | 8.95 | 40936 | 5.42 | 3.53 |
| 2007 | 7671004 | 71332 | 9.30 | 42548 | 5.55 | 3.75 |
| 2008 | 7788241 | 79130 | 10.16 | 44420 | 5.70 | 4.46 |
| 2009 | 7893925 | 76482 | 9.69 | 42746 | 5.42 | 4.27 |
| 2010 | 8003762 | 99779 | 12.47 | 45571 | 5.69 | 6.78 |
| 2011 | 8103584 | 87024 | 10.74 | 44130 | 5.45 | 5.29 |
| 2012 | 8184383 | 101782 | 12.44 | 50538 | 6.17 | 6.27 |
| 2013 | 8273033 | 115813 | 14.00 | 44966 | 5.44 | 8.56 |

# 2-6　主要年份市区户籍总人口自然变动情况

# Statistics on Natural Changes of Total Registered Population in Urban Districts in Main Years

单位：人、‰　　　　(person, ‰)

| 年份 Year | 年平均人数 Annual Average Population | 出生 Birth | | 死亡 Death | | 自然增长率 Natural Growth Rate |
|---|---|---|---|---|---|---|
| | | 人数 Population | 出生率 Birth Rate | 人数 Population | 死亡率 Death Rate | |
| 1978 | 2770944 | 35159 | 12.69 | 14743 | 5.32 | 7.37 |
| 1979 | 2869515 | 39601 | 13.80 | 15832 | 5.52 | 8.28 |
| 1980 | 2972122 | 40800 | 13.73 | 16519 | 5.56 | 8.17 |
| 1985 | 3255203 | 47881 | 14.71 | 17735 | 5.45 | 9.26 |
| 1986 | 3324004 | 48586 | 14.62 | 17444 | 5.25 | 9.37 |
| 1987 | 3388148 | 45697 | 13.49 | 17906 | 5.28 | 8.21 |
| 1988 | 3454020 | 46346 | 13.42 | 18952 | 5.49 | 7.93 |
| 1989 | 3517435 | 51914 | 14.76 | 19468 | 5.53 | 9.23 |
| 1990 | 3561652 | 44394 | 12.46 | 20329 | 5.71 | 6.75 |
| 1991 | 3599781 | 40250 | 11.18 | 19342 | 5.37 | 5.81 |
| 1992 | 3646151 | 39853 | 10.93 | 21507 | 5.90 | 5.03 |
| 1993 | 3699186 | 39478 | 10.67 | 22169 | 5.99 | 4.68 |
| 1994 | 3764709 | 36806 | 9.78 | 21511 | 5.71 | 4.07 |
| 1995 | 3828449 | 34888 | 9.11 | 22843 | 5.97 | 3.14 |
| 1996 | 3877796 | 37143 | 9.58 | 23259 | 6.00 | 3.58 |
| 1997 | 3929181 | 34205 | 8.71 | 22979 | 5.85 | 2.86 |
| 1998 | 3974765 | 30963 | 7.79 | 26096 | 6.57 | 1.22 |
| 1999 | 4023983 | 40782 | 10.13 | 25251 | 6.28 | 3.85 |
| 2000(八区)(Eight Districts) | 4097002 | 35378 | 8.64 | 25009 | 6.10 | 2.54 |
| 2000(十区)(Ten Districts) | 5613729 | 49805 | 8.87 | 33222 | 5.92 | 2.95 |
| 2001 | 5718252 | 48455 | 8.47 | 31613 | 5.53 | 2.94 |
| 2002 | 5804306 | 46978 | 8.09 | 32997 | 5.68 | 2.41 |
| 2003 | 5860737 | 46632 | 7.96 | 33780 | 5.76 | 2.20 |
| 2004 | 5940869 | 51212 | 8.62 | 34132 | 5.75 | 2.87 |
| 2005 | 6110655 | 52048 | 8.52 | 35170 | 5.76 | 2.76 |
| 2006 | 6213064 | 52564 | 8.46 | 33749 | 5.43 | 3.03 |
| 2007 | 6310455 | 59245 | 9.39 | 35709 | 5.66 | 3.73 |
| 2008 | 6412960 | 65466 | 10.21 | 37339 | 5.82 | 4.39 |
| 2009 | 6502544 | 62189 | 9.56 | 35732 | 5.49 | 4.07 |
| 2010 | 6594814 | 80581 | 12.22 | 37484 | 5.68 | 6.54 |
| 2011 | 6678011 | 71393 | 10.69 | 37424 | 5.60 | 5.09 |
| 2012 | 6746429 | 84396 | 12.51 | 41010 | 6.08 | 6.43 |
| 2013 | 6823033 | 90740 | 13.30 | 39001 | 5.72 | 7.58 |

# 2-7 各区、县级市年末人口数(2005-2013年)

## Population at Year-end by District and County-level City (2005-2013)

单位:万人 (10000 person)

| 区、县级市 | District and County Level City | 2005 | 2006 | 2007 | 2008 | 2009 | 2010 | 2011 | 2012 | 2013 |
|---|---|---|---|---|---|---|---|---|---|---|
| **户籍人口** | **Registered Population** | | | | | | | | | |
| 全 市 | Total | 750.53 | 760.72 | 773.48 | 784.17 | 794.62 | 806.14 | 814.58 | 822.30 | 832.31 |
| 市 区 | Urban Districts | 617.28 | 625.32 | 636.77 | 645.83 | 654.68 | 664.29 | 671.32 | 677.97 | 686.64 |
| 荔湾区 | Liwan | 70.47 | 70.53 | 70.48 | 70.61 | 70.65 | 70.93 | 71.04 | 71.20 | 71.56 |
| 越秀区 | Yuexiu | 115.06 | 115.15 | 115.84 | 116.33 | 116.69 | 116.97 | 117.17 | 117.21 | 117.52 |
| 海珠区 | Haizhu | 87.70 | 89.05 | 90.79 | 92.31 | 93.73 | 95.28 | 96.75 | 97.74 | 98.89 |
| 天河区 | Tianhe | 61.97 | 64.54 | 69.00 | 71.66 | 74.53 | 77.06 | 78.51 | 79.63 | 80.95 |
| 白云区 | Baiyun | 76.07 | 76.77 | 77.65 | 78.99 | 80.65 | 83.19 | 84.66 | 86.31 | 88.15 |
| 黄埔区 | Huangpu | 19.27 | 19.36 | 19.55 | 19.71 | 19.85 | 19.97 | 20.15 | 20.42 | 20.64 |
| 番禺区 | Panyu | 93.08 | 94.76 | 97.51 | 98.92 | 99.92 | 100.39 | 100.86 | 80.81 | 82.06 |
| 花都区 | Huadu | 63.03 | 63.67 | 63.93 | 64.62 | 65.16 | 66.19 | 66.93 | 67.71 | 68.73 |
| 南沙区 | Nansha | 14.26 | 14.76 | 14.86 | 15.05 | 15.23 | 15.41 | 15.68 | 36.74 | 37.23 |
| 萝岗区 | Luogang | 16.37 | 16.73 | 17.16 | 17.63 | 18.27 | 18.90 | 19.57 | 20.20 | 20.91 |
| 县级市 | Cities at County Level | 133.25 | 135.40 | 136.71 | 138.34 | 139.94 | 141.85 | 143.26 | 144.33 | 145.67 |
| 增城市 | Zengcheng | 79.43 | 81.06 | 81.80 | 82.66 | 83.36 | 83.98 | 84.58 | 84.77 | 85.44 |
| 从化市 | Conghua | 53.82 | 54.34 | 54.91 | 55.68 | 56.58 | 57.87 | 58.68 | 59.56 | 60.23 |
| **常住人口** | **Permanent Population** | | | | | | | | | |
| 全 市 | Total | 949.68 | 996.66 | 1053.01 | 1115.34 | 1186.97 | 1270.96 | 1275.14 | 1283.89 | 1292.68 |
| 市 区 | Urban Districts | 826.71 | 867.76 | 917.02 | 971.54 | 1034.25 | 1107.81 | 1111.42 | 1118.56 | 1126.48 |
| 荔湾区 | Liwan | 71.08 | 73.80 | 77.11 | 80.74 | 84.91 | 89.82 | 89.15 | 89.31 | 88.92 |
| 越秀区 | Yuexiu | 98.34 | 100.66 | 103.69 | 107.03 | 110.98 | 115.73 | 114.89 | 114.95 | 114.09 |
| 海珠区 | Haizhu | 122.07 | 127.01 | 132.99 | 139.56 | 147.09 | 155.92 | 156.63 | 157.58 | 158.34 |
| 天河区 | Tianhe | 104.56 | 110.34 | 117.19 | 124.74 | 133.34 | 143.37 | 143.65 | 144.66 | 148.43 |
| 白云区 | Baiyun | 155.45 | 165.46 | 177.24 | 190.27 | 205.16 | 222.48 | 223.67 | 225.20 | 226.57 |
| 黄埔区 | Huangpu | 27.52 | 30.19 | 33.34 | 36.89 | 41.00 | 45.83 | 46.10 | 46.47 | 46.67 |
| 番禺区 | Panyu | 142.36 | 147.26 | 153.31 | 159.95 | 167.61 | 176.65 | 177.64 | 143.75 | 144.86 |
| 花都区 | Huadu | 67.93 | 71.91 | 76.61 | 81.79 | 87.70 | 94.59 | 94.86 | 95.64 | 96.48 |
| 南沙区 | Nansha | 17.80 | 19.03 | 20.46 | 22.06 | 23.89 | 26.01 | 26.77 | 62.33 | 62.51 |
| 萝岗区 | Luogang | 19.60 | 22.10 | 25.08 | 28.51 | 32.57 | 37.41 | 38.06 | 38.67 | 39.61 |
| 县级市 | Cities at County Level | 122.97 | 128.90 | 135.99 | 143.80 | 152.72 | 163.15 | 163.72 | 165.33 | 166.20 |
| 增城市 | Zengcheng | 75.70 | 79.88 | 84.83 | 90.29 | 96.51 | 103.76 | 104.14 | 104.92 | 105.18 |
| 从化市 | Conghua | 47.27 | 49.02 | 51.16 | 53.51 | 56.21 | 59.39 | 59.58 | 60.41 | 61.02 |

注：2006年～2009年常住人口数根据2010年第六次全国人口普查结果进行了修正。

Note: The permanent population from 2006 to 2009 are revised according to the Sixth National Population Census.

# 2-8 各区、县级市年末户籍户数、人口数（2013年）

## Registered Households and Population at Year-end by District and County-level City (2013)

| 区、县级市 | District and County-level City | 户数（户）Total Households (household) | 人口数（人）Total Population (person) | 男 male | 女 female |
|---|---|---|---|---|---|
| **全　市** | **Total** | **2706068** | **8323096** | **4201393** | **4121703** |
| 市　区 | Urban Districts | 2286650 | 6866389 | 3458706 | 3407683 |
| 荔湾区 | Liwan | 250542 | 715621 | 358430 | 357191 |
| 越秀区 | Yuexiu | 358141 | 1175164 | 585142 | 590022 |
| 海珠区 | Haizhu | 349150 | 988878 | 497742 | 491136 |
| 天河区 | Tianhe | 243556 | 809469 | 414370 | 395099 |
| 白云区 | Baiyun | 299604 | 881536 | 443161 | 438375 |
| 黄埔区 | Huangpu | 67605 | 206436 | 110110 | 96326 |
| 番禺区 | Panyu | 299614 | 820596 | 407718 | 412878 |
| 花都区 | Huadu | 230941 | 687314 | 348522 | 338792 |
| 南沙区 | Nansha | 129397 | 372322 | 186502 | 185820 |
| 萝岗区 | Luogang | 58100 | 209053 | 107009 | 102044 |
| 县级市 | Cities at County Level | 419418 | 1456707 | 742687 | 714020 |
| 增城市 | Zengcheng | 236942 | 854448 | 436997 | 417451 |
| 从化市 | Conghua | 182476 | 602259 | 305690 | 296569 |

# 2-9 各区、县级市户籍总人口自然变动状况（2013年）

## Statistics on Natural Changes of Total Registered Population by District and County-level City (2013)

单位：人、‰ (person, ‰)

| 区、县级市 | District and County-level City | 年平均人数 Annual Average Population | 出 生 Birth | | 死 亡 Death | | |
|---|---|---|---|---|---|---|---|
| | | | 人 数 Population | 出生率 Brith Rate | 人 数 Population | 死亡率 Death Rate | # 婴 儿 Infant |
| **全 市** | **Total** | **8273033** | **115813** | **14.00** | **44966** | **5.44** | **3.47** |
| 市 区 | Urban Districts | 6823033 | 90740 | 13.30 | 39001 | 5.72 | 3.45 |
| 荔湾区 | Liwan | 713790 | 6071 | 8.51 | 5824 | 8.16 | 5.25 |
| 越秀区 | Yuexiu | 1173606 | 10615 | 9.04 | 7978 | 6.80 | 3.62 |
| 海珠区 | Haizhu | 983158 | 9775 | 9.94 | 6346 | 6.45 | 3.58 |
| 天河区 | Tianhe | 802905 | 9870 | 12.29 | 2537 | 3.16 | 2.84 |
| 白云区 | Baiyun | 872335 | 16205 | 18.58 | 4711 | 5.40 | 2.81 |
| 黄埔区 | Huangpu | 205326 | 2597 | 12.65 | 1035 | 5.04 | 2.86 |
| 番禺区 | Panyu | 814333 | 13398 | 16.45 | 3745 | 4.60 | 3.46 |
| 花都区 | Huadu | 682188 | 12469 | 18.28 | 3558 | 5.22 | 4.43 |
| 南沙区 | Nansha | 369873 | 5554 | 15.02 | 2351 | 6.36 | 2.34 |
| 萝岗区 | Luogang | 205519 | 4186 | 20.37 | 916 | 4.46 | 1.89 |
| 县级市 | Cities at County Level | 1450000 | 25073 | 17.29 | 5965 | 4.11 | 3.54 |
| 增城市 | Zengcheng | 851082 | 13567 | 15.94 | 2727 | 3.20 | 3.20 |
| 从化市 | Conghua | 598918 | 11506 | 19.21 | 3238 | 5.41 | 3.88 |

# 2-10 各区、县级市户籍人口迁移状况（2013年）
# Statistics on Migration of Registered Population by District and County-level City (2013)

单位：人、‰ (person, ‰)

| 区、县级市 | District and County-level City | 迁入人数 Number of Immigration | 迁入率 Immigration Rate | 迁出人数 Number of Emigration | 迁出率 Emigration Rate | 净增人数 Number of Net Migration | 净增率 Net Migration Rate |
|---|---|---|---|---|---|---|---|
| **全　市** | **Total** | **112750** | **13.63** | **69674** | **8.42** | **43076** | **5.21** |
| 市　区 | Urban Districts | 105520 | 15.47 | 61463 | 9.01 | 44057 | 6.46 |
| 荔湾区 | Liwan | 5260 | 7.37 | 1206 | 1.69 | 4054 | 5.68 |
| 越秀区 | Yuexiu | 14153 | 12.06 | 6326 | 5.39 | 7827 | 6.67 |
| 海珠区 | Haizhu | 14126 | 14.37 | 6693 | 6.81 | 7433 | 7.56 |
| 天河区 | Tianhe | 31661 | 39.43 | 23119 | 28.79 | 8542 | 10.64 |
| 白云区 | Baiyun | 13056 | 14.97 | 6235 | 7.15 | 6821 | 7.82 |
| 黄埔区 | Huangpu | 3297 | 16.06 | 916 | 4.46 | 2381 | 11.60 |
| 番禺区 | Panyu | 13316 | 16.35 | 12217 | 15.00 | 1099 | 1.35 |
| 花都区 | Huadu | 5163 | 7.57 | 2939 | 4.31 | 2224 | 3.26 |
| 南沙区 | Nansha | 2075 | 5.61 | 577 | 1.56 | 1498 | 4.05 |
| 萝岗区 | Luogang | 3413 | 16.61 | 1235 | 6.01 | 2178 | 10.60 |
| 县级市 | Cities at County Level | 7230 | 4.99 | 8211 | 5.66 | -981 | -0.68 |
| 增城市 | Zengcheng | 3739 | 4.39 | 5116 | 6.01 | -1377 | -1.62 |
| 从化市 | Conghua | 3491 | 5.83 | 3095 | 5.17 | 396 | 0.66 |

# 2-11　主要年份农业户口转为非农业户口人数

# Non-agricultural Population Transferred from Agricultural Population in Main Years

单位：人　　　　(person)

| 年　份 Year | 全市 Total | 市　区 Urban Districts | 增城市 Zengcheng | 从化市 Conghua |
|---|---|---|---|---|
| 1980 | 109053 | 103596 | 4097 | 1360 |
| 1985 | 58578 | 52325 | 3315 | 2938 |
| 1990 | 34269 | 32209 | 1251 | 809 |
| 1991 | 33683 | 31574 | 1129 | 980 |
| 1992 | 33695 | 31369 | 1552 | 774 |
| 1993 | 57379 | 29247 | 1358 | 26774 |
| 1994 | 50803 | 50005 | 558 | 240 |
| 1995 | 45835 | 43868 | 1285 | 682 |
| 1996 | 44565 | 43481 | 344 | 740 |
| 1997 | 42078 | 41240 | 514 | 324 |
| 1998 | 42877 | 42445 | 161 | 271 |
| 1999 | 47492 | 47147 | 288 | 57 |
| 2000 | 61717 | 60155 | 1405 | 157 |
| 2001 | 98963 | 97250 | 1623 | 90 |
| 2002 | 294932 | 293760 | 1091 | 81 |
| 2003 | 54805 | 54065 | 732 | 8 |
| 2004 | 106020 | 102167 | 982 | 2871 |
| 2005 | 35960 | 33092 | 1782 | 1086 |
| 2006 | 37284 | 34204 | 2040 | 1040 |
| 2007 | 56745 | 54594 | 918 | 1233 |
| 2008 | 33153 | 30231 | 1293 | 1629 |
| 2009 | 41538 | 38798 | 992 | 1748 |
| 2010 | 28222 | 25836 | 461 | 1925 |
| 2011 | 21973 | 19544 | 596 | 1833 |
| 2012 | 17199 | 14246 | 353 | 2600 |
| 2013 | 14521 | 13284 | 419 | 818 |

注：本表资料按户籍性质统计。

Note: The data in this table are calculated by household registered.

# 2-12 各区、县级市农业户口转为非农业户口人数（2013年）

# Non-agricultural Population Transferred from Agricultural Population (2013)

单位：人 (person)

| 区、县级市 | District and County-level City | 合计 Total | 招生 Students Enrolled | 聘用 Workers Recruited | 征用土地 Land Expropriated | 投靠亲属 For Accompanying or Turning to | 其他 Others |
|---|---|---|---|---|---|---|---|
| **全市** | **Total** | **14521** | **2877** | **1299** | **858** | **7732** | **1755** |
| 市区 | Urban Districts | 13284 | 2786 | 1233 | 856 | 7128 | 1281 |
| 荔湾区 | Liwan | 1490 | 71 | 160 | | 1176 | 83 |
| 越秀区 | Yuexiu | 1205 | 308 | 88 | | 766 | 43 |
| 海珠区 | Haizhu | 1735 | 337 | 113 | | 1171 | 114 |
| 天河区 | Tianhe | 2109 | 921 | 220 | | 787 | 181 |
| 白云区 | Baiyun | 2620 | 412 | 163 | 423 | 1307 | 315 |
| 黄埔区 | Huangpu | 775 | 232 | 94 | | 430 | 19 |
| 番禺区 | Panyu | 1489 | 271 | 208 | 54 | 764 | 192 |
| 花都区 | Huadu | 968 | 130 | 50 | 327 | 261 | 200 |
| 南沙区 | Nansha | 411 | 24 | 60 | 46 | 178 | 103 |
| 萝岗区 | Luogang | 482 | 80 | 77 | 6 | 288 | 31 |
| 县级市 | Cities at County Level | 1237 | 91 | 66 | 2 | 604 | 474 |
| 增城市 | Zengcheng | 419 | 16 | 58 | 2 | 232 | 111 |
| 从化市 | Conghua | 818 | 75 | 8 | | 372 | 363 |

注：本表资料按户籍性质统计。

Note: The data in this table are calculated by household registered.

# 2-13 各区、县级市计划生育情况（2013年）
# Statistics on Family Planning by District and County-level City (2013)

单位：人、% (person, %)

| 区、县级市 | District and County-level City | 已婚育龄妇女人数 Married Women at Childbearing Age | 晚婚率 Late Married Rate | 节育率 Contraceptive Prevalence Rate | 政策生育率 Family Planning Rate | 一孩率 One-child Rate | 二孩率 Two-child Rate | 多孩率 More Than One-child Rate | 独生子女领证率 Married Couples with One-child Certificate |
|---|---|---|---|---|---|---|---|---|---|
| **全　市** | **Total** | **1597498** | **84.90** | **81.14** | **87.98** | **73.86** | **23.96** | **2.18** | **14.99** |
| 市　区 | Urban Districts | 1295599 | 88.89 | 82.01 | 90.56 | 77.86 | 20.60 | 1.54 | 16.72 |
| 荔湾区 | Liwan | 112155 | 94.07 | 79.50 | 95.51 | 86.23 | 12.87 | 0.90 | 23.82 |
| 越秀区 | Yuexiu | 199188 | 96.73 | 78.99 | 95.52 | 85.24 | 13.87 | 0.90 | 17.32 |
| 海珠区 | Haizhu | 169718 | 95.18 | 82.13 | 93.37 | 83.25 | 15.57 | 1.18 | 19.38 |
| 天河区 | Tianhe | 157562 | 95.93 | 86.10 | 90.50 | 82.40 | 16.23 | 1.37 | 14.54 |
| 白云区 | Baiyun | 177643 | 85.88 | 82.32 | 82.43 | 70.88 | 26.95 | 2.17 | 21.23 |
| 黄埔区 | Huangpu | 41348 | 89.73 | 84.39 | 94.96 | 86.56 | 12.46 | 0.98 | 26.10 |
| 番禺区 | Panyu | 170812 | 86.78 | 83.07 | 93.34 | 76.63 | 21.92 | 1.45 | 11.98 |
| 花都区 | Huadu | 144016 | 72.15 | 80.97 | 86.88 | 66.37 | 31.34 | 2.29 | 9.97 |
| 南沙区 | Nansha | 76793 | 75.61 | 82.92 | 94.64 | 75.19 | 23.35 | 1.46 | 9.20 |
| 萝岗区 | Luogang | 46364 | 82.13 | 81.29 | 83.40 | 72.65 | 24.99 | 2.35 | 19.95 |
| 县级市 | Cities at County Level | 301899 | 66.82 | 77.38 | 78.17 | 58.71 | 36.68 | 4.61 | 7.55 |
| 增城市 | Zengcheng | 176741 | 67.57 | 76.34 | 81.03 | 61.32 | 35.00 | 3.67 | 9.63 |
| 从化市 | Conghua | 125158 | 65.85 | 78.85 | 74.84 | 55.66 | 38.64 | 5.70 | 4.62 |

【常住人口】常住人口是指实际经常居住在某地区一定时间（指半年以上）的人口。按人口普查和人口变动抽样调查规定，主要包括：1、除离开本地半年以上（不包括在国外工作或学习的人）的全部常住本地的户籍人口；2、户口在外地，但在本地居住半年以上者，或离开户口地半年以上而调查时在本地居住的人口；3、调查时居住在本地，但在任何地方都没有登记常住户口，如手持户口迁移证、出生证、退伍证、劳改劳教释放证等尚未办理常住户口的人。

【户籍人口】户籍人口是指公民依照《中华人民共和国户口登记条例》，已在其经常居住地的公安户籍管理机关登记了常住户口的人。这类人口不管其是否外出，也不管外出时间长短，只要在某地注册有常住户口，则为该地区的户籍人口。户籍人口数一般是通过公安部门的经常性统计月报或年报取得。

【晚婚率】指在一定时期内（通常为一年）的女性初婚人口中23岁以上人数占当年女性初婚人数的比例，一般用百分比表示。计算公式：

晚婚率=本年23岁以上女性初婚人数/本年女性初婚人数×100%

【出生率（又称粗出生率）】指在一定时期内（通常为一年）一定地区的出生人数与同期平均人数(或期中人数)之比，一般用千分率表示。计算公式：

$$出生率 = \frac{年出生人数}{年平均人数} \times 1000‰$$

出生人数是指活产婴儿，即胎儿脱离母体时（不管怀孕月数），有过呼吸或其他生命现象。年平均人数是年初、年底人口数的平均数，也可用年中人口数代替。

【死亡率（又称粗死亡率）】指在一定时期内（通常为一年）一定地区的死亡人数与同期平均人数（或期中人数）之比，一般用千分率表示。计算公式：

$$死亡率 = \frac{年死亡人数}{年平均人数} \times 1000‰$$

【人口自然增长率】指在一定时期内（通常为一年）人口自然增加数（出生人数减死亡人数）与该时期内平均人数（或期中人数）之比，一般用千分率表示。计算公式：

$$人口自然增长率 = \frac{本年出生人数-本年死亡人数}{年平均人数} \times 1000‰$$

$$人口自然增长率 = 人口出生率-人口死亡率$$

【The population of permanent residents】The population of permanent residents refers to the population who actually and usually lives in a given area for a certain time (above half a year). According to the provisions of the population census and the sampling survey of population, the population of permanent residents mainly includes the following types: 1.All registered population who usually live in one certain place, excluding the person who leave away above half a year, including persons working or studying abroad. 2.The population who has lived in a certain place above half a year and whose household registration at other place, or living at a certain place at the survey moment, and leaving the household registered location for half a year. 3.The population who live at a certain place at the survey moment, but without registered permanent residence certificate everywhere, for example the person who has not gained registered permanent residence certificate, and with registration movement certificate, birth certificate,retirement certificate,or prisoners released certificate.

【The registered population】According to the household registration ordinance of the People's Republic of China, the registered population refers to the citizens who have registered in the household registration department where the citizens usually live. No matter going out or not, no matter how long dose he go out, as long as the person has gained the permanent residence registration, the person is the region's registered population. Registered population data is generally gained from the regular statistical monthly or annual report of republic security department.

【Birth Rate (or Crude Birth Rate)】 means the ratio between the number of births in a certain period (usually a year)and the average population in the same period (or mid-year figure).It is usually calculated in terms of permillage and its calculating formula is:

$$\text{Birth Rate} = \frac{\text{Number of Births}}{\text{Average Number of Population}} \times 1000‰$$

Number of Births refers to live births,when babies have showed any vital phenomena regardless of the length of pregnancy.

Average Number of Population is the average of the number of population at the beginning of the year and,at the end of the year and sometimes is substituted for with mid-year population.

【Death Rate(or Crude Death Rate)】 refers to the ratio of number of deaths to the average population (or mid-year population)during a certain period of time (usually a year),which is often presented as perminvar.its calculating formula is:

$$\text{Death Rate} = \frac{\text{Number of Deaths}}{\text{Average Number of Population}} \times 1000‰$$

【Natural Growth Rate of Population】 refers to the ratio of natural increase in population (number of births minus number of deaths) in a certain period of time (usually a year) to the average population (or mid-year population) of the same period,which is often presented as perminvar.The following formula are applied:

$$\text{Number of Growth of Population} = \frac{\text{Number of Births}-\text{Number of Deaths}}{\text{Average Number of Population}} \times 1000‰$$

Natural Growth Rate of Population = Birth Rate-Death Rate

第三篇 CHAPTER 3

# 从业人员和工资

# EMPLOYMENT AND WAGES

### 第三篇 从业人员和工资

一、本篇资料反映广州市社会从业人员总量及构成、城镇单位就业与工资等基本情况。

二、本篇资料由广州市统计局人口和社会科技统计处整理提供。

三、本篇资料主要是根据国家统计调查制度搜集汇总，部分是由广州市人力资源和社会保障局、广州市工商行政管理局、广州市农业局、广州市教育局、广州市卫生局、广州市经济贸易委员会等有关部门提供并经加工整理。

四、本篇资料中的城镇非私营单位在岗职工及工资统计范围只包括城镇以上国有、集体及其他经济类型单位，不包括乡镇企业、私营单位和个体工商户。

五、本篇资料中的社会从业人员主要包括本市劳动力以及外来劳动力。

六、1998年，劳动统计年报中对全部调查单位改按企业登记注册类型分组，使统计口径发生变化，即国有单位中不再包括国有联营和有限责任公司中的国有独资公司；城镇集体单位中不再包括集体联营和股份合作企业；其他单位则包括国有联营和有限责任公司中的国有独资公司，集体联营和股份合作企业。

### 3 Employment and Wages

I. The data in this chapter show the basic conditions of social composition of employees and total, employment and wages in urban units of Guangzhou.

II. The data in this chapter are prepared and provided by the Division of Population, Social, Science and Tech1ology Statistics of Guangzhou Statistical Bureau.

Ⅲ. The data in this chapter are collected and tabulated mainly in accordance with the statistical survey scheme of the National Bureau of Statistics, part of which are processed and prepared from the figures provided by Guangzhou Municipal Bureau of Labor and Social Security, Guangzhou Municipal Administration for Industry and Commerce, Guangzhou Municipal Bureau of Agriculture, Guangzhou Bureau of Education, Guangzhou Health Bureau ,Guangzhou Municipal Commission of Economy and Trade, and some other related organs.

Ⅳ. The statistical coverage of staff and worker urban units and wages in this chapter only includes the state-owned units, the collective -owned units and other economic ownership in urban areas, not including township enterprises, private institutions and individual businesses.

V. The employed persons in this chapter mainly include the labor resources of Guangzhou origin and the migrant labors.

VI. Since 1998,the statistical coverage of the annual reports of labor statistics has been adjusted, in which all the survey units are grouped by registration ownership of the enterprises, i.e. the state-owned units excludes the exclusively state-invested companies in state-owned joint ownership units and limited liability companies, the urban collective units excludes the collective-owned joint ownership units and share-holding cooperative operation and the other units include the exclusively state-invested companies in state-owned joint ownership units and limited liability companies, the collective-owned jointed owner-ship units and share-holding cooperative operation.

# 3-1 社会就业情况主要指标

# Main Indicators of Social Employment Situation

| 项　　目 | Item | 2013 | 2013年比2012年增长(%) Growth Rate in 2013 over 2012 (%) |
|---|---|---|---|
| 全社会从业人员 (人) | Total Number of Employed Persons at Year-end (person) | 7599295 | 1.2 |
| 第一产业 | Primary Industry | 646758 | -0.2 |
| 第二产业 | Secondary Industry | 2631214 | -6.6 |
| 第三产业 | Tertiary Industry | 4321323 | 6.8 |
| 城镇非私营单位从业人员 (人) | Number of Employed Persons in Urban Units at Year-end (person) | 3245858 | -0.7 |
| 国有单位 | State-owned Units | 723678 | -26.0 |
| 集体单位 | Urban Collective-owned Units | 104154 | -1.9 |
| 其他单位 | Units of Other Types of Ownership | 2418026 | 10.7 |
| # 外商及港澳台投资单位 | Enterprises with Funds from Foreign Countries, Hong Kong,Macao and Taiwan | 1146543 | -7.6 |
| 私营、个体和其他从业人员 (人) | Employed Persons in Private Enterprises and Self-employed Individuals at Year-end (person) | 4353437 | 2.6 |
| 城镇非私营单位从业人员工资总额(万元) | Total Wages of Employed Persons in Urban Units (10000 yuan) | 21724541 | 7.0 |
| 国有单位 | State-owned Units | 5616879 | -30.3 |
| 集体单位 | Urban Collective-owned Units | 424921 | 16.2 |
| 其他单位 | Units of Other Types of Ownership | 15682741 | 32.0 |
| # 外商及港澳台投资单位 | Enterprises with Funds from Foreign Countries, Hong Kong,Macao and Taiwan | 6706561 | 9.9 |
| 城镇非私营单位从业人员年平均工资(元) | Average Wage of Employed Persons in Urban Units (yuan) | 68594 | 9.6 |
| 国有单位 | State-owned Units | 83617 | 0.3 |
| 集体单位 | Urban Collective-owned Units | 40167 | 17.7 |
| 其他单位 | Units of Other Types of Ownership | 65629 | 19.9 |
| # 外商及港澳台投资单位 | Enterprises with Funds from Foreign Countries, Hong Kong,Macao and Taiwan | 58607 | 19.9 |
| 城镇非私营单位在岗职工年平均工资(元) | Average Wage of Fully Employed Staff and Workers in Urban Units (yuan) | 69692 | 9.3 |
| 国有单位 | State-owned Units | 84514 | 0.2 |
| 集体单位 | Urban Collective-owned Units | 40455 | 17.0 |
| 其他单位 | Units of Other Types of Ownership | 66718 | 19.7 |
| # 外商及港澳台投资单位 | Enterprises with Funds from Foreign Countries, Hong Kong,Macao and Taiwan | 58276 | 20.4 |
| 年末城镇登记失业人员 (人) | Number of Registered Unemployed Persons in Urban Areas (person) | 305017 | 7.8 |
| 城镇登记失业率 (%) | Registered Unemployment Rate in Urban Areas (%) | 2.15 | -0.26(百分点) |

注：1. 私营、个体和其他从业人员指全社会从业人员中扣除城镇非私营单位从业人员外的部分。
　　2. 城镇登记失业人员及城镇登记失业率由广州市人力资源和社会保障局提供。

Note: I. Employed persons in private enterprises and self-employed individuals are refer to employed persons other than employed persons in urban units.

II. Data on number of registered unemployed persons in urban areas and registered unemployment rate in urban areas are provided by Guangzhou Municipal Bureau of Labor and Social Security.

# 3-2 主要年份全社会从业人员人数

## Number of Employed Persons in Main Years

单位：人 (person)

| 年份 Year | 合计 Total | 城镇非私营单位从业人员 Employed Persons in Urban Units | 私营、个体和其他从业人员 Employed Persons in Private Enterprises, Self-employed Individuals and others |
|---|---|---|---|
| **全市 Total** | | | |
| 1978 | 2668989 | 1473615 | 1195374 |
| 1980 | 2750467 | 1565533 | 1184934 |
| 1985 | 3134739 | 1756497 | 1378242 |
| 1990 | 3411513 | 1893944 | 1517569 |
| 1995 | 4077775 | 2082361 | 1995414 |
| 2000 | 4962579 | 1755512 | 3207067 |
| 2001 | 5029338 | 1686900 | 3342438 |
| 2002 | 5070216 | 1755779 | 3314437 |
| 2003 | 5210706 | 1880184 | 3330522 |
| 2004 | 5407087 | 1943955 | 3463132 |
| 2005 | 5744550 | 1997579 | 3746971 |
| 2006 | 5994973 | 2071574 | 3923399 |
| 2007 | 6236312 | 2236902 | 3999410 |
| 2008 | 6529045 | 2255380 | 4273665 |
| 2009 | 6791495 | 2351538 | 4439957 |
| 2010 | 7110695 | 2463713 | 4646982 |
| 2011 | 7431755 | 3102356 | 4329399 |
| 2012 | 7512997 | 3268488 | 4244509 |
| 2013 | 7599295 | 3245858 | 4353437 |

注：1. 2000年以前,城镇非私营单位从业人员年末人数为城镇单位职工年末人数。
2. 2006年～2010年数据根据第六次全国人口普查结果作了相应调整。

Note: I. "Number of Employed Persons in Urban Units" is number of staff and workers before 2000.
II. The data from year 2006 to 2010 are revised according to the sixth National Population Census.

## 3-2 续表 continued

单位：人 (person)

| 年 份<br>Year | 合 计<br>Total | 城镇非私营单位从业人员<br>Employed Persons in Urban Units | 私营、个体和其他从业人员<br>Employed Persons in Private Enterprises, Self-employed Individuals and others |
|---|---|---|---|
| **市 区 Urban Districts** | | | |
| 1978 | 1699547 | 1332852 | 366695 |
| 1980 | 1788188 | 1419816 | 368372 |
| 1985 | 1991006 | 1559619 | 431387 |
| 1990 | 2115276 | 1641416 | 473860 |
| 1995 | 2472382 | 1768604 | 703778 |
| 2000（八区）(Eight Districts) | 2748013 | 1445868 | 1302145 |
| 2000（十区）(Ten Districts) | 4162769 | 1636059 | 2526710 |
| 2001 | 4198482 | 1561634 | 2636848 |
| 2002 | 4178423 | 1627155 | 2551268 |
| 2003 | 4187794 | 1741091 | 2446703 |
| 2004 | 4383273 | 1805266 | 2578007 |
| 2005 | 4718600 | 1872459 | 2846141 |
| 2006 | 4929303 | 1931573 | 2997730 |
| 2007 | 5177684 | 2083314 | 3094370 |
| 2008 | 5521528 | 2097553 | 3423975 |
| 2009 | 5746347 | 2195961 | 3550386 |
| 2010 | 6063647 | 2290772 | 3772875 |
| 2011 | 6404601 | 2860289 | 3544312 |
| 2012 | 6470558 | 3028514 | 3442044 |
| 2013 | 6583460 | 3007161 | 3576299 |

# 3-3 主要年份三次产业从业人员及构成

## Employed Persons and Composition by Three strata of Industry in Main Years

| 年 份 Year | 从业人员（人）Employed Persons (person) | 第一产业 Primary Industry | 第二产业 Secondary Industry | 第三产业 Tertiary Industry | 构成（%）Composition (%) 第一产业 Primary Industry | 第二产业 Secondary Industry | 第三产业 Tertiary Industry |
|---|---|---|---|---|---|---|---|
| **全 市 Total** | | | | | | | |
| 1978 | 2668989 | 1165987 | 857527 | 645475 | 43.69 | 32.13 | 24.18 |
| 1980 | 2750467 | 1106432 | 922756 | 721279 | 40.23 | 33.55 | 26.22 |
| 1985 | 3134739 | 979869 | 1180526 | 974344 | 31.26 | 37.66 | 31.08 |
| 1990 | 3411513 | 963548 | 1241813 | 1206152 | 28.24 | 36.40 | 35.36 |
| 1995 | 4077775 | 924969 | 1583686 | 1569120 | 22.68 | 38.84 | 38.48 |
| 2000 | 4962579 | 956596 | 1982905 | 2023078 | 19.27 | 39.96 | 40.77 |
| 2001 | 5029338 | 969793 | 1960309 | 2099236 | 19.28 | 38.98 | 41.74 |
| 2002 | 5070216 | 949624 | 1953095 | 2167497 | 18.73 | 38.52 | 42.75 |
| 2003 | 5210706 | 958819 | 2001677 | 2250210 | 18.40 | 38.42 | 43.18 |
| 2004 | 5407087 | 901318 | 2046552 | 2459217 | 16.67 | 37.85 | 45.48 |
| 2005 | 5744550 | 869141 | 2222177 | 2653232 | 15.13 | 38.68 | 46.19 |
| 2006 | 5994973 | 831303 | 2335315 | 2828355 | 13.87 | 38.95 | 47.18 |
| 2007 | 6236312 | 774596 | 2477232 | 2984484 | 12.42 | 39.72 | 47.86 |
| 2008 | 6529045 | 730174 | 2625645 | 3173226 | 11.18 | 40.22 | 48.60 |
| 2009 | 6791495 | 733557 | 2733281 | 3324657 | 10.80 | 40.25 | 48.95 |
| 2010 | 7110695 | 590223 | 2736424 | 3784048 | 8.30 | 38.48 | 53.22 |
| 2011 | 7431755 | 629012 | 2829341 | 3973402 | 8.46 | 38.07 | 53.47 |
| 2012 | 7512997 | 647755 | 2817179 | 4048063 | 8.62 | 37.50 | 53.88 |
| 2013 | 7599295 | 646758 | 2631214 | 4321323 | 8.51 | 34.62 | 56.87 |
| **市 区 Urban Districts** | | | | | | | |
| 1978 | 1699547 | 366748 | 767870 | 564929 | 21.58 | 45.18 | 33.24 |
| 1980 | 1788188 | 338240 | 818404 | 631544 | 18.91 | 45.77 | 35.32 |
| 1985 | 1991006 | 267498 | 903334 | 820174 | 13.44 | 45.37 | 41.19 |
| 1990 | 2115276 | 249162 | 900297 | 965817 | 11.78 | 42.56 | 45.66 |
| 1995 | 2472382 | 248653 | 988281 | 1235448 | 10.06 | 39.97 | 49.97 |
| 2000（八区）(Eight Districts) | 2748013 | 243451 | 937672 | 1566890 | 8.86 | 34.12 | 57.02 |
| 2000（十区）(Ten Districts) | 4162769 | 566939 | 1726356 | 1869474 | 13.62 | 41.47 | 44.91 |
| 2001 | 4198482 | 567464 | 1695107 | 1935911 | 13.52 | 40.37 | 46.11 |
| 2002 | 4178423 | 554019 | 1625157 | 1999247 | 13.26 | 38.89 | 47.85 |
| 2003 | 4187794 | 553480 | 1609853 | 2024461 | 13.22 | 38.44 | 48.34 |
| 2004 | 4383273 | 495485 | 1673137 | 2214651 | 11.30 | 38.17 | 50.53 |
| 2005 | 4718600 | 466357 | 1851160 | 2401083 | 9.88 | 39.23 | 50.89 |
| 2006 | 4929303 | 472041 | 1906597 | 2550665 | 9.58 | 38.68 | 51.74 |
| 2007 | 5177684 | 431860 | 2042893 | 2702931 | 8.34 | 39.46 | 52.20 |
| 2008 | 5521528 | 415401 | 2201424 | 2904703 | 7.52 | 39.87 | 52.61 |
| 2009 | 5746347 | 419533 | 2302762 | 3024052 | 7.30 | 40.07 | 52.63 |
| 2010 | 6063647 | 304530 | 2308838 | 3450279 | 5.02 | 38.08 | 56.90 |
| 2011 | 6404601 | 351391 | 2410215 | 3642995 | 5.49 | 37.63 | 56.88 |
| 2012 | 6470558 | 368188 | 2406740 | 3695630 | 5.69 | 37.20 | 57.11 |
| 2013 | 6583460 | 427632 | 2152496 | 4003332 | 6.50 | 32.69 | 60.81 |

注：2006年~2010年数据根据第六次全国人口普查结果作了相应调整。

Note:The data from year 2006 to 2010 are revised according to the sixth National Population Census.

# 3-4 三次产业全社会从业人员及构成（2013年末）

# Employed Persons and Composition by Three Strata of Industry (Year-end of 2013)

| 项　　目 | Item | 从业人员（人）Employed Persons (person) | 市　区 Urban Districts | 构　成（%）Composition (%) | 市　区 Urban Districts |
|---|---|---|---|---|---|
| **合　计** | **Total** | **7599295** | **6583460** | **100.00** | **100.00** |
| 第一产业 | Primary Industry | 646758 | 427632 | 8.51 | 6.50 |
| 第二产业 | Secondary Industry | 2631214 | 2152496 | 34.62 | 32.69 |
| 工　业 | Industry | 2362647 | 1896372 | 31.09 | 28.80 |
| 建筑业 | Construction | 268567 | 256124 | 3.53 | 3.89 |
| 第三产业 | Tertiary Industry | 4321323 | 4003332 | 56.87 | 60.81 |
| 批发和零售业 | Wholesale and Retail Trade | 1623331 | 1513179 | 21.36 | 22.98 |
| 交通运输、仓储和邮政业 | Transport, Storage and Post | 466340 | 456574 | 6.14 | 6.94 |
| 住宿和餐饮业 | Hotels and Catering Services | 450968 | 408077 | 5.93 | 6.20 |
| 信息传输、软件和信息技术服务业 | Information Transmission, Software and Information Technology | 169585 | 166518 | 2.23 | 2.53 |
| 金融业 | Financial Intermediation | 108009 | 105666 | 1.42 | 1.60 |
| 房地产业 | Real Estate | 241435 | 232271 | 3.18 | 3.53 |
| 租赁和商务服务业 | Leasing and Business Services | 215953 | 201919 | 2.84 | 3.07 |
| 科学研究和技术服务业 | Scientific Research and Technical Services | 142447 | 137515 | 1.87 | 2.09 |
| 水利、环境和公共设施管理业 | Management of Water Conservancy, Environment and Public Facilities | 56815 | 53577 | 0.75 | 0.81 |
| 居民服务、修理和其他服务业 | Service to Households, Repair and Other Services | 304482 | 268912 | 4.01 | 4.08 |
| 教　育 | Education | 218783 | 174868 | 2.88 | 2.66 |
| 卫生和社会工作 | Health and Social Work | 105225 | 92702 | 1.39 | 1.41 |
| 文化、体育和娱乐业 | Culture, Sports and Entertainment | 63431 | 60748 | 0.84 | 0.92 |
| 公共管理、社会保障和社会组织 | Public Management, Social Security and Social Organizations | 154519 | 130806 | 2.03 | 1.99 |

# 3-5　全市全社会从业人员（2013年末）

单位：人

| 项　　目 | Item |
| --- | --- |
| **总　计** | **Total** |
| **按地区分** | **Grouped by Area** |
| 市　区 | Urban Districts |
| 县级市 | Cities at County Level |
| 增城市 | Zengcheng |
| 从化市 | Conghua |
| **按国民经济行业分** | **Grouped by Economic Sector** |
| 农、林、牧、渔业 | Agriculture, Forestry, Animal Husbandry and Fishery |
| 采矿业 | Mining |
| 制造业 | Manufacturing |
| 电力、热力、燃气及水生产和供应业 | Production and Supply of Electricity, Heat,Gas and Water |
| 建筑业 | Construction |
| 批发和零售业 | Wholesale and Retail Trade |
| 交通运输、仓储和邮政业 | Transport, Storage and Post |
| 住宿和餐饮业 | Hotels and Catering Services |
| 信息传输、软件和信息技术服务业 | Information Transmission, Software and Information Technology |
| 金融业 | Financial Intermediation |
| 房地产业 | Real Estate |
| 租赁和商务服务业 | Leasing and Business Services |
| 科学研究和技术服务业 | Scientific Research and Technical Services |
| 水利、环境和公共设施管理业 | Management of Water Conservancy, Environment and Public Facilities |
| 居民服务、修理和其他服务业 | Service to Households, Repair and Other Services |
| 教　育 | Education |
| 卫生和社会工作 | Health and Social Service |
| 文化、体育和娱乐业 | Culture, Sports and Entertainment |
| 公共管理、社会保障和社会组织 | Public Management, Social Security and Social Organizations |

# Number of Employed Persons (Year-end of 2013)

(person)

| 合 计<br>Total | 城镇非私营单位从业人员<br>Number of Employed Persons in Urban Units | 私营、个体和其他从业人员<br>Employed Persons in Private Enterprises, Self-employed Individuals and Others |
|---|---|---|
| **7599295** | **3245858** | **4353437** |
| | | |
| 6583460 | 3007161 | 3576299 |
| 1015835 | 238697 | 777138 |
| 647074 | 161548 | 485526 |
| 368761 | 77149 | 291612 |
| | | |
| 646758 | 2276 | 644482 |
| 601 | 182 | 419 |
| 2314999 | 985048 | 1329951 |
| 47047 | 37210 | 9837 |
| 268567 | 267849 | 718 |
| 1623331 | 285141 | 1338190 |
| 466340 | 348276 | 118064 |
| 450968 | 108890 | 342078 |
| 169585 | 93894 | 75691 |
| 108009 | 76185 | 31824 |
| 241435 | 170418 | 71017 |
| 215953 | 195953 | 20000 |
| 142447 | 139503 | 2944 |
| 56815 | 50708 | 6107 |
| 304482 | 24266 | 280216 |
| 218783 | 173275 | 45508 |
| 105225 | 94749 | 10476 |
| 63431 | 37516 | 25915 |
| 154519 | 154519 | |

## 3-6　市区全社会从业人员（2013年末）

单位：人

| 行　　业 | Sector |
| --- | --- |
| 合　计 | **Total** |
| 农、林、牧、渔业 | Agriculture, Forestry, Animal Husbandry and Fishery |
| 采矿业 | Mining |
| 制造业 | Manufacturing |
| 电力、热力、燃气及水生产和供应业 | Production and Supply of Electricity, Heat,Gas and Water |
| 建筑业 | Construction |
| 批发和零售业 | Wholesale and Retail Trade |
| 交通运输、仓储和邮政业 | Transport, Storage and Post |
| 住宿和餐饮业 | Hotels and Catering Services |
| 信息传输、软件和信息技术服务业 | Information Transmission, Software and Information Technology |
| 金融业 | Financial Intermediation |
| 房地产业 | Real Estate |
| 租赁和商务服务业 | Leasing and Business Services |
| 科学研究和技术服务业 | Scientific Research and Technical Services |
| 水利、环境和公共设施管理业 | Management of Water Conservancy, Environment and Public Facilities |
| 居民服务、修理和其他服务业 | Service to Households, Repair and Other Services |
| 教　育 | Education |
| 卫生和社会工作 | Health and Social Service |
| 文化、体育和娱乐业 | Culture, Sports and Entertainment |
| 公共管理、社会保障和社会组织 | Public Management, Social Security and Social Organizations |

## 3-7　主要年份城镇非私营单位从业人员数及工资

| 项　　目 | Item |
| --- | --- |
| 城镇非私营单位从业人员年末人数　（人） | Number of Employed Persons in Urban Units at Year-end　(person) |
| 城镇非私营单位从业人员工资总额　（万元） | Total Wages of Employed Persons in Urban Units　(10000 yuan) |
| 城镇非私营单位从业人员年平均工资　（元） | Average Wage of Employed Persons in Urban Units　(yuan) |

## Number of Employed Persons in Urban Districts (Year-end of 2013)

(person)

| 合 计<br>Total | 城镇非私营单位从业人员<br>Employed Persons in Urban Units | 私营、个体和其他从业人员<br>Enterprises, Self-employed Individuals and Others |
|---|---|---|
| **6583460** | **3007161** | **3576299** |
| 427632 | 2068 | 425564 |
| 348 | 45 | 303 |
| 1852268 | 862283 | 989985 |
| 43756 | 34365 | 9391 |
| 256124 | 252046 | 4078 |
| 1513179 | 278349 | 1234830 |
| 456574 | 345771 | 110803 |
| 408077 | 102933 | 305144 |
| 166518 | 93151 | 73367 |
| 105666 | 73878 | 31788 |
| 232271 | 165121 | 67150 |
| 201919 | 192201 | 9718 |
| 137515 | 137013 | 502 |
| 53577 | 48756 | 4821 |
| 268912 | 23682 | 245230 |
| 174868 | 143980 | 30888 |
| 92702 | 84299 | 8403 |
| 60748 | 36414 | 24334 |
| 130806 | 130806 | |

## Number and Wages of Employed Persons in Urban Units in Main Years

| 1995 | 2000 | 2005 | 2006 | 2007 | 2008 | 2009 | 2010 | 2011 | 2012 | 2013 |
|---|---|---|---|---|---|---|---|---|---|---|
| 2104432 | 1755512 | 1997579 | 2071574 | 2236902 | 2255380 | 2351538 | 2463713 | 3102356 | 3268488 | 3245858 |
| 2176743 | 3489371 | 6772629 | 7532573 | 8961040 | 10251127 | 11439796 | 13354746 | 17486373 | 20305943 | 21724541 |
| 10349 | 19714 | 34171 | 36566 | 40280 | 45368 | 49054 | 54091 | 56618 | 62598 | 68594 |

# 3-8 主要年份城镇非私营单位在岗职工工资总额及指数

## Total Wages of Fully Employed Staff and Workers in Urban Units and Related Indices in Main Years

| 年份 Year | 在岗职工工资总额（万元） Total Wages of Fully Employed Staff and Workers in Urban Units (10000 yuan) | 国有单位 State-owned Units | 集体单位 Urban Collective-owned Units | 其他单位 Units of Other Types of Ownership | #外商及港澳台投资单位 Enterprises with Funds from Foreign Countries, Hong Kong, Macao and Taiwan | 在岗职工年平均工资（元） Average Wage of Fully Employed Staff and Workers in Urban Units (yuan) |
|---|---|---|---|---|---|---|
| **工资总额（万元）** Total Wages (10000 yuan) | | | | | | |
| 1978 | 101809 | 76913 | 24896 | | | 714 |
| 1980 | 142243 | 108015 | 34228 | | | 941 |
| 1985 | 278892 | 208829 | 65660 | 4403 | 3127 | 1621 |
| 1990 | 656434 | 487524 | 121441 | 47469 | 41198 | 3504 |
| 1991 | 783043 | 565974 | 148783 | 68286 | 61119 | 4022 |
| 1992 | 971335 | 690135 | 183771 | 97429 | 89978 | 4792 |
| 1993 | 1316773 | 941475 | 226929 | 148369 | 106957 | 6342 |
| 1994 | 1815428 | 1277944 | 308933 | 228551 | 183030 | 8623 |
| 1995 | 2146245 | 1481375 | 344494 | 320376 | 263343 | 10317 |
| 1996 | 2395597 | 1672483 | 348629 | 374485 | 313623 | 11813 |
| 1997 | 2615842 | 1798987 | 338388 | 478467 | 404483 | 13118 |
| 1998（原口径） 1998 (Original Standards) | 2831440 | 1900631 | 344677 | 586132 | 454061 | 14318 |
| 1998（新口径） 1998 (New Standards) | 2831440 | 1758088 | 322399 | 750953 | 454061 | 14318 |
| 1999 | 3085768 | 1917375 | 296558 | 871835 | 507875 | 16202 |
| 2000 | 3480880 | 2188085 | 289750 | 1003045 | 586413 | 19091 |
| 2001 | 3878065 | 2401471 | 216967 | 1259627 | 691639 | 22141 |
| 2002 | 4534911 | 2817578 | 229015 | 1488318 | 838420 | 25583 |
| 2003 | 5335484 | 3185006 | 243455 | 1907023 | 1097924 | 28237 |
| 2004 | 5983255 | 3529828 | 240966 | 2212461 | 1251256 | 31025 |
| 2005 | 6653196 | 3837476 | 233643 | 2582077 | 1464470 | 33853 |
| 2006 | 7389676 | 3967484 | 238729 | 3183463 | 1718714 | 36321 |
| 2007 | 8770687 | 4448123 | 254851 | 4067713 | 2228358 | 40187 |
| 2008 | 10053742 | 4970189 | 261939 | 4821614 | 2655221 | 45365 |
| 2009 | 11180296 | 5345813 | 276463 | 5558020 | 2889870 | 49215 |
| 2010 | 13044801 | 6053212 | 284742 | 6706846 | 3565786 | 54495 |
| 2011 | 17008733 | 7040246 | 274165 | 9694322 | 5332522 | 57473 |
| 2012 | 19695115 | 7944452 | 356403 | 11394260 | 5950277 | 63752 |
| 2013 | 21107782 | 5536325 | 408310 | 15163147 | 6568426 | 69692 |

注：1. 本表数据2011年以前为城镇单位职工工资总额，2011年起为城镇非私营单位在岗职工工资总额。
2. 城镇非私营单位职工含劳务派遣人员。

Note: I. The name of Total Wages of Fully Employed Staff and Workers in Urban Units is adjusted to Total Wages of Staff and Workers in Urban Units since 2011.
II. Fully employed staff and workers in urban units contain labor dispatching personnel .

# 3-8 续表 continued

| 年 份<br>Year | 在岗职工工资总额(上年=100)<br>Total Wages of Fully Employed Staff and Workers in Urban Units (preceding year=100) | 国有单位<br>State-owned Units | 集体单位<br>Urban Collective-owned Units | 其他单位<br>Units of Other Types of Ownership | # 外商及港澳台投资单位<br>Enterprises with Funds from Foreign Countries, Hong Kong, Macao and Taiwan | 在岗职工年平均工资(上年=100)<br>Average Wage of Fully Employed Staff and Workers in Urban Units (preceding year=100) |
|---|---|---|---|---|---|---|
| **指 数(上年=100)**<br>Indices (preceding year=100) | | | | | | |
| 1978 | 116.2 | 121.3 | 102.8 | | | 105.0 |
| 1980 | 139.7 | 140.4 | 137.5 | | | 114.8 |
| 1985 | 123.2 | 122.0 | 124.3 | 190.7 | 236.4 | 121.2 |
| 1990 | 107.7 | 106.1 | 105.4 | 137.1 | 152.4 | 107.1 |
| 1991 | 119.3 | 116.1 | 122.5 | 143.9 | 148.4 | 114.8 |
| 1992 | 124.1 | 121.9 | 123.5 | 142.7 | 147.2 | 119.1 |
| 1993 | 135.6 | 136.4 | 123.5 | 152.3 | 118.9 | 132.4 |
| 1994 | 137.9 | 135.7 | 136.1 | 154.0 | 171.1 | 136.0 |
| 1995 | 118.2 | 115.9 | 111.5 | 140.2 | 143.9 | 119.7 |
| 1996 | 111.6 | 112.9 | 101.2 | 116.9 | 119.1 | 114.5 |
| 1997 | 109.2 | 107.6 | 97.1 | 127.8 | 129.0 | 111.1 |
| 1998 | 108.2 | 105.7 | 101.9 | 122.5 | 112.3 | 109.2 |
| 1999 | 109.0 | 109.1 | 92.0 | 116.1 | 111.9 | 113.2 |
| 2000 | 112.8 | 114.1 | 97.7 | 115.1 | 115.5 | 117.8 |
| 2001 | 111.4 | 109.8 | 74.9 | 125.6 | 117.9 | 116.0 |
| 2002 | 116.9 | 117.3 | 105.6 | 118.2 | 121.2 | 115.6 |
| 2003 | 117.7 | 113.0 | 106.3 | 128.1 | 131.0 | 110.4 |
| 2004 | 112.1 | 110.8 | 99.0 | 116.0 | 114.0 | 109.9 |
| 2005 | 111.2 | 108.7 | 97.0 | 116.7 | 117.0 | 109.1 |
| 2006 | 111.1 | 103.4 | 102.2 | 123.3 | 117.4 | 107.3 |
| 2007 | 118.7 | 112.1 | 106.8 | 127.8 | 129.7 | 110.6 |
| 2008 | 114.6 | 111.7 | 102.8 | 118.5 | 119.2 | 112.9 |
| 2009 | 111.2 | 107.6 | 105.5 | 115.3 | 108.8 | 108.5 |
| 2010 | 116.7 | 113.2 | 103.0 | 120.7 | 123.4 | 110.7 |
| 2011 | 130.4 | 116.3 | 96.3 | 144.5 | 149.6 | 111.6 |
| 2012 | 115.8 | 112.8 | 130.0 | 117.5 | 111.6 | 110.9 |
| 2013 | 107.2 | 69.7 | 114.6 | 133.1 | 110.4 | 109.3 |

注：1. 本表数据2011年以前为城镇单位职工工资总额指数，2011年起为城镇非私营单位在岗职工工资总额指数。
2. 2011年城镇非私营单位在岗职工年平均工资指数按可比口径计算。

Note: I. The name of Total Wages of Fully Employed Staff and Workers in Urban Units is adjusted to Total Wages of Staff and Workers in Urban Units since 2011.
II. The data of 2011 are calculated at comparable coverage.

## 3-9 城镇非私营单位从业人数与工资（2013年，按地区分）

| 项 目 | Item |
|---|---|
| 城镇非私营单位从业人员年末人数（人） | Number of Employed Persons in Urban Units at Year-end (person) |
| 国有单位 | State-owned Units |
| 集体单位 | Urban Collective Owned Units |
| 其他单位 | Units of Other Types of Ownership |
| # 外商及港澳台投资单位 | Enterprises with Funds from Foreign Countries, Hong Kong, Macao and Taiwan |
| 城镇非私营单位从业人员年平均人数(人) | Average Number of Employed Persons in Urban Units (person) |
| 国有单位 | State-owned Units |
| 集体单位 | Urban Collective Owned Units |
| 其他单位 | Units of Other Types of Ownership |
| # 外商及港澳台投资单位 | Enterprises with Funds from Foreign Countries, Hong Kong, Macao and Taiwan |
| 城镇非私营单位从业人员工资总额(万元) | Total Wages of Employed Persons in Urban Units (10000 yuan) |
| 国有单位 | State-owned Units |
| 集体单位 | Urban Collective Owned Units |
| 其他单位 | Units of Other Types of Ownership |
| # 外商及港澳台投资单位 | Enterprises with Funds from Foreign Countries, Hong Kong, Macao and Taiwan |
| 城镇非私营单位从业人员年平均工资(元) | Average Wage of Employed Persons in Urban Units (yuan) |
| 国有单位 | State-owned Units |
| 集体单位 | Urban Collective Owned Units |
| 其他单位 | Units of Other Types of Ownership |
| # 外商及港澳台投资单位 | Enterprises with Funds from Foreign Countries, Hong Kong, Macao and Taiwan |

## Number and Wages of Employed Persons in Urban Units (2013，by Region)

| 全 市 Total | 市 区 Urban Districts | 增城市 Zengcheng | 从化市 Conghua |
|---|---|---|---|
| 3245858 | 3037344 | 137620 | 70894 |
| 723678 | 656074 | 43014 | 24590 |
| 104154 | 99900 | 2926 | 1328 |
| 2418026 | 2281370 | 91680 | 44976 |
| 1146543 | 1052028 | 63526 | 30989 |
| 3167117 | 2957726 | 137838 | 71553 |
| 671738 | 605022 | 42693 | 24023 |
| 105788 | 101500 | 2980 | 1308 |
| 2389591 | 2251204 | 92165 | 46222 |
| 1144327 | 1047593 | 64443 | 32291 |
| 21724541 | 20662111 | 720710 | 341720 |
| 5616879 | 5200595 | 255757 | 160527 |
| 424921 | 412755 | 8736 | 3430 |
| 15682741 | 15048761 | 456217 | 177763 |
| 6706561 | 6250780 | 298797 | 156984 |
| 68594 | 69858 | 52287 | 47758 |
| 83617 | 85957 | 59906 | 66822 |
| 40167 | 40665 | 29317 | 26222 |
| 65629 | 66848 | 49500 | 38459 |
| 58607 | 59668 | 46366 | 48615 |

# 3-10 全市城镇非私营单位在岗职工人数与工资（2013年）

| 项　　目 | Item |
|---|---|
| **合　计** | **Total** |
| **按隶属关系分** | **Grouped by Subordination** |
| 中央属单位 | Units Subordinated to Central Government |
| 省属单位 | Units Subordinated to Provincial Government |
| 市属单位 | Units Subordinated to Municipal Government |
| **按执行会计制度类别分** | **Grouped by Accounting Regulation Implemented** |
| 企　业 | Enterprises |
| 事业单位 | Institutions |
| 行政单位 | Agencies & Organizations |
| 民间非营利组织 | Civil Nonprofit Organizations |
| 其　他 | Others |
| **按国民经济行业分** | **Grouped by Economic Sector** |
| 农、林、牧、渔业 | Agriculture, Forestry, Animal Husbandry and Fishery |
| #农、林、牧、渔服务业 | Services for Agriculture, Forestry, Animal Husbandry and Fishery |
| 采矿业 | Mining |
| 制造业 | Manufacturing |
| #食品制造业 | Manufacture of Foods |
| 纺织服装、服饰业 | Manufacture of Textile Wearing Apparel, Clothing |
| 皮革、毛皮、羽毛及其制品和制鞋业 | Manufacture of Leather, Fur, Feather and Related Products and Footwear |
| 文教、工美、体育和娱乐用品制造业 | Manufacture of Culture and Education,Art and Crafts,Sports and Entertainment Supplies |
| 化学原料和化学制品制造业 | Manufacture of Raw Chemical Materials and Chemical Products |
| 医药制造业 | Manufacture of Medical |
| 通用设备制造业 | Manufacture of General Purpose Machinery |
| 汽车制造业 | Manufacture of Automobile |
| 铁路、船舶、航空航天和其他运输设备制造业 | Manufacture of Railway, Ship, Aerospace and Other Transportation Equipment |
| 电气机械和器材制造业 | Manufacture of Electrical Machinery and Equipment |
| 计算机、通信和其他电子设备制造业 | Manufacture of Computers, Communications and Other Electronic Equipment |
| 电力、热力、燃气及水生产和供应业 | Production and Supply of Electricity, Heat,Gas and Water |
| 建筑业 | Construction |
| 房屋建筑业 | Housing Industry |
| 土木工程建筑业 | Civil Engineering Construction |
| 建筑安装业 | Architectural Installation |
| 建筑装饰和其他建筑业 | Building Decoration and Other Construction |
| 批发和零售业 | Wholesale and Retail Trade |
| 批发业 | Wholesale |
| 零售业 | Retail Trade |
| 交通运输、仓储和邮政业 | Transport, Storage and Post |
| 铁路运输业 | Railway Transport |
| 道路运输业 | Highway Transport |

## Number and Wages of Fully Employed Staff and Workers in Urban Units (2013)

| 单位数<br>(个)<br>Number<br>of Units<br>(unit) | 在岗职工年末人数<br>(人)<br>Number of Fully Employed Staff and Workers in Urban Units at Year-end<br>(person) | 在岗职工年平均人数<br>(人)<br>Average Number of Fully Employed Staff and Workers in Urban Units<br>(person) | 在岗职工工资总额<br>(万元)<br>Total Wages of Fully Employed Staff and Workers in Urban Units<br>(10000 yuan) | 在岗职工年平均工资<br>(元)<br>Average Wages of Fully Employed Staff and Workers in Urban Units<br>(yuan) |
|---|---|---|---|---|
| **19866** | **3099473** | **3028729** | **21107782** | **69692** |
| | | | | |
| 683 | 389954 | 334666 | 3615729 | 108040 |
| 1799 | 330568 | 329348 | 2874135 | 87267 |
| 17384 | 2378951 | 2364715 | 14617918 | 61817 |
| | | | | |
| 15034 | 2647678 | 2582427 | 17342318 | 67155 |
| 3174 | 305112 | 301464 | 2579574 | 85568 |
| 1217 | 122340 | 121233 | 1055417 | 87057 |
| 234 | 8183 | 7944 | 46267 | 58242 |
| 207 | 16160 | 15661 | 84206 | 53768 |
| | | | | |
| 46 | 2226 | 2220 | 8741 | 39373 |
| 21 | 1447 | 1435 | 5307 | 36984 |
| 3 | 181 | 181 | 3379 | 186702 |
| 2774 | 977571 | 983856 | 5579046 | 56706 |
| 103 | 58577 | 57640 | 423221 | 73425 |
| 190 | 57991 | 59229 | 237847 | 40157 |
| 110 | 41229 | 43885 | 154687 | 35248 |
| 141 | 62728 | 66348 | 252947 | 38124 |
| 238 | 63980 | 69402 | 504921 | 72753 |
| 61 | 30903 | 30703 | 198608 | 64687 |
| 140 | 35923 | 36944 | 221146 | 59860 |
| 181 | 112000 | 108501 | 853341 | 78648 |
| 58 | 35632 | 34355 | 225324 | 65587 |
| 182 | 70955 | 71314 | 350168 | 49102 |
| 227 | 177064 | 174948 | 893543 | 51075 |
| 72 | 37100 | 36961 | 396811 | 107359 |
| 466 | 202766 | 196070 | 1161054 | 59216 |
| 128 | 67925 | 67073 | 351860 | 52459 |
| 118 | 90552 | 86039 | 549760 | 63897 |
| 119 | 26909 | 26885 | 172181 | 64043 |
| 101 | 17380 | 16073 | 87253 | 54286 |
| 2966 | 279898 | 276211 | 1602190 | 58006 |
| 1910 | 173894 | 169791 | 1085203 | 63914 |
| 1056 | 106004 | 106420 | 516987 | 48580 |
| 612 | 334948 | 279961 | 2340969 | 83618 |
| 7 | 19303 | 18507 | 141870 | 76657 |
| 229 | 112039 | 108560 | 646034 | 59509 |

3-10 续表

| 项 目 | Item |
| --- | --- |
| 水上运输业 | Waterway Transport |
| 航空运输业 | Air Transport |
| 装卸搬运和运输代理业 | Handing and Transportation Agents |
| 仓储业 | Storage |
| 邮政业 | Post |
| 住宿和餐饮业 | Hotels and Catering Services |
| 住宿业 | Hotels Services |
| 餐饮业 | Catering Services |
| 信息传输、软件和信息技术服务业 | Information Transmission, Software and Information Technology |
| 电信、广播电视和卫星传输服务 | Telecommunications, Broadcasting, TV Transmission and Satellite Services |
| 互联网和相关服务 | Networks Related Services |
| 软件和信息技术服务业 | Software and Information Technology Services |
| 金融业 | Financial Intermediation |
| # 货币金融服务 | Monetary Financial Services |
| 资本市场服务 | Capital Market Services |
| 保险业 | Insurance |
| 房地产业 | Real Estate |
| 租赁和商务服务业 | Leasing and Business Services |
| 租赁业 | Leasing Services |
| 商务服务业 | Business Services |
| 科学研究和技术服务业 | Scientific Research and Technical Services |
| 研究与试验发展 | Research and Experimental Development |
| 专业技术服务业 | Professional Skill Services |
| 科技推广和应用服务业 | Science and Technology Popularization and Application Services |
| 水利、环境和公共设施管理业 | Management of Water Conservancy, Environment and Public Facilities |
| 水利管理业 | Management of Water Conservancy |
| 生态保护和环境治理业 | Ecological Protection and Environmental Governance Industry |
| 公共设施管理业 | Management of Public Facilities |
| 居民服务、修理和其他服务业 | Service to Households, Repair and Other Services |
| 教 育 | Education |
| 卫生和社会工作 | Health and Social Work |
| 卫 生 | Health |
| 社会工作 | Social Work |
| 文化、体育和娱乐业 | Culture, Sports and Entertainment |
| 新闻和出版业 | Press and Publishing Industry |
| 广播、电视、电影和影视录音制作业 | Radio,Television,Movie and Recording Manufacturing |
| 文化艺术业 | Culture and Art |
| 体 育 | Sports |
| 娱乐业 | Entertainment |
| 公共管理、社会保障和社会组织 | Public Management, Social Security and Social Organizations |
| # 社会保障 | Social Security |

continued

| 单位数 (个) Number of Units (unit) | 在岗职工年末人数 (人) Number of Fully Employed Staff and Workers in Urban Units at Year-end (person) | 在岗职工年平均人数 (人) Average Number of Fully Employed Staff and Workers in Urban Units (person) | 在岗职工工资总额 (万元) Total Wages of Fully Employed Staff and Workers in Urban Units (10000 yuan) | 在岗职工年平均工资 (元) Average Wages of Fully Employed Staff and Workers in Urban Units (yuan) |
|---|---|---|---|---|
| 70 | 24766 | 24817 | 259394 | 104523 |
| 15 | 76813 | 74371 | 965135 | 129773 |
| 193 | 19982 | 19644 | 124723 | 63492 |
| 76 | 6926 | 6791 | 39507 | 58175 |
| 22 | 75119 | 27271 | 164305 | 60249 |
| 699 | 100794 | 101165 | 417247 | 41244 |
| 321 | 46386 | 46986 | 218516 | 46507 |
| 378 | 54408 | 54179 | 198731 | 36681 |
| 397 | 93000 | 91310 | 927382 | 101564 |
| 42 | 37851 | 37741 | 416963 | 110480 |
| 24 | 1739 | 1646 | 10858 | 65969 |
| 331 | 53410 | 51923 | 499561 | 96212 |
| 283 | 65118 | 63834 | 1122862 | 175903 |
| 189 | 46807 | 45613 | 837552 | 183621 |
| 33 | 4381 | 4303 | 133137 | 309405 |
| 56 | 13707 | 13699 | 148564 | 108449 |
| 2412 | 162803 | 160715 | 902527 | 56157 |
| 1645 | 191824 | 191548 | 1306099 | 68187 |
| 41 | 4268 | 4223 | 20797 | 49246 |
| 1604 | 187556 | 187325 | 1285302 | 68614 |
| 1939 | 133703 | 130458 | 1198169 | 91843 |
| 338 | 27274 | 26582 | 221519 | 83334 |
| 1288 | 93270 | 90871 | 870197 | 95762 |
| 313 | 13159 | 13005 | 106453 | 81856 |
| 485 | 48668 | 48649 | 247730 | 50922 |
| 73 | 2441 | 2449 | 22908 | 93540 |
| 50 | 4234 | 4217 | 30006 | 71156 |
| 362 | 41993 | 41983 | 194816 | 46403 |
| 430 | 23825 | 24703 | 108252 | 43821 |
| 1754 | 164558 | 162988 | 1322571 | 81145 |
| 537 | 92511 | 91041 | 845885 | 92913 |
| 444 | 87685 | 86026 | 814858 | 94722 |
| 93 | 4826 | 5015 | 31027 | 61869 |
| 394 | 36370 | 36851 | 315446 | 85600 |
| 109 | 16562 | 16895 | 165943 | 98220 |
| 65 | 4989 | 4840 | 51854 | 107136 |
| 120 | 6017 | 6017 | 48407 | 80450 |
| 61 | 5723 | 5962 | 33302 | 55857 |
| 39 | 3079 | 3137 | 15940 | 50812 |
| 1952 | 151609 | 150007 | 1301422 | 86757 |
| 22 | 1124 | 1070 | 8053 | 75260 |

# 3-11 市区城镇非私营单位在岗职工人数与工资（2013年）

| 项　　目 | Item |
|---|---|
| **合　计** | **Total** |
| **按隶属关系分** | **Grouped by Subordination** |
| 中央属单位 | Units Subordinated to Central Government |
| 省属单位 | Units Subordinated to Provincial Government |
| 市属单位 | Units Subordinated to Municipal Government |
| **按执行会计制度类别分** | **Grouped by Accounting Regulation Implemented** |
| 企　业 | Enterprises |
| 事业单位 | Institutions |
| 行政单位 | Agencies & Organizations |
| 民间非营利组织 | Civil Nonprofit Organizations |
| 其　他 | Others |
| **按国民经济行业分** | **Grouped by Economic Sector** |
| 农、林、牧、渔业 | Agriculture, Forestry, Animal Husbandry and Fishery |
| #农、林、牧、渔服务业 | Services for Agriculture, Forestry, Animal Husbandry and Fishery |
| 采矿业 | Mining |
| 制造业 | Manufacturing |
| #食品制造业 | Manufacture of Foods |
| 纺织服装、服饰业 | Manufacture of Textile Wearing Apparel, Clothing |
| 皮革、毛皮、羽毛及其制品和制鞋业 | Manufacture of Leather, Fur, Feather and Related Products and Footwear |
| 文教、工美、体育和娱乐用品制造业 | Manufacture of Culture and Education,Art and Crafts,Sports and Entertainment Supplies |
| 化学原料和化学制品制造业 | Manufacture of Raw Chemical Materials and Chemical Products |
| 医药制造业 | Manufacture of Medical |
| 通用设备制造业 | Manufacture of General Purpose Machinery |
| 汽车制造业 | Manufacture of Automobile |
| 铁路、船舶、航空航天和其他运输设备制造业 | Manufacture of Railway, Ship, Aerospace and Other Transportation Equipment |
| 电气机械和器材制造业 | Manufacture of Electrical Machinery and Equipment |
| 计算机、通信和其他电子设备制造业 | Manufacture of Computers, Communications and Other Electronic Equipment |
| 电力、热力、燃气及水生产和供应业 | Production and Supply of Electricity, Heat,Gas and Water |
| 建筑业 | Construction |
| 房屋建筑业 | Housing Industry |
| 土木工程建筑业 | Civil Engineering Construction |
| 建筑安装业 | Architectural Installation |
| 建筑装饰和其他建筑业 | Building Decoration and Other Construction |
| 批发和零售业 | Wholesale and Retail Trade |
| 批发业 | Wholesale |
| 零售业 | Retail Trade |
| 交通运输、仓储和邮政业 | Transport, Storage and Post |
| 铁路运输业 | Railway Transport |
| 道路运输业 | Highway Transport |

## Number and Wages of Fully Employed Staff and Workers in Urban Districts (2013)

| 单位数<br>(个)<br>Number of Units (unit) | 在岗职工年末人数<br>(人)<br>Number of Fully Employed Staff and Workers in Urban Units at Year-end (person) | 在岗职工年平均人数<br>(人)<br>Average Number of Fully Employed Staff and Workers in Urban Units (person) | 在岗职工工资总额<br>(万元)<br>Total Wages of Fully Employed Staff and Workers in Urban Units (10000 yuan) | 在岗职工年平均工资<br>(元)<br>Average Wages of Fully Employed Staff and Workers in Urban Units (yuan) |
|---|---|---|---|---|
| **18480** | **2894662** | **2823028** | **20062722** | **71068** |
| | | | | |
| 628 | 387579 | 332300 | 3592613 | 108114 |
| 1776 | 318504 | 317232 | 2797620 | 88188 |
| 16076 | 2188579 | 2173496 | 13672489 | 62906 |
| | | | | |
| 14255 | 2495384 | 2427636 | 16605850 | 68403 |
| 2694 | 269443 | 266584 | 2327524 | 87309 |
| 1096 | 107265 | 106915 | 1007121 | 94198 |
| 234 | 8183 | 7944 | 46267 | 58242 |
| 201 | 14387 | 13949 | 75960 | 54455 |
| | | | | |
| 36 | 1907 | 1898 | 7403 | 39004 |
| 19 | 1413 | 1401 | 5137 | 36667 |
| 2 | 133 | 133 | 3276 | 246316 |
| 2420 | 875535 | 879950 | 5142233 | 58438 |
| 95 | 56489 | 55913 | 414713 | 74171 |
| 143 | 46632 | 47489 | 194452 | 40947 |
| 100 | 38673 | 40419 | 142301 | 35206 |
| 118 | 51473 | 54258 | 251815 | 46411 |
| 201 | 54278 | 59532 | 439489 | 73824 |
| 53 | 29859 | 29688 | 193700 | 65245 |
| 132 | 35054 | 36107 | 217670 | 60285 |
| 154 | 99200 | 96145 | 781205 | 81253 |
| 48 | 29805 | 28514 | 189236 | 66366 |
| 166 | 68065 | 68243 | 338469 | 49598 |
| 212 | 171647 | 169543 | 875258 | 51625 |
| 56 | 34840 | 34716 | 378875 | 109135 |
| 446 | 188707 | 181981 | 1101200 | 60512 |
| 114 | 59417 | 58572 | 328618 | 56105 |
| 116 | 85564 | 81012 | 517114 | 63832 |
| 115 | 26346 | 26324 | 168215 | 63902 |
| 101 | 17380 | 16073 | 87253 | 54286 |
| 2855 | 272509 | 268700 | 1565682 | 58269 |
| 1837 | 169170 | 164899 | 1060576 | 64317 |
| 1018 | 103339 | 103801 | 505106 | 48661 |
| 592 | 331997 | 276987 | 2328119 | 84052 |
| 7 | 19303 | 18507 | 141870 | 76657 |
| 213 | 109624 | 106122 | 635602 | 59894 |

3-11 续表

| 项　　目 | Item |
| --- | --- |
| 水上运输业 | Waterway Transport |
| 航空运输业 | Air Transport |
| 装卸搬运和运输代理业 | Handing and Transportation Agents |
| 仓储业 | Storage |
| 邮政业 | Post |
| 住宿和餐饮业 | Hotels and Catering Services |
| 住宿业 | Hotels Services |
| 餐饮业 | Catering Services |
| 信息传输、软件和信息技术服务业 | Information Transmission, Software and Information Technology |
| 电信、广播电视和卫星传输服务 | Telecommunications, Broadcasting, TV Transmission and Satellite Services |
| 互联网和相关服务 | Networks Related Services |
| 软件和信息技术服务业 | Software and Information Technology Services |
| 金融业 | Financial Intermediation |
| # 货币金融服务 | Monetary Financial Services |
| 资本市场服务 | Capital Market Services |
| 保险业 | Insurance |
| 房地产业 | Real Estate |
| 租赁和商务服务业 | Leasing and Business Services |
| 租赁业 | Leasing Services |
| 商务服务业 | Business Services |
| 科学研究和技术服务业 | Scientific Research and Technical Services |
| 研究与试验发展 | Research and Experimental Development |
| 专业技术服务业 | Professional Skill Services |
| 科技推广和应用服务业 | Science and Technology Popularization and Application Services |
| 水利、环境和公共设施管理业 | Management of Water Conservancy, Environment and Public Facilities |
| 水利管理业 | Management of Water Conservancy |
| 生态保护和环境治理业 | Ecological Protection and Environmental Governance Industry |
| 公共设施管理业 | Management of Public Facilities |
| 居民服务、修理和其他服务业 | Service to Households, Repair and Other Services |
| 教　育 | Education |
| 卫生和社会工作 | Health and Social Work |
| 卫　生 | Health |
| 社会工作 | Social Work |
| 文化、体育和娱乐业 | Culture, Sports and Entertainment |
| 新闻和出版业 | Press and Publishing Industry |
| 广播、电视、电影和影视录音制作业 | Radio,Television,Movie and Recording Manufacturing |
| 文化艺术业 | Culture and Art |
| 体　育 | Sports |
| 娱乐业 | Entertainment |
| 公共管理、社会保障和社会组织 | Public Management, Social Security and Social Organizations |
| # 社会保障 | Social Security |

continued

| 单位数 (个) Number of Units (unit) | 在岗职工年末人数 (人) Number of Fully Employed Staff and Workers in Urban Units at Year-end (person) | 在岗职工年平均人数 (人) Average Number of Fully Employed Staff and Workers in Urban Units (person) | 在岗职工工资总额 (万元) Total Wages of Fully Employed Staff and Workers in Urban Units (10000 yuan) | 在岗职工年平均工资 (元) Average Wages of Fully Employed Staff and Workers in Urban Units (yuan) |
|---|---|---|---|---|
| 70 | 24766 | 24817 | 259394 | 104523 |
| 15 | 76813 | 74371 | 965135 | 129773 |
| 193 | 19982 | 19644 | 124723 | 63492 |
| 74 | 6843 | 6709 | 39019 | 58159 |
| 20 | 74666 | 26817 | 162375 | 60549 |
| 671 | 95822 | 96224 | 399230 | 41490 |
| 305 | 43297 | 43848 | 206928 | 47192 |
| 366 | 52525 | 52376 | 192302 | 36716 |
| 392 | 92250 | 90560 | 922108 | 101823 |
| 38 | 37108 | 36996 | 411733 | 111291 |
| 24 | 1739 | 1646 | 10859 | 65972 |
| 330 | 53403 | 51918 | 499516 | 96213 |
| 232 | 63389 | 62116 | 1099794 | 177055 |
| 141 | 45184 | 44000 | 815424 | 185324 |
| 33 | 4381 | 4303 | 133137 | 309405 |
| 53 | 13601 | 13594 | 147624 | 108595 |
| 2313 | 157677 | 155687 | 868947 | 55814 |
| 1598 | 186742 | 186035 | 1284393 | 69040 |
| 41 | 4268 | 4223 | 20797 | 49246 |
| 1557 | 182474 | 181812 | 1263596 | 69500 |
| 1903 | 131216 | 128031 | 1186682 | 92687 |
| 334 | 27025 | 26335 | 219762 | 83448 |
| 1261 | 91268 | 88907 | 861533 | 96903 |
| 308 | 12923 | 12789 | 105387 | 82404 |
| 461 | 46565 | 46569 | 239009 | 51324 |
| 59 | 2214 | 2220 | 21485 | 96779 |
| 47 | 3573 | 3552 | 26966 | 75918 |
| 355 | 40778 | 40797 | 190558 | 46709 |
| 423 | 23441 | 24285 | 105647 | 43503 |
| 1518 | 142163 | 141024 | 1159681 | 82233 |
| 491 | 83841 | 82473 | 781096 | 94709 |
| 401 | 79167 | 77610 | 750944 | 96759 |
| 90 | 4674 | 4863 | 30152 | 62003 |
| 383 | 35480 | 36045 | 311929 | 86539 |
| 108 | 16427 | 16762 | 165416 | 98685 |
| 64 | 4737 | 4686 | 50601 | 107983 |
| 113 | 5879 | 5871 | 47527 | 80952 |
| 59 | 5358 | 5589 | 32446 | 58054 |
| 39 | 3079 | 3137 | 15939 | 50810 |
| 1688 | 130448 | 129614 | 1177418 | 90840 |
| 21 | 1021 | 978 | 7473 | 76411 |

# 3-12 城镇国有单位在岗职工人数与工资（2013年）

| 项　　目 | Item |
|---|---|
| **总　计** | **Total** |
| #市　区 | Urabn Districts |
| **按执行会计制度类别分** | **Grouped by Accounting Regulation Implemented** |
| 企　业 | Enterprises |
| 事业单位 | Institutions |
| 行政单位 | Agencies & Organizations |
| 民间非营利组织 | Civil Nonprofit Organizations |
| 其　他 | Others |
| **按国民经济行业分组** | **Grouped by Economic Sector** |
| 农、林、牧、渔业 | Agriculture, Forestry, Animal Husbandry and Fishery |
| 采矿业 | Mining |
| 制造业 | Manufacturing |
| 电力、热力、燃气及水生产和供应业 | Production and Supply of Electricity, Heat,Gas and Water |
| 建筑业 | Construction |
| 批发和零售业 | Wholesale and Retail Trade |
| 交通运输、仓储和邮政业 | Transport, Storage and Post |
| 住宿和餐饮业 | Hotels and Catering Services |
| 信息传输、软件和信息技术服务业 | Information Transmission, Software and Information Technology |
| 金融业 | Financial Intermediation |
| 房地产业 | Real Estate |
| 租赁和商务服务业 | Leasing and Business Services |
| 科学研究和技术服务业 | Scientific Research and Technical Services |
| 水利、环境和公共设施管理业 | Management of Water Conservancy, Environment and Public Facilities |
| 居民服务、修理和其他服务业 | Service to Households, Repair and Other Services |
| 教　育 | Education |
| 卫生和社会工作 | Health and Social Service |
| 文化、体育和娱乐业 | Culture, Sports and Entertainment |
| 公共管理、社会保障和社会组织 | Public Management, Social Security and Social Organizations |

# Number and Wages of Fully Employed Staff and Workers in Urban State-owned Units (2013)

| 单位数<br>(个)<br>Number of Units<br>(unit) | 在岗职工年末人数<br>(人)<br>Number of Fully Employed Staff and Workers in Urban Units at Year-end<br>(person) | 在岗职工年平均人数<br>(人)<br>Average Number of Fully Employed Staff and Workers in Urban Units<br>(person) | 在岗职工工资总额<br>(万元)<br>Total Wages of Fully Employed Staff and Workers in Urban Units<br>(10000 yuan) | 在岗职工年平均工资<br>(元)<br>Average Wages of Fully Employed Staff and Workers in Urban Units<br>(yuan) |
|---|---|---|---|---|
| **5710** | **706321** | **655081** | **5536325** | **84514** |
| | | | | |
| 1545 | 298123 | 250995 | 2032919 | 80994 |
| 2901 | 283444 | 280367 | 2433078 | 86782 |
| 1203 | 121677 | 120573 | 1050143 | 87096 |
| 40 | 1089 | 1072 | 8451 | 78836 |
| 21 | 1988 | 2074 | 11734 | 56578 |
| | | | | |
| 35 | 1691 | 1687 | 6980 | 41377 |
| | | | | |
| 138 | 18205 | 18266 | 121557 | 66548 |
| 10 | 7233 | 7321 | 67801 | 92612 |
| 79 | 31567 | 31909 | 202684 | 63519 |
| 272 | 24958 | 25287 | 165060 | 65275 |
| 117 | 114734 | 66653 | 508122 | 76234 |
| 145 | 17487 | 18003 | 85748 | 47630 |
| 33 | 9074 | 9004 | 86351 | 95903 |
| 48 | 10044 | 9674 | 167718 | 173370 |
| 165 | 5836 | 5745 | 42073 | 73234 |
| 297 | 29608 | 30011 | 222176 | 74032 |
| 430 | 40277 | 39488 | 434287 | 109980 |
| 326 | 30804 | 30743 | 166096 | 54027 |
| 162 | 7178 | 7139 | 39747 | 55677 |
| 1010 | 114086 | 113307 | 1024739 | 90439 |
| 330 | 75032 | 73925 | 719665 | 97351 |
| 233 | 18231 | 18223 | 184522 | 101258 |
| 1880 | 150276 | 148696 | 1290999 | 86821 |

# 3-13 城镇集体单位在岗职工人数与工资（2013年）

| 项　　目 | Item |
|---|---|
| **总　计** | **Total** |
| #市　区 | Urabn Districts |
| **按执行会计制度类别分** | **Grouped by Accounting Regulation Implemented** |
| 企　业 | Enterprises |
| 事业单位 | Institutions |
| 行政单位 | Agencies & Organizations |
| 民间非营利组织 | Civil Nonprofit Organizations |
| 其　他 | Others |
| **按国民经济行业分组** | **Grouped by Economic Sector** |
| 农、林、牧、渔业 | Agriculture, Forestry, Animal Husbandry and Fishery |
| 采矿业 | Mining |
| 制造业 | Manufacturing |
| 电力、热力、燃气及水生产和供应业 | Production and Supply of Electricity, Heat,Gas and Water |
| 建筑业 | Construction |
| 批发和零售业 | Wholesale and Retail Trade |
| 交通运输、仓储和邮政业 | Transport, Storage and Post |
| 住宿和餐饮业 | Hotels and Catering Services |
| 信息传输、软件和信息技术服务业 | Information Transmission, Software and Information Technology |
| 金融业 | Financial Intermediation |
| 房地产业 | Real Estate |
| 租赁和商务服务业 | Leasing and Business Services |
| 科学研究和技术服务业 | Scientific Research and Technical Services |
| 水利、环境和公共设施管理业 | Management of Water Conservancy, Environment and Public Facilities |
| 居民服务、修理和其他服务业 | Service to Households, Repair and Other Services |
| 教　育 | Education |
| 卫生和社会工作 | Health and Social Service |
| 文化、体育和娱乐业 | Culture, Sports and Entertainment |
| 公共管理、社会保障和社会组织 | Public Management, Social Security and Social Organizations |

# Number and Wages of Fully Employed Staff and Workers in Urban Collective-owned Units (2013)

| 单位数<br>(个)<br>Number of Units<br>(unit) | 在岗职工年末人数<br>(人)<br>Number of Fully Employed Staff and Workers in Urban Units at Year-end<br>(person) | 在岗职工年平均人数<br>(人)<br>Average Number of Fully Employed Staff and Workers in Urban Units<br>(person) | 在岗职工工资总额<br>(万元)<br>Total Wages of Fully Employed Staff and Workers in Urban Units<br>(10000 yuan) | 在岗职工年平均工资<br>(元)<br>Average Wages of Fully Employed Staff and Workers in Urban Units<br>(yuan) |
|---|---|---|---|---|
| **1653** | **99581** | **100930** | **408310** | **40455** |
| | | | | |
| 1566 | 96855 | 98262 | 396464 | 40348 |
| 32 | 1212 | 1204 | 7413 | 61568 |
| | | | | |
| 7 | 166 | 155 | 576 | 37142 |
| 48 | 1348 | 1309 | 3857 | 29463 |
| | | | | |
| 4 | 138 | 140 | 504 | 35986 |
| | | | | |
| 95 | 29413 | 29884 | 134160 | 44894 |
| 6 | 626 | 649 | 3322 | 51186 |
| 49 | 8100 | 9505 | 29833 | 31387 |
| 322 | 3189 | 3163 | 13705 | 43328 |
| 33 | 1530 | 1496 | 4196 | 28051 |
| 55 | 2141 | 2281 | 7919 | 34719 |
| 1 | 2 | 2 | 5 | 22500 |
| | | | | |
| 517 | 8894 | 8870 | 30092 | 33926 |
| 391 | 39369 | 39276 | 151806 | 38651 |
| 50 | 2353 | 2338 | 17501 | 74853 |
| 17 | 918 | 943 | 3345 | 35472 |
| 35 | 542 | 554 | 1608 | 29022 |
| 42 | 1533 | 1004 | 4397 | 43795 |
| 18 | 615 | 607 | 4668 | 76911 |
| 16 | 198 | 198 | 1185 | 59828 |
| 2 | 20 | 20 | 64 | 32250 |

# 3-14 城镇非私营其他单位在岗职工人数与工资（2013年）

| 项目 | Item |
|---|---|
| **总计** | **Total** |
| #市区 | Urban Districts |
| **按登记注册类型分** | **Grouped by Registration Status** |
| 股份合作 | Cooperative Enterprises |
| 联营 | Joint Ownership Enterprises |
| 有限责任公司 | Limited Liability Corporations |
| 股份有限公司 | Share Holding Enterprises |
| 内资其他 | Other Enterprises |
| 港澳台投资 | Enterprises with Funds from Hong Kong, Macao and Taiwan |
| 外商投资 | Foreign Funded Enterprises |
| **按国民经济行业分** | **Grouped by Economic Sector** |
| 农、林、牧、渔业 | Agriculture, Forestry, Animal Husbandry and Fishery |
| 采矿业 | Mining |
| 制造业 | Manufacturing |
| 电力、热力、燃气及水生产和供应业 | Production and Supply of Electricity, Heat,Gas and Water |
| 建筑业 | Construction |
| 批发和零售业 | Wholesale and Retail Trade |
| 交通运输、仓储和邮政业 | Transport, Storage and Post |
| 住宿和餐饮业 | Hotels and Catering Services |
| 信息传输、软件和信息技术服务业 | Information Transmission, Software and Information Technology |
| 金融业 | Financial Intermediation |
| 房地产业 | Real Estate |
| 租赁和商务服务业 | Leasing and Business Services |
| 科学研究和技术服务业 | Scientific Research and Technical Services |
| 水利、环境和公共设施管理业 | Management of Water Conservancy, Environment and Public Facilities |
| 居民服务、修理和其他服务业 | Service to Households, Repair and Other Services |
| 教育 | Education |
| 卫生和社会工作 | Health and Social Service |
| 文化、体育和娱乐业 | Culture, Sports and Entertainment |
| 公共管理、社会保障和社会组织 | Public Management, Social Security and Social Organizations |

注：城镇非私营其他单位指城镇非私营单位中扣除国有单位和集体单位外的其他各种类型单位。

# Number and Wages of Fully Employed Staff and Workers in Urban Other Types of Ownership (2013)

| 单位数（个）Number of Units (unit) | 在岗职工年末人数（人）Number of Fully Employed Staff and Workers in Urban Units at Year-end (person) | 在岗职工年平均人数（人）Average Number of Fully Employed Staff and Workers in Urban Units (person) | 在岗职工工资总额（万元）Total Wages of Fully Employed Staff and Workers in Urban Units (10000 yuan) | 在岗职工年平均工资（元）Average Wages of Fully Employed Staff and Workers in Urban Units (yuan) |
|---|---|---|---|---|
| **12503** | **2293571** | **2272718** | **15163147** | **66718** |
| | | | | |
| 736 | 15449 | 15729 | 61202 | 38910 |
| 106 | 4253 | 4298 | 19643 | 45703 |
| 6102 | 794644 | 777621 | 5113113 | 65753 |
| 708 | 270963 | 269045 | 2919552 | 108515 |
| 1213 | 80743 | 80005 | 481211 | 60148 |
| 2174 | 584995 | 586195 | 2943336 | 50211 |
| 1464 | 542524 | 539825 | 3625090 | 67153 |
| | | | | |
| 7 | 397 | 393 | 1257 | 31977 |
| 3 | 181 | 181 | 3379 | 186702 |
| 2541 | 929953 | 935706 | 5323329 | 56891 |
| 56 | 29241 | 28991 | 325688 | 112341 |
| 338 | 163099 | 154656 | 928538 | 60039 |
| 2372 | 251751 | 247761 | 1423425 | 57452 |
| 462 | 218684 | 211812 | 1828650 | 86334 |
| 499 | 81166 | 80881 | 323579 | 40007 |
| 363 | 83924 | 82304 | 841026 | 102185 |
| 235 | 55074 | 54160 | 955144 | 176356 |
| 1730 | 148073 | 146100 | 830362 | 56835 |
| 957 | 122847 | 122261 | 932117 | 76240 |
| 1459 | 91073 | 88632 | 746381 | 84211 |
| 142 | 16946 | 16963 | 78289 | 46153 |
| 233 | 16105 | 17010 | 66896 | 39328 |
| 702 | 48939 | 48677 | 293435 | 60282 |
| 189 | 16864 | 16509 | 121553 | 73628 |
| 145 | 17941 | 18430 | 129740 | 70396 |
| 70 | 1313 | 1291 | 10359 | 80241 |

Note: Other types of units in urban are refer to units other than state-owned units and collective-owned units.

# 3-15 城镇非私营单位从业人员女性年末人数（2013年）

| 行 业 | Sector |
| --- | --- |
| **合 计** | **Total** |
| 农、林、牧、渔业 | Agriculture, Forestry, Animal Husbandry and Fishery |
| 采矿业 | Mining |
| 制造业 | Manufacturing |
| 电力、热力、燃气及水生产和供应业 | Production and Supply of Electricity, Heat,Gas and Water |
| 建筑业 | Construction |
| 批发和零售业 | Wholesale and Retail Trade |
| 交通运输、仓储和邮政业 | Transport, Storage and Post |
| 住宿和餐饮业 | Hotels and Catering Services |
| 信息传输、软件和信息技术服务业 | Information Transmission, Software and Information Technology |
| 金融业 | Financial Intermediation |
| 房地产业 | Real Estate |
| 租赁和商务服务业 | Leasing and Business Services |
| 科学研究和技术服务业 | Scientific Research and Technical Services |
| 水利、环境和公共设施管理业 | Management of Water Conservancy, Environment and Public Facilities |
| 居民服务、修理和其他服务业 | Service to Households, Repair and Other Services |
| 教 育 | Education |
| 卫生和社会工作 | Health and Social Service |
| 文化、体育和娱乐业 | Culture, Sports and Entertainment |
| 公共管理、社会保障和社会组织 | Public Management, Social Security and Social Organizations |

## Number of Female Staff and Workers at Year-end in Urban Units (2013)

| 年末人数（人）Number of Staff and Workers at Year-end (person) | # 国有 State-owned Units | # 集体 Urban Collective-owned Units | 女性从业人员比重（%）Proportion of Female Staff and Workers (%) 合计 Total | # 国有 State-owned Units | # 集体 Urban Collective-owned Units |
|---|---|---|---|---|---|
| **1272189** | **269171** | **47947** | **39.19** | **37.19** | **46.03** |
| 487 | 389 | 32 | 21.40 | 22.34 | 23.19 |
| 47 | | | 25.82 | | |
| 420436 | 6058 | 24309 | 42.68 | 32.06 | 82.38 |
| 9702 | 2287 | 228 | 26.07 | 31.34 | 36.36 |
| 31903 | 4726 | 1140 | 11.91 | 14.16 | 11.94 |
| 159616 | 10397 | 1370 | 55.98 | 41.00 | 41.96 |
| 76033 | 14359 | 399 | 21.83 | 12.33 | 25.99 |
| 56478 | 9015 | 1258 | 51.87 | 49.63 | 58.38 |
| 31796 | 2401 | | 33.86 | 26.39 | |
| 42180 | 5712 | | 55.37 | 55.75 | |
| 62412 | 2104 | 3741 | 36.62 | 34.81 | 37.95 |
| 73763 | 6615 | 11949 | 37.64 | 22.02 | 29.27 |
| 46073 | 14453 | 748 | 33.03 | 34.80 | 30.77 |
| 21920 | 12615 | 461 | 43.23 | 39.47 | 47.67 |
| 10639 | 3003 | 206 | 43.84 | 40.74 | 36.85 |
| 102116 | 67216 | 1634 | 58.93 | 57.37 | 86.46 |
| 61960 | 50791 | 358 | 65.39 | 66.07 | 57.28 |
| 15161 | 8270 | 106 | 40.41 | 43.33 | 50.96 |
| 49467 | 48760 | 8 | 32.01 | 31.88 | 40.00 |

【从业人员】指在各类法人单位工作中，由单位支付劳动报酬的人员，包括在岗职工、劳务派遣人员和其他就业人员。这一指标反映了一定时期内全部劳动力资源的实际利用情况，是研究我国基本国情国力的重要指标。

【在岗职工】指在本单位工作且与本单位签订劳动合同，并由单位支付各项工资和社会保险、住房公积金的人员，以及上述人员中由于学习、病伤、产假等原因暂未工作仍由单位支付工资的人员。

【劳务派遣人员】根据《中华人民共和国劳动合同法》规定，指与劳务派遣单位签订劳动合同；并被劳务派遣单位派遣到实际用工单位工作；且劳务派遣单位与实际用工单位签订《劳务派遣协议》的人员。无论用工单位是否直接支付劳动报酬，劳务派遣人员均由实际用工单位填报，而劳务派遣单位（派出单位）不填报这些人员。

【工资总额】根据《关于工资总额组成的规定》，工资总额是指本单位在报告期内（季度或年度）直接支付给本单位人员的劳动报酬总额。包括计时工资、计件工资、奖金、津贴和补贴、加班加点工资、特殊情况下支付的工资。

工资总额是税前工资，包括单位从个人工资中直接为其代扣或代缴的房费、个人所得税、水费、电费、住房公积金和社会保险基金个人缴纳部分等。

工资总额不论是计入成本的还是不计入成本的，不论是以货币形式支付的还是以实物形式支付的，均应列入工资总额的计算范围。

工资总额由基本工资、绩效工资、工资性津贴和补贴、其他工资四部分组成。工资总额不包括病假、事假等情况的扣款。

【在岗职工平均工资】指企业、事业、机关单位的在岗职工在一定时期内平均每人所得的货币工资额。它表明一定时期在岗职工工资收入的高低程度，是反映在岗职工工资水平的主要指标。

计算公式为：在岗职工平均工资=报告期实际支付的全部在岗职工工资总额/报告期全部在岗职工平均人数。

【Practitioners】refers to employees in various legal person units, paid by the unit labor remuneration, including on-the-job, labor dispatch personnel and other employees. This indicator reflects all the actual utilization of labor resources at a certain period of time, is an important index to study the basic situation of our country national strength.

【Staff and workers】refers to the staff work in the unit and the unit signed labor contracts, and by the unit to pay the wages and social insurance, housing provident fund staff, and the staff in learning, because of injuries and other reasons not to work on maternity leave, still receive wages from their working units.

【Dispatch Personnel】refers to personnel signed labor contracts with the labor dispatch unit,and by the labor dispatch unit sent to the actual labor units, and the labor dispatch unit and the actual labor units signed “labor dispatch agreement” ,according to the "Labor contract law provisions of the people's Republic of China". No matter whether the direct labor units to pay labor remuneration, labor dispatch personnel are filled by the actual labor units.

【Total Wages】according to the “Regulations on the payroll” the composition of total wages, payroll is refers to the unit paid directly to the total remuneration of the staff during the reporting period (quarterly or annual). Including hourly wages, piece-rate wages, bonuses, allowances and subsidies, overtime pay overtime wages, special circumstances wages.

Total wages is pre-tax wages, including the unit from individual pay directly for its withholding or paying rent, personal income tax, water, electricity, housing provident fund and the social insurance fund individual pay part etc.

Wages regardless of whether it is included in the cost was not included in the cost, whether in monetary form of payment or payment in kind, should be included in the scope of calculation of total wages.

Four parts of Total wages including the basic salary, performance salary, wages and allowances and subsidies, and other wages. Total wages not including deduction of sick leave and personal leave.

【Average Wage of Fully Employed Staff and Workers】refer to the average wage in monetary terms per person during a certain period of time for fully employed staff and workers in enterprises, institutions and government agencies, which reflects the general level of wage income of fully employed staff and workers during a certain period of time and is calculated as follows:

Average Wage of Fully Employed Staff and Workers =Total Wages of Fully Employed Staff and Workers at the Report Period/Average Number of Fully Employed Staff and Workers at the Report Period

# 固定资产投资
# INVESTMENT IN FIXED ASSETS

## 第四篇　固定资产投资

一、本篇资料反映广州市固定资产投资的基本情况。

二、本篇资料由广州市统计局固定资产投资统计处整理提供。

三、固定资产投资统计的资料来源主要为全面统计报表。按照现行的固定资产投资统计报表制度，从2011年起固定资产投资项目统计起报点由计划总投资50万元及以上提高到500万元及以上，固定资产投资不再称全社会固定资产投资。固定资产投资按经济类型分为：国有经济、集体经济、联营经济、股份制经济、私营经济、港澳台投资经济、外商投资经济、其他经济和个体经济。

从2012年起民间投资包含内容有所调整，民间投资是指工商登记注册类型为：集体、股份合作、私营独资、私营合伙、私营有限责任公司、个体户、个人合伙等纯民间主体的固定资产投资及混合经济成分中由集体、私营、个体控股的投资主体单位的全部固定资产投资。

## 4 Investment in Fixed Assets

I. The data in this chapter show the basic conditions of the total investment in fixed assets of Guangzhou Municipality.

II. The data in this chapter are prepared and provided by the Division of Investment and Construction Statistics of Guangzhou Municipal Bureau of Statistics.

Ⅲ. The data sources for the statistics of investment in fixed assets mainly come from the complete statistical report forms. According to the present regulations in the reporting scheme on the statistics of the investment in fixed assets. Beginning in 2011 the fixed assets investment projects statistics from the report points from a planned total investment of $ 500,000 and above increased to over 5 million Yuan investment in fixed assets investment in fixed assets no longer call the whole society. The investment in fixed assets is classified by the following types of ownership: state-owned economy, collective-owned economy, joint-owned economy, share-holding economy, private economy, economy funded by the enterprises from Hong Kong, Macao and Taiwan, foreign funded economy, individual investment and the economy of other types of ownership.

From the beginning of 2012 private investment including content adjusted, folk investment refers to the industrial and commercial registration type: collective, cooperative, private, private partnership, private limited liability company, the self-employed, private partnership of pure folk subject of investment in fixed assets and mixed by the collective, private, individual holdings investment main body unit of economic composition the total investment in fixed assets.

# 4-1 固定资产投资主要经济指标

## Main Indicators of Total Investment in Fixed Assets

单位：万元 (10000 yuan)

| 项　　目 | Item | 2013 | 2013年比2012年增长(%) Growth Rate in 2013 over 2012 (%) |
|---|---|---|---|
| **固定资产投资额** | **Total Investment in Fixed Assets** | **44545508** | **18.5** |
| 按投资类别分 | Grouped by Type of Investment | | |
| #房地产开发 | Real Estate Development | 15724289 | 14.7 |
| 按登记注册类型分 | Grouped by Registration Status | | |
| 内资企业 | Domestic Funded Enterprises | 35530401 | 21.4 |
| 国有企业 | State-owned Enterprises | 11367477 | -0.1 |
| 集体企业 | Collective-owned Enterprises | 3103687 | 78.4 |
| 股份合作企业 | Cooperative Enterprises | 179199 | 21.9 |
| 联营企业 | Joint Ownership Enterprises | 188188 | -7.7 |
| 国有联营企业 | State Joint Ownership Enterprises | 56963 | -61.4 |
| 集体联营企业 | Collective Joint Ownership Enterprises | 50981 | -6.5 |
| 国有与集体联营企业 | Joint State-collective Enterprises | 49304 | |
| 其他联营企业 | Other Joint Ownership Enterprises | 30940 | 15.9倍 |
| 有限责任公司 | Limited Liability Corporations | 9842429 | 21.6 |
| 国有独资公司 | State Sole Funded Corporations | 555082 | -30.9 |
| 其他有限责任公司 | Other Limited Liability Corporations | 9287347 | 27.4 |
| 股份有限公司 | Share-holding Corporations Ltd. | 4292140 | 54.0 |
| 私营企业 | Private Enterprises | 6547526 | 37.9 |
| 其他企业 | Other Enterprises | 9755 | -93.8 |
| 港、澳、台商投资企业 | Enterprises with Funds from Hong Kong, Macao and Taiwan | 4451422 | -1.7 |
| #与港、澳、台商合资经营企业 | Joint-venture Enterprises | 1162936 | -13.6 |
| 与港、澳、台商合作经营企业 | Cooperative Enterprises | 1424900 | -8.4 |
| 港、澳、台商独资经营企业 | Enterprises with Sole Funds | 1710518 | 11.3 |
| 港、澳、台商投资股份有限公司 | Share-holding Corporations Ltd. | 97275 | 80.5 |

注：1. 机关、事业、社会团体及其他依法成立的单位固定资产投资登记注册类型参照企业登记注册类型划分。
2. 从2011年起，固定资产投资项目统计起报点由计划总投资50万元及以上提高到500万元及以上，增速按可比口径计算。
3. 从2012年起，"国家预算内资金"改称为"国家预算资金"，"国家预算资金"和"自筹资金"有所调整。故与上年不可比(下同)。

Note: I. The registration status of agencies, institutions, social organizations and other units established according to law is divided referring to the registration status of enterprises.
II. Since 2011, the cut-off point of investment in fixed assets is changed from a minimum of 50000 yuan to a minimum 5000000 yuan. The growth rates in this table are calculated at comparable prices.
III.Since 2012，the coverage of state budget and self-raising funds have been changed. So the data in 2012 is not comparable with the pervious year(the same as below).

## 4-1 续表 continued

单位：万元 (10000 yuan)

| 项　　目 | Item | 2013 | 2013年比2012年增长(%) Growth Rate in 2013 over 2012 (%) |
|---|---|---|---|
| 外商投资企业 | Foreign Funded Enterprises | 4411150 | 17.9 |
| #中外合资经营企业 | Joint-venture Enterprises | 2383816 | 73.0 |
| 中外合作经营企业 | Cooperative Enterprises | 246639 | 29.2 |
| 外资企业 | Enterprises with Sole Foreign Funds | 1670884 | -7.8 |
| 外商投资股份有限公司 | Share-holding Corporations Ltd. | 109811 | -69.6 |
| 个体经营 | Self-employed Individual | 152535 | 1.8倍 |
| 个体户 | Individual Operating Household | 151028 | 1.8倍 |
| 个体合伙 | Individual Partnership | 1507 | |
| 按城乡分 | Grouped by Urban and Rural Areas | | |
| 城　镇 | Urban Area | 42552733 | 17.8 |
| #房地产开发 | Real Estate Development | 15724289 | 14.7 |
| 农　村 | Rural Area | 1992775 | 36.3 |
| 按构成分 | Grouped by Use of Funds | | |
| 建筑工程 | Construction Project | 25879973 | 20.6 |
| 安装工程 | Installation Project | 3812480 | 16.8 |
| 设备工器具购置 | Purchases of Equipment and Instruments | 6995873 | 16.5 |
| 其他费用 | Others | 7857182 | 14.7 |
| 房屋建筑面积(平方米) | **Floor Space of Buildings (sq.m)** | | |
| 施工面积 | Floor Space under Construction | 139593052 | 12.7 |
| #住　宅 | Residential Buildings | 57539939 | 11.7 |
| 竣工面积 | Floor Space Completed | 36834959 | 24.5 |
| #住　宅 | Residential Buildings | 8979686 | -4.5 |
| 本年实际到位资金合计 | **Total Actually Funds Provided This Year** | **62310524** | **22.9** |
| 上年末结余资金 | Surplus Fund from Year-end of Preceding Year | 9002625 | 28.5 |
| 本年实际到位资金小计 | Subtotal Actually Funds Provided This Year | 53307899 | 22.1 |
| 国家预算资金 | State Budget | 2007191 | 23.6 |
| 国内贷款 | Domestic Loans | 8777717 | 8.6 |
| 债　券 | Bonds | | |
| 利用外资 | Foreign Investment | 2261740 | 2.8倍 |
| 自筹资金 | Self-raising Funds | 26204283 | 16.1 |
| 其他资金 | Others | 14056968 | 30.1 |

# 4-2 主要年份固定资产投资额(按经济类型分)

## Total Investment in Fixed Assets in Main Years (by Type of Ownership)

单位：万元 (10000 yuan)

| 年份 Year | 合计 Total | 国有经济 State-owned Units | 集体经济 Collective-owned Units | 联营经济 Joint Ownership Economic Units | 股份经济 Share Holding Economic Units | 私营经济 Private Economic Units | 外商及港澳台经济 Economic Units with Funds from Foreign Regions,Hong Kong, Macao and Taiwan Investors | 其他经济 Others | 个体经济 Individual Investment |
|---|---|---|---|---|---|---|---|---|---|
| 1978 | 72641 | 68584 | 1755 | | | | | | 2302 |
| 1979 | 74288 | 68887 | 1609 | | | | | | 3792 |
| 1980 | 99565 | 89823 | 2934 | | | | | | 6808 |
| 1985 | 436197 | 346000 | 44788 | | | | | | 45409 |
| 1986 | 524813 | 434240 | 42264 | | | | | | 48309 |
| 1987 | 584140 | 468967 | 64131 | | | | | | 51042 |
| 1988 | 902161 | 703117 | 105514 | | | | | | 93530 |
| 1989 | 933326 | 780946 | 84009 | | | | | | 68371 |
| 1990 | 905937 | 761738 | 73172 | | | | | | 71027 |
| 1991 | 1037424 | 850310 | 99147 | | | | | | 87967 |
| 1992 | 1881379 | 1520508 | 230316 | | | | | | 130555 |
| 1993 | 3733976 | 1885582 | 676520 | 15912 | 72334 | | 842469 | 5870 | 235289 |
| 1994 | 5257053 | 2701653 | 835384 | 20679 | 132421 | | 1234395 | | 332521 |
| 1995 | 6182515 | 3324871 | 724898 | 62755 | 280004 | 2157 | 1464489 | | 323341 |
| 1996 | 6389360 | 3172138 | 662454 | 69611 | 213638 | 5617 | 1947862 | | 318040 |
| 1997 | 6565767 | 3543369 | 556536 | 30949 | 369066 | 66960 | 1720070 | | 278817 |
| 1998 | 7588283 | 3803451 | 685243 | 35596 | 444474 | 123884 | 2210943 | | 284692 |
| 1999 | 8782586 | 4514598 | 784507 | 23172 | 764251 | 286732 | 2129471 | 2959 | 276896 |
| 2000 | 9236676 | 4830889 | 619778 | 2579 | 1326102 | 534456 | 1514900 | 45197 | 362775 |
| 2001 | 9782093 | 4475639 | 368690 | 5930 | 1330108 | 1007708 | 2311811 | 10684 | 271523 |
| 2002 | 10092421 | 3529709 | 492329 | 6974 | 1986469 | 1304823 | 2502251 | 27560 | 242306 |
| 2003 | 11751668 | 4469885 | 452236 | 21451 | 2353980 | 1391787 | 2814567 | 24940 | 222822 |
| 2004 | 13489283 | 5371055 | 308617 | 37673 | 2298098 | 2135297 | 3183159 | 19930 | 135454 |
| 2005 | 15191582 | 5612243 | 295243 | 46941 | 3326313 | 1872079 | 3881748 | 26366 | 130649 |
| 2006 | 16963824 | 6070411 | 309514 | 17087 | 3876752 | 1904587 | 4646403 | 63002 | 76068 |
| 2007 | 18633437 | 6802190 | 440692 | 41760 | 4168899 | 2385743 | 4655795 | 20552 | 117806 |
| 2008 | 21055373 | 7972112 | 566318 | 56254 | 3881865 | 3260658 | 5225525 | 11599 | 81042 |
| 2009 | 26598516 | 12724805 | 698449 | 80059 | 4517995 | 3444249 | 5018306 | 9301 | 105352 |
| 2010 | 32635731 | 15528450 | 711201 | 54940 | 6832917 | 3253895 | 6055481 | 4042 | 194805 |
| 2011 | 34122005 | 12858860 | 807709 | 29504 | 9432487 | 4461680 | 6475334 | 18585 | 37846 |
| 2012 | 37583868 | 12330573 | 1941043 | 1836 | 10077974 | 4749672 | 8272350 | 156227 | 54193 |
| 2013 | 44545508 | 11979522 | 3333867 | 80244 | 13579487 | 6547526 | 8862572 | 9755 | 152535 |

# 4-3 主要年份固定资产投资额指数（按经济类型分，上年=100）

## Indices of Total Investment in Fixed Assets in Main Years (by Type of Ownership, preceding year=100)

| 年 份 Year | 合 计 Total | 国有经济 State-owned Units | 集体经济 Collective-owned Units | 联营经济 Joint Ownership Economic Units | 股份经济 Share Holding Economic Units | 私营经济 Private Economic Units | 外商及港澳台经济 Economic Units with Funds from Foreign Regions,Hong Kong, Macao and Taiwan Investors | 其他经济 Others | 个体经济 Individual Investment |
|---|---|---|---|---|---|---|---|---|---|
| 1978 | 99.2 | 95.9 | 103.1 | | | | | | |
| 1979 | 102.3 | 100.4 | 91.7 | | | | | | 164.7 |
| 1980 | 134.0 | 130.4 | 182.4 | | | | | | 179.5 |
| 1985 | 145.8 | 141.0 | 231.5 | | | | | | 131.4 |
| 1986 | 120.3 | 125.5 | 94.4 | | | | | | 106.4 |
| 1987 | 111.3 | 108.0 | 151.7 | | | | | | 105.7 |
| 1988 | 154.4 | 149.9 | 164.5 | | | | | | 183.2 |
| 1989 | 103.5 | 111.1 | 79.6 | | | | | | 73.1 |
| 1990 | 97.1 | 97.5 | 87.1 | | | | | | 103.9 |
| 1991 | 114.5 | 111.6 | 135.5 | | | | | | 123.9 |
| 1992 | 181.4 | 178.8 | 232.3 | | | | | | 148.4 |
| 1993 | 198.5 | 124.0 | 203.4 | | | | | | 180.2 |
| 1994 | 140.8 | 143.3 | 140.2 | 130.0 | 183.1 | | 146.5 | | 141.3 |
| 1995 | 117.6 | 123.1 | 78.1 | 303.5 | 211.5 | | 118.6 | | 97.2 |
| 1996 | 103.4 | 95.4 | 88.2 | 110.9 | 76.3 | 260.4 | 133.0 | | 98.4 |
| 1997 | 102.8 | 111.7 | 84.0 | 44.5 | 172.8 | 1192.1 | 88.3 | | 87.7 |
| 1998 | 115.6 | 107.3 | 123.1 | 115.0 | 120.4 | 185.0 | 128.5 | | 102.1 |
| 1999 | 115.7 | 118.7 | 114.5 | 65.1 | 172.0 | 231.5 | 96.3 | | 97.3 |
| 2000 | 105.2 | 107.0 | 79.0 | 11.1 | 173.5 | 186.4 | 71.1 | 1527.4 | 131.0 |
| 2001 | 105.9 | 92.7 | 59.5 | 229.9 | 100.3 | 188.6 | 152.6 | 23.6 | 74.9 |
| 2002 | 103.2 | 78.9 | 133.5 | 117.6 | 149.4 | 129.5 | 108.2 | 258.0 | 89.2 |
| 2003 | 116.4 | 126.6 | 91.9 | 307.6 | 118.5 | 106.7 | 112.5 | 90.5 | 92.0 |
| 2004 | 114.8 | 120.2 | 68.2 | 175.6 | 97.6 | 153.4 | 113.1 | 79.9 | 60.8 |
| 2005 | 112.6 | 104.5 | 95.7 | 124.6 | 144.7 | 87.7 | 122.0 | 132.3 | 96.5 |
| 2006 | 111.7 | 108.2 | 104.8 | 36.4 | 116.6 | 101.7 | 119.7 | 239.0 | 58.2 |
| 2007 | 109.8 | 112.1 | 142.4 | 244.4 | 107.5 | 125.3 | 100.2 | 32.6 | 154.9 |
| 2008 | 113.0 | 117.2 | 128.5 | 134.7 | 93.1 | 136.7 | 112.2 | 56.4 | 68.8 |
| 2009 | 122.3 | 150.4 | 123.3 | 142.3 | 113.6 | 105.6 | 96.0 | 80.2 | 130.0 |
| 2010 | 122.7 | 122.0 | 101.8 | 68.6 | 151.2 | 94.5 | 120.7 | 43.5 | 184.9 |
| 2011 | 110.0 | 89.4 | 161.1 | 53.7 | 138.5 | 139.1 | 107.6 | 690.6 | 84.3 |
| 2012 | 110.2 | 95.9 | 240.3 | 6.2 | 106.8 | 106.5 | 127.8 | 840.6 | 143.2 |
| 2013 | 118.5 | 97.2 | 171.8 | 4370.6 | 134.7 | 137.9 | 107.1 | 6.2 | 281.5 |

# 4-4 主要年份市区固定资产投资额(按经济类型分)

# Total Investment in Fixed Assets in Urban Districts in Main Years (by Type of Ownership)

单位：万元 (10000 yuan)

| 年 份<br>Year | 合 计<br>Total | 国有经济<br>State-owned Units | 集体经济<br>Collective-owned Units | 联营经济<br>Joint Ownership Economic Units | 股份经济<br>Share Holding Economic Units | 私营经济<br>Private Economic Units | 外商及港澳台经济<br>Economic Units with Funds from Foreign Regions,Hong Kong, Macao and Taiwan Investors | 其他经济<br>Others | 个体经济<br>Individual Investment |
|---|---|---|---|---|---|---|---|---|---|
| 1978 | 67021 | 64825 | 1219 | | | | | | 977 |
| 1979 | 67176 | 64296 | 1357 | | | | | | 1523 |
| 1980 | 88684 | 83831 | 2339 | | | | | | 2514 |
| 1985 | 362215 | 312993 | 31819 | | | | | | 17403 |
| 1986 | 434074 | 382695 | 31256 | | | | | | 20123 |
| 1987 | 470219 | 399226 | 44842 | | | | | | 26151 |
| 1988 | 687424 | 575892 | 69055 | | | | | | 42477 |
| 1989 | 757067 | 670920 | 55813 | | | | | | 30334 |
| 1990 | 688267 | 612465 | 47334 | | | | | | 28468 |
| 1991 | 711394 | 622056 | 51608 | | | | | | 37730 |
| 1992 | 1264888 | 1108507 | 98916 | | | | | | 57465 |
| 1993 | 2468151 | 1525394 | 244656 | 5943 | 61343 | | 512013 | 4697 | 114105 |
| 1994 | 3768675 | 2305665 | 320616 | 7935 | 129534 | | 841845 | | 163080 |
| 1995 | 4735978 | 2933472 | 361772 | 48765 | 268344 | 500 | 966939 | | 156186 |
| 1996 | 4961794 | 2796738 | 325505 | 49200 | 185062 | 4797 | 1428894 | | 171598 |
| 1997 | 5415077 | 3121671 | 277799 | 23613 | 329617 | 48717 | 1460497 | | 153163 |
| 1998 | 6402341 | 3443918 | 373854 | 34706 | 427521 | 97924 | 1874873 | | 149545 |
| 1999 | 7469488 | 4117335 | 454566 | 21152 | 745222 | 150996 | 1836163 | 1849 | 142205 |
| 2000(八区)<br>2000(Eight Districts) | 7532152 | 4240540 | 306943 | 1463 | 1064395 | 396939 | 1282242 | 44949 | 194681 |
| 2000(十区)<br>2000(Ten Districts) | 8880172 | 4674001 | 538970 | 2579 | 1316726 | 513791 | 1465740 | 45197 | 323168 |
| 2001 | 9422360 | 4374404 | 316981 | 5930 | 1298095 | 942358 | 2246243 | 9474 | 228875 |
| 2002 | 9372743 | 3396315 | 442269 | 5913 | 1935959 | 1030326 | 2336027 | 27343 | 198591 |
| 2003 | 10882562 | 4373606 | 399101 | 18651 | 2270867 | 994091 | 2622546 | 24030 | 179670 |
| 2004 | 12420328 | 5258120 | 247662 | 37563 | 2205018 | 1695188 | 2854825 | 19840 | 102112 |
| 2005 | 14192170 | 5482599 | 266464 | 46941 | 3204299 | 1408373 | 3662482 | 25605 | 95407 |
| 2006 | 15732031 | 5835658 | 290045 | 17087 | 3633109 | 1435187 | 4406149 | 62702 | 52094 |
| 2007 | 17232003 | 6572159 | 415944 | 41760 | 3982055 | 1769684 | 4347019 | 18382 | 85000 |
| 2008 | 19384953 | 7748729 | 549359 | 56254 | 3570914 | 2702580 | 4682474 | 11549 | 63094 |
| 2009 | 24556506 | 12304383 | 660784 | 80059 | 4221558 | 2717966 | 4480062 | 9301 | 82393 |
| 2010 | 30080882 | 14915094 | 644955 | 54940 | 6417917 | 2495160 | 5376712 | 4042 | 172062 |
| 2011 | 30984557 | 12343170 | 730656 | 29504 | 8716779 | 3330983 | 5814880 | 18585 | |
| 2012 | 33990023 | 11508483 | 1799222 | 1836 | 9202598 | 3685100 | 7636557 | 156227 | |
| 2013 | 39909035 | 11061491 | 2874340 | 80244 | 12528227 | 5227239 | 8094507 | 9755 | 33232 |

# 4-5 主要年份固定资产投资额(按投资类别分)

## Total Investment in Fixed Assets in Main Years (by Type of Investment)

单位：万元 (10000 yuan)

| 年份<br>Year | 合计<br>Total | 建设改造投资<br>Construction and Innovation | 房地产开发<br>Real Estate Development |
|---|---|---|---|
| 1978 | 72641 | 72641 | |
| 1979 | 74288 | 74288 | |
| 1980 | 99565 | 99565 | |
| 1985 | 436197 | 389725 | 46472 |
| 1986 | 524813 | 472248 | 52565 |
| 1987 | 584140 | 514109 | 70031 |
| 1988 | 902161 | 762070 | 140091 |
| 1989 | 933326 | 780967 | 152359 |
| 1990 | 905937 | 788518 | 117419 |
| 1991 | 1037424 | 881075 | 156349 |
| 1992 | 1881379 | 1483959 | 397420 |
| 1993 | 3733976 | 2481589 | 1252387 |
| 1994 | 5257053 | 3362533 | 1894520 |
| 1995 | 6182515 | 4091379 | 2091136 |
| 1996 | 6389360 | 4097720 | 2291640 |
| 1997 | 6565767 | 4191544 | 2374223 |
| 1998 | 7588283 | 4894594 | 2693689 |
| 1999 | 8782586 | 5823559 | 2959027 |
| 2000 | 9236676 | 5680860 | 3555816 |
| 2001 | 9782093 | 5911886 | 3870207 |
| 2002 | 10092421 | 5828523 | 4263898 |
| 2003 | 11751668 | 7556862 | 4194806 |
| 2004 | 13489283 | 8718968 | 4770315 |
| 2005 | 15191582 | 10110736 | 5080846 |
| 2006 | 16963824 | 11395931 | 5567893 |
| 2007 | 18633437 | 11595406 | 7038031 |
| 2008 | 21055373 | 13421349 | 7634024 |
| 2009 | 26598516 | 18425067 | 8173449 |
| 2010 | 32635731 | 22799149 | 9836582 |
| 2011 | 34122005 | 21068400 | 13053605 |
| 2012 | 37583868 | 23879357 | 13704511 |
| 2013 | 44545508 | 28821219 | 15724289 |

# 4-6 主要年份固定资产投资额指数(按投资类别分，上年=100)

## Indices of Total Investment in Fixed Assets in Main Years (by Type of Investment, preceding year=100)

| 年 份<br>Year | 合 计<br>Total | 建设改造投资<br>Construction and Innovation | 房地产开发<br>Real Estate Development |
|---|---|---|---|
| 1978 | 99.2 | 99.2 | |
| 1979 | 102.3 | 102.3 | |
| 1980 | 134.0 | 134.0 | |
| 1985 | 145.8 | 152.0 | 108.3 |
| 1986 | 120.3 | 121.2 | 113.1 |
| 1987 | 111.3 | 108.9 | 133.2 |
| 1988 | 154.4 | 148.2 | 200.0 |
| 1989 | 103.5 | 102.5 | 108.8 |
| 1990 | 97.1 | 101.0 | 77.1 |
| 1991 | 114.5 | 111.7 | 133.2 |
| 1992 | 181.4 | 168.4 | 254.2 |
| 1993 | 198.5 | 167.2 | 315.1 |
| 1994 | 140.8 | 135.5 | 151.3 |
| 1995 | 117.6 | 121.7 | 110.4 |
| 1996 | 103.4 | 100.2 | 109.6 |
| 1997 | 102.8 | 102.3 | 103.6 |
| 1998 | 115.6 | 116.8 | 113.5 |
| 1999 | 115.7 | 119.0 | 109.9 |
| 2000 | 105.2 | 97.5 | 120.2 |
| 2001 | 105.9 | 104.1 | 108.8 |
| 2002 | 103.2 | 98.6 | 110.2 |
| 2003 | 116.4 | 129.7 | 98.4 |
| 2004 | 114.8 | 115.4 | 113.7 |
| 2005 | 112.6 | 116.0 | 106.5 |
| 2006 | 111.7 | 112.7 | 109.6 |
| 2007 | 109.8 | 101.8 | 126.4 |
| 2008 | 113.0 | 115.7 | 108.5 |
| 2009 | 122.3 | 137.3 | 107.1 |
| 2010 | 122.7 | 123.7 | 120.4 |
| 2011 | 110.0 | 99.4 | 132.7 |
| 2012 | 110.2 | 113.3 | 105.0 |
| 2013 | 118.5 | 120.7 | 114.7 |

# 4-7 主要年份市区固定资产投资额(按投资类别分)

## Total Investment in Fixed Assets in Urban Districts in Main Years (by Type of Investment)

单位：万元 (10000 yuan)

| 年份 Year | 合计 Total | 建设改造投资 Construction and Innovation | 房地产开发 Real Estate Development |
|---|---|---|---|
| 1978 | 67021 | 67021 | |
| 1979 | 67176 | 67176 | |
| 1980 | 88684 | 88684 | |
| 1985 | 362215 | 317763 | 44452 |
| 1986 | 434074 | 386484 | 47590 |
| 1987 | 470219 | 405523 | 64696 |
| 1988 | 687424 | 565235 | 122189 |
| 1989 | 757067 | 623676 | 133391 |
| 1990 | 688267 | 590726 | 97541 |
| 1991 | 711394 | 571513 | 139881 |
| 1992 | 1264888 | 973207 | 291681 |
| 1993 | 2468151 | 1699694 | 768457 |
| 1994 | 3768675 | 2392558 | 1376117 |
| 1995 | 4735978 | 3033520 | 1702458 |
| 1996 | 4961794 | 3033007 | 1928787 |
| 1997 | 5415077 | 3331961 | 2083116 |
| 1998 | 6402341 | 4000104 | 2402237 |
| 1999 | 7469488 | 4899646 | 2569842 |
| 2000(八区)(Eight Districts) | 7532152 | 4617702 | 2914450 |
| 2000(十区)(Ten Districts) | 8880172 | 5414104 | 3466068 |
| 2001 | 9422360 | 5657267 | 3765093 |
| 2002 | 9372743 | 5361631 | 4011112 |
| 2003 | 10882562 | 6971945 | 3910617 |
| 2004 | 12420328 | 7935551 | 4484777 |
| 2005 | 14192170 | 9544148 | 4648022 |
| 2006 | 15732031 | 10712768 | 5019263 |
| 2007 | 17232003 | 10856926 | 6375077 |
| 2008 | 19384953 | 12566106 | 6818847 |
| 2009 | 24556506 | 17522089 | 7034417 |
| 2010 | 30080882 | 21462354 | 8618528 |
| 2011 | 30984557 | 19919310 | 11065247 |
| 2012 | 33990023 | 22215229 | 11774794 |
| 2013 | 39909035 | 26272665 | 13636370 |

## 4-8 各时期固定资产投资额(按投资类别分)

## Total Investment in Fixed Assets in Different Periods (by Type of Investment)

单位：万元 (10000 yuan)

| 时 期 | Period | 合 计 Total | 建设改造投资 Construction and Innovation | 房地产开发 Real Estate Development |
|---|---|---|---|---|
| **全 市** | **Total** | | | |
| “六五”时期 | 6th Five-year Plan Period | 1310742 | 1221368 | 89374 |
| “七五”时期 | 7th Five-year Plan Period | 3850377 | 3317912 | 532465 |
| “八五”时期 | 8th Five-year Plan Period | 18092347 | 12300535 | 5791812 |
| “九五”时期 | 9th Five-year Plan Period | 38562672 | 24688277 | 13874395 |
| “十五”时期 | 10th Five-year Plan Period | 60307047 | 38126975 | 22180072 |
| “十一五”时期 | 11th Five-year Plan Period | 115886881 | 77636902 | 38249979 |
| 1950-2013 | 1950-2013 | 355137315 | 231936813 | 123200502 |
| 1979-2013 | 1979-2013 | 354435300 | 231234798 | 123200502 |
| 1991-2013 | 1991-2013 | 349100328 | 226521665 | 122578663 |
| 2001-2013 | 2001-2013 | 292445309 | 189532853 | 102912456 |
| **市 区** | **Urban Districts** | | | |
| “六五”时期 | 6th Five-year Plan Period | 1080481 | 996477 | 84004 |
| “七五”时期 | 7th Five-year Plan Period | 3037051 | 2571644 | 465407 |
| “八五”时期 | 8th Five-year Plan Period | 12949086 | 8670492 | 4278594 |
| “九五”时期(八区) | 9th Five-year Plan Period (Eight Districts) | 31780852 | 19882420 | 11898432 |
| “九五”时期(十区) | 9th Five-year Plan Period (Ten Districts) | 33128872 | 20678822 | 12450050 |
| “十五”时期 | 10th Five-year Plan Period | 56290163 | 35470542 | 20819621 |
| “十一五”时期 | 11th Five-year Plan Period | 106986375 | 73120243 | 33866132 |
| 1950-2013 | 1950-2013 | 319154665 | 210714446 | 108440219 |
| 1979-2013 | 1979-2013 | 318511503 | 210071284 | 108440219 |
| 1991-2013 | 1991-2013 | 314238111 | 206347303 | 107890808 |
| 2001-2013 | 2001-2013 | 268160153 | 176997989 | 91162164 |

注：从2000年起市区为十区口径。
Note: The coverage of urban districts has refered to the ten districts since 2000.

## 4-9 各时期固定资产投资额平均每年增长速度
## Average Growth Rate of Investment in Fixed Assets in Different Periods

单位：%　　(%)

| 时　期 | Period | 合　计 Total | 建设改造投资 Construction and Innovation | 房地产开发 Real Estate Development |
|---|---|---|---|---|
| **全　市** | **Total** | | | |
| "六五"时期 | 6th Five-year Plan Period | 34.2 | 31.6 | |
| "七五"时期 | 7th Five-year Plan Period | 19.6 | 18.3 | 29.1 |
| "八五"时期 | 8th Five-year Plan Period | 50.4 | 40.7 | 89.2 |
| "九五"时期 | 9th Five-year Plan Period | 7.5 | 6.3 | 9.6 |
| "十五"时期 | 10th Five-year Plan Period | 9.0 | 10.0 | 7.5 |
| "十一五"时期 | 11th Five-year Plan Period | 14.4 | 14.7 | 14.0 |
| 1951-2013 | 1951-2013 | 18.5 | 17.6 | |
| 1979-2013 | 1979-2013 | 21.3 | 19.6 | |
| 1991-2013 | 1991-2013 | 19.9 | 18.0 | 26.4 |
| 2001-2013 | 2001-2013 | 12.1 | 12.8 | 10.9 |
| **市　区** | **Urban Districts** | | | |
| "六五"时期 | 6th Five-year Plan Period | 31.3 | 28.3 | |
| "七五"时期 | 7th Five-year Plan Period | 17.8 | 16.5 | 25.7 |
| "八五"时期 | 8th Five-year Plan Period | 48.0 | 38.4 | 83.9 |
| "九五"时期(八区) | 9th Five-year Plan Period (Eight Districts) | 10.0 | 9.2 | 11.4 |
| "九五"时期(十区) | 9th Five-year Plan Period (Ten Districts) | 11.4 | 10.5 | 13.0 |
| "十五"时期 | 10th Five-year Plan Period | 8.0 | 9.2 | 6.2 |
| "十一五"时期 | 11th Five-year Plan Period | 14.0 | 14.6 | 12.8 |
| 1951-2013 | 1951-2013 | 18.4 | 17.5 | |
| 1979-2013 | 1979-2013 | 21.2 | 19.5 | |
| 1991-2013 | 1991-2013 | 21.0 | 19.3 | 26.8 |
| 2001-2013 | 2001-2013 | 11.5 | 12.5 | 9.7 |

# 4-10 主要年份固定资产投资额和房屋建设

# Total Investment in Fixed Assets and Building Construction in Main Years

| 年份、时期 Year and Period | 固定资产投资额（万元）Total Investment (10000 yuan) | # 住宅 Residential Buildings | 新增固定资产（万元）Newly Increased Fixed Assets (10000 yuan) | 房屋施工面积（万平方米）Floor Space under Construction (10000 sq.m) | # 住宅 Residential Buildings | 房屋竣工面积（万平方米）Floor Space Completed (10000 sq.m) | # 住宅 Residential Buildings |
|---|---|---|---|---|---|---|---|
| 1978 | 72641 | 8987 | 95685 | 429.55 | 173.09 | 184.97 | 84.82 |
| 1980 | 99565 | 24254 | 77438 | 610.94 | 334.12 | 269.07 | 163.33 |
| 1985 | 436197 | 104015 | 344990 | 1448.87 | 820.45 | 796.96 | 531.33 |
| 1990 | 905937 | 232839 | 779577 | 1681.89 | 970.81 | 879.68 | 537.36 |
| 1995 | 6182515 | 1696316 | 3449779 | 4958.58 | 2840.92 | 1847.86 | 1212.84 |
| 2000 | 9236676 | 3250326 | 6907436 | 6152.47 | 3789.88 | 2404.81 | 1539.43 |
| 2001 | 9782093 | 3316894 | 7075104 | 6612.84 | 3916.82 | 2138.40 | 1304.28 |
| 2002 | 10092421 | 3457617 | 6527323 | 6376.80 | 3809.32 | 2129.56 | 1392.66 |
| 2003 | 11751668 | 3522168 | 7793951 | 6540.20 | 3643.26 | 2243.10 | 1317.25 |
| 2004 | 13489283 | 3712961 | 11128640 | 7263.32 | 3817.60 | 2308.23 | 1045.58 |
| 2005 | 15191582 | 3777003 | 10763964 | 7165.93 | 3836.53 | 2405.30 | 1091.48 |
| 2006 | 16963824 | 3783416 | 9304960 | 6895.68 | 3751.36 | 1677.24 | 918.05 |
| 2007 | 18633437 | 5041090 | 10817946 | 8113.99 | 4049.79 | 2243.77 | 1001.43 |
| 2008 | 21055373 | 5398216 | 12247285 | 8272.29 | 3986.32 | 1849.70 | 865.15 |
| 2009 | 26598516 | 5246903 | 15732420 | 8690.90 | 3740.54 | 2208.57 | 965.85 |
| 2010 | 32635731 | 5727122 | 24136234 | 10114.91 | 4279.53 | 2388.95 | 950.10 |
| 2011 | 34122005 | 8116313 | 24504493 | 11555.51 | 5083.07 | 2804.28 | 938.38 |
| 2012 | 37583868 | 8626775 | 27514867 | 12381.69 | 5152.06 | 2957.66 | 940.44 |
| 2013 | 44545508 | 9969708 | 30678913 | 13959.31 | 5753.99 | 3683.50 | 897.97 |
| “六五”时期 6th Five-year Plan Period | 1310742 | 402770 | 1030043 | 6004.01 | 3745.15 | 3328.09 | 2352.35 |
| “七五”时期 7th Five-year Plan Period | 3850377 | 989264 | 3056834 | 8645.37 | 4722.40 | 4454.23 | 2808.76 |
| “八五”时期 8th Five-year Plan Period | 18092347 | 5632278 | 11179716 | 17131.12 | 9906.30 | 7045.41 | 4339.71 |
| “九五”时期 9th Five-year Plan Period | 38562672 | 12083398 | 28672107 | 27464.31 | 16470.99 | 10112.06 | 6673.86 |
| “十五”时期 10th Five-year Plan Period | 60307047 | 17786643 | 43288982 | 33959.09 | 19023.53 | 11224.59 | 6151.25 |
| “十一五”时期 11th Five-year Plan Period | 115886881 | 25196747 | 72238845 | 42087.77 | 19807.54 | 10368.23 | 4700.58 |
| 1950-2013 | 355137315 | 88903166 | 242851847 | 178678.44 | 91805.89 | 58527.23 | 30812.27 |
| 1979-2013 | 354435300 | 88845607 | 242299563 | 174338.23 | 90274.92 | 56439.91 | 30065.35 |
| 1991-2013 | 349100328 | 87411862 | 238077923 | 158538.80 | 81197.48 | 48195.73 | 24642.19 |
| 2001-2013 | 292445309 | 69696186 | 198226100 | 113943.37 | 54820.19 | 31038.26 | 13628.62 |

# 4-11 主要年份市区固定资产投资额和房屋建设

# Total Investment in Fixed Assets and Building Construction in Urban Districts in Main Years

| 年份、时期 Year and Period | 固定资产投资额（万元） Total Investment (10000 yuan) | #住宅 Residential Buildings | 新增固定资产（万元） Newly Increased Fixed Assets (10000 yuan) | 房屋施工面积（万平方米） Floor Space under Construction (10000 sq.m) | #住宅 Residential Buildings | 房屋竣工面积（万平方米） Floor Space Completed (10000 sq.m) | #住宅 Residential Buildings |
|---|---|---|---|---|---|---|---|
| 1978 | 67021 | 6663 | 91745 | | 157.82 | 158.68 | 72.97 |
| 1980 | 88684 | 17690 | 67451 | 558.25 | 310.79 | 233.90 | 146.46 |
| 1985 | 362215 | 89260 | 284680 | 1142.77 | 618.50 | 537.91 | 344.43 |
| 1990 | 688267 | 172394 | 625292 | 1320.86 | 729.61 | 575.33 | 350.23 |
| 1995 | 4735978 | 1237079 | 2510650 | 3426.14 | 1926.18 | 1117.76 | 735.49 |
| 2000 | 8880172 | 3158571 | 6195959 | 5830.09 | 3569.15 | 2226.68 | 1421.84 |
| 2001 | 9422360 | 3188145 | 6776012 | 6238.25 | 3685.09 | 1929.02 | 1182.67 |
| 2002 | 9372743 | 3205783 | 6005075 | 5869.13 | 3520.08 | 1849.92 | 1226.28 |
| 2003 | 10882562 | 3246586 | 7156383 | 5888.04 | 3313.58 | 1883.30 | 1121.31 |
| 2004 | 12420328 | 3421858 | 10415447 | 6488.39 | 3477.32 | 1913.28 | 883.07 |
| 2005 | 14192170 | 3364299 | 10057102 | 6321.38 | 3398.52 | 2074.62 | 925.35 |
| 2006 | 15732031 | 3291090 | 8411788 | 5938.66 | 3178.68 | 1410.61 | 748.77 |
| 2007 | 17232003 | 4424586 | 9841817 | 6929.18 | 3368.54 | 1814.23 | 817.32 |
| 2008 | 19384953 | 4698000 | 11307219 | 6964.83 | 3227.93 | 1585.66 | 727.06 |
| 2009 | 24556506 | 4345040 | 14530775 | 7285.97 | 2849.02 | 1845.03 | 754.87 |
| 2010 | 30080882 | 4803671 | 22505705 | 8323.81 | 3216.56 | 1958.05 | 681.95 |
| 2011 | 30984557 | 6517904 | 21963648 | 9521.92 | 3902.08 | 2270.59 | 616.67 |
| 2012 | 33990023 | 7047505 | 25805313 | 10229.77 | 4026.83 | 2559.90 | 719.17 |
| 2013 | 39909035 | 8206575 | 27656539 | 11597.89 | 4481.88 | 3207.33 | 648.66 |
| "六五"时期 6th Five-year Plan Period | 1080481 | 297325 | 831751 | 4750.85 | 3146.15 | 2218.81 | 1451.69 |
| "七五"时期 7th Five-year Plan Period | 3037051 | 758374 | 2415304 | 6623.53 | 3566.41 | 2959.49 | 1767.11 |
| "八五"时期 8th Five-year Plan Period | 12949086 | 3931649 | 7725987 | 11807.23 | 6613.51 | 4161.28 | 2556.71 |
| "九五"时期（八区） 9th Five-year Plan Period (Eight Districts) | 31780852 | 9791254 | 22225365 | 20675.59 | 12656.42 | 6455.27 | 4366.91 |
| "九五"时期（十区） 9th Five-year Plan Period (Ten Districts) | 33128872 | 10377568 | 23281240 | 21847.44 | 13327.91 | 7269.82 | 4801.97 |
| "十五"时期 10th Five-year Plan Period | 56290163 | 16426671 | 40410019 | 30805.19 | 17394.59 | 9650.14 | 5338.68 |
| "十一五"时期 11th Five-year Plan Period | 106986375 | 21562387 | 66597304 | 35442.45 | 15840.73 | 8613.58 | 3729.97 |
| 1950-2013 | 319154665 | 75207370 | 217322411 | 147738.49 | 74310.37 | 45219.40 | 22541.42 |
| 1979-2013 | 318511503 | 75156197 | 216806143 | 143656.90 | 72852.42 | 43302.67 | 21855.30 |
| 1991-2013 | 314238111 | 74070259 | 213440050 | 131251.89 | 65587.53 | 37732.64 | 18411.83 |
| 2001-2013 | 268160153 | 59761042 | 182432823 | 97597.22 | 45646.11 | 26301.54 | 11053.15 |

注：从2000年起市区为十区口径。

Note: The coverage of urban districts has refered to the ten districts since 2000.

# 4-12 主要年份三次产业固定资产投资额及构成

## Total Investment in Fixed Assets and its Composition in Main Years by the Three Strata of Industries

| 年份 Year | 合计 (万元) Total (10000 yuan) | 第一产业 Primary Industry | 第二产业 Secondary Industry | 第三产业 Tertiary Industry | 构成 (%) Composition (%) | 第一产业 Primary Industry | 第二产业 Secondary Industry | 第三产业 Tertiary Industry |
|---|---|---|---|---|---|---|---|---|
| **全市 Total** | | | | | | | | |
| 1978 | 72641 | 4317 | 32100 | 36224 | 100.00 | 5.94 | 44.19 | 49.87 |
| 1980 | 99565 | 4953 | 39722 | 54890 | 100.00 | 4.97 | 39.90 | 55.13 |
| 1985 | 436197 | 13672 | 143702 | 278823 | 100.00 | 3.13 | 32.94 | 63.93 |
| 1990 | 905937 | 14268 | 346872 | 544797 | 100.00 | 1.57 | 38.29 | 60.14 |
| 1995 | 6182515 | 42433 | 1698901 | 4441181 | 100.00 | 0.69 | 27.48 | 71.83 |
| 2000 | 9236676 | 66584 | 1411261 | 7758831 | 100.00 | 0.72 | 15.28 | 84.00 |
| 2001 | 9782093 | 17789 | 1419209 | 8345095 | 100.00 | 0.18 | 14.51 | 85.31 |
| 2002 | 10092421 | 24625 | 1913745 | 8154051 | 100.00 | 0.24 | 18.96 | 80.80 |
| 2003 | 11751668 | 14657 | 2265387 | 9471624 | 100.00 | 0.12 | 19.28 | 80.60 |
| 2004 | 13489283 | 30084 | 2863780 | 10595419 | 100.00 | 0.22 | 21.23 | 78.55 |
| 2005 | 15191582 | 9816 | 4379347 | 10802419 | 100.00 | 0.06 | 28.83 | 71.11 |
| 2006 | 16963824 | 17999 | 4632303 | 12313522 | 100.00 | 0.11 | 27.30 | 72.59 |
| 2007 | 18633437 | 11541 | 4015821 | 14606075 | 100.00 | 0.06 | 21.55 | 78.39 |
| 2008 | 21055373 | 16269 | 4510845 | 16528259 | 100.00 | 0.08 | 21.42 | 78.50 |
| 2009 | 26598516 | 34894 | 5454577 | 21109045 | 100.00 | 0.13 | 20.51 | 79.36 |
| 2010 | 32635731 | 34280 | 6262773 | 26338678 | 100.00 | 0.10 | 19.19 | 80.71 |
| 2011 | 34122005 | 39223 | 5529978 | 28552804 | 100.00 | 0.11 | 16.21 | 83.68 |
| 2012 | 37583868 | 71881 | 5998727 | 31513260 | 100.00 | 0.19 | 15.96 | 83.85 |
| 2013 | 44545508 | 107320 | 7169083 | 37269105 | 100.00 | 0.24 | 16.09 | 83.67 |

## 4-12 续表 continued

| 年 份 Year | 合 计 (万元) Total (10000 yuan) | 第一产业 Primary Industry | 第二产业 Secondary Industry | 第三产业 Tertiary Industry | 构 成 (%) Composition (%) | 第一产业 Primary Industry | 第二产业 Secondary Industry | 第三产业 Tertiary Industry |
|---|---|---|---|---|---|---|---|---|
| **市 区 Urban Districts** | | | | | | | | |
| 1978 | 67021 | 2869 | 29720 | 34432 | 100.00 | 4.28 | 44.34 | 51.38 |
| 1980 | 88684 | 3088 | 34996 | 50600 | 100.00 | 3.48 | 39.46 | 57.06 |
| 1985 | 362215 | 10655 | 110225 | 241335 | 100.00 | 2.94 | 30.43 | 66.63 |
| 1990 | 688267 | 5738 | 236358 | 446171 | 100.00 | 0.83 | 34.34 | 64.83 |
| 1995 | 4735978 | 14105 | 1050838 | 3671035 | 100.00 | 0.30 | 22.19 | 77.51 |
| 2000（八区）(Eight Districts) | 7532152 | 47879 | 1079920 | 6404353 | 100.00 | 0.64 | 14.34 | 85.02 |
| 2000（十区）(Ten Districts) | 8880172 | 56575 | 1276298 | 7547299 | 100.00 | 0.64 | 14.37 | 84.99 |
| 2001 | 9422360 | 15849 | 1304301 | 8102210 | 100.00 | 0.17 | 13.84 | 85.99 |
| 2002 | 9372743 | 24261 | 1682315 | 7666167 | 100.00 | 0.26 | 17.95 | 81.79 |
| 2003 | 10882562 | 8658 | 1887045 | 8986859 | 100.00 | 0.08 | 17.34 | 82.58 |
| 2004 | 12420328 | 24464 | 2311780 | 10084084 | 100.00 | 0.20 | 18.61 | 81.19 |
| 2005 | 14192170 | 3188 | 4068308 | 10120674 | 100.00 | 0.02 | 28.67 | 71.31 |
| 2006 | 15732031 | 6971 | 4207845 | 11517215 | 100.00 | 0.04 | 26.75 | 73.21 |
| 2007 | 17232003 | 7342 | 3616547 | 13608114 | 100.00 | 0.04 | 20.99 | 78.97 |
| 2008 | 19384953 | 11427 | 3996436 | 15377090 | 100.00 | 0.06 | 20.62 | 79.32 |
| 2009 | 24556506 | 23910 | 5048000 | 19484596 | 100.00 | 0.10 | 20.56 | 79.34 |
| 2010 | 30080882 | 24273 | 5742977 | 24313632 | 100.00 | 0.08 | 19.09 | 80.83 |
| 2011 | 30984557 | 26641 | 4979091 | 25978825 | 100.00 | 0.09 | 16.07 | 83.84 |
| 2012 | 33990023 | 52168 | 5339435 | 28598420 | 100.00 | 0.15 | 15.71 | 84.14 |
| 2013 | 39909035 | 27054 | 6211745 | 33670236 | 100.00 | 0.07 | 15.56 | 84.37 |

# 4-13 主要年份固定资产投资资金来源

## Source of Total Investing Funds in Fixed Assets in Main Years

单位：万元 (10000 yuan)

| 年 份<br>Year | 本年实际到位资金合计<br>Total Actually Funds Provided This Year | 上年末结余资金<br>Surplus Funds from Year-end of Preceding Year | 本年实际到位资金小计<br>Subtotal Actually Funds Provided This Year | 国家预算资金<br>State Budget | 国内贷款<br>Domestic Loans | 债券<br>Bonds | 利用外资<br>Foreign Investment | 自筹资金<br>Self-raising Funds | 其他资金<br>Others |
|---|---|---|---|---|---|---|---|---|---|
| 1995 | 7978652 | 961511 | 7017141 | 67608 | 1058442 | 27815 | 1256012 | 2413074 | 2194190 |
| 1996 | 7944084 | 1513379 | 6430705 | 51257 | 867596 | 6388 | 1656655 | 2003513 | 1845296 |
| 1997 | 8185958 | 1394838 | 6791120 | 92550 | 906033 | 3112 | 1657279 | 2429018 | 1703128 |
| 1998 | 9955334 | 1433763 | 8521571 | 200069 | 1279909 | 1029 | 1185066 | 3196317 | 2659181 |
| 1999 | 10983747 | 1548943 | 9434804 | 233267 | 1998108 | 23600 | 909234 | 3330138 | 2940457 |
| 2000 | 11679071 | 1552005 | 10127066 | 196772 | 2174224 | 62353 | 883291 | 3356781 | 3453645 |
| 2001 | 11649579 | 1546436 | 10103143 | 123638 | 1912787 | 22888 | 706179 | 4230371 | 3107280 |
| 2002 | 12856766 | 1649716 | 11207050 | 211676 | 2696256 | | 910991 | 3938859 | 3449268 |
| 2003 | 14649881 | 1674756 | 12975125 | 353310 | 2653393 | | 957866 | 5241604 | 3768952 |
| 2004 | 16786548 | 1874335 | 14912213 | 311727 | 2922647 | | 1212633 | 6321305 | 4143901 |
| 2005 | 19247238 | 2186460 | 17060778 | 3411 | 4172521 | | 1156940 | 7016193 | 4711713 |
| 2006 | 22251012 | 2776720 | 19474292 | 33390 | 5172610 | 130000 | 1508470 | 7321261 | 5308561 |
| 2007 | 26264563 | 3171623 | 23092940 | 57376 | 5591643 | | 1313436 | 9042335 | 7088150 |
| 2008 | 28401679 | 4790650 | 23611029 | 117411 | 5093992 | | 1066041 | 11324092 | 6009493 |
| 2009 | 37433615 | 5422810 | 32010805 | 60397 | 7557122 | 79875 | 724921 | 14972268 | 8616222 |
| 2010 | 45784696 | 6679725 | 39104971 | 94606 | 8654938 | 68000 | 900581 | 20398053 | 8988793 |
| 2011 | 44686057 | 6928519 | 37757538 | 66080 | 5881319 | | 933747 | 20621521 | 10254871 |
| 2012 | 50680896 | 7005541 | 43675355 | 1623733 | 8083156 | | 599341 | 22563088 | 10806037 |
| 2013 | 62310524 | 9002625 | 53307899 | 2007191 | 8777717 | | 2261740 | 26204283 | 14056968 |

注：从2012年起，“国家预算内资金”改称“国家预算资金”，“自筹资金”下的财政资金划归“国家预算资金”统计(下同)。

Note: Since 2012, financial funds belong to state budget instead of self-raising funds(the same as below).

# 4-14 主要年份固定资产投资资金来源构成

## Composition of Source of Total Investing Funds in Fixed Assets in Main Years

单位：%　　　　(%)

| 年 份 Year | 本年实际到位资金合计 Total Actually Funds Provided This Year | | | | | | | | |
|---|---|---|---|---|---|---|---|---|---|
| | | 上年末结余资金 Surplus Funds from Year-end of Preceding Year | 本年实际到位资金小计 Subtotal Actually Funds Provided This Year | | | | | | |
| | | | | 国家预算资金 State Budget | 国内贷款 Domestic Loans | 债券 Bonds | 利用外资 Foreign Investment | 自筹资金 Self-raising Funds | 其他资金 Others |
| 1995 | 100.00 | 12.05 | 87.95 | 0.85 | 13.27 | 0.35 | 15.74 | 30.24 | 27.50 |
| 1996 | 100.00 | 19.05 | 80.95 | 0.65 | 10.92 | 0.08 | 20.85 | 25.22 | 23.23 |
| 1997 | 100.00 | 17.04 | 82.96 | 1.13 | 11.07 | 0.04 | 20.25 | 29.67 | 20.81 |
| 1998 | 100.00 | 14.40 | 85.60 | 2.01 | 12.86 | 0.01 | 11.90 | 32.11 | 26.71 |
| 1999 | 100.00 | 14.10 | 85.90 | 2.12 | 18.19 | 0.21 | 8.28 | 30.32 | 26.77 |
| 2000 | 100.00 | 13.29 | 86.71 | 1.68 | 18.62 | 0.53 | 7.56 | 28.74 | 29.57 |
| 2001 | 100.00 | 13.27 | 86.73 | 1.06 | 16.42 | 0.20 | 6.06 | 36.31 | 26.67 |
| 2002 | 100.00 | 12.83 | 87.17 | 1.65 | 20.97 | | 7.09 | 30.64 | 26.83 |
| 2003 | 100.00 | 11.43 | 88.57 | 2.41 | 18.11 | | 6.54 | 35.78 | 25.73 |
| 2004 | 100.00 | 11.17 | 88.83 | 1.86 | 17.41 | | 7.22 | 37.66 | 24.69 |
| 2005 | 100.00 | 11.36 | 88.64 | 0.02 | 21.68 | | 6.01 | 36.45 | 24.48 |
| 2006 | 100.00 | 12.48 | 87.52 | 0.15 | 23.25 | 0.58 | 6.78 | 32.90 | 23.86 |
| 2007 | 100.00 | 12.08 | 87.92 | 0.22 | 21.29 | | 5.00 | 34.43 | 26.98 |
| 2008 | 100.00 | 16.87 | 83.13 | 0.41 | 17.94 | | 3.75 | 39.87 | 21.16 |
| 2009 | 100.00 | 14.49 | 85.51 | 0.16 | 20.19 | 0.21 | 1.94 | 40.00 | 23.01 |
| 2010 | 100.00 | 14.59 | 85.41 | 0.21 | 18.90 | 0.15 | 1.97 | 44.55 | 19.63 |
| 2011 | 100.00 | 15.50 | 84.50 | 0.15 | 13.16 | | 2.09 | 46.15 | 22.95 |
| 2012 | 100.00 | 13.82 | 86.18 | 3.21 | 15.95 | | 1.18 | 44.52 | 21.32 |
| 2013 | 100.00 | 14.45 | 85.55 | 3.22 | 14.09 | | 3.63 | 42.05 | 22.56 |

# 4-15 主要年份固定资产投资额(按构成分)

# Total Investment in Fixed Assets in Main Years (by Use of Funds)

单位：万元 (10000 yuan)

| 年份 Year | 合计 Total | 建筑工程 Construction Project | 安装工程 Installation Project | 设备工器具购置 Purchases of Equipment and Instruments | 其他费用 Others |
|---|---|---|---|---|---|
| 1995 | 6182515 | 3066640 | 313788 | 1474613 | 1327474 |
| 1996 | 6389360 | 3225327 | 420182 | 1501358 | 1242493 |
| 1997 | 6565767 | 3230953 | 530177 | 1475112 | 1329525 |
| 1998 | 7588283 | 3805530 | 433223 | 1465162 | 1884368 |
| 1999 | 8782586 | 4443801 | 539333 | 1520186 | 2279266 |
| 2000 | 9236676 | 4862795 | 489173 | 1284866 | 2599842 |
| 2001 | 9782093 | 4943427 | 800645 | 1792544 | 2245477 |
| 2002 | 10092421 | 5043136 | 1002446 | 1735461 | 2311378 |
| 2003 | 11751668 | 5926676 | 669398 | 1907214 | 3248380 |
| 2004 | 13489283 | 7167180 | 829078 | 2328974 | 3164051 |
| 2005 | 15191582 | 7899596 | 1187729 | 2749875 | 3354382 |
| 2006 | 16963824 | 8375238 | 1348824 | 3657839 | 3581923 |
| 2007 | 18633437 | 9571281 | 1320128 | 3299746 | 4442282 |
| 2008 | 21055373 | 11296603 | 1511046 | 3227977 | 5019747 |
| 2009 | 26598516 | 15003807 | 1747019 | 3798896 | 6048794 |
| 2010 | 32635731 | 18964747 | 2548287 | 4866404 | 6256293 |
| 2011 | 34122005 | 18138348 | 2749538 | 6193268 | 7040851 |
| 2012 | 37583868 | 21468095 | 3262986 | 6003316 | 6849471 |
| 2013 | 44545508 | 25879973 | 3812480 | 6995873 | 7857182 |

# 4-16 主要年份固定资产投资额构成

# Composition of Total Investment in Fixed Assets in Main Years

单位：%　　(%)

| 年份 Year | 合计 Total | 建筑工程 Construction Project | 安装工程 Installation Project | 设备工器具购置 Purchases of Equipment and Instruments | 其他费用 Others |
|---|---|---|---|---|---|
| 1995 | 100.00 | 49.60 | 5.08 | 23.85 | 21.47 |
| 1996 | 100.00 | 50.48 | 6.58 | 23.50 | 19.44 |
| 1997 | 100.00 | 49.21 | 8.07 | 22.47 | 20.25 |
| 1998 | 100.00 | 50.15 | 5.71 | 19.31 | 24.83 |
| 1999 | 100.00 | 50.60 | 6.14 | 17.31 | 25.95 |
| 2000 | 100.00 | 52.65 | 5.30 | 13.91 | 28.14 |
| 2001 | 100.00 | 50.54 | 8.19 | 18.32 | 22.95 |
| 2002 | 100.00 | 49.97 | 9.93 | 17.20 | 22.90 |
| 2003 | 100.00 | 50.43 | 5.70 | 16.23 | 27.64 |
| 2004 | 100.00 | 53.13 | 6.15 | 17.26 | 23.46 |
| 2005 | 100.00 | 52.00 | 7.82 | 18.10 | 22.08 |
| 2006 | 100.00 | 49.37 | 7.95 | 21.56 | 21.12 |
| 2007 | 100.00 | 51.37 | 7.08 | 17.71 | 23.84 |
| 2008 | 100.00 | 53.65 | 7.18 | 15.33 | 23.84 |
| 2009 | 100.00 | 56.41 | 6.57 | 14.28 | 22.74 |
| 2010 | 100.00 | 58.11 | 7.81 | 14.91 | 19.17 |
| 2011 | 100.00 | 53.16 | 8.06 | 18.15 | 20.63 |
| 2012 | 100.00 | 57.12 | 8.68 | 15.97 | 18.23 |
| 2013 | 100.00 | 58.10 | 8.56 | 15.71 | 17.63 |

# 4-17 固定资产投资额(2013年，按投资类别分)

## Total Investment in Fixed Assets (2013, by Type of Investment)

单位：万元 (10000 yuan)

| 项目 | Item | 合计 Total | # 房地产开发 Real Estate Development | # 市区 Urban Districts |
|---|---|---|---|---|
| **总计** | **Total** | **44545508** | **15724289** | **39909035** |
| **按登记注册类型分** | **Grouped by Registration Status** | | | |
| 内资企业 | Domestic Funded Enterprises | 35530401 | 10438106 | 31781296 |
| 国有企业 | State-owned Enterprises | 11367477 | 13361 | 10513500 |
| 集体企业 | Collective-owned Enterprises | 3103687 | 196589 | 2674160 |
| 股份合作企业 | Cooperative Enterprises | 179199 | 70 | 179199 |
| 联营企业 | Joint Ownership Enterprises | 188188 | | 115962 |
| 国有联营企业 | State Joint Ownership Enterprises | 56963 | | 14737 |
| 集体联营企业 | Collective Joint Ownership Enterprises | 50981 | | 20981 |
| 国有与集体联营企业 | Joint State-collective Enterprises | 49304 | | 49304 |
| 其他联营企业 | Other Joint Ownership Enterprise | 30940 | | 30940 |
| 有限责任公司 | Limited Liability Corporations | 9842429 | 6428939 | 8783505 |
| 国有独资公司 | State Sole Funded Corporations | 555082 | 70040 | 533254 |
| 其他有限责任公司 | Other Limited Liability Corporations | 9287347 | 6358899 | 8250251 |
| 股份有限公司 | Share Holding Corporations Ltd. | 4292140 | 654978 | 4277976 |
| 私营企业 | Private Enterprises | 6547526 | 3144169 | 5227239 |
| 其他企业 | Other Enterprises | 9755 | | 9755 |
| 港、澳、台商投资企业 | Enterprises with Funds from Hong Kong, Macao and Taiwan | 4451422 | 3302558 | 4020369 |
| # 与港、澳、台商合资经营企业 | Joint-venture Enterprises | 1162936 | 586549 | 1049279 |
| 与港、澳、台商合作经营企业 | Cooperative Enterprises | 1424900 | 1365717 | 1390400 |
| 港、澳、台商独资经营企业 | Enterprises with Sole Funds | 1710518 | 1295545 | 1454308 |
| 港、澳、台商投资股份有限公司 | Share-holding corporations Ltd. | 97275 | | 70589 |
| 外商投资企业 | Foreign Funded Enterprises | 4411150 | 1983625 | 4074138 |
| # 中外合资经营企业 | Joint-venture Enterprises | 2383816 | 870783 | 2269526 |
| 中外合作经营企业 | Cooperative Enterprises | 246639 | 179981 | 246639 |
| 外资企业 | Enterprises with Sole Foreign Funds | 1670884 | 870039 | 1448162 |
| 外商投资股份有限公司 | Share-holding corporations Ltd. | 109811 | 62822 | 109811 |
| 个体经营 | Individual Investment | 152535 | | 33232 |
| 个体户 | Individual Operating Household | 151028 | | 31725 |
| 个体合伙 | Individual Partnership | 1507 | | 1507 |
| **按隶属关系分** | **Grouped by Jurisdiction of Management** | | | |
| 中央属 | Central Investment | 5875720 | 1269093 | 5784724 |
| 省属 | Provincial Investment | 2088329 | 237607 | 2054063 |
| 市属 | Municipal Investment | 7854773 | 2225412 | 7770118 |
| 区、县级市属 | District or County Investment | 7917822 | 1201348 | 7142383 |
| 其他 | Others | 20808864 | 10790829 | 17157747 |
| **按建设性质分** | **Grouped by Type of Construction** | | | |
| # 新建 | New Construction | 31532130 | 15724289 | 27897172 |
| 扩建 | Expansion | 3457350 | | 2963647 |
| 改建和技术改造 | Reconstruction | 5021716 | | 4609149 |
| 单纯购置 | Purchase | 4381330 | | 4286085 |
| **按构成分** | **Grouped by Use of Funds** | | | |
| 建筑工程 | Construction | 25879973 | 9847788 | 22753689 |
| 安装工程 | Installation | 3812480 | 1284960 | 3278404 |
| 设备工器具购置 | Purchase of Equipment and Instruments | 6995873 | 158239 | 6709821 |
| 其他费用 | Others | 7857182 | 4433302 | 7167121 |

# 4-17 续表 1 continued

单位：万元 (10000 yuan)

| 项　　目 | Item | 合计 Total | # 市区 Urban Districts |
|---|---|---|---|
| **按行业分** | **Grouped by Sector** | | |
| 农、林、牧、渔业 | Agriculture, Forestry, Animal Husbandry and Fishery | 107320 | 27054 |
| 工　业 | Industry | 6829665 | 5882775 |
| 采矿业 | Mining | | |
| 制造业 | Manufacturing | 5813650 | 4935529 |
| 农副食品加工业 | Processing of Food from Agricultural Products | 102434 | 75948 |
| 食品制造业 | Manufacture of Foods | 221381 | 214055 |
| 酒、饮料和精制茶制造业 | Manufacture of Wine ,Beverages and Refined Tea | 66025 | 43068 |
| 烟草制品业 | Manufacture of Tobacco | 60681 | 60681 |
| 纺织业 | Manufacture of Textile | 62766 | 54334 |
| 纺织服装、服饰业 | Manufacture of Textile Wearing Apparel,clothing | 136777 | 68153 |
| 皮革、毛皮、羽毛及其制品和制鞋业 | Manufacture of Leather, Fur, Feather and Related Products and Footwear | 48497 | 48049 |
| 木材加工和木、竹、藤、棕、草制品业 | Processing of Timber, Manufacture of Wood, Bamboo,Rattan, Palm, and Straw Products | 11454 | 10373 |
| 家具制造业 | Manufacture of Furniture | 57573 | 51034 |
| 造纸及纸制品业 | Manufacture of Paper and Paper Products | 80728 | 70613 |
| 印刷和记录媒介复制业 | Printing, Reproduction of Recording Media | 72563 | 61709 |
| 文教、工美、体育和娱乐用品制造业 | Manufacture of Culture and Education ,Arts and Crafts, Sports and Entertainment Supplies | 120621 | 98096 |
| 石油加工、炼焦和核燃料加工业 | Processing of Petroleum, Coking, Processing of Nuclear Fuel | 83840 | 81453 |
| 化学原料及化学制品制造业 | Manufacture of Raw Chemical Materials and Chemical Products | 548186 | 465701 |
| 医药制造业 | Manufacture of Medicines | 244985 | 203025 |
| 化学纤维制造业 | Manufacture of Chemical Fibers | 3229 | 1069 |
| 橡胶和塑料制品业 | Manufacture of Rubber and Plastics | 119559 | 102954 |
| 非金属矿物制品业 | Manufacture of Non-metallic Mineral Products | 88814 | 76849 |
| 黑色金属冶炼和压延加工业 | Smelting and Pressing of Ferrous Metals | 25112 | 19112 |
| 有色金属冶炼和压延加工业 | Smelting and Pressing of Non-Ferrous Metals | 10907 | 1562 |
| 金属制品业 | Manufacture of Metal Products | 299283 | 277986 |
| 通用设备制造业 | Manufacture of General Purpose Machinery | 269352 | 257813 |
| 专用设备制造业 | Manufacture of Special Purpose Machinery | 109056 | 81565 |
| 汽车制造业 | Manufacture of Automobile | 1110782 | 793451 |
| 铁路、船舶、航空航天和其他运输设备制造业 | Manufacture of Railway, Ship, Aerospace and Other Transportation Equipment | 303035 | 253401 |
| 电气机械和器材制造业 | Manufacture of Electrical Machinery and Equipment | 461994 | 412754 |
| 计算机、通信和其他电子设备制造业 | Manufacture of Computers, Communications and Other Electronic Equipment | 985252 | 942439 |
| 仪器仪表制造业 | Manufacture of Instrument | 43780 | 43298 |
| 其他制造业 | Other manufacturing | 763 | 763 |
| 废弃资源综合利用业 | Comprehensive Utilization of Waste Resources | 13200 | 13200 |
| 金属制品、机械和设备修理业 | Metal Products, Machinery and Equipment Repair | 51021 | 51021 |

## 4-17 续表 2 continued

单位:万元 (10000 yuan)

| 项　　目 | Item | 合　计 Total | # 市 区 Urban Districts |
|---|---|---|---|
| 电力、热力、燃气及水生产和供应业 | Production and Supply of Electricity, Heat,Gas and Water | 1016015 | 947246 |
| 电力、热力生产和供应业 | Production and Supply of Electric Power and Heat Power | 792146 | 769005 |
| 燃气生产和供应业 | Production and Supply of Gas | 93065 | 86337 |
| 水的生产和供应业 | Production and Supply of Water | 130804 | 91904 |
| 建筑业 | Construction | 339418 | 328970 |
| 批发和零售业 | Wholesale and Retail Trades | 1880768 | 1867840 |
| 交通运输、仓储和邮政业 | Transport, Storage and Post | 6532861 | 6481646 |
| 铁路运输业 | Railway Transport | 105911 | 105911 |
| 道路运输业 | Road Transport | 2831654 | 2780439 |
| 水上运输业 | Water Transport | 477217 | 477217 |
| 航空运输业 | Air Transport | 2448779 | 2448779 |
| 管道运输业 | Transport via Pipelines | | |
| 装卸搬运和运输代理业 | Handling and Transportation Agents | 58537 | 58537 |
| 仓储业 | Storage | 597432 | 597432 |
| 邮政业 | Post | 13331 | 13331 |
| 住宿和餐饮业 | Hotels and Catering Services | 843608 | 598254 |
| 信息传输、软件和信息技术服务业 | Information Transmission, Software and Information Technology | 1501930 | 1501930 |
| 电信、广播电视和卫星传输服务 | Telecommunications, Broadcasting ,TV transmission and Satellite Services | 1002268 | 1002268 |
| 互联网和相关服务 | Networks Related Services | 34963 | 34963 |
| 软件和信息技术服务业 | Software and Information Technology Services | 464699 | 464699 |
| 金融业 | Financial Intermediation | 102663 | 102663 |
| 房地产业 | Real Estate | 19507948 | 17144403 |
| # 房地产开发经营 | Real Estate Development and Management | 15724289 | 13636370 |
| 租赁和商务服务业 | Leasing and Business Services | 408193 | 408193 |
| 科学研究和技术服务业 | Scientific Research and Technical Services | 771192 | 700843 |
| 水利、环境和公共设施管理业 | Management of Water Conservancy, Environment and Public Facilities | 3383224 | 2827430 |
| 居民服务、修理和其他服务业 | Service to Households, Repair and Other Services | 87286 | 36254 |
| 教　育 | Education | 928385 | 857393 |
| 卫生和社会工作 | Health and Social Work | 657392 | 587842 |
| 文化、体育和娱乐业 | Culture, Sports and Entertainment | 407405 | 340982 |
| 新闻和出版业 | Press and Publishing Industry | 26022 | 26022 |
| 广播、电视、电影和影视录音制作业 | Radio, Television, Movie and Recording Manufacturing | 34614 | 34614 |
| 文化艺术业 | Culture and Art | 172496 | 159804 |
| 体　育 | Sports | 111629 | 60803 |
| 娱乐业 | Entertainment | 62644 | 59739 |
| 公共管理、社会保障和社会组织 | Public Management, Social Security and Social OrganizationS | 256250 | 214563 |
| 国际组织 | International Organizations | | |

# 4-18 各区、县级市固定资产投资
## (2013年，按法人单位办公所在地分)

| 项 目 | Item | 全 市 Total | 荔湾区 Liwan | 越秀区 Yuexiu |
|---|---|---|---|---|
| 固定资产投资额(万元) | Total Investment in Fixed Assets (10000 yuan) | 44545508 | 1793234 | 3422542 |
| 按隶属关系分 | Grouped by Administrative Relationship | | | |
| 中央省属 | Central Government and Provincial Government | 7964049 | 301735 | 627891 |
| 市属及其他 | Municipal Government and others | 36581459 | 1491499 | 2794651 |
| 按登记注册类型分 | Grouped by Registration Status | | | |
| # 国有经济投资 | State-owned Investment | 11979522 | 452521 | 1743554 |
| 民间投资 | Investment by Non-state-owned Units | 15023523 | 674730 | 592781 |
| 港澳台商经济投资 | Investment from Hong Kong, Macao and Taiwan | 4451422 | 94481 | 306751 |
| 外商经济投资 | Foreign Investment | 4411150 | 29015 | 89882 |
| 按构成分 | Grouped by Use of Funds | | | |
| # 建筑安装工程合计 | Construction and Installation Project | 29692453 | 1154371 | 2350056 |
| 建筑工程 | Construction Project | 25879973 | 1035905 | 1903309 |
| 安装工程 | Installation Project | 3812480 | 118466 | 446747 |
| 新增固定资产(万元) | Newly Increased Fixed Assets (10000 yuan) | 30678913 | 1043330 | 1661479 |
| 房屋施工面积(平方米) | Floor Space under Construction (sq.m) | 139593052 | 3043051 | 15563883 |
| 房屋竣工面积(平方米) | Floor Space Completed (sq.m) | 36834959 | 649798 | 1371715 |

注：国有经济投资包括国有企业、国有联营企业、国有独资公司的投资额。民间投资是指工商登记注册类型为：集体、股份合作、私营独资、私营合伙、私营有限责任公司、个体户、个人合伙等纯民间主体的固定资产投资及混合经济成分中由集体、私营、个体控股的投资主体单位的全部固定资产投资(下同)。

# Total Investment in Fixed Assets by District and County-level City
# (2013, by the Locations of the Offices of Corporate Units)

| 海珠区 Haizhu | 天河区 Tianhe | 白云区 Baiyun | 黄埔区 Huangpu | 番禺区 Panyu | 花都区 Huadu | 南沙区 Nansha | 萝岗区 Luogang | 增城市 Zengcheng | 从化市 Conghua |
|---|---|---|---|---|---|---|---|---|---|
| 6087602 | 8019938 | 4203014 | 1075961 | 4569354 | 2373508 | 2567381 | 5796501 | 3100680 | 1535793 |
| 1231178 | 2227896 | 2581398 | 209376 | 33297 | 138386 | 66382 | 421248 | 110101 | 15161 |
| 4856424 | 5792042 | 1621616 | 866585 | 4536057 | 2235122 | 2500999 | 5375253 | 2990579 | 1520632 |
| 2786633 | 2148268 | 558751 | 193817 | 339402 | 303325 | 590919 | 1944301 | 748113 | 169918 |
| 1825282 | 3021438 | 978541 | 450137 | 2712046 | 740692 | 765920 | 934972 | 1574060 | 752924 |
| 267739 | 1457887 | 74276 | 16196 | 478565 | 534801 | 234447 | 555226 | 140465 | 290588 |
| 45631 | 235447 | 85939 | 194989 | 781408 | 465571 | 470631 | 1675625 | 297403 | 39609 |
| 3404861 | 5589287 | 1584201 | 517465 | 3997970 | 1719261 | 1749349 | 3965272 | 2467803 | 1192557 |
| 2876119 | 4808891 | 1507886 | 469153 | 3529447 | 1565301 | 1611713 | 3445965 | 2035829 | 1090455 |
| 528742 | 780396 | 76315 | 48312 | 468523 | 153960 | 137636 | 519307 | 431974 | 102102 |
| 2556520 | 7667584 | 3496292 | 511336 | 2531424 | 1709309 | 1513773 | 4965492 | 2311990 | 710384 |
| 9345306 | 24167802 | 6058537 | 2924566 | 18124982 | 14708218 | 8250571 | 13791985 | 13233428 | 10380723 |
| 2100970 | 9770542 | 2410316 | 551072 | 5309891 | 3827049 | 2051389 | 4030605 | 2725442 | 2036170 |

Note: The state-owned investment refers to the investment from state-ownered enterprises, state joint ownership enterprises and sole state-funded corporations. The investment by non-state-owned units refers to the total investment excluding the investment from state-owned enterprises, state joint ownership enterprises, sole state-funded corporations, enterprises with funds from foreign regions,Hong Kong, Macao and Taiwan. The investment by private enterprises refers to private holding investment and individual investment of the investment from collective-owned enterprises, other cooperative enterprises, other limited liability corporations,private enterprises, other domestic funded enterprises and share holding corporations. The same as in the following tables.

# 4-19 新增固定资产（2013年，按投资类别分）

# Total Newly Increased Fixed Assets (2013, by Type of Investment)

单位：万元 (10000 yuan)

| 项目 | Item | 合计 Total | #房地产开发 Real Estate Development | #市区 Urban Districts |
|---|---|---|---|---|
| **总计** | **Total** | **30678913** | **5797354** | **27656539** |
| **按登记注册类型分** | **Grouped by Registration Status** | | | |
| 内资企业 | Domestic Funded Enterprises | 26017511 | 3962959 | 23491251 |
| 国有企业 | State-owned Enterprises | 8585302 | 378 | 7997045 |
| 集体企业 | Collective-owned Enterprises | 2917954 | 14400 | 2511365 |
| 股份合作企业 | Cooperative Enterprises | 69196 | | 69196 |
| 联营企业 | Joint Ownership Enterprises | 466530 | | 118426 |
| 国有联营企业 | State Joint Ownership Enterprises | 341077 | | 18973 |
| 集体联营企业 | Collective Joint Ownership Enterprises | 32118 | | 6118 |
| 国有与集体联营企业 | Joint State-collective Enterprises | 62395 | | 62395 |
| 其他联营企业 | Other Joint Ownership Enterprise | 30940 | | 30940 |
| 有限责任公司 | Limited Liability Corporations | 5492337 | 1982201 | 5108824 |
| 国有独资公司 | State Sole Funded Corporations | 1265085 | 93203 | 1252497 |
| 其他有限责任公司 | Other Limited Liability Corporations | 4227252 | 1888998 | 3856327 |
| 股份有限公司 | Share Holding Corporations Ltd. | 3557967 | 79332 | 3546378 |
| 私营企业 | Private Enterprises | 4922423 | 1886648 | 4134215 |
| 其他企业 | Other Enterprises | 5802 | | 5802 |
| 港、澳、台商投资企业 | Enterprises with Funds from Hong Kong, Macao and Taiwan | 2287087 | 1297073 | 2197896 |
| #与港、澳、台商合资经营企业 | Joint-venture Enterprises | 543747 | 112352 | 527258 |
| 与港、澳、台商合作经营企业 | Cooperative Enterprises | 302877 | 264467 | 300177 |
| 港、澳、台商独资经营企业 | Enterprises with Sole Funds | 1314969 | 920254 | 1292967 |
| 港、澳、台商投资股份有限公司 | Share-holding Corporations Ltd. | 123102 | | 75102 |
| 外商投资企业 | Foreign Funded Enterprises | 2225762 | 537322 | 1934160 |
| #中外合资经营企业 | Joint-venture Enterprises | 614345 | 113789 | 510636 |
| 中外合作经营企业 | Cooperative Enterprises | 92338 | 59139 | 92338 |
| 外资企业 | Enterprises with Sole Foreign Funds | 1423956 | 364394 | 1236063 |
| 外商投资股份有限公司 | Share-holding Corporations Ltd. | 95123 | | 95123 |
| 个体经营 | Self-employed Individual | 148553 | | 33232 |
| 个体户 | Individual Operating Household | 147046 | | 31725 |
| 个体合伙 | Individual Partnership | 1507 | | 1507 |
| **按隶属关系分** | **Grouped by Jurisdiction of Management** | | | |
| 中央属 | Central Investment | 5624365 | 197121 | 5624365 |
| 省属 | Provincial Investment | 1917994 | 301041 | 1851456 |
| 市属 | Municipal Investment | 3372127 | 471356 | 3054225 |
| 区、县级市属 | District or County Investment | 6979937 | 394586 | 6438546 |
| 其他 | Others | 12784490 | 4433250 | 10687947 |
| **按建设性质分** | **Grouped by Type of Construction** | | | |
| #新建 | New Construction | 18953150 | 5797354 | 16780485 |
| 扩建 | Expansion | 2479626 | | 2151196 |
| 改建和技术改造 | Reconstruction | 5059304 | | 4631420 |
| 单纯购置 | Purchase | 4139909 | | 4046514 |

# 4-19 续表 1 continued

单位：万元 (10000 yuan)

| 项目 | Item | 合计 Total | #市区 Urban Districts |
|---|---|---|---|
| **按行业分** | **Grouped by Sector** | | |
| 农、林、牧、渔业 | Agriculture, Forestry, Animal Husbandry and Fishery | 27483 | 9774 |
| 工业 | Industry | 6693139 | 5596227 |
| 采矿业 | Mining | | |
| 制造业 | Manufacturing | 5231421 | 4458837 |
| 农副食品加工业 | Processing of Food from Agricultural Products | 76201 | 44985 |
| 食品制造业 | Manufacture of Foods | 175627 | 172992 |
| 酒、饮料和精制茶制造业 | Manufacture of Wine ,Beverages and Refined Tea | 13605 | 13605 |
| 烟草制品业 | Manufacture of Tobacco | 11808 | 11808 |
| 纺织业 | Manufacture of Textile | 54879 | 46479 |
| 纺织服装、服饰业 | Manufacture of Textile Wearing Apparel,clothing | 135324 | 58316 |
| 皮革、毛皮、羽毛及其制品和制鞋业 | Manufacture of Leather, Fur, Feather and Related Products and Footwear | 50439 | 48238 |
| 木材加工和木、竹、藤、棕、草制品业 | Processing of Timber, Manufacture of Wood, Bamboo,Rattan, Palm, and Straw Products | 14661 | 10560 |
| 家具制造业 | Manufacture of Furniture | 47664 | 46509 |
| 造纸及纸制品业 | Manufacture of Paper and Paper Products | 63187 | 53072 |
| 印刷和记录媒介复制业 | Printing, Reproduction of Recording Media | 52325 | 46811 |
| 文教、工美、体育和娱乐用品制造业 | Manufacture of Culture and Education ,Arts and Crafts, Sports and Entertainment Supplies | 105065 | 96730 |
| 石油加工、炼焦和核燃料加工业 | Processing of Petroleum, Coking, Processing of Nuclear Fuel | 77615 | 72615 |
| 化学原料及化学制品制造业 | Manufacture of Raw Chemical Materials and Chemical Products | 341945 | 227661 |
| 医药制造业 | Manufacture of Medicines | 154296 | 144397 |
| 化学纤维制造业 | Manufacture of Chemical Fibers | 3500 | |
| 橡胶和塑料制品业 | Manufacture of Rubber and Plastics | 165482 | 151306 |
| 非金属矿物制品业 | Manufacture of Non-metallic Mineral Products | 75649 | 69520 |
| 黑色金属冶炼和压延加工业 | Smelting and Pressing of Ferrous Metals | 20420 | 14420 |
| 有色金属冶炼和压延加工业 | Smelting and Pressing of Non-Ferrous Metals | 7272 | 5667 |
| 金属制品业 | Manufacture of Metal Products | 407449 | 329847 |
| 通用设备制造业 | Manufacture of General Purpose Machinery | 310680 | 300401 |
| 专用设备制造业 | Manufacture of Special Purpose Machinery | 116508 | 47037 |
| 汽车制造业 | Manufacture of Automobile | 1025812 | 838946 |
| 铁路、船舶、航空航天和其他运输设备制造业 | Manufacture of Railway, Ship, Aerospace and Other Transportation Equipment | 472985 | 405262 |
| 电气机械和器材制造业 | Manufacture of Electrical Machinery and Equipment | 384679 | 348250 |
| 计算机、通信和其他电子设备制造业 | Manufacture of Computers, Communications and Other Electronic Equipment | 799750 | 786809 |
| 仪器仪表制造业 | Manufacture of Instrument | 52219 | 52219 |
| 其他制造业 | Other manufacturing | | |
| 废弃资源综合利用业 | Comprehensive Utilization of Waste Resources | 13200 | 13200 |
| 金属制品、机械和设备修理业 | Metal Products, Machinery and Equipment Repair | 1175 | 1175 |

单位：万元 (10000 yuan)

| 项目 | Item | 合计 Total | #市区 Urban Districts |
|---|---|---|---|
| 电力、热力、燃气及水生产和供应业 | Production and Supply of Electricity, Heat,Gas and Water | 1461718 | 1137390 |
| 电力、热力生产和供应业 | Production and Supply of Electric Power and Heat Power | 1045950 | 742931 |
| 燃气生产和供应业 | Production and Supply of Gas | 300860 | 300860 |
| 水的生产和供应业 | Production and Supply of Water | 114908 | 93599 |
| 建筑业 | Construction | 247752 | 219650 |
| 批发和零售业 | Wholesale and Retail Trades | 1597187 | 1556136 |
| 交通运输、仓储和邮政业 | Transport, Storage and Post | 4313808 | 4243274 |
| 铁路运输业 | Railway Transport | 312225 | 312225 |
| 道路运输业 | Road Transport | 827904 | 757370 |
| 水上运输业 | Water Transport | 552901 | 552901 |
| 航空运输业 | Air Transport | 2320585 | 2320585 |
| 管道运输业 | Transport via Pipelines | | |
| 装卸搬运和运输代理业 | Handling and Transportation Agents | 58427 | 58427 |
| 仓储业 | Storage | 228435 | 228435 |
| 邮政业 | Post | 13331 | 13331 |
| 住宿和餐饮业 | Hotels and Catering Services | 644264 | 520185 |
| 信息传输、软件和信息技术服务业 | Information Transmission, Software and Information Technology | 2150176 | 2150176 |
| 电信、广播电视和卫星传输服务 | Telecommunications, Broadcasting ,TV transmission and Satellite Services | 1652781 | 1652781 |
| 互联网和相关服务 | Networks Related Services | 106056 | 106056 |
| 软件和信息技术服务业 | Software and Information Technology Services | 391339 | 391339 |
| 金融业 | Financial Intermediation | 66731 | 66731 |
| 房地产业 | Real Estate | 9424647 | 8491272 |
| #房地产开发经营 | Real Estate Development and Management | 5797354 | 5085573 |
| 租赁和商务服务业 | Leasing and Business Services | 340070 | 340070 |
| 科学研究和技术服务业 | Scientific Research and Technical Services | 651479 | 634733 |
| 水利、环境和公共设施管理业 | Management of Water Conservancy, Environment and Public Facilities | 2851874 | 2290874 |
| 居民服务、修理和其他服务业 | Service to Households, Repair and Other Services | 38495 | 34495 |
| 教育 | Education | 826166 | 772179 |
| 卫生和社会工作 | Health and Social Work | 478234 | 436116 |
| 文化、体育和娱乐业 | Culture, Sports and Entertainment | 201021 | 168260 |
| 新闻和出版业 | Press and Publishing Industry | 20 | 20 |
| 广播、电视、电影和影视录音制作业 | Radio, Television, Movie and Recording Manufacturing | 21049 | 21049 |
| 文化艺术业 | Culture and Art | 114622 | 113115 |
| 体育 | Sports | 53650 | 22926 |
| 娱乐业 | Entertainment | 11680 | 11150 |
| 公共管理、社会保障和社会组织 | Public Management, Social Security and Social OrganizationS | 126387 | 126387 |
| 国际组织 | International Organizations | | |

# 4-20 民间固定资产投资和房屋建设情况（2013年）

# Investment in Fixed Assets and Building Construction by Non-state-owned Units (2013)

| 项　　目 | Item | 固定资产投资额（万元） Investment in Fixed Assets (10000 yuan) | 房屋施工面积（平方米） Floor Space under Construction (sq.m) | 房屋竣工面积（平方米） Floor Space Completed (sq.m) |
|---|---|---|---|---|
| **总　　计** | **Total** | **15023523** | **64413105** | **19546967** |
| **按登记注册类型分** | **Grouped by Registration Status** | | | |
| # 集体企业 | Collective-owned Enterprises | 3103687 | 9044546 | 7238421 |
| 股份合作企业 | Cooperative Enterprises | 179199 | 322749 | 50376 |
| 联营企业（不含国有及国有控股企业和外商及港澳台商及其控股企业） | Joint Ownership Enterprises | 81921 | 816600 | 17460 |
| 有限责任公司（不含国有及国有控股企业和外商及港澳台商及其控股企业） | Limited Liability Corporations | 4570554 | 20485308 | 2232253 |
| 股份有限公司（不含国有及国有控股企业和外商及港澳台商及其控股企业） | Share-holding Corporations Ltd. | 98837 | 711996 | 115574 |
| 私营企业 | Private Enterprises | 6547526 | 31252633 | 8895767 |
| 其他企业 | Other Enterprises | 9755 | 1211 | |
| 个体经营 | Individual Investment | 152535 | 1051774 | 950103 |
| **按投资类别分** | **Grouped by Type of Investment** | | | |
| # 房地产开发 | Real Estate Development | 8289728 | 45149524 | 6090233 |

# 4-21 住宅投资建设情况（2013年）

# Statistics on Investment and Construction of Residential Buildings (2013)

| 项　　目 | Item | 固定资产投资额（万元） Investment in Fixed Assets (10000 yuan) | 房屋施工面积（平方米） Floor Space under Construction (sq.m) | 房屋竣工面积（平方米） Floor Space Completed (sq.m) |
|---|---|---|---|---|
| **总　　计** | **Total** | **9969708** | **57539939** | **8979686** |
| **按登记注册类型分** | **Grouped by Registration Status** | | | |
| 内资企业 | Domestic Funded Enterprises | 6866988 | 41310387 | 5894522 |
| 国有企业 | State-owned Enterprises | 173622 | 6033281 | 704898 |
| 集体企业 | Collective-owned Enterprises | 339667 | 1176226 | 323423 |
| 股份合作企业 | Cooperative Enterprises | 7371 | 24570 | |
| 联营企业 | Joint Ownership Enterprises | 19909 | 130000 | 130000 |
| 有限责任公司 | Limited Liability Corporations | 3807259 | 17617836 | 2569660 |
| 股份有限公司 | Share-holding Corporations Ltd. | 547808 | 1869547 | 95808 |
| 私营企业 | Private Enterprises | 1971352 | 14458927 | 2070733 |
| 其他企业 | Other Enterprises | | | |
| 港、澳、台商投资企业 | Enterprises with Funds from Hong Kong, Macao and Taiwan | 1871827 | 9599273 | 1564426 |
| 外商投资企业 | Foreign Funded Enterprises | 1143070 | 5844907 | 803255 |
| 个体经营 | Individual Investment | 87823 | 785372 | 717483 |
| **按投资类别分** | **Grouped by Type of Investment** | | | |
| # 房地产开发 | Real Estate Development | 9506778 | 49907189 | 7096041 |

# 4-22 三次产业固定资产投资额及构成(2013年)

| 项　　目 | Item |
| --- | --- |
| **固定资产投资额合计** | **Total** |
| 第一产业 | Primary Industry |
| 第二产业 | Secondary Industry |
| 工　业 | Industry |
| 建筑业 | Construction |
| 第三产业 | Tertiary Industry |
| 批发和零售业 | Wholesale and Retail Trade |
| 交通运输、仓储和邮政业 | Transport, Storage and Post |
| 住宿和餐饮业 | Hotels and Catering Services |
| 信息传输、软件和信息技术服务业 | Information Transmission, Software and Information Technology |
| 金融业 | Financial Intermediation |
| 房地产业 | Real Estate |
| 租赁和商务服务业 | Leasing and Business Services |
| 科学研究和技术服务业 | Scientific Research and Technical Services |
| 水利、环境和公共设施管理业 | Management of Water Conservancy, Environment and Public Facilities |
| 居民服务、修理和其他服务业 | Service to Households, Repair and Other Services |
| 教　育 | Education |
| 卫生和社会工作 | Health and Social Service |
| 文化、体育和娱乐业 | Culture, Sports and Entertainment |
| 公共管理、社会保障和社会组织 | Public Management, Social Security and Social OrganizationS |
| 国际组织 | International Organizations |
| # **国有经济固定资产投资额合计** | **Investment in Fixed Assets of State-owned Units** |
| 第一产业 | Primary Industry |
| 第二产业 | Secondary Industry |
| 工　业 | Industry |
| 建筑业 | Construction |
| 第三产业 | Tertiary Industry |
| 批发和零售业 | Wholesale and Retail Trade |
| 交通运输、仓储和邮政业 | Transport, Storage and Post |
| 住宿和餐饮业 | Hotels and Catering Services |
| 信息传输、软件和信息技术服务业 | Information Transmission, Software and Information Technology |
| 金融业 | Financial Intermediation |
| 房地产业 | Real Estate |
| 租赁和商务服务业 | Leasing and Business Services |
| 科学研究和技术服务业 | Scientific Research and Technical Services |
| 水利、环境和公共设施管理业 | Management of Water Conservancy, Environment and Public Facilities |
| 居民服务、修理和其他服务业 | Service to Households, Repair and Other Services |
| 教　育 | Education |
| 卫生和社会工作 | Health and Social Work |
| 文化、体育和娱乐业 | Culture, Sports and Entertainment |
| 公共管理、社会保障和社会组织 | Public Management, Social Security and Social OrganizationS |
| 国际组织 | International Organizations |

## Total Investment in Fixed Assets and its Composition by Three Strata of Industry (2013)

| 全 市 (万元) Total (10000 yuan) | #市 区 Urban Districts | 全市构成 (%) Composition (%) | #市 区 Urban Districts |
|---|---|---|---|
| **44545508** | **39909035** | **100.00** | **100.00** |
| 107320 | 27054 | 0.24 | 0.07 |
| 7169083 | 6211745 | 16.09 | 15.56 |
| 6829665 | 5882775 | 15.33 | 14.74 |
| 339418 | 328970 | 0.76 | 0.82 |
| 37269105 | 33670236 | 83.67 | 84.37 |
| 1880768 | 1867840 | 4.22 | 4.68 |
| 6532861 | 6481646 | 14.67 | 16.24 |
| 843608 | 598254 | 1.89 | 1.50 |
| 1501930 | 1501930 | 3.37 | 3.76 |
| 102663 | 102663 | 0.23 | 0.26 |
| 19507948 | 17144403 | 43.79 | 42.96 |
| 408193 | 408193 | 0.92 | 1.02 |
| 771192 | 700843 | 1.73 | 1.76 |
| 3383224 | 2827430 | 7.59 | 7.08 |
| 87286 | 36254 | 0.20 | 0.09 |
| 928385 | 857393 | 2.08 | 2.15 |
| 657392 | 587842 | 1.48 | 1.47 |
| 407405 | 340982 | 0.91 | 0.85 |
| 256250 | 214563 | 0.59 | 0.55 |
| | | | |
| **11979522** | **11061491** | **100.00** | **100.00** |
| 18460 | 7977 | 0.15 | 0.07 |
| 1542881 | 1263333 | 12.88 | 11.42 |
| 1456745 | 1177197 | 12.16 | 10.64 |
| 86136 | 86136 | 0.72 | 0.78 |
| 10418181 | 9790181 | 86.97 | 88.51 |
| 180557 | 180513 | 1.51 | 1.63 |
| 2914025 | 2864517 | 24.33 | 25.90 |
| 98501 | 75601 | 0.82 | 0.68 |
| 779743 | 779743 | 6.51 | 7.05 |
| 46395 | 46395 | 0.39 | 0.42 |
| 1184804 | 1136829 | 9.89 | 10.28 |
| 102986 | 102986 | 0.86 | 0.93 |
| 405538 | 355192 | 3.39 | 3.21 |
| 2779794 | 2515948 | 23.20 | 22.75 |
| 14181 | 14181 | 0.12 | 0.13 |
| 829079 | 781990 | 6.92 | 7.07 |
| 620063 | 558874 | 5.18 | 5.05 |
| 215864 | 172448 | 1.80 | 1.56 |
| 246651 | 204964 | 2.05 | 1.85 |

# 4-23 固定资产投资资金来源（2013年，按投资类别分）

# Total Investment in Fixed Assets by Source of Funds (2013, by Type of Investment)

单位：万元 (10000 yuan)

| 项　　目 | Item | 合　计 Total | #房地产开发 Real Estate Development |
|---|---|---|---|
| **全　市** | **Total** | | |
| 本年实际到位资金合计 | Total Actually Funds Provided This Year | 62310524 | 29843013 |
| 上年末结余资金 | Surplus Fund from Year-end of Preceding Year | 9002625 | 6973844 |
| 本年实际到位资金小计 | Subtotal Actually Funds Provided This Year | 53307899 | 22869169 |
| 国家预算资金 | State Budget | 2007191 | |
| 国内贷款 | Domestic Loans | 8777717 | 4409807 |
| 债　　券 | Bonds | | |
| 利用外资 | Foreign Investment | 2261740 | 121140 |
| 自筹资金 | Self-raising Funds | 26204283 | 5635406 |
| 其他资金 | Others | 14056968 | 12702816 |
| 本年各项应付款合计 | Total Payment This Year | 3318285 | 1894840 |
| # 工程款 | Payment Against Projects | 1306203 | 1143218 |
| **市　区** | **Urban Districts** | | |
| 本年实际到位资金合计 | Total Actually Funds Provided This Year | 55176788 | 25527613 |
| 上年末结余资金 | Surplus Fund from Year-end of Preceding Year | 7882893 | 5867059 |
| 本年实际到位资金小计 | Subtotal Actually Funds Provided This Year | 47293895 | 19660554 |
| 国家预算资金 | State Budget | 1739137 | |
| 国内贷款 | Domestic Loans | 7860548 | 3734829 |
| 债　　券 | Bonds | | |
| 利用外资 | Foreign Investment | 2197090 | 121140 |
| 自筹资金 | Self-raising Funds | 23887167 | 5228569 |
| 其他资金 | Others | 11609953 | 10576016 |
| 本年各项应付款合计 | Total Payment This Year | 2909701 | 1503221 |
| # 工程款 | Payment Against Projects | 998690 | 841547 |

## 4-24 固定资产投资资金来源（2013年，按隶属关系分）

## Total Investment in Fixed Assets by Source of Funds (2013, by Jurisdiction of Managment)

单位：万元 (10000 yuan)

| 项目 | Item | 合计 Total | 中央属 Central Investment | 省属 Provincial Investment | 市属 Municipality Investment | 区、县级市属 District or County-level City Investment | 其他 Others |
|---|---|---|---|---|---|---|---|
| 本年实际到位资金合计 | Total Actually Funds Provided This Year | 62310524 | 6557750 | 2421142 | 11235933 | 9924625 | 32171074 |
| 上年末结余资金 | Surplus Fund from Year-end of Preceding Year | 9002625 | 183834 | 320262 | 1741659 | 976284 | 5780586 |
| 本年实际到位资金小计 | Subtotal Actually Funds Provided This Year | 53307899 | 6373916 | 2100880 | 9494274 | 8948341 | 26390488 |
| 国家预算资金 | State Budget | 2007191 | 155705 | 121409 | 696157 | 964571 | 69349 |
| 国内贷款 | Domestic Loans | 8777717 | 1120144 | 177272 | 3289856 | 647272 | 3543173 |
| 债券 | Bonds | | | | | | |
| 利用外资 | Foreign Investment | 2261740 | 1887422 | | 3731 | 19153 | 351434 |
| 自筹资金 | Self-raising Funds | 26204283 | 1962910 | 1662240 | 3694585 | 6110706 | 12773842 |
| 其他资金 | Others | 14056968 | 1247735 | 139959 | 1809945 | 1206639 | 9652690 |
| 本年各项应付款合计 | Total Payment This Year | 3318285 | 309303 | 67733 | 687163 | 215600 | 2038486 |
| # 工程款 | Payment Against Projects | 1306203 | 123831 | 57574 | 171329 | 118313 | 835156 |

## 4-25 市区和县级市固定资产投资资金来源（2013年）

## Total Investment in Fixed Assets by Source of Funds by Urban Districts and County-level City (2013)

单位：万元 (10000 yuan)

| 项目 | Item | 全市 Total | 市区 Urban Districts | 增城市 Zengcheng | 从化市 Conghua |
|---|---|---|---|---|---|
| 本年实际到位资金合计 | Total Actually Funds Provided This Year | 62310524 | 55176788 | 5245820 | 1887916 |
| 上年末结余资金 | Surplus Fund from Year-end of Preceding Year | 9002625 | 7882893 | 884987 | 234745 |
| 本年实际到位资金小计 | Subtotal Actually Funds Provided This Year | 53307899 | 47293895 | 4360833 | 1653171 |
| 国家预算资金 | State Budget | 2007191 | 1739137 | 223118 | 44936 |
| 国内贷款 | Domestic Loans | 8777717 | 7860548 | 794758 | 122411 |
| 债券 | Bonds | | | | |
| 利用外资 | Foreign Investment | 2261740 | 2197090 | 44548 | 20102 |
| 自筹资金 | Self-raising Funds | 26204283 | 23887167 | 1539369 | 777747 |
| 其他资金 | Others | 14056968 | 11609953 | 1759040 | 687975 |
| 本年各项应付款合计 | Total Payment This Year | 3318285 | 2909701 | 281485 | 127099 |
| # 工程款 | Payment Against Projects | 1306203 | 998690 | 236229 | 71284 |

# 4-26 房地产开发与经营(2013年，按法人单位办公所在地分)

| 项目 | Item | 全市 Total | 荔湾区 Liwan | 越秀区 Yuexiu |
|---|---|---|---|---|
| 企业个数 (个) | Number of Enterprises (unit) | 1270 | 37 | 251 |
| 年末从业人数 (人) | Employed Persons at Year-end (person) | 44248 | 884 | 6948 |
| 本年完成投资 (万元) | Total Investment Completed This Year (10000 yuan) | 15724289 | 785246 | 848284 |
| #住　宅 | Residential Buildings | 9506778 | 660064 | 458445 |
| 办公楼 | Office Buildings | 1668426 | 5644 | 113339 |
| 商业营业用房 | Houses for Business Use | 2058754 | 70265 | 111460 |
| 房屋施工面积 (平方米) | Floor Space of Buildings under Construction (sq.m) | 81593081 | 1979263 | 5484603 |
| #住　宅 | Residential Buildings | 49907189 | 1544939 | 3215404 |
| 办公楼 | Office Buildings | 7690793 | 27321 | 684637 |
| 商业营业用房 | Houses for Business Use | 9612499 | 62710 | 605981 |
| #新开工面积 | Floor Space of Newly Started Buildings | 21447610 | 411359 | 1093601 |
| #住　宅 | Residential Buildings | 13415060 | 343888 | 640420 |
| 办公楼 | Office Buildings | 2213915 | 10016 | 122704 |
| 商业营业用房 | Houses for Business Use | 2430520 | 20148 | 192855 |
| 房屋竣工面积 (平方米) | Floor Space of Buildings Completed (sq.m) | 11412991 | 181220 | 698334 |
| #住　宅 | Residential Buildings | 7096041 | 155028 | 449653 |
| 办公楼 | Office Buildings | 1473557 | | 53371 |
| 商业营业用房 | Houses for Business Use | 827077 | 7232 | 39777 |
| 商品房销售面积 (平方米) | Floor Space of Buildings Actually Sold This Year (sq.m) | 16999830 | 272494 | 853693 |
| 现房销售面积 | Floor Space of Existing Buildings with Contracts Signed | 2725232 | 43352 | 268469 |
| #住　宅 | Residential Buildings | 1520852 | 43073 | 91891 |
| 办公楼 | Office Buildings | 665333 | | 155673 |
| 商业营业用房 | Houses for Business Use | 208369 | | 10085 |
| 期房销售面积 | Floor Space of Buildings Presold This Year | 14274598 | 229142 | 585224 |
| #住　宅 | Residential Buildings | 12463808 | 229003 | 533621 |
| 办公楼 | Office Buildings | 943136 | | 35115 |
| 商业营业用房 | Houses for Business Use | 749631 | 139 | 8239 |
| 商品房销售合同金额(万元) | Contracted Value of Buildings Actually Sold This Year(10000 yuan) | 26060033 | 625915 | 1779594 |
| 现房销售合同金额 | Contracted Value of Existing Buildings with Contracts Signed | 4893609 | 98235 | 630392 |
| #住　宅 | Residential Buildings | 2494008 | 97271 | 180075 |
| 办公楼 | Office Buildings | 1460281 | | 391828 |
| 商业营业用房 | Houses for Business Use | 541177 | | 31576 |
| 期房销售合同金额 | Contracted Value of Buildings Presold | 21166424 | 527680 | 1149202 |
| #住　宅 | Residential Buildings | 17020534 | 527085 | 965132 |
| 办公楼 | Office Buildings | 2225360 | | 135802 |
| 商业营业用房 | Houses for Business Use | 1717275 | 595 | 30533 |

# Real Estate Development and Management
## (2013, by the Locations of the Offices of Corporate Units)

| 海珠区 Haizhu | 天河区 Haizhu | 白云区 Baiyun | 黄埔区 Huangpu | 番禺区 Panyu | 花都区 Huadu | 南沙区 Nansha | 萝岗区 Luogang | 增城市 Zengcheng | 从化市 Conghua |
|---|---|---|---|---|---|---|---|---|---|
| 126 | 270 | 50 | 19 | 135 | 105 | 55 | 40 | 115 | 67 |
| 3510 | 8590 | 1585 | 493 | 7050 | 3423 | 2372 | 1653 | 5887 | 1853 |
| 1649574 | 3127145 | 523803 | 530432 | 2431250 | 1275957 | 1041941 | 1422738 | 1492487 | 595432 |
| 992045 | 1400174 | 142263 | 265521 | 1525267 | 997754 | 682009 | 824394 | 1045953 | 512889 |
| 201391 | 715296 | 158088 | 103617 | 174116 | 24120 | 59363 | 81204 | 27767 | 4481 |
| 287520 | 384723 | 49349 | 87376 | 494047 | 75992 | 73085 | 131525 | 263607 | 29805 |
| 6056521 | 13993745 | 2285643 | 2662190 | 12270145 | 11296493 | 5846352 | 4394290 | 10166949 | 5156887 |
| 2817155 | 6003666 | 1168434 | 1053893 | 7263813 | 8039422 | 4314955 | 3057547 | 7286556 | 4141405 |
| 1121425 | 2835489 | 419455 | 205729 | 1242346 | 210987 | 330163 | 366830 | 199673 | 46738 |
| 1213723 | 1870955 | 224687 | 258216 | 1981512 | 1034764 | 308947 | 349691 | 1343188 | 358125 |
| 918876 | 2617019 | 748528 | 1039538 | 3978976 | 2364325 | 2652370 | 2062824 | 2811406 | 748788 |
| 407069 | 1387353 | 366197 | 659724 | 2229191 | 1497094 | 1845125 | 1405649 | 2083059 | 550291 |
| 140907 | 771243 | 173736 | 42463 | 610668 | 39288 | 183063 | 89750 | 30077 | |
| 98535 | 102712 | 28832 | 239371 | 676255 | 411782 | 110270 | 230704 | 277758 | 41298 |
| 578486 | 1948248 | 213703 | 445342 | 1565515 | 2652378 | 361521 | 811707 | 1563779 | 392758 |
| 161849 | 924701 | 136371 | 278504 | 828327 | 1861494 | 258766 | 498841 | 1279433 | 263074 |
| 186788 | 417252 | 32270 | 68867 | 408559 | 142496 | 39591 | 123900 | | 463 |
| 149819 | 80345 | 15062 | 15526 | 84881 | 189997 | 42813 | 36989 | 80859 | 83777 |
| 2089757 | 2389555 | 435165 | 183303 | 2576591 | 1918984 | 1383540 | 662557 | 2986487 | 1247704 |
| 212300 | 896146 | 111915 | 63510 | 449967 | 274013 | 25917 | 16167 | 303125 | 60351 |
| 124690 | 380578 | 67866 | 48350 | 285042 | 163252 | 21192 | 14168 | 238501 | 42249 |
| 23149 | 357514 | 30249 | | 71846 | 23905 | 2534 | | | 463 |
| 22668 | 104284 | 2203 | 2621 | 20978 | 18692 | 2097 | 120 | 16296 | 8325 |
| 1877457 | 1493409 | 323250 | 119793 | 2126624 | 1644971 | 1357623 | 646390 | 2683362 | 1187353 |
| 1404995 | 1318325 | 169212 | 113953 | 1683677 | 1580661 | 1282688 | 600469 | 2391855 | 1155349 |
| 256818 | 147716 | 58998 | 5840 | 209872 | 12960 | 41435 | 27018 | 143451 | 3913 |
| 179112 | 24791 | 89607 | | 215035 | 34146 | 24414 | 18903 | 135974 | 19271 |
| 4614140 | 6082884 | 940130 | 213897 | 4110752 | 1708777 | 1422472 | 1066832 | 2618874 | 875766 |
| 460125 | 2269839 | 204247 | 58118 | 586652 | 215013 | 24647 | 20955 | 282145 | 43241 |
| 238893 | 967742 | 155818 | 40953 | 397278 | 137155 | 19566 | 18343 | 212292 | 28622 |
| 52587 | 873483 | 28736 | | 83643 | 27278 | 2590 | | | 136 |
| 85178 | 314823 | 2855 | 6091 | 38825 | 14873 | 2403 | 113 | 35882 | 8558 |
| 4154015 | 3813045 | 735883 | 155779 | 3524100 | 1493764 | 1397825 | 1045877 | 2336729 | 832525 |
| 2934148 | 3105416 | 355861 | 149022 | 2641753 | 1417863 | 1255347 | 973794 | 1901435 | 793678 |
| 689514 | 645628 | 138599 | 6757 | 365143 | 10396 | 42973 | 43071 | 144425 | 3052 |
| 444820 | 54037 | 229153 | | 483862 | 45404 | 90537 | 29012 | 281434 | 27888 |

# 4-27 房地产开发与经营（2013年，按项目所在地分）

| 项目 | Item | 全市 Total | 荔湾区 Liwan | 越秀区 Yuexiu |
|---|---|---|---|---|
| 本年完成投资（万元） | Total Investment Completed This Year (10000 yuan) | 15724289 | 1007701 | 517882 |
| #住宅 | Residential Buildings | 9506778 | 654065 | 226206 |
| 办公楼 | Office Buildings | 1668426 | 14115 | 71169 |
| 商业营业用房 | Houses for Business Use | 2058754 | 164146 | 107209 |
| 房屋施工面积（平方米） | Floor Space of Buildings under Construction (sq.m) | 81593081 | 4093097 | 2860156 |
| #住宅 | Residential Buildings | 49907189 | 2536176 | 1269865 |
| 办公楼 | Office Buildings | 7690793 | 219186 | 720832 |
| 商业营业用房 | Houses for Business Use | 9612499 | 506418 | 453496 |
| #新开工面积 | Floor Space of Newly Started Buildings | 21447610 | 893434 | 700241 |
| #住宅 | Residential Buildings | 13415060 | 628456 | 302806 |
| 办公楼 | Office Buildings | 2213915 | 122706 | 122704 |
| 商业营业用房 | Houses for Business Use | 2430520 | 25217 | 191287 |
| 房屋竣工面积（平方米） | Floor Space of Buildings Completed (sq.m) | 11412991 | 269594 | 188392 |
| #住宅 | Residential Buildings | 7096041 | 206698 | 94189 |
| 办公楼 | Office Buildings | 1473557 | | 53371 |
| 商业营业用房 | Houses for Business Use | 827077 | 11659 | 33186 |
| 商品房销售面积（平方米） | Floor Space of Buildings Actually Sold This Year (sq.m) | 16999830 | 640276 | 388578 |
| 现房销售面积 | Floor Space of Existing Buildings with Contracts Signed | 2725232 | 65807 | 155620 |
| #住宅 | Residential Buildings | 1520852 | 58352 | 39374 |
| 办公楼 | Office Buildings | 665333 | | 100487 |
| 商业营业用房 | Houses for Business Use | 208369 | 1022 | 9789 |
| 期房销售面积 | Floor Space of Buildings Presold This Year | 14274598 | 574469 | 232958 |
| #住宅 | Residential Buildings | 12463808 | 554092 | 202754 |
| 办公楼 | Office Buildings | 943136 | 8000 | 22855 |
| 商业营业用房 | Houses for Business Use | 749631 | 10941 | 5226 |
| 商品房销售合同金额(万元) | Contracted Value of Buildings Actually Sold This Year(10000 yuan) | 26060033 | 1232037 | 852068 |
| 现房销售合同金额 | Contracted Value of Existing Buildings with Contracts Signed | 4893609 | 170198 | 418338 |
| #住宅 | Residential Buildings | 2494008 | 152094 | 87381 |
| 办公楼 | Office Buildings | 1460281 | | 281636 |
| 商业营业用房 | Houses for Business Use | 541177 | 4484 | 30688 |
| 期房销售合同金额 | Contracted Value of Buildings Presold | 21166424 | 1061839 | 433730 |
| #住宅 | Residential Buildings | 17020534 | 958108 | 339403 |
| 办公楼 | Office Buildings | 2225360 | 40000 | 65937 |
| 商业营业用房 | Houses for Business Use | 1717275 | 60493 | 22503 |

# Real Estate Development and Management (2013, by Region of Item)

| 海珠区 Haizhu | 天河区 Tianhe | 白云区 Baiyun | 黄埔区 Huangpu | 番禺区 Panyu | 花都区 Huadu | 南沙区 Nansha | 萝岗区 Luogang | 增城市 Zengcheng | 从化市 Conghua |
|---|---|---|---|---|---|---|---|---|---|
| 1202594 | 2247413 | 1012331 | 526984 | 2926435 | 1453072 | 1245848 | 1496110 | 1492487 | 595432 |
| 705361 | 755548 | 616847 | 268862 | 1865982 | 1106839 | 874071 | 874155 | 1045953 | 512889 |
| 123974 | 897276 | 92171 | 104699 | 177822 | 15145 | 59363 | 80444 | 27767 | 4481 |
| 214556 | 308127 | 75388 | 87641 | 502693 | 86425 | 83058 | 136099 | 263607 | 29805 |
| 5079934 | 8775115 | 5449305 | 2729852 | 13970029 | 12714652 | 5998658 | 4598447 | 10166949 | 5156887 |
| 2207941 | 2492794 | 3785051 | 1113192 | 8401188 | 8991915 | 4433269 | 3247837 | 7286556 | 4141405 |
| 872059 | 3030212 | 329223 | 211192 | 1249118 | 202487 | 330163 | 279910 | 199673 | 46738 |
| 1151392 | 1513275 | 285581 | 264032 | 1986918 | 1085872 | 316264 | 347938 | 1343188 | 358125 |
| 895596 | 1184258 | 1361533 | 1039538 | 4290214 | 2702990 | 2788105 | 2031507 | 2811406 | 748788 |
| 344549 | 325217 | 978791 | 659724 | 2423242 | 1755907 | 1951377 | 1411641 | 2083059 | 550291 |
| 151717 | 773135 | 83349 | 42463 | 617440 | 21015 | 183063 | 66246 | 30077 | |
| 132942 | 45993 | 43624 | 239371 | 681650 | 420011 | 115174 | 216195 | 277758 | 41298 |
| 776039 | 1469786 | 558088 | 426880 | 1670199 | 2924248 | 361521 | 811707 | 1563779 | 392758 |
| 325328 | 503173 | 413200 | 270297 | 912380 | 2070662 | 258766 | 498841 | 1279433 | 263074 |
| 109605 | 496456 | 30249 | 68867 | 408559 | 142496 | 39591 | 123900 | | 463 |
| 188535 | 45391 | 9651 | 14194 | 84881 | 195142 | 42813 | 36989 | 80859 | 83777 |
| 1558018 | 1465645 | 1243527 | 197004 | 2930278 | 2203292 | 1386578 | 752443 | 2986487 | 1247704 |
| 199108 | 826097 | 201581 | 42267 | 449967 | 380091 | 25917 | 15301 | 303125 | 60351 |
| 115065 | 330539 | 148199 | 37362 | 285042 | 190809 | 21192 | 14168 | 238501 | 42249 |
| 10881 | 351194 | 30249 | | 71846 | 97679 | 2534 | | | 463 |
| 24830 | 96791 | 5455 | 1289 | 20978 | 21497 | 2097 | | 16296 | 8325 |
| 1358910 | 639548 | 1041946 | 154737 | 2480311 | 1823201 | 1360661 | 737142 | 2683362 | 1187353 |
| 958528 | 402699 | 883255 | 147853 | 2037364 | 1753112 | 1285726 | 691221 | 2391855 | 1155349 |
| 181731 | 226019 | 58998 | 6884 | 209872 | 12960 | 41435 | 27018 | 143451 | 3913 |
| 182119 | 6947 | 90876 | | 215035 | 39925 | 24414 | 18903 | 135974 | 19271 |
| 3691528 | 4763237 | 2462621 | 234211 | 4717233 | 1949351 | 1430561 | 1232546 | 2618874 | 875766 |
| 437113 | 2244928 | 341143 | 20556 | 586652 | 305173 | 24647 | 19475 | 282145 | 43241 |
| 248636 | 873074 | 278893 | 11080 | 397278 | 166749 | 19566 | 18343 | 212292 | 28622 |
| 11885 | 969460 | 28736 | | 83643 | 82195 | 2590 | | | 136 |
| 89918 | 301015 | 8294 | 1762 | 38825 | 19348 | 2403 | | 35882 | 8558 |
| 3254415 | 2518309 | 2121478 | 213655 | 4130581 | 1644178 | 1405914 | 1213071 | 2336729 | 832525 |
| 2296968 | 1591807 | 1724303 | 205135 | 3248234 | 1557039 | 1263436 | 1140988 | 1901435 | 793678 |
| 468166 | 895078 | 138599 | 8520 | 365143 | 10396 | 42973 | 43071 | 144425 | 3052 |
| 403748 | 24765 | 236391 | | 483862 | 56642 | 90537 | 29012 | 281434 | 27888 |

## 4-28 房地产开发投资额和新增固定资产（2013年）

单位：万元

| 项　　目 | Item |
| --- | --- |
| **全　　市** | **Total** |
| **按企业登记注册类型分** | **Grouped by Registration Status** |
| 内资企业 | Domestic Funded Enterprises |
| 国有企业 | State-owned Enterprises |
| 集体企业 | Collective-owned Enterprises |
| 股份合作企业 | Cooperative Enterprises |
| 联营企业 | Joint Ownership Enterprises |
| #国有联营企业 | State Joint Ownership Enterprises |
| 集体联营企业 | Collective Joint Ownership Enterprises |
| 国有与集体联营企业 | Joint State-collective Enterprises |
| 有限责任公司 | Limited Liability Corporations |
| #国有独资公司 | State Sole Funded Corporations |
| 股份有限公司 | Share-holding Corporations Ltd. |
| 私营企业 | Private Enterprises |
| 其他企业 | Other Enterprises |
| 港、澳、台商投资企业 | Enterprises with Funds from Hong Kong, Macao and Taiwan |
| #与港、澳、台商合资经营企业 | Joint-venture Enterprises |
| 与港、澳、台商合作经营企业 | Cooperative Enterprises |
| 港、澳、台商独资经营企业 | Enterprises with Sole Funds |
| 港、澳、台商投资股份有限公司 | Share-holding Corporations Ltd. |
| 外商投资企业 | Foreign Funded Enterprises |
| #中外合资经营企业 | Joint-venture Enterprises |
| 中外合作经营企业 | Cooperative Enterprises |
| 外资企业 | Enterprises with Sole Foreign Funds |
| 外商投资股份有限公司 | Share-holding Corporations Ltd. |
| **按资质分** | **Grouped by Grade** |
| 一级资质 | Grade One |
| 二级资质 | Grade Two |
| 三级资质 | Grade Three |
| 四级以下(含四级) | Grade Four and below |
| **按隶属关系分** | **Grouped by Jurisdiction of Management** |
| 中央属 | Central Investment |
| 省　属 | Provincial Investment |
| 市　属(含区县级市及其他属) | Municipal Investment (including district, county investment and others) |

# Investment and Newly Increased Fixed Assets in Real Estate Development (2013)

(10000 yuan)

| 企业数（个）Number of Enterprises (unit) | 投资额合计 Total Investment | 住宅 Residential Buildings | 办公楼 Office Buildings | 商业营业用房 Houses for Business Use | 其他用房 Other Buildings | 新增固定资产 Newly Increased Fixed Assets |
|---|---|---|---|---|---|---|
| **1270** | **15724289** | **9506778** | **1668426** | **2058754** | **2490331** | **5797354** |
| 907 | 10438106 | 6493596 | 1011323 | 1326788 | 1606399 | 3962959 |
| 40 | 13361 | 8518 | | 1754 | 3089 | 378 |
| 26 | 196589 | 185415 | 1814 | 3445 | 5915 | 14400 |
| 1 | 70 | | | | 70 | |
| 1 | | | | | | |
| 444 | 6428939 | 3804135 | 675570 | 932315 | 1016919 | 1982201 |
| 23 | 70040 | 26099 | 19001 | 12397 | 12543 | 93203 |
| 16 | 654978 | 542646 | 25681 | 24747 | 61904 | 79332 |
| 379 | 3144169 | 1952882 | 308258 | 364527 | 518502 | 1886648 |
| 297 | 3302558 | 1870112 | 485575 | 476453 | 470418 | 1297073 |
| 43 | 586549 | 132094 | 321185 | 102915 | 30355 | 112352 |
| 150 | 1365717 | 777487 | 132413 | 194828 | 260989 | 264467 |
| 102 | 1295545 | 922208 | 31977 | 178163 | 163197 | 920254 |
| 1 | | | | | | |
| 66 | 1983625 | 1143070 | 171528 | 255513 | 413514 | 537322 |
| 17 | 870783 | 484338 | 24178 | 225403 | 136864 | 113789 |
| 14 | 179981 | 67914 | 68504 | 7696 | 35867 | 59139 |
| 30 | 870039 | 527996 | 78846 | 22414 | 240783 | 364394 |
| 5 | 62822 | 62822 | | | | |
| 13 | 1234053 | 856316 | 106780 | 33418 | 237539 | 1007978 |
| 126 | 1510670 | 1015175 | 144137 | 177021 | 174337 | 457392 |
| 598 | 5981279 | 4004609 | 515183 | 707793 | 753694 | 2559653 |
| 533 | 6998287 | 3630678 | 902326 | 1140522 | 1324761 | 1772331 |
| 15 | 1269093 | 1047106 | 40294 | 46937 | 134756 | 197121 |
| 38 | 237607 | 47226 | 113312 | 17363 | 59706 | 301041 |
| 1217 | 14217589 | 8412446 | 1514820 | 1994454 | 2295869 | 5299192 |

# 4-28 续表

单位：万元

| 项　　目 | Item |
| --- | --- |
| **市　区** | **Urban Districts** |
| **按企业登记注册类型分** | **Grouped by Registration Status** |
| 内资企业 | Domestic Funded Enterprises |
| 国有企业 | State-owned Enterprises |
| 集体企业 | Collective-owned Enterprises |
| 股份合作企业 | Cooperative Enterprises |
| 联营企业 | Joint Ownership Enterprises |
| # 国有联营企业 | State Joint Ownership Enterprises |
| 集体联营企业 | Collective Joint Ownership Enterprises |
| 国有与集体联营企业 | Joint State-collective Enterprises |
| 有限责任公司 | Limited Liability Corporations |
| # 国有独资公司 | State Sole Funded Corporations |
| 股份有限公司 | Share-holding Corporations Ltd. |
| 私营企业 | Private Enterprises |
| 其他企业 | Other Enterprises |
| 港、澳、台商投资企业 | Enterprises with Funds from Hong Kong, Macao and Taiwan |
| # 与港、澳、台商合资经营企业 | Joint-venture Enterprises |
| 与港、澳、台商合作经营企业 | Cooperative Enterprises |
| 港、澳、台商独资经营企业 | Enterprises with Sole Funds |
| 港、澳、台商投资股份有限公司 | Share-holding Corporations Ltd. |
| 外商投资企业 | Foreign Funded Enterprises |
| # 中外合资经营企业 | Joint-venture Enterprises |
| 中外合作经营企业 | Cooperative Enterprises |
| 外资企业 | Enterprises with Sole Foreign Funds |
| 外商投资股份有限公司 | Share-holding Corporations Ltd. |
| **按资质分** | **Grouped by Grade** |
| 一级资质 | Grade One |
| 二级资质 | Grade Two |
| 三级资质 | Grade Three |
| 四级以下(含四级) | Grade Four and below |
| **按隶属关系分** | **Grouped by Jurisdiction of Management** |
| 中央属 | Central Investment |
| 省　属 | Provincial Investment |
| 市　属(含区县级市及其他属) | Municipal Investment (including district, county investment and others) |

continued

(10000 yuan)

| 企业数（个）Number of Enterprises (unit) | 投资额合计 Total Investment | 住宅 Residential Buildings | 办公楼 Office Buildings | 商业营业用房 Houses for Business Use | 其他用房 Other Buildings | 新增固定资产 Newly Increased Fixed Assets |
|---|---|---|---|---|---|---|
| **1088** | **13636370** | **7947936** | **1636178** | **1765342** | **2286914** | **5085573** |
| 757 | 8852133 | 5347700 | 979308 | 1053571 | 1471554 | 3433042 |
| 35 | 12416 | 7573 | | 1754 | 3089 | 378 |
| 22 | 196589 | 185415 | 1814 | 3445 | 5915 | 14400 |
| 1 | 70 | | | | 70 | |
| 1 | | | | | | |
| 407 | 5737199 | 3374290 | 662024 | 734510 | 966375 | 1804688 |
| 22 | 59935 | 25944 | 16306 | 10922 | 6763 | 84430 |
| 16 | 654978 | 542646 | 25681 | 24747 | 61904 | 79332 |
| 275 | 2250881 | 1237776 | 289789 | 289115 | 434201 | 1534244 |
| 268 | 2992474 | 1590422 | 485342 | 462806 | 453904 | 1296644 |
| 41 | 504300 | 50145 | 321185 | 102765 | 30205 | 112352 |
| 147 | 1333917 | 754587 | 132413 | 194828 | 252089 | 264467 |
| 78 | 1099510 | 747367 | 31744 | 164666 | 155733 | 919825 |
| 1 | | | | | | |
| 63 | 1791763 | 1009814 | 171528 | 248965 | 361456 | 355887 |
| 16 | 870783 | 484338 | 24178 | 225403 | 136864 | 113789 |
| 14 | 179981 | 67914 | 68504 | 7696 | 35867 | 59139 |
| 28 | 678177 | 394740 | 78846 | 15866 | 188725 | 182959 |
| 5 | 62822 | 62822 | | | | |
| 12 | 1059205 | 739478 | 106780 | 27088 | 185859 | 826543 |
| 120 | 1389141 | 894050 | 144137 | 176632 | 174322 | 353231 |
| 534 | 5359696 | 3488147 | 503060 | 647093 | 721396 | 2442468 |
| 422 | 5828328 | 2826261 | 882201 | 914529 | 1205337 | 1463331 |
| 14 | 1178097 | 966110 | 40294 | 38937 | 132756 | 197121 |
| 36 | 218502 | 39909 | 110617 | 14253 | 53723 | 234503 |
| 1038 | 12239771 | 6941917 | 1485267 | 1712152 | 2100435 | 4653949 |

# 4-29 房地产开发房屋面积（2013年）

单位：平方米

| 项　　目 | Item |
|---|---|
| **全　市** | **Total** |
| **按企业登记注册类型分** | **Grouped by Registration Status** |
| 内资企业 | Domestic Funded Enterprises |
| 国有企业 | State-owned Enterprises |
| 集体企业 | Collective-owned Enterprises |
| 股份合作企业 | Cooperative Enterprises |
| 联营企业 | Joint Ownership Enterprises |
| #国有联营企业 | State Joint Ownership Enterprises |
| 集体联营企业 | Collective Joint Ownership Enterprises |
| 国有与集体联营企业 | Joint State-collective Enterprises |
| 有限责任公司 | Limited Liability Corporations |
| #国有独资公司 | State Sole Funded Corporations |
| 股份有限公司 | Share-holding Corporations Ltd. |
| 私营企业 | Private Enterprises |
| 其他企业 | Other Enterprises |
| 港、澳、台商投资企业 | Enterprises with Funds from Hong Kong, Macao and Taiwan |
| #与港、澳、台商合资经营企业 | Joint-venture Enterprises |
| 与港、澳、台商合作经营企业 | Cooperative Enterprises |
| 港、澳、台商独资经营企业 | Enterprises with Sole Funds |
| 港、澳、台商投资股份有限公司 | Share-holding Corporations Ltd. |
| 外商投资企业 | Foreign Funded Enterprises |
| #中外合资经营企业 | Joint-venture Enterprises |
| 中外合作经营企业 | Cooperative Enterprises |
| 外资企业 | Enterprises with Sole Foreign Funds |
| 外商投资股份有限公司 | Share-holding Corporations Ltd. |
| **按资质分** | **Grouped by Grade** |
| 一级资质 | Grade One |
| 二级资质 | Grade Two |
| 三级资质 | Grade Three |
| 四级以下（含四级） | Grade Four and below |
| **按隶属关系分** | **Grouped by Jurisdiction of Management** |
| 中央属 | Central Investment |
| 省　属 | Provincial Investment |
| 市　属（含区县级市及其他属） | Municipal Investment (including district, county investment and others) |

# Floor Space of Buildings in Real Estate Development (2013)

(sq.m)

| 施工面积<br>Floor Space of Buildings under Construction | #住宅<br>Residential Buildings | 竣工面积<br>Floor Space of Buildings Completed | #住宅<br>Residential Buildings | 商品房销售面积<br>Floor Space of Buildings Actually Sold | #住宅<br>Residential Buildings |
|---|---|---|---|---|---|
| **81593081** | **49907189** | **11412991** | **7096041** | **16999830** | **13984660** |
| 55709431 | 34472988 | 7872036 | 4738339 | 12150876 | 9859827 |
| 1437542 | 233151 | 2507 | 2027 | 104798 | 100831 |
| 830807 | 726739 | 56304 | 45930 | 467406 | 456691 |
| 3600 | | | | | |
| | | | | 193 | 193 |
| 27978012 | 17574434 | 4023868 | 2532098 | 5683778 | 4534899 |
| 732382 | 307113 | 233935 | 158061 | 66382 | 31279 |
| 3067945 | 1858731 | 150268 | 95808 | 1255609 | 1096986 |
| 22391525 | 14079933 | 3639089 | 2062476 | 4639092 | 3670227 |
| 16880969 | 9589294 | 2291212 | 1554447 | 2881770 | 2372495 |
| 2335051 | 561576 | 218037 | 26573 | 370192 | 256612 |
| 6365578 | 3477283 | 684848 | 430400 | 1113159 | 944169 |
| 7894671 | 5358040 | 1388327 | 1097474 | 1360759 | 1137227 |
| | | | | 1904 | |
| 9002681 | 5844907 | 1249743 | 803255 | 1967184 | 1752338 |
| 2809312 | 1691490 | 324506 | 225088 | 483262 | 377371 |
| 904532 | 486142 | 128227 | 39044 | 27166 | 20760 |
| 5012268 | 3390706 | 797010 | 539123 | 1377169 | 1274620 |
| 276569 | 276569 | | | 79587 | 79587 |
| 6175967 | 3748232 | 1200488 | 644539 | 2187867 | 1774966 |
| 8875804 | 5652215 | 975221 | 594312 | 1739735 | 1618042 |
| 35936352 | 22587917 | 6004216 | 3855781 | 6889143 | 5688406 |
| 30604958 | 17918825 | 3233066 | 2001409 | 6183085 | 4903246 |
| 4930621 | 3064220 | 483287 | 399558 | 1691956 | 1466511 |
| 1006609 | 468731 | 351817 | 155615 | 224545 | 106183 |
| 75655851 | 46374238 | 10577887 | 6540868 | 15083329 | 12411966 |

## 4-29 续表

单位：平方米

| 项　　目 | Item |
| --- | --- |
| **市　区** | **Urban Districts** |
| **按企业登记注册类型分** | **Grouped by Registration Status** |
| 内资企业 | Domestic Funded Enterprises |
| 国有企业 | State-owned Enterprises |
| 集体企业 | Collective-owned Enterprises |
| 股份合作企业 | Cooperative Enterprises |
| 联营企业 | Joint Ownership Enterprises |
| # 国有联营企业 | State Joint Ownership Enterprises |
| 集体联营企业 | Collective Joint Ownership Enterprises |
| 国有与集体联营企业 | Joint State-collective Enterprises |
| 有限责任公司 | Limited Liability Corporations |
| # 国有独资公司 | State Sole Funded Corporations |
| 股份有限公司 | Share-holding Corporations Ltd. |
| 私营企业 | Private Enterprises |
| 其他企业 | Other Enterprises |
| 港、澳、台商投资企业 | Enterprises with Funds from Hong Kong, Macao and Taiwan |
| # 与港、澳、台商合资经营企业 | Joint-venture Enterprises |
| 与港、澳、台商合作经营企业 | Cooperative Enterprises |
| 港、澳、台商独资经营企业 | Enterprises with Sole Funds |
| 港、澳、台商投资股份有限公司 | Share-holding Corporations Ltd. |
| 外商投资企业 | Foreign Funded Enterprises |
| # 中外合资经营企业 | Joint-venture Enterprises |
| 中外合作经营企业 | Cooperative Enterprises |
| 外资企业 | Enterprises with Sole Foreign Funds |
| 外商投资股份有限公司 | Share-holding Corporations Ltd. |
| **按资质分** | **Grouped by Grade** |
| 一级资质 | Grade One |
| 二级资质 | Grade Two |
| 三级资质 | Grade Three |
| 四级以下(含四级) | Grade Four and below |
| **按隶属关系分** | **Grouped by Jurisdiction of Management** |
| 中央属 | Central Investment |
| 省　属 | Provincial Investment |
| 市　属(含区县级市及其他属) | Municipal Investment (including district, county investment and others) |

continued

(sq.m)

| 施工面积 Floor Space of Buildings under Construction | # 住宅 Residential Buildings | 竣工面积 Floor Space of Buildings Completed | # 住宅 Residential Buildings | 商品房销售面积 Floor Space of Buildings Actually Sold | # 住宅 Residential Buildings |
|---|---|---|---|---|---|
| **66269245** | **38479228** | **9456454** | **5553534** | **12765639** | **10156706** |
| 43690923 | 25452866 | 6445036 | 3580422 | 8859859 | 6903603 |
| 1399909 | 195518 | 2507 | 2027 | 104798 | 100831 |
| 830807 | 726739 | 56304 | 45930 | 435848 | 425133 |
| 3600 | | | | | |
| | | | | 193 | 193 |
| 23953743 | 14811443 | 3570596 | 2157262 | 4525758 | 3566131 |
| 581074 | 280902 | 204323 | 131850 | 30799 | 9423 |
| 3067945 | 1858731 | 150268 | 95808 | 1255609 | 1096986 |
| 14434919 | 7860435 | 2665361 | 1279395 | 2537653 | 1714329 |
| 14972330 | 8097710 | 2290145 | 1553380 | 2471461 | 1974839 |
| 2110025 | 381530 | 218037 | 26573 | 225661 | 112081 |
| 6250851 | 3381674 | 684848 | 430400 | 1110069 | 942044 |
| 6325785 | 4142111 | 1387260 | 1096407 | 1098071 | 886227 |
| 7605992 | 4928652 | 721273 | 419732 | 1434319 | 1278264 |
| 2809312 | 1691490 | 324506 | 225088 | 479191 | 373300 |
| 904532 | 486142 | 128227 | 39044 | 27166 | 20760 |
| 3615579 | 2474451 | 268540 | 155600 | 848375 | 804617 |
| 276569 | 276569 | | | 79587 | 79587 |
| 4828158 | 2831977 | 672018 | 261016 | 1659073 | 1304963 |
| 8150601 | 4938563 | 732760 | 356962 | 1432468 | 1311934 |
| 30626973 | 18659045 | 5735814 | 3670420 | 5691177 | 4612681 |
| 22663513 | 12049643 | 2315862 | 1265136 | 3982921 | 2927128 |
| 4776813 | 2933412 | 483287 | 399558 | 1599188 | 1373743 |
| 739278 | 354151 | 206182 | 41035 | 132582 | 30497 |
| 60753154 | 35191665 | 8766985 | 5112941 | 11033869 | 8752466 |

# 4-30 房地产开发资金来源（2013年）

单位：万元

| 项 目 | Item |
| --- | --- |
| **全 市** | **Total** |
| **按企业登记注册类型分** | **Grouped by Registration Status** |
| 内资企业 | Domestic Funded Enterprises |
| 国有企业 | State-owned Enterprises |
| 集体企业 | Collective-owned Enterprises |
| 股份合作企业 | Cooperative Enterprises |
| 联营企业 | Joint Ownership Enterprises |
| #国有联营企业 | State Joint Ownership Enterprises |
| 集体联营企业 | Collective Joint Ownership Enterprises |
| 国有与集体联营企业 | Joint State-collective Enterprises |
| 有限责任公司 | Limited Liability Corporations |
| #国有独资公司 | State Sole Funded Corporations |
| 股份有限公司 | Share-holding Corporations Ltd. |
| 私营企业 | Private Enterprises |
| 其他企业 | Other Enterprises |
| 港、澳、台商投资企业 | Enterprises with Funds from Hong Kong, Macao and Taiwan |
| #与港、澳、台商合资经营企业 | Joint-venture Enterprises |
| 与港、澳、台商合作经营企业 | Cooperative Enterprises |
| 港、澳、台商独资经营企业 | Enterprises with Sole Funds |
| 港、澳、台商投资股份有限公司 | Share-holding Corporations Ltd. |
| 外商投资企业 | Foreign Funded Enterprises |
| #中外合资经营企业 | Joint-venture Enterprises |
| 中外合作经营企业 | Cooperative Enterprises |
| 外资企业 | Enterprises with Sole Foreign Funds |
| 外商投资股份有限公司 | Share-holding Corporations Ltd. |
| **按资质分** | **Grouped by Grade** |
| 一级资质 | Grade One |
| 二级资质 | Grade Two |
| 三级资质 | Grade Three |
| 四级以下(含四级) | Grade Four and below |
| **按隶属关系分** | **Grouped by Jurisdiction of Management** |
| 中央属 | Central Investment |
| 省 属 | Provincial Investment |
| 市 属(含区县级市及其他属) | Municipal Investment (including district, county investment and others) |

注：本表资金来源为本年发生额。

# Real Estate Development by Source of Funds (2013)

(10000 yuan)

| 合　计<br>Total | 国内贷款<br>Domestic Loans | 利用外资<br>Foreign Investment | 自筹资金<br>Self-raising Funds | 其他资金<br>Others |
|---|---|---|---|---|
| **22869169** | **4409807** | **121140** | **5635406** | **12702816** |
| 15118410 | 2733129 | 5978 | 4056704 | 8322599 |
| 18665 | 250 | | 18141 | 274 |
| 251437 | | | 91807 | 159630 |
| 116 | | | | 116 |
| 8805157 | 1332836 | 5978 | 2845963 | 4620380 |
| 72548 | | | 72548 | |
| 984279 | 316105 | | 47157 | 621017 |
| 5058756 | 1083938 | | 1053636 | 2921182 |
| 4249723 | 702599 | 115162 | 844923 | 2587039 |
| 748731 | 35067 | 69321 | 137494 | 506849 |
| 1557952 | 190532 | 41350 | 365533 | 960537 |
| 1888293 | 472498 | 4491 | 341896 | 1069408 |
| 3501036 | 974079 | | 733779 | 1793178 |
| 1536997 | 603404 | | 276739 | 656854 |
| 218456 | 58418 | | 84962 | 75076 |
| 1591103 | 290887 | | 286022 | 1014194 |
| 154480 | 21370 | | 86056 | 47054 |
| 2288236 | 523992 | | 81084 | 1683160 |
| 2340190 | 588882 | | 424849 | 1326459 |
| 8854143 | 1696279 | 84641 | 1819958 | 5253265 |
| 9386600 | 1600654 | 36499 | 3309515 | 4439932 |
| 1759567 | 432765 | | 79838 | 1246964 |
| 195799 | 27147 | | 86474 | 82178 |
| 20913803 | 3949895 | 121140 | 5469094 | 11373674 |

Note: The source of funds in this table refers to the source of sub-total funds happening in this year.

## 4-30 续表

单位：万元

| 项　目 | Item |
| --- | --- |
| **市　区** | **Urban Districts** |
| **按企业登记注册类型分** | **Grouped by Registration Status** |
| 内资企业 | Domestic Funded Enterprises |
| 国有企业 | State-owned Enterprises |
| 集体企业 | Collective-owned Enterprises |
| 股份合作企业 | Cooperative Enterprises |
| 联营企业 | Joint Ownership Enterprises |
| #国有联营企业 | State Joint Ownership Enterprises |
| 集体联营企业 | Collective Joint Ownership Enterprises |
| 国有与集体联营企业 | Joint State-collective Enterprises |
| 有限责任公司 | Limited Liability Corporations |
| #国有独资公司 | State Sole Funded Corporations |
| 股份有限公司 | Share-holding Corporations Ltd. |
| 私营企业 | Private Enterprises |
| 其他企业 | Other Enterprises |
| 港、澳、台商投资企业 | Enterprises with Funds from Hong Kong, Macao and Taiwan |
| #与港、澳、台商合资经营企业 | Joint-venture Enterprises |
| 与港、澳、台商合作经营企业 | Cooperative Enterprises |
| 港、澳、台商独资经营企业 | Enterprises with Sole Funds |
| 港、澳、台商投资股份有限公司 | Share-holding Corporations Ltd. |
| 外商投资企业 | Foreign Funded Enterprises |
| #中外合资经营企业 | Joint-venture Enterprises |
| 中外合作经营企业 | Cooperative Enterprises |
| 外资企业 | Enterprises with Sole Foreign Funds |
| 外商投资股份有限公司 | Share-holding Corporations Ltd. |
| **按资质分** | **Grouped by Grade** |
| 一级资质 | Grade One |
| 二级资质 | Grade Two |
| 三级资质 | Grade Three |
| 四级以下(含四级) | Grade Four and below |
| **按隶属关系分** | **Grouped by Jurisdiction of Management** |
| 中央属 | Central Investment |
| 省　属 | Provincial Investment |
| 市　属(含区县级市及其他属) | Municipal Investment (including district, county investment and others) |

continued

(10000 yuan)

| 合　计<br>Total | 国内贷款<br>Domestic Loans | 利用外资<br>Foreign Investment | 自筹资金<br>Self-raising Funds | 其他资金<br>Others |
|---|---|---|---|---|
| **19660554** | **3734829** | **121140** | **5228569** | **10576016** |
| | | | | |
| 12650685 | 2137401 | 5978 | 3708735 | 6798571 |
| 16660 | 250 | | 16136 | 274 |
| 251337 | | | 91807 | 159530 |
| | | | | |
| 116 | | | | 116 |
| | | | | |
| 7887643 | 1156975 | 5978 | 2667059 | 4057631 |
| 62443 | | | 62443 | |
| 984279 | 316105 | | 47157 | 621017 |
| 3510650 | 664071 | | 886576 | 1960003 |
| | | | | |
| 3930674 | 702599 | 115162 | 786055 | 2326858 |
| 667738 | 35067 | 69321 | 137494 | 425856 |
| 1522963 | 190532 | 41350 | 332670 | 958411 |
| 1685226 | 472498 | 4491 | 315891 | 892346 |
| | | | | |
| 3079195 | 894829 | | 733779 | 1450587 |
| 1529630 | 603404 | | 276739 | 649487 |
| 218456 | 58418 | | 84962 | 75076 |
| 1176629 | 211637 | | 286022 | 678970 |
| 154480 | 21370 | | 86056 | 47054 |
| | | | | |
| 1874904 | 444742 | | 81084 | 1349078 |
| 2200548 | 528882 | | 424099 | 1247567 |
| 7957252 | 1501479 | 84641 | 1743861 | 4627271 |
| 7627850 | 1259726 | 36499 | 2979525 | 3352100 |
| | | | | |
| 1521567 | 352765 | | 79838 | 1088964 |
| 176694 | 27147 | | 67369 | 82178 |
| 17962293 | 3354917 | 121140 | 5081362 | 9404874 |

# 4-31　房地产开发主要财务指标（2013年）

单位：万元

| 项　　目 | Item |
| --- | --- |
| **全　市** | **Total** |
| **按企业登记注册类型分** | **Grouped by Registration Status** |
| 内资企业 | Domestic Funded Enterprises |
| 国有企业 | State-owned Enterprises |
| 集体企业 | Collective-owned Enterprises |
| 股份合作企业 | Cooperative Enterprises |
| 联营企业 | Joint Ownership Enterprises |
| # 国有联营企业 | State Joint Ownership Enterprises |
| 集体联营企业 | Collective Joint Ownership Enterprises |
| 国有与集体联营企业 | Joint State-collective Enterprises |
| 有限责任公司 | Limited Liability Corporations |
| # 国有独资公司 | State Sole Funded Corporations |
| 股份有限公司 | Share-holding Corporations Ltd. |
| 私营企业 | Private Enterprises |
| 其他企业 | Other Enterprises |
| 港、澳、台商投资企业 | Enterprises with Funds from Hong Kong, Macao and Taiwan |
| # 与港、澳、台商合资经营企业 | Joint-venture Enterprises |
| 与港、澳、台商合作经营企业 | Cooperative Enterprises |
| 港、澳、台商独资经营企业 | Enterprises with Sole Funds |
| 港、澳、台商投资股份有限公司 | Share-holding Corporations Ltd. |
| 外商投资企业 | Foreign Funded Enterprises |
| # 中外合资经营企业 | Joint-venture Enterprises |
| 中外合作经营企业 | Cooperative Enterprises |
| 外资企业 | Enterprises with Sole Foreign Funds |
| 外商投资股份有限公司 | Share-holding Corporations Ltd. |
| **按资质分** | **Grouped by Grade** |
| 一级资质 | Grade One |
| 二级资质 | Grade Two |
| 三级资质 | Grade Three |
| 四级以下(含四级) | Grade Four and below |
| **按隶属关系分** | **Grouped by Jurisdiction of Management** |
| 中央属 | Central Investment |
| 省　属 | Provincial Investment |
| 市　属(含区县级市及其他属) | Municipal Investment (including district, county investment and others) |

# Main Financial Indicators of Real Estate Development (2013)

(10000 yuan)

| 资产总计 Total Assets | 所有者权益 Owners' Equity | 营业收入 Business Revenue | 营业成本 Cost of Business | 营业税金及附加 Taxes and Extra Charges on Business | 利润总额 Total Profits |
|---|---|---|---|---|---|
| **122433380** | **26090553** | **20561080** | **11834748** | **2315235** | **4662185** |
| | | | | | |
| 76190670 | 13975141 | 14230135 | 8571751 | 1439074 | 3194122 |
| 1279449 | 388613 | 57654 | 26413 | 4065 | 40483 |
| 517547 | 56428 | 159525 | 92700 | 13864 | 39213 |
| 40759 | 4908 | 673 | 10 | 38 | -621 |
| 3252 | -710 | 320 | 169 | 31 | -118 |
| | | | | | |
| 41782052 | 7321587 | 7251256 | 4676459 | 670075 | 1531708 |
| 2397220 | 789809 | 595102 | 506882 | 23292 | 57758 |
| 6084366 | 1338344 | 2327977 | 1187002 | 211053 | 871677 |
| 26483246 | 4865972 | 4432731 | 2588999 | 539948 | 711781 |
| | | | | | |
| 34396512 | 9258776 | 4699713 | 2243437 | 710128 | 1170171 |
| 4107008 | 1638667 | 680298 | 298784 | 75317 | 227259 |
| 16788115 | 4205609 | 1525563 | 626862 | 287546 | 376281 |
| 13223407 | 3313838 | 2438142 | 1277059 | 344004 | 556588 |
| 46061 | 27002 | 2939 | -2402 | 258 | 5037 |
| 11846198 | 2856636 | 1631232 | 1019560 | 166033 | 297891 |
| 4738918 | 641031 | 617344 | 356103 | 74758 | 143766 |
| 1049072 | 290460 | 95095 | 64592 | 8199 | 11128 |
| 5442078 | 1789418 | 900234 | 586547 | 81443 | 146016 |
| 616130 | 135727 | 18560 | 12318 | 1634 | -3020 |
| | | | | | |
| 19369959 | 4950024 | 4430738 | 2006508 | 539126 | 2008373 |
| 17614685 | 3801938 | 2027975 | 1046883 | 292531 | 593109 |
| 45189200 | 9869722 | 8872043 | 5358737 | 1005683 | 1698757 |
| 40259537 | 7468869 | 5230325 | 3422620 | 477895 | 361946 |
| | | | | | |
| 5072287 | 998004 | 2742419 | 1488155 | 248033 | 958094 |
| 2304984 | 488654 | 340843 | 266809 | 14780 | 18713 |
| 115056110 | 24603896 | 17477818 | 10079785 | 2052423 | 3685378 |

## 4-31 续表

单位：万元

| 项　　目 | Item |
| --- | --- |
| **市　区** | **Urban Districts** |
| **按企业登记注册类型分** | **Grouped by Registration Status** |
| 内资企业 | Domestic Funded Enterprises |
| 国有企业 | State-owned Enterprises |
| 集体企业 | Collective-owned Enterprises |
| 股份合作企业 | Cooperative Enterprises |
| 联营企业 | Joint Ownership Enterprises |
| #国有联营企业 | State Joint Ownership Enterprises |
| 集体联营企业 | Collective Joint Ownership Enterprises |
| 国有与集体联营企业 | Joint State-collective Enterprises |
| 有限责任公司 | Limited Liability Corporations |
| #国有独资公司 | State Sole Funded Corporations |
| 股份有限公司 | Share-holding Corporations Ltd. |
| 私营企业 | Private Enterprises |
| 其他企业 | Other Enterprises |
| 港、澳、台商投资企业 | Enterprises with Funds from Hong Kong, Macao and Taiwan |
| #与港、澳、台商合资经营企业 | Joint-venture Enterprises |
| 与港、澳、台商合作经营企业 | Cooperative Enterprises |
| 港、澳、台商独资经营企业 | Enterprises with Sole Funds |
| 港、澳、台商投资股份有限公司 | Share-holding Corporations Ltd. |
| 外商投资企业 | Foreign Funded Enterprises |
| #中外合资经营企业 | Joint-venture Enterprises |
| 中外合作经营企业 | Cooperative Enterprises |
| 外资企业 | Enterprises with Sole Foreign Funds |
| 外商投资股份有限公司 | Share-holding Corporations Ltd. |
| **按资质分** | **Grouped by Grade** |
| 一级资质 | Grade One |
| 二级资质 | Grade Two |
| 三级资质 | Grade Three |
| 四级以下(含四级) | Grade Four and below |
| **按隶属关系分** | **Grouped by Jurisdiction of Management** |
| 中央属 | Central Investment |
| 省　属 | Provincial Investment |
| 市　属(含区县级市及其他属) | Municipal Investment (including district, county investment and others) |

continued

(10000 yuan)

| 资产总计 Total Assets | 所有者权益 Owners´ Equity | 营业收入 Business Revenue | 营业成本 Cost of Business | 营业税金及附加 Taxes and Extra Charges on Business | 利润总额 Total Profits |
|---|---|---|---|---|---|
| **110006953** | **23440688** | **17961041** | **10044707** | **2076223** | **4230915** |
| | | | | | |
| 66486694 | 12429945 | 12231493 | 7151041 | 1259549 | 2959847 |
| 971905 | 227314 | 56966 | 26309 | 3908 | 13886 |
| 454908 | 61547 | 152812 | 85793 | 13793 | 40068 |
| 40759 | 4908 | 673 | 10 | 38 | -621 |
| 3252 | -710 | 320 | 169 | 31 | -118 |
| | | | | | |
| 38386882 | 6701329 | 6451450 | 4092824 | 607002 | 1454796 |
| 2134823 | 686002 | 541529 | 469597 | 21321 | 54623 |
| 6084366 | 1338344 | 2327977 | 1187002 | 211053 | 871677 |
| 20544622 | 4097214 | 3241295 | 1758934 | 423724 | 580158 |
| | | | | | |
| 33171124 | 8905110 | 4475467 | 2105001 | 681966 | 1129676 |
| 3915232 | 1619131 | 610198 | 245497 | 68709 | 219759 |
| 16756461 | 4200006 | 1523586 | 625185 | 287387 | 376403 |
| 12221449 | 2985311 | 2285973 | 1193586 | 322610 | 523470 |
| 46061 | 27002 | 2939 | -2402 | 258 | 5037 |
| 10349136 | 2105632 | 1254081 | 788665 | 134709 | 141392 |
| 4664357 | 609970 | 608969 | 347561 | 73981 | 143756 |
| 1049072 | 290460 | 95095 | 64592 | 8199 | 11128 |
| 4019576 | 1069475 | 531458 | 364194 | 50895 | -10473 |
| 616130 | 135727 | 18560 | 12318 | 1634 | -3020 |
| | | | | | |
| 18019915 | 4200120 | 4062076 | 1786281 | 508586 | 1849405 |
| 16613847 | 3531264 | 1865270 | 944379 | 270860 | 571224 |
| 40553948 | 9003763 | 8278195 | 4966356 | 949506 | 1599717 |
| 34819243 | 6705541 | 3755500 | 2347692 | 347271 | 210569 |
| | | | | | |
| 4507006 | 959695 | 2523698 | 1313684 | 229549 | 935299 |
| 1940528 | 387942 | 226609 | 176520 | 7993 | 16887 |
| 103559419 | 22093051 | 15210735 | 8554503 | 1838681 | 3278729 |

【**固定资产投资额**】以货币形式表现的在一定时期内建造和购置固定资产的工作量以及与此有关的费用的总称。该指标是反映固定资产投资规模、结构和发展速度的综合性指标，又是观察工程进度和考核投资效果的重要依据。

【房地产开发投资】各种登记注册类型的房地产开发公司、商品房建设公司及其他房地产开发单位统一开发的包括统代建、拆迁还建的住宅、厂房、仓库、饭店、宾馆、度假村、写字楼、办公楼等房屋建筑物和配套的服务设施、土地开发工程，如道路、给水、排水、供电、供热、通讯、平整场地等基础设施工程的投资。包括实际从事房地产开发或经营活动的附营房地产开发单位。不包括单纯的土地交易活动。

【房屋施工面积】指报告期内施工的全部房屋建筑面积。包括本期新开工的面积和上期开工跨入本期继续施工的房屋面积，以及上期已停建在本期复工的房屋面积。本期竣工和本期施工后又停缓建的房屋，其建筑面积仍计入本期房屋施工面积中。

【房屋竣工面积】指在报告期内房屋建筑按照设计要求已全部完工，达到住人和使用条件，经验收鉴定合格（或达到竣工验收标准），可正式移交使用的各栋房屋建筑面积的总和。

【**Total Investment in Fixed Assets**】 refers to the volume of activities in construction and purchases of fixed assets and related fees, expressed in monetary terms. It is a comprehensive indicator which shows the size, structure and growth of the investment in fixed assets, providing basis for observing the progress of construction projects and evaluating results of investment.

【Investment in Real Estate Development】It includes the investment by the real estate development companies, commercial buildings construction companies and other real estate development units of various types of ownership in the construction of house buildings, such as residential buildings, factory buildings, warehouses, hotels, guesthouses, holiday villages, office buildings, and the complementary service facilities and land development projects, such as roads, water supply, water drainage, power supply, heating, telecommunications, land leveling and other projects of infrastructure. It covers the activities of the non-real estate companies in real estate development or management, but excludes the activities in simple land transactions.

【Floor Space under Construction】 refers to total floor space of all buildings under construction during the reference period, including floor space of newly started buildings during the reference period, floor space of construction extended from the previous period to the current period, and floor space of construction suspended during the previous period but resumed in the current period. Floor space of construction completed in the current period and floor space of construction started and then suspended in the current period are still included in floor space under construction.

【Floor Space of Buildings Completed】 refer to the floor space of housing construction in accordance with the design requirements have been completed In the reporting period, to live and the conditions of use, have been checked or reach the completion acceptance criteria, of housing construction put to use.

第五篇 CHAPTER 5

# 能源

## ENERGY

## 第五篇　能源

一、本篇资料反映广州市能源生产和消费情况，主要包括：能源生产、消费总量、平均每万元地区生产总值能源消费量、综合能源平衡表、能源加工转换效率、规模以上工业企业分行业主要能源消费量、规模以上工业企业单位增加值能耗、城市用电量等。

二、本篇资料由广州市统计局能源统计处整理提供。

三、本篇的电力数据按广州供电局有限公司提供的数据进行整理。

四、能源统计资料取自广州市综合能源平衡表、能源生产销售与库存、工业企业能源购进、消费和库存表及附表、广州供电局有限公司提供的用电分类表等。综合能源平衡表的编制范围为广州市辖区内生产和消费能源的单位。

五、关于数据口径与计算说明：

1．5-1表至5-6表及5-10表至5-11表的统计口径均为全社会口径；5-7表至5-9表的统计口径均为年主营业务收入2000万元及以上的法人工业企业。

2．计算能耗指标涉及的地区生产总值、工业增加值均采用可比口径。

3．5-5表各能源品种中，电力按等价值计算，其余按当量值计算，各能源品种消费量合计包含中间消费量；能源消费总量不包含各能源品种的中间消费量。

4．5-7表能源加工转换效率表中的电力折算标准煤系数采用当量值计算，每千瓦小时折0.1229千克标准煤。

## 5 Energy

I. The data in this chapter reflect the energy production and consumption of Guangzhou Municipality, mainly including the energy production and consumption, average energy consumption per 10000 GDP, the overall balance of energy, the efficiency of energy conversion, energy consumption of the industrial enterprises above designated size by sector, energy consumption per 10000 added-value of the industrial enterprises above designated size, electric supply of city and so on.

II. The data in this chapter are complied and provided by the Department of Energy Statistics of Guangzhou Municipal Bureau of Statistics

III. The data on electric power in this chapter are collected in accordance with the data provided by Limited company of Guangzhou Power Supply Bureau.

IV. The data on energy in this chapter come from the comprehensive energy balance sheet of the whole municipality, the sheets of outputs, sale and inventory of energy, the sheets of energy purchase, consumption and storage and the attached of the whole state-owned industrial enterprises and the non-state owned corporate industrial enterprises whose core operating revenue(products sale revenue) reach 20 million Yuan and above, and the sheet of electric classification provided by Limited company of Guangzhou Power Supply Bureau, and so on. The coverage of the comprehensive energy balance includes the units that produce and consume energy in Guangzhou.

V. Data coverage and calculation:

(1)The coverage of table 5-1 to table 5-6 and table 5-10 to table 5-11 is the whole society, the coverage of table 5-7 to table 5-9 is the whole corporate industrial enterprises whose core operating revenue reach Twenty million Yuan and above.

(2)The gross domestic products, the total va1ue and added va1ue of industry related to the energy consumption were calculated on comparable prices.

(3)In the table 5-5, all kinds of energy consumption is calcu1ated on the basis of heat value equivalent, including the median consumption. The total energy consumption is calculated on the basis of electric heat value equivdent, not including the median consumption.

(4)In the table 5-7 on the efficiency of energy conversion, the coefficient for conversion of electric power into the standard coal equivalent is calculated in the following way: 1 kwh of electric power is converted into 0.1229kg standard coal.

# 5-1 能源生产量
# Energy Production

| 项目 | Item | 2012 | 2013 |
|---|---|---|---|
| **一次能源** | **Primary Energy** | | |
| 水电（亿千瓦·时） | Hydropower (100 million kwh) | 4.24 | 5.23 |
| **二次能源** | **Secondary Energy** | | |
| 焦炭（万吨） | Coke (10000 tons) | | |
| 汽油（万吨） | Gasoline (10000 tons) | 225.30 | 213.55 |
| 柴油（万吨） | Diesel Oil (10000 tons) | 442.14 | 411.15 |
| 燃料油（万吨） | Fuel oil (10000 tons) | 9.72 | 3.74 |
| 液化石油气（万吨） | Liquefied Petroleum (10000 tons) | 72.13 | 73.70 |
| 火电（亿千瓦·时） | Thermal Power (100 million kwh) | 306.59 | 318.31 |

# 5-2 能源消耗基本情况
# Energy Consumption

| 项目 | Item | 2012 | 2013 |
|---|---|---|---|
| 能源消耗总量（万吨标准煤） | Total Energy Consumption (10000 tons of SCE) | 6693.36 | 7083.10 |
| #工业 | Industry | 3074.39 | 2994.92 |
| 电力消耗（亿千瓦·时） | Electricity Consumption (100 million kwh) | 694.13 | 710.69 |
| #工业 | Industry | 358.95 | 365.64 |
| 地区生产总值能耗（吨标准煤/万元） | Energy Consumption per unit of GDP (ton of SCE/10000 yuan) | 0.5062 | 0.4800 |
| 地区生产总值电耗（万千瓦·时/万元） | Electricity Consumption per unit of GDP (10000 kwh/10000 yuan) | 0.0525 | 0.0482 |
| 工业增加值能耗（吨标准煤/万元） | Energy Consumption per unit of Industrial Value-added (ton of SCE/10000 yuan) | 0.6936 | 0.6030 |
| 工业增加值电耗（万千瓦·时/万元） | Electricity Consumption per unit of Industrial Value-added (10000 kwh/10000 yuan) | 0.0810 | 0.0736 |

注：1. 电力数据根据广州供电局有限公司提供的资料进行整理。
2. 地区生产总值、工业增加值能耗和电耗均按可比价格计算。

Note: I. The data of electricity are collected in accordance with the data provided by Guangzhou Electricity Supply Limited Company.
II. Energy consumption and electricity consumption of gross domestic product and value added in industry and gross industrial output value are calculated on comparable coverage.

# 5-3 能源消费总量

## Total Consumption of Energy

单位:万吨标准煤 (10000 tons of SCE)

| 项 目 | Item | 2012 数 量 Consumption Volume | 2012 构 成(%) Composition (%) | 2013 数 量 Consumption Volume | 2013 构 成(%) Composition (%) |
|---|---|---|---|---|---|
| **合 计** | **Total** | **6693.36** | **100.00** | **7083.10** | **100.00** |
| 生产消费 | Production Consumption | 5906.48 | 88.24 | 6285.84 | 88.74 |
| 第一产业 | Primary Industry | 103.05 | 1.54 | 107.82 | 1.52 |
| 第二产业 | Secondary Industry | 3183.58 | 47.56 | 3130.85 | 44.20 |
| #工 业 | Industry | 3074.39 | 45.93 | 2994.92 | 42.28 |
| 第三产业 | Tertiary Industry | 2619.85 | 39.14 | 3047.17 | 43.02 |
| 生活消费 | Residential Consumption | 786.88 | 11.76 | 797.26 | 11.26 |
| 城 镇 | Urban Areas | 580.20 | 8.67 | 590.00 | 8.33 |
| 乡 村 | Rural Areas | 206.68 | 3.09 | 207.26 | 2.93 |

# 5-4 平均每天各种能源消费量

## Average Daily Energy Consumption by Type of Energy

| 项 目 | Item | 2012 | 2013 |
|---|---|---|---|
| **能源消费总量 (吨标准煤)** | **Total (ton of SCE)** | **182879** | **194058** |
| 煤 炭 (吨) | Coal (ton) | 74490 | 73930 |
| 原 油 (吨) | Crude Oil (ton) | 34001 | 32136 |
| 燃料油 (吨) | Fuel Oil (ton) | 8158 | 9101 |
| 汽 油 (吨) | Gasoline (ton) | 13167 | 13769 |
| 煤 油 (吨) | Kerosene (ton) | 6536 | 11354 |
| 柴 油 (吨) | Diesel Oil (ton) | 14928 | 16366 |
| 液化石油气 (吨) | Liquefied Petroleum Gas (ton) | 6585 | 6501 |
| 电 力 (万千瓦·时) | Electricity (10000 kwh) | 18965 | 19471 |

注：电力数据根据广州供电局有限公司提供的资料进行整理。

Note: The data of electricity are collected in accordance with the data provided by Guangzhou Electricity Supply Ltd..

# 5-5 综合能源平衡表（2013年）
# Overall Energy Balance Sheet (2013)

单位:万吨标准煤 (10000 tons of SCE)

| 项目 | Item | 煤炭 Coal | 焦炭 Coke | 原油 Crude Oil | 汽油 Gasoline | 柴油 Diesel Oil |
|---|---|---|---|---|---|---|
| **可供本地区消费的能源量** | **Total Energy Available for Local Consumption** | **1988.85** | **31.02** | **1675.68** | **425.26** | **271.34** |
| # 外省(区、市)调入量 | Allocation from Other Provinces (cities) | 1976.39 | 24.56 | | 1336.83 | 2047.04 |
| 本省(区、市)调出量(-) | Allocation over Other Provinces (-) | -34.40 | | | -943.59 | -1822.54 |
| 进口量 | Imports | 39.78 | | 1672.65 | | 6.88 |
| 出口量(-) | Exports (-) | | | | | -20.87 |
| **加工转换投入(-)产出(+)量** | **Input-Output of Energy Conversion** | **-1075.29** | | **-1673.79** | **314.22** | **598.72** |
| | **Transformation** | | | | | |
| 火力发电 | Thermal Power | -984.99 | | | | -0.25 |
| 供热 | Heating | -90.30 | | | | -0.12 |
| 炼焦 | Coking | | | | | |
| 炼油 | Petroleum Refining | | | -1673.79 | 314.22 | 599.09 |
| 制气 | Gas Production | | | | | |
| **损失量** | **Losses** | | | **1.89** | | |
| **终端消费量** | **Final Consumption** | **913.56** | **31.02** | | **739.48** | **870.06** |
| 第一产业 | Primary Industry | 10.99 | | | 17.94 | 48.54 |
| 第二产业 | Secondary Industry | 850.40 | 31.02 | | 55.75 | 175.83 |
| # 工业 | Industry | 849.34 | 31.02 | | 32.72 | 116.71 |
| 第三产业 | Tertiary Industry | 51.91 | | | 492.62 | 644.84 |
| 生活消费 | Residential Consumption | 0.26 | | | 173.17 | 0.85 |
| 城镇 | Urban Areas | | | | 157.51 | |
| 乡村 | Rural Areas | 0.26 | | | 15.66 | 0.85 |
| **消费量合计** | **Total Energy Consumption** | **1988.85** | **31.02** | **1675.68** | **739.48** | **870.43** |

## 5-5 续表 continued

单位：万吨标准煤 (10000 tons of SCE)

| 项目 | Item | 燃料油 Fuel Oil | 液化石油气 Liquefied Petroleum Gas | 热力 Heating | 电力 Electricity | 能源消费总量 Total Energy Consum-ption |
|---|---|---|---|---|---|---|
| **可供本地区消费的能源量** | **Total Energy Available for Local Consumption** | **469.20** | **318.89** | **6.70** | **1329.52** | **7083.10** |
| # 外省(区、市)调入量 | Allocation from Other Provinces (cities) | 3271.19 | 383.37 | 6.70 | 1311.80 | 11426.85 |
| 本省(区、市)调出量(-) | Allocation over Other Provinces (-) | -2898.29 | -83.66 | | | -6328.13 |
| 进口量 | Imports | 71.29 | 18.72 | | | 1953.35 |
| 出口量(-) | Exports (-) | -44.69 | | | | -174.24 |
| **加工转换投入(-)产出(+)量** | **Input-Output of Energy Conversion Transformation** | **5.14** | **87.88** | **68.13** | **1078.55** | **-58.20** |
| # 火力发电 | Thermal Power | -0.20 | | -0.19 | 1078.55 | -2.27 |
| 供 热 | Heating | | | 68.13 | | -26.00 |
| 炼 焦 | Coking | | | | | |
| 炼 油 | Petroleum Refining | 5.34 | 87.88 | | | -10.11 |
| 制 气 | Gas Production | | | | | |
| **损失量** | **Losses** | | | | **119.41** | **162.93** |
| **终端消费量** | **Final Consumption** | **474.34** | **406.77** | **74.83** | **2288.66** | **6861.97** |
| 第一产业 | Primary Industry | | 11.66 | | 18.70 | 107.82 |
| 第二产业 | Secondary Industry | 203.92 | 54.27 | 74.83 | 1146.65 | 2909.72 |
| # 工 业 | Industry | 197.79 | 53.26 | 74.83 | 1119.54 | 2773.79 |
| 第三产业 | Tertiary Industry | 270.42 | 230.56 | | 644.23 | 3047.17 |
| 生活消费 | Residential Consumption | | 110.28 | | 479.08 | 797.26 |
| 城 镇 | Urban Areas | | 93.10 | | 306.71 | 590.00 |
| 乡 村 | Rural Areas | | 17.18 | | 172.37 | 207.26 |
| **消费量合计** | **Total Energy Consumption** | **474.54** | **406.77** | **75.02** | **2408.07** | **7083.10** |

## 5-6 平均每万元地区生产总值能源消费量

## Energy Consumption Per 10000 Yuan Gross Domestic Product

| 项　　目 | Item | 2012 | 2013 |
|---|---|---|---|
| **能源消费总量（吨标准煤/万元）** | **Total (ton of SCE /10000 yuan)** | **0.5062** | **0.4800** |
| 煤　炭（吨/万元） | Coal (ton/10000 yuan) | 0.2062 | 0.1828 |
| 电　力（万千瓦·时/万元） | Electricity (10000 kwh/10000 yuan) | 0.0525 | 0.0482 |
| 原　油（吨/万元） | Crude Oil (ton/10000 yuan) | 0.0941 | 0.0795 |

## 5-7 规模以上工业企业能源加工转换效率(2013年)

## Efficiency of Energy Conversion by Industrial Enterprises above Designated Size (2013)

| 项　　目 | Item | 火力发电 Thermal Power Generation | 供热 Heating | 炼焦 Coking | 炼油 Petroleum Refining |
|---|---|---|---|---|---|
| 投入量合计（万吨标准煤） | Total Input (10000 tons of SCE) | 1012.59 | 89.41 | | 1724.16 |
| 产出量合计（万吨标准煤） | Total Output (10000 tons of SCE) | 391.20 | 68.13 | | 1714.04 |
| 加工转换损失量（万吨标准煤） | Losses in Energy Conversion (10000 tons of SCE) | 621.39 | 21.28 | | 10.12 |
| 加工转换效率(%) | Efficiency of Energy Conversion (%) | 38.64 | 76.20 | | 99.42 |

# 5-8 规模以上工业企业分行业主要能源消费量（2013年）

| 行　　业 | Sector |
| --- | --- |
| **工　业** | **Industry** |
| 按轻重工业分 | Grouped by Light & Heavy Industries |
| 轻工业 | Light Industry |
| 重工业 | Heavy Industry |
| 按主要工业行业分 | Grouped by Sector |
| # 农副食品加工业 | Processing of Food from Agricultural Products |
| 食品制造业 | Manufacture of Foods |
| 酒、饮料和精制茶制造业 | Manufacture of Wine ,Beverages and Refined Tea |
| 烟草制品业 | Manufacture of Tobacco |
| 纺织业 | Manufacture of Textile |
| 纺织服装、服饰业 | Manufacture of Textile Wearing Apparel,Clothing |
| 皮革、毛皮、羽毛及其制品和制鞋业 | Manufacture of Leather, Fur, Feather and Related Products and Footwear |
| 木材加工和木、竹、藤、棕、草制品业 | Processing of Timber, Manufacture of Wood, Bamboo,Rattan,Plam and Straw Products |
| 家具制造业 | Manufacture of Furniture |
| 造纸及纸制品业 | Manufacture of Paper and Paper Products |
| 印刷业和记录媒介复制业 | Printing, Reproduction of Recording Media |
| 文教、工美、体育和娱乐用品制造业 | Manufacture of Culture and Education ,Arts and Crafts, Sports and Entertainment Supplies |
| 石油加工、炼焦和核燃料加工业 | Processing of Petroleum, Coking, Processing of Nuclear Fuel |
| 化学原料和化学制品制造业 | Manufacture of Raw Chemical Materials and Chemical Products |
| 医药制造业 | Manufacture of Medicines |
| 化学纤维制造业 | Manufacture of Chemical Fibers |
| 橡胶和塑料制品业 | Manufacture of Rubber and Plastics |
| 黑色金属冶炼和压延加工业 | Smelting and Pressing of Ferrous Metals |
| 有色金属冶炼和压延加工业 | Smelting and Pressing of Non-ferrous Metals |
| 金属制品业 | Manufacture of Metal Products |
| 电力、热力、燃气及水生产和供应业 | Production and Supply of Electricity, Heat,Gas and Water |
| 水的生产和供应业 | Production and Supply of Water |

注：本表电力消费量包含企业自产自用电量。

## Consumption of Main Energy by Industrial Sector above Designated Size (2013)

| 煤　炭 (吨) Coal (ton) | 燃料油 (吨) Fuel Oil (ton) | 汽　油 (吨) Gasoline (ton) | 柴　油 (吨) Diesel Oil (ton) | 热　力 (百万千焦) Heating (million kJ) | 电　力 (万千瓦・时) Electricity (10000 kwh) |
|---|---|---|---|---|---|
| **18500702** | **136766** | **111370** | **261436** | **21943279** | **3986673** |
| 1947127 | 33825 | 52296 | 123909 | 16216198 | 980817 |
| 16553575 | 102941 | 59074 | 137527 | 5727081 | 3005856 |
| 253205 | 2718 | 732 | 2776 | 1967704 | 47017 |
| 20998 | 2888 | 5715 | 11224 | 1450036 | 52160 |
| 91814 | 211 | 1451 | 4031 | 1622432 | 39408 |
| | | 75 | 10 | | 7018 |
| 997238 | 4221 | 4417 | 6229 | 7002655 | 115425 |
| 81998 | 4870 | 9453 | 18910 | 499369 | 105347 |
| 20102 | 2653 | 3751 | 10598 | 15668 | 47864 |
| 1885 | 165 | 673 | 2188 | | 10251 |
| 79 | | 2045 | 2572 | | 18568 |
| 337841 | 203 | 2241 | 8143 | 2954783 | 80974 |
| 473 | 1514 | 1248 | 2638 | | 28619 |
| 19021 | 534 | 3090 | 10225 | | 58780 |
| 565333 | 26591 | 379 | 519 | 72132 | 132538 |
| 508596 | 5425 | 6932 | 24326 | 2887435 | 217300 |
| 34355 | 329 | 1118 | 6402 | 181864 | 35581 |
| 4381 | | 222 | 261 | 28202 | 3606 |
| 138249 | 21607 | 5463 | 15379 | | 170380 |
| 216863 | 535 | 923 | 4291 | 1178247 | 221024 |
| 44693 | 10229 | 4110 | 8983 | | 40113 |
| 9652 | 5498 | 5117 | 20778 | 105299 | 84914 |
| 14522063 | 1864 | 3562 | 2674 | 72667 | 1600965 |
| | | 648 | 319 | | 80065 |

Note: The electricity consumption in the table includs electricity generated and used by enterprise itself.

# 5-9 规模以上工业企业单位增加值能耗

# Energy Consumption by Added Value of Industrial Enterprises above Designated Size

单位:吨标准煤/万元 (ton of SCE/10000 yuan)

| 行　　业 | Sector | 2012 | 2013 |
|---|---|---|---|
| 农副食品加工业 | Processing of Food from Agricultural Products | 0.3891 | 0.3622 |
| 食品制造业 | Manufacture of Foods | 0.1028 | 0.0903 |
| 酒、饮料和精制茶制造业 | Manufacture of Wine ,Beverages and Refined Tea | 0.2618 | 0.2123 |
| 烟草制品业 | Manufacture of Tobacco | 0.0132 | 0.0101 |
| 纺织业 | Manufacture of Textile | 1.9845 | 1.6882 |
| 纺织服装、服饰业 | Manufacture of Textile Wearing Apparel,Clothing | 0.2950 | 0.1624 |
| 皮革、毛皮、羽毛及其制品和制鞋业 | Manufacture of Leather, Fur, Feather and Related Products and Footwear | 0.1961 | 0.1381 |
| 木材加工和木、竹、藤、棕、草制品业 | Processing of Timber, Manufacture of Wood,Bamboo,Rattan,Plam and Straw Products | 0.4741 | 0.3932 |
| 家具制造业 | Manufacture of Furniture | 0.0728 | 0.0630 |
| 造纸及纸制品业 | Manufacture of Paper and Paper Products | 0.9675 | 0.7946 |
| 印刷业和记录媒介复制业 | Printing, Reproduction of Recording Media | 0.2099 | 0.1534 |
| 文教、工美、体育和娱乐用品制造业 | Manufacture of Culture and Education ,Arts and Crafts, Sports and Entertainment Supplies | 0.1373 | 0.1282 |
| 石油加工、炼焦和核燃料加工业 | Processing of Petroleum, Coking, Processing of Nuclear Fuel | 3.7649 | 3.5846 |
| 化学原料和化学制品制造业 | Manufacture of Raw Chemical Materials and Chemical Products | 0.1983 | 0.1828 |
| 医药制造业 | Manufacture of Medicines | 0.1879 | 0.1581 |
| 化学纤维制造业 | Manufacture of Chemical Fibers | 0.9711 | 0.7842 |
| 橡胶和塑料制品业 | Manufacture of Rubber and Plastics | 0.5363 | 0.5181 |
| 非金属矿物制品业 | Manufacture of Non-metallic Mineral Products | 1.8792 | 1.6061 |
| 黑色金属冶炼和压延加工业 | Smelting and Pressing of Ferrous Metals | 1.9734 | 1.4907 |
| 有色金属冶炼和压延加工业 | Smelting and Pressing of Non-ferrous Metals | 0.4689 | 0.2179 |
| 金属制品业 | Manufacture of Metal Products | 0.2905 | 0.2218 |
| 通用设备制造业 | Manufacture of General Purpose Machinery | 0.0693 | 0.0636 |
| 专用设备制造业 | Manufacture of Special Purpose Machinery | 0.0929 | 0.0842 |
| 汽车制造业 | Manufacture of Automobile | 0.0456 | 0.0422 |
| 铁路、船舶、航空航天和其他运输设备制造业 | Manufacture of Railway, Ship, Aerospace and Other Transportation Equipment | 0.1206 | 0.1177 |
| 电气机械和器材制造业 | Manufacture of Electrical Machinery and Equipment | 0.1655 | 0.1487 |
| 计算机、通信和其他电子设备制造业 | Manufacture of Computers, Communications and Other Electronic Equipment | 0.1037 | 0.0800 |
| 仪器仪表制造业 | Manufacture of Instrument | 0.1144 | 0.1216 |
| 其他制造业 | Manufacture of Other Manufacturing | 0.5122 | 0.4830 |
| 电力、热力生产和供应业 | Production and Supply of Electric Power and Heat Power | 3.1401 | 2.7630 |
| 燃气生产和供应业 | Production and Supply of Gas | 0.0120 | 0.0149 |
| 水的生产和供应业 | Production and Supply of Water | 1.1624 | 0.7930 |

注:分行业规模以上工业增加值数据为2010年可比价口径。

Note: The value added of industrial enterprises above designated size by sector are calculated on comparable coverage of year 2010.

# 5-10 主要年份城市用电量

## Total Electricity Supply in Main Years

单位：万千瓦·时 (10000 kwh)

| 年 份 Year | 用电总量 Consumption | 各行业用电 Total Electricity Consumption of Industry | #工 业 Industry | 生活用电 Power Consumed by Urbanites |
|---|---|---|---|---|
| 1990 | 651907 | 551870 | 402427 | 100037 |
| 1991 | 850413 | 729858 | 557693 | 120555 |
| 1992 | 988361 | 844301 | 641685 | 144060 |
| 1993 | 1194668 | 1013769 | 765423 | 180899 |
| 1994 | 1340090 | 1123076 | 824998 | 217014 |
| 1995 | 1491687 | 1239195 | 900550 | 252492 |
| 1996 | 1607619 | 1321780 | 948271 | 285839 |
| 1997 | 1700635 | 1399021 | 987404 | 301614 |
| 1998 | 1893271 | 1546097 | 1066325 | 347174 |
| 1999 | 2056799 | 1684648 | 1155344 | 372151 |
| 2000 | 2363174 | 1945091 | 1351669 | 418083 |
| 2001 | 2540201 | 2072950 | 1428461 | 467251 |
| 2002 | 2849015 | 2373574 | 1607851 | 475441 |
| 2003 | 3349712 | 2804357 | 1943780 | 545355 |
| 2004 | 3846375 | 3228990 | 2239481 | 617385 |
| 2005 | 4256677 | 3537004 | 2531916 | 719673 |
| 2006 | 4694234 | 3898916 | 2740256 | 795318 |
| 2007 | 5271258 | 4372014 | 3063610 | 899244 |
| 2008 | 5459185 | 4472140 | 3098761 | 987045 |
| 2009 | 5670810 | 4559439 | 3098871 | 1111371 |
| 2010 | 6258983 | 5075414 | 3497243 | 1183569 |
| 2011 | 6635544 | 5349058 | 3614532 | 1286486 |
| 2012 | 6941253 | 5519444 | 3589545 | 1421809 |
| 2013 | 7106910 | 5692959 | 3656433 | 1413951 |

注：本表数据由广州供电局有限公司提供。

Note: The data of this table are provided by Guangzhou Electricity Supply Ltd..

# 5-11 全市用电（2013年）

单位:万千瓦·时

| 项目 | Item |
| --- | --- |
| **用电总量** | **Total Consumption of Electricity** |
| **各行业用电** | **Total Electricity Consumption of Industry** |
| **第一产业** | **Primary Industry** |
| 农、林、牧、渔业 | Agriculture, Forestry, Animal Husbandry and Fishery |
| **第二产业** | **Secondary Industry** |
| 工　业 | Industry |
| 按轻重工业分 | By Light and Heavy Industries |
| 轻工业 | Light Industry |
| 重工业 | Heavy Industry |
| 按主要工业行业分 | By Sector |
| 食品、饮料和烟草制造业 | Food, Beverage and Tobacco Products |
| 纺织业 | Manufacture of Textile |
| 服装鞋帽、皮革羽绒及其制品业 | Wearing Apparel, Footwear, Caps, Leather, Furs, Feather and Related Products |
| 木材加工及制品和家具制造业 | Processing of Timber, Manufacture of Wood Products and Manufacture of Furniture |
| 造纸及纸制品业 | Manufacture of Paper and Paper Products |
| 印刷业和记录媒介的复制 | Printing, Reproduction of Recording Media |
| 文体用品制造业 | Manufacture of Articles for Culture, Education and Sport Activities |
| 石油加工、炼焦及核燃料加工业 | Processing of Petroleum, Coking, Processing of Nuclear Fuel |
| 化学原料及化学制品制造业 | Manufacture of Raw Chemical Materials and Chemical Products |
| 医药制造业 | Manufacture of Medicines |
| 化学纤维制造业 | Manufacture of Chemical Fibers |
| 橡胶和塑料制品业 | Manufacture of Rubber |
| 非金属矿物制品业 | Manufacture of Non-metallic Mineral Products |
| 黑色金属冶炼和压延加工业 | Smelting and Pressing of Ferrous Metals |
| 有色金属冶炼和压延加工业 | Smelting and Pressing of Non-ferrous Metals |
| 金属制品业 | Manufacture of Metal Products |
| 通用及专用设备制造业 | Manufacturing of General Purpose and Special Purpose Machinery |
| 交通运输、电气、电子设备制造业 | Manufacture of Transport, Electrical and Electronic Equipment |
| 工艺品及其他制造业 | Manufacture of Artwork and Other Manufacturing |
| 废弃资源和废旧材料回收加工业 | Recycling and Disposal Waste |
| 电力、热力的生产和供应业 | Production and Supply of Electric Power and Heat Power |
| 燃气生产和供应业 | Production and Supply of Gas |
| 水的生产和供应业 | Production and Supply of Water |
| 建筑业 | Construction |
| **第三产业** | **Tertiary Industry** |
| 交通运输、仓储、邮政业 | Transport, Storage and Post |
| 信息传输、计算机服务和软件业 | Information Transmission, Computer Service and Software |
| 商业、住宿和餐饮业 | Business, Hotels and Catering Services |
| 金融、房地产、商务及居民服务业 | Financial Intermediation, Real Estate, Business Services and Services to Households |
| 公共事业及管理组织 | Public Management and Social Organizations |
| **生活用电** | **Electricity Consumption by Urban and Rural Households** |
| 城镇居民 | Urban Residents |
| 乡村居民 | Rural Residents |

注：本表数据由广州供电局有限公司提供。

# Total Electricity Consumption (2013)

(10000 kwh)

| 全 市<br>Total | 市 区<br>Urban Districts | 增城市<br>Zengcheng | 从化市<br>Conghua |
|---|---|---|---|
| **7106910** | **6397985** | **534935** | **173990** |
| **5692959** | **5115941** | **438485** | **138533** |
| **55189** | **45876** | **6381** | **2932** |
| 55189 | 45876 | 6381 | 2932 |
| **3736513** | **3266579** | **363949** | **105985** |
| 3656433 | 3197361 | 356608 | 102464 |
| 1249752 | 1033042 | 186875 | 29835 |
| 2406681 | 2164319 | 169733 | 72629 |
| 149795 | 136434 | 8445 | 4916 |
| 175675 | 70478 | 101951 | 3246 |
| 152450 | 123882 | 26321 | 2247 |
| 56691 | 42113 | 10020 | 4558 |
| 37306 | 33185 | 3534 | 587 |
| 20725 | 19504 | 791 | 430 |
| 16132 | 11520 | 1903 | 2709 |
| 133286 | 133105 | 181 | |
| 150514 | 138885 | 6702 | 4927 |
| 31480 | 29121 | 390 | 1969 |
| 17933 | 14373 | 1962 | 1598 |
| 227996 | 182897 | 26567 | 18532 |
| 123298 | 87132 | 31097 | 5069 |
| 49278 | 48428 | 68 | 782 |
| 40103 | 35157 | 490 | 4456 |
| 343831 | 299689 | 36843 | 7299 |
| 169867 | 158379 | 4339 | 7149 |
| 567952 | 517600 | 39989 | 10363 |
| 452285 | 441073 | 4657 | 6555 |
| 3531 | 2689 | 418 | 424 |
| 624274 | 589539 | 25587 | 9148 |
| 1413 | 856 | 487 | 70 |
| 95898 | 76018 | 17639 | 2241 |
| 80080 | 69218 | 7341 | 3521 |
| **1901257** | **1803486** | **68155** | **29616** |
| 244928 | 243077 | 1106 | 745 |
| 106536 | 100170 | 3543 | 2823 |
| 299947 | 260227 | 28068 | 11652 |
| 761537 | 743141 | 14649 | 3747 |
| 488309 | 456871 | 20789 | 10649 |
| **1413951** | **1282044** | **96450** | **35457** |
| 905224 | 821451 | 59600 | 24173 |
| 508727 | 460593 | 36850 | 11284 |

Note: The data of this table are provided by Guangzhou Electricity Supply Ltd..

【能源消费总量】 指一定时期内全国(地区)物质生产部门、非物质生产部门和生活消费的各种能源的总和，是观察能源消费水平、构成和增长速度的总量指标，能源消费总量包括原煤和原油及其制品、天然气、电力等。不包括低热值燃料、生物质能和太阳能等的利用。能源消费总量分为三部分，即终端能源消费量、能源加工转换损失量和损失量。

(1)终端能源消费量：指一定时期内全国(地区)物质生产和生活消费的各种能源在扣除了用于加工转换二次能源消费量和损失量以后的数量。

(2)能源加工转换损失量：指一定时期内全国(地区)投入加工转换的各种能源数量之和与产出各种能源产品之和的差额。它是观察能源在加工转换过程中损失量变化的指标。

(3)能源损失量：指一定时期内能源在输送、分配、储存过程中发生的损失和由客观原因造成的各种损失量。不包括各种气体能源放空、放散量。

【Total Domestic Energy Consumption】 refers to the total consumption of energy of various kinds by material production sectors,non-material production sectors and households in the country (region)in a given period of time.It is a comprehensive indicator to show the scale,composition and development of energy consumption.The total energy consumption includes that of coal,crude oil and their products, natural gas and electricity.However,it excludes the consumption of fuel of low calorific value, bioenergy and solar energy.Total domestic energy consumption can be divided into three parts:

(1)Final Energy Consumption:It refers to the total energy consumption by material production sectors,non-material production sectors and households in the country (region)in a given period of time,but excludes the consumption in conversion of the primary energy into the secondary energy and the loss in the process of energy conversion.

(2)Loss During the Process of Energy Conversion:It refers to the total input of various kinds of energy for conversion,minus the total output of various kinds of energy in the country in a given period of time.It is an indicator to show the loss that occurs during the process of energy conversion.

(3)Loss:It refers to the total of the loss of energy during the course of energy transport,distribution and storage and the loss caused by any objective reason in a given period of time.The loss of various kinds of gas due to gas discharges and stocktaking is excluded.

第六篇 CHAPTER 6

# 财政、金融

# GOVERNMENT FINANCE, BANKING

**第六篇　财政、金融**

一、本篇资料反映广州市财政、金融方面的基本情况。

二、本篇资料由广州市统计局国民经济核算统计处负责整理提供。

三、资料来源：

1．财政收支资料根据广州市财政局财政总决算报表等统计报表的有关项目加工整理；

2．金融资料由中国人民银行广州分行营业管理部提供；

3．保险业务、外资保险公司及保险公司代表处资料由中国保险监督管理委员会广东监管局提供；

4．外资金融机构及代表处资料由中国银行业监督管理委员会广东监管局提供。

**6 Government Finance, Banking**

I .The data in this chapter show the basic conditions of finance and banking of Guangzhou Municipality.

II. The data in this chapter are prepared and provided by the Division of National Accounts of Guangzhou Municipal Bureau of Statistics.

III. Data sources:

(1)The data on government finance are prepared in accordance with the total final accounts table of finance and other statistical report forms provided by Guangzhou Municipal Bureau of Finance.

(2)The data on banking are provided by the business management department of People's Bank of China Guangzhou Branch.

(3)The data on insurance are provided by China Insurance Regulatory Commission Guangdong Bureau.

(4)The data on foreign banking Institutions or offices are provided by China Banking Regulatory Commission Guangdong Regulatory Bureau.

# 6-1 财政和金融业主要经济指标

## Main Indicators of Government Finance and Financial Intermediation

| 项　目 | Item | 2012 | 2013 | 2013年比2012年增长(%) Growth Rate in 2013 over 2012 (%) |
|---|---|---|---|---|
| 地方财政收入　(万元) | Revenue of Local Government　(10000 yuan) | 15796804 | 20881374 | 38.5 |
| 公共财政收入 | Public Government Revenue | 11023961 | 11418044 | 10.8 |
| # 增值税 | Value-added Tax | 1758311 | 2216017 | 26.0 |
| 营业税 | Business Tax | 1747616 | 1623520 | -7.1 |
| 企业所得税 | Corporate Income Tax | 1075045 | 1155923 | 6.6 |
| 个人所得税 | Individual Income Tax | 439592 | 489777 | 11.4 |
| 政府性基金收入 | Governmental Funds Revenue | 4772843 | 9463330 | 98.3 |
| 地方财政支出　(万元) | Expenditure of Local Government　(10000 yuan) | 17969129 | 22835069 | 27.1 |
| 公共财政支出 | Public Government Expenditure | 13436451 | 13861349 | 9.0 |
| # 一般公共服务 | General Public Expenditure | 1396058 | 1518341 | 9.5 |
| 教育 | Operating Expenses for Education | 2234976 | 2539473 | 6.7 |
| 科学技术 | Operating Expenses for Science and Technology | 521165 | 541912 | 4.4 |
| 医疗卫生 | Operating Expenses for Health | 748842 | 868958 | 16.5 |
| 政府性基金支出 | Governmental Fund Expenditure | 4532678 | 8973720 | 98.0 |
| 金融机构本外币各项存款余额　(亿元) | Balance of Savings Deposit in Standard and Foreign Currencies in Financial Institutions　(100 million yuan) | 30186.57 | 33838.20 | 12.1 |
| # 人民币 | RMB | 29006.99 | 32850.57 | 13.3 |
| # 储蓄存款余额 | Savings Deposits | 11310.69 | 12253.98 | 8.3 |
| 金融机构本外币各项贷款余额　(亿元) | Balance of Loan in Standard and Foreign Currencies in Financial Institutions　(100 million yuan) | 19936.52 | 22016.18 | 10.4 |
| # 人民币 | RMB | 18023.02 | 20172.97 | 11.9 |
| 国内财产保险业务 | Domestic Property Insurance | | | |
| 保险金额　(万元) | Amount Insured　(10000 yuan) | 1408122900 | 2056870036 | 46.1 |
| 保费收入　(万元) | Premium Income　(10000 yuan) | 1463753 | 1654396 | 13.0 |
| 赔款支出　(万元) | Indemnity Expenditure　(10000 yuan) | 808112 | 893830 | 10.6 |
| 国内人身保险业务 | Domestic Life Insurance | | | |
| 保费收入　(万元) | Premium Income　(10000 yuan) | 2744261 | 3094488 | 12.8 |
| 期满给付　(万元) | Mature Payment　(10000 yuan) | 218799 | 325872 | 48.9 |
| 死伤医疗给付　(万元) | Payment for Death, Injury and Medical Treatment　(10000 yuan) | 51127 | 60534 | 18.4 |

注:财政收支中，2013年比2012年增长速度按可比口径计算。
Note:Growth rate in 2012 over 2011 of government finance is calculated at comparable coverage.

# 6-2 主要年份地方财政收支

## Local Government Revenue and Expenditure in Main Years

单位：亿元 (100 million yuan)

| 年 份<br>year | 地方财政收入<br>Revenue of Local Government | #公共财政收入<br>Public Government Revenue | 地方财政支出<br>Expenditure of Local Government | #公共财政支出<br>Public Government Expenditure |
|---|---|---|---|---|
| 1978 | 14.01 | 13.65 | 4.40 | 3.87 |
| 1979 | 13.64 | 13.12 | 4.47 | 4.16 |
| 1980 | 16.29 | 15.43 | 4.98 | 4.35 |
| 1985 | 30.18 | 28.85 | 11.82 | 10.75 |
| 1986 | 32.44 | 31.15 | 16.27 | 15.23 |
| 1987 | 35.24 | 34.18 | 16.45 | 15.13 |
| 1988 | 41.37 | 39.71 | 21.52 | 19.95 |
| 1989 | 47.23 | 46.51 | 25.41 | 24.66 |
| 1990 | 37.82 | 36.94 | 25.12 | 24.31 |
| 1991 | 49.62 | 48.49 | 32.16 | 30.71 |
| 1992 | 52.92 | 51.35 | 33.79 | 32.25 |
| 1993 | 79.27 | 77.37 | 55.19 | 53.82 |
| 1994 | 64.87 | 62.87 | 75.77 | 73.74 |
| 1995 | 99.75 | 97.08 | 112.78 | 111.24 |
| 1996 | 88.11 | 85.24 | 125.12 | 121.91 |
| 1997 | 106.07 | 97.72 | 146.92 | 138.99 |
| 1998 | 137.32 | 132.19 | 179.61 | 175.11 |
| 1999 | 188.14 | 176.15 | 231.09 | 222.37 |
| 2000 | 219.91 | 200.55 | 258.60 | 240.72 |
| 2001 | 271.91 | 246.19 | 314.98 | 292.63 |
| 2002 | 269.10 | 245.87 | 350.19 | 326.67 |
| 2003 | 300.55 | 274.77 | 395.52 | 370.09 |
| 2004 | 338.45 | 302.87 | 447.06 | 408.34 |
| 2005 | 408.85 | 371.26 | 476.28 | 438.41 |
| 2006 | 476.72 | 427.08 | 559.42 | 506.79 |
| 2007 | 838.99 | 523.79 | 850.01 | 623.69 |
| 2008 | 843.14 | 621.84 | 997.94 | 713.35 |
| 2009 | 1107.66 | 702.65 | 1059.50 | 789.92 |
| 2010 | 1399.16 | 872.65 | 1487.16 | 977.32 |
| 2011 | 1535.14 | 979.48 | 1793.35 | 1181.25 |
| 2012 | 1579.68 | 1102.40 | 1796.91 | 1343.65 |
| 2013 | 2088.14 | 1141.80 | 2283.51 | 1386.13 |

# 6-3 地方财政收入（2013年）

# Revenue of Local Government (2013)

单位:万元 (10000 yuan)

| 项　　目 | Item | 全　市 Total | 市　区 Urban Districts | 增城市 Zengcheng | 从化市 Conghua |
|---|---|---|---|---|---|
| 地方财政收入合计 | Total Revenue of Local Government | 20881374 | 18699160 | 1569793 | 612421 |
| 公共财政收入 | Public Government Revenue | 11418044 | 10491376 | 629948 | 296720 |
| # 增值税 | Value-added Tax | 2216017 | 2107933 | 82235 | 25849 |
| 营业税 | Business Tax | 1623520 | 1445486 | 135293 | 42741 |
| 企业所得税 | Corporate Income Tax | 1155923 | 1092761 | 46710 | 16452 |
| 个人所得税 | Individual Income  Tax | 489777 | 474068 | 10578 | 5131 |
| 城市维护建设税 | City Maintenance and Construction Tax | 1013703 | 947844 | 53955 | 11904 |
| 房产税 | House Property Tax | 648012 | 619930 | 18450 | 9632 |
| 印花税 | Stamp Tax | 260946 | 242841 | 12021 | 6084 |
| 城镇土地使用税 | Urban Land Use Tax | 178772 | 149695 | 19591 | 9486 |
| 车船税 | Tax on Vehicles and Boat Operation | 140231 | 125115 | 7742 | 7374 |
| 契　税 | Deed Tax | 798657 | 699218 | 83584 | 15855 |
| 国有资本经营收入 | Operation Income of State-owned Assets | 451248 | 358510 | 12469 | 80269 |
| 行政事业性收费收入 | Charge of Administrative and Institutional Units | 806981 | 724922 | 53071 | 28988 |
| 罚没收入 | Penalty Receipts | 234994 | 221604 | 8972 | 4418 |
| 专项收入 | Special Revenue | 493419 | 451448 | 34534 | 7437 |
| 其他收入 | Others | 374407 | 369348 | 2038 | 3021 |
| 政府性基金收入 | Revenue from Government-controlled Funds | 9463330 | 8207784 | 939845 | 315701 |
| 附:上级补助收入 | Subsidies from Higher Levels Taxed Tax Return | 3041249 | 2777980 | 137825 | 125444 |
| # 消费税和增值税税收返还收入 | Consumption Tax and Value-added | 406982 | 395274 | 7473 | 4235 |
| 所得税基数返还收入 | Tax Base Return | 404948 | 395833 | 4812 | 4303 |

# 6-4 地方财政支出（2013年）

# Expenditure of Local Government (2013)

单位：万元 (10000 yuan)

| 项目 | Item | 全市 Total | 市区 Urban Districts | 增城市 Zengcheng | 从化市 Conghua |
|---|---|---|---|---|---|
| 地方财政支出合计 | Total Expenditure of Local Government | 22835069 | 20425135 | 1661392 | 748542 |
| 公共财政支出 | Public Government Expenditure | 13861349 | 12788533 | 687600 | 385216 |
| # 一般公共服务 | Expenditure for General Public Services | 1518341 | 1344947 | 89802 | 83592 |
| 国　防 | Expenditure for National Defense | 14170 | 13371 | | 799 |
| 公共安全 | Expenditure for Public Security | 1159792 | 1060525 | 64154 | 35113 |
| 教　育 | Expenditure for Education | 2539473 | 2298795 | 134552 | 106126 |
| 科学技术 | Expenditure for Science and Technology | 541912 | 518543 | 14813 | 8556 |
| 文化体育与传媒 | Expenditure for Culture, Sports and Media | 225107 | 209127 | 10488 | 5492 |
| 社会保障和就业 | Expenditure for Social Safety Net and Employment Effort | 1453256 | 1324595 | 92130 | 36531 |
| 医疗卫生 | Expenditure for Medical and Health | 868958 | 790384 | 49425 | 29149 |
| 城乡社区事务 | Expenditure for Urban and Rural Community Affairs | 2146340 | 2095322 | 35780 | 15238 |
| 农林水事务 | Expenditure for Agriculture, Forestry and Water Conservancy | 736943 | 646574 | 63856 | 26513 |
| 交通运输 | Expenditure for Transportation | 669594 | 642342 | 18702 | 8550 |
| 资源勘探电力信息等事务 | Expenditure for Affairs of Exploration, Power and Information | 374114 | 367622 | 5412 | 1080 |
| 商业服务业等事务 | Expenditure for Affairs of Commerce and Services | 151138 | 145079 | 4336 | 1723 |
| 金融监管等事务支出 | Expenditure for Affairs of Financial Supervision | 11355 | 11177 | 109 | 69 |
| 地震灾后恢复重建支出 | Expenditure for Post-earthquake Recovery and Reconstruction | -5155 | -5155 | | |
| 住房保障支出 | Expenditure for Affairs of Housing Security | 669141 | 596928 | 57631 | 14582 |
| 其他支出 | Other Expenditures | 381470 | 356128 | 24074 | 1268 |
| 政府性基金支出 | Expenditure for Government-controlled Funds | 8973720 | 7636602 | 973792 | 363326 |
| 附：上解上级支出 | Expenditure for Cental and Provincial Governments | 445944 | 379847 | 48924 | 17173 |

# 6-5 中外资金融机构本外币存贷款年末余额

# Balance of Savings Deposits and Loans in Standard and Foreign Currencies of Financial Institutions at Year-end

单位:亿元 (100 million yuan)

| 项　目 | Item | 2013 |
|---|---|---|
| 各项存款余额 | Deposits in Various Forms | 33838.20 |
| 单位存款 | Deposits by Enterprises and Institutions | 17378.68 |
| 个人存款 | Personal Deposits | 13256.35 |
| 储蓄存款 | Savings Deposits | 12496.69 |
| 保证金存款 | Demand Deposits | 20.33 |
| 结构性存款 | Time Deposits | 739.33 |
| 财政性存款 | Fiscal Deposits | 1998.57 |
| 临时性存款 | Temporary Deposits | 46.35 |
| 委托存款(净) | Entrusted Deposits | 160.23 |
| 其他存款 | Other Deposits | 998.02 |
| 各项贷款余额 | Loans in Various Forms | 22016.18 |
| 境内贷款 | Domestic Loans | 21868.60 |
| 短期贷款 | Short-term Loans | 6930.58 |
| 中长期贷款 | Medium & Long-term Loans | 14517.51 |
| 融资租赁 | Financial Leasing | … |
| 票据融资 | Bill Financing | 395.97 |
| 各项垫款 | Advances | 24.54 |
| 境外贷款 | Overseas Loans | 147.58 |

# 6-6 中外资金融机构外汇存贷款年末余额

## Balance of Savings Deposits and Loans in Foreign Currencies of Financial Institutions at Year-end

单位：亿美元 (100 million USD)

| 项目 | Item | 2013 |
|---|---|---|
| 各项存款 | Deposits in Various Forms | 161.99 |
| 单位存款 | Deposits by Enterprises and Institutions | 117.10 |
| 个人存款 | Personal Deposits | 41.17 |
| 财政性存款 | Fiscal Deposits | … |
| 临时性存款 | Temporary Deposits | 3.33 |
| 委托存款(净) | Entrusted Deposits | 0.05 |
| 其他存款 | Other Deposits | 0.34 |
| 各项贷款 | Loans in Various Forms | 302.32 |
| 境内贷款 | Domestic Loans | 287.99 |
| 短期贷款 | Short-term Loans | 164.64 |
| 中长期贷款 | Medium & Long-term Loans | 123.22 |
| 票据融资 | Bill Financing | 0.10 |
| 融资租赁 | Financial Leasing | … |
| 各项垫款 | Advanced | 0.03 |
| 境外贷款 | Overseas Loans | 14.33 |

# 6-7 中外资金融机构存贷款年末余额(折人民币，2007-2013年)

# Saving Deposits and Loans Balance of Chinese & Foreign Financial Institutions (converted into RMB, at the end of year from 2007 to 2013)

单位:亿元 (100 million yuan)

| 项目 | Item | 2007 | 2008 | 2009 | 2010 | 2011 | 2012 | 2013 |
|---|---|---|---|---|---|---|---|---|
| **存款余额(折人民币)** | **Saving Deposits Balance (as RMB)** | **14783.46** | **16929.47** | **20944.19** | **23953.96** | **26460.80** | **30186.57** | **33838.20** |
| 中资金融机构 | Chinese Financial Institutions | | | | | | | |
| 人民币 | RMB | 14177.46 | 16219.23 | 20081.46 | 22775.50 | 25048.61 | 28270.68 | 31884.74 |
| 外汇 (亿美元) | Foreign Exchange(USD 100 million) | 56.09 | 63.11 | 63.67 | 68.09 | 86.82 | 166.36 | 143.82 |
| 外资金融机构 | Foreign-funded Financial Institutions | | | | | | | |
| 人民币 | RMB | 132.24 | 201.82 | 320.26 | 609.00 | 743.08 | 736.31 | 965.83 |
| 外汇 (亿美元) | Foreign Exchange(USD 100 million) | 8.75 | 11.27 | 15.77 | 17.90 | 19.38 | 21.31 | 18.17 |
| **贷款余额(折人民币)** | **Loans Balance (as RMB)** | **9661.38** | **11079.55** | **13851.83** | **16284.31** | **17732.88** | **19936.52** | **22016.18** |
| 中资金融机构 | Chinese Financial Institutions | | | | | | | |
| 人民币 | RMB | 8570.79 | 10042.19 | 12316.01 | 14597.74 | 15904.65 | 17554.90 | 19652.37 |
| 外汇 (亿美元) | Foreign Exchange(USD 100 million) | 101.03 | 88.10 | 153.88 | 160.92 | 187.33 | 271.91 | 260.66 |
| 外资金融机构 | Foreign-funded Financial Institutions | | | | | | | |
| 人民币 | RMB | 166.26 | 262.54 | 282.15 | 389.99 | 428.79 | 468.12 | 520.60 |
| 外汇 (亿美元) | Foreign Exchange(USD 100 million) | 25.51 | 26.15 | 29.72 | 34.86 | 34.78 | 32.52 | 41.66 |

# 6-8 中外资金融机构人民币信贷资金平衡表（2013年末）

# Credit Funds Balance Sheet of Financial Institutions (Year-end of 2013)

单位：亿元 (100 million yuan)

| 项目 | Item | 全市 Total | 市区 Urban Districts | 增城市 Zengcheng | 从化市 Conghua |
|---|---|---|---|---|---|
| **资金来源项目** | **Sources of Funds** | | | | |
| 合计 | Total | 33252.74 | 31811.63 | 1097.98 | 343.13 |
| 各项存款 | Deposits in Various Forms | 32850.57 | 31502.07 | 1029.49 | 319.01 |
| 单位存款 | Deposits of Enterprises | 16664.72 | 16137.12 | 415.51 | 112.09 |
| 个人存款 | Personal Deposits | 13005.32 | 12238.20 | 580.34 | 186.78 |
| 财政性存款 | Fiscal Deposits | 1998.57 | 1976.91 | 17.92 | 3.74 |
| 临时性存款 | Temporary Deposits | 26.03 | 24.65 | 0.34 | 1.04 |
| 委托存款（净） | Entrusted Deposits | 159.95 | 157.40 | 2.55 | |
| 其他存款 | Other Deposits | 995.98 | 967.79 | 12.83 | 15.36 |
| 金融债券 | Financial Bonds | 129.75 | 129.75 | | |
| 中长期借款 | Medium & Long-term Borrowing | 44.38 | 44.38 | | |
| 应付及暂收款 | Paybable and Supense Credit | 868.87 | 850.78 | 13.65 | 4.44 |
| 同业往来（来源方） | Inter-bank Transaction | 1442.30 | 1414.51 | 27.09 | 0.70 |
| 系统内资金往来（来源方） | Capital Transaction inside the System | … | … | | |
| 外汇买卖（来源方） | Foreign Exchange Trading | 4624.28 | 4583.99 | 24.32 | 15.97 |
| 各项准备 | All Reserves | 566.37 | 563.91 | 1.44 | 1.02 |
| 所有者权益 | Creditors' Equity | 1534.97 | 1501.89 | 24.59 | 8.49 |
| 其他 | Others | -8808.75 | -8779.65 | -22.60 | -6.50 |

## 6-8 续表 continued

单位:亿元 (100 million yuan)

| 项 目 | Item | 全 市 Total | 市 区 Urban Districts | 增城市 Zengcheng | 从化市 Conghua |
|---|---|---|---|---|---|
| **资金运用项目** | **Uses of Funds** | | | | |
| 合 计 | Total | 33252.74 | 31811.63 | 1097.98 | 343.13 |
| 各项贷款 | Loans in Various Forms | 20172.97 | 19299.89 | 685.93 | 187.15 |
| 境内贷款 | Domestic Loans | 20112.76 | 19242.38 | 683.50 | 186.88 |
| 短期贷款 | Short-term Loans | 5926.79 | 5603.30 | 267.64 | 55.85 |
| 个人贷款及透支 | Personal Loans & Overdrafts | 2142.64 | 2072.94 | 60.94 | 8.76 |
| 单位普通贷款及透支 | Corporate Loans and Overdrafts | 2925.97 | 2681.22 | 200.47 | 44.28 |
| 普通并购贷款 | General Annexation Loans | 0.54 | 0.54 | | |
| 银团贷款 | Syndicated Loans | 59.31 | 59.31 | | |
| 贸易融资 | Trade Finance | 798.33 | 789.29 | 6.23 | 2.81 |
| 中长期贷款 | Medium & Long-term Loans | 13766.25 | 13221.33 | 414.00 | 130.92 |
| 个人贷款 | Personal Loans | 3691.21 | 3398.42 | 232.25 | 60.54 |
| 单位普通贷款 | Corporate Loans | 7539.89 | 7308.49 | 163.12 | 68.28 |
| 普通并购贷款 | General Annexation Loans | 90.39 | 89.39 | 1.00 | |
| 银团贷款 | Syndicated Loans | 2364.02 | 2344.29 | 17.63 | 2.10 |
| 贸易融资 | Trade Finance | 80.74 | 80.74 | | |
| 融资租赁 | Financing Leasing | … | … | | |
| 票据融资 | Bill Financing | 395.34 | 393.61 | 1.62 | 0.11 |
| 各项垫款 | All Advanced Money | 24.38 | 24.14 | 0.24 | |
| 境外贷款 | Overseas Loans | 60.21 | 57.51 | 2.43 | 0.27 |
| 有价证券 | Securities | 1950.53 | 1950.67 | -0.13 | -0.01 |
| 股权及其他投资 | Securities & Investment | 1857.86 | 1857.86 | | |
| 应收及预付款 | Amount Receivable and Prepaid | 596.26 | 585.48 | 8.78 | 2.00 |
| 同业往来(运用方) | Inter-bank Transaction | 643.34 | 643.34 | | |
| 系统内资金往来(运用方) | Capital Transaction inside the System | 3897.23 | 3393.47 | 369.45 | 134.31 |
| 金银占款 | Purchase of Gold & Silver | … | … | | |
| 外汇买卖(运用方) | Purchase of Foreign Exchanges | 3701.23 | 3661.01 | 24.29 | 15.93 |
| 固定资产 | Fixed Asset | 252.28 | 246.15 | 4.22 | 1.91 |
| 库存现金 | Cash in Vault | 169.50 | 162.22 | 5.44 | 1.84 |
| 投资性房地产 | Investment Real Estate | 11.54 | 11.54 | | |

# 6-9 中资金融机构人民币各项存贷款年末余额
## Balance of Savings Deposits and Loans in Standard and Foreign Currencies of Chinese Financial Institutions at Year-end

单位:亿元 (100 million yuan)

| 项　目 | Item | 2013 |
|---|---|---|
| 各项存款余额 | Deposits in Various Forms | 31884.73 |
| 单位存款 | Deposits by Enterprises and Institutions | 15868.82 |
| 个人存款 | Personal Deposits | 12871.22 |
| # 储蓄存款 | Savings Deposits | 12178.58 |
| 财政性存款 | Fiscal Deposits | 1998.57 |
| 临时性存款 | Temporary Deposits | 25.89 |
| 委托存款(净) | Entrusted Deposits | 159.95 |
| 其他存款 | Other Deposits | 960.28 |
| 各项贷款余额 | Loans in Various Forms | 19652.37 |
| 境内贷款 | Domestic Loans | 19594.63 |
| 短期贷款 | Short-term Loans | 5728.76 |
| 中长期贷款 | Medium & Long-term Loans | 13546.04 |
| 融资租赁 | Financing Lease | … |
| 票据融资 | Bill Financing | 296.24 |
| 各项垫款 | Advances | 23.59 |
| 境外贷款 | Overseas Loans | 57.74 |

# 6-10 主要年份保费收入和赔款及给付支出

## Premiums Income, Indemnity Expenditure and Payment in Main Years

| 年 份<br>Year | 保费收入<br>(万元)<br>Premium<br>(10000 yuan) | 赔款及给付支出<br>(万元)<br>Claim and Payment<br>(10000 yuan) | 赔款率<br>(%)<br>Indemnity and Payment Ratio<br>(%) |
|---|---|---|---|
| 1980 | 197 | | |
| 1985 | 5043 | 1153 | 22.86 |
| 1986 | 8654 | 3117 | 36.02 |
| 1987 | 14855 | 3784 | 25.47 |
| 1988 | 17985 | 4052 | 22.53 |
| 1989 | 28017 | 7742 | 27.63 |
| 1990 | 46963 | 45207 | 96.26 |
| 1991 | 58771 | 19762 | 33.63 |
| 1992 | 94839 | 32846 | 34.63 |
| 1993 | 204267 | 89930 | 44.03 |
| 1994 | 244017 | 96299 | 39.46 |
| 1995 | 313528 | 113052 | 36.06 |
| 1996 | 411021 | 168637 | 41.03 |
| 1997 | 579787 | 200828 | 34.64 |
| 1998 | 559618 | 195177 | 34.88 |
| 1999 | 555424 | 201673 | 36.31 |
| 2000 | 574506 | 133011 | 23.15 |
| 2001 | 810415 | 180525 | 22.28 |
| 2002 | 998741 | 230440 | 23.07 |
| 2003 | 1172755 | 242972 | 20.72 |
| 2004 | 1329411 | 278910 | 20.98 |
| 2005 | 1586302 | 312074 | 19.67 |
| 2006 | 1754637 | 399586 | 22.77 |
| 2007 | 2275036 | 542852 | 23.86 |
| 2008 | 3106047 | 675962 | 21.76 |
| 2009 | 3273766 | 785375 | 23.98 |
| 2010 | 4204166 | 880790 | 20.95 |
| 2011 | 3972972 | 1083773 | 27.28 |
| 2012 | 4208014 | 1258986 | 29.92 |
| 2013 | 4748884 | 1482555 | 31.22 |

注：1. 本表数据2008年起来源于中国保险监督管理委员会广东监管局，2008年前来源于广东省保险行业协会；
2. 自2011年起，保险行业数据按照执行“企业会计准则解释第2号”的新口径统计(下同)。

Note: I. Since 2008 the data in this table are provided by Guangdong Bureau of China Insurance Regulatory Commission, while the data before 2008 were provided by the Guangdong Association of Insurance Industry.

II. Since 2011, figures of insurance industry are calculated according to new standards (The same as in the following tables).

# 6-11 保险公司主要业务指标（2013年）

## Major Business Indicators of Insurance Companies (2013)

单位：万元 (10000 yuan)

| 指　标 | Indicators | 保险金额 Amount Insured | 保费收入 Premium | 赔款及给付支出 Claim and Payment |
|---|---|---|---|---|
| 总　计 | Total | 2426769212 | 4748884 | 1482555 |
| 财产保险 | Property Insurance | 2056870036 | 1654396 | 893830 |
| 人身保险 | Personal Insurance | 369899176 | 3094488 | 588725 |

# 6-12 财产保险公司主要指标

## Main Indicators of Property Insurance Companies

单位:万元 (10000 yuan)

| 项　目 | Item | 2012 | | 2013 | |
|---|---|---|---|---|---|
| | | 保费收入 Premiums | 赔款支出 Claim and Payment | 保费收入 Premiums | 赔款支出 Claim and Payment |
| **合　计** | **Total** | **1463753** | **808112** | **1654396** | **893830** |
| 企业财产保险 | Enterprise Property Insurance | 150767 | 78127 | 166227 | 117450 |
| 家庭财产保险 | Family Property Insurance | 7317 | 454 | 9629 | 516 |
| # 投资型家财险 | Investment Family Property Insurance | 360 | 56 | 329 | 54 |
| 机动车辆保险 | Motor Vehicle Insurance | 860726 | 538277 | 988952 | 570379 |
| 工程保险 | Enginerring Insurance | 37177 | 14843 | 54279 | 30462 |
| 责任保险 | Liability Insurance | 79975 | 24081 | 87977 | 30368 |
| 信用保险 | Export Credit Insurance | 108081 | 39558 | 121799 | 59698 |
| 保证保险 | Guarantee Insurance | 32652 | 3614 | 42878 | 5370 |
| # 机动车辆消费贷款保证保险 | Vehicle Loan Guarantee Insurance | | 449 | | 6 |
| 个人贷款抵押房屋保证保险 | Personal Loan Mortgage Housing Guarantee Insurance | 2480 | 4 | 2422 | 9 |
| 船舶保险 | Ship Insurance | 17860 | 18509 | 14449 | 10564 |
| 货物运输保险 | Freight Transport Insurance | 51772 | 29381 | 48522 | 33359 |
| 特殊风险保险 | Special Risk Insurance | 71178 | 31696 | 65958 | 14645 |
| 农业保险 | Agricultural Insurance | 3501 | 9095 | 2839 | 2063 |
| 健康险 | Health Insurance | 10586 | 7968 | 12529 | 10171 |
| 意外伤害保险 | Accident Injury Insurance | 32121 | 8092 | 38190 | 8706 |
| 其他险 | Other Insurance | 40 | 4417 | 168 | 79 |

# 6-13 人身保险公司主要指标

## Main Indicators of Personal Insurance Companies

单位：万元 (10000 yuan)

| 项　　目 | Item | 2012 | 2013 |
|---|---|---|---|
| **保费收入** | **Premiums Income** | **2744261** | **3094488** |
| 按险种分 | Classify by Insurance Code | | |
| 寿　险 | Life Insurance | 2347522 | 2633348 |
| 个人业务 | Individual Insurance | 2317083 | 2602627 |
| 新单保费 | Initial Premiums | 935631 | 1083337 |
| 续期保费 | Renewable Premiums | 1381452 | 1519290 |
| 团体业务 | Group Isurance | 30439 | 30721 |
| 新单保费 | Initial Premiums | 8421 | 9309 |
| 续期保费 | Renewable Premiums | 22018 | 21412 |
| 意外伤害险 | Personal Accidental Death and Injury Insurance | 100354 | 118651 |
| 一年期以内业务 | Within One-year Product | 7067 | 10670 |
| 一年期业务 | One-year Product | 77683 | 83531 |
| 一年以上业务 | Over One-year Product | 15604 | 24450 |
| 健康险 | Health Insurance | 296385 | 342489 |
| 一年期以内及一年期业务 | Winthin One Year and One-Year Product | 111597 | 116736 |
| 个人业务 | Individual Insurance | 43646 | 46761 |
| 团体业务 | Group Isurance | 67951 | 69975 |
| 一年期以上业务 | Over One-year Period Product | 184788 | 225753 |
| 个人业务 | Individual Insurance | 183889 | 225707 |
| 团体业务 | Group Isurance | 899 | 46 |
| 按新型产品分 | Classify by New Insurance Products | | |
| 寿险保费收入合计 | Total Life Insurance Premiums | 2347522 | 2633348 |
| 普通寿险 | Ordinary Life Insurance | 323802 | 365273 |
| 新单保费 | Initial Premiums | 54637 | 78493 |
| 续期保费 | Renewable Premiums | 269165 | 286780 |
| 分红寿险 | Participating Insurance | 2007155 | 2248911 |
| 新单保费 | Initial Premiums | 886233 | 1011169 |
| 续期保费 | Renewable Premiums | 1120922 | 1237742 |
| 投资连结保险 | Unit-linked Insurance | 4415 | 4827 |
| 万能寿险 | Universal Life Insurance | 12150 | 14337 |

## 6-13 续表 continued

单位:万元 (10000 yuan)

| 项目 | Item | 2012 | 2013 |
|---|---|---|---|
| **赔付支出** | **Claims Paid** | **450874** | **588725** |
| 赔款支出 | Compensation Expenses | 85332 | 95210 |
| 意外伤害险 | Personal Accidental And Injury Insurance | 11890 | 13626 |
| 一年期以内业务 | Within One-year Product | 99 | 402 |
| 一年期业务 | One-year | 11791 | 13224 |
| 一年期以内及一年期健康险 | Winthin One Year and One-Year Health Insurance | 73442 | 81584 |
| 个人业务 | Individual Insurance | 20699 | 22449 |
| 团体业务 | Group Insurance | 52743 | 59135 |
| **死伤医疗给付合计** | **Total Casualty Medical Payments** | **51127** | **60534** |
| 寿险 | Life Insurance | 28112 | 31988 |
| 个人业务 | Individual Insurance | 23710 | 26432 |
| 团体业务 | Group Insurance | 4402 | 5556 |
| 一年期以上健康险 | Over One-year Period Health Insurance | 23015 | 28546 |
| 个人业务 | Individual Insurance | 22242 | 28522 |
| 团体业务 | Group Insurance | 773 | 24 |
| **满期给付合计** | **Total Mature Payment** | **218799** | **325872** |
| 寿险 | Life Insurance | 216894 | 322694 |
| 个人业务 | Individual Insurance | 205854 | 312327 |
| 团体业务 | Group Insurance | 11040 | 10367 |
| 一年期以上健康险 | Over One-year Period Health Insurance | 1905 | 3178 |
| 个人业务 | Individual Insurance | 1897 | 3178 |
| 团体业务 | Group Insurance | 8 | … |
| **年金给付合计** | **Total Pension Payments** | **95616** | **107109** |
| 个人业务 | Individual Insurance | 72181 | 94145 |
| 团体业务 | Group Insurance | 23435 | 12964 |
| **退保金** | **Cash Surrender Value** | **382067** | **498660** |
| 寿险 | Life Insurance | 377351 | 493400 |
| 个人业务 | Individual Insurance | 372365 | 490003 |
| 团体业务 | Group Insurance | 4986 | 3397 |
| 一年期以上健康险 | Over One-year Period Health Insurance | 4716 | 5260 |

# 6-14 主要外资金融机构及代表处一览表

## List of Main Foreign Financial Institutions and Representative Offices

| 机构(代表处)名称及所属国家(地区) | Name of Institutions (Representative Offices) | 批准日期 Date of Approval |
|---|---|---|
| 法国兴业银行(中国)有限公司广州分行(法国) | Societe Generale,(China)Ltd., Guangzhou Branch (France) | 1992.08 |
| 三井住友银行(中国)有限公司广州分行(日本) | Sumitomo Mitsui Banking Corporation (China), Ltd, Guangzhou Branch (Japan) | 1992.09 |
| 东亚银行(中国)有限公司广州分行(中国香港) | The Bank of East Asia (China)Ltd., Guangzhou Branch (Hong Kong, China) | 1992.10 |
| 南洋商业银行(中国)有限公司广州分行(中国香港) | Nanyang Commercial Bank (China), Ltd., Guangzhou Branch (Hong Kong, China) | 1992.11 |
| 美国银行广州分行(美国) | Bank of Amercia N.A., Guangzhou Branch (USA) | 1993.01 |
| 法国巴黎银行(中国)有限公司广州分行(法国) | BNP Paribas(China)Ltd., Guangzhou Branch (France) | 1993.03 |
| 大华银行(中国)有限公司广州分行(新加坡) | United Overseas Bank Ltd., Guangzhou Branch (Singapore) | 1993.11 |
| 德意志银行(中国)有限公司广州分行(德国) | Deutsche Bank (China)Ltd.AG, Guangzhou Branch (Germany) | 1994.11 |
| 东方汇理银行(中国)有限公司广州分行(法国) | Credit Agricole Corparate And Investment Bank (China)Ltd. Guangzhou Branch (France) | 1994.11 |
| 加拿大丰业银行广州分行(加拿大) | The Bank of Nova Scotia, Guangzhou Branch (Canada) | 1994.11 |
| 蒙特利尔银行(中国)有限公司广州分行(加拿大) | Bank of Montreal (China), Co, Ltd, Guangzhou Branch (Canada) | 1995.01 |
| 恒生银行(中国)有限公司广州分行(中国香港) | Hang Seng Bank Ltd., Guangzhou Branch (Hong Kong, China) | 1995.07 |
| 花旗银行(中国)有限公司广州分行(美国) | Citibank, N.A.(China)Ltd., Guangzhou Branch (USA) | 1997.12 |
| 汇丰银行(中国)有限公司广州分行(中国香港) | The Hong Kong and Shanghai Banking Corporation Ltd., Guangzhou Branch (Hong Kong, China) | 1999.08 |
| 星展银行(中国)有限公司广州分行(新加坡) | DBS Bank Ltd., Guangzhou Branch (Singapore) | 2004.04 |
| 韩国产业银行广州分行(韩国) | The Korea Development Bank Ltd., Guangzhou Branch (Republic of Korea) | 2005.05 |
| 渣打银行(中国)有限公司广州分行(英国) | Standard Charted Bank Ltd. Guangzhou Branch (UK) | 2005.06 |
| 永亨银行(中国)有限公司广州分行(中国香港) | Wing Hang Bank Ltd., Guangzhou Branch (Hong Kong, China) | 2006.09 |
| 国民银行(中国)有限公司广州分行(韩国) | Kookmin Bank Ltd., Guangzhou Branch (Republic of Korea) | 2007.06 |

注：本表资料由中国银监会广东监管局提供。
Note: The data in this table are provided by China Banking Regulatory Commission Guangdong Office.

## 6-14 续表 continued

| 机构(代表处)名称及所属国家(地区) | Name of Institutions (Representative Offices) | 批准日期 Date of Approval |
|---|---|---|
| 三菱东京日联银行(中国)有限公司广州分行(日本) | Bank of Tokyo-Mitsubishi UFJ (China), Ltd.,Branch (Japan) | 2008.02 |
| 华侨银行(中国)有限公司广州分行(新加坡) | OCBC Bank (China) Limited Guangzhou Branch (Singapore) | 2008.05 |
| 印度巴鲁达银行广州分行(印度) | Bank of Baroda Guangzhou Branch (India) | 2008.06 |
| 瑞穗实业银行(中国)有限公司广州分行(日本) | Mizuho Corporate Bank (China), Ltd. Guangzhou Branch (Japan) | 2008.08 |
| 华商银行广州分行(中国香港) | Chinese Mercantile Bank Guangzhou Branch (Hong Kong, China) | 2008.11 |
| 摩根大通银行(中国)有限公司广州分行(美国) | JPMorgan Chase Bank (China) Company Limited Guangzhou Branch (USA) | 2009.03 |
| 澳大利亚和新西兰银行(中国)有限公司广州分行(澳大利亚) | Australia and New Zealand Banking (China) Ltd. Guangzhou Branch (Australia) | 2009.05 |
| 大新银行(中国)有限公司广州分行(香港) | DahSing Bank (China) Limited Guangzhou Branch (Hong Kong, China) | 2011.04 |
| 意大利裕信银行股份有限公司广州分行(意大利) | UniCredit S.p.A. Guangzhou Branch (Italy) | 2011.12 |
| 韩亚银行(中国)有限公司广州分行(韩国) | Hana Bank (China) Company Limited ,Guangzhou Branch (Republic of Korea) | 2012.07 |
| 永隆银行有限公司广州代表处(中国香港) | Wing Lung Bank Ltd., Guangzhou Representative Office (Hong Kong, China) | 1994.05 |
| 华美银行(中国)有限公司广州代表处(美国) | EASTWESTBANK (China) Limited, Guangzhou Representative Office (USA) | 1996.01 |
| 葡萄牙商业银行股份有限公司广州代表处(葡萄牙) | Banco Commercial Portugues, Guangzhou Representative Office (Portugal) | 1997.03 |
| 创兴银行有限公司广州代表处(中国香港) | Chong Hing Bank Ltd., Guangzhou Representative Office (Hong Kong, China) | 1999.02 |
| 印度海外银行广州代表处(印度) | India Oversea Bank Guangzhou Representative Office (Indian) | 2005.03 |
| 瑞士银行有限公司广州代表处(瑞士) | UBS AG Guangzhou Representative Office (Swiss) | 2005.04 |
| 瑞士信贷银行有限公司广州代表处(瑞士) | Credit Suisse Guangzhou Representative Office (Swiss) | 2005.04 |
| 意大利西雅那银行股份有限公司广州代表处(意大利) | Banca Monte Dei Paschi Di Siena S.P.A Guangzhou Representative Office (Italy) | 2005.08 |

注：本表资料由中国银监会广东监管局提供。
Note: The data in this table are provided by China Banking Regulatory Commission Guangdong Office.

# 6-15 外资保险公司及代表处一览表

# List of Foreign Insurance Companies and Representative Offices

| 机构(代表处)名称及所属国家(地区) | Name of Institutions (Representative Offices) | 批准日期 Date of Approval |
|---|---|---|
| 美亚财产保险有限公司广东分公司(美国) | AIG Insurance Company China Limited Guangdong Branch (USA) | 1995.10 |
| 友邦保险有限公司广东分公司(美国) | AIA Company Limited Guangdong Provincial Branch (USA) | 1995.10 |
| 信诚人寿保险有限公司(英国) | CITIC-Prudential Life Insurance Company Ltd. (UK) | 2000.09 |
| 中意人寿保险有限公司广东分公司(意大利) | Generali China Life Insurance Co., Ltd., Guangdong Branch (Italy) | 2002.01 |
| 中宏人寿保险公司广州分公司(加拿大) | Manulife-Sinochem Life Insurance Co., LTD, Guangzhou Branch (Canada) | 2003.01 |
| 安联财产保险(中国)有限公司(德国) | Allianz China General Insurance Company Ltd (Germany) | 2003.01 |
| 工银安盛人寿保险有限公司广东分公司(法国) | ICBC-AXA ASSURANCE Co., Ltd., Guangdong Branch (France) | 2003.04 |
| 中德安联人寿保险公司广东分公司(德国) | Allianz China Life Insurance Co., Ltd., Guangdong Branch (Germany) | 2004.12 |
| 中英人寿保险公司广东分公司(英国) | Aviva-Cofco Life Insurance Co., Ltd., Guangdong Branch (UK) | 2005.11 |
| 中美联泰大都会人寿保险有限公司广东分公司(美国) | Sino-US United MetLife Insurance Co., Ltd., Guangdong Branch (USA) | 2006.02 |
| 平安健康保险股份有限公司广东分公司(南非) | Ping An Health Insurance Company Of China,Ltd. Guangdong Branch (South Africa) | 2007.09 |
| 瑞泰人寿保险有限公司广东分公司(瑞典) | Skandia-BSAM life Insurance Co., Ltd.Guangdong Branch (Sweden) | 2008.01 |
| 海康人寿保险有限公司广东分公司(荷兰) | AEGON-CNOOC Life Insurance Co., Ltd, Guangdong Branch (Holland) | 2008.02 |
| 国泰人寿保险有限责任公司广东分公司(台湾) | Cathay Life Insurance Co., Ltd, Guangdong Branch (Taiwan, China) | 2008.09 |
| 三井住友海上火灾保险(中国)有限公司广东分公司(日本) | Mitsui Sumitomo Insurance (China) Company, Ltd, Guangdong Branch (Japan) | 2008.08 |
| 日本财产保险(中国)有限公司广东分公司(日本) | Sompo Japan Insurance (China) Company, Ltd, Guangdong Branch (Japan) | 2009.02 |
| 恒安标准人寿保险有限公司广东分公司(英国) | Heng An Standard Life Insurance Co., Ltd., Guangdong Branch (UK) | 2009.05 |
| 东京海上日动火灾保险(中国)有限公司广东分公司(日本) | Tokio Marine & Insurance Co.,Ltd Guangdong Branch (Japan) | 2010.6 |
| 国泰财产保险有限责任公司广东分公司(台湾) | Cathay Insurance Co., Ltd., Guangdong Branch (taiwan,China) | 2010.10 |
| 招商信诺人寿保险有限公司广东分公司(美国) | CIGNA & CMC Life Insurance Co., Ltd., Guangdong Branch (USA) | 2010.12 |
| 华泰人寿保险股份有限公司广东分公司(美国) | Guangdong Branch of Huatai Life Insurance Co., Ltd. (USA) | 2011.05 |
| 利宝保险有限公司广东省分公司(美国) | Liberty Insurance Co., Ltd., Guangdong Branch (USA) | 2011.11 |
| 中意财产保险有限公司广东分公司(意大利) | Generali China Insurance Co., Ltd., Guangdong Branch (Italy) | 2012.07 |
| 中航三星人寿保险有限公司广东分公司(韩国) | Samsung Air China Life Insurance Co., Ltd., Guangdong Branch (Korea) | 2013.06 |
| 澳大利亚昆士兰保险集团股份有限公司广州代表处(澳大利亚) | QBE Insurance Group Limited, Guangzhou Representative Office (Australia) | 1997.07 |
| 汇丰人寿保险(国际)有限公司广州代表处(中国香港) | HSBC Life (International) Limited, Guangzhou Representative Office (Hong Kong, China) | 2003.03 |
| 日本爱和谊保险公司广州代表处(日本) | Aioi Insurance Co, Ltd, Guangzhou Rep. Office (Japan) | 2004.05 |

注：本表资料由中国银监会广东监管局提供。

Note: The data in this table are provided by China Banking Regulatory Commission Guangdong Office.

## 6-16 金融机构人民币法定存款利率
## Official Interest Rates of Deposits of Financial Institutions

单位:年利率 % (% p.a.)

| 调整时间 Adjustment time | 活期 Demand | 定期 Time | | | | | |
|---|---|---|---|---|---|---|---|
| | | 3个月 3 Months | 6个月 6 Months | 1年 1 Year | 2年 2 Years | 3年 3 Years | 5年 5 Years |
| 1990.04.15 | 2.88 | 6.30 | 7.74 | 10.08 | 10.98 | 11.88 | 13.68 |
| 1990.08.21 | 2.16 | 4.32 | 6.48 | 8.64 | 9.36 | 10.08 | 11.52 |
| 1991.04.21 | 1.80 | 3.24 | 5.40 | 7.56 | 7.92 | 8.28 | 9.00 |
| 1993.05.15 | 2.16 | 4.86 | 7.20 | 9.18 | 9.90 | 10.80 | 12.06 |
| 1993.07.11 | 3.15 | 6.66 | 9.00 | 10.98 | 11.70 | 12.24 | 13.86 |
| 1996.05.01 | 2.97 | 4.86 | 7.20 | 9.18 | 9.90 | 10.80 | 12.06 |
| 1996.08.23 | 1.98 | 3.33 | 5.40 | 7.47 | 7.92 | 8.28 | 9.00 |
| 1997.10.23 | 1.71 | 2.88 | 4.14 | 5.67 | 5.94 | 6.21 | 6.66 |
| 1998.03.25 | 1.71 | 2.88 | 4.14 | 5.22 | 5.58 | 6.21 | 6.66 |
| 1998.07.01 | 1.44 | 2.79 | 3.96 | 4.77 | 4.86 | 4.95 | 5.22 |
| 1998.12.07 | 1.44 | 2.79 | 3.33 | 3.78 | 3.96 | 4.14 | 4.50 |
| 1999.06.10 | 0.99 | 1.98 | 2.16 | 2.25 | 2.43 | 2.70 | 2.88 |
| 2002.02.21 | 0.72 | 1.71 | 1.89 | 1.98 | 2.25 | 2.52 | 2.79 |
| 2004.10.29 | 0.72 | 1.71 | 2.07 | 2.25 | 2.70 | 3.24 | 3.60 |
| 2006.08.19 | 0.72 | 1.80 | 2.25 | 2.52 | 3.06 | 3.69 | 4.14 |
| 2007.03.18 | 0.72 | 1.98 | 2.43 | 2.79 | 3.33 | 3.96 | 4.41 |
| 2007.05.19 | 0.72 | 2.07 | 2.61 | 3.06 | 3.69 | 4.41 | 4.95 |
| 2007.07.21 | 0.81 | 2.34 | 2.88 | 3.33 | 3.96 | 4.68 | 5.22 |
| 2007.08.22 | 0.81 | 2.61 | 3.15 | 3.60 | 4.23 | 4.95 | 5.49 |
| 2007.09.15 | 0.81 | 2.88 | 3.42 | 3.87 | 4.50 | 5.22 | 5.76 |
| 2007.12.21 | 0.72 | 3.33 | 3.78 | 4.14 | 4.68 | 5.40 | 5.85 |
| 2008.10.09 | 0.72 | 3.15 | 3.51 | 3.87 | 4.41 | 5.13 | 5.58 |
| 2008.10.30 | 0.72 | 2.88 | 3.24 | 3.60 | 4.14 | 4.77 | 5.13 |
| 2008.11.27 | 0.36 | 1.98 | 2.25 | 2.52 | 3.06 | 3.60 | 3.87 |
| 2008.12.23 | 0.36 | 1.71 | 1.98 | 2.25 | 2.79 | 3.33 | 3.60 |
| 2010.10.20 | 0.36 | 1.91 | 2.20 | 2.50 | 3.25 | 3.85 | 4.20 |
| 2010.12.26 | 0.36 | 2.25 | 2.50 | 2.75 | 3.55 | 4.15 | 4.55 |
| 2011.02.09 | 0.40 | 2.60 | 2.80 | 3.00 | 3.90 | 4.50 | 5.00 |
| 2011.04.06 | 0.50 | 2.85 | 3.05 | 3.25 | 4.15 | 4.75 | 5.25 |
| 2011.07.07 | 0.50 | 3.10 | 3.30 | 3.50 | 4.40 | 5.00 | 5.50 |
| 2012.06.08 | 0.40 | 2.85 | 3.05 | 3.25 | 4.10 | 4.65 | 5.10 |
| 2012.07.06 | 0.35 | 2.60 | 2.80 | 3.00 | 3.75 | 4.25 | 4.75 |

# 6-17 金融机构人民币法定贷款利率

## Official Interest Rates of Loans of Financial Institutions

单位:年利率 % (% p.a.)

| 调整时间<br>Adjustment time | 6个月<br>6 months | 1年<br>1 year | 1至3年(含)<br>1-3years<br>(include 3 years) | 3至5年(含)<br>3-5years<br>(include 5 years) | 5年以上<br>above 5 years |
|---|---|---|---|---|---|
| 1991.04.21 | 8.10 | 8.64 | 9.00 | 9.54 | 9.72 |
| 1993.05.15 | 8.82 | 9.36 | 10.80 | 12.06 | 12.24 |
| 1993.07.11 | 9.00 | 10.98 | 12.24 | 13.86 | 14.04 |
| 1995.01.01 | 9.00 | 10.98 | 12.96 | 14.58 | 14.76 |
| 1995.07.01 | 10.08 | 12.06 | 13.50 | 15.12 | 15.30 |
| 1996.05.01 | 9.72 | 10.98 | 13.14 | 14.94 | 15.12 |
| 1996.08.23 | 9.18 | 10.08 | 10.98 | 11.70 | 12.42 |
| 1997.10.23 | 7.65 | 8.64 | 9.36 | 9.90 | 10.53 |
| 1998.03.25 | 7.02 | 7.92 | 9.00 | 9.72 | 10.35 |
| 1998.07.01 | 6.57 | 6.93 | 7.11 | 7.65 | 8.01 |
| 1998.12.07 | 6.12 | 6.39 | 6.66 | 7.20 | 7.56 |
| 1999.06.10 | 5.58 | 5.85 | 5.94 | 6.03 | 6.21 |
| 2002.02.21 | 5.04 | 5.31 | 5.49 | 5.58 | 5.76 |
| 2004.10.29 | 5.22 | 5.58 | 5.76 | 5.85 | 6.12 |
| 2006.04.28 | 5.40 | 5.85 | 6.03 | 6.12 | 6.39 |
| 2006.08.19 | 5.58 | 6.12 | 6.30 | 6.48 | 6.84 |
| 2007.03.18 | 5.67 | 6.39 | 6.57 | 6.75 | 7.11 |
| 2007.05.19 | 5.85 | 6.57 | 6.75 | 6.93 | 7.20 |
| 2007.07.21 | 6.03 | 6.84 | 7.02 | 7.20 | 7.38 |
| 2007.08.22 | 6.21 | 7.02 | 7.20 | 7.38 | 7.56 |
| 2007.09.15 | 6.48 | 7.29 | 7.47 | 7.65 | 7.83 |
| 2007.12.21 | 6.57 | 7.47 | 7.56 | 7.74 | 7.83 |
| 2008.09.16 | 6.21 | 7.20 | 7.29 | 7.56 | 7.74 |
| 2008.10.09 | 6.12 | 6.93 | 7.02 | 7.29 | 7.47 |
| 2008.10.30 | 6.03 | 6.66 | 6.75 | 7.02 | 7.20 |
| 2008.11.27 | 5.04 | 5.58 | 5.67 | 5.94 | 6.12 |
| 2008.12.23 | 4.86 | 5.31 | 5.40 | 5.76 | 5.94 |
| 2010.10.20 | 5.10 | 5.56 | 5.60 | 5.96 | 6.14 |
| 2010.12.26 | 5.35 | 5.81 | 5.85 | 6.22 | 6.40 |
| 2011.02.09 | 5.60 | 6.06 | 6.10 | 6.45 | 6.60 |
| 2011.04.06 | 5.85 | 6.31 | 6.40 | 6.65 | 6.80 |
| 2011.07.07 | 6.10 | 6.56 | 6.65 | 6.90 | 7.05 |
| 2012.06.08 | 5.85 | 6.31 | 6.40 | 6.65 | 6.80 |
| 2012.07.06 | 5.60 | 6.00 | 6.15 | 6.40 | 6.55 |

【财政收入】是国家财政参与社会产品分配所取得的收入，是实现国家职能的财力保证。财政收入所包括的内容几经变化，目前主要包括：

(1)各项税收:包括增值税、营业税、消费税、土地增值税、城市维护建设税、资源税、城市土地使用税、印花税、个人所得税、企业所得税、关税、农牧业税和耕地占用税等。

(2)专项收入:包括征收排污费收入、征收城市水资源费收入、教育费附加收入等。

(3)其他收入:包括基本建设贷款归还收入、基本建设收入、捐赠收入等。

(4)国有企业亏损补贴:这项为负收入，冲减财政收入。

【财政支出】国家财政将筹集起来的资金进行分配使用，以满足经济建设和各项事业的需要，主要包括一般公共服务、公共安全支出、教育支出、科学技术支出、文化体育传媒支出、社会保障和就业支出、医疗卫生支出、环境保护支出、城乡社区事务支出、农林水利支出、交通运输支出、工业商业金融等事务费、其他支出等科目。

【储蓄存款余额】指城乡居民在某一时点上在银行和其他金融机构的本（人民币）、外币储蓄存款总额。它既包括城乡居民的人民币储蓄存款，又包括他们的各种外币储蓄存款。既包括城镇居民的，又包括农村居民的，是一个大范围的概念。

【保险金额】指保险人承担赔偿或者给付保险金责任的最高限额。

【保费收入】指保险公司为履行保险合同规定的义务而向投保人收取的对价收入。

【保险赔款及给付】指保险事故发生后，经查证确属保险责任范围以内的保险标的损失，保险人根据保险合同的规定履行赔偿义务，给予被保险人(或投保人指定的受益人)的款项。

【Government Revenue】 refers to the revenue of the government finance by means of participating in the distribution of the social products,which is the financial resources for ensuring the government to function.The contents of government revenue have been changed several times.Now it includes the following main items:

(1)Various tax revenues,including value added tax,business tax, consumption tax,land value added tax,tax on city maintenance and construction,resources tax,tax on use of urban land,stamp tax, personal income tax,enterprise income tax,tariff,tax on agriculture and animal husbandry and tax on occupancy of cultivated land,etc.

(2)Special revenues,including revenue collected from imposing fee on sewage treatment,revenue collected from imposing fee on urban water resources,and extra -charges for education,etc.

(3)Other revenues,including revenue from the repayment of capital construction loan,revenue from capital construction projects,and donations and grants.

(4)Planned subsidies for the losses of the state-owned enterprises. This is an item of negative revenue,used to eat up part of the government revenue.

【Government Expenditure】 refers to the distribution and use of the funds the government finance has raised,so as to meet the needs of economic construction and various causes.It mainly includes expenditure for general public services; public safety; education; science and technology; cultural 、 sports and media, social security and employment;medical and health;environmental protection;urban and rural community affairs;farming, forestry, water,conservancy;transport;operating expenses of the departments of industry,commerce and financial; and other expenditures.

【Savings Deposits by Urban and Rural Residents】 refer to the total value of savings deposits of urban and rural households in banks and other financial institutions at a given point of time, including RMB savings deposits and foreign currency saving deposits.

【Amout Insured】 is the fee paid by the insurant to the insurer to obtain the obligation of compensation from the insurance within the agreed terms.

【Premium】 is the fee paid by the insurant based on a proportion of the benefit he/she may get from the insurance plus the insurance value.

【Insurance Indemnity】 is the compensation paid by the insurer for an accident happening to the insured property or the insurance value paid for an accident happening to a person who has insured his/her life.

第七篇 CHAPTER 7

# 价格指数
# PRICE INDICES

## 第七篇　价格指数

一、本篇资料反映生产、消费等环节的价格变动情况。

二、本篇资料由国家统计局广州调查队提供。

三、居民消费价格指数采用抽样调查方法编制，按照大中小兼顾以及地区分布合理的原则，采用划类选择法抽选价格调查点以及消费量较大，价格变动有代表性的商品和服务项目作为样本，对市场价格进行经常性调查，以样本推断总体。

四、工业生产者出厂价格指数和工业生产者购进价格指数均采用重点调查与典型调查相结合的调查方法，采用主观选择和随机抽样的方法选择调查企业。

五、固定资产投资价格指数、住宅价格指数编制均采用重点调查与典型调查相结合的方法，数据采集使用企业报表与调查员实地采价相结合的方式。

## 7 Price Indices

I. The data on the price indices in this chapter show the changing trend and the changing rates in production and consumption.

II. The data in this chapter are prepared and provided by Guangzhou Survey Team of National Bureau of Statistics.

Ⅲ. The data for the calculation of the consumer price indices of resident are collected with the stratified sampling method. Areas distributed in different economic regions in the districts and counties of Guangzhou are selected as the sample areas and the commodities with more consumption and the representative commodities and service item are selected as the samples. Regular surveys are conducted to collect the data on the market prices. The data on the population are estimated on the basis of the sam1pe.

IV. The data for the calculation of the industrial producer and industrial producers purchasing price indices are collected by key unit's survey and typical unit's survey under subjective choice and random sample.

V. The data for the calculation of price indices of fixed assets investment and price indices of real estate are collected by key unit's survey and typical unit's survey through enterprises reporting forms and investigators collecting prices on the spot.

# 7-1 主要年份城市居民消费价格指数
## Urban Residents Consumer Price Indices in Main Years

| 年 份<br>Year | 以上年价格为100<br>(preceding year=100) | 以1978年价格为100<br>(1978=100) | 以1952年价格为100<br>(1952=100) |
|---|---|---|---|
| 1978 | 100.3 | | 134.1 |
| 1979 | 104.0 | 104.0 | 172.7 |
| 1980 | 107.2 | 112.9 | 240.5 |
| 1985 | 121.5 | 168.1 | 370.8 |
| 1986 | 103.9 | 177.4 | 398.1 |
| 1987 | 113.7 | 212.2 | 465.6 |
| 1988 | 127.7 | 274.0 | 599.8 |
| 1989 | 121.6 | 339.6 | 729.3 |
| 1990 | 97.3 | 322.2 | 709.6 |
| 1991 | 103.0 | 329.2 | 711.9 |
| 1992 | 111.7 | 374.6 | 795.2 |
| 1993 | 125.0 | 472.4 | 1020.5 |
| 1994 | 120.0 | 575.4 | 1224.6 |
| 1995 | 113.5 | 653.1 | 1389.9 |
| 1996 | 108.2 | 706.7 | 1503.9 |
| 1997 | 102.2 | 722.2 | 1537.0 |
| 1998 | 97.7 | 705.6 | 1501.6 |
| 1999 | 98.5 | 695.0 | 1479.1 |
| 2000 | 102.8 | 714.5 | 1520.5 |
| 2001 | 98.9 | 706.6 | 1503.8 |
| 2002 | 97.6 | 689.6 | 1467.7 |
| 2003 | 100.1 | 690.3 | 1469.2 |
| 2004 | 101.7 | 702.0 | 1494.2 |
| 2005 | 101.5 | 712.5 | 1516.6 |
| 2006 | 102.3 | 728.9 | 1551.5 |
| 2007 | 103.4 | 753.7 | 1604.2 |
| 2008 | 105.9 | 798.2 | 1698.8 |
| 2009 | 97.5 | 778.2 | 1656.3 |
| 2010 | 103.2 | 803.1 | 1709.3 |
| 2011 | 105.5 | 847.3 | 1803.3 |
| 2012 | 103.0 | 872.7 | 1857.4 |
| 2013 | 102.6 | 895.4 | 1905.7 |

# 7-2 城市居民消费价格分类指数(上年=100)

# Urban Residents Consumer Price Indices by Category (Preceding Year=100)

| 项　　目 | Item | 2012 | 2013 |
|---|---|---|---|
| **居民消费价格指数** | **Consumer Price Index** | **103.0** | **102.6** |
| 消费品价格指数 | Consumer Goods Price Index | 104.3 | 102.1 |
| 服务项目价格指数 | Service Price Index | 100.2 | 103.7 |
| 食　品 | Food | 108.4 | 104.1 |
| #粮　食 | Grain | 104.9 | 103.4 |
| 油　脂 | Oil or Fat | 106.1 | 101.9 |
| 肉禽及其制品 | Meat, Poultry and Processed Products | 108.0 | 101.7 |
| 蛋 | Eggs | 97.6 | 102.4 |
| 水产品 | Aquatic Products | 112.8 | 106.5 |
| 菜 | Vegetables | 115.2 | 109.7 |
| #鲜　菜 | Fresh Vegetables | 118.3 | 110.1 |
| 烟　酒 | Cigarettes and Liquors | 103.5 | 100.7 |
| 衣　着 | Clothing | 101.5 | 100.3 |
| 家庭设备用品及维修服务 | Household Facilities, Articles and Services | 101.8 | 100.4 |
| #耐用消费品 | Durable Consumer Goods | 96.9 | 97.3 |
| 医疗保健和个人用品 | Health Care and Personal Articles | 101.3 | 99.5 |
| #医疗保健 | Health Care | 99.9 | 99.1 |
| 交通和通信 | Transportation and Communication | 97.7 | 98.8 |
| 娱乐教育文化用品及服务 | Recreation, Education and Culture Articles | 98.3 | 101.3 |
| 居　住 | Residence | 102.1 | 105.9 |

# 7-3 主要年份城市商品零售价格指数
## Urban Retail Price Indices in Main Years

| 年　份<br>Year | 以上年价格为100<br>(preceding year=100) | 以1978年价格为100<br>(1978=100) | 以1952年价格为100<br>(1952=100) |
|---|---|---|---|
| 1978 | 100.3 | | |
| 1979 | 104.5 | 104.5 | 184.6 |
| 1980 | 107.6 | 113.8 | 252.8 |
| 1985 | 122.5 | 171.4 | 400.4 |
| 1986 | 103.3 | 179.8 | 426.0 |
| 1987 | 114.3 | 218.0 | 507.6 |
| 1988 | 129.6 | 284.9 | 656.5 |
| 1989 | 121.6 | 351.7 | 798.2 |
| 1990 | 96.3 | 331.4 | 768.7 |
| 1991 | 102.0 | 338.2 | 784.1 |
| 1992 | 108.9 | 379.3 | 853.9 |
| 1993 | 125.1 | 480.0 | 1068.2 |
| 1994 | 116.6 | 559.7 | 1245.5 |
| 1995 | 109.7 | 614.0 | 1366.3 |
| 1996 | 104.3 | 640.4 | 1425.1 |
| 1997 | 99.4 | 636.6 | 1416.5 |
| 1998 | 96.3 | 613.0 | 1364.1 |
| 1999 | 96.8 | 593.4 | 1320.4 |
| 2000 | 99.4 | 589.8 | 1312.5 |
| 2001 | 97.4 | 574.5 | 1278.4 |
| 2002 | 97.4 | 559.6 | 1245.2 |
| 2003 | 99.1 | 554.5 | 1234.0 |
| 2004 | 102.1 | 566.1 | 1259.9 |
| 2005 | 101.6 | 575.2 | 1280.1 |
| 2006 | 101.2 | 582.1 | 1295.5 |
| 2007 | 102.9 | 599.0 | 1333.0 |
| 2008 | 105.7 | 633.1 | 1409.0 |
| 2009 | 96.8 | 612.8 | 1363.9 |
| 2010 | 103.2 | 632.4 | 1407.5 |
| 2011 | 105.1 | 664.7 | 1479.3 |
| 2012 | 101.9 | 677.3 | 1507.4 |
| 2013 | 100.5 | 680.7 | 1514.9 |

## 7-4 城市商品零售价格指数（上年=100）

## Urban Retail Price Indices by Category (Preceding Year=100)

| 项 目 | Item | 2012 | 2013 |
|---|---|---|---|
| **商品零售价格指数** | **Retail Price Index** | **101.9** | **100.5** |
| 食 品 | Food | 108.2 | 104.2 |
| 饮料、烟酒 | Beverages, Tobacco and Liquor | 103.4 | 100.8 |
| 服装、鞋帽 | Garments, Shoes and Hats | 101.3 | 100.3 |
| 纺织品 | Textiles | 98.1 | 93.8 |
| 家用电器及音像器材 | Household Appliances, Music and Video Equipment | 96.0 | 95.7 |
| 文化办公用品 | Cultural and Office Appliances | 99.1 | 100.1 |
| 日用品 | Articles for Daily Use | 102.7 | 100.2 |
| 体育娱乐用品 | Sports and Recreation Articles | 105.1 | 101.1 |
| 交通、通信用品 | Transportation and Communication Appliances | 90.2 | 95.4 |
| 家 具 | Furniture | 94.4 | 98.8 |
| 化妆品 | Cosmetics | 103.3 | 102.0 |
| 金银珠宝 | Gold, Silver and Jewelry | 102.0 | 90.0 |
| 中西药品及医疗保健用品 | Traditional Chinese and Western Medicines & Health Care Articles | 99.7 | 98.7 |
| 书报杂志及电子出版物 | Books, Newspapers, Magazines and Electronic Publications | 99.4 | 99.2 |
| 燃 料 | Fuels | 102.2 | 98.7 |
| 建筑材料及五金电料 | Building Materials and Hardware | 99.9 | 102.3 |

# 7-5 工业生产者出厂价格指数（上年＝100）

## Producer Price Index for Manufactured Goods (Preceding Year=100)

| 项　　目 | Item | 2012 | 2013 |
|---|---|---|---|
| **工业生产者出厂价格指数** | **Producer Price Index for Manufactured Goods** | **99.7** | **98.0** |
| 轻工业 | Light Industry | 101.0 | 98.7 |
| 以农产品为原材料 | Using Farm Produce as Raw Materials | 101.9 | 98.6 |
| 以非农产品为原材料 | Using Nonfarm Produce as Raw Materials | 100.2 | 98.9 |
| 重工业 | Heavy Industry | 99.0 | 97.6 |
| 采掘工业 | Mining and Quarrying Industry | 100.9 | 99.8 |
| 原料工业 | Raw Materials Industry | 100.2 | 99.4 |
| 加工工业 | Manufacturing Industry | 98.6 | 97.0 |
| 生产资料 | Means of Production | 98.9 | 98.2 |
| 采掘工业 | Mining and Quarrying Industry | 100.9 | 99.8 |
| 原料工业 | Raw Materials Industry | 100.2 | 99.4 |
| 加工工业 | Processing Industry | 98.3 | 97.7 |
| 生活资料 | Consumer Goods | 100.7 | 97.8 |
| 食品类 | Food | 102.7 | 98.2 |
| 衣着类 | Clothing | 101.1 | 99.9 |
| 一般日用品类 | Articles for Daily Use | 101.0 | 98.5 |
| 耐用消费品类 | Durable Consumer Goods | 99.6 | 96.9 |

## 7-6 工业生产者购进价格指数(上年=100)

## Purchasing Price Index for Industrial Producers (Preceding Year=100)

| 项目 | Item | 2012 | 2013 |
|---|---|---|---|
| **工业生产者购进价格指数** | **Purchasing Price Index for Industrial Producers** | **98.4** | **98.2** |
| 燃料、动力类 | Fuels and Power | 99.8 | 96.7 |
| 黑色金属材料类 | Ferrous Metals | 95.9 | 96.3 |
| #钢材 | Steel | 95.0 | 95.6 |
| 其他 | Others | 99.0 | 98.5 |
| 有色金属材料和电线类 | Nonferrous Metals and Wires | 94.0 | 95.9 |
| 化工原料类 | Raw Chemical Materials | 96.2 | 98.7 |
| 木材及纸浆类 | Timber and Paper Pulp | 98.8 | 98.1 |
| 建筑材料及非金属矿类 | Building Materials and Nonmetal Minerals | 97.2 | 102.8 |
| 其他工业原料及半成品类 | Raw Materials and Semi-finished Products of Other Industries | 100.6 | 99.8 |
| 农副产品类 | Agricultural Products | 98.5 | 102.6 |
| 纺织原料类 | Textile Raw Materials | 101.6 | 98.8 |

## 7-7 主要食品平均价格

## Average Price of Major Food

单位:元/千克 (yuan/kg)

| 商品名称 | Item | 代表规格品 | Standard and Rate | 2012 | 2013 |
|---|---|---|---|---|---|
| 大米 | Rice | 东北大米 | Northeast Rice | 5.14 | 5.61 |
| 优质米 | High Quality Rice | 油粘米 | Glutinous Rice | 6.17 | 6.24 |
| 黄豆 | Soybean | 一级 | First Rate | 7.41 | 7.25 |
| 绿豆 | Mung Bean | 一级 | First Rate | 14.29 | 13.70 |
| 花生油 | Peanut Oil | 纯净 | Pure First Rate | 25.07 | 26.63 |
| 大白菜 | cabbage | 一级绍菜 | First Rate nappa cabbage | 3.93 | 4.05 |
| 菜花 | cauliflower | 一级椰菜花 | First Rate | 6.37 | 7.76 |
| 黄瓜 | cucumber | 一级青瓜 | First Rate | 5.46 | 5.93 |
| 冬瓜 | wax gourd | 一级青皮冬瓜 | First Rate | 3.28 | 3.03 |
| 西红柿 | tomato | 一级番茄 | First Rate | 7.31 | 7.11 |
| 萝卜 | radish | 一级白萝卜 | First Rate | 3.32 | 3.35 |
| 空心菜 | water spinach | 一级通菜 | First Rate | 5.54 | 6.28 |
| 菜心 | Chinese flowering cabbage | 一级 | First Rate | 6.72 | 7.46 |
| 豇豆 | cowpea | 一级白豆角 | First Rate asparagus bean | 8.24 | 9.22 |
| 生菜 | lettuce | 一级 | First Rate | 5.38 | 6.02 |
| 节瓜 | zucchini | 一级 | First Rate | 6.09 | 6.84 |
| 西洋菜 | watercress | 一级 | First Rate | 5.13 | 5.95 |
| 猪肉 | Pork | 上肉一级 | Fresh High Quality Pork | 29.26 | 28.38 |
| 牛肉 | Beef | 净肉 | Net Beef | 61.39 | 72.48 |
| 鸡 | Chicken | 中等本地活鸡项 | Middling Live Local Chicken | 30.54 | 30.36 |
| 鸡蛋 | Eggs | 新鲜褐壳 | Fresh Brown Eggs | 9.53 | 10.23 |
| 带鱼 | Hairtail | 冰鲜中等原条 | Middling Iced Whole Hairtail | 39.58 | 43.61 |
| 鳙鱼 | Variegated Carp | 一级 | First Rate | 15.97 | 16.51 |
| 鲫鱼 | Crucian | 一级 | First Rate | 14.10 | 16.17 |
| 草鱼 | Grass Carp | 一级 | First Rate | 21.88 | 22.16 |
| 苹果 | Apple | 红富士一级 | First Rate of Red Fuji | 11.45 | 11.49 |
| 雪梨 | Pear | 一级 | First Rate | 6.95 | 7.10 |
| 香蕉 | Banana | 黄熟一级 | Ripe First Rate | 5.03 | 5.25 |
| 葡萄 | Grape | 加州红提 | American Red Grape | 31.08 | 28.62 |
| 西瓜 | Watermelon | 黑美人一级 | Ordinary First Rate | 3.62 | 3.90 |

# 7-8 固定资产投资价格指数（上年=100）
## Prices Indices of Investment in Fixed Assets (Preceding Year=100)

| 项　　目 | Item | 2012 | 2013 |
|---|---|---|---|
| **固定资产投资价格指数** | **Prices Indices of Investment in Fixed Assets** | **101.0** | **100.6** |
| 建筑安装、装饰工程 | Construction and Installation | 101.7 | 101.1 |
| 人工费 | Manpower | 108.9 | 108.4 |
| 材料费 | Materials | 99.8 | 99.1 |
| 钢　材 | Steel | 97.6 | 95.8 |
| 木　材 | Timber | 102.3 | 101.7 |
| 水　泥 | Cement | 100.5 | 99.9 |
| 地方建筑材料 | Local Building Materials | 102.0 | 102.3 |
| 化工材料 | Chemical Materials | 103.5 | 101.1 |
| 电　料 | Electical Materials and Appliances | 100.8 | 99.8 |
| 其他材料 | Other Materials | 101.5 | 102.3 |
| 机械使用费 | Machinery | 103.7 | 102.8 |
| 设备、工器具购置 | Purchase of Equipment, Tools and Installation | 99.4 | 97.9 |
| 其他费用 | Others | 100.4 | 101.1 |

# 7-9 住宅销售价格指数（上年=100）

## Sales Prices Indices of Residence Buildings (Preceding Year=100)

| 项　　目 | Item | 2012 | 2013 |
|---|---|---|---|
| **新建住宅销售价格指数** | **Newly Built Residential Buildings** | **99.7** | **115.7** |
| 新建商品住宅 | Newly Built Commodity Residential Buildings | 99.7 | 115.9 |
| 90平方米及以下 | 90 square meters and below | 99.7 | 115.9 |
| 90-144平方米 | 90 - 144 square meters | 99.8 | 115.6 |
| 144平方米以上 | 144 square meters and above | 99.6 | 116.2 |
| **二手住宅销售价格指数** | **Second-hand Residential Buildings** | **99.9** | **109.6** |
| 90平方米及以下 | 90 square meters and below | 100.9 | 110.4 |
| 90-144平方米 | 90 - 144 square meters | 98.9 | 108.9 |
| 144平方米以上 | 144 square meters and above | 99.3 | 108.6 |

注：1. 2011年起新建住宅销售数据口径改为使用网签数据。
2. 二手住宅销售口径改为当期新发生案例价格。
3. 房屋类型分类从品质分类改为按面积套型分类。

Note: I. Since 2011, statistical coverage of newly built residential buildings have change to internet signed data.
II. Statistical coverage of second-hand residential buildings have change to the price of current newly occur cases.
III. The group of residential buildings types have change from quilt to area.

# 7-10 住宅租赁价格指数（上年=100）

## Renting Price Indices of Residence Buildings (Preceding Year=100)

| 项　　目 | Item | 2012 | 2013 |
|---|---|---|---|
| **住宅租赁价格指数** | **Renting Price Indices of Residential Buildings** | **104.9** | **108.1** |
| 廉租房 | Tenement House | 100.0 | 100.0 |
| 商品住宅 | Commodity Residential Buildings | 104.9 | 108.1 |
| 普通住宅 | General Residential Buildings | 105.0 | 108.1 |
| 高档住宅 | Luxury Residential Buildings | 102.7 | 108.3 |

注：2011年起，租赁价格调查仅调查住宅价格，取消对非住宅价格调查。

Note: Since 2011, renting price indices survey only include residential building survey.

【商品零售价格指数】商品零售价格是商品在流通过程中最后一个环节的价格，主要包括：工业、商业、餐饮业和其他零售企业向城乡居民、机关团体出售生活消费品和办公用品的价格。商品零售价格调查任务是系统地调查、搜集和整理市场商品零售价格资料，编制商品零售价格指数，以反映市场商品零售价格的变动趋势和变动程度，为国家宏观调控和国民经济核算提供参考依据。

【城市居民消费价格指数】是度量消费商品及服务项目价格水平随着时间而变动的相对数，它反映城市居民家庭购买的生活消费品及服务价格水平的变动情况，是宏观经济调控、价格总水平监测以及国民经济核算的重要指标，其变动率在一定程度上反映了通货膨胀(或紧缩)的程度。

【工业生产者购进价格指数】从2011年起原材料、燃料和动力购进价格改为工业生产者购进价格指数，它是反映工业企业作为生产投入，从物资交易市场和能源、原材料生产企业购买原材料、燃料和动力产品时，所支付的价格水平变动趋势和程度的统计指标，是扣除工业企业物质消耗成本中的价格变动影响的重要依据。

【工业生产者出厂价格指数】从2011年起工业品出厂价格改为工业生产者出厂价格指数，它是反映一定时期内全部工业产品出厂价格总水平的变动趋势和程度的相对数，包括工业企业售给本企业以外所有单位的各种产品和直接售给居民用于生活消费的产品。该指数可以观察出厂价格变动对工业总产值及增加值的影响。

【固定资产投资价格指数】是反映固定资产投资活动中所涉及的建筑安装工程、设备工器具购置和其他费用这三部分投资价格水平变动趋势和幅度的相对数。

【住宅价格指数】是反映住宅市场的价格水平和价格变化趋势的相对数，它包括住宅销售和住宅租赁等价格指数。住宅价格指数是按照保证房屋类型、所处地段、房屋结构统计口径的基期与报告期价格同质可比的原则计算。

【Retail Price Index】 measures the relative trend and degree of changes in retail prices of commodities,reflecting the trend of changes in prices in the last link of circulation,i.e. prices of consumer goods and office appliances sold to households or organizations by enterprises of industry,commerce,catering services and other retail trades. It refects the changing trend and degree of retail prices of commodities.

It provides a reference for macroeconomic adjustment and control as well as national economic accounting.

【Urban Consumer Price Index】 reflects the trend and degree of changes in prices of consumer goods and services purchased by urban residents。It is an important indicator for macroeconomic analysis decision-making,regularization and control, supervision of general price level and national economic accounting.The rates of change are generally considered as an indicator of inflation or deflation.

【Purchasing Price Index for Industrial Producers】 Since 2011, Purchasing Price Indices of Raw Materials, Fuels and Power have been changed into Purchasing Price Index for Industrial Producers which reflects changes in the level and degree of prices paid by industrial enterprises when they purchase production input such as raw materials, fuels and power from the market or from other energy or raw materials producing enterprises. These indices provide important basis for measuring the material consumption of industrial enterprises after removing influence of price changes.

【Producer Price Index for Manufactured Goods】 Producer Price Index for Manufactured Goods reflects the trend and degree of changes in general ex-factory prices of all industrial products during a given period, including sales of industrial products by an industrial enterprise to all units outside the enterprise, as well as sales of consumer goods to residents. It can be used to analyze the impact of ex-factory prices on gross output value and value-added of the industrial sector.

【Price Indices of Industrial Produ period.including exfactory price indices of industrial products and cts】 reflect the trend and degree of changes in prices of all industrial products during a given purchasing prices indices of raw materials,fuels and power.

The exfactory price indices of industrial products can be used to analyze the impact of change in exfactory prices on gross output value of the industrial sector.

【residential price index】 refers to the price level and price trend reflects the relative number of residential market, which includes residential sales and residential rental price index. Residential price index is calculated in accordance with the guarantee of housing types, locations, housing structure statistical base period and during the report period the principle of homogeneity comparable price.

第八篇 CHAPTER 8

# 人民生活

# PEOPLE'S LIVELIHOOD

# 简要说明
# Brief Introduction

## 第八篇　人民生活

一、本篇资料反映广州城乡居民生活状况，包括家庭基本情况、居民收支、消费水平、住房及主要消费品消费量和拥有量等基本情况。

二、本篇资料由广州市统计局和国家统计局广州调查队共同提供。

三、本篇8-3表中的城市居民家庭人均可支配收入、城市居民家庭恩格尔系数指标统计口径从2002年起作了调整，增长速度按可比口径计算。

四、国家统计局对2012年的居民可支配收入统计方法有所调整，从6月份起，绝对值按新口径计算，增长速度按可比口径计算。

## 8 People's Livelihood

I. The data in this chapter show the basic conditions of the people's livelihood in the urban and rural areas of Guangzhou Municipality, including basic conditions of families, income and expenditure of the residents, level of consumption, housing condition, consumption possession of the major Consumer goods, etc.

II. The data in this chapter are prepared and provided by Guangzhou Municipal Bureau of Statistics and Guangzhou Survey Team of National Bureau of Statistics.

Ⅲ. In table 8-3, the coverage of urban household per capita annual disposable income and Engel coefficient of urban households has been adjusted since 2002, the growth rate was calculated on the comparable coverage.

Ⅳ. In 2012， the disposable income of statistical method is adjusted by National Bureau of Statistics, from June onwards, the absolute value is calculated according to the new calculation diameter, growth rate is calculated on the comparable coverage.

# 8-1　城市居民家庭基本情况（2013年）

# Basic Conditions of Urban Households (2013)

单位：人　(person)

| 项　目 | Item | 合　计 Total | 低收入户 Low Income Households | 中等偏下收入户 Lower Middle Income Households |
|---|---|---|---|---|
| 一、调查户数(户) | Number of Households Surveyed (household) | 500 | 100 | 100 |
| 二、家庭人口数 | Number of Family Members | 1605 | 343 | 324 |
| 平均每户人口数 | Average Household Size | 3.21 | 3.43 | 3.24 |
| (一)有收入者人数 | Number of Income Persons | 1170 | 210 | 228 |
| 平均每户有收入者人数 | Average Number of Income Persons per Household | 2.34 | 2.10 | 2.28 |
| 1. 就业者人数 | Number of Employed Persons | 880 | 166 | 169 |
| 平均每户就业人数 | Average Number of Employed Persons per Household | 1.76 | 1.66 | 1.69 |
| 平均每一就业者负担人数 | Number of Dependents per Employee | 1.82 | 2.07 | 1.92 |
| 2. 离退休人数 | Number of Retired Veterans and Persons | 285 | 43 | 57 |
| 3. 其他有收入者人数 | Number of Other Income Persons | 5 | 1 | 2 |
| (二)无收入者人数 | Number of Persons without Income | 435 | 133 | 96 |

## 8-1　续表　continued

单位：人　(person)

| 项　目 | Item | 中等收入户 Middle Income Households | 中等偏上收入户 Upper Middle Income Households | 高收入户 High Income Households |
|---|---|---|---|---|
| 一、调查户数(户) | Number of Households Surveyed (household) | 100 | 100 | 100 |
| 二、家庭人口数 | Number of Family Members | 319 | 313 | 306 |
| 平均每户人口数 | Average Household Size | 3.19 | 3.13 | 3.06 |
| (一)有收入者人数 | Number of Income Persons | 240 | 238 | 254 |
| 平均每户有收入者人数 | Average Number of Income Persons per Household | 2.40 | 2.38 | 2.54 |
| 1. 就业者人数 | Number of Employed Persons | 172 | 191 | 182 |
| 平均每户就业人数 | Average Number of Employed Persons per Household | 1.72 | 1.91 | 1.82 |
| 平均每一就业者负担人数 | Number of Dependents per Employee | 1.85 | 1.64 | 1.68 |
| 2. 离退休人数 | Number of Retired Veterans and Persons | 67 | 47 | 71 |
| 3. 其他有收入者人数 | Number of Other Income Persons | 1 | | 1 |
| (二)无收入者人数 | Number of Persons without Income | 79 | 75 | 52 |

# 8-2 城市居民家庭平均每人全年现金收支情况（2013年）

单位：元

| 项　　目 | Item |
| --- | --- |
| 家庭总收入 | Total Income of Households |
| # 可支配收入 | Disposable Income |
| 工资性收入 | Income from Wages and Salaries |
| 工资及补贴收入 | Wages and Subsidies Income |
| 其他劳动收入 | Other Incomes |
| 经营净收入 | Net Business Income |
| 财产性收入 | Income from Properties |
| 转移性收入 | Income from Transfer |
| # 养老金或离退休金 | Pension or Retirement Annuities |
| 社会救济收入 | Social Relief Income |
| 保险收入 | Insurance Income |
| # 失业保险金 | Unemployment Insurance Benefits |
| 赡养收入 | Alimony Income |
| 捐赠收入 | Donated Income |
| 出售财物收入 | Income from Selling Properties |
| 出售住房收入 | Income from Selling Houses |
| 出售其他物品收入 | Income from Selling Other Properties |
| 借贷收入 | Loan Income |
| # 提取储蓄存款 | Withdrawal of Savings Deposits |
| 借入款 | Borrowed Money |
| 收回借出款 | Repayment of Loans Receivable |
| 收回储蓄性保险本金 | Insured Savings Receivable |
| 家庭总支出 | Total Expenditures of Households |
| 消费性支出 | Consumption Expenditures |
| # 服务性消费支出 | Expenditures for Service Consumption |
| 财产性支出 | Expenses on Properties |
| 转移性支出 | Expenses on Transfers |
| # 交纳所得税 | Income Tax |
| 捐赠支出 | Donated Expenditures |
| 赡养支出 | Alimony Expenditures |
| 社会保障支出 | Social Security Expenditures |
| 购房与建房支出 | Expenditures for Buying and Building Houses |
| 借贷支出 | Loan Expenditures |
| # 存入储蓄款 | Saving Deposits |
| 借出款 | Loaned Money |
| 归还借款 | Payment of Loans |
| 储蓄性保险支出 | Insured Savings Expenditures |
| 购买有价证券 | Purchase of Portfolio |
| 归还住房贷款 | Payment of Loans for Housing |

# Conditions of Per Capita Cash Income and Expenditure of Urban Households (2013)

(yuan)

| 总平均<br>Average | 低收入户<br>Low Income Households | 中等偏下收入户<br>Lower Middle Income Households | 中等收入户<br>Middle Income Households | 中等偏上收入户<br>Upper Middle Income Households | 高收入户<br>High Income Households |
|---|---|---|---|---|---|
| 47879.99 | 18615.70 | 33220.35 | 46986.64 | 56685.65 | 85010.71 |
| 42049.14 | 15402.10 | 29354.70 | 41537.88 | 50509.43 | 74712.23 |
| 33742.88 | 13007.60 | 25271.14 | 34878.81 | 39809.52 | 62433.46 |
| 33590.97 | 12885.15 | 25177.20 | 34824.24 | 39548.22 | 62174.48 |
| 151.91 | 122.45 | 93.94 | 54.57 | 261.30 | 258.98 |
| 3830.40 | 677.80 | 1339.91 | 3781.44 | 6148.78 | 6597.84 |
| 1284.17 | 476.40 | 526.18 | 694.71 | 1671.12 | 2501.23 |
| 9022.54 | 4453.90 | 6083.12 | 7631.68 | 9056.23 | 13478.18 |
| 7666.45 | 3702.92 | 4998.67 | 6590.72 | 7860.43 | 11361.72 |
| 9.01 | 41.08 | | | | |
| 16.14 | | 82.39 | | | |
| 16.14 | | 82.39 | | | |
| 199.26 | 15.33 | 159.50 | 180.79 | 348.87 | 318.58 |
| 265.91 | 158.96 | 230.43 | 268.34 | 293.20 | 408.67 |
| 0.27 | 0.22 | | 0.37 | | 0.88 |
| | | | | | |
| 0.27 | 0.22 | | 0.37 | | 0.88 |
| 12150.50 | 8680.10 | 8783.74 | 10982.30 | 12997.79 | 20009.66 |
| 12101.76 | 8680.10 | 8769.14 | 10978.62 | 12997.79 | 19784.63 |
| 0.71 | | | 3.31 | | |
| 28.59 | | | | | 143.63 |
| 7.15 | | | | | 36.50 |
| 40758.42 | 19740.39 | 30305.39 | 38249.27 | 46881.42 | 69743.18 |
| 33156.83 | 15516.00 | 24615.95 | 30934.16 | 39035.70 | 56180.61 |
| 12316.20 | 5210.61 | 7892.78 | 11383.15 | 13929.54 | 23384.92 |
| 152.58 | 29.78 | 39.88 | 132.39 | 157.18 | 960.22 |
| 2451.14 | 1180.75 | 2398.79 | 2798.28 | 2558.17 | 5256.92 |
| 494.49 | 101.73 | 124.81 | 472.68 | 521.91 | 1787.15 |
| 1083.59 | 657.95 | 1350.20 | 1465.77 | 1058.55 | 2184.07 |
| 560.29 | 387.19 | 527.27 | 550.66 | 557.75 | 808.72 |
| 4997.86 | 3013.86 | 3250.77 | 4384.44 | 5130.37 | 7345.43 |
| | | | | | |
| 18050.34 | 9381.39 | 11927.36 | 12711.08 | 20856.41 | 35669.74 |
| 17062.44 | 9128.20 | 11543.40 | 11927.27 | 19994.77 | 33354.41 |
| 32.88 | | | | | 165.17 |
| 120.08 | 162.84 | 130.54 | 80.42 | | |
| 204.23 | 20.05 | 83.89 | 248.98 | 338.94 | 431.25 |
| 116.51 | | | | 10.77 | 583.94 |
| 489.18 | 70.30 | 169.53 | 380.90 | 465.97 | 1134.97 |

# 8-3 城市居民家庭人均可支配收入及恩格尔系数

# Per Capita Annual Disposable Income and Engel's Coefficient of Urban Households

| 年份 Year | 城市居民人均可支配收入 Per Capita Annual Disposable Income of Urban Residents | | 恩格尔系数 (%) |
|---|---|---|---|
| | 绝对数（元） Value (yuan) | 指数（上年=100） Index (preceding year=100) | Engel's Coefficient of Urban Households (%) |
| 1980 | 606.12 | | 70.4 |
| 1985 | 1099.77 | 125.2 | 62.5 |
| 1986 | 1299.64 | 118.2 | 61.3 |
| 1987 | 1500.99 | 115.5 | 60.7 |
| 1988 | 1857.30 | 123.7 | 61.8 |
| 1989 | 2492.63 | 134.2 | 60.4 |
| 1990 | 2748.95 | 110.3 | 60.6 |
| 1991 | 3124.07 | 113.6 | 58.9 |
| 1992 | 3966.76 | 127.0 | 56.1 |
| 1993 | 5260.00 | 132.6 | 51.5 |
| 1994 | 7571.00 | 143.9 | 50.1 |
| 1995 | 9038.16 | 119.4 | 50.2 |
| 1996 | 9905.31 | 109.6 | 50.4 |
| 1997 | 10444.60 | 105.4 | 49.1 |
| 1998 | 11255.70 | 107.8 | 44.7 |
| 1999 | 12018.52 | 106.8 | 44.0 |
| 2000 | 13966.53 | 116.2 | 42.6 |
| 2001 | 14694.00 | 105.2 | 40.0 |
| 2002 | 13380.47 | 104.9 | 41.0 |
| 2003 | 15002.59 | 112.1 | 38.9 |
| 2004 | 16884.16 | 112.5 | 38.3 |
| 2005 | 18287.24 | 108.3 | 37.3 |
| 2006 | 19850.66 | 108.5 | 37.0 |
| 2007 | 22469.22 | 113.2 | 32.8 |
| 2008 | 25316.72 | 112.7 | 33.7 |
| 2009 | 27609.59 | 109.1 | 33.2 |
| 2010 | 30658.49 | 111.0 | 33.3 |
| 2011 | 34438.08 | 112.3 | 34.0 |
| 2012 | 38053.52 | 111.4 | 34.0 |
| 2013 | 42049.14 | 110.5 | 33.9 |

# 8-4 城市居民家庭平均每人全年消费性支出（2013年）

# Per Capita Annual Consumption Expenditures of Urban Households (2013)

单位：元 (yuan)

| 项　目 | Item | 总平均 Average | 低收入户 Low Income Households | 中等偏下收入户 Lower Middle Income Households | 中等收入户 Middle Income Households | 中等偏上收入户 Upper Middle Income Households | 高收入户 High Income Households |
|---|---|---|---|---|---|---|---|
| **消费性支出合计** | **Total Consumption Expenditures** | **33156.83** | **15516.00** | **24615.95** | **30934.16** | **39035.70** | **56180.61** |
| #服务性消费支出 | Expenditures for Service Consumption | 12316.20 | 5210.61 | 7892.78 | 11383.15 | 13929.54 | 23384.92 |
| 食　品 | Food | 11240.16 | 7560.50 | 10402.29 | 11975.34 | 12674.56 | 14910.95 |
| 粮油类 | Grain and Oil | 1013.88 | 836.51 | 961.40 | 1110.98 | 1109.13 | 1282.80 |
| #粮　食 | Grain | 690.71 | 567.20 | 669.65 | 763.22 | 772.94 | 878.79 |
| 油脂类 | Oil and Fat | 207.07 | 164.17 | 191.39 | 218.35 | 221.02 | 259.43 |
| 肉禽蛋水产品类 | Meat, Poultry, Eggs and Processed Products & Aquatic Products | 3247.20 | 2810.72 | 3261.53 | 3435.69 | 3626.91 | 3842.09 |
| 肉　类 | Meat | 1565.75 | 1457.69 | 1604.87 | 1694.45 | 1754.59 | 1853.69 |
| 禽　类 | Poultry | 693.90 | 515.67 | 674.43 | 726.58 | 782.02 | 792.30 |
| 蛋　类 | Eggs | 123.02 | 100.71 | 114.01 | 113.67 | 124.22 | 176.43 |
| 水产品 | Aquatic Products | 864.53 | 736.65 | 868.23 | 900.99 | 966.08 | 1019.67 |
| 蔬菜类 | Vegetables | 832.76 | 786.79 | 799.07 | 866.70 | 890.02 | 861.91 |
| #鲜　菜 | Fresh Vegetables | 724.96 | 711.98 | 696.82 | 738.11 | 783.22 | 727.43 |
| 调味品 | Condiments | 88.10 | 62.22 | 85.38 | 78.79 | 92.81 | 134.51 |
| 糖烟酒饮料类 | Sugar, Tobacco, Liquor and Beverages | 620.31 | 335.80 | 515.75 | 753.28 | 882.47 | 1017.70 |
| 糖　类 | Sugar | 82.65 | 55.18 | 55.83 | 78.58 | 112.01 | 123.12 |
| 烟草类 | Tobacco | 152.58 | 59.41 | 120.16 | 288.88 | 287.04 | 305.67 |
| 酒 | Liquor | 149.49 | 81.50 | 130.75 | 163.54 | 172.22 | 242.35 |
| 饮　料 | Beverages | 235.60 | 139.71 | 209.01 | 222.28 | 311.20 | 346.57 |
| 干鲜瓜果类 | Dried and Fresh Melons and Fruits | 656.71 | 435.35 | 675.91 | 668.77 | 754.71 | 832.32 |
| 糕点、奶及奶制品 | Cake, Milk and Processed Products | 598.02 | 438.65 | 576.49 | 638.24 | 675.60 | 845.74 |
| 糕　点 | Cake | 258.18 | 208.68 | 245.34 | 318.17 | 306.85 | 389.06 |
| 奶及奶制品 | Milk and Processed Products | 339.84 | 229.97 | 331.14 | 320.07 | 368.74 | 456.68 |
| 其他食品 | Other Food | 119.74 | 43.89 | 118.45 | 144.23 | 155.59 | 154.54 |
| 饮食服务 | Dining | 4063.42 | 1810.56 | 3408.32 | 4278.66 | 4487.32 | 5939.33 |
| #在外饮食 | Dining Out | 4061.47 | 1809.57 | 3405.47 | 4276.56 | 4484.49 | 5938.37 |
| 衣　着 | Clothing | 2410.50 | 593.00 | 1674.10 | 2434.20 | 3254.02 | 4345.55 |
| #服　装 | Garments | 1727.69 | 458.85 | 1118.29 | 1727.63 | 2338.11 | 3031.23 |
| 衣着材料 | Clothing Materials | 9.00 | 0.28 | 11.47 | 20.33 | 9.52 | 2.48 |
| 鞋　类 | Shoes | 554.04 | 85.15 | 415.61 | 567.36 | 776.81 | 1113.68 |

# 8-4 续表 continued

单位:元 (yuan)

| 项目 | Item | 总平均 Average | 低收入户 Low Income Households | 中等偏下收入户 Lower Middle Income Households | 中等收入户 Middle Income Households | 中等偏上收入户 Upper Middle Income Households | 高收入户 High Income Households |
|---|---|---|---|---|---|---|---|
| 居住 | Residence | 2619.39 | 1510.70 | 1816.36 | 2218.97 | 2733.78 | 5114.00 |
| # 住房 | Housing | 692.66 | 351.92 | 318.85 | 413.36 | 684.84 | 1245.01 |
| 水电燃料及其他 | Water, Electricity, Fuels and Others | 1291.74 | 1002.30 | 1216.53 | 1369.50 | 1395.01 | 1472.94 |
| 居住服务费 | Residence Services Fees | 634.99 | 156.48 | 280.98 | 436.11 | 653.93 | 2396.06 |
| # 物业管理费 | Estate Management Fees | 593.37 | 145.50 | 236.08 | 412.14 | 625.78 | 2319.44 |
| 家庭设备用品及服务 | Household Facilities, Articles and Services | 2168.46 | 686.20 | 1496.14 | 2049.00 | 2946.52 | 4161.45 |
| 耐用消费品 | Durable Consumer Goods | 801.07 | 308.70 | 489.94 | 737.69 | 1074.39 | 1500.09 |
| # 家具 | Furniture | 261.04 | 87.92 | 165.43 | 240.84 | 362.20 | 535.12 |
| 家庭设备 | Household Facilities | 540.03 | 220.78 | 324.51 | 496.85 | 712.19 | 964.97 |
| 室内装饰品 | Articles for Interior Decorations | 75.12 | 10.66 | 54.14 | 72.88 | 112.21 | 148.68 |
| 床上用品 | Bed Articles | 182.97 | 76.09 | 113.63 | 155.37 | 264.32 | 347.42 |
| 家庭日用杂品 | Household Articles for Daily Use | 816.66 | 177.02 | 681.40 | 861.90 | 1150.08 | 1485.00 |
| 家具材料 | Furniture Materials | 1.08 | 1.14 | 4.16 | | | 0.04 |
| 家庭服务 | Household Services | 291.56 | 112.59 | 152.87 | 221.16 | 345.52 | 680.21 |
| 医疗保健 | Health Care and Medical Services | 1472.16 | 891.80 | 1218.36 | 1670.40 | 1676.75 | 1965.55 |
| 医疗器具 | Medical Apparatus | 8.92 | 1.37 | 6.18 | 7.12 | 12.58 | 16.47 |
| 保健器具 | Hygienical Articles | 39.76 | 2.52 | 10.26 | 37.89 | 55.11 | 92.36 |
| 药品费 | Medicines | 577.44 | 450.01 | 600.22 | 622.84 | 582.81 | 604.37 |
| 滋补保健品 | Restorative Medicine | 494.42 | 188.46 | 296.31 | 620.33 | 643.01 | 704.81 |
| 医疗费 | Medical Services | 351.62 | 249.44 | 305.39 | 382.22 | 383.24 | 547.54 |
| 其他 | Others | | | | | | |
| 交通通信 | Transport and Communications | 5487.46 | 1551.60 | 3015.66 | 4364.98 | 6991.69 | 11101.34 |
| 交通 | Transport | 3240.74 | 784.03 | 1920.38 | 2311.37 | 4385.92 | 8009.78 |
| # 家庭交通工具 | Means of Transport Services Expense | 737.80 | 62.74 | 32.89 | 25.23 | 1122.77 | 3043.17 |
| 交通费 | Traffic Fees | 847.23 | 721.29 | 851.80 | 857.40 | 857.96 | 1038.54 |
| 通信 | Communications | 2246.72 | 767.56 | 1095.28 | 2053.61 | 2605.77 | 3091.56 |
| 通信工具 | Communication Facility | 476.04 | 70.99 | 271.50 | 604.33 | 625.71 | 656.69 |
| 通信服务 | Communication Services | 1770.68 | 696.58 | 823.78 | 1449.28 | 1980.06 | 2434.87 |
| # 电信费 | Telecommunication Fees | 1758.06 | 689.16 | 816.71 | 1447.74 | 1972.03 | 2387.69 |
| 教育文化娱乐服务 | Education, Cultural and Recreation Services | 6137.33 | 2141.10 | 4045.40 | 5136.50 | 6957.34 | 11692.81 |
| 文化娱乐用品 | Cultural and Recreational Articles | 968.47 | 347.68 | 623.44 | 1033.20 | 1234.62 | 1768.07 |
| 文化娱乐服务 | Cultural and Recreational Services | 3780.99 | 1042.96 | 2325.53 | 2716.66 | 4012.64 | 7754.52 |
| # 团体旅游 | Traveling in a Group | 3206.32 | 804.65 | 1771.01 | 2036.56 | 3292.91 | 7029.14 |
| 教育 | Education | 1387.87 | 750.46 | 1096.43 | 1386.64 | 1710.08 | 2170.22 |
| 其他商品和服务 | Miscellaneous Goods and Services | 1621.37 | 581.10 | 947.64 | 1084.77 | 1801.04 | 2888.96 |
| 其他商品 | Miscellaneous Goods | 1163.60 | 452.61 | 664.72 | 727.47 | 1081.43 | 2097.65 |
| 服务 | Services | 457.78 | 128.49 | 282.92 | 357.30 | 719.61 | 791.31 |

## 8-5 城市居民家庭平均每人全年可支配收入和消费性支出情况
## Per Capita Annual Disposable Income and Expenditure for Consumption of Urban Households

单位：元 (yuan)

| 项　　目 | Item | 2012 | 2013 |
|---|---|---|---|
| 可支配收入 | Disposable Income | 38054 | 42049 |
| 消费性支出 | Total Living Expenditures for Consumption | 30490 | 33157 |
| # 服务性支出 | Expenditures for Service Consumption | 11314 | 12316 |
| 食　品 | Food | 10360 | 11240 |
| 衣　着 | Clothing | 2223 | 2411 |
| 居　住 | Residence | 2341 | 2619 |
| 家庭设备用品及服务 | Household Facilities, Articles and Services | 2032 | 2169 |
| 医疗保健 | Health Care and Medical Services | 1390 | 1472 |
| 交通和通信 | Transportation and Communication Services | 5040 | 5488 |
| 教育文化娱乐服务 | Education, Cultural and Recreation Services | 5575 | 6137 |
| 其他商品和服务 | Miscellaneous Commodities and Services | 1529 | 1621 |

## 8-6 城市居民家庭平均每百户年末耐用消费品拥有量
## Ownership of Major Durable Consumer Goods per 100 Urban Households at Year-end

| 项　　目 | | Item | | 2012 | 2013 |
|---|---|---|---|---|---|
| 家用汽车 | (辆) | Automobile | (unit) | 32 | 38 |
| 洗衣机 | (台) | Washing Machine | (set) | 103 | 103 |
| 电冰箱 | (台) | Refrigerator | (set) | 103 | 103 |
| 彩色电视机 | (台) | Color TV Set | (set) | 144 | 140 |
| 家用电脑 | (台) | Computer | (set) | 130 | 131 |
| 组合音响 | (台) | Hi-fi Stereo Component System | (set) | 66 | 67 |
| 摄像机 | (架) | Video Camera | (set) | 24 | 27 |
| 照相机 | (架) | Camera | (set) | 100 | 103 |
| 钢　琴 | (架) | Piano | (set) | 8 | 8 |
| 其他中高档乐器 | (台) | Medium and High Grade Musical Instrument | (set) | 7 | 8 |
| 微波炉 | (台) | Microwave Oven | (set) | 84 | 83 |
| 空调器 | (台) | Air Conditioner | (set) | 267 | 272 |
| 淋浴热水器 | (台) | Water Heater for Shower | (set) | 112 | 115 |
| 健身器材 | (件) | Health Equipment | (set) | 10 | 9 |
| 固定电话 | (部) | Telephone | (set) | 92 | 90 |
| 移动电话 | (台) | Mobile Telephone | (set) | 259 | 263 |

注：其他中高档乐器不含钢琴。
Note: Piano isn't included in the category of medium and high grade musical instrument.

# 8-7 城市居民家庭年末居住情况（2013年）

# Housing Conditions of Urban Households at Year-end (2013)

| 项　　目 | Item | 调查户（户）Households Surveyed (household) |
|---|---|---|
| **按房屋产权分** | **Grouped by Property Right of Buildings** | **500** |
| 租赁公房 | Public Apartments for Lease | 23 |
| 租赁私房 | Private Apartments for Lease | 13 |
| 原有私房 | Original Private Apartments | 24 |
| 房改私房 | Private Apartments through Housing Reform | 152 |
| 商品房 | Commercial Buildings | 288 |
| 其　他 | Others | |
| **按住宅建筑式样分** | **Grouped by Design of Residential Buildings** | **500** |
| 单栋住宅 | Separate Residential Buildings | 6 |
| 四居室 | Four-room Apartments | 28 |
| 三居室 | Three-room Apartments | 210 |
| 二居室 | Two-room Apartments | 235 |
| 一居室 | One-room Apartments | 19 |
| 普通楼房 | Ordinary Buildings | 2 |
| 平房及其他 | Terraces and Others | |
| **按装修状况分** | **Grouped by Decoration Condition** | **500** |
| 有装修 | With Decoration | 300 |
| 未装修 | Without Decoration | 200 |
| **按饮水情况分** | **Grouped by Drinking Water** | **500** |
| 自来水 | Tap Water | 330 |
| 矿泉水 | Mineral Water | 65 |
| 纯净水 | Pure Water | 105 |
| 其　他 | Others | |
| **按用水情况分** | **Grouped by Tap Water** | **500** |
| 独用自来水 | Tap Water for Individual Use | 500 |
| 公用自来水 | Tap Water for Public Use | |
| 其　它 | Others | |
| **按卫生设备分** | **Grouped by Sanitation Facility** | **500** |
| 无卫生设备 | Without Sanitation Facility | |
| 有厕所浴室 | With Washroom and Bathroom | 500 |
| 有厕所无浴室 | With Washroom but without Bathroom | |
| 公　用 | For Public Use | |
| **按取暖设备分** | **Grouped by Heating Facility** | **500** |
| 无取暖设备 | Without Heating Facility | 500 |
| 空调设备 | Air Conditioner | |
| 暖　气 | Central Heating | |
| 其　他 | Others | |
| **按炊用燃料使用情况分** | **Grouped by Fuel for Cooking** | **500** |
| 煤　炭 | Coal | |
| 罐装液化石油气 | Tanked LPG | 91 |
| 管道液化石油气 | Pipeline LPG Gas | |
| 管道煤气 | Pipeline Gas | |
| 管道天然气 | Pipeline Natural Gas | 409 |
| 柴　油 | Diesel Oil | |
| 其　他 | Others | |
| **现住房外的其他住房** | **Other Apartments excluding Present Houses** | **175** |
| 出租房（套） | Apartments for Lease (set) | 140 |
| 偶尔居住房（套） | Apartments for Occasional Living (set) | 30 |
| 其他用途房（套） | Apartments for Other Use (set) | 5 |

# 8-8 主要年份农村居民家庭收支情况

## Income and Expenditure of Rural Households in Main Years

单位：元/人 (yuan/person)

| 年 份<br>Year | 总收入<br>Total Income of Household | 纯收入 Net Income<br>绝对数(元) | 纯收入 Net Income<br>指数(上年=100) | 总支出<br>Total Expenditure of Household | #家庭经营支出<br>Expenditure for Household Operations | #生活消费支出<br>Expenditure for Household Consumption | 恩格尔系数(%)<br>Engel's Coefficient of Rural Households (%) |
|---|---|---|---|---|---|---|---|
| 1978 | 288.26 | 249.80 | | 265.07 | 37.44 | 221.66 | 67.13 |
| 1979 | 294.78 | 250.95 | 100.46 | 283.25 | 42.27 | 237.08 | 65.13 |
| 1980 | 357.71 | 322.66 | 128.58 | 315.17 | 34.52 | 259.46 | 54.68 |
| 1985 | 1005.17 | 732.70 | 106.53 | 838.87 | 228.82 | 534.53 | 55.49 |
| 1986 | 1202.57 | 857.17 | 116.99 | 1052.33 | 285.06 | 671.37 | 51.76 |
| 1987 | 1668.84 | 1074.92 | 125.40 | 1422.75 | 540.48 | 783.22 | 52.70 |
| 1988 | 2096.67 | 1324.48 | 123.22 | 1940.54 | 711.36 | 1063.46 | 50.06 |
| 1989 | 2103.81 | 1524.80 | 115.12 | 1838.45 | 506.87 | 1175.80 | 50.06 |
| 1990 | 2141.00 | 1538.93 | 100.93 | 1867.79 | 509.15 | 1218.85 | 49.05 |
| 1991 | 2397.31 | 1735.57 | 112.78 | 1902.60 | 545.18 | 1224.92 | 51.59 |
| 1992 | 2856.37 | 2152.28 | 124.01 | 2050.69 | 605.78 | 1224.30 | 54.94 |
| 1993 | 3639.97 | 2661.34 | 123.65 | 3134.42 | 855.54 | 2002.89 | 48.72 |
| 1994 | 4617.42 | 3670.24 | 137.91 | 3752.30 | 797.11 | 2639.60 | 49.55 |
| 1995 | 5552.10 | 4482.51 | 122.13 | 4578.52 | 904.34 | 3307.61 | 46.33 |
| 1996 | 6482.42 | 5164.67 | 115.22 | 5145.01 | 1112.34 | 3530.62 | 44.96 |
| 1997 | 7269.41 | 5545.91 | 107.38 | 5645.20 | 1467.20 | 3602.21 | 47.37 |
| 1998 | 7120.09 | 5628.95 | 101.50 | 5829.06 | 1222.32 | 4143.55 | 42.62 |
| 1999 | 7181.00 | 5833.92 | 103.64 | 5106.16 | 1045.10 | 3634.66 | 48.54 |
| 2000 | 7080.42 | 6085.97 | 104.32 | 5515.70 | 671.49 | 4453.33 | 38.21 |
| 2001 | 7542.65 | 6445.72 | 105.91 | 5423.27 | 679.66 | 4388.39 | 43.77 |
| 2002(旧口径) | 7918.81 | 6856.62 | 106.37 | 5506.95 | 711.37 | 4434.95 | 43.27 |
| 2002(新口径) | 6888.84 | 5831.34 | | 5272.93 | 762.60 | 4182.38 | |
| 2003 | 7032.36 | 6129.95 | 105.12 | 5217.68 | 734.44 | 4115.94 | 43.88 |
| 2004 | 7510.31 | 6625.16 | 108.08 | 5419.08 | 725.36 | 4353.18 | 43.75 |
| 2005 | 8380.25 | 7080.19 | 106.87 | 6741.70 | 1049.77 | 5395.58 | 43.22 |
| 2006 | 8982.66 | 7788.27 | 110.00 | 7008.43 | 1011.94 | 5628.86 | 42.60 |
| 2007 | 9997.12 | 8612.84 | 110.59 | 7934.08 | 1166.57 | 6341.51 | 42.82 |
| 2008 | 11107.23 | 9828.12 | 114.11 | 8409.80 | 1056.11 | 6837.67 | 42.33 |
| 2009 | 12303.11 | 11066.69 | 112.60 | 9338.02 | 1040.28 | 7742.20 | 43.95 |
| 2010 | 14249.13 | 12675.55 | 114.54 | 10891.68 | 1231.02 | 8987.06 | 45.91 |
| 2011 | 16191.16 | 14817.72 | 116.90 | 12145.71 | 1145.86 | 10100.86 | 44.71 |
| 2012 | 18398.47 | 16788.48 | 113.30 | 13368.63 | 1259.56 | 10964.52 | 44.50 |
| 2013 | 20670.14 | 18887.04 | 112.50 | 14477.13 | 1401.45 | 11688.20 | 44.21 |

# 8-9　农村居民家庭基本情况（2013年）

| 项　　目 | | Item | |
|---|---|---|---|
| 调查户数 | （户） | Number of Households Surveyed | (household) |
| 各组比重 | （%） | Proportion | (%) |
| 调查户常住人口 | （人） | Number of Permanent Residents in Households Surveyed | (person) |
| 平均每户常住人口 | （人） | Average Number of Permanent Residents per Household | (person) |
| # 整半劳动力 | | Average Number of Full/Semi Labor Force per Household | (person) |
| 平均每个劳动力负担人口数 | （人） | Average Number of Dependents per Labor Force | (person) |
| 平均每户生产性固定资产原值 | （元） | Average Original Value of Fixed Assets per Household | (yuan) |
| 平均每人经营耕地面积 | （亩） | Per Capita Cultivated Area | (mu) |
| 平均每户居住面积 | （平方米） | Net Living Space per Household | (sq.m) |
| 平均每人居住面积 | （平方米） | Per Capita Net Living Space | (sq.m) |
| 平均每人全年农产品产量 | | Per Capita Annual Output of Farm Products | |
| 粮　食 | （千克） | Grain | (kg) |
| 油　料 | （千克） | Oil and Fats | (kg) |
| 糖　料 | （千克） | Sugar | (kg) |
| 蔬　菜 | （千克） | Vegetables | (kg) |
| 水　果 | （千克） | Fruits | (kg) |
| 平均每人全年农产品出售量 | | Per Capita Annual Sale of Farm Products | |
| 粮　食 | （千克） | Grain | (kg) |
| 油　料 | （千克） | Oil and Fats | (kg) |
| 糖　料 | （千克） | Sugar | (kg) |
| 蔬　菜 | （千克） | Vegetables | (kg) |
| 水　果 | （千克） | Fruits | (kg) |
| 猪　肉 | （千克） | Pork | (kg) |
| 家　禽 | （千克） | Poultry | (kg) |
| 禽　蛋 | （千克） | Eggs | (kg) |
| 水产品 | （千克） | Aquatic Products | (kg) |

## Basic Conditions of Rural Households (2013)

| 总平均<br>Average | 低收入户<br>Low Income Households | 中等偏下收入户<br>Lower Middle Income Households | 中等收入户<br>Middle Income Households | 中等偏上收入户<br>Upper Middle Income Households | 高收入户<br>High Income Households |
|---|---|---|---|---|---|
| 1000 | 200 | 200 | 200 | 200 | 200 |
| 100 | 20 | 20 | 20 | 20 | 20 |
| 4138 | 923 | 908 | 813 | 793 | 701 |
| 4.14 | 4.62 | 4.54 | 4.07 | 3.97 | 3.50 |
| 2.84 | 2.87 | 3.04 | 2.68 | 2.89 | 2.74 |
| 1.46 | 1.61 | 1.49 | 1.52 | 1.37 | 1.28 |
| 7031.96 | 6697.31 | 9224.51 | 7349.93 | 4362.30 | 7525.76 |
| 0.44 | 0.44 | 0.57 | 0.38 | 0.34 | 0.44 |
| 187.56 | 175.84 | 180.75 | 184.37 | 197.45 | 199.40 |
| 45.32 | 38.10 | 39.81 | 45.33 | 49.78 | 56.93 |
| | | | | | |
| 23.80 | 16.78 | 30.66 | 17.37 | 21.11 | 34.67 |
| 1.17 | 1.81 | 1.58 | 0.54 | 1.05 | 0.67 |
| 50.57 | 157.81 | 59.01 | 7.23 | | 5.91 |
| 362.12 | 201.49 | 334.01 | 321.77 | 261.81 | 770.64 |
| 70.48 | 14.22 | 87.58 | 69.23 | 47.35 | 150.11 |
| | | | | | |
| 5.15 | 1.30 | 9.18 | 4.24 | 1.90 | 9.73 |
| 0.57 | 1.49 | 0.78 | | 0.25 | 0.07 |
| 50.54 | 157.78 | 58.99 | 7.16 | | 5.90 |
| 306.48 | 169.07 | 292.63 | 250.99 | 212.43 | 676.46 |
| 63.58 | 12.39 | 81.73 | 54.19 | 38.98 | 146.27 |
| 5.75 | 2.70 | 8.73 | 2.63 | 11.62 | 2.89 |
| 58.24 | 56.98 | 14.97 | 0.76 | 4.75 | 243.31 |
| 0.15 | 0.04 | 0.01 | 0.10 | 0.38 | 0.25 |
| 15.49 | 2.71 | 9.55 | 9.36 | 10.21 | 53.15 |

## 8-9 续表

| 项　　目 | | Item | |
|---|---|---|---|
| 平均每人全年消费 | | Per Capita Annual Consumption | |
| 粮　食 | （千克） | Grain | (kg) |
| 蔬菜及其制品 | （千克） | Vegetables and Processed Products | (kg) |
| 油脂类 | （千克） | Oil and Fats | (kg) |
| 肉禽及其制品 | （千克） | Meat, Poultry and Processed Products | (kg) |
| 蛋类及其制品 | （千克） | Eggs | (kg) |
| 水产品 | （千克） | Aquatic Products | (kg) |
| 食　糖 | （千克） | Sugar | (kg) |
| 酒 | （千克） | Liquor and Beverages | (kg) |
| 水果及其制品 | （千克） | Fruits and Related Products | (kg) |
| 平均每百户年末拥有 | | Per 100 Households Owned at Year-end | |
| 洗衣机 | （台） | Washing Machine | (set) |
| 电冰箱 | （台） | Refrigerator | (set) |
| 空调机 | （台） | Air Conditioner | (set) |
| 抽油烟机 | （台） | Smoke Absorber Fan | (set) |
| 热水器 | （台） | Water Heater for Shower | (set) |
| 自行车 | （辆） | Bicycle | (unit) |
| 摩托车 | （辆） | Motorcycle | (unit) |
| 汽　车 | （辆） | Automobile | (unit) |
| 电话机 | （部） | Telephone | (unit) |
| 移动电话 | （部） | Mobile Telephone | (unit) |
| 家用电脑 | （台） | Computer | (set) |
| 彩色电视机 | （台） | Color TV Set | (set) |
| 影碟机 | （台） | Video Disc Player | (set) |
| 摄影机 | （台） | Pickup Camera | (set) |
| 微波炉 | （台） | Microwave Oven | (unit) |
| 照相机 | （架） | Camera | (set) |

continued

| 总平均<br>Average | 低收入户<br>Low Income Households | 中等偏下收入户<br>Lower Middle Income Households | 中等收入户<br>Middle Income Households | 中等偏上收入户<br>Upper Middle Income Households | 高收入户<br>High Income Households |
|---|---|---|---|---|---|
| 100.91 | 83.32 | 98.94 | 97.07 | 118.87 | 110.73 |
| 93.93 | 77.09 | 89.86 | 100.41 | 93.17 | 114.74 |
| 6.37 | 4.99 | 5.91 | 6.75 | 7.47 | 7.09 |
| 55.79 | 44.98 | 54.44 | 55.74 | 59.65 | 67.45 |
| 5.58 | 4.70 | 5.20 | 5.59 | 5.83 | 6.91 |
| 20.77 | 17.33 | 20.05 | 20.93 | 21.94 | 24.71 |
| 1.71 | 1.24 | 1.97 | 1.59 | 1.76 | 2.06 |
| 3.77 | 2.55 | 3.21 | 4.52 | 3.56 | 5.48 |
| 22.53 | 17.07 | 18.61 | 24.29 | 24.83 | 30.18 |
| | | | | | |
| 97.20 | 93.50 | 94.00 | 97.00 | 101.00 | 100.50 |
| 99.70 | 99.00 | 95.00 | 99.00 | 104.50 | 101.00 |
| 158.50 | 132.50 | 137.50 | 149.50 | 177.00 | 196.00 |
| 63.10 | 61.00 | 52.00 | 65.50 | 64.00 | 73.00 |
| 109.40 | 109.50 | 104.00 | 108.50 | 114.50 | 110.50 |
| 110.00 | 112.50 | 105.50 | 118.50 | 111.00 | 102.50 |
| 101.50 | 98.50 | 97.00 | 98.50 | 107.50 | 106.00 |
| 17.10 | 8.00 | 14.00 | 13.00 | 20.50 | 30.00 |
| 87.40 | 87.00 | 82.50 | 86.50 | 90.50 | 90.50 |
| 288.20 | 267.50 | 281.00 | 291.50 | 306.50 | 294.50 |
| 83.30 | 66.00 | 74.50 | 84.00 | 93.50 | 98.50 |
| 132.40 | 131.50 | 124.00 | 131.50 | 135.50 | 139.50 |
| 57.40 | 49.50 | 50.50 | 54.50 | 64.50 | 68.00 |
| 7.60 | 6.50 | 7.50 | 4.50 | 8.00 | 11.50 |
| 32.00 | 32.50 | 22.00 | 27.50 | 35.00 | 43.00 |
| 38.10 | 35.00 | 28.00 | 33.50 | 46.00 | 48.00 |

# 8-10 农村居民家庭平均每人全年收支情况（2013年）

单位：元

| 项　　目 | Item |
|---|---|
| 全年总收入 | Total Income of Households |
| 全年纯收入 | Annual Net Income |
| 工资性收入 | Income from Wages and Salaries |
| #在本地企业劳动得到收入 | From Local Enterprises |
| 外出从业得到收入 | From Outworking |
| 家庭经营纯收入 | Net Income from Household Operaiton |
| #农林牧渔业纯收入 | Net Income from Farming, forestry, Animal Husbandry and Fishery |
| 财产性纯收入 | Income from Properties |
| 转移性纯收入 | Income from Transfer |
| 全年可支配收入 | Annual Disposable Income |
| 全年总支出 | Total Expenditure of Households |
| 家庭经营费用支出 | Expenditure for Household Operation |
| 购置生产性固定资产支出 | Expenditure for Purchasing Productive Fixed Assets |
| 税费支出 | Expenditure for Taxes and Fees |
| 生活消费支出 | Expenditure for Consumption |
| 食品消费支出 | Food |
| #粮　食 | Grain |
| 谷　物 | Corn |
| 薯　类 | Tubers |
| 豆　类 | Legume |
| #副食支出 | Non-staple Food |
| 食用油 | Oil |
| 蔬菜及制品 | Vegetable and Products |
| 肉禽蛋奶及制品 | Meat, Poultry, Eggs, Milk and Processed Products |
| 水产品及制品 | Aquatic and Processed Products |
| 烟、酒 | Tobacco and Liquor |
| 衣着消费支出 | Clothing |
| 居住消费支出 | Residence |
| 家庭设备、用品及服务支出 | Household Facilities, Articles and Services |
| 医疗保健支出 | Medicines and Medical Services |
| 交通和通讯消费支出 | Transportation and Communication Services |
| 文教娱乐用品及服务支出 | Cultural, Educational and Recreational Articles and Services |
| 其他商品及服务消费支出 | Other Commodities and Services |
| 财产性支出 | Property Expenditure |
| 转移性支出 | Transfer Expenditure |
| 全年现金总收入 | Total Monetary Income |
| #出售农副产品收入 | By Selling Farm By-products |
| 全年非收入现金所得 | Total Monetary Earning not Included in Income |
| 全年现金总支出 | Total Monetary Expenditure |
| #家庭经营费用现金支出 | Expenditure for Household Business |
| 生活消费现金支出 | Expenditure for Consumption |
| 全年非消费性现金支出 | Total Monetary Expenditure not for Consumption |
| 年末金融资产余额 | Monetary Assets at Year-end |

## Per Capita Annual Income and Expenditure of Rural Households (2013)

(yuan)

| 总平均 Average | 低收入户 Low Income Households | 中等偏下收入户 Lower Middle Income Households | 中等收入户 Middle Income Households | 中等偏上收入户 Upper Middle Income Households | 高收入户 High Income Households |
|---|---|---|---|---|---|
| 20670.14 | 10011.06 | 13528.63 | 17660.41 | 22782.50 | 38937.46 |
| 18887.04 | 8457.67 | 12573.36 | 16575.18 | 21850.45 | 34563.57 |
| 11305.42 | 5695.62 | 7910.52 | 10595.77 | 13386.68 | 17652.52 |
| 9280.13 | 5019.29 | 6719.57 | 9304.98 | 10757.65 | 12977.28 |
| 1051.51 | 467.63 | 768.02 | 605.15 | 1421.06 | 1999.79 |
| 2555.48 | 749.23 | 1733.18 | 1954.63 | 2042.23 | 6848.42 |
| 1403.50 | 484.76 | 951.20 | 1032.33 | 1164.55 | 3636.59 |
| 3735.89 | 1337.26 | 1878.80 | 2896.62 | 4983.72 | 8109.82 |
| 1290.25 | 675.56 | 1050.86 | 1128.16 | 1437.82 | 1952.81 |
| | | | | | |
| 14477.13 | 10453.89 | 10969.31 | 13661.59 | 15500.54 | 24113.34 |
| 1401.45 | 1545.15 | 772.69 | 825.22 | 644.30 | 3553.70 |
| 16.43 | 11.90 | 53.88 | 0.17 | 6.84 | 3.62 |
| 13.51 | 2.41 | 1.48 | 5.63 | 5.72 | 61.72 |
| 11688.20 | 7903.22 | 9065.22 | 11728.65 | 13214.75 | 18299.68 |
| 5167.13 | 3884.32 | 4365.65 | 5264.76 | 5664.12 | 7220.10 |
| 397.15 | 328.38 | 380.82 | 392.32 | 447.41 | 457.58 |
| 364.87 | 302.02 | 351.65 | 358.24 | 411.55 | 419.63 |
| 11.85 | 8.78 | 10.04 | 13.43 | 13.49 | 14.53 |
| 20.43 | 17.58 | 19.13 | 20.65 | 22.37 | 23.42 |
| 2988.62 | 2349.14 | 2717.19 | 2994.55 | 3280.04 | 3846.15 |
| 141.42 | 111.03 | 128.73 | 150.10 | 163.82 | 162.45 |
| 493.52 | 395.75 | 449.74 | 534.57 | 522.90 | 598.16 |
| 1652.69 | 1321.76 | 1534.33 | 1654.67 | 1793.78 | 2080.09 |
| 425.45 | 339.68 | 374.65 | 410.04 | 475.94 | 565.06 |
| 275.54 | 180.92 | 229.74 | 245.17 | 323.60 | 440.39 |
| 568.43 | 344.25 | 420.53 | 601.03 | 671.72 | 900.69 |
| 1703.32 | 970.93 | 1089.19 | 1700.41 | 1854.11 | 3296.99 |
| 687.45 | 343.79 | 539.75 | 753.17 | 830.21 | 1093.73 |
| 642.71 | 555.64 | 512.50 | 677.52 | 678.40 | 845.37 |
| 1310.24 | 750.89 | 865.11 | 1205.94 | 1755.52 | 2241.11 |
| 1230.11 | 861.46 | 1022.91 | 1163.88 | 1433.68 | 1830.78 |
| 378.81 | 191.94 | 249.58 | 361.94 | 326.99 | 870.91 |
| 3.47 | 3.32 | 1.23 | 1.69 | 3.87 | 8.17 |
| 1354.07 | 987.89 | 1074.81 | 1100.23 | 1625.06 | 2186.45 |
| 20336.99 | 9852.85 | 13296.65 | 17348.36 | 22499.00 | 38260.31 |
| 1325.02 | 769.17 | 894.06 | 1180.50 | 876.04 | 2889.06 |
| 1600.52 | 1535.82 | 866.24 | 1459.91 | 1667.35 | 1966.94 |
| 14289.75 | 10323.01 | 10787.29 | 13536.10 | 15303.93 | 23783.16 |
| 1392.96 | 1544.66 | 772.00 | 825.07 | 609.60 | 3544.54 |
| 11509.31 | 7772.83 | 8883.89 | 11603.31 | 13052.83 | 17978.65 |
| 1586.14 | 1132.12 | 700.54 | 1558.93 | 2710.03 | 2091.19 |
| 19718.46 | 13178.93 | 16291.98 | 17735.94 | 24022.61 | 30204.87 |

【城市居民家庭可支配收入】是指城市居民家庭可以用来自由支配的收入，即家庭总收入扣除交纳的个人所得税、个人交纳的社会保障支出以及调查户的记账补贴后的收入。

【城市居民家庭消费性支出】指城市居民家庭用于日常生活的全部支出，它包括：食品、衣着、居住、家庭设备用品及服务、医疗保健、交通和通信、娱乐教育文化服务、其它商品和服务等八大类。

【农村居民家庭纯收入】是指农村居民当年从各个来源得到的总收入相应地扣除所发生的费用后的收入总和。纯收入主要用于再生产投入和当年生活消费支出。也可用于储蓄和各种非义务性支出。“农民人均纯收入”按人口平均的纯收入水平，反映的是一个地区或一个农户农村居民的平均收入水平。计算方法：

纯收入=总收入-家庭经营费用支出-税费支出-生产性固定资产折旧-赠送农村内部亲友

【农村居民家庭可支配收入】是指农村居民获得的经过初次分配与再分配后的收入。可支配收入可用于住户的最终消费、非义务性支出以及储蓄。计算方法：

农村住户可支配收入=总收入-家庭经营费用支出-税费支出-生产性固定资产折旧-财产性支出-转移性支出

【农村居民家庭生活消费支出】是指农村居民用于物质生活和精神生活方面的消费支出。生活消费支出分为食品消费支出、衣着消费支出、居住消费支出、家庭设备用品及服务消费支出、医疗保健消费支出、交通和通讯消费支出、文化教育娱乐用品及服务消费支出、其他商品和服务消费支出。

【Disposable Income of Urban Households】 refers to the actual income at the disposal of urban households. This equals to total income minus income tax, personal contribution to social security and subsidy for keeping diaries in being a sample household.

【Expenditure for Consumption of Urban Households】 refers to all the expenditures paid by urban households for consumption in daily life, including 8 categories as follows: food; clothing; housing household equipments, articles and services; medical care; transportation and telecommunication; entertainment, education and culture services; other commodities and services.

【Net Income of Rural Households】 Refers to rural residents from all sources to get the corresponding gross income the costs incurred after deducting the total income. Net investment income is mainly used for reproduction and as consumption expenditure, savings and can also be used for a variety of noncompulsory expenditure. “Rural per capita net income” per capita net income level reflects a region or a farmer's average income level of rural residents. Calculation:

Net income = gross income household operation expenses taxes and expenses depreciation of fixed assets for production giving friends and relatives within the rural.

【Disposable Income of Rural Households】 Refers to rural residents get through the initial distribution and redistribution of income. Disposable income for household’s final consumption, noncompulsory expenditure and savings. Calculation:

Rural household disposable income = total income household operation expenses taxes and fees depreciation of fixed assets for production property expenditures transfer expenditure.

【Expenditures for Consumption of Rural Households】 Refers to rural residents for the material life and spiritual life of consumer spending. Living expenses are divided into food consumption expenditures, clothing, consumer spending, housing spending, household equipment and services, consumer spending, healthcare spending, transport and communications spending, cultural and educational entertainment products and services, consumer spending, consumption of other goods and services expenditures.

第九篇 CHAPTER 9

# 城市建设
# CITY CONSTRUCTION

## 第九篇　城市建设

一、本篇资料反映广州市社会、经济发展和城市建设的规模、速度、效益及综合水平等基本情况。

二、本篇资料由广州市统计局固定资产投资统计处整理提供。

三、本篇资料依据国家建设部制定的《城市（县城）建设统计报表制度》编制，统计数据由广州市城乡建设委员会、广州市统计局、广州市国土资源和房屋管理局、广州市城市管理委员会以及广州市林业和园林局等单位提供。

四、本篇资料的统计范围为市区口径。

## 9 City Construction

I. The data in this chapter show the basic conditions of socio-economic development and scale, speed, mileage and comprehensive level of the city construction in Guangzhou.

II. The data in this chapter are prepared and provided by the Division of Investment and Construction Statistics of Guangzhou Municipal Bureau of Statistics.

III. The data in this chapter are collected and tabulated in accordance with the Statistical Survey Scheme of Cities' or Counties' Construction stipulated by National Ministry of Construction ,all of which are provided by Guangzhou Municipal Commission of Construction, Guangzhou Municipal Bureau of Statistics, Guangzhou Municipal Administration of Land, Resources and Houses, Guangzhou City Management Commission, Guangzhou Municipal Bureau of Public Facilities and Gardens, etc.

IV. The statistical coverage of the data in this chapter is the ten urban districts.

# 9-1 城市(市区)市政设施
## Public Facilities in Urban Districts

| 项　　目 | Item | 2012 | 2013 |
|---|---|---|---|
| 道路长度 (公里) | Length of Roads (1000 m) | 7100 | 7127 |
| 道路面积 (万平方米) | Area of Roads (10000 sq.m) | 10140 | 10241 |
| # 人行道 | Pavement | 1907 | 1928 |
| 人均城市道路面积 (平方米) | Per Capita Area of Roads (sq.m) | 9.99 | 9.64 |
| 桥梁 (座) | Bridges (unit) | 1348 | 1356 |
| # 立交桥 | Crossroads | 186 | 187 |
| 道路照明灯盏数 (千盏) | Number of Street Lights (1000 units) | 190 | 199 |
| 排水管道长度 (公里) | Length of Sewer Pipelines (1000 m) | 9450 | 9550 |
| 建成区排水管道密度(公里/平方公里) | Density of Sewer Pipelines (1000 m/sq.km) | 9.36 | 9.33 |
| 污水排放量 (万立方米) | Sewage Discharge Quantity (10000 cubic metres) | 152604 | 141356 |
| 污水处理厂 (座) | Sewage Treatment Plant (unit) | 29 | 35 |
| 污水处理厂处理能力 (万立方米/日) | Sewage Treatment Capacity(10000 cubic metres/day) | 413.7 | 423.7 |
| 污水处理厂处理量 (万立方米) | Quantity of Sewage Treatment (10000 cubic metres) | 126253 | 129171 |
| 污水处理率 (%) | Sewage Treatment Rate (%) | 90.19 | 91.38 |
| # 污水处理厂集中处理率 (%) | Concentrated Sewage Treatment Rate (%) | 90.19 | 91.38 |

注:本表数据由广州市城乡建设委员会汇总相关单位数据后提供，具体数据由相关单位负责解释。
Note: The data in this table are provided by Guangzhou Municipal Commission of Construction.

# 9-2 城市(市区)供水
# Tap Water Supply in Urban Districts

| 项目 | Item | 2012 | 2013 |
|---|---|---|---|
| 综合生产能力(万立方米/日) | Overall Production Capacity (10000 cu.m/day) | 702.70 | 663.50 |
| 供水管道长度 (公里) | Length of Water Supply Pipelines (1000 m) | 16739 | 17287 |
| 供水总量 (万立方米) | Total Volume of Water Supply (10000 cu.m) | 191432.01 | 196329.04 |
| # 售水量 | Sales Volume of Tap Water | 155882.12 | 160744.06 |
| 生产运营用水 | For Production Use | 29583.71 | 29626.34 |
| 公共服务用水 | For Public Services | 32349.11 | 38984.23 |
| 居民家庭用水 | For Household Use | 83469.40 | 88721.73 |
| 其他用水 | Others | 10479.90 | 3411.76 |
| 用水户数 (户) | Number of Households with Access to Tap Water (unit) | 2276179 | 2317769 |
| # 家庭用户 | Number of Families with Access to Tap Water | 2087857 | 2104855 |
| 用水人口 (万人) | Number of Residents with Access to Tap Water (10000 persons) | 1011.95 | 1059.56 |
| 人均日生活用水量 (升) | Per Capita Daily Consumption of Tap Water for Residential Use(liter) | 313.57 | 330.21 |
| 用水普及率 (%) | Coverage Rate of Urban Population with Access to Tap Water (%) | 99.70 | 99.71 |

注：1.本表数据由广州市城乡建设委员会汇总相关单位数据后提供，具体数据由相关单位负责解释。
2.本表资料不包企业自建设施供水。

Note: I. The data in this table are provided by Guangzhou Municipal Commission of Construction.
II. The data in this table exclude the water supply by self-built facilities of corporations.

# 9-3 城市(市区)燃气供应
# Gas Supply in Urban Districts

| 项　　目 | Item | 2012 | 2013 |
|---|---|---|---|
| 液化石油气 | **Liquefied Petroleum Gas** | | |
| 储气能力　(吨) | Storage Capacity (ton) | 43780 | 40303 |
| 供气管道长度(公里) | Length of Gas Supply Pipelines (1000 m) | 41 | 31 |
| 供气总量　(吨) | Total Supply of Gas (ton) | 899250 | 994614 |
| 销售气量 | Sales Volume of Gas | 898183 | 994614 |
| # 居民家庭 | Households | 269433 | 241618 |
| 用气户数　(户) | Number of Households (unit) | 2004099 | 3688242 |
| # 家庭用户 | Families | 1976097 | 2072665 |
| 用气人口　(万人) | Number of Residents with Access to Gas (10000 persons) | 595.86 | 621.28 |
| 天然气 | **Natural Gas** | | |
| 储气能力(万立方米) | Storage Capacity (10000 cu.m) | 522 | 522 |
| 供气管道长度(公里) | Length of Gas Supply Pipelines (1000 m) | 5875 | 6697 |
| 供气总量(万立方米) | Total Supply of Gas (10000 cu.m) | 85732 | 132896 |
| # 销售气量 | Sales Volume of Gas | 85213 | 132865 |
| # 居民家庭 | Households | 20580 | 23101 |
| 用气户数　(户) | Number of Households (unit) | 1379863 | 1467404 |
| # 家庭用户 | Families | 1371526 | 1458057 |
| 用气人口　(万人) | Number of Residents with Access to Gas (10000 persons) | 413.56 | 437.05 |
| 燃气普及率　(%) | Coverage Rate of Urban Population with Access to Gas(%) | 99.45 | 99.60 |

注：本表数据由广州市城市管理委员会提供。

Note: The data in this table are provided by Guangzhou City Management Commission.

# 9-4 城市(市区)市政公用设施建设固定资产投资额

## Investment in Fixed Assets in Public Facilities in Urban Districts

单位:万元 (10000 yuan)

| 项　　目 | Item | 2012 | 2013 |
|---|---|---|---|
| 本年完成投资 | Investment Completed in Current Year | 2022350 | 2704654 |
| 供　水 | Water Supply | 18476 | 15418 |
| 燃　气 | Gas Supply | 29378 | 12918 |
| 轨道交通 | Rail Traffic | 958620 | 1774171 |
| 道路桥梁 | Roads and Bridges | 593751 | 577794 |
| 排　水 | Drainage | 105924 | 99399 |
| # 污水处理及其再生利用 | Sewerage Disposal and Reutilization | 98355 | 80622 |
| 园林绿化 | Parks and Green Areas | 9480 | 4908 |
| 其　他 | Others | 306721 | 220046 |

注:本表数据由广州市城乡建设委员会汇总相关单位数据后提供，具体数据由相关单位负责解释。

Note: The data in this table are provided by Guangzhou Municipal Commission of Construction.

# 9-5 主要年份城市(市区)房屋建筑面积

## Floor Space of Buildings in Urban Districts in Main Years

单位：万平方米 (10000 sq.m)

| 年　份 Year | 年末实有房屋建筑面积 Floor Space of Buildings (year-end) | 年末实有住宅建筑面积 Floor Space of Residential Buildings (year-end) | 年末实有住宅居住面积 Living Space of Residential Buildings (year-end) | 平均每人居住面积(平方米) Per Capita Living Space (sq.m) |
|---|---|---|---|---|
| 1978 | 2889.89 | 1314.03 | 788.42 | 3.82 |
| 1980 | 3247.82 | 1512.88 | 907.73 | 3.97 |
| 1985 | 5511.97 | 2834.43 | 1700.66 | 6.62 |
| 1990 | 7567.44 | 3974.23 | 2327.55 | 7.99 |
| 1995 | 9666.45 | 5276.22 | 3043.65 | 9.61 |
| 2000 | 13740.03 | 7952.05 | 4515.36 | 13.13 |
| 2001 | 14829.01 | 8713.55 | 4934.19 | 13.87 |
| 2002 | 21720.35 | 12995.46 | 7289.24 | 15.67 |
| 2003 | 23269.49 | 14059.48 | 7874.45 | 17.23 |
| 2004 | 25372.08 | 15390.71 | 8606.63 | 18.19 |
| 2005 | 27283.78 | 16300.86 | 9107.22 | 18.87 |
| 2006 | 28585.19 | 17099.69 | 9546.56 | 19.45 |
| 2007 | 30217.80 | 18029.52 | 10057.98 | 20.00 |
| 2008 | 31654.28 | 18798.47 | 10480.90 | 20.54 |
| 2009 | 33287.44 | 19612.62 | 10928.67 | 21.01 |
| 2010 | 34962.70 | 20306.38 | 11310.25 | 21.40 |
| 2011 | 36966.70 | 21007.01 | 11695.60 | 21.89 |
| 2012 | 39212.15 | 21768.75 | 12114.56 | 22.46 |
| 2013 | 41942.52 | 22322.17 | 12418.94 | 22.73 |

注：本表资料2002年起为十区口径，其余年份为八区口径。

Note: The coverage in this table covers the new ten districts since 2002 while the original eight districts in other years.

## 9-6 城市(市区)维护建设资金(财政性资金)收支情况

## Statistics on Revenue and Expenditure in City Maintenance

单位：万元 (10000 yuan)

| 项　目 | Item | 2012 | 2013 |
|---|---|---|---|
| 维护建设资金收入 | Revenue of Maintenance and Construction | 2515574 | 3674897 |
| 维护建设资金支出 | Expenditure of Maintenance and Construction | 2210178 | 3046379 |
| # 维护支出 | For Maintenance | 1000689 | 2599465 |

注：1. 本表数据由广州市城乡建设委员会汇总相关单位数据后提供，具体数据由相关单位负责解释。
2. 本表资料为十区口径。

Note: I. The data in this table are provided by Guangzhou Municipal Commission of Construction.
II. The coverage in this table covers the ten districts.

## 9-7 城市(市区)园林绿化

## Parks, Gardens and Green Areas in Urban Districts

| 项　目 | Item | 2012 | 2013 |
|---|---|---|---|
| 绿化覆盖面积 (公顷) | Coverage Area of Afforestation (hectare) | 140974 | 142240 |
| # 建成区 | Developed Areas | 40895 | 41983 |
| 建成区绿化覆盖率 (%) | Green Coverage Rate in Developed Areas (%) | 40.5 | 41.01 |
| 绿地面积 (公顷) | Area of Green Areas (hectare) | 130544 | 131444 |
| # 建成区 | Developed Areas | 35960 | 36496 |
| 建成区绿地率 (%) | Rate of Green Areas in Developed Areas (%) | 35.61 | 35.65 |
| 公园绿地面积 (公顷) | Area of Gardens (hectare) | 19935 | 21165 |
| 人均公园绿地面积 (平方米) | Per Capita Garden (sq.m) | 15.50 | 15.87 |
| 公园个数 (个) | Number of Parks (unit) | 238 | 239 |
| 公园面积 (公顷) | Area of Parks (hectare) | 4858 | 5141 |
| 建成区面积 (平方公里) | Developed Areas (sq.km) | 1009.71 | 1023.63 |

注：1. 本表数据由广州市林业和园林局提供。
2. 本表资料为十区口径。

Note: I. The data in this table are provided by Administration of Forestry and Gardening of Guangzhou Municipality.
II. The coverage in this table covers the ten districts.

# 9-8 城市(市区)市容环境卫生

## City Appearance and Environmental Sanitation

| 项　　目 | Item | 2012 | 2013 |
|---|---|---|---|
| 道路清扫保洁面积　(万平方米) | Area of Roads under Cleaning Program　(10000 sq.m) | 10218 | 11427 |
| # 机械化 | By Mechanization | 4427 | 5162 |
| 生活垃圾清运量　(万吨) | Volume of Living Garbage Disposal　(10000 tons) | 380.08 | 394.29 |
| 生活垃圾处理量　(万吨) | Garbage Treatment　(10000 tons) | 380.08 | 394.29 |
| 生活垃圾无害化处理厂(场)数(座) | Number of Garbage Harmless Disposal Factories　(unit) | 4 | 5 |
| 生活垃圾无害化处理量　(万吨) | Volume of Garbage Harmless Disposal　(10000 tons) | 345.97 | 359.72 |
| 生活垃圾无害化处理率　(%) | Rate of Garbage Harmless Disposal　(%) | 91.02 | 91.23 |
| 粪便处理量　(万吨) | Volume of Excrement and Urine Disposal　(10000 tons) | 23.00 | 23.41 |
| 公共厕所　(座) | Number of Public Lavatories　(unit) | 1055 | 1266 |
| 市容环卫专用车辆设备总数　(辆) | Number of Special Vehicles for Environmental Sanitation(unit) | 2338 | 2240 |

注：本表数据由广州市城市管理委员会提供。

Note: The data in this table are provided by Guangzhou City Management Commission.

# 主要指标解释

## Explanatory Notes on Main Statistical Indicators

【道路长度】指道路长度和与道路相通的桥梁、隧道的长度，按车行道中心线计算 。

【供水总量】指报告期供水企业（单位）供出的全部水量，包括有效供水量和漏损水量。有效供水量指水厂将水供出厂外后，各类用户实际使用到的水量，包括售水量和免费供水量。漏损水量指在供水过程中由于管道及附属设施破损而造成的漏水量、失窃水量以及水表失灵少计算的水量。

【售水量】指报告期供水企业(单位)收费供应的水量，只包括本地售水量，不包括销往本区域外的售水量。

【生产运营用水】指在城市范围内生产、运营的农、林、牧、渔业、工业、建筑业、交通运输业等单位在生产、运营过程中的用水。

【公共服务用水】指为城市社会公共生活服务的用水。包括行政事业单位、部队营区和公共设施服务、社会服务业、批发零售贸易业、旅馆饮食业以及社会服务业等单位的用水。

【居民家庭用水】指城市范围内所有居民家庭的日常生活用水。包括城市居民、农民家庭、公共供水站用水。

【绿地面积】指报告期末用作园林和绿化的各种绿地面积。包括公园绿地、生产绿地、防护绿地、附属绿地和其他绿地的面积。

【公园绿地面积】 指城市中向公众开放的、以游憩为主要功能，有一定的游憩设施和服务设施，同时兼有健全生态、美化景观、防灾减灾等综合作用的绿化用地。它是城市建设用地、城市绿地系统和城市市政公用设施的重要组成部分。

【Length of Roads】 refers to the length of roads and of the bridges and tunnels connected to the roads, calculated by the center line of the roads.

【Annual Volume of Water Supply】 refers to the total volume of water supplied by water-works(units)during the reference period, including both the effective water supply and loss during the water supply.

【Volume of Sold Water】 refers to the total volume of paid water supplied by water-works(units)during the reference period, only including the volume of paid water sold to local region,not including the volume of paid water sold to other regions.

【Volume of Water for Production】 refers to water consumption for urban production of enterprises of farming, forestry, animal husbandry and fishery, industry, construction, transport, and so on.

【Water Consumption of Public Service】 refers to water consumption for urban public services,including the consumption of government agencies and public institutions.military barracks, public facilities, wholesale and retail outlets, restaurants, hotels, and other units providing public services.

【Household Water Consumption】 refers to consumption of water for daily life of all households within the boundary of cities,including water consumption of urban residents and farmers, and public water supply stations.

【Area of Urban Green Areas】 refers to the total area occupied for green projects at the end of the reference period,including park green land ,production green land,protection green land,green land attached to institutions,and other green areas.

【Park Green Areas】 refers to green areas open to the public for amusement and rest with the facilities of amusement,rest and services,Its function includes perfecting ecology,beautifying landscape,and preventing and reducing disaster.It is an important component of urban construction sites,urban green area system and public facilities in urban districts.

# 农业
# AGRICULTURE

## 第十篇 农 业

一、本篇资料反映广州市农业生产和农村社会经济的基本情况。

二、本篇资料由广州市统计局农村统计处整理提供。

三、本篇资料中农村经济收益分配表由广州市农业局提供。

四、本篇资料主要来源于广州市农村统计报表制度。农村统计报表制度的统计范围包括各区、县级市的各种经济类型的全部农林牧渔业生产单位。

## 10 Agriculture

I. The data in this chapter show the basic conditions of agricultural production and rural economy in Guangzhou.

II. The data in this chapter are prepared and provided by the Division of Rural Statistics of Guangzhou Municipal Bureau of Statistics.

III. The data on rural economic income distribution are provided by Guangzhou Agriculture Bureau.

IV. The data in this chapter mainly come from the statistical reporting summary tables on rural area of Guangzhou Municipality. The statistical coverage of the statistical reporting summary scheme includes all the productive units of farming, forestry, animal husbandry and fishery and those related nonagricultural affiliated units with various ownership in the districts and counties in Guangzhou Municipality.

# 10-1 农业主要指标

## Major Indicators of Agriculture

| 项　目 | | Item | | 2012 | 2013 |
|---|---|---|---|---|---|
| 乡镇户数 | (户) | Number of Rural Households | (household) | 1443237 | 1472407 |
| 乡镇人口 | (人) | Rural Population | (person) | 5052652 | 5122171 |
| 乡镇从业人员 | (人) | Number of Rural Employed Persons | (person) | 3144733 | 3192836 |
| 第一产业从业人员 | (人) | Number of Rural Employed Persons in Primary Industry | (person) | 679174 | 680042 |
| 常用耕地面积 | (公顷) | Area of Cultivated Land | (hectare) | 99086 | 98148 |
| 有效灌溉面积 | (公顷) | Irrigated Area | (hectare) | 79875 | 80399 |
| 农业机械总动力 | (万瓦) | Total Power of Agricultural Machinery | (10000 w) | 195700 | 195599 |
| 化肥施用量(折纯) | (吨) | Consumption of Chemical Fertilizers (100 percent effective content equivalent) | (ton) | 106559 | 111274 |
| 农药使用量 | (吨) | Consumption of Pesticides | (ton) | 3206 | 3233 |
| 农村用电量 | (万千瓦·时) | Electricity Consumed in Rural Area | (10000 kwh) | 1812011 | 1836046 |
| 农、林、牧、渔业总产值 | (万元) | Gross Output Value of Agriculture, Forestry, Animal Husbandry and Fishery | (10000 yuan) | 3667902 | 3899763 |
| 农、林、牧、渔业增加值 | (万元) | Value-added of Agriculture, Forestry, Animal Husbandry and Fishery | (10000 yuan) | 2137619 | 2284630 |
| 农、林、牧、渔业商品产值率 | (%) | Rate of Commodity Output Value of Agriculture, Forestry, Animal Husbandry and Fishery | (%) | 91.72 | 91.92 |
| 主要农产品产量 | | Output of Major Agricultural Products | | | |
| 粮　食 | (吨) | Grain | (ton) | 449669 | 435548 |
| 花　生 | (吨) | Peanuts | (ton) | 18724 | 18914 |
| 糖　蔗 | (吨) | Sugarcane | (ton) | 5981 | 5681 |
| 蔬　菜 | (吨) | Vegetables | (ton) | 3348958 | 3433166 |
| 园林水果 | (吨) | Fruits | (ton) | 402814 | 410555 |
| 肉　类 | (吨) | Meat | (ton) | 320884 | 313235 |
| 水产品 | (吨) | Aquatic Products | (ton) | 460238 | 476825 |
| 农业产业化生产单位 | (个) | Number of Township Enterprises | (unit) | 1579 | 1444 |
| 都市农业从业人员 | (万人) | Employed Persons in Urban Agriculture | (10000 person) | 204 | 209 |
| 都市农业总收入 | (万元) | Total Income of Urban Agriculture | (10000 yuan) | 16990930 | 17697719 |
| 农村经济总收入 | (万元) | Gross Income of Rural Economy | (10000 yuan) | 26330109 | 20971562 |
| 农村居民人均纯收入 | (元) | Per Capita Net Income of Rural Residents | (yuan) | 16788 | 18887 |

# 10-2 主要年份年末耕地面积

## Year-end Area of Cultivated Land in Main Years

单位：公顷 (hectare)

| 年 份 Year | 常用耕地面积 Area of Cultivated Land | 水(旱)田 Paddy Fields | 旱 地 Dry Fields | 平均每个农业人口拥有耕地 Cultivated Area Per Rural Person | 平均每个农业从业人员拥有耕地 Cultivated Area Per Rural Employee |
|---|---|---|---|---|---|
| 1978 | 249479 | 221451 | 28028 | 0.09 | 0.21 |
| 1980 | 248260 | 220258 | 28002 | 0.11 | 0.23 |
| 1985 | 234171 | 207431 | 26740 | 0.09 | 0.24 |
| 1990 | 221138 | 196266 | 24872 | 0.09 | 0.24 |
| 1995 | 177892 | 158849 | 19043 | 0.07 | 0.20 |
| 1996 | 172179 | 153332 | 18847 | 0.07 | 0.19 |
| 1997 | 169700 | 151631 | 18069 | 0.07 | 0.19 |
| 1998 | 168491 | 150843 | 17648 | 0.07 | 0.19 |
| 1999 | 164816 | 147455 | 17361 | 0.07 | 0.19 |
| 2000 | 159115 | 142220 | 16895 | 0.05 | 0.17 |
| 2001 | 154941 | 137628 | 17313 | 0.05 | 0.17 |
| 2002 | 146311 | 128888 | 17423 | 0.05 | 0.16 |
| 2003 | 134934 | 115565 | 19369 | 0.06 | 0.15 |
| 2004 | 131954 | 116943 | 15011 | 0.06 | 0.16 |
| 2005 | 130094 | 111700 | 18394 | 0.06 | 0.15 |
| 2006 | 106579 | 88971 | 17608 | 0.05 | 0.13 |
| 2007 | 104500 | 84747 | 19753 | 0.05 | 0.13 |
| 2008 | 102155 | 85064 | 17091 | 0.04 | 0.13 |
| 2009 | 100784 | 84992 | 15792 | 0.03 | 0.13 |
| 2010 | 100647 | 87516 | 13131 | 0.03 | 0.13 |
| 2011 | 99552 | 85267 | 14285 | 0.03 | 0.15 |
| 2012 | 99086 | 85522 | 13564 | 0.03 | 0.15 |
| 2013 | 98148 | 84495 | 13653 | 0.03 | 0.14 |

注：2002年及以前年份的常用耕地面积数按国家新口径进行了换算。

Note: The area of cultivated land year 2002 and before has been calculated according to the new statistical coverage.

# 10-3 耕地面积及变动情况（2013年）

# Statistics on Area of Cultivated Land and Its Changes (2013)

单位:公顷 (hectare)

| 项　目 | Item | 全市 Total | 荔湾区 Liwan | 海珠区 Haizhu | 天河区 Tianhe | 白云区 Baiyun | 黄埔区 Huangpu |
|---|---|---|---|---|---|---|---|
| 年初耕地总资源 | Total Resources of Cultivated Land at Year-beginning | 100758 | 526 | 159 | 259 | 9711 | 407 |
| 年末耕地总资源 | Total Resources of Cultivated Land at Year-end | 99367 | 524 | 159 | 239 | 9729 | 364 |
| # 常用耕地面积 | Area of Cultivated Land | 98148 | 520 | 159 | 240 | 9665 | 363 |
| # 水　田 | Paddy Fields | 84495 | 69 | | 138 | 8979 | 234 |
| 当年增加耕地面积 | Area of Increased Cultivated Land in Current Year | 249 | | | | 90 | |
| # 园地改为耕地 | Area of Cultivated Land Adapted from Garden Land | 131 | | | | 24 | |
| 当年减少耕地面积 | Area of Decreased Cultivated Land in Current Year | 1640 | 2 | | 20 | 72 | 43 |
| # 国家基建占用 | Occupied by Capital Construction | 638 | | | 20 | 49 | 10 |
| 其他基建占用 | Occupied by Other Construction | 686 | 2 | | | 23 | 33 |
| 粮食占用耕地面积 | Area of Cultivated Land Occupied by Grain | 42250 | | | | 2883 | 7 |
| 蔬菜占用耕地面积 | Area of Cultivated Land Occupied by Vegetables | 23448 | 46 | 132 | 246 | 4690 | 257 |

## 10-3 续表 continued

单位：公顷 (hectare)

| 项　目 | Item | 番禺区 Panyu | 花都区 Huadu | 南沙区 Nansha | 萝岗区 Luogang | 增城市 Zengcheng | 从化市 Conghua |
|---|---|---|---|---|---|---|---|
| 年初耕地总资源 | Total Resources of Cultivated Land at Year-beginning | 7557 | 11670 | 19489 | 3282 | 27042 | 20656 |
| 年末耕地总资源 | Total Resources of Cultivated Land at Year-end | 7529 | 11615 | 18899 | 2638 | 27019 | 20652 |
| # 常用耕地面积 | Area of Cultivated Land | 7408 | 11565 | 18616 | 2484 | 26925 | 20203 |
| # 水　田 | Paddy Fields | 5632 | 10296 | 18611 | 1842 | 21777 | 16917 |
| 当年增加耕地面积 | Area of Increased Cultivated Land in Current Year | 14 | | 131 | | 14 | |
| # 园地改为耕地 | Area of Cultivated Land Adapted from Garden Land | 3 | | 104 | | | |
| 当年减少耕地面积 | Area of Decreased Cultivated Land in Current Year | 42 | 55 | 721 | 644 | 37 | 4 |
| # 国家基建占用 | Occupied by Capital Construction | 17 | | 30 | 490 | 18 | 4 |
| 其他基建占用 | Occupied by Other Construction | 5 | 40 | 413 | 154 | 16 | |
| 粮食占用耕地面积 | Area of Cultivated Land Occupied by Grain | 1287 | 6698 | 2895 | 1470 | 15495 | 11515 |
| 蔬菜占用耕地面积 | Area of Cultivated Land Occupied by Vegetables | 1481 | 2563 | 3224 | 857 | 7471 | 2481 |

# 10-4 农村基层基本情况（2013年）

| 项 目 | | Item | |
|---|---|---|---|
| 农村基层组织 | （个） | Rural Grassroots Units | (unit) |
| 镇政府 | | Number of Town Governments | |
| 村(居)民委员会 | | Number of Villagers' Committees | |
| 农村人口状况 | | Statistics on Rural Population | |
| 乡镇户数 | （户） | Number of Rural Households | (household) |
| 乡镇人口 | （人） | Rural Population | (person) |
| 农村社会基础设施 | （个） | Number of Rural Infrastructure | (unit) |
| 自来水受益村 | | Number of Villages Benefiting from Tap Water | |
| 通汽车村 | | Number of Villages Open to Motor Vehicles | |
| 通电话村 | | Number of Villages Having Telephone Communication | |
| 农村劳动力资源总数 | （人） | Total Number of Rural Labor Force | (person) |
| # 本地劳动力 | | Local Labor Force | |
| # 劳动年龄内的人口数 | | Number of Population within Labor Age | |
| 农村从业人员合计 | （人） | Total Number of Rural Employed Persons | (person) |
| # 劳动年龄内 | | Within Labor Age | |
| 农、林、牧、渔业从业人员 | | Number of Rural Employed Persons in Agriculture, Forestry, Animal Husbandry and Fishery | |
| 农业 | | Agriculture | |
| 林业 | | Forestry | |
| 畜牧业 | | Animal Husbandry | |
| 渔业 | | Fishery | |
| 农、林、牧、渔服务业 | | Service Industry for Agriculture | |
| 工 业 | | Industry | |
| 建筑业 | | Construction | |
| 批发和零售业 | | Wholesale and Retail Trade | |
| 交通运输、仓储和邮电业 | | Transport, Storage and Post | |
| 住宿和餐饮业 | | Hotels and Catering Services | |
| 信息传输、软件和信息技术服务业 | | Information Transmission, Software and Information Technology Services | |
| 其他行业 | | Others | |

# Basic Statistics on Rural Grassroots Units (2013)

| 全　市 Total | 白云区 Baiyun | 番禺区 Panyu | 花都区 Huadu | 南沙区 Nansha | 萝岗区 Luogang | 增城市 Zengcheng | 从化市 Conghua |
|---|---|---|---|---|---|---|---|
| 36 | 4 | 6 | 7 | 6 | 1 | 7 | 5 |
| 1243 | 137 | 194 | 200 | 145 | 31 | 301 | 235 |
| 1472407 | 190973 | 490282 | 177370 | 230953 | 25398 | 225016 | 132415 |
| 5122171 | 748975 | 1453803 | 772647 | 663622 | 99278 | 884888 | 498958 |
| 1243 | 137 | 194 | 200 | 145 | 31 | 301 | 235 |
| 1243 | 137 | 194 | 200 | 145 | 31 | 301 | 235 |
| 1243 | 137 | 194 | 200 | 145 | 31 | 301 | 235 |
| 3544694 | 510785 | 1065576 | 516462 | 470600 | 66013 | 602362 | 312896 |
| 1885105 | 268731 | 325141 | 270092 | 222795 | 54066 | 459991 | 284289 |
| 3448843 | 495374 | 1049518 | 510583 | 459623 | 63250 | 581578 | 288917 |
| 3192836 | 450755 | 942717 | 495520 | 431355 | 61137 | 538342 | 273010 |
| 3070516 | 432088 | 922365 | 486930 | 417691 | 56484 | 511655 | 243303 |
| 646758 | 79990 | 56525 | 121403 | 81945 | 24783 | 160664 | 121448 |
| 530782 | 71555 | 41565 | 100839 | 69876 | 19478 | 125740 | 101729 |
| 7511 | 312 | 159 | 1414 | 71 | 1344 | 2098 | 2113 |
| 36163 | 1979 | 2523 | 6029 | 1568 | 1129 | 12478 | 10457 |
| 47460 | 4067 | 10589 | 9509 | 8830 | 1434 | 9901 | 3130 |
| 24842 | 2077 | 1689 | 3612 | 1600 | 1398 | 10447 | 4019 |
| 1510151 | 201075 | 493379 | 286226 | 228430 | 16222 | 209622 | 75197 |
| 197983 | 27834 | 65280 | 25489 | 19656 | 5470 | 34648 | 19606 |
| 244590 | 34620 | 111519 | 23106 | 30135 | 2288 | 29890 | 13032 |
| 114561 | 18079 | 39110 | 15448 | 14266 | 1803 | 17714 | 8141 |
| 188319 | 26374 | 81341 | 12646 | 22554 | 4215 | 23186 | 18003 |
| 60978 | 10875 | 28758 | 2639 | 7083 | 757 | 6203 | 4663 |
| 229496 | 51908 | 66805 | 8563 | 27286 | 5599 | 56415 | 12920 |

# 10-5 农林牧渔业生产经营户及从业人员情况(2013年)

| 项　　目 | Item |
| --- | --- |
| 从事农、林、牧、渔业生产经营户(户) | Number of Households Engaging in Agriculture, Forestry, Animal Husbandry and Fishery(household) |
| 农、林、牧、渔业从业人员数　(人) | Number of Rural Employed Persons in Agriculture, Forestry, Animal Husbandry and Fishery (person) |
| 农业 | Agriculture |
| 林业 | Forestry |
| 畜牧业 | Animal Husbandry |
| 渔业 | Fishery |
| 农、林、牧、渔服务业 | Service Industry for Agriculture |

## 10-5 续表

| 项　　目 | Item |
| --- | --- |
| 从事农、林、牧、渔业生产经营户(户) | Number of Households Engaging in Agriculture, Forestry, Animal Husbandry and Fishery (household) |
| 农、林、牧、渔业从业人员数　(人) | Number of Rural Employed Persons in Agriculture, Forestry, Animal Husbandry and Fishery (person) |
| 农业 | Agriculture |
| 林业 | Forestry |
| 畜牧业 | Animal Husbandry |
| 渔业 | Fishery |
| 农、林、牧、渔服务业 | Service Industry for Agriculture |

# Number of Households and Laborers Engaging in Agriculture, Forestry, Animal Husbandry and Fishery (2013)

| 全 市<br>Total | 荔湾区<br>Liwan | 海珠区<br>Haizhu | 天河区<br>Tianhe | 白云区<br>Baiyun | 黄埔区<br>Huangpu |
|---|---|---|---|---|---|
| 364152 | 3150 | 1953 | 1326 | 50858 | 3878 |
| 680042 | 7954 | 2851 | 3380 | 88396 | 4523 |
| 557905 | 7507 | 2847 | 3104 | 79436 | 3817 |
| 7733 | | | 17 | 320 | 35 |
| 37910 | | | 16 | 2110 | 142 |
| 50826 | 328 | 2 | 34 | 4249 | 517 |
| 25668 | 119 | 2 | 209 | 2281 | 12 |

continued

| 番禺区<br>Panyu | 花都区<br>Huadu | 南沙区<br>Nansha | 萝岗区<br>Luogang | 增城市<br>Zengcheng | 从化市<br>Conghua |
|---|---|---|---|---|---|
| 23408 | 63411 | 48777 | 9816 | 97233 | 60342 |
| 56525 | 121403 | 85364 | 27247 | 160664 | 121735 |
| 41565 | 100839 | 70284 | 20781 | 125740 | 101985 |
| 159 | 1414 | 131 | 1439 | 2098 | 2120 |
| 2523 | 6029 | 2455 | 1694 | 12478 | 10463 |
| 10589 | 9509 | 10799 | 1759 | 9901 | 3139 |
| 1689 | 3612 | 1695 | 1574 | 10447 | 4028 |

# 10-6 主要年份农林牧渔业总产值

# Gross Output Value of Agriculture, Forestry, Animal Husbandry and Fishery in Main Years

单位：万元 (10000 yuan)

| 年 份 Year | 合 计 Total | # 农业 Agriculture | # 林业 Forestry | # 畜牧业 Animal Husbandry | # 渔业 Fishery |
|---|---|---|---|---|---|
| 1978 | 79940 | 62212 | 1367 | 11018 | 3551 |
| 1979 | 81753 | 64183 | 1001 | 11806 | 2855 |
| 1980 | 89465 | 69534 | 2316 | 11730 | 3650 |
| 1985 | 180163 | 117429 | 2312 | 43583 | 9530 |
| 1986 | 207553 | 133272 | 2921 | 48420 | 12630 |
| 1987 | 259437 | 171381 | 3534 | 58134 | 15286 |
| 1988 | 374875 | 235199 | 4210 | 100127 | 22571 |
| 1989 | 410575 | 258918 | 5325 | 105375 | 25131 |
| 1990 | 439322 | 280156 | 5011 | 110313 | 28142 |
| 1991 | 489080 | 311918 | 4809 | 124979 | 32183 |
| 1992 | 590289 | 359850 | 8004 | 165373 | 42635 |
| 1993 | 773560 | 415462 | 9442 | 220827 | 108282 |
| 1994 | 1034215 | 562429 | 8198 | 315842 | 125140 |
| 1995 | 1268076 | 673678 | 10672 | 369589 | 185396 |
| 1996 | 1429078 | 701636 | 11152 | 429758 | 247883 |
| 1997 | 1508110 | 748281 | 12706 | 449656 | 254502 |
| 1998 | 1540244 | 770438 | 12643 | 439267 | 265520 |
| 1999 | 1600738 | 818349 | 12683 | 433928 | 280155 |
| 2000 | 1630468 | 823477 | 13224 | 430589 | 296503 |
| 2001 | 1670518 | 878086 | 13344 | 406407 | 304442 |
| 2002 | 1750598 | 942935 | 11577 | 404566 | 321379 |
| 2003 | 1806678 | 978410 | 12823 | 388590 | 332774 |
| 2004 | 2014423 | 1055554 | 36602 | 401247 | 358246 |
| 2005 | 2208105 | 1126688 | 38424 | 477025 | 376560 |
| 2006 | 2178394 | 1140576 | 18192 | 421336 | 406265 |
| 2007 | 2544675 | 1349965 | 18284 | 519306 | 432804 |
| 2008 | 2913008 | 1445324 | 19898 | 639605 | 526876 |
| 2009 | 2956200 | 1500816 | 21683 | 612002 | 536132 |
| 2010 | 3221258 | 1662415 | 26613 | 641581 | 583252 |
| 2011 | 3506065 | 1783512 | 34286 | 721893 | 627707 |
| 2012 | 3667902 | 1872361 | 32169 | 766839 | 637314 |
| 2013 | 3899763 | 2027062 | 39615 | 758607 | 677539 |

# 10-7 主要年份农林牧渔业总产值指数

# Indices of Gross Output Value of Agriculture, Forestry, Animal Husbandry and Fishery in Main Years

上年=100 (preceding year=100)

| 年 份 Year | 合 计 Total | # 农业 Agriculture | # 林业 Forestry | # 畜牧业 Animal Husbandry | # 渔业 Fishery |
|---|---|---|---|---|---|
| 1978 | 103.2 | 101.5 | 124.9 | 113.4 | 102.4 |
| 1979 | 101.9 | 103.2 | 72.8 | 105.8 | 79.4 |
| 1980 | 108.2 | 107.1 | 230.1 | 98.1 | 127.9 |
| 1985 | 108.1 | 103.8 | 110.8 | 125.1 | 112.9 |
| 1986 | 105.2 | 101.9 | 113.1 | 110.4 | 113.0 |
| 1987 | 104.4 | 104.8 | 120.6 | 103.0 | 103.2 |
| 1988 | 105.7 | 101.0 | 86.2 | 120.1 | 114.6 |
| 1989 | 101.4 | 100.5 | 138.3 | 98.7 | 101.2 |
| 1990 | 106.3 | 106.1 | 62.3 | 109.3 | 109.5 |
| 1991 | 111.1 | 111.8 | 98.5 | 113.0 | 106.3 |
| 1992 | 114.0 | 109.4 | 182.1 | 123.3 | 121.7 |
| 1993 | 99.1 | 81.2 | 75.2 | 119.3 | 160.8 |
| 1994 | 117.4 | 118.6 | 83.9 | 114.8 | 122.3 |
| 1995 | 109.3 | 106.0 | 106.1 | 104.5 | 126.9 |
| 1996 | 106.6 | 97.1 | 107.2 | 106.9 | 128.0 |
| 1997 | 106.6 | 107.4 | 97.5 | 105.3 | 106.3 |
| 1998 | 104.6 | 100.1 | 97.2 | 103.7 | 112.1 |
| 1999 | 109.5 | 118.0 | 110.5 | 99.9 | 106.3 |
| 2000 | 102.0 | 98.9 | 108.4 | 101.8 | 104.8 |
| 2001 | 101.6 | 103.6 | 92.9 | 95.2 | 107.1 |
| 2002 | 109.1 | 123.5 | 96.1 | 97.4 | 101.7 |
| 2003 | 100.7 | 94.5 | 75.4 | 98.5 | 108.5 |
| 2004 | 105.1 | 112.6 | 120.5 | 97.5 | 101.9 |
| 2005 | 104.1 | 102.3 | 103.7 | 108.4 | 101.2 |
| 2006 | 98.1 | 100.7 | 47.1 | 87.9 | 107.3 |
| 2007 | 103.1 | 102.2 | 90.2 | 103.1 | 101.3 |
| 2008 | 103.4 | 97.3 | 104.0 | 110.0 | 109.1 |
| 2009 | 103.9 | 103.0 | 109.0 | 104.9 | 105.2 |
| 2010 | 103.1 | 103.3 | 96.6 | 102.1 | 102.9 |
| 2011 | 102.6 | 103.6 | 122.0 | 98.3 | 102.5 |
| 2012 | 102.8 | 103.5 | 93.1 | 100.3 | 104.4 |
| 2013 | 102.9 | 102.4 | 120.7 | 98.2 | 106.5 |

注：农林牧渔业总产值指数按可比价计算。

Note: The indices of gross output value of farming, forestry, animal husbandry and fishery are calculated by constant price.

## 10-8 农林牧渔业总产值、增加值和商品产值（2013年）

单位：万元

| 项 目 | Item |
|---|---|
| **农、林、牧、渔业总产值(当年价格)** | **Gross Output Value of Agriculture, Forestry, Animal Husbandry and Fishery (at current prices)** |
| 农业 | Agriculture |
| 林业 | Forestry |
| 畜牧业 | Animal Husbandry |
| 渔业 | Fishery |
| 农、林、牧、渔服务业 | Service Industry for Agriculture |
| **农、林、牧、渔业总产值构成 (%)** | **Composition of Gross Output Value of Agriculture, Forestry, Animal Husbandry and Fishery(%)** |
| 农业 | Agriculture |
| 林业 | Forestry |
| 畜牧业 | Animal Husbandry |
| 渔业 | Fishery |
| 农、林、牧、渔服务业 | Service Industry for Agriculture |
| **农、林、牧、渔业增加值** | **Value-added of Agriculture, Forestry, Animal Husbandry and Fishery** |
| 农业 | Agriculture |
| 林业 | Forestry |
| 畜牧业 | Animal Husbandry |
| 渔业 | Fishery |
| 农、林、牧、渔服务业 | Service Industry for Agriculture |
| **农、林、牧、渔业增加值构成 (%)** | **Composition of Value-added of Agriculture, Forestry, Animal Husbandry and Fishery (%)** |
| 农业 | Agriculture |
| 林业 | Forestry |
| 畜牧业 | Animal Husbandry |
| 渔业 | Fishery |
| 农、林、牧、渔服务业 | Service Industry for Agriculture |
| **农、林、牧、渔业商品产值** | **Commodity Output Value of Agriculture, Forestry, Animal Husbandry and Fishery** |
| 农业 | Agriculture |
| 林业 | Forestry |
| 畜牧业 | Animal Husbandry |
| 渔业 | Fishery |
| 农、林、牧、渔服务业 | Service Industry for Agriculture |
| **农、林、牧、渔业商品率 (%)** | **Rate of Commodity Output Value of Agriculture, Forestry, Animal Husbandry and Fishery (%)** |
| 农业 | Agriculture |
| 林业 | Forestry |
| 畜牧业 | Animal Husbandry |
| 渔业 | Fishery |
| 农、林、牧、渔服务业 | Service Industry for Agriculture |

# Gross Output Value, Value-added and Commodity Output Value of Agriculture, Forestry, Animal Husbandry and Fishery (2013)

(10000 yuan)

| 全 市<br>Total | 荔湾区<br>Liwan | 海珠区<br>Haizhu | 天河区<br>Tianhe | 白云区<br>Baiyun | 黄埔区<br>Huangpu | 番禺区<br>Panyu | 花都区<br>Huadu | 南沙区<br>Nansha | 萝岗区<br>Luogang | 增城市<br>Zengcheng | 从化市<br>Conghua |
|---|---|---|---|---|---|---|---|---|---|---|---|
| **3899763** | **73371** | **35688** | **59573** | **584567** | **19622** | **429408** | **525006** | **735514** | **127223** | **925241** | **384550** |
| 2027062 | 64782 | 12136 | 10840 | 326983 | 15003 | 177422 | 262334 | 386935 | 45439 | 499547 | 225641 |
| 39615 | | | 403 | 1522 | 41 | 100 | 4169 | 27 | 3093 | 20252 | 10008 |
| 758607 | | | 13317 | 123495 | 2571 | 67842 | 149324 | 69430 | 50879 | 185931 | 95818 |
| 677539 | 4389 | 21052 | 4063 | 59239 | 1982 | 162941 | 71593 | 269529 | 6210 | 60119 | 16422 |
| 396940 | 4200 | 2500 | 30950 | 73328 | 25 | 21103 | 37586 | 9593 | 21602 | 159392 | 36661 |
| **100.00** | **100.00** | **100.00** | **100.00** | **100.00** | **100.00** | **100.00** | **100.00** | **100.00** | **100.00** | **100.00** | **100.00** |
| 51.98 | 88.29 | 34.01 | 18.20 | 55.94 | 76.46 | 41.32 | 49.97 | 52.61 | 35.72 | 53.99 | 58.68 |
| 1.02 | | | 0.68 | 0.26 | 0.21 | 0.02 | 0.79 | 0.01 | 2.43 | 2.19 | 2.60 |
| 19.45 | | | 22.35 | 21.13 | 13.10 | 15.80 | 28.44 | 9.44 | 39.99 | 20.09 | 24.92 |
| 17.37 | 5.98 | 58.99 | 6.82 | 10.13 | 10.10 | 37.95 | 13.64 | 36.64 | 4.88 | 6.50 | 4.27 |
| 10.18 | 5.73 | 7.00 | 51.95 | 12.54 | 0.13 | 4.91 | 7.16 | 1.30 | 16.98 | 17.23 | 9.53 |
| **2284630** | **48997** | **21319** | **28265** | **341183** | **12579** | **251186** | **301085** | **452115** | **66711** | **534834** | **226356** |
| 1401308 | 44784 | 8389 | 7494 | 226044 | 10371 | 122652 | 181352 | 267488 | 31412 | 345337 | 155985 |
| 27279 | | | 277 | 1048 | 29 | 69 | 2871 | 18 | 2129 | 13946 | 6892 |
| 309360 | | | 5431 | 50361 | 1048 | 27666 | 60894 | 28314 | 20749 | 75823 | 39074 |
| 382945 | 2481 | 11899 | 2296 | 33482 | 1120 | 92094 | 40464 | 152338 | 3510 | 33979 | 9282 |
| 163738 | 1732 | 1031 | 12767 | 30248 | 11 | 8705 | 15504 | 3957 | 8911 | 65749 | 15123 |
| **100.00** | **100.00** | **100.00** | **100.00** | **100.00** | **100.00** | **100.00** | **100.00** | **100.00** | **100.00** | **100.00** | **100.00** |
| 61.34 | 91.40 | 39.35 | 26.51 | 66.25 | 82.45 | 48.83 | 60.23 | 59.16 | 47.09 | 64.57 | 68.91 |
| 1.19 | | | 0.98 | 0.31 | 0.23 | 0.03 | 0.95 | 0.01 | 3.19 | 2.61 | 3.05 |
| 13.54 | | | 19.22 | 14.76 | 8.34 | 11.01 | 20.23 | 6.26 | 31.10 | 14.18 | 17.26 |
| 16.76 | 5.06 | 55.81 | 8.12 | 9.81 | 8.90 | 36.66 | 13.44 | 33.69 | 5.26 | 6.35 | 4.10 |
| 7.17 | 3.54 | 4.84 | 45.17 | 8.87 | 0.08 | 3.47 | 5.15 | 0.88 | 13.36 | 12.29 | 6.68 |
| **3584714** | **72953** | **34487** | **59395** | **555862** | **18332** | **392173** | **490202** | **677154** | **123043** | **823492** | **337621** |
| 1791502 | 64364 | 11249 | 10664 | 300720 | 13777 | 161861 | 238967 | 352877 | 42575 | 409928 | 184520 |
| 36867 | | | 402 | 1511 | 41 | 100 | 4028 | 26 | 3089 | 17760 | 9910 |
| 718104 | | | 13316 | 122417 | 2532 | 56923 | 142167 | 61137 | 49658 | 179338 | 90616 |
| 641301 | 4389 | 20738 | 4063 | 57886 | 1957 | 152186 | 67454 | 253521 | 6119 | 57074 | 15914 |
| 396940 | 4200 | 2500 | 30950 | 73328 | 25 | 21103 | 37586 | 9593 | 21602 | 159392 | 36661 |
| **91.92** | **99.43** | **96.63** | **99.70** | **95.09** | **93.43** | **91.33** | **93.37** | **92.07** | **96.71** | **89.00** | **87.80** |
| 88.38 | 99.35 | 92.69 | 98.37 | 91.97 | 91.83 | 91.23 | 91.09 | 91.20 | 93.70 | 82.06 | 81.78 |
| 93.07 | | | 100.00 | 99.27 | 99.93 | 99.57 | 96.62 | 99.10 | 99.88 | 87.69 | 99.02 |
| 94.66 | | | 99.99 | 99.13 | 98.47 | 83.91 | 95.21 | 88.05 | 97.60 | 96.45 | 94.57 |
| 94.65 | 100.00 | 98.51 | 100.00 | 97.72 | 98.73 | 93.40 | 94.22 | 94.06 | 98.53 | 94.94 | 96.90 |
| 100.00 | 100.00 | 100.00 | 100.00 | 100.00 | 100.00 | 100.00 | 100.00 | 100.00 | 100.00 | 100.00 | 100.00 |

# 10-9 按历史时期分农林牧渔业总产值

# Gross Output Value of Agriculture, Forestry, Animal Husbandry and Fishery by History Period

| 时 期 | Period | 合 计 Total | # 农业 Agriculture | # 林业 Forestry | # 畜牧业 Animal Husbandry | # 渔业 Fishery |
|---|---|---|---|---|---|---|
| **按现行价格计算(万元)** | **Current Price (10000 yuan)** | | | | | |
| “六五”时期 | 6th Five-year Plan Period | 658543 | 455112 | 8949 | 135454 | 34854 |
| “七五”时期 | 7th Five-year Plan Period | 1691762 | 1078926 | 21001 | 422369 | 103760 |
| “八五”时期 | 8th Five-year Plan Period | 4155220 | 2323337 | 41125 | 1196610 | 493636 |
| “九五”时期 | 9th Five-year Plan Period | 7708638 | 3862181 | 62408 | 2183198 | 1344563 |
| “十五”时期 | 10th Five-year Plan Period | 9450322 | 4981673 | 112770 | 2077835 | 1693401 |
| “十一五”时期 | 11th Five-year Plan Period | 13813535 | 7099096 | 104670 | 2833830 | 2485329 |
| 1979-2013 | 1979-2013 | 48722968 | 25616977 | 460310 | 11120171 | 8104608 |
| 1991-2013 | 1991-2013 | 46201445 | 23949222 | 427043 | 10538812 | 7959489 |
| 2001-2013 | 2001-2013 | 34337587 | 17763704 | 323510 | 7159004 | 6121290 |
| **平均增长速度(%)** | **Average Speed of Growth (%)** | | | | | |
| “六五”时期 | 6th Five-year Plan Period | 6.2 | 3.3 | -5.8 | 17.9 | 15.5 |
| “七五”时期 | 7th Five-year Plan Period | 4.6 | 2.8 | 0.3 | 8.1 | 8.2 |
| “八五”时期 | 8th Five-year Plan Period | 10.0 | 4.6 | 3.7 | 14.8 | 26.4 |
| “九五”时期 | 9th Five-year Plan Period | 5.9 | 4.0 | 4.0 | 3.5 | 11.2 |
| “十五”时期 | 10th Five-year Plan Period | 5.8 | 7.8 | -3.2 | 1.2 | 4.8 |
| “十一五”时期 | 11th Five-year Plan Period | 2.3 | 1.3 | -14.2 | 1.3 | 5.1 |
| 1979-2013 | 1979-2013 | 5.3 | 3.8 | 0.0 | 6.2 | 10.2 |
| 1991-2013 | 1991-2013 | 5.3 | 4.0 | -1.1 | 3.8 | 10.4 |
| 2001-2013 | 2001-2013 | 3.4 | 3.8 | -4.7 | 0.0 | 4.6 |

# 10-10 渔业生产情况（2013年）

# Statistics on Fishery Production (2013)

| 项　　目 | Item | 全　市 Total | 荔湾区 Liwan | 海珠区 Haizhu | 天河区 Tianhe | 白云区 Baiyun | 黄埔区 Huangpu |
|---|---|---|---|---|---|---|---|
| **水产品养殖总面积（公顷）** | **Total Cultured Area of Aquatic Products (hectare)** | **28315** | **37** | **6** | **30** | **2856** | **147** |
| # 淡水养殖 | Freshwater Artificially Cultured | 24924 | 37 | 6 | 30 | 2856 | 147 |
| # 鱼　塘 | Fish Pond | 21777 | | 6 | 30 | 2576 | 147 |
| **水产品总产量(吨)** | **Total Aquatic Products (ton)** | **476825** | **677** | **4843** | **7978** | **45237** | **2171** |
| 按作业分 | Grouped by Production | | | | | | |
| 海洋捕捞 | Marine Fishing | 31084 | 214 | 4811 | 7395 | 1779 | 198 |
| 海水养殖 | Mariculture | 54750 | | | | | |
| 淡水捕捞 | Freshwater Fishing | 45799 | | | | 283 | 142 |
| 淡水养殖 | Freshwater Aquaculture | 345192 | 463 | 32 | 583 | 43175 | 1831 |
| 按种类分 | Grouped by Species | | | | | | |
| 鱼　类 | Fish | 414110 | 214 | 4843 | 7978 | 42818 | 2132 |
| 甲壳类 | Shrimps, Prawns and Crabs | 20423 | | | | 378 | 26 |
| 贝　类 | Shell-fish | 35863 | | | | 28 | 9 |
| 其他水产类 | Other Aquatic Products | 6429 | 463 | | | 2013 | 4 |

## 10-10 续表 continued

| 项　　目 | Item | 番禺区 Panyu | 花都区 Huadu | 南沙区 Nansha | 萝岗区 Luogang | 增城市 Zengcheng | 从化市 Conghua |
|---|---|---|---|---|---|---|---|
| **水产品养殖总面积（公顷）** | **Total Cultured Area of Aquatic Products (hectare)** | **4533** | **5396** | **8129** | **778** | **4573** | **1830** |
| # 淡水养殖 | Freshwater Artificially Cultured | 2742 | 5396 | 6529 | 778 | 4573 | 1830 |
| # 鱼　塘 | Fish Pond | 2589 | 5148 | 6420 | 730 | 3213 | 918 |
| **水产品总产量(吨)** | **Total Aquatic Products (ton)** | **147441** | **65836** | **130496** | **7495** | **52463** | **12188** |
| 按作业分 | Grouped by Production | | | | | | |
| 海洋捕捞 | Marine Fishing | 14968 | | 1202 | | 517 | |
| 海水养殖 | Mariculture | 33843 | | 20907 | | | |
| 淡水捕捞 | Freshwater Fishing | 39155 | 115 | 3205 | | 2899 | |
| 淡水养殖 | Freshwater Aquaculture | 59475 | 65721 | 105182 | 7495 | 49047 | 12188 |
| 按种类分 | Grouped by Species | | | | | | |
| 鱼　类 | Fish | 108729 | 65195 | 113627 | 7495 | 49854 | 11225 |
| 甲壳类 | Shrimps, Prawns and Crabs | 3996 | 28 | 15498 | | 497 | |
| 贝　类 | Shell-fish | 34631 | | 321 | | 874 | |
| 其他水产类 | Other Aquatic Products | 85 | 613 | 1050 | | 1238 | 963 |

# 10-11 畜牧业生产情况（2013年）

| 项目 | | Item | | 全市 Total |
|---|---|---|---|---|
| 年末牛存栏量 | （头） | Number of Farm Cattle on Hand at Year-end | (head) | 46592 |
| 役用牛 | | Draft Cattle | | 6878 |
| 肉用牛 | | Beef Cattle | | 19232 |
| 奶　牛 | | Cow | | 20482 |
| 牛奶产量 | （吨） | Output of Milk | (ton) | 59137 |
| 牛出栏量 | （头） | Number of Slaughtered Cattle | (head) | 8929 |
| 牛肉产量 | （吨） | Output of Beef | (ton) | 1181 |
| 生猪饲养量 | （头） | Total Number of Hogs Raised | (head) | 3432349 |
| 年末生猪存栏量 | （头） | Number of Hogs on Hand at Year-end | (head) | 1112212 |
| # 能繁殖的母猪 | | Female Hogs | | 116761 |
| 生猪出栏量 | （头） | Number of Slaughtered Fattened Hogs | (head) | 2320137 |
| 猪肉产量 | （吨） | Output of Pork | (ton) | 173802 |
| 年末羊存栏量 | （头） | Number of Sheep and Goats on Hand at Year-end | (head) | 5286 |
| 羊出栏量 | （头） | Number of Slaughtered Sheep and Goats | (head) | 6865 |
| 羊肉产量 | （吨） | Output of Mutton | (ton) | 121 |
| 年末兔存栏量 | （只） | Number of Rabbits on Hand at Year-end | (unit) | 17875 |
| 兔出栏量 | （只） | Number of Slaughtered Rabbits | (unit) | 64905 |
| 兔肉产量 | （吨） | Output of Rabbit Meat | (ton) | 163 |
| 年末家禽存栏量 | （万只） | Number of Poultry on Hand at Year-end | (10000 units) | 2660 |
| # 三　鸟 | | Chickens, Ducks and Gooses | | 2331 |
| # 鸡 | | Chickens | | 1425 |
| 家禽出栏量 | （万只） | Number of Slaughtered Poultry | (10000 units) | 10569 |
| # 三　鸟 | | Chickens, Ducks and Gooses | | 8526 |
| # 鸡 | | Chickens | | 5362 |
| 禽肉产量 | （吨） | Output of Poultry Meat | (ton) | 137419 |
| 禽蛋产量 | （吨） | Output of Poultry Eggs | (ton) | 22547 |
| 肉类总产量 | （吨） | Output of Meat | (ton) | 313235 |
| 蜂蜜产量 | （吨） | Output of Honey | (ton) | 939 |

# Statistics on Animal Husbandry Production (2013)

| 天河区<br>Tianhe | 白云区<br>Baiyun | 黄埔区<br>Huangpu | 番禺区<br>Panyu | 花都区<br>Huadu | 南沙区<br>Nansha | 萝岗区<br>Luogang | 增城市<br>Zengcheng | 从化市<br>Conghua |
|---|---|---|---|---|---|---|---|---|
| 5397 | 1421 | | 2288 | 3679 | 2988 | 1250 | 26661 | 2908 |
| | 108 | | 321 | 414 | 200 | 250 | 4798 | 787 |
| | 33 | | | 15 | 33 | 70 | 18397 | 684 |
| 5397 | 1280 | | 1967 | 3250 | 2755 | 930 | 3466 | 1437 |
| 16223 | 3921 | | 3664 | 10304 | 8578 | 2207 | 10704 | 3536 |
| 1049 | 134 | | 93 | 225 | 83 | 903 | 5493 | 949 |
| 139 | 18 | | 12 | 30 | 11 | 119 | 726 | 126 |
| 2647 | 328017 | | 241757 | 555752 | 295951 | 391822 | 892257 | 724146 |
| 280 | 86409 | | 89740 | 186371 | 120642 | 158090 | 172712 | 297968 |
| 100 | 9954 | | 4251 | 20474 | 9776 | 16312 | 22240 | 33654 |
| 2367 | 241608 | | 152017 | 369381 | 175309 | 233732 | 719545 | 426178 |
| 177 | 18099 | | 11388 | 27670 | 13133 | 17509 | 53901 | 31925 |
| 50 | | | | 418 | | 347 | 2955 | 1516 |
| 17 | | | | 351 | 68 | 1941 | 2932 | 1556 |
| | | | | 6 | 1 | 34 | 52 | 28 |
| | 40 | | 70 | 4640 | | 60 | 1608 | 11457 |
| | 10 | | 270 | 10792 | | | 3833 | 50000 |
| | | | 1 | 27 | | | 10 | 125 |
| | 572 | 26 | 223 | 699 | 176 | 104 | 638 | 222 |
| | 523 | 24 | 219 | 688 | 174 | 78 | 422 | 203 |
| | 425 | 24 | 83 | 264 | 53 | 74 | 341 | 161 |
| | 2856 | 104 | 827 | 2538 | 926 | 408 | 2169 | 741 |
| | 2462 | 94 | 804 | 2252 | 919 | 260 | 1083 | 652 |
| | 2042 | 94 | 205 | 1231 | 192 | 247 | 855 | 496 |
| | 34923 | 1119 | 16267 | 36275 | 16772 | 3670 | 19176 | 9217 |
| | 1239 | | 4191 | 2884 | 693 | 2071 | 9192 | 2277 |
| 316 | 53044 | 1119 | 27669 | 64132 | 29922 | 21332 | 74078 | 41623 |
| | | | 23 | 4 | | 2 | 665 | 245 |

# 10-12 农村电力、化肥用量和农田水利建设情况（2013年）

| 项　　　目 | Item | 全　市 Total |
|---|---|---|
| 农村电气化 | Rural Electrification | |
| 农村用电量（万千瓦·时） | Electricity Consumed in Rural Areas (10000 kilowatt/hour) | 1836046 |
| 农村小水电站个数（个） | Number of Small Hydropower Stations in Rural Areas (unit) | 188 |
| 农村小水电站装机容量（千瓦） | Installed Capacity of Small Hydropower Stations in Rural Areas (kilowatt) | 136284 |
| 农村小水电站发电量(万千瓦·时) | Generated Energy of Small Hydropower Stations in Rural Areas(10000 kilowatts/hour) | 24235 |
| 农村化学化 | Rural Chemicalizing | |
| 化肥施用量（实物量、吨） | Consumption of Chemical Fertilizers (gross weight) (ton) | 303189 |
| 化肥施用量（折纯量、吨） | Consumption of Chemical Fertilizers (effective weight) (ton) | 111274 |
| 农用薄膜使用量（吨） | Consumption of Plastic Film in Agriculture (ton) | 2678 |
| 农药施用量（吨） | Consumption of Agricultural Pesticide (ton) | 3233 |
| 农用柴油使用量（吨） | Consumption of Diesel Oil in Agriculture (ton) | 60054 |
| 农田水利建设 | Construction of Water Conservancy Works | |
| 有效灌溉面积（公顷） | Irrigated Area (hectare) | 80399 |
| 有效灌溉面积占耕地比重（%） | As Percentage of Total Cultivated Land (%) | 81.92 |
| 旱涝保收面积（公顷） | Drought and Flooded Area under Control and Ensuring Stable Yields (hectare) | 69885 |
| 旱涝保收面积占耕地比重（%） | As Percentage of Total Cultivated Land (%) | 71.20 |
| 机电排灌面积（公顷） | Area with Motorized Drainage and Irrigation Facilities (hectare) | 51360 |
| 机电排灌面积占耕地比重（%） | As Percentage of Total Cultivated Land (%) | 52.33 |

## Statistics on Electricity, Chemical Fertilizer Consumption and Construction of Water Conservancy Works in Rural Areas (2013)

| 荔湾区 Fangcun | 海珠区 Haizhu | 天河区 Tianhe | 白云区 Baiyun | 黄埔区 Huangpu | 番禺区 Panyu | 花都区 Huadu | 南沙区 Nansha | 萝岗区 Luogang | 增城市 Zengcheng | 从化市 Conghua |
|---|---|---|---|---|---|---|---|---|---|---|
| | | | | | | | | | | |
| 26421 | 48661 | 22460 | 215880 | 55468 | 400357 | 226389 | 275706 | 72981 | 438062 | 53661 |
| | | | 1 | | | 17 | | 3 | 16 | 151 |
| | | | 2000 | | | 6510 | | 1110 | 26750 | 99914 |
| | | | | | | 528 | | 67 | 7951 | 15689 |
| | | | | | | | | | | |
| 430 | 1177 | 601 | 39561 | 2132 | 12622 | 43035 | 108991 | 10775 | 52342 | 31523 |
| 168 | 413 | 225 | 15381 | 863 | 4483 | 15928 | 39087 | 3796 | 20109 | 10821 |
| 236 | 5 | 3 | 88 | 26 | 335 | 550 | 532 | 31 | 610 | 262 |
| 4 | 11 | 2 | 390 | 332 | 331 | 287 | 538 | 125 | 582 | 631 |
| 507 | 688 | 6 | 15424 | 765 | 1873 | 13381 | 8774 | 1950 | 6001 | 10685 |
| | | | | | | | | | | |
| 247 | 159 | 240 | 7400 | 348 | 6996 | 10296 | 16844 | 2214 | 17377 | 18278 |
| 47.55 | 100.00 | 100.00 | 76.57 | 95.76 | 94.44 | 89.03 | 90.48 | 89.12 | 64.54 | 90.47 |
| 247 | 159 | 235 | 7367 | 346 | 6439 | 10142 | 16759 | 1971 | 14066 | 12154 |
| 47.55 | 100.00 | 98.30 | 76.22 | 95.21 | 86.91 | 87.69 | 90.03 | 79.33 | 52.24 | 60.16 |
| 187 | 159 | 199 | 5820 | 112 | 6439 | 6986 | 14836 | 1971 | 11722 | 2929 |
| 36.00 | 100.00 | 82.99 | 60.22 | 30.85 | 86.91 | 60.41 | 79.70 | 79.33 | 43.54 | 14.50 |

# 10-13 农业机械总动力和拥有量（2013年）

| 项　目 | | Item | | 全　市<br>Total |
|---|---|---|---|---|
| 农业机械总动力 | （千瓦） | Total Power of Agricultural Machinery | (kilowatt) | 1955986 |
| 柴油发动机动力 | | Power of Diesel Engines | | 1293669 |
| 汽油发动机动力 | | Power of Gasoline Engines | | 283379 |
| 电动机动力 | | Power of Electric Motors | | 360408 |
| 主要农业机械拥有量 | | Possession of Major Agricultural Machinery | | |
| 大中型拖拉机 | （台） | Number of Large and Medium Tractors | (unit) | 337 |
| 小型拖拉机 | （台） | Number of Mini-Tractors | (unit) | 4696 |
| 大中型拖拉机配套农具 | （台） | Number of Large and Medium Tractor Accessory Farm Machinery | (unit) | 529 |
| 小型拖拉机配套农具 | （台） | Number of Mini-Tractor Towing Farm Machinery | (unit) | 5713 |
| 农用排灌柴油机 | （台） | Diesel Engines for Agricultural Use | (unit) | 23247 |
| 农用排灌电动机 | （台） | Electric Motors for Agricultural Use | (unit) | 15699 |
| 农用水泵 | （台） | Water Pumps for Agricultural Use | (unit) | 34051 |
| 节水灌溉机械 | （套） | Irrigation Machinery of Saving Water | (set) | 18077 |
| 联合收割机 | （台） | Combine Harvesters | (unit) | 191 |
| 机动脱粒机 | （台） | Motorized Threshers | (unit) | 15105 |
| 渔用机动船 | （艘） | Motorized Fishing Boats | (unit) | 2422 |
| 农用运输车 | （辆） | Number of Trucks for Agricultural Use | (unit) | 7937 |

# Total Power and Possession of Major Agricultural Machinery (2013)

| 荔湾区 Fangcun | 海珠区 Haizhu | 天河区 Tianhe | 白云区 Baiyun | 黄埔区 Huangpu | 番禺区 Panyu | 花都区 Huadu | 南沙区 Nansha | 萝岗区 Luogang | 增城市 Zengcheng | 从化市 Conghua |
|---|---|---|---|---|---|---|---|---|---|---|
| 1180 | 10497 | 3900 | 405591 | 3295 | 199210 | 264903 | 461350 | 16576 | 380220 | 209264 |
| | 8460 | 2982 | 266260 | 2753 | 99605 | 191856 | 282510 | 13164 | 254020 | 172059 |
| | 1152 | | 110940 | 217 | 15937 | 24964 | 69584 | 910 | 51300 | 8375 |
| 1180 | 885 | 918 | 28391 | 325 | 79684 | 39657 | 103136 | 2502 | 74900 | 28830 |
| | | | | | | | | | | |
| | | | 8 | | 37 | 12 | 50 | 14 | 182 | 34 |
| | | | 63 | 8 | 425 | 989 | 450 | 10 | 1812 | 939 |
| | | | 8 | | 48 | 20 | 165 | 19 | 185 | 84 |
| | | | 62 | | 549 | 811 | 920 | 10 | 2126 | 1235 |
| | | | 493 | 27 | 2850 | 2883 | 13040 | 460 | 1493 | 2001 |
| | | 5 | 880 | 15 | 4275 | 2093 | 5762 | 160 | 2208 | 301 |
| | 43 | | 3115 | 39 | 2767 | 10472 | 10069 | 490 | 3788 | 3268 |
| | | | 460 | | 1934 | 346 | 14880 | | 15 | 442 |
| | | | 4 | | 3 | 18 | 38 | 4 | 49 | 75 |
| | | | 1525 | | 59 | 1062 | 62 | | 8260 | 4137 |
| 1 | 17 | 10 | 297 | 64 | 995 | 53 | 896 | | 85 | 4 |
| | | | 10 | 6 | 1243 | 983 | 2109 | 23 | 2017 | 1546 |

# 10-14 主要农作物及水果种植面积和产量（2013年）

| 项目 | Item | 全市 Total | 荔湾区 Fangcun | 海珠区 Haizhu |
|---|---|---|---|---|
| **农作物总播种面积（公顷）** | **Total Sown Area of Farm Crops (hectare)** | **265878** | **2507** | **958** |
| 粮食作物 | Grain Crops | 89749 | | |
| #稻谷 | Rice | 61184 | | |
| 大豆 | Soybeans | 1633 | | |
| 经济作物 | Economic Crops | 32510 | 2193 | 6 |
| #甘蔗 | Sugarcane | 6685 | | |
| 花生 | Peanuts | 7071 | | |
| 木薯 | Cassava | 115 | | |
| 花卉 | Flowers | 17033 | 2193 | 6 |
| 其他作物 | Other Farm Crops | 143619 | 314 | 952 |
| #蔬菜 | Vegetables | 140036 | 314 | 952 |
| 果用瓜 | Melon-fruits | 366 | | |
| **园林水果年末面积（公顷）** | **Planting Area of Fruits at Year-end (hectare)** | **61745** | | **999** |
| #柑桔橙 | Citrus | 3301 | | |
| 香(大)蕉 | Bananas and Plantains | 4650 | | 23 |
| 荔枝 | Lychees | 30857 | | 33 |
| 龙眼 | Longans | 7690 | | 340 |
| **主要农作物产量（吨）** | **Yield of Major Farm Crops (ton)** | | | |
| 粮食作物 | Grain Crops | 435548 | | |
| #稻谷 | Rice | 303619 | | |
| 大豆 | Soybeans | 5678 | | |
| 经济作物 | Economic Crops | | | |
| #甘蔗 | Sugarcane | 789839 | | |
| 花生 | Peanuts | 18914 | | |
| 木薯 | Cassava | 2168 | | |
| 花卉（万元） | Flowers (10000 yuan) | 354869 | 62873 | 14 |
| 其他作物 | Other Farm Crops | | | |
| 蔬菜 | Vegetables | 3433166 | 4630 | 18142 |
| 果用瓜 | Melon-fruits | 8649 | | |
| **园林水果总产量（吨）** | **Gross Output of Fruits (ton)** | **410555** | | **10951** |
| #柑桔橙 | Citrus | 53306 | | |
| 香(大)蕉 | Bananas and Plantains | 152668 | | 903 |
| 荔枝 | Lychees | 52764 | | 348 |
| 龙眼 | Longans | 30006 | | 1941 |

# Sown Area and Output of Major Farm Crops and Fruits (2013)

| 天河区<br>Tianhe | 白云区<br>Baiyun | 黄埔区<br>Huangpu | 番禺区<br>Panyu | 花都区<br>Huadu | 南沙区<br>Nansha | 萝岗区<br>Luogang | 增城市<br>Zengcheng | 从化市<br>Conghua |
|---|---|---|---|---|---|---|---|---|
| **1679** | **42817** | **2005** | **16762** | **33060** | **33609** | **8248** | **79223** | **45010** |
| | 6407 | 23 | 2684 | 14673 | 6580 | 3000 | 32936 | 23446 |
| | 3978 | | 431 | 6482 | 1522 | 2078 | 26103 | 20590 |
| | 39 | | 72 | 330 | 687 | | 231 | 274 |
| | 1335 | 69 | 5976 | 3555 | 8372 | 1294 | 4542 | 5168 |
| | 59 | 14 | 22 | 123 | 5805 | 16 | 536 | 110 |
| | 386 | | 8 | 1240 | 68 | 132 | 1951 | 3286 |
| | | | | | | | 10 | 105 |
| | 890 | 55 | 5946 | 1682 | 2499 | 1124 | 1166 | 1472 |
| 1679 | 35075 | 1913 | 8102 | 14832 | 18657 | 3954 | 41745 | 16396 |
| 1679 | 35041 | 1912 | 8089 | 13522 | 18633 | 3911 | 40906 | 15077 |
| | 34 | 1 | 13 | 192 | 9 | 32 | 83 | 2 |
| **82** | **1659** | **570** | **573** | **3605** | **4767** | **3095** | **20764** | **25631** |
| | 14 | | | 57 | 209 | 64 | 935 | 2022 |
| 1 | 39 | 92 | 206 | 142 | 2649 | 224 | 1165 | 109 |
| 30 | 741 | 149 | 10 | 1719 | 1046 | 1885 | 11626 | 13618 |
| 26 | 491 | 105 | 129 | 1300 | 155 | 658 | 2407 | 2079 |
| | | | | | | | | |
| | 32210 | 106 | 14005 | 73157 | 34322 | 13315 | 152396 | 116037 |
| | 19740 | | 2176 | 35559 | 7768 | 9684 | 125530 | 103162 |
| | 159 | | 227 | 1012 | 2961 | | 559 | 760 |
| | | | | | | | | |
| | 5694 | 1970 | 2526 | 12391 | 719755 | 405 | 40759 | 6339 |
| | 979 | | 50 | 3404 | 340 | 411 | 5100 | 8630 |
| | | | | | | | 232 | 1936 |
| | 17387 | 909 | 98387 | 83158 | 27714 | 10314 | 25120 | 28993 |
| | | | | | | | | |
| 30744 | 756346 | 29636 | 174331 | 335487 | 532946 | 64907 | 1162463 | 323534 |
| | 506 | 17 | 141 | 5153 | 263 | 981 | 1562 | 26 |
| **207** | **6448** | **6217** | **11883** | **19032** | **138081** | **8677** | **120138** | **88921** |
| | 131 | | | 421 | 7803 | 705 | 23525 | 20721 |
| 5 | 1370 | 2645 | 5027 | 2429 | 102600 | 2032 | 34680 | 977 |
| 61 | 1731 | 451 | 57 | 6625 | 2673 | 2905 | 10802 | 27111 |
| 49 | 1345 | 791 | 1791 | 6011 | 1202 | 931 | 6684 | 9261 |

# 10-15 主要农产品产量与建国以来最高年份比较（2013年）

# Output of Major Farm Products in Comparison with that of Peak Year since 1949 (2013)

| 项　目 | Item | 2013 | 建国以来最高年份（不含当年）Peak Year since 1949 (excluding current year) | | 2013为建国以来最高年(%) 2013 as Percentage of Peak Year (%) |
|---|---|---|---|---|---|
| | | | 年　份 Year | 产　量 Output | |
| **农产品总产量　（吨）** | **Total Yield of Farm Products　(ton)** | | | | |
| 粮　食 | Grain | 435548 | 1984 | 1259928 | 34.57 |
| # 稻　谷 | Rice | 303619 | 1984 | 1242982 | 24.43 |
| 花　生 | Peanuts | 18914 | 1982 | 56397 | 33.54 |
| 糖　蔗 | Sugarcane | 5681 | 1985 | 2395941 | 0.24 |
| 蔬　菜 | Vegetables | 3433166 | 2004 | 3666886 | 93.63 |
| 水　果(含果用瓜) | Fruits | 419204 | 2004 | 553819 | 75.69 |
| **单位播种面积产量（千克/公顷）** | **Yield per Unit Sowed Area (kilogram/hectare)** | | | | |
| 粮　食 | Grain | 4853 | 2000 | 5758 | 84.28 |
| # 稻　谷 | Rice | 4962 | 2000 | 5952 | 83.37 |
| 花　生 | Peanuts | 2675 | 2005 | 2698 | 99.15 |
| 糖　蔗 | Sugarcane | 96835 | 1991 | 121120 | 79.95 |
| 蔬　菜 | Vegetables | 24516 | 2012 | 24427 | 100.36 |
| 水　果 | Fruits | 6749 | 1992 | 8420 | 80.15 |
| **禽畜产品产量　（吨）** | **Total Output of Poultry and Animal Husbandry Products　(ton)** | | | | |
| 肉类总产量 | Output of Meat | 313235 | 2000 | 327702 | 95.59 |
| # 猪　肉 | Pork | 173802 | 2010 | 174778 | 99.44 |
| 牛羊肉 | Beef and Mutton | 1302 | 2003 | 1973 | 65.99 |
| 家禽肉 | Poultry Meat | 137419 | 2002 | 184134 | 74.63 |
| 牛　奶 | Milk | 59137 | 2010 | 61530 | 96.11 |
| 鲜　蛋 | Eggs | 22547 | 1994 | 37321 | 60.41 |
| **水产品总产量　（吨）** | **Total Output of Aquatic Products(ton)** | | | | |
| 海水产品 | Seawater Aquatic Products | 85834 | 2010 | 78927 | 108.75 |
| 淡水产品 | Freshwater Aquatic Products | 390991 | 2012 | 385744 | 101.36 |

# 10-16 农牧渔业生产水平

# Production Level of Agriculture, Animal Husbandry and Fishery

单位：千克 (kg)

| 项　　目 | Item | 2012 | 2013 |
|---|---|---|---|
| 平均每个农业户生产 | Average Production per Household | | |
| 粮　食 | Grain | 1240 | 1196 |
| #稻　谷 | Rice | 878 | 834 |
| 花　生 | Peanuts | 52 | 52 |
| 甘　蔗 | Sugarcane | 2108 | 2169 |
| 蔬　菜 | Vegetables | 9237 | 9428 |
| 水　果 | Fruits | 1137 | 1151 |
| 花　卉(元) | Flowers (yuan) | 9499 | 9745 |
| 生　猪(头) | Hogs (head) | 6 | 6 |
| 家　禽(只) | Poultry (head) | 312 | 290 |
| #鸡 | Chickens | 159 | 147 |
| 禽　蛋 | Eggs of Poultry | 61 | 62 |
| 水产品 | Aquatic Products | 1269 | 1309 |
| #鱼　类 | Fish | 1029 | 1137 |
| 平均每个农业从业人员生产 | Average Production per Employed Person Engaging in Farming | | |
| 粮　食 | Grain | 809 | 781 |
| #稻　谷 | Rice | 573 | 544 |
| 花　生 | Peanuts | 34 | 34 |
| 甘　蔗 | Sugarcane | 1376 | 1416 |
| 蔬　菜 | Vegetables | 6027 | 6154 |
| 水　果 | Fruits | 742 | 751 |
| 花　卉(元) | Flowers (yuan) | 6198 | 6361 |
| 平均每个畜牧业从业人员生产 | Average Production per Employed Person Engaging in Animal Husbandry | | |
| 肉类总产量 | Output of Meat | 8341 | 8263 |
| #猪　肉 | Pork | 4460 | 4585 |
| 牛羊肉 | Beef and Mutton | 37 | 34 |
| 禽　肉 | Meat of Poultry | 3827 | 3625 |
| 禽　蛋 | Eggs of Poultry | 578 | 595 |
| 平均每个渔业从业人员生产 | Average Production per Employed Person Engaging in Fishery | | |
| 水产品 | Aquatic Products | 8969 | 9382 |
| #鱼　类 | Fish | 7272 | 8148 |

# 10-17　农村经济效益主要指标
# Main Indicators of Rural Economic Results

| 项　　目 | Item | 2012 | 2013 |
|---|---|---|---|
| 农、林、牧、渔业劳动生产率（元/人） | Labor Productivity of Agriculture, Forestry, Animal Husbandry and Fishery (yuan/person) | 31474 | 33595 |
| 农业 | Agriculture | 23294 | 25117 |
| 林业 | Forestry | 27344 | 35276 |
| 畜牧业 | Animal Husbandry | 81291 | 81604 |
| 渔业 | Fishery | 70197 | 75344 |
| 农村经济净收入分配率 (%) | Distribution Rate of Rural Economic Net Income (%) | 100.00 | 100.00 |
| 国家 | State | 9.10 | 9.00 |
| 集体 | Collective | 10.92 | 10.68 |
| 个人 | Individual | 69.68 | 71.22 |
| 其他 | Others | 10.30 | 9.10 |
| 森林覆盖率 (%) | Rate of Land Covered by Forestry (%) | 41.80 | 42.00 |
| 耕地水利化程度 (%) | Rate of Cultivated Land under Irrigation (%) | 79.27 | 80.91 |
| 农、林、牧、渔业劳动机械化程度(%) | Rate of Labor Mechanization of Farming, Forestry, Animal Husbandry and Fishery (%) | 12.10 | 9.35 |
| 每百元农村总收入提供国家税收（元） | Taxes Created by per 100 yuan Rural Income (yuan) | 1.68 | 2.26 |
| 每百元费用提供农村净收入（元） | Net Rural Income Created by per 100 yuan Expenditure (yuan) | 19.36 | 27.90 |

# 10-18 农村经济收益分配

## Distribution of Rural Economic Returns

单位：万元 (10000 yuan)

| 项　　目 | Item | 2012 | 2013 |
|---|---|---|---|
| 农村经济总收入 | Total Income of Rural Economy | 26330109 | 20971562 |
| 农、林、牧、渔业 | Agriculture, Forestry, Animal Husbandry and Fishery | 2353949 | 2391238 |
| 农业 | Agriculture | 1456412 | 1511160 |
| # 种植业 | Grain Farming | 1247950 | 1403405 |
| 林业 | Forestry | 31161 | 37273 |
| 畜牧业 | Animal Husbandry | 403475 | 391453 |
| 渔业 | Fishery | 462901 | 451352 |
| 工业 | Industry | 16307746 | 11011559 |
| 建筑业 | Construction | 1563297 | 1585122 |
| 交通运输业 | Transport | 869233 | 900803 |
| 商业饮食业 | Trade and Catering Services | 1903497 | 1557481 |
| 服务业 | Social Services | 1142937 | 1156867 |
| 其他 | Others | 2189450 | 2368492 |
| 总费用 | Total Expenditure | 22059375 | 16397354 |
| # 生产费用 | Expenditure for Production | 15921236 | 11470526 |
| 净收入 | Net Income | 4270734 | 4574208 |
| 可分配净收入总额 | Total Disposable Net Income | 4892040 | 5285767 |
| # 国家税金 | Taxes Paid to State | 441946 | 473295 |
| 上交国家有关部门 | Taxes Paid to Related Departments | 3317 | 2396 |
| 乡村集体所得 | Taxes Owned by Rural Collective | 534300 | 564269 |
| 农民经营所得 | Taxes Owned by Farmers' Operation | 3408838 | 3764635 |
| 农民所得总额 | Total Income of Farmers | 3890909 | 4281511 |

# 10-19 建制镇社会经济发展基本情况（2013年）

| 乡镇名称 | Name of Towns | 乡镇行政区域面积（公顷）Area of Administrative Division (hectare) | 年末常用耕地面积（公顷）Area of Cultivated Land (hectare) | 常住人口（人）Permanent Population (Person) | 乡镇从业人员数（人）Employed Persons in Township Enterprises (person) | 农作物总播种面积（公顷）Total Sown Area of Farm Crops (hectare) | 公共财政收入（万元）Public Government Revenue (10000 yuan) |
|---|---|---|---|---|---|---|---|
| **白云区** | **Baiyun** | | | | | | |
| 人和镇 | Renhe Town | 7100 | 2028 | 161817 | 105141 | 9057 | 10576 |
| 太和镇 | Taihe Town Baiyun District | 15537 | 1691 | 228635 | 121881 | 6977 | 15309 |
| 钟落潭镇 | Zhongluotan Town | 16900 | 2799 | 184453 | 117848 | 11007 | 6934 |
| 江高镇 | Jianggao Town | 9600 | 2463 | 174070 | 105885 | 10618 | 26004 |
| **番禺区** | **Panyu** | | | | | | |
| 南村镇 | Nancun Town | 4700 | 463 | 202760 | 135110 | 652 | 47023 |
| 新造镇 | Xinzao Town | 1400 | 340 | 26608 | 17211 | 878 | 13175 |
| 化龙镇 | Hualong Town | 5373 | 1294 | 74526 | 50636 | 2504 | 19061 |
| 石楼镇 | Shilou Town | 12600 | 1587 | 119157 | 75403 | 2257 | 54281 |
| 沙湾镇 | Shawan Town Panyu District | 3745 | 336 | 120682 | 78071 | 900 | 33109 |
| 石基镇 | Shiji Town | 4703 | 1494 | 114292 | 76504 | 4696 | 25500 |
| **花都区** | **Huadu** | | | | | | |
| 梯面镇 | Timian Town | 9600 | 273 | 9017 | 7193 | 716 | 5647 |
| 花山镇 | Huashan Town | 11600 | 2198 | 111141 | 69311 | 8303 | 9251 |
| 花东镇 | Huadong Town | 20842 | 2213 | 146595 | 84475 | 6130 | 118046 |
| 炭步镇 | Tanbu Town | 11350 | 2157 | 70209 | 44047 | 5678 | 15339 |
| 赤坭镇 | Chini Town | 16040 | 1915 | 54130 | 30884 | 6776 | 11123 |
| 狮岭镇 | Shiling Town | 16084 | 1504 | 289938 | 205710 | 2952 | 31648 |
| 雅瑶镇 | Yayao Town | 900 | 208 | 16044 | 8056 | 818 | 3273 |
| **南沙区** | **Nansha** | | | | | | |
| 万顷沙镇 | Wanqingsha Town | 14285 | 3623 | 46985 | 27977 | 4162 | 19728 |
| 横沥镇 | Hengli Town | 5400 | 1945 | 28357 | 15117 | 4923 | 13073 |
| 黄阁镇 | Huangge Town | 7600 | 138 | 48204 | 47459 | 326 | 18290 |
| 东涌镇 | Dongyong Town | 9166 | 4268 | 187988 | 133676 | 8566 | 51269 |
| 大岗镇 | Dagang Town | 9007 | 3307 | 137342 | 88478 | 7121 | 40966 |
| 榄核镇 | Lanhe Town | 7448 | 3387 | 98854 | 70186 | 6063 | 35833 |
| **萝岗区** | **Luogang** | | | | | | |
| 九龙镇 | Jiulong Town | 17942 | 2218 | 99278 | 61137 | 4832 | 22689 |
| **增城市** | **Zengcheng** | | | | | | |
| 新塘镇 | Xintang Town | 9072 | 989 | 239332 | 168272 | 3519 | 63237 |
| 石滩镇 | Shitan Town | 18390 | 5550 | 146930 | 74220 | 18812 | 23912 |
| 中新镇 | Zhongxin Town | 23590 | 3575 | 87208 | 52570 | 8960 | 14992 |
| 正果镇 | Zhengguo Town | 23941 | 2243 | 57312 | 31627 | 5248 | 4634 |
| 派潭镇 | Paitan Town | 28900 | 3463 | 82158 | 46604 | 10540 | 6748 |
| 小楼镇 | Xiaolou Town | 13600 | 2439 | 50786 | 27597 | 6906 | 2637 |
| 仙村镇 | Xiancun Town | 5665 | 1583 | 56466 | 39327 | 4602 | 5477 |
| **从化市** | **Conghua** | | | | | | |
| 温泉镇 | Wenquan Town | 21224 | 2505 | 52486 | 31107 | 5154 | 19715 |
| 良口镇 | Liangkou Town | 43915 | 1126 | 40657 | 25022 | 3659 | 6298 |
| 吕田镇 | Liangtian Town | 39300 | 2134 | 30019 | 15729 | 4579 | 5354 |
| 太平镇 | Taiping Town Conghua City | 21033 | 2770 | 104365 | 58009 | 6198 | 7503 |
| 鳌头镇 | Aotou Town | 35179 | 6861 | 149173 | 83682 | 13720 | 16300 |

## Basic Statistics on Rural Social and Economic Development (2013)

| 工业总产值 (万元) Gross Industrial Output Value (10000 yuan) | 社会消费品零售总额 (万元) Total Retail Sales of Consumer Goods (10000 yuan) | 幼儿园托儿所个数 (个) Number of Kindergartens (unit) | 医疗卫生机构床位数 (床) Hospital Beds (bed) | 新型农村合作医疗参保人数 (人) Perons Participating in Insurance of the New Rural Cooperative Medical Care (person) | 新型农村社会养老保险参保人数 (人) Persons Participating in New Rural Social Pension Insurance (person) | 城镇建成区面积 (公顷) Area of Developed Areas in Urban Units (hectare) | 城镇建成区总人口 (人) Total Population of Developed Areas in Urban Units (person) |
|---|---|---|---|---|---|---|---|
| 656452 | 305205 | 26 | 329 | 70366 | 34199 | 640 | 4634 |
| 1209553 | 354440 | 32 | 360 | 57413 | 21273 | 880 | 2845 |
| 1087593 | 244862 | 27 | 249 | 97272 | 28670 | 650 | 7311 |
| 3346395 | 271622 | 21 | 586 | 66526 | 27811 | 1600 | 23554 |
| | | | | | | | |
| 1795474 | 1583644 | 29 | 210 | 39948 | 15441 | 1857 | 81104 |
| 578504 | 60548 | 5 | 100 | 9168 | 3215 | 117 | 6910 |
| 2230000 | 4500 | 8 | 70 | 25412 | 8886 | 225 | 3002 |
| 1473801 | 282836 | 25 | 500 | 51731 | 27463 | 950 | 49323 |
| 763406 | 164697 | 21 | 120 | 27794 | 5239 | 1082 | 26918 |
| 1064729 | 443826 | 17 | 292 | 32632 | 23494 | 1569 | 20425 |
| | | | | | | | |
| 58126.1 | 12062 | 1 | 11 | 9152 | 4864 | 160 | 1480 |
| 1056500 | 181254 | 11 | 91 | 71649 | 43470 | 700 | 11361 |
| 884500 | 196355 | 18 | 269 | 100523 | 60598 | 2942 | 10193 |
| 582323 | 118519 | 4 | 88 | 43484 | 23581 | 690 | 39916 |
| 193526 | 132544 | 2 | 100 | 45414 | 26746 | 540 | 17929 |
| 1550020 | 1028980 | 32 | 374 | 71753 | 35012 | 2500 | 86870 |
| 103000 | 58580 | 2 | 33 | 11109 | 1700 | 110 | 8607 |
| | | | | | | | |
| 3100761 | 58924 | 9 | 117 | 30962 | 13286 | 300 | 2281 |
| 743297 | 29462 | 11 | 120 | 24128 | 7736 | 460 | 1328 |
| 10413058 | 117848 | 11 | 100 | 33670 | 12825 | 600 | 2964 |
| 2906625 | 346690 | 25 | 260 | 61222 | 32184 | 544 | 60720 |
| 1462051 | 147310 | 35 | 520 | 49783 | 23530 | 1430 | 93300 |
| 885080 | 88386 | 16 | 150 | 46136 | 27774 | 890 | 21709 |
| | | | | | | | |
| 491215 | 1514521 | 6 | 378 | 69109 | 26428 | 816 | 15238 |
| | | | | | | | |
| 11246200 | 1109854 | 40 | 967 | 82321 | 45605 | 4442 | 84810 |
| 1900100 | 200459 | 15 | 133 | 96734 | 48055 | 390 | 14937 |
| 1391000 | 168818 | 8 | 205 | 64558 | 32160 | 560 | 8176 |
| 57400 | 32970 | 2 | 50 | 46546 | 25850 | 160 | 5681 |
| 50300 | 71201 | 4 | 84 | 69817 | 34492 | 150 | 7210 |
| 61300 | 35012 | 2 | 100 | 42742 | 22383 | 100 | 3579 |
| 507000 | 45553 | 3 | 50 | 38331 | 12230 | 5665 | 56466 |
| | | | | | | | |
| 202987 | 69081 | 3 | 76 | 41005 | 30069 | 715 | 3604 |
| 17616 | 50300 | 2 | 46 | 35661 | 16477 | 198 | 4408 |
| 3151 | 44325 | 2 | 48 | 27220 | 17416 | 96 | 2907 |
| 473089 | 152926 | 20 | 155 | 74795 | 19950 | 400 | 13774 |
| 963139 | 141723 | 22 | 183 | 126996 | 79435 | 1068 | 3160 |

# 10-20 都市农业主要指标

## Main Economic Indicators of Urban Agriculture

| 指 标 | Item | 2012 | 2013 |
|---|---|---|---|
| 都市农业总收入 (万元) | Total Income of Urban Agriculture (10000 yuan) | 16990930 | 17697719 |
| # 农林牧渔业收入 (万元) | Income of Agriculture, Forestry, Animal Husbandry and Fishery (10000 yuan) | 3364198 | 3584696 |
| 加工本地农产品总收入 (万元) | Total Income of Processing of Local Agriculture Products(10000 yuan) | 8902855 | 8999441 |
| 运输本地农产品总收入 (万元) | Total Income of Transpot of Local Agriculture Products (10000 yuan) | 776450 | 909281 |
| 批发零售本地农产品总收入 (万元) | Total Income of Wholesale and Retail Trade of Local Agriculture Products (10000 yuan) | 3868828 | 4122401 |
| 观光休闲旅游农业企业总收入(万元) | Total Income of Agricultural sightseeing Tourism Enterprises (10000 yuan) | 78599 | 81900 |
| 都市农业增加值 (万元) | Value-added of Urban Agriculture (10000 yuan) | 6653889 | 7174406 |
| # 农林牧渔业增加值 (万元) | Value-added of Agriculture, Forestry, Animal Husbandry and Fishery (10000 yuan) | 2137600 | 2284630 |
| 加工本地农产品增加值 (万元) | Value-added of Processing of Local Agriculture Products (10000 yuan) | 1834628 | 1987076 |
| 运输本地农产品增加值 (万元) | Value-added of Transpot of Local Agriculture Products (10000 yuan) | 430619 | 504288 |
| 批发零售本地农产品增加值 (万元) | Value-added of Wholesale and Retail Trade of Local Agriculture Products (10000 yuan) | 2243920 | 2390992 |
| 观光休闲旅游农业增加值 (万元) | Value-added of Agricultural Sightseeing Tourism (10000 yuan) | 7122 | 7420 |
| 都市农业实现利润 (万元) | Total Profit of Urban Agriculture (10000 yuan) | 734151 | 681668 |
| 都市农业实现税金 (万元) | Total Pre-tax Profit of Urban Agriculture (10000 yuan) | 260817 | 272233 |
| 种子、种苗销售额 (万元) | Sales value of Seeds and Seedlings (10000 yuan) | 113971 | 86928 |
| 观光休闲旅游总收入 (万元) | Total Income of Agricultural Sightseeing Tourism (10000 yuan) | 78589 | 81884 |
| 接待观光休闲游客人次 (万人次) | Total Number of Agricultural Sightseeing Tourist (10000 Person-times) | 1133 | 1197 |
| 都市农业从业人员 (万人) | Employed Persons in Urban Agriculture (10000 Person) | 204 | 209 |
| 都市农业劳动生产率 (元/人) | Urban Agriculture Labor Productivity (yuan/person) | 32617 | 34307 |
| 农业产业化规模比重 (%) | Proportion of Industrialization of Agriculture (%) | 23.3 | 20.3 |
| 农业产业化企业(组织)幅射能力 (%) | Radiation Ability of Industrialization of Agriculture Enterprises (Organizations) (%) | 44.6 | 43.7 |
| 带动本地农户数 (户) | Numbers of Local Farmers Drived by Industrialization of Agriculture Enterprises | 161790 | 159144 |
| 绿色农产品个数 (个) | Numbers of Green Agricultural Products (unit) | 149 | 206 |
| 绿色农产品产值 (万元) | Output Value of Green Agricultural Products (10000 yuan) | 39842 | 45545 |
| 高新科技农产品个数 (个) | Numbers of High-tech Agricultural Products (unit) | 56 | 56 |
| 高新科技农产品产值 (万元) | Output Value of High-tech Agricultural Products (10000 yuan) | 160644 | 204495 |
| 农业产业化生产单位 (个) | Industrialization of Agriculture Enterprises (unit) | 1579 | 1444 |
| # 农业龙头企业 (个) | Agriculture Leading Enterprises (unit) | 83 | 83 |
| # 国家级 (个) | National (unit) | 7 | 7 |
| 省 级 (个) | Provincial (unit) | 13 | 13 |
| 市 级 (个) | Municipal (unit) | 63 | 63 |
| 农业生产基地(示范区) (个) | Agricultural Production Bases (Demonstration Area) (unit) | 30 | 30 |
| 规模以上农业生产单位 (个) | Agricultural Enterprises above the Designcoted Size (unit) | 1369 | 1232 |
| 农产品交易市场 (个) | Trade Markets of Agricultural Products (unit) | 97 | 99 |

注：1. 从2011年起“高新科技农产品个数”改用不重复计算的实际生产新产品个数。
2. 从2011年起“高新科技农产品产值”改为按生产新产品口径计算。

Note:I.From 2011, " Number of high-tech agricultural products " is replaced by not repeat the calculation of actual production of new products.
II.From 2011,"Output value of high-tech agricultural products" according to the coverage of new products.

# 主要指标解释

# Explanatory Notes on Main Statistical Indicators

【农林牧渔业总产值】 是以货币表现的农林牧渔业的全部产品总量和对农林牧渔业生产活动进行的各种支持性服务活动的价值。它反映一定时期内农林牧渔业生产总规模和总成果，是观察农林牧渔业生产水平和发展速度，研究农林牧渔业内部比例关系、农林牧渔业与工业、农林牧渔业与国家建设、人民生活比例关系的重要指标，同时也是计算农林牧渔业劳动生产率和农林牧渔业增加值的基础资料。

农林牧渔业总产值的计算，一般采用“产品法”，即凡有产品产量的，都按单位产品价格乘产量的办法求得每种产品产量的产值，然后相加求得各业的产值，最后各业相加求出农林牧渔业总产值。

【常用耕地面积】 是指可以用来种植各种农作物，经常进行耕锄的田地，包括熟地、当年新开荒地、连续撂荒未满三年的耕地和当年的休闲地(轮歇地)，还包括以种植农作物为主，并附带种植桑、茶、果树和其他林木的土地，以及沿海、沿湖地区已围垦利用的“海涂”、“湖田”等面积。但不包括专业性的桑园、茶园、果园、果木苗圃、林地、芦苇地、天然或人工草地面积。

【农作物播种面积】 是指一定生产季节结束时实际播种或移植有农作物的面积。播种面积的统计年度，凡是能在本日历年度内(自1月1日至12月31日)收获的农作物(包括上年秋冬播和本年春播、夏播在本年收获的全部作物)播种面积，都包括在内。

【农业机械总动力】是指主要用于农、林、牧、渔业的各种动力机械的动力总和。包括耕作机械、农用排灌机械、收获机械、植保机械、林业机械、畜牧机械、渔业机械、农产品加工机械、农用运输机械、其他农业机械。

【Gross Output Value of Agriculture】 refers to the total volume of products of farming,forestry,animal husbandry,and fishery and the value of various services supporting the production of farming,forestry,animal husbandry and fishery in monetary terms, which reflects the total scale and total results of farming, forestry, animal husbandry, and fishery production during a given period of time.It is an important indicator to observe the production level and development speed of farming,forestry, animal husbandry,and fishery,to study the internal structure of farming, forestry,animal husbandry,and fishery,and to review the relationship among farming, forestry, animal husbandry,and fishery and industry, national construction and people's life.It is also the basic data to calculate the labor productivity and value-added of farming,forestry, animal husbandry,and fishery.

Generally,the gross output value of farming,forestry,animal husbandry, and fishery is calculated with the production approach, i.e.the gross output value of each single product is obtained by multiplying the output of each product by its price.Then the output value of each sector is obtained.Finally,the sum of output value of all sectors is equal to the gross output value of farming, forestry, animal husbandry,and fishery.

【Area of Regularly Cultivated Land】 refers to farmland among the total land resources which is exclusively used for farming and is under regular cultivation with harvest in normal years. Included are currently cultivated land ,land that has been abandoned or put in idle for less than 3 years and could be re-used for cultivation at any time,and new-claimed land that has been put into cultivation for more than 3 years,Excluded are the land under temporary cultivation,land (large or small plots)that is claimed along river bends,lake sides or banks of reservoirs,as well as land that has been designated under the Green for Grain programs of the state and provincial governments but is still temporarily under cultivation.

【Sown Area of Crops】 refers to area of land sown or transplanted crops at the end of a production season.

The statistical year of sown area refers to area of land sown during the year (from Jan.1 to Dec.31)with a harvest of crops (including all those sown in the autumn and winter of the preceding year).

【 Total Power of Agricultural Machinery】 refers to total mechanical power of machinery used in agriculture, forestry, animal,husbandry and fishery,including machinery for ploughing,irrigation and darinage,harvesting,farm products process,transport,plant protection,animal husbandry,forestry and fishery and other agricultural machineries.

第十一篇
CHAPTER 11

# 工 业
# INDUSTRY

## 第十一篇 工 业

一、本篇资料反映广州市工业基本情况。

二、本篇资料中工业行业分类按2011年《国民经济行业分类》（GB/T4754-2011）标准划分；企业规模按国家统计局《统计上大中小微企业划分办法》（国统字[2011]75号）标准执行。

三、本篇资料由广州市统计局工业统计处整理提供。

## 11 Industry

I. The data in this chapter reflect the statistics on industrial enterprises of Guangzhou.

II. The industrial sectors in this chapter are grouped in accordance with the National Economic Sector Grouping Standard of 2011 (GB/T4754-2011) , the industrial scale is grouped In accordance with the Grouping Way of Large, Medium, Small size and Micro-enterprise Standards (State Statistics [2011] No. 75).

III. The data in this chapter are prepared and provided by the Division of Industry Statistics of Guangzhou Municipal Bureau of Statistics.

# 11-1 工业企业单位数
# Number of Industrial Enterprises

单位：个 (unit)

| 项　　目 | Item | 2012 | 2013 |
|---|---|---|---|
| **总　计** | **Total** | **65583** | **65598** |
| **按地区分** | **Grouped by Region** | | |
| 市　区 | Urban Districts | 56894 | 56908 |
| 增城市 | Zengcheng | 7025 | 7026 |
| 从化市 | Conghua | 1664 | 1664 |
| **规模以上工业企业** | **Industrial Enterprises above Designated Size** | **4373** | **4812** |
| 按登记注册类型分 | Grouped by Registration Status | | |
| 内资企业 | Domestic Funded Enterprises | 2615 | 3054 |
| 国有企业 | State-owned Enterprises | 75 | 51 |
| 集体企业 | Collective-owned Enterprises | 38 | 34 |
| 股份合作企业 | Cooperative Enterprises | 26 | 27 |
| 联营企业 | Joint Ownership Enterprises | 6 | 3 |
| 国有联营企业 | State Joint Ownership Enterprises | 2 | 1 |
| 集体联营企业 | Collective Joint Ownership Enterprises | | |
| 国有与集体联营企业 | Joint State-collective Enterprises | 2 | 2 |
| 其他联营 | Other Joint Ownership Enterprise | 2 | |
| 有限责任公司 | Limited Liability Corporations | 370 | 457 |
| 国有独资有限责任公司 | State Sole Funded Corporations | 42 | 49 |
| 其他有限责任公司 | Other Limited Liability Corporations | 328 | 408 |
| 股份有限公司 | Share-holding Corporations Ltd. | 68 | 78 |
| 私营企业 | Private Enterprises | 2005 | 2393 |
| 私营独资企业 | Private-funded Enterprises | 291 | 195 |
| 私营合伙企业 | Private Partnership Enterprises | 72 | 47 |
| 私营有限责任公司 | Private Limited Liability Corporations | 1579 | 2070 |
| 私营股份有限公司 | Private Share Holding Corporations | 63 | 81 |
| 其他企业 | Other Enterprises | 27 | 11 |

注：规模以上工业指年主营业务收入2000万元以上的工业企业，规模以下工业指年主营业务收入2000万元以下工业企业及个体户工业单位；以下各表同。

Note:The industrial enterprises above designated size refer to the industrial enterprises with an annual sales income of 20 million and above. The industrial enterprises below designated size refer to the industrial enterprises with an annual income less than 20 same as million yuan. The in the following tables.

# 11-1 续表 continued

单位:个 (unit)

| 项目 | Item | 2012 | 2013 |
|---|---|---|---|
| 港、澳、台商投资企业 | Enterprises with Funds from Hong Kong, Macao and Taiwan | 1000 | 988 |
| 与港、澳、台商合资经营企业 | Joint-venture Enterprises | 201 | 190 |
| 与港、澳、台商合作经营企业 | Cooperative Enterprises | 77 | 72 |
| 港、澳、台商独资经营企业 | Enterprises with Sole Funds | 712 | 718 |
| 港、澳、台商投资股份有限公司 | Share-holding Corporations Ltd. | 10 | 8 |
| 外商投资企业 | Foreign Funded Enterprises | 758 | 770 |
| 中外合资经营企业 | Joint-venture Enterprises | 206 | 204 |
| 中外合作经营企业 | Cooperative Enterprises | 29 | 29 |
| 外资企业 | Enterprises with Sole Foreign Funds | 511 | 525 |
| 外商投资股份有限公司 | Share-holding Corporations Ltd. | 9 | 9 |
| 其他外商投资 | Other Foreign Funded Enterprises | 3 | 3 |
| 按隶属关系分 | Grouped by Administrative Relationship | | |
| 中央企业 | Central Government | 37 | 40 |
| 省属企业 | Provincial Government | 44 | 40 |
| 市属企业 | Municipal Government | 4292 | 4732 |
| 按轻重工业分 | Grouped by Light & Heavy Industries | | |
| 轻工业 | Light Industry | 2473 | 2749 |
| 重工业 | Heavy Industry | 1900 | 2063 |
| 按生产规模分 | Grouped by Size of Enterprises | | |
| 大型企业 | Large Enterprises | 187 | 186 |
| 中型企业 | Medium Enterprises | 847 | 859 |
| 小型企业 | Small Enterprises | 3221 | 3646 |
| 微型企业 | Mini Enterprises | 118 | 121 |
| **规模以下工业** | **Industrial Enterprises below Designated Size** | **61210** | **60786** |

# 11-2 市区工业企业单位数

## Number of Industrial Enterprises in Urban Districts

单位：个 (unit)

| 项目 | Item | 2012 | 2013 |
|---|---|---|---|
| **总计** | **Total** | **56894** | **56908** |
| **规模以上工业企业** | **Industrial Enterprises above Designated Size** | **3144** | **3552** |
| 按登记注册类型分 | Grouped by Registration Status | | |
| 内资企业 | Domestic Funded Enterprises | 1712 | 2111 |
| 国有企业 | State-owned Enterprises | 68 | 46 |
| 集体企业 | Collective-owned Enterprises | 30 | 27 |
| 股份合作企业 | Cooperative Enterprises | 24 | 26 |
| 联营企业 | Joint Ownership Enterprises | 4 | |
| 国有联营企业 | State Joint Ownership Enterprises | 2 | |
| 集体联营企业 | Collective Joint Ownership Enterprises | | |
| 国有与集体联营企业 | Joint State-collective Enterprises | | |
| 其他联营企业 | Other Joint Ownership Enterprise | 2 | |
| 有限责任公司 | Limited Liability Corporations | 305 | 375 |
| 国有独资有限责任公司 | State Sole Funded Corporations | 37 | 41 |
| 其他有限责任公司 | Other Limited Liability Corporations | 268 | 334 |
| 股份有限公司 | Share-holding Corporations Ltd. | 66 | 74 |
| 私营企业 | Private Enterprises | 1197 | 1557 |
| 私营独资企业 | Private-funded Enterprises | 106 | 78 |
| 私营合伙企业 | Private Partnership Enterprises | 19 | 10 |
| 私营有限责任公司 | Private Limited Liability Corporations | 1025 | 1418 |
| 私营股份有限公司 | Private Share Holding Corporations | 47 | 51 |
| 其他企业 | Other Enterprises | 18 | 6 |

## 11-2 续表 continued

单位:个 (unit)

| 项　目 | Item | 2012 | 2013 |
|---|---|---|---|
| 港、澳、台商投资企业 | Enterprises with Funds from Hong Kong, Macao and Taiwan | 769 | 761 |
| 与港、澳、台商合资经营企业 | Joint-venture Enterprises | 170 | 160 |
| 与港、澳、台商合作经营企业 | Cooperative Enterprises | 62 | 57 |
| 港、澳、台商独资经营企业 | Enterprises with Sole Funds | 529 | 538 |
| 港、澳、台商投资股份有限公司 | Share-holding Corporations Ltd. | 8 | 6 |
| 外商投资企业 | Foreign Funded Enterprises | 663 | 680 |
| 中外合资经营企业 | Joint-venture Enterprises | 176 | 177 |
| 中外合作经营企业 | Cooperative Enterprises | 18 | 18 |
| 外资企业 | Enterprises with Sole Foreign Funds | 457 | 473 |
| 外商投资股份有限公司 | Share-holding Corporations Ltd. | 9 | 9 |
| 其他外商投资 | Other Foreign Funded Enterprises | 3 | 3 |
| 按隶属关系分 | Grouped by Administrative Relationship | | |
| 中央企业 | Central Government | 36 | 39 |
| 省属企业 | Provincial Government | 41 | 37 |
| 市属企业 | Municipal Government | 3067 | 3476 |
| 按轻重工业分 | Grouped by Light & Heavy Industries | | |
| 轻工业 | Light Industry | 1601 | 1858 |
| 重工业 | Heavy Industry | 1543 | 1694 |
| 按生产规模分 | Grouped by Size of Enterprises | | |
| 大型企业 | Large Enterprises | 162 | 162 |
| 中型企业 | Medium Enterprises | 706 | 693 |
| 小型企业 | Small Enterprises | 2190 | 2596 |
| 微型企业 | Mini Enterprises | 86 | 101 |
| **规模以下工业企业** | **Industrial Enterprises below Designated Size** | **53750** | **53356** |

# 11-3 主要年份工业总产值及工业总产值指数

## Gross Output Value and Indices of Industry in Main Years

| 年 份<br>Year | 工业总产值（万元）<br>Gross Output Value of Industry (10000 yuan) | 轻工业<br>Light Industry | 重工业<br>Heavy Industry | 工业总产值指数（%）<br>Indices of Gross Output Value of Industry (%) | 轻工业<br>Light Industry | 重工业<br>Heavy Industry |
|---|---|---|---|---|---|---|
| 1978 | 753873 | 476737 | 277136 | 104.4 | 102.9 | 106.8 |
| 1979 | 819764 | 501119 | 318645 | 109.0 | 105.2 | 114.7 |
| 1980 | 881242 | 574239 | 307003 | 111.7 | 118.0 | 103.0 |
| 1985 | 1779333 | 1163704 | 615629 | 122.1 | 122.9 | 120.9 |
| 1986 | 1921490 | 1206778 | 714712 | 104.3 | 106.1 | 101.3 |
| 1987 | 2421760 | 1551033 | 870727 | 120.7 | 122.7 | 117.2 |
| 1988 | 3413107 | 2251117 | 1161990 | 125.6 | 128.4 | 120.4 |
| 1989 | 4071472 | 2598755 | 1472717 | 106.2 | 103.4 | 111.7 |
| 1990 | 4424437 | 2830366 | 1594071 | 110.1 | 113.6 | 103.7 |
| 1991 | 5794842 | 3588318 | 2206524 | 123.6 | 122.7 | 125.4 |
| 1992 | 7905237 | 4753211 | 3152026 | 132.2 | 129.9 | 136.7 |
| 1993 | 11422184 | 6595134 | 4827050 | 132.5 | 129.8 | 137.5 |
| 1994 | 14921455 | 8784293 | 6137162 | 122.4 | 126.0 | 116.2 |
| 1995（原规定）<br>1995 (original stipulation) | 19353440 | 11263263 | 8090177 | 120.2 | 115.6 | 128.9 |
| 1995（新规定）<br>1995 (new stipulation) | 17224948 | 10263515 | 6961433 | 120.2 | 115.6 | 128.9 |
| 1996 | 20685796 | 12641264 | 8044532 | 119.1 | 126.1 | 106.8 |
| 1997 | 23753915 | 14395602 | 9358313 | 117.9 | 116.8 | 120.2 |
| 1998 | 25127025 | 15661603 | 9465422 | 114.0 | 112.8 | 116.3 |
| 1999 | 27793652 | 16797164 | 10996488 | 114.3 | 111.3 | 120.1 |
| 2000 | 31000188 | 17622183 | 13378005 | 113.6 | 107.9 | 123.9 |
| 2001 | 33931904 | 18855507 | 15076397 | 114.9 | 110.6 | 121.9 |
| 2002 | 37889079 | 20185702 | 17703377 | 115.0 | 109.6 | 122.8 |
| 2003 | 47059104 | 23752778 | 23306326 | 126.5 | 119.5 | 135.5 |
| 2004 | 57666925 | 25977971 | 31688954 | 120.0 | 108.9 | 130.1 |
| 2005 | 67679563 | 28714137 | 38965426 | 115.4 | 110.1 | 118.8 |
| 2006 | 81123964 | 31875454 | 49248510 | 116.9 | 111.0 | 120.2 |
| 2007 | 98757886 | 37208718 | 61549168 | 120.1 | 114.8 | 124.3 |
| 2008 | 114684010 | 43536797 | 71147213 | 112.0 | 114.2 | 111.0 |
| 2009 | 123554645 | 46730599 | 76824046 | 111.7 | 109.8 | 112.8 |
| 2010 | 144389877 | 51073851 | 93316026 | 118.5 | 115.2 | 120.4 |
| 2011 | 166241771 | 61592119 | 104649652 | 111.6 | 116.8 | 108.8 |
| 2012 | 170901752 | 57926380 | 112975372 | 111.2 | 114.5 | 109.7 |
| 2013 | 182242642 | 66739903 | 115502739 | 113.0 | 112.6 | 113.1 |

# 11-4 按历史时期分工业总产值

# Gross Output Value of Industry by History Periods

| 时 期<br>Period | 工业总产值（万元）<br>Gross Output Value of Industry (10000 yuan) | 轻工业<br>Light Industry | 重工业<br>Heavy Industry | 工业总产值年平均增长（%）<br>Annual Average Growth Speed of Gross Output Value of Industry (%) | 轻工业<br>Light Industry | 重工业<br>Heavy Industry |
|---|---|---|---|---|---|---|
| **全 市**<br>**Total** | | | | | | |
| “六五”时期<br>6th Five-year Plan Period | 6447893 | 4209237 | 2238656 | 12.8 | 13.1 | 12.4 |
| “七五”时期<br>7th Five-year Plan Period | 16252266 | 10438049 | 5814217 | 13.1 | 14.5 | 10.6 |
| “八五”时期<br>8th Five-year Plan Period | 59397158 | 34984219 | 24412939 | 26.1 | 24.7 | 28.7 |
| “九五”时期<br>9th Five-year Plan Period | 128360576 | 77117816 | 51242760 | 15.7 | 14.8 | 17.3 |
| “十五”时期<br>10th Five-year Plan Period | 244226575 | 117486095 | 126740480 | 18.3 | 12.0 | 26.1 |
| “十一五”时期<br>11th Five-year Plan Period | 562510382 | 210425419 | 352084963 | 15.8 | 13.2 | 17.9 |
| 1979-2013 | 1538282021 | 641994595 | 896287426 | 16.1 | 15.0 | 17.3 |
| 1991-2013 | 1513880856 | 626271951 | 887608905 | 18.0 | 15.9 | 20.8 |
| 2001-2013 | 1326123122 | 514169916 | 811953206 | 15.8 | 13.0 | 19.2 |
| **市 区**<br>**Urban Districts** | | | | | | |
| “六五”时期<br>6th Five-year Plan Period | 5841923 | 3719555 | 2122368 | 11.8 | 12.3 | 11.0 |
| “七五”时期<br>7th Five-year Plan Period | 13730836 | 8768495 | 4962341 | 11.3 | 12.4 | 9.4 |
| “八五”时期<br>8th Five-year Plan Period | 41609047 | 23595892 | 18013155 | 19.3 | 18.2 | 21.3 |
| “九五”时期<br>9th Five-year Plan Period | 80797662 | 45224692 | 35572970 | 23.4 | 21.3 | 26.9 |
| “十五”时期<br>10th Five-year Plan Period | 211702128 | 95545313 | 116156815 | 19.8 | 12.7 | 27.9 |
| “十一五”时期<br>11th Five-year Plan Period | 503233308 | 170124415 | 333108893 | 15.9 | 12.4 | 18.3 |
| 1979-2013 | 1317297902 | 494550538 | 822747364 | 15.9 | 14.5 | 17.5 |
| 1991-2013 | 1296199541 | 481075446 | 815124095 | 18.4 | 15.8 | 21.5 |
| 2001-2013 | 1173792832 | 412254862 | 761537970 | 16.1 | 12.8 | 19.7 |

# 11-5 工业企业单位数及工业总产值(2013年，按地区分)

# Number of Enterprises and Gross Output Value of Industry (2013, by Region)

| 项目 | Item | 单位数(个) Number of Units (unit) | #轻工业 Light Industry | 工业总产值(万元) Gross Output Value of Industry (10000 yuan) | #轻工业 Light Industry | 工业总产值指数(%) Indices of Gross Output Value of Industry (%) | #轻工业 Light Industry |
|---|---|---|---|---|---|---|---|
| **全　市** | **Total** | **65598** | **45729** | **182242642** | **66739903** | **113.0** | **112.6** |
| 市　区 | Urban Districts | 56908 | 39354 | 159750842 | 52823927 | 112.1 | 113.7 |
| 增城市 | Zengcheng | 7026 | 5201 | 16331505 | 9812096 | 117.3 | 109.5 |
| 从化市 | Conghua | 1664 | 1174 | 6160295 | 4103880 | 120.6 | 110.3 |
| **规模以上工业企业** | **Industrial Enterprises above Designated Size** | **4812** | **2749** | **171987181** | **59861130** | **113.3** | **113.9** |
| 市　区 | Urban Districts | 3552 | 1858 | 151253931 | 47311960 | 112.4 | 115.2 |
| 增城市 | Zengcheng | 1066 | 777 | 14854941 | 8643602 | 118.9 | 110.8 |
| 从化市 | Conghua | 194 | 114 | 5878309 | 3905568 | 121.4 | 111.0 |
| **规模以下工业企业** | **Industrial Enterprises below Designated Size** | **60786** | **42980** | **10255461** | **6878773** | **106.6** | **102.4** |
| 市　区 | Urban Districts | 53356 | 37496 | 8496911 | 5511967 | 106.1 | 102.1 |
| 增城市 | Zengcheng | 5960 | 4424 | 1476564 | 1168494 | 108.4 | 104.7 |
| 从化市 | Conghua | 1470 | 1060 | 281986 | 198312 | 109.7 | 105.3 |

# 11-6 工业企业单位数及工业总产值(2013年)

| 项　　目 | Item |
| --- | --- |
| **总　计** | **Total** |
| **规模以上工业企业** | **Industrial Enterprises above Designated Size** |
| 按登记注册类型分 | Grouped by Registration Status |
| 内资企业 | Domestic Funded Enterprises |
| 国有企业 | State-owned Enterprises |
| 集体企业 | Collective-owned Enterprises |
| 股份合作企业 | Cooperative Enterprises |
| 联营企业 | Joint Ownership Enterprises |
| 国有联营企业 | State Joint Ownership Enterprises |
| 集体联营企业 | Collective Joint Ownership Enterprises |
| 国有与集体联营企业 | Joint State-collective Enterprises |
| 其他联营企业 | Other Joint Ownership Enterprise |
| 有限责任公司 | Limited Liability Corporations |
| 国有独资有限责任公司 | Sole State Funded Corporations |
| 其他有限责任公司 | Other Limited Liability Corporations |
| 股份有限公司 | Share-holding Corporations Ltd. |
| 私营企业 | Private Enterprises |
| 私营独资企业 | Private-funded Enterprises |
| 私营合伙企业 | Private Partnership Enterprises |
| 私营有限责任公司 | Private Limited Liability Corporations |
| 私营股份有限公司 | Private Share Holding Corporations |
| 其他企业 | Other Enterprises |
| 港、澳、台商投资企业 | Enterprises with Funds from Hong Kong, Macao and Taiwan |
| 与港、澳、台商合资经营企业 | Joint-venture Enterprises |
| 与港、澳、台商合作经营企业 | Cooperative Enterprises |
| 港、澳、台商独资经营企业 | Enterprises with Sole Funds |
| 港、澳、台商投资股份有限公司 | Share-holding Corporations Ltd. |
| 外商投资企业 | Foreign Funded Enterprises |
| 中外合资经营企业 | Joint-venture Enterprises |
| 中外合作经营企业 | Cooperative Enterprises |
| 外资企业 | Enterprises with Sole Foreign Funds |
| 外商投资股份有限公司 | Share-holding Corporations Ltd. |
| 其他外商投资 | Other Foreign Funded Enterprises |
| 按隶属关系分 | Grouped by Administrative Relationship |
| 中央企业 | Central Government |
| 省属企业 | Provincial Government |
| 市属企业 | Municipal Government |
| 按轻重工业分 | Grouped by Light & Heavy Industries |
| 轻工业 | Light Industry |
| 重工业 | Heavy Industry |

## Number of Enterprises and Gross Output Value of Industry (2013)

| 单位数(个) Number of Units (unit) | # 市 区 Urban Districts | 工业总产值(万元) Gross Output Value of Industry (10000 yuan) | # 市 区 Urban Districts | 工业总产值指数(%) Indices of Gross Output Value of Industry (%) | # 市 区 Urban Districts |
|---|---|---|---|---|---|
| **65598** | **56908** | **182242642** | **159750842** | **113.0** | **112.1** |
| **4812** | **3552** | **171987181** | **151253931** | **113.3** | **112.4** |
| | | | | | |
| 3054 | 2111 | 65986801 | 53190899 | 117.4 | 115.3 |
| 51 | 46 | 3071483 | 1303843 | 43.1 | 18.8 |
| 34 | 27 | 533887 | 499727 | 135.6 | 142.0 |
| 27 | 26 | 206258 | 200746 | 118.3 | 120.5 |
| 3 | | 341752 | | 421.4 | |
| 1 | | 335803 | | 850.5 | |
| | | | | | |
| 2 | | 5949 | | 107.5 | |
| | | | | | |
| 457 | 375 | 25056292 | 23574342 | 172.1 | 178.2 |
| 49 | 41 | 15018488 | 14876046 | 184.8 | 184.3 |
| 408 | 334 | 10037804 | 8698296 | 156.0 | 168.6 |
| 78 | 74 | 11258953 | 11195122 | 93.1 | 92.5 |
| 2393 | 1557 | 25394072 | 16328304 | 120.0 | 128.2 |
| 195 | 78 | 1313912 | 351632 | 63.5 | 77.1 |
| 47 | 10 | 326553 | 57777 | 48.0 | 20.7 |
| 2070 | 1418 | 20146077 | 12812165 | 127.6 | 134.6 |
| 81 | 51 | 3607530 | 3106730 | 137.0 | 125.0 |
| 11 | 6 | 124104 | 88815 | 20.7 | 16.5 |
| 988 | 761 | 31482194 | 26677928 | 110.0 | 109.1 |
| 190 | 160 | 8369807 | 7398890 | 106.9 | 105.9 |
| 72 | 57 | 2199980 | 1384970 | 113.0 | 110.0 |
| 718 | 538 | 20764187 | 17756194 | 111.3 | 110.9 |
| 8 | 6 | 148220 | 137874 | 75.4 | 74.0 |
| 770 | 680 | 74518186 | 71385104 | 111.3 | 111.5 |
| 204 | 177 | 36373550 | 34617219 | 116.4 | 117.2 |
| 29 | 18 | 1539635 | 1365982 | 123.9 | 126.1 |
| 525 | 473 | 31714137 | 30511039 | 108.8 | 108.5 |
| 9 | 9 | 4784638 | 4784638 | 91.8 | 91.8 |
| 3 | 3 | 106226 | 106226 | 168.3 | 168.2 |
| | | | | | |
| 40 | 39 | 17584458 | 17551065 | 103.1 | 103.0 |
| 40 | 37 | 5277384 | 5209549 | 103.4 | 103.2 |
| 4732 | 3476 | 149125339 | 128493317 | 115.1 | 114.2 |
| | | | | | |
| 2749 | 1858 | 59861130 | 47311960 | 113.9 | 115.2 |
| 2063 | 1694 | 112126051 | 103941971 | 113.0 | 111.2 |

## 11-6 续表

| 项　　目 | Item |
| --- | --- |
| 按生产规模分 | Grouped by Size of Enterprises |
| 大型企业 | Large Enterprises |
| 中型企业 | Medium Enterprises |
| 小型企业 | Small Enterprises |
| 微型企业 | Mini Enterprises |
| 按工业行业分 | Grouped by Sector |
| 煤炭开采和洗选业 | Mining and Washing of Coal |
| 石油和天然气开采业 | Extraction of Petroleum and Natural Gas |
| 黑色金属矿采选业 | Mining and Processing of Ferrous Metal Ores |
| 有色金属矿采选业 | Mining and Processing of Non-Ferrous Metal Ores |
| 非金属矿采选业 | Mining and Processing of Nonmetal Ores |
| 开采辅助活动 | Mining Auxiliary Activities |
| 其他采矿业 | Mining of Other Ores |
| 农副食品加工业 | Processing of Food from Agricultural Products |
| 食品制造业 | Manufacture of Foods |
| 酒、饮料和精制茶制造业 | Manufacture of Wine ,Beverages and Refined Tea |
| 烟草制品业 | Manufacture of Tobacco |
| 纺织业 | Manufacture of Textile |
| 纺织服装、服饰业 | Manufacture of Textile Wearing Apparel,Clothing |
| 皮革、毛皮、羽毛及其制品和制鞋业 | Manufacture of Leather, Fur, Feather and Related Products and Footwear |
| 木材加工和木、竹、藤、棕、草制品业 | Processing of Timber, Manufacture of Wood, Bamboo,Rattan,Palm and Straw Products |
| 家具制造业 | Manufacture of Furniture |
| 造纸和纸制品业 | Manufacture of Paper and Paper Products |
| 印刷业和记录媒介复制业 | Printing, Reproduction of Recording Media |
| 文教、工美、体育和娱乐用品制造业 | Manufacture of Culture and Education ,Arts and Crafts, Sports and Entertainment Supplies |
| 石油加工、炼焦和核燃料加工业 | Processing of Petroleum, Coking, Processing of Nuclear Fuel |
| 化学原料和化学制品制造业 | Manufacture of Raw Chemical Materials and Chemical Products |
| 医药制造业 | Manufacture of Medicines |
| 化学纤维制造业 | Manufacture of Chemical Fibers |
| 橡胶和塑料制品业 | Manufacture of Rubber |
| 非金属矿物制品业 | Manufacture of Non-metallic Mineral Products |
| 黑色金属冶炼和压延加工业 | Smelting and Pressing of Ferrous Metals |
| 有色金属冶炼和压延加工业 | Smelting and Pressing of Non-Ferrous Metals |
| 金属制品业 | Manufacture of Metal Products |
| 通用设备制造业 | Manufacture of General Purpose Machinery |
| 专用设备制造业 | Manufacture of Special Purpose Machinery |
| 汽车制造业 | Manufacture of Automobile |
| 铁路、船舶、航空航天和其他运输设备制造业 | Manufacture of Railway, Ship, Aerospace and Other Transportation Equipment |
| 电气机械及器材制造业 | Manufacture of Electrical Machinery and Equipment |
| 计算机、通信和其他电子设备制造业 | Manufacture of Computers, Communications and Other Electronic Equipment |
| 仪器仪表制造业 | Manufacture of Instrument |
| 其他制造业 | Other Manufacturing |
| 废弃资源综合利用业 | Comprehensive Utilization of Waste Resources |
| 金属制品、机械和设备修理业 | Metal Products, Machinery and Equipment Repair |
| 电力、热力的生产和供应业 | Production and Supply of Electric Power and Heat Power |
| 燃气生产和供应业 | Production and Supply of Gas |
| 水的生产和供应业 | Production and Supply of Water |

continued

| 单位数（个）Number of Units (unit) | # 市 区 Urban Districts | 工业总产值（万元）Gross Output Value of Industry (10000 yuan) | # 市 区 Urban Districts | 工业总产值指数(%) Indices of Gross Output Value of Industry (%) | # 市 区 Urban Districts |
|---|---|---|---|---|---|
| 186 | 162 | 95573857 | 90694461 | 109.5 | 109.0 |
| 859 | 693 | 35196173 | 30732553 | 116.6 | 116.4 |
| 3646 | 2596 | 40762247 | 29427400 | 121.4 | 120.6 |
| 121 | 101 | 454904 | 399517 | 64.5 | 69.0 |
| 1 | 1 | 346 | 346 | 44.0 | 44.0 |
| 3 | 1 | 17345 | 1956 | 106.8 | 86.0 |
| 95 | 77 | 4683387 | 4314403 | 106.5 | 107.2 |
| 125 | 100 | 4596574 | 4246065 | 107.3 | 106.9 |
| 30 | 27 | 2918745 | 2881140 | 137.0 | 138.4 |
| 1 | 1 | 2015338 | 2015338 | 109.0 | 109.0 |
| 234 | 88 | 2989537 | 1707851 | 109.5 | 108.2 |
| 587 | 213 | 5406914 | 2036698 | 107.3 | 124.3 |
| 319 | 293 | 2779879 | 2237330 | 119.8 | 123.1 |
| 35 | 26 | 285037 | 210627 | 109.8 | 113.2 |
| 95 | 78 | 1460680 | 1065276 | 136.1 | 138.2 |
| 96 | 67 | 1440466 | 1135846 | 115.9 | 112.7 |
| 106 | 93 | 1256167 | 1152805 | 212.9 | 221.5 |
| 176 | 138 | 2595319 | 1424166 | 124.3 | 125.6 |
| 12 | 9 | 7484898 | 7452425 | 94.4 | 94.4 |
| 408 | 307 | 18409815 | 16409294 | 113.0 | 111.4 |
| 80 | 69 | 2396958 | 2247641 | 111.9 | 112.0 |
| 5 | 2 | 72059 | 33606 | 117.1 | 119.3 |
| 317 | 245 | 3741153 | 2942045 | 96.9 | 95.1 |
| 173 | 145 | 1761999 | 1331017 | 122.7 | 128.1 |
| 47 | 42 | 5408306 | 5308922 | 106.2 | 106.2 |
| 60 | 47 | 4694842 | 2256169 | 193.5 | 124.8 |
| 255 | 191 | 3762104 | 3003854 | 109.6 | 114.7 |
| 221 | 195 | 6454568 | 6044492 | 111.5 | 111.2 |
| 146 | 128 | 1838345 | 1625760 | 114.4 | 116.9 |
| 244 | 186 | 33182791 | 31576208 | 121.3 | 121.5 |
| 106 | 60 | 5585208 | 3680619 | 96.8 | 97.8 |
| 318 | 269 | 9116579 | 8223666 | 115.2 | 114.7 |
| 368 | 335 | 19501481 | 19018371 | 107.9 | 107.7 |
| 49 | 43 | 777407 | 747151 | 114.7 | 115.1 |
| 18 | 10 | 168246 | 125374 | 103.5 | 109.0 |
| 8 | 7 | 523227 | 517711 | 97.9 | 98.6 |
| 14 | 13 | 242952 | 230547 | 140.7 | 136.0 |
| 21 | 17 | 11827284 | 11552718 | 107.6 | 106.8 |
| 13 | 11 | 2101628 | 2083467 | 128.2 | 128.1 |
| 26 | 16 | 489597 | 413027 | 106.1 | 106.3 |

# 11-7 规模以上工业销售产值

## Sales Value of Industrial Enterprises above Designated Size

单位：万元　　　　(10000 yuan)

| 项　　目 | Item | 2012 | 2013 |
|---|---|---|---|
| **总　计** | **Total** | **158508246** | **169212664** |
| **按登记注册类型分** | **Grouped by Registration Status** | | |
| 国有企业 | State-owned Industry | 19008667 | 2953072 |
| 集体企业 | Collective-owned Industry | 356199 | 533823 |
| 其他企业 | Other | 139143380 | 165725769 |
| **按隶属关系分** | **Grouped by Administrative Relationship** | | |
| 中央企业、省属企业 | Central and Provincial Governments | 34145040 | 23388098 |
| 市属企业 | Municipal Government | 124363206 | 145824566 |
| **按轻重工业分** | **Grouped by Light & Heavy Industries** | | |
| 轻工业 | Light Industry | 50756713 | 59166656 |
| 重工业 | Heavy Industry | 107751533 | 110046008 |
| **按生产规模分** | **Grouped by Size of Enterprises** | | |
| 大中型企业 | Large and Medium Industrial Enterprises | 125471731 | 128809621 |
| 小型企业 | Small Enterprises | 32353835 | 39967063 |
| 微型企业 | Mini Enterprises | 682680 | 435980 |

# 11-8　主要年份规模以上工业企业出口交货值及比重

# Delivery Value of Exports and Proportion of Industrial Enterprises above Designated Size in Main Years

单位：万元　　(10000 yuan)

| 年　份<br>Year | 工业销售产值<br>Sale Output<br>Value of Industry | 出口交货值<br>Delivery Value<br>of Exports | 出口交货值比重(%)<br>Proportion of<br>Exports Delivery Value<br>(%) |
|---|---|---|---|
| 2001 | 27171297 | 6502235 | 23.93 |
| 2002 | 31156870 | 7881230 | 25.30 |
| 2003 | 39241536 | 9599697 | 24.46 |
| 2004 | 50207200 | 12824023 | 25.54 |
| 2005 | 59120813 | 14945688 | 25.28 |
| 2006 | 71756225 | 17218091 | 24.00 |
| 2007 | 87657013 | 19543878 | 22.30 |
| 2008 | 103134403 | 22092456 | 21.42 |
| 2009 | 111566225 | 22173771 | 19.87 |
| 2010 | 136078573 | 27646009 | 20.32 |
| 2011 | 153296007 | 31114440 | 20.30 |
| 2012 | 158508246 | 28472183 | 17.96 |
| 2013 | 169212664 | 30641635 | 18.11 |

# 11-9 规模以上工业企业出口交货值（2013年）
# Delivery Value of Exports of Industrial Enterprises above Designated Size (2013)

单位:万元 (10000 yuan)

| 项目 | Item | 出口产品交货值 Delivery Value of Exports |
|---|---|---|
| **总　计** | **Total** | **30641635** |
| 按登记注册类型分 | Grouped by Registration Status | |
| 国有企业 | State-owned Industry | 167392 |
| 集体企业 | Collective-owned Industry | 333466 |
| 其他企业 | Others | 30140777 |
| 按隶属关系分 | Grouped by Administrative Relationship | |
| 中央企业、省属企业 | Central and Provincial Governments | 1131097 |
| 市属企业 | Municipal Government | 29510538 |
| 按轻重工业分 | Grouped by Light & Heavy Industries | |
| 轻工业 | Light Industry | 11041491 |
| 重工业 | Heavy Industry | 19600144 |
| 按生产规模分 | Grouped by Size of Enterprises | |
| 大中型企业 | Large and Medium Enterprises | 26455394 |
| 小型企业 | Small Enterprises | 4148167 |
| 微型企业 | Mini Enterprises | 38074 |
| 按工业行业分 | Grouped by Sector | |
| 煤炭开采和洗选业 | Mining and Washing of Coal | |
| 石油和天然气开采业 | Extraction of Petroleum and Natural Gas | |
| 黑色金属矿采选业 | Mining and Processing of Ferrous Metal Ores | |
| 有色金属矿采选业 | Mining and Processing of Non-Ferrous Metal Ores | |
| 非金属矿采选业 | Mining and Processing of Nonmetal Ores | |
| 开采辅助活动 | Mining Auxiliary Activities | |
| 其他采矿业 | Mining of Other Ores | |
| 农副食品加工业 | Processing of Food from Agricultural Products | 38351 |
| 食品制造业 | Manufacture of Foods | 131233 |
| 酒、饮料和精制茶制造业 | Manufacture of wine,Beverages and Refined Tea | 16023 |
| 烟草制品业 | Manufacture of Tobacco | 14803 |
| 纺织业 | Manufacture of Textile | 1100263 |
| 纺织服装、服饰业 | Manufacture of Textile Wearing Apparel,Clothing | 692779 |
| 皮革、毛皮、羽毛及其制品和制鞋业 | Manufacture of Leather,Fur,Feather and Related Products and Footwear | 1131745 |

## 11-9 续表 continued

单位：万元 (10000 yuan)

| 项　　目 | Item | 出口产品交货值 Delivery Value of Exports |
|---|---|---|
| 木材加工和木、竹、藤、棕、草制品业 | Processing of Timber,Manufacture of Wood, Bamboo, Rattan, Plam and Straw Products | 61536 |
| 家具制造业 | Manufacture of Furniture | 195516 |
| 造纸和纸制品业 | Manufacture of Paper and Paper Products | 99533 |
| 印刷业和记录媒介复制业 | Printing, Reproduction of Recording Media | 278194 |
| 文教、工美、体育和娱乐用品制造业 | Manufacture of Culture and Education ,Arts and Crafts, Sports and Entertainment Supplies | 1592820 |
| 石油加工、炼焦和核燃料加工业 | Processing of Petroleum, Coking, Processing of Nuclear Fuel | 9223 |
| 化学原料和化学制品制造业 | Manufacture of Raw Chemical Materials and Chemical Products | 1767654 |
| 医药制造业 | Manufacture of Medicines | 128327 |
| 化学纤维制造业 | Manufacture of Chemical Fibers | 6559 |
| 橡胶和塑料制品业 | Manufacture of Rubber | 950929 |
| 非金属矿物制品业 | Manufacture of Non-metallic Mineral Products | 267081 |
| 黑色金属冶炼和压延加工业 | Smelting and Pressing of Ferrous Metals | 993606 |
| 有色金属冶炼和压延加工业 | Smelting and Pressing of Non-Ferrous Metals | 120937 |
| 金属制品业 | Manufacture of Metal Products | 1011449 |
| 通用设备制造业 | Manufacture of General Purpose Machinery | 1174714 |
| 专用设备制造业 | Manufacture of Special Purpose Machinery | 448497 |
| 汽车制造业 | Manufacture of Automobile | 1108714 |
| 铁路、船舶、航空航天和其他运输设备制造业 | Manufacture of Railway, Ship, Aerospace and Other Transportation Equipment | 2010367 |
| 电气机械及器材制造业 | Manufacture of Electrical Machinery and Equipment | 2315266 |
| 计算机、通信和其他电子设备制造业 | Manufacture of Computers, Communications and Other Electronic Equipment | 12581235 |
| 仪器仪表制造业 | Manufacture of Instrument | 227427 |
| 其他制造业 | Other Manufacturing | 44944 |
| 废弃资源综合利用业 | Comprehensive Utilization of Waste Resources | |
| 金属制品、机械和设备修理业 | Metal Products, Machinery and Equipment Repair | 121910 |
| 电力、热力的生产和供应业 | Production and Supply of Electric Power and Heat Power | |
| 燃气生产和供应业 | Production and Supply of Gas | |
| 水的生产和供应业 | Production and Supply of Water | |

# 11-10　工业三大支柱产业主要指标(2013年)

# Major Indicators of Three Pillar Industrial Industries (2013)

| 行　业 | Sector | 单位数<br>(个)<br>Number of Units<br>(unit) | 从业人员<br>(万人)<br>Employed Persons<br>(10000 persons) | 工业总产值<br>(亿元)<br>Gross Output Value of Industry<br>(100 million yuan) |
|---|---|---|---|---|
| **合　计** | **Total** | **1065** | **45.09** | **7964.20** |
| 汽车制造业 | Automobile Manufacturing | 244 | 12.60 | 3318.28 |
| # 汽车零部件制造业 | Auto Parts Manufacturing | 223 | 7.97 | 906.52 |
| 电子产品制造业 | Electronic Appliance Manufacturing | 409 | 23.19 | 2102.79 |
| 石油化工制造业 | Petrochemical Manufacturing | 412 | 9.31 | 2543.14 |
| 三大支柱产业占全市比重(%) | Three Pillar Industries Proportion of All Industrial Enterprises (%) | 22.13 | 29.39 | 46.31 |

注：本表统计范围为规模以上工业企业。

Note:The data in this table cover the industrial enterprises above designated size.

## 11-10　续表　continued

| 行　业 | Sector | 主营业务收入<br>(亿元)<br>Revenue from Principal Business<br>(100 million yuan) | 利润总额<br>(亿元)<br>Total Profits<br>(100 million yuan) | 税金总额<br>(亿元)<br>Total Pre-tax Profits<br>(100 million yuan) |
|---|---|---|---|---|
| **合　计** | **Total** | **7705.62** | **634.37** | **498.26** |
| 汽车制造业 | Automobile Manufacturing | 3344.36 | 355.90 | 263.05 |
| # 汽车零部件制造业 | Auto Parts Manufacturing | 917.83 | 80.05 | 26.35 |
| 电子产品制造业 | Electronic Appliance Manufacturing | 1897.69 | 97.43 | 34.67 |
| 石油化工制造业 | Petrochemical Manufacturing | 2463.57 | 181.04 | 200.55 |
| 三大支柱产业占全市比重(%) | Three Pillar Industries Proportion of All Industrial Enterprises (%) | 46.68 | 57.39 | 56.77 |

# 11-11 主要工业产品产量

# Output of Major Industrial Products

| 产品名称 | | Name of Products | | 2012 | 2013 |
|---|---|---|---|---|---|
| 食用植物油 | (吨) | Edible Vegetable Oil | (ton) | 1956644 | 1908005 |
| 乳制品 | (吨) | Dairy Products | (ton) | 213730 | 220992 |
| 罐头 | (吨) | Canned Food | (ton) | 7059 | 17141 |
| 饮料酒(混合量) | (千升) | Alcoholic Beverages (mixed) | (1000 litre) | 1172907 | 1057288 |
| # 啤酒 | | Beer | | 1171954 | 1056240 |
| 卷烟 | (万支) | Cigarettes | (10000 piece) | 6079730 | 6590000 |
| 纱 | (吨) | Yarn | (ton) | 53344 | 50486 |
| 布 | (万米) | Cloth | (10000 meters) | 89769 | 69816 |
| # 棉布 | | Pure Cotton Cloth | | 34195 | 35168 |
| 化学纤维布 | | Pure Chemical Fiber Cloth | | 12518 | 11861 |
| 绒线 | (吨) | Knitting Wool | (ton) | 2736 | |
| 服装 | (万件) | Garments | (10000 units) | 70822 | 71986 |
| 皮革鞋靴 | (万双) | Leather Shoes | (10000 pairs) | 10709 | 9304 |
| 人造板 | (立方米) | Artificial Boards | (cu.m) | 705854 | 559222 |
| 家具 | (万件) | Furniture | (10000 units) | 675 | 726 |
| 机制纸及纸板 | (吨) | Machine-made Paper and Paperboards | (ton) | 728749 | 667548 |
| # 新闻纸 | | Newsprint | | 518747 | 480444 |
| 发电量 | (亿千瓦·时) | Electricity | (100 million kwh) | 389 | 391 |
| 原油加工量 | (吨) | Crude Oil Processing | (ton) | 12427555 | 11716342 |
| 汽油 | (吨) | Gasoline | (ton) | 2253004 | 2135518 |
| 煤油 | (吨) | Kerosene | (ton) | 1286803 | 1285524 |
| 柴油 | (吨) | Diesel Oil | (ton) | 4421446 | 4111521 |
| 燃料油 | (吨) | Fuel Oil | (ton) | 650453 | 1459691 |
| 焦炭 | (吨) | Coke | (ton) | | |
| 硫酸(折100%) | (吨) | Sulphuric Acid (100 percent effective content equivalent) | (ton) | | |
| 农用氮、磷、钾化学肥料 | (吨) | Chemical Fertilizers | (ton) | 46714 | 22692 |
| 氮肥(折100%) | (吨) | Nitrogen Fertilizers | (ton) | 19351 | 2308 |
| 磷肥(折100%) | (吨) | Phosphate Fertilizers | (ton) | | 1760 |
| 合成氨 | (吨) | Synthetic Ammonia | (ton) | 29930 | 32573 |
| 化学农药(折100%) | (吨) | Chemical Pesticide (100 percent effective content equivalent) | (ton) | | |
| 涂料 | (吨) | Coating | (ton) | 497309 | 542160 |
| 初级形态的塑料 | (吨) | Plastics | (ton) | 1836648 | 2169572 |
| 肥皂 | (吨) | Soap | (ton) | | |
| 合成洗涤剂 | (吨) | Synthetic Detergents | (ton) | 2427446 | 3112172 |
| 化学原料药(24大类) | (吨) | Chemical Medicines | (ton) | 20912 | 23439 |

## 11-11 续表 continued

| 产品名称 | | Name of Products | | 2012 | 2013 |
|---|---|---|---|---|---|
| 中成药 | (吨) | Traditional Chinese Medicine | (ton) | 69288 | 73612 |
| 化学纤维 | (吨) | Chemical Fiber | (ton) | 19795 | 21277 |
| 橡胶轮胎外胎 | (条) | Tires | (unit) | 13279267 | 15073336 |
| 橡胶胶鞋 | (万双) | Rubber Shoes | (10000 pairs) | | |
| 塑料制品 | (吨) | Plastic Products | (ton) | 1036919 | 900663 |
| 水　泥 | (万吨) | Cement | (10000 tons) | 884 | 889 |
| 日用玻璃制品 | (吨) | Household Glassware | (ton) | 81654 | 37814 |
| 生　铁 | (吨) | Pig Iron | (ton) | 893970 | 632591 |
| 粗　钢 | (吨) | Steel | (ton) | 1445427 | 2369281 |
| 钢　材 | (吨) | Steel Products | (ton) | 7340370 | 9197282 |
| 精炼铜 | (吨) | Copper | (ton) | | |
| 日用搪瓷制品 | (吨) | Household Ceramic Products | (ton) | | |
| 内燃机生产量 | (万千瓦) | Internal Combustion Engines | (10000 kw) | 15814 | 18233 |
| 金属切削机床 | (台) | Metal-cutting Machine Tools | (set) | 7659 | 4404 |
| 自行车 | (辆) | Bicycles | (unit) | 2289956 | 2096053 |
| 缝纫机 | (架) | Sewing Machines | (unit) | | |
| 钟 | (只) | Clocks | (unit) | 20152487 | 12445730 |
| 照相机 | (架) | Cameras | (unit) | 2424393 | 1235395 |
| 汽　车 | (辆) | Motor Vehicles | (unit) | 1384959 | 1805305 |
| 乘用车 | | Sedans | | 1377887 | 1799875 |
| 燃气用具 | (台) | Gas Appliances | (unit) | 2009659 | 2392593 |
| 交流电动机 | (千瓦) | AC Motors | (kw) | 64717 | 109585 |
| 变压器 | (千伏安) | Transformers | (1000 volt-amperes) | 18814359 | 22700541 |
| 原电池及原电池组(折R20标准只) | (万只) | Batteries | (10000 units) | 130362 | 62585 |
| 家用电冰箱 | (台) | Household Refrigerators | (set) | 1648085 | 2014752 |
| 家用电风扇 | (台) | Electric Fans | (set) | 749027 | 624164 |
| 房间空气调节器 | (台) | Air Conditioners | (set) | 5506537 | 5640572 |
| 电熨斗 | (个) | Electric Irons | (unit) | | |
| 电光源 | (万只) | Bulbs | (10000 units) | 16688 | 20809 |
| 电话单机 | (部) | Telephone Sets | (unit) | 1166634 | 1233595 |
| 移动通信手持机 | (台) | Mobile Telecommunication Handset | (unit) | 1605747 | 668728 |
| 微型电子计算机 | (部) | Micro-computers | (unit) | 53696 | 29466 |
| 彩色电视机 | | Color TV Sets | | 5047193 | 5720874 |
| 电　梯 | (台) | Elevators & Escalators | (unit) | 66789 | 77770 |
| 摩托车整车 | (辆) | Motorcycles | (unit) | 4228064 | 4543873 |
| 饲　料 | (吨) | Fodder | (ton) | 2723720 | 2947756 |
| 家用吸排油烟机 | (台) | Extractor Hoods | (set) | 652246 | 652759 |
| 西洋键盘乐器 | (架) | Keyboard instruments | (unit) | 131713 | 137933 |

# 11-12 规模以上工业企业全员劳动生产率

## Overall Labor Productivity of Industrial Enterprises above the Designated Size

单位：元/人 (yuan/person)

| 年 份<br>Year | 合 计<br>Total | 国有企业<br>State-owned Enterprises | 集体企业<br>Collective-owned Enterprises | “三资”企业<br>Foreign Funded Enterprises | 其他企业<br>Other Enterprises |
|---|---|---|---|---|---|
| 1997 | 51764 | 58637 | 24861 | 59509 | 45207 |
| 1998 | 53499 | 64347 | 27238 | 56952 | 46688 |
| 1999 | 60087 | 81519 | 30910 | 58846 | 47523 |
| 2000 | 60342 | 108088 | 32429 | 61748 | 48220 |
| 2001 | 69917 | 89566 | 40058 | 72400 | 67034 |
| 2002 | 76324 | 103186 | 40514 | 76773 | 79963 |
| 2003 | 89991 | 126215 | 36475 | 97733 | 83382 |
| 2004 | 96845 | 168409 | 30129 | 107890 | 70332 |
| 2005 | 115051 | 231185 | 31305 | 125912 | 86735 |
| 2006 | 132200 | 300403 | 31106 | 145278 | 97882 |
| 2007 | 156811 | 392930 | 32447 | 170755 | 116857 |
| 2008 | 175472 | 242679 | 25413 | 193910 | 153715 |
| 2009 | 181874 | 170356 | 31688 | 213960 | 142523 |
| 2010 | 214972 | 224214 | 44324 | 254371 | 165119 |
| 2011 | 259100 | 263492 | 55373 | 291514 | 218851 |
| 2012 | 272724 | 750301 | 47742 | 285933 | 227791 |
| 2013 | 289951 | 230952 | 93367 | 317224 | 262868 |

注：本表数据按工业增加值计算，以下劳动生产率表同。

Note:The data in this table are calculated on basis of the value-added of industry. The same as in the following tables.

## 11-13 规模以上工业企业全员劳动生产率(2013年，按行业分)

单位：元/人

| 行　业 | Sector |
|---|---|
| **合　计** | **Total** |
| 煤炭开采和洗选业 | Mining and Washing of Coal |
| 石油和天然气开采业 | Extraction of Petroleum and Natural Gas |
| 黑色金属矿采选业 | Mining and Processing of Ferrous Metal Ores |
| 有色金属矿采选业 | Mining and Processing of Non-Ferrous Metal Ores |
| 非金属矿采选业 | Mining and Processing of Nonmetal Ores |
| 开采辅助活动 | Mining Auxiliary Activities |
| 其他采矿业 | Mining of Other Ores |
| 农副食品加工业 | Processing of Food from Agricultural Products |
| 食品制造业 | Manufacture of Foods |
| 酒、饮料和精制茶制造业 | Manufacture of Wine ,Beverages and Refined Tea |
| 烟草制品业 | Manufacture of Tobacco |
| 纺织业 | Manufacture of Textile |
| 纺织服装、服饰业 | Manufacture of Textile Wearing Apparel,Clothing |
| 皮革、毛皮、羽毛及其制品和制鞋业 | Manufacture of Leather, Fur, Feather and Related Products and Footwear |
| 木材加工和木、竹、藤、棕、草制品业 | Processing of Timber, Manufacture of Wood, Bamboo,Rattan,Palm and Straw Products |
| 家具制造业 | Manufacture of Furniture |
| 造纸和纸制品业 | Manufacture of Paper and Paper Products |
| 印刷业和记录媒介复制业 | Printing, Reproduction of Recording Media |
| 文教、工美、体育和娱乐用品制造业 | Manufacture of Culture and Education ,Arts and Crafts, Sports and Entertainment Supplies |
| 石油加工、炼焦和核燃料加工业 | Processing of Petroleum, Coking, Processing of Nuclear Fuel |
| 化学原料和化学制品制造业 | Manufacture of Raw Chemical Materials and Chemical Products |
| 医药制造业 | Manufacture of Medicines |
| 化学纤维制造业 | Manufacture of Chemical Fibers |
| 橡胶和塑料制品业 | Manufacture of Rubber |
| 非金属矿物制品业 | Manufacture of Non-metallic Mineral Products |
| 黑色金属冶炼和压延加工业 | Smelting and Pressing of Ferrous Metals |
| 有色金属冶炼和压延加工业 | Smelting and Pressing of Non-Ferrous Metals |
| 金属制品业 | Manufacture of Metal Products |
| 通用设备制造业 | Manufacture of General Purpose Machinery |
| 专用设备制造业 | Manufacture of Special Purpose Machinery |
| 汽车制造业 | Manufacture of Automobile |
| 铁路、船舶、航空航天和其他运输设备制造业 | Manufacture of Railway, Ship, Aerospace and Other Transportation Equipment |
| 电气机械及器材制造业 | Manufacture of Electrical Machinery and Equipment |
| 计算机、通信和其他电子设备制造业 | Manufacture of Computers, Communications and Other Electronic Equipment |
| 仪器仪表制造业 | Manufacture of Instrument |
| 其他制造业 | Other Manufacturing |
| 废弃资源综合利用业 | Comprehensive Utilization of Waste Resources |
| 金属制品、机械和设备修理业 | Metal Products, Machinery and Equipment Repair |
| 电力、热力的生产和供应业 | Production and Supply of Electric Power and Heat Power |
| 燃气生产和供应业 | Production and Supply of Gas |
| 水的生产和供应业 | Production and Supply of Water |

# Overall Labor Productivity of Industrial Enterprises above the Designated Size(2013, by Sector)

(yuan/person)

| 全　市 Total | 国有企业 State-owned Enterprises | 集体企业 Collective-owned Enterprises | “三资”企业 Foreign Funded Enterprises | 其他企业 Other Enterprises |
|---|---|---|---|---|
| **289951** | **230952** | **93367** | **317224** | **262868** |
| 564640 | | | | 564640 |
| 249647 | | | 297842 | 244615 |
| 643110 | 349704 | | 991864 | 532360 |
| 286666 | 189337 | | 313632 | 179145 |
| 354464 | 176946 | | 333371 | 386212 |
| 4944235 | | | | 4944235 |
| 136261 | | | 160499 | 115825 |
| 116376 | 88245 | | 103866 | 124034 |
| 84972 | | 43452 | 78944 | 93655 |
| 92403 | | | 99932 | 84877 |
| 144151 | | | 82871 | 171439 |
| 215109 | | 136169 | 313568 | 118611 |
| 109157 | 144003 | 117086 | 99590 | 123741 |
| 116735 | 143052 | 91623 | 120533 | 107305 |
| 1922456 | | | 805315 | 1980577 |
| 629546 | 197945 | 110948 | 761515 | 347946 |
| 248991 | 150482 | | 233558 | 265396 |
| 301721 | | | 382881 | 178813 |
| 133551 | 162992 | | 136002 | 130628 |
| 201406 | | 143269 | 234082 | 179472 |
| 254379 | 34274 | | 286580 | 90018 |
| 394634 | 303302 | 50433 | 338879 | 450169 |
| 155203 | 301981 | 115114 | 146749 | 157737 |
| 269614 | 414241 | 179297 | 335424 | 204049 |
| 190015 | | | 223806 | 156835 |
| 750291 | 125052 | | 837413 | 209916 |
| 229820 | 377240 | | 233517 | 222253 |
| 180288 | 39269 | 100696 | 172037 | 196441 |
| 178149 | 113608 | 84084 | 204300 | 135171 |
| 145770 | 3483300 | | 133751 | 173797 |
| 102226 | | | 75446 | 111943 |
| -337374 | | | -2394328 | 217049 |
| 108185 | 114405 | | 136531 | 61708 |
| 1287670 | 346834 | | 1708694 | 1342409 |
| 1413103 | | | 2773528 | 523680 |
| 328709 | 339399 | 150255 | 271018 | 411576 |

# 11-14 市区规模以上工业企业全员劳动生产率(2013年，按行业分)

单位：元/人

| 行业 | Sector |
| --- | --- |
| **合计** | **Total** |
| 煤炭开采和洗选业 | Mining and Washing of Coal |
| 石油和天然气开采业 | Extraction of Petroleum and Natural Gas |
| 黑色金属矿采选业 | Mining and Processing of Ferrous Metal Ores |
| 有色金属矿采选业 | Mining and Processing of Non-Ferrous Metal Ores |
| 非金属矿采选业 | Mining and Processing of Nonmetal Ores |
| 开采辅助活动 | Mining Auxiliary Activities |
| 其他采矿业 | Mining of Other Ores |
| 农副食品加工业 | Processing of Food from Agricultural Products |
| 食品制造业 | Manufacture of Foods |
| 酒、饮料和精制茶制造业 | Manufacture of Wine ,Beverages and Refined Tea |
| 烟草制品业 | Manufacture of Tobacco |
| 纺织业 | Manufacture of Textile |
| 纺织服装、服饰业 | Manufacture of Textile Wearing Apparel,Clothing |
| 皮革、毛皮、羽毛及其制品和制鞋业 | Manufacture of Leather, Fur, Feather and Related Products and Footwear |
| 木材加工和木、竹、藤、棕、草制品业 | Processing of Timber, Manufacture of Wood, Bamboo,Rattan,Palm and Straw Products |
| 家具制造业 | Manufacture of Furniture |
| 造纸和纸制品业 | Manufacture of Paper and Paper Products |
| 印刷业和记录媒介复制业 | Printing, Reproduction of Recording Media |
| 文教、工美、体育和娱乐用品制造业 | Manufacture of Culture and Education ,Arts and Crafts, Sports and Entertainment Supplies |
| 石油加工、炼焦和核燃料加工业 | Processing of Petroleum, Coking, Processing of Nuclear Fuel |
| 化学原料和化学制品制造业 | Manufacture of Raw Chemical Materials and Chemical Products |
| 医药制造业 | Manufacture of Medicines |
| 化学纤维制造业 | Manufacture of Chemical Fibers |
| 橡胶和塑料制品业 | Manufacture of Rubber |
| 非金属矿物制品业 | Manufacture of Non-metallic Mineral Products |
| 黑色金属冶炼和压延加工业 | Smelting and Pressing of Ferrous Metals |
| 有色金属冶炼和压延加工业 | Smelting and Pressing of Non-Ferrous Metals |
| 金属制品业 | Manufacture of Metal Products |
| 通用设备制造业 | Manufacture of General Purpose Machinery |
| 专用设备制造业 | Manufacture of Special Purpose Machinery |
| 汽车制造业 | Manufacture of Automobile |
| 铁路、船舶、航空航天和其他运输设备制造业 | Manufacture of Railway, Ship, Aerospace and Other Transportation Equipment |
| 电气机械及器材制造业 | Manufacture of Electrical Machinery and Equipment |
| 计算机、通信和其他电子设备制造业 | Manufacture of Computers, Communications and Other Electronic Equipment |
| 仪器仪表制造业 | Manufacture of Instrument |
| 其他制造业 | Other Manufacturing |
| 废弃资源综合利用业 | Comprehensive Utilization of Waste Resources |
| 金属制品、机械和设备修理业 | Metal Products, Machinery and Equipment Repair |
| 电力、热力的生产和供应业 | Production and Supply of Electric Power and Heat Power |
| 燃气生产和供应业 | Production and Supply of Gas |
| 水的生产和供应业 | Production and Supply of Water |

# Overall Labor Productivity of Industrial Enterprises above the Designated Size in Urban Districts (2013, by Sector)

(yuan/person)

| 市　区<br>Urban Districts | 国有企业<br>State-owned Enterprises | 集体企业<br>Collective-owned Enterprises | “三资”企业<br>Foreign Funded Enterprises | 其他企业<br>Other Enterprises |
|---|---|---|---|---|
| **316419** | **244083** | **93308** | **331219** | **308363** |
| 564640 | | | | 564640 |
| 297842 | | | 297842 | |
| 761334 | 349704 | | 1383462 | 595226 |
| 289856 | 189337 | | 310288 | 188005 |
| 360434 | 176946 | | 333371 | 402608 |
| 4944235 | | | | 4944235 |
| 155528 | | | 170614 | 116233 |
| 109158 | 88245 | | 101900 | 125136 |
| 83830 | | 43452 | 78023 | 93522 |
| 102986 | | | 119633 | 88568 |
| 143349 | | | 77042 | 166178 |
| 228863 | | 136169 | 322757 | 112409 |
| 107372 | 144003 | 117086 | 98594 | 121468 |
| 81512 | 143052 | 91623 | 72254 | 103689 |
| 1975765 | | | 805315 | 2038694 |
| 676712 | 61739 | 146417 | 805329 | 382895 |
| 250522 | 150482 | | 233596 | 268578 |
| 271985 | | | 439725 | 63414 |
| 134970 | 162992 | | 145521 | 122506 |
| 195322 | | 151918 | 238575 | 155856 |
| 260026 | 34274 | | 287905 | 83767 |
| 520862 | | 50433 | 1183109 | 371209 |
| 160131 | 301981 | 44127 | 157011 | 152985 |
| 271064 | 414241 | 179297 | 337893 | 203096 |
| 189645 | | | 217338 | 159458 |
| 850050 | 125052 | | 926434 | 247798 |
| 230081 | 377240 | | 207817 | 237403 |
| 178763 | 54430 | 100696 | 173955 | 187969 |
| 180506 | 113608 | 84539 | 207445 | 135956 |
| 144792 | 3483300 | | 130480 | 179279 |
| 108554 | | | 52199 | 119289 |
| -346452 | | | -2394328 | 222270 |
| 110170 | 114405 | | 136531 | 55107 |
| 1295876 | 346834 | | 1812131 | 1353724 |
| 1454330 | | | 2907835 | 525463 |
| 341994 | 350177 | 173716 | 93685 | 453039 |

# 11-15 规模以上工业企业主要经济指标

单位：万元

| 项目 | Item | 2000 | 2005 |
|---|---|---|---|
| 企业单位数 （个） | Number of Enterprises (unit) | 4531 | 5240 |
| # 亏损企业 | Number of Loss-making Enterprises | 954 | 1092 |
| 营业收入 | Busmess Revenue | | |
| 主营业务收入 | Revenue from Principal Business | 25342544 | 59946778 |
| # 主营业务成本 | Cost of Principal Business | 20560789 | 48703725 |
| 主营业务税金及附加 | Taxes and Other Charges on Principal Business | 462801 | 799087 |
| 盈利企业的盈利总额 | Total Profits of Profitable Enterprises | 1577983 | 4491749 |
| 亏损企业的亏损总额 | Total Losses of Loss-making Enterprises | 393740 | 443444 |
| 盈亏相抵后的利润总额 | Total Profits of All Enterprises | 1184243 | 4048305 |
| 应交所得税 | Income Tax Payable | 160118 | 574968 |
| 应交增值税 | Value-added Tax Payable | 919339 | 2035382 |
| 流动资产年末合计 | Total Working Capitals at the Year-end | 15082653 | 26379483 |
| # 存　货 | Inventory | 4301980 | 7197758 |
| # 产成品存货 | Inventory of Finished Goods | 1528452 | 2327257 |
| 固定资产原价年末数 | Original Value of Fixed Assets at the Year-end | 17672981 | 26651389 |
| 年末资产合计 | Total Assets at the Year-end | 30861594 | 48338355 |
| 年末负债合计 | Total Liabilities at the Year-end | 18249287 | 26158379 |
| 年末所有者权益合计 | Total Owners' Equity at the Year-end | 12612306 | 22179976 |
| # 实收资本 | Capital Hold | 8458358 | 13634945 |
| # 国家资本 | State Capital | 1375635 | 1183871 |
| 外商资本 | Foreign Capital | 3578053 | 7427607 |
| 本年应付职工薪酬 | Wages Payable | 1623490 | 3679734 |
| 全部从业人员年平均人数 （人） | Annual Average Number of Staff and Workers (person) | 1173960 | 1410335 |
| 工业总产值 （当年价格） | Gross Industrial Output Value (at current prices) | 25685694 | 60320463 |
| 工业增加值 （当年价格） | Value-added of Industry (at current prices) | 7083953 | 16226063 |

# Main Indicators of Industrial Enterprises above the Designated Size

(10000 yuan)

| 2006 | 2007 | 2008 | 2009 | 2010 | 2011 | 2012 | 2013 |
|---|---|---|---|---|---|---|---|
| 5188 | 4988 | 7442 | 7023 | 6969 | 4437 | 4373 | 4812 |
| 1032 | 886 | 1725 | 1407 | 1060 | 689 | 744 | 652 |
|  |  |  |  |  | 155253526 | 160103135 | 168367739 |
| 72493321 | 88630531 | 104244867 | 112140930 | 136246497 | 152702405 | 157283477 | 165067607 |
| 59529969 | 72210640 | 84647623 | 90316538 | 110733636 | 126083338 | 129613672 | 135511005 |
| 1256139 | 1873470 | 2549525 | 3249519 | 3427818 | 3215979 | 3287339 | 3651929 |
| 6008538 | 8044372 | 8003202 | 8584412 | 10910868 | 10629334 | 9666882 | 11721003 |
| 620087 | 513225 | 1072933 | 793247 | 598124 | 1044071 | 1410834 | 667252 |
| 5388451 | 7531147 | 6930269 | 7791165 | 10312744 | 9585263 | 8256048 | 11053751 |
| 676932 | 861833 | 983288 | 1138346 | 1440506 | 1616771 | 1473553 | 1902197 |
| 2643027 | 3199893 | 4520708 | 3843777 | 4696284 | 4545000 | 4354268 | 5125516 |
| 31365356 | 37716223 | 43871519 | 50733991 | 60871184 | 65179319 | 64593607 | 74129378 |
| 8145761 | 9334080 | 11054940 | 11529881 | 14111012 | 15232168 | 14522684 | 16005082 |
| 2478717 | 2960730 | 3751238 | 3761104 | 4694208 | 5213396 | 5427243 | 5540642 |
| 33587396 | 37780990 | 45244307 | 47978199 | 52094111 | 53921739 | 55980684 | 62689307 |
| 69036123 | 80412681 | 91648730 | 99655278 | 112655080 | 118306012 | 121573804 | 135540623 |
| 33474848 | 40571015 | 49694345 | 55020064 | 63320448 | 66428322 | 64458098 | 73585807 |
| 35561275 | 39841666 | 41954385 | 44631180 | 49334632 | 51877690 | 57115706 | 61954816 |
| 20776240 | 22730283 | 26272164 | 27564197 | 28796044 | 29125022 | 30434735 | 32278772 |
| 6936604 | 7035569 | 7510952 | 4533428 | 4529442 | 3763637 | 1692610 | 4011019 |
| 7759689 | 8286574 | 5586787 | 5940516 | 5915409 | 6476297 | 6874272 | 7019315 |
| 4184674 | 5216279 | 8089617 | 8159771 | 8634171 | 7650769 | 8148319 | 9441451 |
| 1490877 | 1540930 | 1719873 | 1615692 | 1662226 | 1547037 | 1499914 | 1534434 |
| 72820564 | 89104386 | 105149110 | 113767645 | 138312477 | 157127151 | 160664335 | 171987181 |
| 19709445 | 24163424 | 27875000 | 29385200 | 35733200 | 40083754 | 40906208 | 44491105 |

## 11-16 规模以上工业企业主要经济指标(2013年，按地区分)

单位：万元

| 项　　目 | Item |
| --- | --- |
| 企业单位数　（个） | Number of Enterprises (unit) |
| #亏损企业 | Number of Loss-making Enterprises |
| 主营业务收入 | Revenue from Principal Business |
| #主营业务成本 | Cost of Principal Business |
| 主营业务税金及附加 | Taxes and Other Charges on Principal Business |
| 盈利企业的盈利总额 | Total Profits of Profitable Enterprises |
| 亏损企业的亏损总额 | Total Losses of Loss-making Enterprises |
| 盈亏相抵后的利润总额 | Total Profits of All Enterprises |
| 应交所得税 | Income Tax Payable |
| 应交增值税 | Value-added Tax Payable |
| 流动资产年末合计 | Total Working Capitals at the Year-end |
| #应收账款 | Accounts Receivable |
| #存　货 | Inventory |
| #产成品存货 | Inventory of Finished Goods |
| 固定资产原价年末数 | Original Value of Fixed Assets at the Year-end |
| 累计折旧 | Accumulated Depreciation |
| 固定资产净值 | Net Value of Fixed Assets |
| 年末资产合计 | Total Assets at the Year-end |
| 年末负债合计 | Total Liabilities at the Year-end |
| 年末所有者权益合计 | Total Owners' Equity at the Year-end |
| #实收资本 | Capital Hold |
| #国家资本 | State Capital |
| 外商资本 | Foreign Capital |
| 本年应付职工薪酬 | Wages Payable |
| 全部从业人员年平均人数　（人） | Annual Average Number of Staff and Workers (person) |
| 工业总产值　（当年价格） | Gross Industrial Output Value (at current prices) |
| 工业增加值　（当年价格） | Value-added of Industry (at current prices) |

# Main Indicators of Industrial Enterprises above the Designated Size (2013, by Region)

(10000 yuan)

| 全 市<br>Total | 市 区<br>Urban Districts | 增城市<br>Zengcheng | 从化市<br>Conghua | # 国有及国有控股企业<br>State-owned and State-holding Enterprises | # 市 区<br>Urban Districts |
|---|---|---|---|---|---|
| 4812 | 3552 | 1066 | 194 | 264 | 232 |
| 652 | 519 | 92 | 41 | 52 | 44 |
| 165067607 | 144826056 | 14625458 | 5616093 | 45849255 | 42723759 |
| 135511005 | 117208422 | 13333885 | 4968698 | 37211076 | 34280059 |
| 3651929 | 3561961 | 56104 | 33864 | 2869133 | 2850383 |
| 11721003 | 11083118 | 435039 | 202846 | 3241125 | 3175424 |
| 667252 | 584968 | 37534 | 44750 | 156920 | 118967 |
| 11053751 | 10498150 | 397505 | 158096 | 3084205 | 3056457 |
| 1902197 | 1818321 | 59589 | 24287 | 527560 | 507227 |
| 5125516 | 4689293 | 196660 | 239563 | 1642141 | 1571149 |
| 74129378 | 67977278 | 4492856 | 1659244 | 20071427 | 19277677 |
| 22431370 | 20597126 | 1396751 | 437493 | 2660081 | 2505892 |
| 16005082 | 14496282 | 1002110 | 506690 | 4662877 | 4441457 |
| 5540642 | 4942872 | 376080 | 221690 | 891144 | 794010 |
| 62689307 | 58999273 | 2541807 | 1148227 | 31665948 | 30983486 |
| 27733794 | 26389904 | 905680 | 438210 | 13770033 | 13529628 |
| 34955513 | 32609369 | 1636127 | 710017 | 17895915 | 17453858 |
| 135540623 | 125647779 | 7183719 | 2709125 | 55362714 | 53938741 |
| 73585807 | 67718181 | 4111880 | 1755746 | 28605663 | 27739393 |
| 61954816 | 57929598 | 3071839 | 953379 | 26757051 | 26199348 |
| 32278772 | 29914566 | 1619275 | 744931 | 14477305 | 13951023 |
| 4011019 | 3920497 | 24963 | 65559 | 3841548 | 3774004 |
| 7019315 | 6683317 | 182304 | 153694 | 609810 | 517133 |
| 9441451 | 8249746 | 924140 | 267565 | 2231710 | 2127970 |
| 1534434 | 1249768 | 229315 | 55351 | 185185 | 170820 |
| 171987181 | 151253931 | 14854940 | 5878310 | 47257513 | 44016104 |
| 44491105 | 39545036 | 3440181 | 1505888 | 13118185 | 12753078 |

## 11-17 规模以上工业企业主要经济指标(2013年，按行业分)

单位:万元

| 行业 | Sector |
|---|---|
| **合　计** | **Total** |
| 煤炭开采和洗选业 | Mining and Washing of Coal |
| 石油和天然气开采业 | Extraction of Petroleum and Natural Gas |
| 黑色金属矿采选业 | Mining and Processing of Ferrous Metal Ores |
| 有色金属矿采选业 | Mining and Processing of Nonferrous Metal Ores |
| 非金属矿采选业 | Mining and Processing of Nonmetal Ores |
| 开采辅助活动 | Mining Auxiliary Activities |
| 其他矿采选业 | Mining of Other Ores |
| 农副食品加工业 | Processing of Food from Agricultural Products |
| 食品制造业 | Manufacturing of Foods |
| 酒、饮料和精制茶制造业 | Manufacture of Wine ,Beverages and Refined Tea |
| 烟草制品业 | Manufacturing of Tobacco |
| 纺织业 | Textile Industry |
| 纺织服装、服饰业 | Manufacture of Textile Wearing Apparel,Clothing |
| 皮革、毛皮、羽毛及其制品和制鞋业 | Manufacture of Leather, Fur, Feather and Related Products and Footwear |
| 木材加工及木、竹、藤、棕、草制品业 | Processing of Timber, Manufacture of Wood, Bamboo,Rattan,Palm and Straw Products |
| 家具制造业 | Manufacturing of Furniture |
| 造纸及纸制品业 | Manufacturing of Paper and Paper Products |
| 印刷和记录媒介复制业 | Printing and Record Media Duplication Industry |
| 文教、工美、体育和娱乐用品制造业 | Manufacture of Culture and Education ,Arts and Crafts, Sports and Entertainment Supplies |
| 石油加工、炼焦和核燃料加工业 | Processing of Petroleum, Coking, Processing of Nuclear |
| 化学原料及化学制品制造业 | Manufacturing of Raw Chemical Material and Chemical Products |
| 医药制造业 | Manufacturing of Medical and Pharmaceutical Products |
| 化学纤维制造业 | Manufacturing of Chemical Fiber |
| 橡胶和塑料制品业 | Manufacture of Rubber and Plastic |
| 非金属矿物制品业 | Manufacturing of Non-metallic Mineral Products |
| 黑色金属冶炼和压延加工业 | Smelting and Pressing of Ferrous Metals |
| 有色金属冶炼和压延加工业 | Smelting and Pressing of Non-ferrous Metals |
| 金属制品业 | Manufacturing of Metal Products |
| 通用设备制造业 | Manufacturing of General Purpose Equipment |
| 专用设备制造业 | Manufacturing of Special Purpose Equipment |
| 汽车制造业 | Manufacture of Automobile |
| 铁路、船舶、航空航天和其他运输设备制造业 | Manufacture of Railway, Ship, Aerospace and Other Transportation Equipment |
| 电气机械及器材制造业 | Manufacturing of Electric Machinery and Equipment |
| 计算机、通信和其他电子设备制造业 | Manufacture of Computers, Communications and Other Electronic Equipment |
| 仪器仪表制造业 | Manufacture of Instrument |
| 其他制造业 | Other Manufacturing |
| 废弃资源综合利用业 | Comprehensive Utilization of Waste Resources |
| 金属制品、机械和设备修理业 | Metal Products, Machinery and Equipment Repair |
| 电力、热力的生产和供应业 | Production and Supply of Electric Power and Heat Power |
| 燃气生产和供应业 | Production and Supply of Gas |
| 水的生产和供应业 | Production and Supply of Water |

## Main Indicators of Industrial Enterprises above the Designated Size(2013, by Sector)

(10000 yuan)

| 单位数 (个) Number of Enterprises (unit) | # 亏损企业 Loss-making Enterprises | 工业总产值 Gross Output Value of Industry | 工业增加值 Value-added of Industry | 工业销售产值 Sales Value of Industry | 主营业务收入 Revenue from Principal Business | # 主营业务成本 Cost of Principal Business | # 主营业务税金及附加 Taxes and Charges on Core Business |
|---|---|---|---|---|---|---|---|
| **4812** | **652** | **171987181** | **44491105** | **169212664** | **165067607** | **135511005** | **3651929** |
| 1 | 1 | 346 | 6437 | 316 | 316 | 1068 | 59 |
| 3 | | 17345 | 5018 | 17306 | 17015 | 14919 | 348 |
| 95 | 13 | 4683387 | 873215 | 4425268 | 4448189 | 4169733 | 5868 |
| 125 | 13 | 4596574 | 1804131 | 5073726 | 5173074 | 3154878 | 37110 |
| 30 | 4 | 2918745 | 945000 | 2827211 | 2724157 | 1716081 | 40367 |
| 1 | | 2015338 | 1480799 | 2615581 | 1876796 | 576229 | 938340 |
| 234 | 26 | 2989537 | 692912 | 2936598 | 2861612 | 2633984 | 9038 |
| 587 | 47 | 5406914 | 1759790 | 5354566 | 5273886 | 4688004 | 21071 |
| 319 | 42 | 2779879 | 873546 | 2721571 | 2725480 | 2390960 | 11554 |
| 35 | 5 | 285037 | 52919 | 265413 | 264922 | 233924 | 2157 |
| 95 | 14 | 1460680 | 471748 | 1415050 | 1417524 | 1126883 | 7219 |
| 96 | 12 | 1440466 | 334108 | 1430972 | 1437823 | 1329603 | 4428 |
| 106 | 17 | 1256167 | 274945 | 1243252 | 1182275 | 1035519 | 4547 |
| 176 | 29 | 2595319 | 989361 | 2580817 | 2599521 | 2264675 | 8594 |
| 12 | 4 | 7484898 | 1407238 | 7451924 | 7506031 | 6468578 | 778586 |
| 408 | 56 | 18409815 | 5757201 | 17582619 | 17578532 | 12216867 | 131514 |
| 80 | 13 | 2396958 | 846546 | 2320630 | 2275736 | 1303628 | 19698 |
| 5 | | 72059 | 21090 | 70293 | 69814 | 60684 | 278 |
| 317 | 51 | 3741153 | 851772 | 3692183 | 3661100 | 3182924 | 14985 |
| 173 | 30 | 1761999 | 494855 | 1696053 | 1696726 | 1440210 | 11023 |
| 47 | 11 | 5408306 | 368646 | 5364239 | 4869072 | 4686068 | 6930 |
| 60 | 16 | 4694842 | 441753 | 4458582 | 4163879 | 4022470 | 3857 |
| 255 | 37 | 3762104 | 882032 | 3667825 | 3428900 | 3034446 | 11937 |
| 221 | 22 | 6454568 | 1677378 | 6263856 | 6144731 | 4925191 | 36140 |
| 146 | 19 | 1838345 | 489993 | 1759140 | 1796123 | 1461849 | 8479 |
| 244 | 21 | 33182791 | 9452393 | 32880061 | 33443560 | 25963866 | 1256165 |
| 106 | 19 | 5585208 | 1307539 | 5456454 | 5219277 | 4671865 | 45562 |
| 318 | 49 | 9116579 | 1905252 | 8880798 | 8579104 | 7391679 | 41275 |
| 368 | 59 | 19501481 | 3848904 | 18687892 | 17551506 | 15555225 | 126909 |
| 49 | 6 | 777407 | 246308 | 756431 | 751898 | 590958 | 4316 |
| 18 | 3 | 168245 | 33171 | 150574 | 146267 | 125630 | 603 |
| 8 | 2 | 523228 | -37820 | 518100 | 521548 | 510829 | 697 |
| 14 | 3 | 242952 | 61460 | 246916 | 234607 | 222431 | 403 |
| 21 | | 11827284 | 3056156 | 11807099 | 11008205 | 10207675 | 49933 |
| 13 | 2 | 2101628 | 568350 | 2105060 | 1955762 | 1810548 | 4830 |
| 26 | 6 | 489597 | 246959 | 488288 | 462639 | 320924 | 7109 |

# 11-17 续表 1

单位:万元

| 行业 | Sector |
|---|---|
| **合计** | **Total** |
| 煤炭开采和洗选业 | Mining and Washing of Coal |
| 石油和天然气开采业 | Extraction of Petroleum and Natural Gas |
| 黑色金属矿采选业 | Mining and Processing of Ferrous Metal Ores |
| 有色金属矿采选业 | Mining and Processing of Nonferrous Metal Ores |
| 非金属矿采选业 | Mining and Processing of Nonmetal Ores |
| 开采辅助活动 | Mining Auxiliary Activities |
| 其他矿采选业 | Mining of Other Ores |
| 农副食品加工业 | Processing of Food from Agricultural Products |
| 食品制造业 | Manufacturing of Foods |
| 酒、饮料和精制茶制造业 | Manufacture of Wine ,Beverages and Refined Tea |
| 烟草制品业 | Manufacturing of Tobacco |
| 纺织业 | Textile Industry |
| 纺织服装、服饰业 | Manufacture of Textile Wearing Apparel,Clothing |
| 皮革、毛皮、羽毛及其制品和制鞋业 | Manufacture of Leather, Fur, Feather and Related Products and Footwear |
| 木材加工及木、竹、藤、棕、草制品业 | Processing of Timber, Manufacture of Wood, Bamboo,Rattan,Palm and Straw Products |
| 家具制造业 | Manufacturing of Furniture |
| 造纸和纸制品业 | Manufacture of Paper and Paper Products |
| 印刷和记录媒介复制业 | Printing and Record Media Duplication Industry |
| 文教、工美、体育和娱乐用品制造业 | Manufacture of Culture and Education ,Arts and Crafts, Sports and Entertainment Supplies |
| 石油加工、炼焦和核燃料加工业 | Processing of Petroleum, Coking, Processing of Nuclear |
| 化学原料及化学制品制造业 | Manufacturing of Raw Chemical Material and Chemical Products |
| 医药制造业 | Manufacturing of Medical and Pharmaceutical Products |
| 化学纤维制造业 | Manufacturing of Chemical Fiber |
| 橡胶和塑料制品业 | Manufacture of Rubber and Plastic |
| 非金属矿物制品业 | Manufacturing of Non-metallic Mineral Products |
| 黑色金属冶炼和压延加工业 | Smelting and Pressing of Ferrous Metals |
| 有色金属冶炼和压延加工业 | Smelting and Pressing of Non-ferrous Metals |
| 金属制品业 | Manufacturing of Metal Products |
| 通用设备制造业 | Manufacturing of General Purpose Equipment |
| 专用设备制造业 | Manufacturing of Special Purpose Equipment |
| 汽车制造业 | Manufacture of Automobile |
| 铁路、船舶、航空航天和其他运输设备制造业 | Manufacture of Railway, Ship, Aerospace and Other Transportation Equipment |
| 电气机械及器材制造业 | Manufacturing of Electric Machinery and Equipment |
| 计算机、通信和其他电子设备制造业 | Manufacture of Computers, Communications and Other Electronic Equipment |
| 仪器仪表制造业 | Manufacture of Instrument |
| 其他制造业 | Other Manufacturing |
| 废弃资源综合利用业 | Comprehensive Utilization of Waste Resources |
| 金属制品、机械和设备修理业 | Metal Products, Machinery and Equipment Repair |
| 电力、热力的生产和供应业 | Production and Supply of Electric Power and Heat Power |
| 燃气生产和供应业 | Production and Supply of Gas |
| 水的生产和供应业 | Production and Supply of Water |

continued

(10000 yuan)

| 利润总额 Total Profits | 利税总额 Total Pre-tax Profits | 应交所得税 Income Tax Payable | 应交增值税 Value-added Tax Payable | 流动资产年末合计 Total Working Capitals at the Year-end | # 应收账款 Accounts Receivable | # 存货 Inventory | # 产成品存货 Inventory of Finished Goods |
|---|---|---|---|---|---|---|---|
| **11053751** | **19831196** | **1902197** | **5125516** | **74129378** | **22431370** | **16005082** | **5540642** |
| -661 | -602 | | | 28206 | | 79 | 79 |
| 138 | 836 | | 350 | 2027 | 556 | 270 | 227 |
| 177896 | 273722 | 20834 | 89958 | 1922238 | 191177 | 413169 | 156044 |
| 699174 | 1037999 | 142621 | 301715 | 1937764 | 343713 | 417161 | 181737 |
| 163189 | 369749 | 39587 | 166193 | 1088251 | 266476 | 176908 | 81380 |
| 206997 | 1339634 | 50359 | 194297 | 1735612 | 83994 | 1229463 | 63333 |
| 85092 | 132104 | 10715 | 37974 | 916836 | 276925 | 333038 | 92520 |
| 155282 | 269958 | 27667 | 93605 | 1393338 | 367158 | 451208 | 238784 |
| 79136 | 147986 | 14163 | 57296 | 1199768 | 313693 | 324373 | 116924 |
| 10129 | 18250 | 1809 | 5964 | 362453 | 40152 | 63147 | 20812 |
| 98169 | 155930 | 13916 | 50542 | 587343 | 84896 | 127449 | 35574 |
| 53981 | 88131 | 10113 | 29722 | 944253 | 345336 | 105977 | 32248 |
| 37499 | 64232 | 7102 | 22186 | 752260 | 279668 | 108137 | 31740 |
| 112425 | 228508 | 16161 | 107489 | 926161 | 263157 | 318915 | 141205 |
| 77309 | 1013047 | 24667 | 157152 | 1447161 | 211815 | 934892 | 117444 |
| 1787534 | 2869638 | 408894 | 950590 | 7023229 | 1920753 | 1239332 | 534775 |
| 267298 | 443934 | 39265 | 156938 | 1511768 | 336264 | 365737 | 155500 |
| 3840 | 5224 | 635 | 1106 | 26425 | 11416 | 8103 | 6297 |
| 110762 | 220685 | 24301 | 94938 | 1895009 | 549362 | 434696 | 162787 |
| 73436 | 143620 | 14993 | 59161 | 973242 | 376471 | 184455 | 59015 |
| 20240 | 111739 | 1674 | 84569 | 2016731 | 361915 | 633799 | 178087 |
| 51372 | 112563 | 15182 | 57334 | 1001997 | 239562 | 339726 | 168390 |
| 95465 | 160095 | 22198 | 52693 | 1781131 | 453803 | 563924 | 172632 |
| 488966 | 705563 | 84270 | 180457 | 3925899 | 1190370 | 1078417 | 530398 |
| 99969 | 157224 | 17158 | 48776 | 1253661 | 410993 | 410050 | 142485 |
| 3558996 | 6189428 | 523268 | 1374267 | 14476850 | 6519479 | 1498101 | 670100 |
| 104864 | 215622 | 24971 | 65196 | 4581034 | 754564 | 887983 | 136292 |
| 347738 | 578439 | 73543 | 189426 | 3766895 | 1369814 | 1104229 | 405161 |
| 830931 | 1132599 | 143562 | 174759 | 9154227 | 4089297 | 1854218 | 812473 |
| 70905 | 90746 | 10691 | 15525 | 429630 | 168005 | 135358 | 33009 |
| 5979 | 8478 | 308 | 1896 | 60237 | 8230 | 15341 | 5883 |
| -48225 | -43535 | 3549 | 3993 | 197486 | 22862 | 10798 | 4360 |
| -13308 | -10752 | 261 | 2153 | 233872 | 40499 | 31192 | 8425 |
| 1151133 | 1463855 | 96541 | 262789 | 3533709 | 419200 | 146026 | 10529 |
| 74015 | 90546 | 16021 | 11701 | 441210 | 74424 | 51774 | 29106 |
| 16086 | 46001 | 1198 | 22806 | 601465 | 45371 | 7637 | 4887 |

## 11-17 续表 2

单位：万元

| 行　　业 | Sector |
| --- | --- |
| **合　计** | **Total** |
| 煤炭开采和洗选业 | Mining and Washing of Coal |
| 石油和天然气开采业 | Extraction of Petroleum and Natural Gas |
| 黑色金属矿采选业 | Mining and Processing of  Ferrous Metal Ores |
| 有色金属矿采选业 | Mining and Processing of Nonferrous Metal Ores |
| 非金属矿采选业 | Mining and Processing of Nonmetal Ores |
| 开采辅助活动 | Mining Auxiliary Activities |
| 其他矿采选业 | Mining of Other Ores |
| 农副食品加工业 | Processing of Food from Agricultural Products |
| 食品制造业 | Manufacturing of Foods |
| 酒、饮料和精制茶制造业 | Manufacture of Wine ,Beverages and Refined Tea |
| 烟草制品业 | Manufacturing of Tobacco |
| 纺织业 | Textile Industry |
| 纺织服装、服饰业 | Manufacture of Textile Wearing Apparel,Clothing |
| 皮革、毛皮、羽毛及其制品和制鞋业 | Manufacture of Leather, Fur, Feather and Related Products and Footwear |
| 木材加工及木、竹、藤、棕、草制品业 | Processing of Timber, Manufacture of Wood, Bamboo,Rattan,Palm and Straw Products |
| 家具制造业 | Manufacturing of Furniture |
| 造纸及纸制品业 | Manufacturing of Paper and Paper Products |
| 印刷和记录媒介复制业 | Manufacture of Leather, Fur, Feather and Related Products and Footwear |
| 文教、工美、体育和娱乐用品制造业 | Manufacture of Culture and  Education ,Arts and Crafts, Sports and Entertainment Supplies |
| 石油加工、炼焦和核燃料加工业 | Processing of Petroleum, Coking, Processing of Nuclear |
| 化学原料及化学制品制造业 | Manufacturing of Raw Chemical Material and Chemical Products |
| 医药制造业 | Manufacturing of Medical and Pharmaceutical Products |
| 化学纤维制造业 | Manufacturing of Chemical Fiber |
| 橡胶和塑料制品业 | Manufacture of Rubber and Plastic |
| 非金属矿物制品业 | Manufacturing of Non-metallic Mineral Products |
| 黑色金属冶炼和压延加工业 | Smelting and Pressing of Ferrous Metals |
| 有色金属冶炼和压延加工业 | Smelting and Pressing of Non-ferrous Metals |
| 金属制品业 | Manufacturing of Metal Products |
| 通用设备制造业 | Manufacturing of General Purpose Equipment |
| 专用设备制造业 | Manufacturing of Special Purpose Equipment |
| 汽车制造业 | Manufacture of Automobile |
| 铁路、船舶、航空航天和其他运输设备制造业 | Manufacture of Railway, Ship, Aerospace and Other Transportation Equipment |
| 电气机械及器材制造业 | Manufacturing of Electric Machinery and Equipment |
| 计算机、通信和其他电子设备制造业 | Manufacture of  Computers, Communications and Other Electronic Equipment |
| 仪器仪表制造业 | Manufacture of Instrument |
| 其他制造业 | Other Manufacturing |
| 废弃资源综合利用业 | Comprehensive Utilization of Waste Resources |
| 金属制品、机械和设备修理业 | Metal Products, Machinery and Equipment Repair |
| 电力、热力的生产和供应业 | Production and Supply of Electric Power and Heat Power |
| 燃气生产和供应业 | Production and Supply of Gas |
| 水的生产和供应业 | Production and Supply of Water |

continued

(10000 yuan)

| 固定资产原价年末数 Original Value of Fixed Assets at the Year-end | 累计折旧 Accumulated Depreciation | 固定资产净值 Net Value of Fixed Value | 年末资产合计 Total Assets at the Year-end | 年末负债合计 Total Liabilities at the Year-end | 年末所有者权益合计 Total Owners' Equity at the Year-end | 全部从业人员年平均人数（人） Average Number of Employed Persons (person) |
|---|---|---|---|---|---|---|
| **62689307** | **27733794** | **34955513** | **135540623** | **73585807** | **61954816** | **1534434** |
| 25869 | 13499 | 12370 | 203151 | -194 | 203345 | 114 |
| 3039 | 951 | 2088 | 8002 | 3516 | 4486 | 201 |
| 522000 | 245635 | 276365 | 2594123 | 1564943 | 1029180 | 13578 |
| 1426532 | 617772 | 808760 | 3189345 | 1644485 | 1544860 | 62935 |
| 1019764 | 500218 | 519546 | 2075725 | 1100060 | 975665 | 26660 |
| 575265 | 285976 | 289289 | 2357743 | 746542 | 1611201 | 2995 |
| 912463 | 471948 | 440515 | 1525466 | 697843 | 827623 | 50852 |
| 473672 | 231713 | 241959 | 1895951 | 1089056 | 806895 | 151216 |
| 467532 | 248377 | 219155 | 1551606 | 1015239 | 536367 | 102804 |
| 59296 | 30022 | 29274 | 452421 | 193624 | 258797 | 5727 |
| 236468 | 93537 | 142931 | 947475 | 420673 | 526802 | 32726 |
| 633036 | 206601 | 426435 | 1575065 | 1077248 | 497817 | 15532 |
| 534433 | 287171 | 247262 | 1060523 | 705571 | 354952 | 25188 |
| 746277 | 371696 | 374581 | 1511282 | 602653 | 908629 | 84753 |
| 2195658 | 1329216 | 866442 | 2657215 | 1736284 | 920931 | 7320 |
| 3931496 | 1961174 | 1970322 | 10482329 | 5149928 | 5332401 | 91450 |
| 1027200 | 421070 | 606130 | 2588467 | 1130809 | 1457658 | 33999 |
| 34345 | 22196 | 12149 | 45012 | 17813 | 27199 | 699 |
| 1778491 | 944249 | 834242 | 3153301 | 1709551 | 1443750 | 63779 |
| 871557 | 446973 | 424584 | 1596695 | 828439 | 768256 | 24570 |
| 2087251 | 561752 | 1525499 | 3889270 | 3104012 | 785258 | 14492 |
| 771241 | 120091 | 651150 | 1811496 | 1173450 | 638046 | 11194 |
| 957394 | 439903 | 517491 | 2507044 | 1461762 | 1045282 | 56831 |
| 1817173 | 844776 | 972397 | 5467886 | 2950297 | 2517589 | 62214 |
| 586298 | 219959 | 366339 | 1827056 | 1036633 | 790423 | 25787 |
| 8255998 | 4007112 | 4248886 | 20484545 | 11995905 | 8488640 | 125983 |
| 2159350 | 762957 | 1396393 | 6864188 | 5040762 | 1823426 | 56894 |
| 2211158 | 845130 | 1366028 | 5747470 | 3280903 | 2466567 | 105678 |
| 3839222 | 1971057 | 1868165 | 12714663 | 7025643 | 5689020 | 216050 |
| 227381 | 114645 | 112736 | 663349 | 244268 | 419081 | 16897 |
| 29071 | 12636 | 16435 | 89323 | 49286 | 40037 | 3245 |
| 39388 | 21303 | 18085 | 253852 | 210197 | 43655 | 1121 |
| 262268 | 48377 | 213891 | 483834 | 363397 | 120437 | 5681 |
| 18820803 | 8033746 | 10787057 | 27031362 | 11424972 | 15606390 | 23734 |
| 914176 | 195536 | 718640 | 1871731 | 1236818 | 634913 | 4022 |
| 2236742 | 804820 | 1431922 | 2362657 | 1553419 | 809238 | 7513 |

# 11-18 规模以上工业企业主要经济指标(2013年，按企业规模分)

单位：万元

| 项　　目 | | Item | |
|---|---|---|---|
| 企业单位数 | (个) | Number of Enterprises | (unit) |
| #亏损企业 | | Number of Loss-making Enterprises | |
| 主营业务收入 | | Revenue from Principal Business | |
| #主营业务成本 | | Cost of Principal Business | |
| 主营业务税金及附加 | | Taxes and Other Charges on Principal Business | |
| 盈利企业的盈利总额 | | Total Profits of Profitable Enterprises | |
| 亏损企业的亏损总额 | | Total Losses of Loss-making Enterprises | |
| 盈亏相抵后的利润总额 | | Total Profits of All Enterprises | |
| 应交所得税 | | Income Tax Payable | |
| 应交增值税 | | Value-added Tax Payable | |
| 流动资产年末合计 | | Total Working Capitals at the Year-end | |
| #应收账款 | | Accounts Receivable | |
| #存　货 | | Inventory | |
| #产成品存货 | | Inventory of Finished Goods | |
| 固定资产原价年末数 | | Original Value of Fixed Assets at the Year-end | |
| 累计折旧 | | Accumulated Depreciation | |
| 固定资产净值 | | Net Value of Fixed Assets | |
| 年末资产合计 | | Total Assets at the Year-end | |
| 年末负债合计 | | Total Liabilities at the Year-end | |
| 年末所有者权益合计 | | Total Owners' Equity at the Year-end | |
| #实收资本 | | Capital Hold | |
| #国家资本 | | State Capital | |
| 外商资本 | | Foreign Capital | |
| 本年应付职工薪酬 | | Wages Payable | |
| 全部从业人员年平均人数 | (人) | Annual Average Number of Staff and Workers | (person) |
| 工业总产值 | (当年价格) | Gross Industrial Output Value | (at current prices) |
| 工业增加值 | (当年价格) | Value-added of Industry | (at current prices) |

# Main Indicators of Industrial Enterprises above the Designated Size (2013, by Size of Enterprises)

(10000 yuan)

| 全 市 Total | | | | # 国有及国有控股工业企业 State-owned and State-holding Enterprises | | | |
|---|---|---|---|---|---|---|---|
| 大 型 Large Enterprises | 中 型 Medium Enterprises | 小 型 Small Enterprises | 微 型 Mini Enterprises | 大 型 Large Enterprises | 中 型 Medium Enterprises | 小 型 Small Enterprises | 微 型 Mini Enterprises |
| 186 | 859 | 3646 | 121 | 42 | 62 | 151 | 9 |
| 14 | 101 | 498 | 39 | 4 | 10 | 35 | 3 |
| 91966237 | 33536437 | 39229474 | 335459 | 37951789 | 3264737 | 4569626 | 63103 |
| 71824785 | 28454693 | 34904615 | 326912 | 30292130 | 2700216 | 4155955 | 62775 |
| 3350704 | 152990 | 146833 | 1402 | 2836359 | 17481 | 15101 | 192 |
| 7991627 | 2072653 | 1644485 | 12238 | 2770840 | 249362 | 217681 | 3242 |
| 219317 | 141173 | 287170 | 19592 | 101874 | 15186 | 33890 | 5970 |
| 7772310 | 1931480 | 1357315 | -7354 | 2668966 | 234176 | 183791 | -2728 |
| 1231736 | 399345 | 268817 | 2299 | 453686 | 45702 | 27419 | 753 |
| 3440581 | 924110 | 754633 | 6192 | 1408150 | 143751 | 89465 | 775 |
| 39630057 | 16722747 | 17524395 | 252179 | 15737400 | 2389694 | 1886815 | 57518 |
| 12459860 | 4762281 | 5132849 | 76380 | 1700365 | 557538 | 390700 | 11478 |
| 7859376 | 3852881 | 4238967 | 53858 | 3671298 | 570198 | 408541 | 12840 |
| 2424281 | 1528502 | 1579378 | 8481 | 527922 | 208920 | 152676 | 1626 |
| 39817290 | 11965107 | 10547615 | 359295 | 25988684 | 2661573 | 2797692 | 217999 |
| 17808589 | 5237815 | 4518450 | 168940 | 11332506 | 1224344 | 1106875 | 106308 |
| 22008701 | 6727292 | 6029165 | 190355 | 14656178 | 1437229 | 1690817 | 111691 |
| 80423752 | 27272904 | 27385444 | 458523 | 45506246 | 5032311 | 4668265 | 155892 |
| 42568023 | 15224589 | 15408813 | 384382 | 22897530 | 3027960 | 2462161 | 218012 |
| 37855729 | 12048315 | 11976631 | 74141 | 22608716 | 2004351 | 2206104 | -62120 |
| 17227420 | 7126809 | 7578202 | 346341 | 11582806 | 1418237 | 1361032 | 115230 |
| 2817438 | 324081 | 804440 | 65060 | 2723845 | 288809 | 764486 | 64408 |
| 2968542 | 2056700 | 1927799 | 66274 | 480901 | 100401 | 4679 | 23829 |
| 4553091 | 2679573 | 2188973 | 19814 | 1697282 | 308826 | 218274 | 7328 |
| 560515 | 513809 | 450667 | 9443 | 128326 | 35204 | 21080 | 575 |
| 95573857 | 35196173 | 40762247 | 454904 | 39301410 | 3398057 | 4512424 | 45622 |
| 26862680 | 9008176 | 8517807 | 102442 | 11539909 | 939061 | 639972 | -757 |

# 11-19 规模以上工业企业主要经济指标(2013年，按轻重工业分)

单位：万元

| 项　　目 | Item |
| --- | --- |
| 企业单位数　（个） | Number of Enterprises (unit) |
| # 亏损企业 | Number of Loss-making Enterprises |
| 主营业务收入 | Revenue from Principal Business |
| # 主营业务成本 | Cost of Principal Business |
| 主营业务税金及附加 | Taxes and Other Charges on Principal Business |
| 盈利企业的盈利总额 | Total Profits of Profitable Enterprises |
| 亏损企业的亏损总额 | Total Losses of Loss-making Enterprises |
| 盈亏相抵后的利润总额 | Total Profits of All Enterprises |
| 应交所得税 | Income Tax Payable |
| 应交增值税 | Value-added Tax Payable |
| 流动资产年末合计 | Total Working Capitals at the Year-end |
| # 应收账款 | Accounts Receivable |
| # 存　货 | Inventory |
| # 产成品存货 | Inventory of Finished Goods |
| 固定资产原价年末数 | Original Value of Fixed Assets at the Year-end |
| 累计折旧 | Accumulated Depreciation |
| 固定资产净值 | Net Value of Fixed Assets |
| 年末资产合计 | Total Assets at the Year-end |
| 年末负债合计 | Total Liabilities at the Year-end |
| 年末所有者权益合计 | Total Owners' Equity at the Year-end |
| # 实收资本 | Capital Hold |
| # 国家资本 | State Capital |
| 外商资本 | Foreign Capital |
| 本年应付职工薪酬 | Wages Payable |
| 全部从业人员年平均人数　（人） | Annual Average Number of Staff and Workers (person) |
| 工业总产值　（当年价格） | Gross Industrial Output Value (at current prices) |
| 工业增加值　（当年价格） | Value-added of Industry (at current prices) |

## Main Indicators of Industrial Enterprises above the Designated Size (2013, by Light and Heavy Industry)

(10000 yuan)

| 全市 Total | | #市区 Urban Districts | | #市属 Owned by Municipal Government | |
|---|---|---|---|---|---|
| 轻工业 Light Industry | 重工业 Heavy Industry | 轻工业 Light Industry | 重工业 Heavy Industry | 轻工业 Light Industry | 重工业 Heavy Industry |
| 2749 | 2063 | 1858 | 1694 | 2723 | 2009 |
| 349 | 303 | 271 | 248 | 348 | 288 |
| 58038716 | 107028891 | 45657781 | 99168275 | 55681553 | 87701483 |
| 44054879 | 91456126 | 32945929 | 84262493 | 43170231 | 73913822 |
| 1302638 | 2349291 | 1229194 | 2332767 | 360654 | 1529401 |
| 4286384 | 7434619 | 3922403 | 7160715 | 4017647 | 6296843 |
| 177156 | 490096 | 165276 | 419692 | 176335 | 401479 |
| 4109228 | 6944523 | 3757127 | 6741023 | 3841312 | 5895364 |
| 797717 | 1104480 | 764880 | 1053441 | 742500 | 1020621 |
| 2422610 | 2702906 | 2126764 | 2562529 | 2204522 | 2330677 |
| 24049292 | 50080086 | 20899123 | 47078155 | 21977530 | 41910520 |
| 5427765 | 17003605 | 4610726 | 15986400 | 5301663 | 15948437 |
| 6319743 | 9685339 | 5590165 | 8906117 | 5047072 | 7941714 |
| 2202420 | 3338222 | 1885939 | 3056933 | 2112851 | 3187592 |
| 15739603 | 46949704 | 14035149 | 44964124 | 14867377 | 26020126 |
| 7193175 | 20540619 | 6478083 | 19911821 | 6758616 | 11465107 |
| 8546428 | 26409085 | 7557066 | 25052303 | 8108761 | 14555019 |
| 37776785 | 97763838 | 32892573 | 92755206 | 34765605 | 64268239 |
| 19900702 | 53685105 | 17039220 | 50678961 | 18868064 | 37395878 |
| 17876083 | 44078733 | 15853353 | 42076245 | 15897541 | 26872361 |
| 9452352 | 22826420 | 8425393 | 21489173 | 8492544 | 13531431 |
| 612468 | 3398551 | 552324 | 3368173 | 597964 | 793892 |
| 2316040 | 4703275 | 2214902 | 4468415 | 2301434 | 4661238 |
| 4682703 | 4758748 | 3872988 | 4376758 | 4507132 | 3864741 |
| 856785 | 677649 | 646837 | 602931 | 844613 | 616013 |
| 59861130 | 112126051 | 47311960 | 103941971 | 57306816 | 91818523 |
| 19163220 | 25327885 | 15662104 | 23882932 | 17529025 | 20771390 |

# 11-20 规模以上国有工业企业主要经济指标(2013年)

单位：万元

| 项　　目 | Item |
|---|---|
| 企业单位数　　(个) | Number of Enterprises　　(unit) |
| #亏损企业 | Number of Loss-making Enterprises |
| 主营业务收入 | Revenue from Principal Business |
| #主营业务成本 | Cost of Principal Business |
| 主营业务税金及附加 | Taxes and Other Charges on Principal Business |
| 盈利企业的盈利总额 | Total Profits of Profitable Enterprises |
| 亏损企业的亏损总额 | Total Losses of Loss-making Enterprises |
| 盈亏相抵后的利润总额 | Total Profits of All Enterprises |
| 应交所得税 | Income Tax Payable |
| 应交增值税 | Value-added Tax Payable |
| 流动资产年末合计 | Total Working Capitals at the Year-end |
| #应收账款 | Accounts Receivable |
| #存　货 | Inventory |
| #产成品存货 | Inventory of Finished Goods |
| 固定资产原价年末数 | Original Value of Fixed Assets at the Year-end |
| 累计折旧 | Accumulated Depreciation |
| 固定资产净值 | Net Value of Fixed Assets |
| 年末资产合计 | Total Assets at the Year-end |
| 年末负债合计 | Total Liabilities at the Year-end |
| 年末所有者权益合计 | Total Owners' Equity at the Year-end |
| #实收资本 | Capital Hold |
| #国家资本 | State Capital |
| 外商资本 | Foreign Capital |
| 本年应付职工薪酬 | Wages Payable |
| 全部从业人员年平均人数　　(人) | Annual Average Number of Staff and Workers　　(person) |
| 工业总产值　　(当年价格) | Gross Industrial Output Value　　(at current prices) |
| 工业增加值　　(当年价格) | Value-added of Industry　　(at current prices) |

# Main Indicators of State-owned Industrial Enterprises above the Designated Size (2013)

(10000 yuan)

| 全　市<br>Total | # 轻工业<br>Light Industry | # 市　区<br>Urban Districts | # 轻工业<br>Light Industry | # 市　属<br>Owned by Municipal Government | # 轻工业<br>Light Industry |
|---|---|---|---|---|---|
| 51 | 27 | 46 | 24 | 28 | 17 |
| 8 | 4 | 6 | 2 | 4 | 4 |
| 3050506 | 879309 | 1385002 | 793105 | 2428278 | 779724 |
| 2779611 | 697293 | 1125993 | 619879 | 2251471 | 627837 |
| 10936 | 7900 | 10885 | 7854 | 7807 | 7161 |
| 71135 | 35944 | 64298 | 34136 | 33528 | 23242 |
| 10856 | 1161 | 10288 | 593 | 1161 | 1161 |
| 60279 | 34783 | 54010 | 33543 | 32367 | 22081 |
| 9797 | 2557 | 8484 | 2556 | 3984 | 2202 |
| 45969 | 29175 | 41687 | 28932 | 32686 | 24913 |
| 1078890 | 414072 | 897983 | 342296 | 536150 | 369643 |
| 198810 | 76941 | 163091 | 65568 | 103622 | 62341 |
| 260332 | 87078 | 197956 | 66895 | 133964 | 82433 |
| 97317 | 49662 | 70406 | 36665 | 66903 | 47111 |
| 2614697 | 1996703 | 2538428 | 1951312 | 1981841 | 1903477 |
| 1024041 | 723720 | 1007952 | 711039 | 692095 | 655302 |
| 1590656 | 1272983 | 1530476 | 1240273 | 1289746 | 1248175 |
| 2963595 | 1905321 | 2692628 | 1778014 | 2051759 | 1829075 |
| 1676296 | 1100296 | 1529616 | 1009457 | 1167775 | 1072211 |
| 1287299 | 805025 | 1163012 | 768557 | 883984 | 756864 |
| 425418 | 150916 | 299897 | 105980 | 242933 | 138839 |
| 185036 | 112200 | 140110 | 67274 | 118725 | 101695 |
| 241672 | 130112 | 229566 | 120753 | 126176 | 110847 |
| 19658 | 11885 | 17855 | 10440 | 10901 | 9221 |
| 3071483 | 813433 | 1303843 | 717783 | 2445997 | 699313 |
| 454005 | 254554 | 435811 | 247218 | 249647 | 223684 |

# 11-21　规模以上集体工业企业主要经济指标(2013年)

单位：万元

| 项　　目 | | Item | |
|---|---|---|---|
| 企业单位数 | (个) | Number of Enterprises | (unit) |
| # 亏损企业 | | Number of Loss-making Enterprises | |
| 主营业务收入 | | Revenue from Principal Business | |
| # 主营业务成本 | | Cost of Principal Business | |
| 主营业务税金及附加 | | Taxes and Other Charges on Principal Business | |
| 盈利企业的盈利总额 | | Total Profits of Profitable Enterprises | |
| 亏损企业的亏损总额 | | Total Losses of Loss-making Enterprises | |
| 盈亏相抵后的利润总额 | | Total Profits of All Enterprises | |
| 应交所得税 | | Income Tax Payable | |
| 应交增值税 | | Value-added Tax Payable | |
| 流动资产年末合计 | | Total Working Capitals at the Year-end | |
| # 应收账款 | | Accounts Receivable | |
| # 存　货 | | Inventory | |
| # 产成品存货 | | Inventory of Finished Goods | |
| 固定资产原价年末数 | | Original Value of Fixed Assets at the Year-end | |
| 累计折旧 | | Accumulated Depreciation | |
| 固定资产净值 | | Net Value of Fixed Assets | |
| 年末资产合计 | | Total Assets at the Year-end | |
| 年末负债合计 | | Total Liabilities at the Year-end | |
| 年末所有者权益合计 | | Total Owners' Equity at the Year-end | |
| # 实收资本 | | Capital Hold | |
| 本年应付职工薪酬 | | Wage Payable | |
| 全部从业人员年平均人数 | (人) | Annual Average Number of Staff and Workers | (person) |
| 工业总产值 | (当年价格) | Gross Industrial Output Value | (at current prices) |
| 工业增加值 | (当年价格) | Value-added of Industry | (at current prices) |

## Main Indicators of Collective-owned Industrial Enterprises above the Designated Size (2013)

(10000 yuan)

| 全　市<br>Total | # 轻工业<br>Light Industry | # 市　区<br>Urban Districts | # 轻工业<br>Light Industry | # 市　属<br>Owned by Municipal Government | # 轻工业<br>Light Industry |
|---|---|---|---|---|---|
| 34 | 18 | 27 | 16 | 33 | 17 |
| 5 | 3 | 4 | 3 | 5 | 3 |
| 518502 | 259436 | 484342 | 244355 | 515791 | 256725 |
| 426555 | 212069 | 395713 | 198493 | 424530 | 210044 |
| 1098 | 372 | 1043 | 351 | 1070 | 344 |
| 32667 | 18929 | 32127 | 18604 | 32303 | 18565 |
| 2508 | 1660 | 2506 | 1660 | 2508 | 1660 |
| 30159 | 17269 | 29621 | 16944 | 29795 | 16905 |
| 2563 | 964 | 2446 | 890 | 2472 | 873 |
| 5587 | 2147 | 4905 | 1823 | 5355 | 1915 |
| 140184 | 81645 | 136992 | 80823 | 138123 | 79584 |
| 26075 | 11305 | 24550 | 11122 | 26145 | 11375 |
| 11109 | 3873 | 10463 | 3679 | 10960 | 3723 |
| 5804 | 1201 | 5371 | 1019 | 5704 | 1101 |
| 155048 | 86591 | 145906 | 79935 | 154319 | 85862 |
| 118786 | 63323 | 112566 | 59025 | 118371 | 62907 |
| 36262 | 23268 | 33340 | 20910 | 35948 | 22955 |
| 228400 | 129423 | 222112 | 126126 | 226026 | 127049 |
| 126842 | 69718 | 122699 | 67488 | 126401 | 69278 |
| 101558 | 59705 | 99413 | 58638 | 99625 | 57771 |
| 14648 | 6309 | 13713 | 5859 | 14348 | 6009 |
| 189118 | 125303 | 186251 | 124246 | 188800 | 124985 |
| 30166 | 17580 | 29311 | 17276 | 30108 | 17522 |
| 533887 | 270977 | 499727 | 255897 | 531176 | 268266 |
| 281652 | 158312 | 273496 | 154674 | 280973 | 157633 |

## 11-22 规模以上"三资"工业企业主要经济指标(2013年)

单位:万元

| 项　　目 | | Item | |
|---|---|---|---|
| 企业单位数 | (个) | Number of Enterprises | (unit) |
| #亏损企业 | | Number of Loss-making Enterprises | |
| 主营业务收入 | | Revenue from Principal Business | |
| #主营业务成本 | | Cost of Principal Business | |
| 主营业务税金及附加 | | Taxes and Other Charges on Principal Business | |
| 盈利企业的盈利总额 | | Total Profits of Profitable Enterprises | |
| 亏损企业的亏损总额 | | Total Losses of Loss-making Enterprises | |
| 盈亏相抵后的利润总额 | | Total Profits of All Enterprises | |
| 应交所得税 | | Income Tax Payable | |
| 应交增值税 | | Value-added Tax Payable | |
| 流动资产年末合计 | | Total Working Capitals at the Year-end | |
| #应收账款 | | Accounts Receivable | |
| #存　货 | | Inventory | |
| #产成品存货 | | Inventory of Finished Goods | |
| 固定资产原价年末数 | | Original Value of Fixed Assets at the Year-end | |
| 累计折旧 | | Accumulated Depreciation | |
| 固定资产净值 | | Net Value of Fixed Assets | |
| 年末资产合计 | | Total Assets at the Year-end | |
| 年末负债合计 | | Total Liabilities at the Year-end | |
| 年末所有者权益合计 | | Total Owners' Equity at the Year-end | |
| #实收资本 | | Capital Hold | |
| #国家资本 | | State Capital | |
| 外商资本 | | Foreign Capital | |
| 本年应付职工薪酬 | | Wages Payable | |
| 全部从业人员年平均人数 | (人) | Annual Average Number of Staff and Workers | (person) |
| 工业总产值 | (当年价格) | Gross Industrial Output Value | (at current prices) |
| 工业增加值 | (当年价格) | Value-added of Industry | (at current prices) |

# Main Indicators of Foreign Funded Industrial Enterprises above the Designated Size (2013)

(10000 yuan)

| 全　市 Total | # 轻工业 Light Industry | # 市　区 Urban Districts | # 轻工业 Light Industry | # 市　属 Owned by Municipal Government | # 轻工业 Light Industry |
|---|---|---|---|---|---|
| 1758 | 919 | 1441 | 715 | 1745 | 914 |
| 329 | 169 | 276 | 141 | 326 | 168 |
| 101508666 | 33170431 | 93686984 | 28471417 | 100596910 | 33049535 |
| 81257817 | 24086788 | 74412605 | 19967514 | 80476631 | 24023169 |
| 1659786 | 232714 | 1614458 | 195257 | 1655086 | 231562 |
| 8372677 | 3079371 | 7994423 | 2886228 | 8322490 | 3060584 |
| 477486 | 143501 | 411200 | 138777 | 457682 | 142681 |
| 7895191 | 2935870 | 7583223 | 2747451 | 7864808 | 2917903 |
| 1494882 | 625888 | 1437576 | 606689 | 1489480 | 623714 |
| 3507356 | 1647901 | 3293378 | 1474260 | 3495156 | 1640118 |
| 45426784 | 12697588 | 42676579 | 11519289 | 43922213 | 12614625 |
| 16593251 | 3343373 | 15676163 | 3030251 | 16368616 | 3333875 |
| 8355969 | 2857515 | 7721433 | 2590851 | 8117652 | 2846438 |
| 3417155 | 1255063 | 3160284 | 1120491 | 3404700 | 1253055 |
| 29736619 | 9472003 | 27553612 | 8550714 | 29084091 | 9406810 |
| 14193010 | 4642040 | 13369601 | 4216833 | 13910823 | 4600430 |
| 15543609 | 4829963 | 14184011 | 4333881 | 15173268 | 4806380 |
| 66968105 | 19850546 | 62372893 | 17964831 | 64879226 | 19703094 |
| 38181712 | 10144907 | 35645469 | 9195893 | 36770391 | 10090111 |
| 28786393 | 9705639 | 26727424 | 8768938 | 28108835 | 9612983 |
| 15768598 | 6237007 | 14442599 | 5713482 | 15458896 | 6188109 |
| 659384 | 319105 | 637463 | 316005 | 542196 | 319105 |
| 6911000 | 2251887 | 6586587 | 2160983 | 6854357 | 2237280 |
| 5397653 | 2665013 | 4870753 | 2351360 | 5245939 | 2648473 |
| 870149 | 461818 | 766521 | 396064 | 856532 | 459516 |
| 106000380 | 34234262 | 98063032 | 29495414 | 105030300 | 34099247 |
| 27603204 | 11134771 | 25388620 | 9610668 | 27294781 | 11080746 |

# 11-23 规模以上其他工业企业主要经济指标(2013年)

单位:万元

| 项目 | | Item | |
|---|---|---|---|
| 企业单位数 | (个) | Number of Enterprises | (unit) |
| # 亏损企业 | | Number of Loss-making Enterprises | |
| 主营业务收入 | | Revenue from Principal Business | |
| # 主营业务成本 | | Cost of Principal Business | |
| 主营业务税金及附加 | | Taxes and Other Charges on Principal Business | |
| 盈利企业的盈利总额 | | Total Profits of Profitable Enterprises | |
| 亏损企业的亏损总额 | | Total Losses of Loss-making Enterprises | |
| 盈亏相抵后的利润总额 | | Total Profits of All Enterprises | |
| 应交所得税 | | Income Tax Payable | |
| 应交增值税 | | Value-added Tax Payable | |
| 流动资产年末合计 | | Total Working Capitals at the Year-end | |
| # 应收账款 | | Accounts Receivable | |
| # 存 货 | | Inventory | |
| # 产成品存货 | | Inventory of Finished Goods | |
| 固定资产原价年末数 | | Original Value of Fixed Assets at the Year-end | |
| 累计折旧 | | Accumulated Depreciation | |
| 固定资产净值 | | Net Value of Fixed Assets | |
| 年末资产合计 | | Total Assets at the Year-end | |
| 年末负债合计 | | Total Liabilities at the Year-end | |
| 年末所有者权益合计 | | Total Owners' Equity at the Year-end | |
| # 实收资本 | | Capital Hold | |
| # 国家资本 | | State Capital | |
| 外商资本 | | Foreign Capital | |
| 本年应付职工薪酬 | | Wage Payable | |
| 全部从业人员年平均人数 | (人) | Annual Average Number of Staff and Workers | (person) |
| 工业总产值 | (当年价格) | Gross Industrial Output Value | (at current prices) |
| 工业增加值 | (当年价格) | Value Added of Industry | (at current prices) |

## Main Indicators of Other Industrial Enterprises above the Designated Size (2013)

(10000 yuan)

| 全 市 Total | # 轻工业 Light Industry | # 市 区 Urban Districts | # 轻工业 Light Industry | # 市 属 Owned by Municipal Government | # 轻工业 Light Industry |
|---|---|---|---|---|---|
| 2969 | 1785 | 2038 | 1103 | 2926 | 1775 |
| 310 | 173 | 233 | 125 | 301 | 173 |
| 59989933 | 23729540 | 49269728 | 16148904 | 39842057 | 21595569 |
| 51047022 | 19058729 | 41274111 | 12160043 | 33931421 | 18309181 |
| 1980109 | 1061652 | 1935575 | 1025732 | 226092 | 121587 |
| 3244524 | 1152140 | 2992270 | 983435 | 1926169 | 915256 |
| 176402 | 30834 | 160974 | 24246 | 116463 | 30833 |
| 3068122 | 1121306 | 2831296 | 959189 | 1809706 | 884423 |
| 394955 | 168308 | 369815 | 154745 | 267185 | 115711 |
| 1566604 | 743387 | 1349323 | 621749 | 1002002 | 537576 |
| 27483520 | 10855987 | 24265724 | 8956715 | 19291564 | 8913678 |
| 5613234 | 1996146 | 4733322 | 1503785 | 4751717 | 1894072 |
| 7377672 | 3371277 | 6566430 | 2928740 | 4726210 | 2114478 |
| 2020366 | 896494 | 1706811 | 727764 | 1823136 | 811584 |
| 30182943 | 4184306 | 28761327 | 3453188 | 9667252 | 3471228 |
| 12397957 | 1764092 | 11899785 | 1491186 | 3502434 | 1439977 |
| 17784986 | 2420214 | 16861542 | 1962002 | 6164818 | 2031251 |
| 65380523 | 15891495 | 60360146 | 13023602 | 31876833 | 13106387 |
| 33600957 | 8585781 | 30420397 | 6766382 | 18199375 | 7636464 |
| 31779566 | 7305714 | 29939749 | 6257220 | 13677458 | 5469923 |
| 16070108 | 3058120 | 15158357 | 2600072 | 6307798 | 2159587 |
| 3166599 | 181163 | 3142924 | 169045 | 730935 | 177164 |
| 108315 | 64153 | 96730 | 53919 | 108315 | 64154 |
| 3613008 | 1762275 | 2963176 | 1276629 | 2810958 | 1622827 |
| 614461 | 365502 | 436081 | 223057 | 563085 | 358354 |
| 62381431 | 24542458 | 51387329 | 16842866 | 41117866 | 22239990 |
| 16152244 | 7615583 | 13447109 | 5649544 | 10475014 | 6066962 |

## 11-24 规模以上工业企业主要经济效益指标（2013年）

| 项　　目 | | Item | |
|---|---|---|---|
| 工业经济效益综合指数 | (%) | Industrial Economic Benefit Synthetic | (%) |
| 总资产贡献率 | (%) | Ratio of Total Assets to Industrial Output Value | (%) |
| 资本保值增值率 | (%) | Ratio of Capital Maintenance and Appreciation | (%) |
| 资产负债率 | (%) | Assets-Liability Ratio | (%) |
| 流动资产周转率 | (次) | Number of Times of Annual of Turnover Working Capitals | (times) |
| 工业成本费用利润率 | (%) | Ratio of Profits to Industrial Cost | (%) |
| 工业全员劳动生产率 | (元/人) | Overall Labor Productivity | (yuan/person) |
| 工业产品销售率 | (%) | Proportion of Products Sold | (%) |
| 工业资金利税率 | (%) | Ratio of Pre-tax Profits to Total Capital | (%) |
| 工业增加值率 | (%) | Ratio of Value-added to Gross Industrial Output Value | (%) |
| 企业亏损面 | (%) | Ratio of Loss-making Enterprises to Total Industrial Enterprises | (%) |
| 工业产成品存货可供销售天数 | (天) | Days for Sale of Inventory of Finished Products | (day) |
| 每百元资金提供的总产值 | (元) | Output Value Created by per 100 yuan | (yuan) |
| 每百元资金提供的利税 | (元) | Pre-tax Profits Created by per 100 Yuan | (yuan) |
| 每百元固定资产原价提供利税 | (元) | Pre-tax Profits Created by per 100 yuan Original Value of Fixed Assets | (yuan) |
| 每百元固定资产原价提供总产值 | (元) | Output Value Created by per 100 yuan Original Value of Fixed Assets | (yuan) |
| 每百元固定资产净值提供利税 | (元) | Pre-tax Profits Created by per 100 yuan Net Value of Fixed Assets | (yuan) |
| 每百元固定资产净值提供总产值 | (元) | Output Value Created by per 100 yuan Net Value of Fixed Assets | (yuan) |
| 每百元总产值实现利税 | (元) | Pre-tax Profits Created by per 100 yuan Output Value | (yuan) |
| 每百元总产值占用全部资产 | (元) | Total Assets Used by per 100 yuan Output Value | (yuan) |
| 平均每个职工拥有全部资产 | (元) | Average Assets Owned by per Staff and Worker | (yuan) |
| 平均每个职工提供利税 | (元) | Average Pre-tax Profits Created by per Staff and Worker | (yuan) |

## Main Indicators on Economic Benefit of Industrial Enterprises above the Designated Size (2013)

| 全 市 Total | # 市 区 Urban Districts | # 市 属 Owned by Municipal Government | # 国有及国有控股工业企业 State-owned and State-holding Enterprises | # 市 区 Urban Districts | # 市 属 Owned by Municipal Government |
|---|---|---|---|---|---|
| 295.32 | 313.32 | 282.32 | 548.22 | 573.10 | 501.25 |
| 16.32 | 16.58 | 18.06 | 15.54 | 15.70 | 22.94 |
| 108.28 | 107.91 | 110.02 | 102.24 | 102.09 | 97.18 |
| 54.29 | 53.90 | 56.81 | 51.67 | 51.43 | 59.43 |
| 2.23 | 2.13 | 2.24 | 2.28 | 2.22 | 2.42 |
| 7.24 | 7.90 | 7.32 | 7.45 | 7.98 | 8.22 |
| 289951 | 316419 | 262219 | 708383 | 746580 | 602478 |
| 98.39 | 98.51 | 97.79 | 100.50 | 100.79 | 98.78 |
| 18.18 | 18.64 | 18.67 | 20.01 | 20.36 | 25.18 |
| 25.87 | 26.14 | 25.68 | 27.76 | 28.97 | 28.45 |
| 13.55 | 14.61 | 13.44 | 19.70 | 18.97 | 19.49 |
| 12.08 | 12.29 | 13.31 | 7.00 | 6.69 | 9.97 |
| 157.66 | 150.37 | 172.30 | 124.47 | 119.83 | 156.21 |
| 18.18 | 18.64 | 18.67 | 20.01 | 20.36 | 25.18 |
| 31.63 | 31.78 | 39.53 | 23.99 | 24.14 | 39.66 |
| 274.35 | 256.37 | 364.72 | 149.24 | 142.06 | 246.00 |
| 56.73 | 57.50 | 71.31 | 42.44 | 42.84 | 69.63 |
| 492.02 | 463.84 | 657.99 | 264.07 | 252.19 | 431.91 |
| 11.53 | 12.40 | 10.84 | 16.07 | 16.99 | 16.12 |
| 78.81 | 83.07 | 66.41 | 117.15 | 122.54 | 78.36 |
| 883327 | 1005369 | 678023 | 2989590 | 3157636 | 1659780 |
| 129241 | 150023 | 110651 | 410156 | 437770 | 341451 |

## 11-25 规模以上工业企业主要经济效益指标（2013年，按经济类型分）

| 项　　目 | | Item | |
|---|---|---|---|
| 工业经济效益综合指数 | (%) | Industrial Economic Benefit Synthetic | (%) |
| 总资产贡献率 | (%) | Ratio of Total Assets to Industrial Output Value | (%) |
| 资本保值增值率 | (%) | Ratio of Capital Maintenance and Appreciation | (%) |
| 资产负债率 | (%) | Assets-Liability Ratio | (%) |
| 流动资产周转率 | (次) | Number of Times of Annual of Turnover Working Capitals | (times) |
| 工业成本费用利润率 | (%) | Ratio of Profits to Industrial Cost | (%) |
| 工业全员劳动生产率 | (元/人) | Overall Labor Productivity | (yuan/person) |
| 工业产品销售率 | (%) | Proportion of Products Sold | (%) |
| 工业资金利税率 | (%) | Ratio of Pre-tax Profits to Total Capital | (%) |
| 工业增加值率 | (%) | Ratio of Value-added to Gross Industrial Output Value | (%) |
| 企业亏损面 | (%) | Ratio of Loss-making Enterprises to Total Industrial Enterprises | (%) |
| 工业产成品存货可供销售天数 | (天) | Days for Sale of Inventory of Finished Products | (day) |
| 每百元资金提供的总产值 | (元) | Output Value Created by per 100 yuan | (yuan) |
| 每百元资金提供的利税 | (元) | Pre-tax Profits Created by per 100 Yuan | (yuan) |
| 每百元固定资产原价提供利税 | (元) | Pre-tax Profits Created by per 100 yuan Original Value of Fixed Assets | (yuan) |
| 每百元固定资产原价提供总产值 | (元) | Output Value Created by per 100 yuan Original Value of Fixed Assets | (yuan) |
| 每百元固定资产净值提供利税 | (元) | Pre-tax Profits Created by per 100 yuan Net Value of Fixed Assets | (yuan) |
| 每百元固定资产净值提供总产值 | (元) | Output Value Created by per 100 yuan Net Value of Fixed Assets | (yuan) |
| 每百元总产值实现利税 | (元) | Pre-tax Profits Created by per 100 yuan Output Value | (yuan) |
| 每百元总产值占用全部资产 | (元) | Total Assets Used by per 100 yuan Output Value | (yuan) |
| 平均每个职工拥有全部资产 | (元) | Average Assets Owned by per Staff and Worker | (yuan) |
| 平均每个职工提供利税 | (元) | Average Pre-tax Profits Created by per Staff and Worker | (yuan) |

## Main Indicators on Economic Benefit of Industrial Enterprises above the Designated Size (2013, by Type of Ownership)

| 全　市<br>Total | 国有企业<br>State-owned Enterprises | 集体企业<br>Collective-owned Enterprises | "三资"企业<br>Foreign Funded Enterprises | 其他企业<br>Other Enterprises | # 国有及国有控股工业企业<br>State-owned and State-holding Enterprises |
|---|---|---|---|---|---|
| 295.32 | 227.42 | 187.04 | 325.14 | 263.62 | 548.22 |
| 16.32 | 5.73 | 17.44 | 21.04 | 11.89 | 15.54 |
| 108.28 | 121.53 | 94.15 | 105.69 | 110.28 | 102.24 |
| 54.29 | 56.56 | 55.53 | 57.01 | 51.39 | 51.67 |
| 2.23 | 2.83 | 3.70 | 2.23 | 2.18 | 2.28 |
| 7.24 | 2.01 | 6.16 | 8.52 | 5.43 | 7.45 |
| 289951 | 230952 | 93367 | 317224 | 262868 | 708383 |
| 98.39 | 96.14 | 99.99 | 98.24 | 98.73 | 100.50 |
| 18.18 | 4.39 | 20.88 | 21.42 | 14.61 | 20.01 |
| 25.87 | 14.78 | 52.75 | 26.04 | 25.89 | 27.76 |
| 13.55 | 15.69 | 14.71 | 18.71 | 10.44 | 19.70 |
| 12.08 | 11.48 | 4.03 | 12.12 | 12.12 | 7.00 |
| 157.66 | 115.06 | 302.58 | 173.86 | 137.80 | 124.47 |
| 18.18 | 4.39 | 20.88 | 21.42 | 14.61 | 20.01 |
| 31.63 | 4.48 | 23.76 | 43.93 | 21.92 | 23.99 |
| 274.35 | 117.47 | 344.34 | 356.46 | 206.68 | 149.24 |
| 56.73 | 7.37 | 101.61 | 84.04 | 37.19 | 42.44 |
| 492.02 | 193.10 | 1472.31 | 681.95 | 350.75 | 264.07 |
| 11.53 | 3.82 | 6.90 | 12.32 | 10.60 | 16.07 |
| 78.81 | 96.49 | 42.78 | 63.18 | 104.81 | 117.15 |
| 883327 | 1507577 | 75715 | 769617 | 1064030 | 2989590 |
| 129241 | 59611 | 12214 | 150116 | 107653 | 410156 |

## 11-26 规模以上工业企业主要经济效益指标（2013年，按企业规模分）

| 项目 | | Item | |
|---|---|---|---|
| 工业经济效益综合指数 | (%) | Industrial Economic Benefit Synthetic | (%) |
| 总资产贡献率 | (%) | Ratio of Total Assets to Industrial Output Value | (%) |
| 资本保值增值率 | (%) | Ratio of Capital Maintenance and Appreciation | (%) |
| 资产负债率 | (%) | Assets-Liability Ratio | (%) |
| 流动资产周转率 | (次) | Number of Times of Annual of Turnover Working Capitals | (times) |
| 工业成本费用利润率 | (%) | Ratio of Profits to Industrial Cost | (%) |
| 工业全员劳动生产率 | (元/人) | Overall Labor Productivity | (yuan/person) |
| 工业产品销售率 | (%) | Proportion of Products Sold | (%) |
| 工业资金利税率 | (%) | Ratio of Pre-tax Profits to Total Capital | (%) |
| 工业增加值率 | (%) | Ratio of Value-added to Gross Industrial Output Value | (%) |
| 企业亏损面 | (%) | Ratio of Loss-making Enterprises to Total Industrial Enterprises | (%) |
| 工业产成品存货可供销售天数 | (天) | Days for Sale of Inventory of Finished Products | (day) |
| 每百元资金提供的总产值 | (元) | Output Value Created by per 100 yuan | (yuan) |
| 每百元资金提供的利税 | (元) | Pre-tax Profits Created by per 100 Yuan | (yuan) |
| 每百元固定资产原价提供利税 | (元) | Pre-tax Profits Created by per 100 yuan Original Value of Fixed Assets | (yuan) |
| 每百元固定资产原价提供总产值 | (元) | Output Value Created by per 100 yuan Original Value of Fixed Assets | (yuan) |
| 每百元固定资产净值提供利税 | (元) | Pre-tax Profits Created by per 100 yuan Net Value of Fixed Assets | (yuan) |
| 每百元固定资产净值提供总产值 | (元) | Output Value Created by per 100 yuan Net Value of Fixed Assets | (yuan) |
| 每百元总产值实现利税 | (元) | Pre-tax Profits Created by per 100 yuan Output Value | (yuan) |
| 每百元总产值占用全部资产 | (元) | Total Assets Used by per 100 yuan Output Value | (yuan) |
| 平均每个职工拥有全部资产 | (元) | Average Assets Owned by per Staff and Worker | (yuan) |
| 平均每个职工提供利税 | (元) | Average Pre-tax Profits Created by per Staff and Worker | (yuan) |

## Main Indicators on Economic Benefit of Industrial Enterprises above the Designated Size (2013, by Size of Enterprises)

| 全 市 Total | | | | # 国有及国有控股工业企业 State-owned and State-holding Enterprises | | | |
|---|---|---|---|---|---|---|---|
| 大 型 Large Enterprises | 中 型 Medium Enterprises | 小 型 Small Enterprises | 微 型 Mini Enterprises | 大 型 Large Enterprises | 中 型 Medium Enterprises | 小 型 Small Enterprises | 微 型 Mini Enterprises |
| 425.70 | 212.73 | 208.63 | 118.14 | 669.89 | 261.74 | 276.24 | 21.21 |
| 19.95 | 12.66 | 9.70 | 0.81 | 17.12 | 9.65 | 7.43 | 1.88 |
| 105.82 | 111.32 | 113.22 | 205.21 | 101.39 | 110.93 | 104.01 | 109.58 |
| 52.93 | 55.82 | 56.27 | 83.83 | 50.32 | 60.17 | 52.74 | 139.85 |
| 2.32 | 2.01 | 2.24 | 1.33 | 2.41 | 1.37 | 2.42 | 1.10 |
| 9.42 | 6.09 | 3.57 | -1.97 | 7.92 | 7.53 | 4.11 | -3.37 |
| 479250 | 175321 | 189004 | 108484 | 899265 | 266748 | 303592 | -13165 |
| 99.02 | 97.10 | 98.05 | 95.84 | 101.10 | 98.66 | 96.72 | 95.44 |
| 23.63 | 12.83 | 9.59 | 0.05 | 22.75 | 10.33 | 8.06 | -1.04 |
| 28.11 | 25.59 | 20.90 | 22.52 | 29.36 | 27.64 | 14.18 | -1.66 |
| 7.53 | 11.76 | 13.66 | 32.23 | 9.52 | 16.13 | 23.18 | 33.33 |
| 9.49 | 16.41 | 14.49 | 9.10 | 5.01 | 23.04 | 12.03 | 9.28 |
| 155.05 | 150.09 | 173.06 | 102.80 | 129.31 | 88.79 | 126.13 | 26.96 |
| 23.63 | 12.83 | 9.59 | 0.05 | 22.75 | 10.33 | 8.06 | -1.04 |
| 36.58 | 25.14 | 21.42 | 0.07 | 26.60 | 14.86 | 10.31 | -0.81 |
| 240.03 | 294.16 | 386.46 | 126.61 | 151.23 | 127.67 | 161.29 | 20.93 |
| 66.17 | 44.72 | 37.46 | 0.13 | 47.17 | 27.51 | 17.05 | -1.58 |
| 434.25 | 523.18 | 676.08 | 238.98 | 268.16 | 236.43 | 266.88 | 40.85 |
| 15.24 | 8.55 | 5.54 | 0.05 | 17.59 | 11.64 | 6.39 | -3.86 |
| 84.15 | 77.49 | 67.18 | 100.80 | 115.79 | 148.09 | 103.45 | 341.71 |
| 1434819 | 530798 | 607665 | 485569 | 3546144 | 1429471 | 2214547 | 2711184 |
| 259825 | 58554 | 50121 | 255 | 538743 | 112319 | 136792 | -30635 |

# 11-27 规模以上工业企业主要经济效益指标（2013年，按轻重工业分）

| 项　　目 | | Item | |
|---|---|---|---|
| 工业经济效益综合指数 | (%) | Industrial Economic Benefit Synthetic | (%) |
| 总资产贡献率 | (%) | Ratio of Total Assets to Industrial Output Value | (%) |
| 资本保值增值率 | (%) | Ratio of Capital Maintenance and Appreciation | (%) |
| 资产负债率 | (%) | Assets-Liability Ratio | (%) |
| 流动资产周转率 | (次) | Number of Times of Annual of Turnover Working Capitals | (times) |
| 工业成本费用利润率 | (%) | Ratio of Profits to Industrial Cost | (%) |
| 工业全员劳动生产率 | (元/人) | Overall Labor Productivity | (yuan/person) |
| 工业产品销售率 | (%) | Proportion of Products Sold | (%) |
| 工业资金利税率 | (%) | Ratio of Pre-tax Profits to Total Capital | (%) |
| 工业增加值率 | (%) | Ratio of Value-added to Gross Industrial Output Value | (%) |
| 企业亏损面 | (%) | Ratio of Loss-making Enterprises to Total Industrial Enterprises | (%) |
| 工业产成品存货可供销售天数 | (天) | Days for Sale of Inventory of Finished Products | (day) |
| 每百元资金提供的总产值 | (元) | Output Value Created by per 100 yuan | (yuan) |
| 每百元资金提供的利税 | (元) | Pre-tax Profits Created by per 100 Yuan | (yuan) |
| 每百元固定资产原价提供利税 | (元) | Pre-tax Profits Created by per 100 yuan Original Value of Fixed Assets | (yuan) |
| 每百元固定资产原价提供总产值 | (元) | Output Value Created by per 100 yuan Original Value of Fixed Assets | (yuan) |
| 每百元固定资产净值提供利税 | (元) | Pre-tax Profits Created by per 100 yuan Net Value of Fixed Assets | (yuan) |
| 每百元固定资产净值提供总产值 | (元) | Output Value Created by per 100 yuan Net Value of Fixed Assets | (yuan) |
| 每百元总产值实现利税 | (元) | Pre-tax Profits Created by per 100 yuan Output Value | (yuan) |
| 每百元总产值占用全部资产 | (元) | Total Assets Used by per 100 yuan Output Value | (yuan) |
| 平均每个职工拥有全部资产 | (元) | Average Assets Owned by per Staff and Worker | (yuan) |
| 平均每个职工提供利税 | (元) | Average Pre-tax Profits Created by per Staff and Worker | (yuan) |

## Main Indicators on Economic Benefit of Industrial Enterprises above the Designated Size (2013, by Light and Heavy Industry)

| 全 市<br>Total | | #市 区<br>Urban Districts | | #市 属<br>Owned by Municipal Government | |
|---|---|---|---|---|---|
| 轻工业<br>Light Industry | 重工业<br>Heavy Industry | 轻工业<br>Light Industry | 重工业<br>Heavy Industry | 轻工业<br>Light Industry | 重工业<br>Heavy Industry |
| 270.84 | 339.58 | 286.62 | 354.64 | 256.14 | 324.03 |
| 22.64 | 13.87 | 23.52 | 14.12 | 20.13 | 16.92 |
| 110.03 | 107.58 | 109.67 | 107.26 | 110.04 | 110.02 |
| 52.68 | 54.91 | 51.80 | 54.64 | 54.27 | 58.19 |
| 2.41 | 2.14 | 2.18 | 2.11 | 2.53 | 2.09 |
| 7.72 | 6.99 | 9.11 | 7.35 | 7.38 | 7.29 |
| 223664 | 373761 | 242134 | 396114 | 207539 | 337191 |
| 98.84 | 98.14 | 98.94 | 98.32 | 97.77 | 97.80 |
| 24.04 | 15.68 | 25.00 | 16.13 | 21.29 | 17.28 |
| 32.01 | 22.59 | 33.10 | 22.98 | 30.59 | 22.62 |
| 12.70 | 14.69 | 14.59 | 14.64 | 12.78 | 14.34 |
| 13.66 | 11.23 | 14.87 | 11.10 | 13.66 | 13.08 |
| 183.65 | 146.59 | 166.26 | 144.10 | 190.47 | 162.61 |
| 24.04 | 15.68 | 25.00 | 16.13 | 21.29 | 17.28 |
| 49.78 | 25.55 | 50.68 | 25.88 | 43.09 | 37.49 |
| 380.32 | 238.82 | 337.10 | 231.17 | 385.45 | 352.88 |
| 91.67 | 45.43 | 94.12 | 46.45 | 79.01 | 67.02 |
| 700.42 | 424.57 | 626.06 | 414.90 | 706.73 | 630.84 |
| 13.09 | 10.70 | 15.03 | 11.20 | 11.18 | 10.62 |
| 63.11 | 87.19 | 69.52 | 89.24 | 60.67 | 69.99 |
| 440913 | 1442691 | 508514 | 1538405 | 411616 | 1043294 |
| 91440 | 177034 | 109967 | 192996 | 75851 | 158364 |

# 11-28 规模以上工业企业分组主要指标（2013年）

# Major Indicators of Industrial Enterprises above the Designated Size by Group (2013)

单位：万元 (10000 yuan)

| 项目 | Item | 企业单位数（个） Number of Enterprises (unit) | 盈亏相抵后利润总额 Total Profits of All Enterprises | 固定资产原价年末数 Original Value of Fixed Assets at the Year-end | 工业增加值 Value-added of Industry | 工业总产值 Gross Industrial Output Value | 从业人员年平均人数（人） Annual Average Employed Persons (person) |
|---|---|---|---|---|---|---|---|
| **总计** | **Total** | **4812** | **11053751** | **62689307** | **44491105** | **171987181** | **1534434** |
| 按总产值分组 | Grouped by Gross Output Value | | | | | | |
| 1亿元及以上 | 100 million yuan and above | 1613 | 10789026 | 58253349 | 40103977 | 156689233 | 1098689 |
| 5000万元-9999万元 | 50-99.99 million yuan | 1333 | 210086 | 2409810 | 2746913 | 9613498 | 236424 |
| 4999万元以下 | 49.99 million yuan and below | 1866 | 54639 | 2026148 | 1640215 | 5684450 | 199321 |
| 按固定资产原价分组 | Grouped by Original Value of Fixed Assets | | | | | | |
| 1亿元及以上 | 100 million yuan and above | 623 | 9556089 | 56069560 | 32944230 | 126249510 | 717983 |
| 5000万元-9999万元 | 50-99.99 million yuan | 392 | 411841 | 2784918 | 2335635 | 10094219 | 153033 |
| 4999万元以下 | 49.99 million yuan and below | 3797 | 1085821 | 3834829 | 9211240 | 35643452 | 663418 |
| 按利税总额分组 | Grouped by Pre-tax Profits | | | | | | |
| 1亿元及以上 | 100 million yuan and above | 213 | 9542553 | 40268255 | 28454334 | 96649321 | 408904 |
| 5000万元-9999万元 | 50-99.99 million yuan | 161 | 794179 | 6017815 | 2977106 | 18086635 | 133651 |
| 4999万元以下 | 49.99 million yuan and below | 4438 | 717019 | 16403237 | 13059665 | 57251225 | 991879 |
| 按从业人员人数分组 | Grouped by Staff and Workers | | | | | | |
| 2000人及以上 | 2000 Persons and above | 122 | 6577247 | 35074685 | 23467580 | 81673978 | 496832 |
| 500人-1999人 | 500-1999 Persons | 445 | 2255085 | 11307043 | 8306500 | 32495840 | 402664 |
| 499人及以下 | 499 Persons and below | 4245 | 2221419 | 16307579 | 12717025 | 57817363 | 634938 |

# 11-29 规模以上国有工业企业分组主要指标（2013年）

# Major Indicators of State-owned Industrial Enterprises above the Designated Size by Group (2013)

单位：万元 (10000 yuan)

| 项　目 | Item | 企业单位数（个） Number of Enterprises (unit) | 盈亏相抵后利润总额 Total Profits of All Enterprises | 固定资产原价年末数 Original Value of Fixed Assets at the Year-end | 工业增加值 Value-added of Industry | 工业总产值 Gross Industrial Output Value | 从业人员年平均人数（人） Annual Average Employed Persons (person) |
|---|---|---|---|---|---|---|---|
| **总　计** | **Total** | **51** | **60279** | **2614697** | **454005** | **3071483** | **19658** |
| 按总产值分组 | Grouped by Gross Output Value | | | | | | |
| 1亿元及以上 | 100 million yuan and above | 24 | 48182 | 2485232 | 415215 | 2943628 | 15497 |
| 5000万元-9999万元 | 50-99.99 million yuan | 11 | 7816 | 79930 | 24328 | 79926 | 2533 |
| 4999万元以下 | 49.99 million yuan and below | 16 | 4281 | 49535 | 14462 | 47929 | 1628 |
| 按固定资产原价分组 | Grouped by Original Value of Fixed Assets | | | | | | |
| 1亿元及以上 | 100 million yuan and above | 20 | 42294 | 2531336 | 389483 | 2791993 | 14404 |
| 5000万元-9999万元 | 50-99.99 million yuan | 5 | 2787 | 31802 | 9811 | 44108 | 1543 |
| 4999万元以下 | 49.99 million yuan and below | 26 | 15198 | 51559 | 54711 | 235382 | 3711 |
| 按利税总额分组 | Grouped by Pre-tax Profits | | | | | | |
| 1亿元及以上 | 100 million yuan and above | 3 | 20509 | 2022469 | 234859 | 524887 | 6881 |
| 5000万元-9999万元 | 50-99.99 million yuan | 2 | 9484 | 27599 | 22237 | 1713903 | 594 |
| 4999万元以下 | 49.99 million yuan and below | 46 | 30286 | 564629 | 196909 | 832693 | 12183 |
| 按从业人员人数分组 | Grouped by Staff and Workers | | | | | | |
| 2000人及以上 | 2000 Persons and above | 1 | 3244 | 1733345 | 158656 | 297563 | 4457 |
| 500人-1999人 | 500-1999 Persons | 10 | 27088 | 495067 | 169765 | 593599 | 8646 |
| 499人及以下 | 499 Persons and below | 40 | 29947 | 386285 | 125584 | 2180321 | 6555 |

# 11-30 规模以上大中型工业企业主要经济指标（2013年）

单位：万元

| 项　　目 | | Item | |
|---|---|---|---|
| 企业单位数 | （个） | Number of Enterprises | (unit) |
| # 亏损企业 | | Number of Loss-making Enterprises | |
| 主营业务收入 | | Revenue from Principal Business | |
| # 主营业务成本 | | Cost of Principal Business | |
| 主营业务税金及附加 | | Taxes and Other Charges on Principal Business | |
| 盈利企业的盈利总额 | | Total Profits of Profitable Enterprises | |
| 亏损企业的亏损总额 | | Total Losses of Loss-making Enterprises | |
| 盈亏相抵后的利润总额 | | Total Profits of All Enterprises | |
| 应交所得税 | | Income Tax Payable | |
| 应交增值税 | | Value-added Tax Payable | |
| 流动资产年末合计 | | Total Working Capitals at the Year-end | |
| # 应收账款 | | Accounts Receivable | |
| # 存　货 | | Inventory | |
| # 产成品存货 | | Inventory of Finished Goods | |
| 固定资产原价年末数 | | Original Value of Fixed Assets at the Year-end | |
| 累计折旧 | | Accumulated Depreciation | |
| 固定资产净值 | | Net Value of Fixed Assets | |
| 年末资产合计 | | Total Assets at the Year-end | |
| 年末负债合计 | | Total Liabilities at the Year-end | |
| 年末所有者权益合计 | | Total Owners' Equity at the Year-end | |
| # 实收资本 | | Capital Hold | |
| # 国家资本 | | State Capital | |
| 外商资本 | | Foreign Capital | |
| 本年应付职工薪酬 | | Wages Payable | |
| 全部从业人员年平均人数 | （人） | Annual Average Number of Staff and Workers | (person) |
| 工业总产值 | （当年价格） | Gross Industrial Output Value | (at current prices) |
| 工业增加值 | （当年价格） | Value-added of Industry | (at current prices) |

## Major Indicators of Large and Medium-sized Industrial Enterprises above the Designated Size (2013)

(10000 yuan)

| 全 市 Total | # 轻工业 Light Industry | # 市 区 Urban Districts | # 轻工业 Light Industry | # 市 属 Owned by Municipal Government | # 轻工业 Light Industry |
|---|---|---|---|---|---|
| 1045 | 590 | 855 | 455 | 1010 | 583 |
| 115 | 67 | 103 | 59 | 108 | 67 |
| 125502674 | 39681450 | 116385153 | 33797718 | 104378736 | 37503711 |
| 100279478 | 27818008 | 92297084 | 22678789 | 82281734 | 27049148 |
| 3503694 | 1229754 | 3444520 | 1178475 | 1746665 | 289106 |
| 10064280 | 3550840 | 9656884 | 3326727 | 8715065 | 3305865 |
| 360490 | 109750 | 306296 | 104769 | 279002 | 109750 |
| 9703790 | 3441090 | 9350588 | 3221958 | 8436063 | 3196115 |
| 1631081 | 688247 | 1570086 | 663402 | 1500728 | 634376 |
| 4364691 | 2066269 | 4046363 | 1840842 | 3805069 | 1857862 |
| 56352804 | 16582034 | 53010316 | 14940334 | 46435449 | 14617089 |
| 17222141 | 3401964 | 16249199 | 3071817 | 16116967 | 3295709 |
| 11712257 | 4495989 | 10935212 | 4159714 | 8749356 | 3240039 |
| 3952783 | 1506559 | 3643330 | 1335247 | 3732717 | 1422086 |
| 51782397 | 11696635 | 49689906 | 10705175 | 31252581 | 10947866 |
| 23046404 | 5300678 | 22187242 | 4881303 | 14074121 | 4955263 |
| 28735993 | 6395957 | 27502664 | 5823872 | 17178460 | 5992603 |
| 107696656 | 26703811 | 102461204 | 24123339 | 72500899 | 23873604 |
| 57792612 | 13656696 | 54814051 | 12161121 | 40960680 | 12699885 |
| 49904044 | 13047115 | 47647153 | 11962218 | 31540219 | 11173719 |
| 24354229 | 6423307 | 23028901 | 5815800 | 14628165 | 5515806 |
| 3141519 | 435085 | 3093618 | 391985 | 889866 | 435085 |
| 5025242 | 1593795 | 4807839 | 1530688 | 4979810 | 1588395 |
| 7232664 | 3491506 | 6547965 | 3049079 | 6231939 | 3341316 |
| 1074324 | 581188 | 926753 | 476661 | 1007166 | 572655 |
| 130770030 | 41090786 | 121427014 | 35091735 | 108420212 | 38728808 |
| 35870856 | 14342983 | 33376154 | 12584950 | 29816919 | 12759293 |

## 11-31 规模以上大中型工业企业主要经济指标（2013年，按经济类型分）

单位:万元

| 项　　目 | | Item | |
|---|---|---|---|
| 企业单位数 | (个) | Number of Enterprises | (unit) |
| #亏损企业 | | Number of Loss-making Enterprises | |
| 主营业务收入 | | Revenue from Principal Business | |
| #主营业务成本 | | Cost of Principal Business | |
| 主营业务税金及附加 | | Taxes and Other Charges on Principal Business | |
| 盈利企业的盈利总额 | | Total Profits of Profitable Enterprises | |
| 亏损企业的亏损总额 | | Total Losses of Loss-making Enterprises | |
| 盈亏相抵后的利润总额 | | Total Profits of All Enterprises | |
| 应交所得税 | | Income Tax Payable | |
| 应交增值税 | | Value-added Tax Payable | |
| 流动资产年末合计 | | Total Working Capitals at the Year-end | |
| #应收账款 | | Accounts Receivable | |
| #存　货 | | Inventory | |
| #产成品存货 | | Inventory of Finished Goods | |
| 固定资产原价年末数 | | Original Value of Fixed Assets at the Year-end | |
| 累计折旧 | | Accumulated Depreciation | |
| 固定资产净值 | | Net Value of Fixed Assets | |
| 年末资产合计 | | Total Assets at the Year-end | |
| 年末负债合计 | | Total Liabilities at the Year-end | |
| 年末所有者权益合计 | | Total Owners' Equity at the Year-end | |
| #实收资本 | | Capital Hold | |
| #国家资本 | | State Capital | |
| 外商资本 | | Foreign Capital | |
| 本年应付职工薪酬 | | Wages Payable | |
| 全部从业人员年平均人数 | (人) | Annual Average Number of Staff and Workers | (person) |
| 工业总产值 | (当年价格) | Gross Industrial Output Value | (at current prices) |
| 工业增加值 | (当年价格) | Value-added of Industry | (at current prices) |

# Major Indicators of Large and Medium-sized Industrial Enterprises above the Designated Size (2013, by Type of Ownership)

(10000 yuan)

| 合计 Total | 国有企业 State-owned Enterprises | 集体企业 Collective-owned Enterprises | "三资"企业 Foreign Funded Enterprises | 其他企业 Other Enterprises |
|---|---|---|---|---|
| 1045 | 15 | 9 | 612 | 409 |
| 115 | 3 | 2 | 80 | 30 |
| 125502674 | 1093953 | 354803 | 83419664 | 40634254 |
| 100279478 | 890473 | 296068 | 65210504 | 33882433 |
| 3503694 | 9238 | 193 | 1588326 | 1905937 |
| 10064280 | 44212 | 22637 | 7446632 | 2550799 |
| 360490 | 9688 | 2011 | 250889 | 97902 |
| 9703790 | 34524 | 20626 | 7195743 | 2452897 |
| 1631081 | 6348 | 590 | 1321848 | 302295 |
| 4364691 | 30554 | 1557 | 3157302 | 1175278 |
| 56352804 | 755112 | 51023 | 36261472 | 19285197 |
| 17222141 | 124442 | 12975 | 13741084 | 3343640 |
| 11712257 | 159503 | 5131 | 6239074 | 5308549 |
| 3952783 | 53250 | 3646 | 2606180 | 1289707 |
| 51782397 | 2367567 | 85859 | 23939818 | 25389153 |
| 23046404 | 893956 | 71463 | 11590614 | 10490371 |
| 28735993 | 1473611 | 14396 | 12349204 | 14898782 |
| 107696656 | 2475623 | 103984 | 53285647 | 51831402 |
| 57792612 | 1443989 | 52793 | 30666758 | 25629072 |
| 49904044 | 1031634 | 51191 | 22618889 | 26202330 |
| 24354229 | 250708 | 5637 | 11035966 | 13061918 |
| 3141519 | 126431 | | 502765 | 2512323 |
| 5025242 | | | 4966957 | 58285 |
| 7232664 | 198376 | 165698 | 4522409 | 2346181 |
| 1074324 | 13956 | 27000 | 710169 | 323199 |
| 130770030 | 1055919 | 366107 | 86640362 | 42707642 |
| 35870856 | 381851 | 228151 | 24024995 | 11235859 |

【工业】 指从事自然资源的开采，对采掘品和农产品进行加工和再加工的物质生产部门。具体包括：

(1)对自然资源的开采，如采矿、晒盐、森林采伐等(但不包括禽兽捕猎和水产捕捞)；

(2)对农副产品的加工、再加工，如粮油加工、食品加工、轧花、缫丝、纺织、制革等；

(3)对采掘品的加工、再加工，如炼铁、炼钢、化工生产、石油加工、机器制造、木材加工等，以及电力、自来水、煤气的生产和供应等；

(4)对工业品的修理、翻新，如机器设备的修理、交通运输工具(包括小卧车)的修理等。

1984年以前农村的村及村以下办工业归属农业，1984年以后划归工业。

【轻工业】 指主要提供生活消费品和制作手工工具的工业。按其所使用的原料不同，可分为两大类：

(1)以农产品为原料的轻工业，是指直接或间接以农产品为基本原料的轻工业。主要包括食品制造、饮料制造、烟草加工、纺织、缝纫、皮革和毛皮制作、造纸以及印刷等工业；

(2)以非农产品为原料的轻工业，是指以工业品为原料的轻工业。主要包括文教体育用品、化学药品制造、合成纤维制造、日用化学制品、日用玻璃制品、日用金属制品、手工工具制造、医疗器械制造、文化和办公用机械制造等工业。

【重工业】 是指为国民经济各部门提供物质技术基础的主要生产资料的工业。按其生产性质和产品用途，可分为下列三类：

(1)采掘(伐)工业，是指对自然资源的开采，包括石油开采、煤炭开采、金属矿开采、非金属矿开采和木材采伐等工业；

(2)原材料工业，指向国民经济各部门提供基本材料、动力和燃料的工业。包括金属冶炼及加工、炼焦及焦炭化学、化工原料、水泥、人造板以及电力、石油和煤炭加工等工业；

(3)加工工业，是指对工业原材料进行再加工制造的工业。包括装备国民经济各部门的机械设备制造工业、金属结构、水泥制品等工业，以及为农业提供的生产资料如化肥、农药等工业。

根据上述划分原则，修理业中以重工业产品为修理作业对象的划为重工业，反之划为轻工业。

【工业总产值】 是以货币表现的工业企业在一定时期内生产的已出售或可供出售工业产品总量，它反映一定时间内工业生产的总规模和总水平。它包括：在本企业内不再进行加工，经检验、包装入库(规定不需包装的产品除外)的成品价值，对外加工费收入，自制半成品、在产品期末期初差额价值。工业总产值采用“工厂法”计算，即以工业企业作为一个整体，按企业工业生产活动的最终成果来计算，企业内部不允许重复计算，不能把企业内部各个车间(分厂)生产的成果相加。但在企业之间、行业之间、地区之间存在着重复计算。

轻重工业总产值的划分也是按“工厂法”计算的，即一个工业企业在正常情况下生产的主要产品的性质属于轻工业，则该企业的全部总产值作为轻工业总产值；一个工业企业生产的主要产品的性质属于重工业，则该企业的全部总产值作为重工业总产值。

【工业增加值】 是指工业行业在报告期内以货币表现的工业生产活动的最终成果，是企业全部生产活自动的总成果扣除了在生产过程中消耗或转移的物质产品和劳务价值后的余额，是企业生产过程中新增加的价值。

【资产合计】 指企业拥有或控制的能以货币计量的经济资源。包括各种财产、债权和其他权利。资产按其流动性划分为流动资产、长期投资、固定资产、无形及递延资产和其他资产。

(1)流动资产 指企业可以在一年内或者超过一年的一个生产周期内变现或者耗用的资产合计，包括现金及各种存款、短期投资、应收及预付款项、存货等。

(2)固定资产 指企业固定资产净值、固定资产清理、在建工程、待处理固定资产损失所占用的资金合计。

(3)无形资产 指企业长期使用而没有实物形态的资产。包括专利权、非专利技术、商标权、著作权、土地使用权、商誉等。

【负债合计】 指企业承担的能以货币计量，将以资产或劳务偿付的债务。负债一般按偿还期长短分为流动负债和长期负债、递延税项等。

(1)流动负债 指企业在一年内或者超过一年的一个营业周期内需要偿还的债务合计，其中包括短期借款、应付及预收款项、应付工资、应交税金和应交利润等。

(2) 非流动负债合计 指流动负债之外的负债。包括长期借款、应付债券等。根据会计“资产负债表”中“非流动负债合计”项目的期末余额数填报。

【所有者权益】 指企业投资人对企业净资产的所有权。企业净资产等于企业全部资产减去全部负债后的余额，其中包括投资者对企业的最初投入，以及资本公积金、盈余公积金和未分配利润，对股份制企业即为股东权益。

【固定资产原价】 指企业在建造、购置、安装、改建、扩建、技术改造某项固定资产时所支出的全部货币总额。它一般包括买价、包装费、运杂费和安装费等。

【固定资产净值】 是指固定资产原价减去历年已提折旧额后的净额。

【主营业务收入】 指企业在销售商品、提供劳务等日常活动中所产生的收入总额。

【主营业务成本】 指企业在销售商品、提供劳务等主要经营业务的实际成本。

【主营业务税金和附加】 指企业在销售商品、提供劳务等主要经营业务应负担的城市维护建设税、消费税、资源税和教育费附加等。

【利润总额】 指企业实现的利润。

【应交增值税】 指企业在报告期内应交纳的增值税额。

【总资产贡献率】 该指标反映企业全部资产的获利能力，是企业经营业绩和管理水平的集中体现，是评价和考核企业盈利能力的核心指标。计算公式为：

总资产贡献率(%)=(利润总额+税金总额+利息支出)/平均资产总额×100%

其中：税金总额为产品销售税金及附加与应交增值税之和；平均资产总额为期初、期末资产总计的算术平均值。

【资产负债率】 该指标既反映企业经营风险的大小，也反映企业利用债权人提供的资金从事经营活动的能力。计算公式为：

资产负债率(%)=负债总额/资产总额×100%

资产及负债均为报告期期末数。

【流动资产周转率】 指一定时期内流动资产完成的周转次数，反映投入工业企业流动资金的周转速度。计算公式为：

流动资产周转率(%)=销售收入/流动资产平均余额×100%

【成本费用利润率】 反映工业投入的生产成本及费用的经济效益，同时也反映企业降低成本所取得的经济效益。计算公式为：

成本费用利润率(%)=利润总额/成本费用总额×100%

其中：成本费用总额为产品销售成本、销售费用、管理费用、财务费用之和。

【全员劳动生产率】 该指标反映企业的生产效率和劳动投入的经济效益。计算公式为：

全员劳动生产率(%)=工业增加值/全部职工平均人数×100%

由于工业增加值是按现行价格计算的，而职工人数不含价格因素，因此应将增加值价格因素予以消除。具体方法可采用总产值价格变动系数消除价格影响。

【产品销售率】 该指标反映工业产品已实现销售的程度，是分析工业产销衔接情况、研究工业产品满足社会需求的指标。计算公式为：

产品销售率(%)=报告期现价工业销售产值/报告期工业总产值×100%

【Industry】 refers to the material production sector which is engaged in extraction of natural resources and processing and reprocessing of minerals and agricultural products, including

(1)extraction of natural resources,such as mining,salt production,logging(but not including hunting and fishing);

(2)processing and reprocessing of farm and sideline products, such as rice husking,flour milling,wine making,oil pressing, cotton ginning,silk reeling,spinning and weaving,and leather making;

(3)manufacture of industrial products,such as steel making, iron smelting, chemicals manufacturing,petroleum processing, machine building,timber processing; water and gas production and electricity generation and supply;

(4)repairing of industrial products such as the repairing of machinery and means of transport (including cars).

Prior to 1984,the rural industry run by villages and cooperative organizations under village was classified into agriculture. Since 1984, it has been grouped into industry.

【Light Industry】 refers to industry which produces consumer goods and hand tools.It consists of two categories depending on the materiais used:

(1)Industries using farm products as raw materials.These are branches of light industry which directly or indirectly use farm products as basic raw materials,including the manufacture of food and beverages,tobacco processing,textile,clothing,fur and leather manufacturing ,paper making, printing,etc.

(2)Industries using nonfarm products as raw materials.These are branches of light industry which use manufactured goods as raw materials, including the manufacture of cultural,educational articles and sports goods,chemicals,synthetic fiber,chemical products for daily use,glass products for daily use,metal products machinery,etc.

【Heavy Industry】 refers to the industry which produces capital goods,and provides various sectors of the national economy with necesary material and technical basis.It consists of the following three branches according to the purpose of production or the use of products:

(1)Mining,quarrying and logging industry refers to the industry that extracts natural resources,including extraction of petroleum, coal,metal and nonmetalores and logging.

(2)Raw materials industry refers to the industry that provides various sectors of the national economy with raw materials,fuels and power.It inc1udes smelting and processing of metals,coking and coke chemistry, chemical materials and building materials such as cement,plywood,and power,petroleum refining and coal dressing.

(3)Manufacturing industry refers to the industry that processes raw materials.It includes machine building industry which equips sectors of the national economy,industry of metal structure and cement products, industries producing means of agricultural production,such as chemical fertilizers and pesticides.

According to the above principle of classification,the repairing trades which are engaged primarily in repairing products of heavy industry are classified into heavy industry while these engaged in repairing products of light industry are classified into light industry.

【Gross Industrial Output Value】 is the total volume of industrial products sold or available for sale in value terms which reflects the total achievements and overall scale of industrial production during a given period.It includes the value of the finished products, which are not to be further processed in the enterprises and have been inspected,packed and put in storage,the value of industrial services rendered to other units,and the changes in the valued the semi-finished products and products in process between the beginning and closing of the period.The gross industrial output value is calculated with the factory method.No double calculations are to be made within the same enterprise.However, double counting does occur mong different enterprises.

Output value of light and heavy industries is also classified with the factory method.Under normal conditions,if the major products of an industrial enterprise belong to light industry products, the gross output valued of that enterprise is classified wholly into light industry; the same principle applies to heavy industry.

【Value-added of Industry】 refers to the final results of industrial production of the industrial trade in money terms during the reference period.

【Total Assets】 refer to all assets which are owned or controlled by enterprises,including circulating assets,long-term investment,fixed assets,intangible assets and deferred assets,other long-term assets,and deferred taxes,etc.The summation of above items is equal to total assets shown in the balance sheets of the enterprises.

(1)Circulating assets(working capital)refer to assets which can be cashed in or spent or consumed in an operating cycle of one year or over one year, including cash, all kinds of deposits,short-term investment, receivables,advance payment and stock,etc.

(2)Fixed assets refer to the net value of fixed assets,clearance of fixed assets,project under construction,fixed assets losses in suspense.These are corporations' funds holdings.

(3)Intangible assets refer to the assets without material form used by enterprises over a long time,such as patents,nonpatent technologies, trade marks,copyright ,land use right and business reputation,etc.

【Total Liabilities】 refer to the debts that enterprises are responsible for repayment,including liquid liabilities,long-term liabilities and deferred taxes,etc.Total liabilities correspond to the summation item of liabilities shown in the balance sheets of the enterprise.

(1)Liquid liabilities (also called quick liabilities or immediate liabilities)refer to enterprises total debt payable within an operating cycle of one year or over one year,including short term loans, payables and advance payments,wages payable,taxes payable and profit payable,etc.

(2) Non-current liabilities refer to the liabilities other than current liabilities. Including long-term loans and bonds payable. Furnished according to the number of accounting "balance sheet" and " non-current liabilities Total ending balance of the project.

【Creditors' Equity】 refers to investors' ownership of net assets of the enterprise.It is equal to the total assets of the enterprise minus its total liabilities,including the primary input from investors,capital accumulation fund,surplus accumulation fund and undistributed profit.It is the stock holders' equity in stock companies.

【Original Value of Fixed Assets】 refers to the original value of all fixed assets owned by industrial enterprise,calculated at the cost paid at the time of purchase, installation, reconstruction, expansion, and technical innovation and transformation of the said assets,which includes expenses on purchase, package, transportation, and installation,etc.

【Net Value of Fixed Assets】 is obtained by deducting depreciation over years from the original value of fixed assets.

【Core Operating Revenue】 refers to the revenue from the sales of products by industrial enterprises and the revenue from services provided,etc.

【Core Operating Cost】 refers to the actual cost of pro-ducts of industrial enterprises and industrial services provided,etc.

【Core Operating Tax and Extra Charges】 refer to the tax on city maintenance and construction,consumption tax,resources tax and extra charges for education,which should be borne by the enterprises in selling products and providing industrial services.

【Total Profits】 refer to the profits gained by the enterprises.

【Value Added Tax Payable】 refers to the amount of the value added tax which should be paid by the enterprises in the reporting period.

【Rate of Return on Total Assets】 reflects the state of return on total assets of an enterprise.It epitomizes the business achievements and administrative level of an enterprise.It is also used as a key index in assessing the economic efficiency of an enterprise. Its calculating formula is:

Rate of Return on Total Assets(%)=(Total Profit+Total Taxes + Interest Exchange)/Average Total Assets×100%

Total taxes are the sum of sales tax and additional Plus added-value tax to be paid; Average total assets are the arithmetic average value of the total assets at the beginning and end of the reporting period.

【Asset-Debt Ratio】 reflects the risks an enterprise take while in operation.It also indicates the enterprise's capability in utilizing the fund provided by creditors.Its calculating formula is:

Asset-Debt ratio (%)=total liabilities/total assets×100%.Both liabilities and assets are the figures at the end of the reporting period

【Turnover of Current Assets】 refers to the turnover time of current assets in a certain period of time,reflecting the turnover speed of current assets in an industrial enterprise.Its calculating formula is:

Turnover of Current Assets(%)=Sales Revenue /Average Balance of Liquid Liabilities×100%

【Cost-Profit Ratio】 reflects the economic returns on industrial prodution cost and expenses.It also shows the economic benefits an enterprise gains by reducing production cost. Its calculating formula is:

Cost-Profit ratio (%)=total profits/total cost and expenses×100%.Total cost and expenses refer to the sum of cost of goods sold,distribution cost,administrative expenses and finance cost

【Labor productivity of Total Workers】 reflects the production efficiency of an enterprise and the economic returns of its labor investment.Its calculating formular is:

Labor Productivity of Total Workers (%)=Industrial Added-Value/Average Number of Total Workers and Staff×100%

Since industrial added-value is calculated at the current price while the average number of total workers and staff doesn't involve price factor, coefficient of price changes should be adopted in calculating industrial added-value.

【Product Sales Ratio】 reflects how many industrial products have been sold.It is the index to analyze the situation of market and industrial production and relations between demand and supply.

$$\text{Product Sales Ratio}(\%) = \frac{\text{Sales Value of Industry}}{\text{Total Output Value of Industry}} \times 100\%$$

第十二篇 CHAPTER 12

# 建筑业
# CONSTRUCTION

## 第十二篇　建筑业

一、本篇资料反映广州市建筑业概况和发展情况。主要包括资质以上建筑业企业生产经营和资质以上劳务分包建筑企业经营资料。

二、本篇资料由广州市统计局固定资产投资统计处整理提供。

三、本篇资料是依据国家统计局和广东省统计局制定的“建筑业统计报表制度”规定收集的年报资料，其统计范围包括：广州市境内各种登记注册类型（个体户除外）的具有建筑业资质的所有独立核算建筑业企业（包括没有工作量的建筑业企业）及所属产业活动单位。

## 12 Construction

I.The data in this chapter show the general situation and the development of the construction industry of Guangzhou Municipality. They cover mainly the situation of production and management of the grade enterprises of construction.

II.The data in this chapter are prepared and provided by the Division of Investment and Construction Statistics of Guangzhou Municipal Bureau of Statistics.

III.The data in this chapter are collected in accordance with the Reporting Scheme of Construction Statistics stipulated by the National Bureau of Statistics and Guangdong Provincial Bureau of Statistics. The coverage of construction statistics includes the various registration types (except the self-employed) with the construction industry qualified independent accounting construction enterprises (including the workload of construction enterprises) and their respective industrial units of Guangzhou Municipality.

# 12-1 资质以上建筑业企业主要经济指标

# Major Indicators of Grade Construction Enterprises

| 项　　目 | Item | 2012 | 2013 |
|---|---|---|---|
| 建筑企业个数　（个） | Number of Construction Enterprises (unit) | 742 | 818 |
| 年末从业人员　（人） | Number of Employed Persons at Year-end (person) | 364769 | 375550 |
| 固定资产原价　（亿元） | Original Value of Fixed Assets (100 million yuan) | 322 | 374 |
| 固定资产净值　（亿元） | Net Value of Fixed Assets (100 million yuan) | 227 | 261 |
| 自有机械设备年末总台数　（万台） | Number of Machinery and Equipment Owned (10000 sets) | 12 | 13 |
| 自有机械设备年末净值　（亿元） | Net Value of Machinery and Equipment Owned (100 million yuan) | 113 | 120 |
| 自有机械设备年末总功率（万千瓦） | Total Power of Machinery and Equipment Owned (10000 kw) | 251 | 305 |
| 建筑业总产值　（万元） | Gross Output Value of Construction (10000 yuan) | 17417072 | 21828895 |
| # 建筑工程 | Output Value of Construction | 15336134 | 19019086 |
| 安装工程 | Output Value of Installation | 1681417 | 2210891 |
| 房屋建筑施工面积　（万平方米） | Floor Space of Buildings under Construction (10000 sq.m) | 9119.66 | 15055.70 |
| # 新开工 | Floor Space Started in Current Year | 2543.37 | 5768.19 |
| 房屋建筑竣工面积　（万平方米） | Floor Space of Buildings Completed (10000 sq.m) | 2859.31 | 2556.74 |
| # 住　宅 | Residential Buildings | 1968.26 | 1633.59 |
| 主营业务收入　（万元） | Income on Projects Settlement Account (10000 yuan) | 23299091 | 28026867 |
| 主营业务成本　（万元） | Cost on Projects Settlement Account (10000 yuan) | 21052026 | 25224187 |
| 利润总额　（万元） | Total Profits (10000 yuan) | 703733 | 877889 |
| 利税总额　（万元） | Total Pre-tax Profits (10000 yuan) | 1280576 | 1524038 |

# 12-2 主要年份建筑业主要指标

## Major Indicators of Construction Sector in Main Years

| 年份<br>Year | 建筑业总产值（万元）<br>Gross Output Value<br>(10000 yuan) | 房屋建筑施工面积（万平方米）<br>Floor Space of Buildings under Construction<br>(10000 sq.m) | 房屋建筑竣工面积（万平方米）<br>Floor Space of Buildings Completed<br>(10000 sq.m) |
|---|---|---|---|
| 1978 | 30673 | 247.42 | 138.52 |
| 1979 | 36691 | 310.53 | 138.24 |
| 1980 | 46450 | 351.89 | 159.95 |
| 1985 | 153489 | 674.77 | 285.22 |
| 1986 | 176960 | 773.88 | 300.17 |
| 1987 | 184390 | 772.38 | 330.14 |
| 1988 | 287655 | 1076.05 | 408.85 |
| 1989 | 368755 | 1094.90 | 489.88 |
| 1990 | 355333 | 876.08 | 439.08 |
| 1991 | 425798 | 909.09 | 377.71 |
| 1992 | 668171 | 1257.61 | 487.95 |
| 1993 | 1031846 | 1680.21 | 605.50 |
| 1994 | 1516519 | 2268.99 | 734.75 |
| 1995 | 1816133 | 2708.58 | 890.81 |
| 1996 | 1893478 | 2983.56 | 1043.26 |
| 1997 | 1965269 | 2764.64 | 941.10 |
| 1998 | 2287004 | 3086.95 | 1054.71 |
| 1999 | 2470523 | 3136.47 | 1187.02 |
| 2000 | 2561326 | 3161.25 | 1150.36 |
| 2001 | 3403870 | 3490.22 | 1205.79 |
| 2002 | 3733922 | 3522.67 | 1334.43 |
| 2003 | 4785787 | 4291.55 | 1398.91 |
| 2004 | 5459314 | 4727.78 | 1596.21 |
| 2005 | 6331382 | 5311.14 | 1598.79 |
| 2006 | 6870406 | 5502.47 | 1520.25 |
| 2007 | 7507109 | 5951.92 | 1623.36 |
| 2008 | 8754491 | 6156.62 | 1719.79 |
| 2009 | 10134050 | 6190.86 | 1500.35 |
| 2010 | 12805288 | 7135.48 | 1509.20 |
| 2011 | 15613171 | 8439.12 | 1596.98 |
| 2012 | 17417072 | 9119.66 | 2859.31 |
| 2013 | 21828895 | 15055.70 | 2556.74 |

注： 2004年及以后年份统计数据口径为资质以上建筑业企业。

Note: Since 2004 the statistical coverage of all data in this table is all grade construction enterprises.

# 12-3 资质以上建筑业企业签订合同情况(2013年)

# Statistics on Construction Contracts of Grade Construction Enterprises (2013)

单位：万元 (10000 yuan)

| 项目 | Item | 签订合同额 Value of Signed Contracts | 上年结转合同额 Value of Contracts Balanced from Preceding Year | 本年新签合同额 Value of Contracts Newly Signed in Current Year |
|---|---|---|---|---|
| **总计** | **Total** | **67194000** | **30974552** | **36219448** |
| **按地区分** | **Grouped by District** | | | |
| 市区 | Urban Districts | 63686742 | 29231397 | 34455345 |
| 荔湾区 | Liwan | 1498811 | 536791 | 962020 |
| 越秀区 | Yuexiu | 15852578 | 8435520 | 7417058 |
| 海珠区 | Haizhu | 13766088 | 6432562 | 7333526 |
| 天河区 | Tianhe | 23314671 | 10165963 | 13148709 |
| 白云区 | Baiyun | 819331 | 319144 | 500187 |
| 黄埔区 | Huangpu | 1422705 | 529353 | 893352 |
| 番禺区 | Panyu | 1032356 | 246209 | 786146 |
| 花都区 | Huadu | 1352140 | 763419 | 588721 |
| 南沙区 | Nansha | 538682 | 189251 | 349431 |
| 萝岗区 | Luogang | 4089381 | 1613184 | 2476196 |
| 县级市 | Cities at County Level | 3507259 | 1743156 | 1764103 |
| 增城市 | Zengcheng | 3022102 | 1598285 | 1423818 |
| 从化市 | Conghua | 485156 | 144871 | 340285 |
| **按隶属关系分** | **Grouped by Administrative Relationship** | | | |
| 中央属企业 | Central Government | 31407833 | 15223503 | 16184330 |
| 省属企业 | Provincial Government | 13975566 | 6188006 | 7787561 |
| 市属企业 | Municipal Government | 11517612 | 5347608 | 6170004 |
| 区县级市属企业 | District or County Governments | 1025949 | 422851 | 603098 |
| 其他企业 | Others | 9267040 | 3792585 | 5474456 |
| **按登记注册类型分** | **Grouped by Registration Status** | | | |
| 内资企业 | Domestic Funded Enterprises | 66917971 | 30828687 | 36089284 |
| 国有企业 | State-owned Enterprises | 8009097 | 3587212 | 4421886 |
| 集体企业 | Collective-owned Enterprises | 405744 | 198961 | 206783 |
| 股份合作企业 | Share-holding Cooperative Enterprises | 197909 | 120543 | 77366 |
| 联营企业 | Joint Ownership Enterprises | 26928 | 1676 | 25252 |
| # 国有联营企业 | State Joint Ownership Enterprises | 26928 | 1676 | 25252 |
| 集体联营企业 | Collective Joint Ownership Enterprises | | | |
| 国有与集体联营企业 | Joint State-collective Enterprises | | | |
| 有限责任公司 | Limited Liability Corporations | 42863739 | 20050673 | 22813066 |
| # 国有独资公司 | State Sole Funded Corporations | 25341486 | 11372611 | 13968875 |
| 股份有限公司 | Share-holding Corporations Ltd. | 8821528 | 4183289 | 4638239 |
| 私营企业 | Private Enterprises | 6593025 | 2686334 | 3906692 |
| 其他企业 | Other Enterprises | | | |
| 港、澳、台商投资企业 | Enterprises with Funds from Hong Kong, Macao and Taiwan | 255057 | 137134 | 117923 |
| # 与港、澳、台商合资经营企业 | Joint-venture Enterprises | 201055 | 110322 | 90733 |
| 与港、澳、台商合作经营企业 | Cooperative Enterprises | 32902 | 9198 | 23703 |
| 港、澳、台商独资经营企业 | Enterprises with Sole Funds | 686 | | 686 |
| 港、澳、台商投资股份有限公司 | Share-holding Corporations Ltd. | 20416 | 17614 | 2802 |
| 外商投资企业 | Foreign Funded Enterprises | 20972 | 8731 | 12242 |
| # 中外合资经营企业 | Joint-venture Enterprises | 16090 | 7723 | 8367 |
| 中外合作经营企业 | Cooperative Enterprises | | | |
| 外资企业 | Enterprises with Sole Foreign Funds | 4882 | 1008 | 3874 |
| 外商投资股份有限公司 | Share-holding Corporations Ltd. | | | |

# 12-4 资质以上建筑业企业生产情况(2013年)

| 项目 | Item | 企业数(个) Number of Construction Enterprises (unit) |
|---|---|---|
| **总计** | **Total** | **818** |
| **按地区分** | **Grouped by District** | |
| 市区 | Urban Districts | 771 |
| 荔湾区 | Liwan | 39 |
| 越秀区 | Yuexiu | 197 |
| 海珠区 | Haizhu | 104 |
| 天河区 | Tianhe | 193 |
| 白云区 | Baiyun | 60 |
| 黄埔区 | Huangpu | 17 |
| 番禺区 | Panyu | 92 |
| 花都区 | Huadu | 29 |
| 南沙区 | Nansha | 10 |
| 萝岗区 | Luogang | 30 |
| 县级市 | Cities at County Level | 47 |
| 增城市 | Zengcheng | 23 |
| 从化市 | Conghua | 24 |
| **按隶属关系分** | **Grouped by Administrative Relationship** | |
| 中央属企业 | Central Government | 31 |
| 省属企业 | Provincial Government | 87 |
| 市属企业 | Municipal Government | 102 |
| 区县级市属企业 | District or County Governments | 65 |
| 其他企业 | Others | 533 |
| **按登记注册类型分** | **Grouped by Registration Status** | |
| 内资企业 | Domestic Funded Enterprises | 803 |
| 国有企业 | State-owned Enterprises | 64 |
| 集体企业 | Collective-owned Enterprises | 36 |
| 股份合作企业 | Share-holding Cooperative Enterprises | 4 |
| 联营企业 | Joint Ownership Enterprises | 2 |
| # 国有联营企业 | State Joint Ownership Enterprises | 1 |
| 集体联营企业 | Collective Joint Ownership Enterprises | |
| 国有与集体联营企业 | Joint State-collective Enterprises | |
| 有限责任公司 | Limited Liability Corporations | 246 |
| # 国有独资公司 | State Sole Funded Corporations | 31 |
| 股份有限公司 | Share-holding Corporations Ltd. | 20 |
| 私营企业 | Private Enterprises | 430 |
| 其他企业 | Other Enterprises | 1 |
| 港、澳、台商投资企业 | Enterprises with Funds from Hong Kong, Macao and Taiwan | 12 |
| 与港、澳、台商合资经营企业 | Joint-venture Enterprises | 8 |
| 与港、澳、台商合作经营企业 | Cooperative Enterprises | 2 |
| 港、澳、台商独资经营企业 | Enterprises with Sole Funds | 1 |
| 港、澳、台商投资股份有限公司 | Share-holding Corporations Ltd. | 1 |
| 外商投资企业 | Foreign Funded Enterprises | 3 |
| 中外合资经营企业 | Joint-venture Enterprises | 2 |
| 中外合作经营企业 | Cooperative Enterprises | |
| 外资企业 | Enterprises with Sole Foreign Funds | 1 |
| 外商投资股份有限公司 | Share-holding Corporations Ltd. | |

# Statistics on Production of Grade Construction Enterprises (2013)

| 建筑业总产值 (万元) Gross Output Value of Construction (10000 yuan) | 建筑工程 Output Value of Construction | 安装工程 Output Value of Installation | 其 他 Others | 竣工产值 (万元) Output Value of Completed Projects (10000 yuan) | 竣工率 (%) Ratio of Floor Space of Buildings Completed (%) |
|---|---|---|---|---|---|
| **21828895** | **19019086** | **2210891** | **598917** | **9685134** | **44.37** |
| | | | | | |
| 20929171 | 18288581 | 2062135 | 578455 | 9013907 | 43.07 |
| 558801 | 293240 | 221297 | 44264 | 347822 | 62.24 |
| 4987707 | 4215767 | 667232 | 104709 | 3041754 | 60.99 |
| 4039784 | 3727504 | 142436 | 169844 | 2150706 | 53.24 |
| 7489044 | 6756881 | 526806 | 205357 | 2253084 | 30.09 |
| 395600 | 254235 | 118530 | 22835 | 139099 | 35.16 |
| 464252 | 273382 | 186780 | 4090 | 236887 | 51.03 |
| 498590 | 406318 | 90600 | 1672 | 169618 | 34.02 |
| 534530 | 516563 | 11452 | 6515 | 430673 | 80.57 |
| 298295 | 273228 | 25067 | | 51862 | 17.39 |
| 1662568 | 1571463 | 71936 | 19169 | 192403 | 11.57 |
| 899724 | 730505 | 148757 | 20462 | 671227 | 74.60 |
| 623201 | 552779 | 49960 | 20462 | 558357 | 89.60 |
| 276523 | 177727 | 98796 | | 112870 | 40.82 |
| | | | | | |
| 9638329 | 9096132 | 386960 | 155236 | 3292266 | 34.16 |
| 4519641 | 3726441 | 713662 | 79538 | 2230576 | 49.35 |
| 2871957 | 2529737 | 287785 | 54435 | 1787719 | 62.25 |
| 587262 | 521273 | 37386 | 28603 | 440209 | 74.96 |
| 4211706 | 3145503 | 785098 | 281105 | 1934365 | 45.93 |
| | | | | | |
| 21746882 | 18963936 | 2184204 | 598742 | 9652529 | 44.39 |
| 2661950 | 1822897 | 706133 | 132920 | 1573864 | 59.12 |
| 247127 | 234469 | 6087 | 6572 | 226891 | 91.81 |
| 87754 | 85677 | 1899 | 179 | 104809 | 119.43 |
| 23571 | 22941 | 630 | | | |
| 23492 | 22862 | 630 | | | |
| | | | | | |
| 13422782 | 12342952 | 836056 | 243774 | 4859253 | 36.20 |
| 6459090 | 6311000 | 110858 | 37232 | 1961704 | 30.37 |
| 2364572 | 2217767 | 88270 | 58535 | 1370205 | 57.95 |
| 2939126 | 2237234 | 545130 | 156762 | 1517507 | 51.63 |
| | | | | | |
| 74971 | 52986 | 21985 | | 30821 | 41.11 |
| 43491 | 40846 | 2645 | | 3739 | 8.60 |
| 20324 | 984 | 19340 | | 20324 | 100.00 |
| 132 | 132 | | | | |
| 11025 | 11025 | | | 6758 | 61.30 |
| 7042 | 2164 | 4703 | 175 | 1785 | 25.34 |
| 6234 | 2164 | 4070 | | 1785 | 28.63 |
| | | | | | |
| 808 | | 633 | 175 | | |

# 12-4 续表

| 项　　目 | Item | 房屋建筑施工面积（平方米）Floor Space of Buildings under Construction (sq.m) |
|---|---|---|
| **总　　计** | **Total** | **150557044** |
| **按地区分** | **Grouped by District** | |
| 市　区 | Urban Districts | 146704381 |
| 荔湾区 | Liwan | 2086347 |
| 越秀区 | Yuexiu | 30655418 |
| 海珠区 | Haizhu | 43040974 |
| 天河区 | Tianhe | 62377554 |
| 白云区 | Baiyun | 1960038 |
| 黄埔区 | Huangpu | 902864 |
| 番禺区 | Panyu | 762707 |
| 花都区 | Huadu | 3502753 |
| 南沙区 | Nansha | 98115 |
| 萝岗区 | Luogang | 1317611 |
| 县级市 | Cities at County Level | 3852663 |
| 增城市 | Zengcheng | 2769713 |
| 从化市 | Conghua | 1082950 |
| **按隶属关系分** | **Grouped by Administrative Relationship** | |
| 中央属企业 | Central Government | 84376297 |
| 省属企业 | Provincial Government | 7469277 |
| 市属企业 | Municipal Government | 32558606 |
| 区县级市属企业 | District or County Governments | 5010805 |
| 其他企业 | Others | 21142059 |
| **按登记注册类型分** | **Grouped by Registration Status** | |
| 内资企业 | Domestic Funded Enterprises | 150548644 |
| 国有企业 | State-owned Enterprises | 7342014 |
| 集体企业 | Collective-owned Enterprises | 2741039 |
| 股份合作企业 | Share-holding Cooperative Enterprises | 580550 |
| 联营企业 | Joint Ownership Enterprises | |
| # 国有联营企业 | State Joint Ownership Enterprises | |
| 集体联营企业 | Collective Joint Ownership Enterprises | |
| 国有与集体联营企业 | Joint State-collective Enterprises | |
| 有限责任公司 | Limited Liability Corporations | 79990713 |
| # 国有独资公司 | State Sole Funded Corporations | 61982550 |
| 股份有限公司 | Share-holding Corporations Ltd. | 41065420 |
| 私营企业 | Private Enterprises | 18828908 |
| 其他企业 | Other Enterprises | |
| 港、澳、台商投资企业 | Enterprises with Funds from Hong Kong, Macao and Taiwan | 8400 |
| 与港、澳、台商合资经营企业 | Joint-venture Enterprises | 6400 |
| 与港、澳、台商合作经营企业 | Cooperative Enterprises | |
| 港、澳、台商独资经营企业 | Enterprises with Sole Funds | 2000 |
| 港、澳、台商投资股份有限公司 | Share-holding Corporations Ltd. | |
| 外商投资企业 | Foreign Funded Enterprises | |
| 中外合资经营企业 | Joint-venture Enterprises | |
| 中外合作经营企业 | Cooperative Enterprises | |
| 外资企业 | Enterprises with Sole Foreign Funds | |
| 外商投资股份有限公司 | Share-holding Corporations Ltd. | |

continued

| # 本年新开工<br>Floor Space Started in Current Year | # 实行投标承包<br>Floor Space through Bidding | 房屋建筑竣工面积（平方米）<br>Floor Space of Buildings Completed (sq.m) | # 住　宅<br>Residential Buildings | 年平均人数（人）<br>Average Annual Employed Persons (person) |
|---|---|---|---|---|
| **57681925** | **99345423** | **25567357** | **16335939** | **366664** |
| | | | | |
| 56186500 | 97572350 | 24155465 | 15712820 | 339324 |
| 671827 | 1544905 | 637245 | 467697 | 10076 |
| 11348580 | 25591091 | 7389250 | 3375185 | 76859 |
| 15362998 | 8231463 | 6471273 | 5973578 | 24132 |
| 26937091 | 58134663 | 6650534 | 4415480 | 138682 |
| 363906 | 1755376 | 451341 | 191464 | 10817 |
| 225746 | 647603 | 408531 | 214267 | 6837 |
| 207696 | 122030 | 391970 | 127210 | 11341 |
| 801923 | 1168892 | 1243589 | 944369 | 14591 |
| 92054 | 30401 | 73820 | 3570 | 2027 |
| 174679 | 345926 | 437912 | | 43962 |
| 1495425 | 1773073 | 1411892 | 623119 | 27340 |
| 1028482 | 1554865 | 903465 | 313832 | 16695 |
| 466943 | 218208 | 508427 | 309287 | 10645 |
| | | | | |
| 29114851 | 49561619 | 8221903 | 7235690 | 95818 |
| 1965501 | 5760388 | 1232248 | 655603 | 63643 |
| 12913203 | 28823237 | 7130945 | 3541150 | 55270 |
| 2015110 | 1972967 | 2342745 | 949047 | 24146 |
| 11673260 | 13227212 | 6639516 | 3954449 | 127787 |
| | | | | |
| 57679925 | 99345423 | 25567357 | 16335939 | 364395 |
| 2455880 | 3645852 | 1428641 | 257001 | 35922 |
| 619111 | 541330 | 957757 | 310057 | 8094 |
| 143495 | 580550 | 339729 | 164234 | 1671 |
| | | | | 260 |
| | | | | 251 |
| | | | | |
| | | | | |
| 30790787 | 75681778 | 9852799 | 6255794 | 196773 |
| 23979559 | 60804422 | 4812656 | 2811491 | 98500 |
| 12624173 | 7036420 | 7111029 | 5987440 | 19640 |
| 11046479 | 11859493 | 5877402 | 3361413 | 102027 |
| | | | | 8 |
| 2000 | | | | 1347 |
| | | | | 838 |
| | | | | 400 |
| 2000 | | | | 20 |
| | | | | 89 |
| | | | | 922 |
| | | | | 856 |
| | | | | |
| | | | | 66 |

# 12-5 资质以上建筑业企业承包工程完成情况(2013年)

单位：万元

| 项目 | Item |
|---|---|
| **总计** | **Total** |
| **按地区分** | **Grouped by District** |
| 市区 | Urban Districts |
| 荔湾区 | Liwan |
| 越秀区 | Yuexiu |
| 海珠区 | Haizhu |
| 天河区 | Tianhe |
| 白云区 | Baiyun |
| 黄埔区 | Huangpu |
| 番禺区 | Panyu |
| 花都区 | Huadu |
| 南沙区 | Nansha |
| 萝岗区 | Luogang |
| 县级市 | Cities at County Level |
| 增城市 | Zengcheng |
| 从化市 | Conghua |
| **按隶属关系分** | **Grouped by Administrative Relationship** |
| 中央属企业 | Central Government |
| 省属企业 | Provincial Government |
| 市属企业 | Municipal Government |
| 区县级市属企业 | District or County Governments |
| 其他企业 | Others |
| **按登记注册类型分** | **Grouped by Registration Status** |
| 内资企业 | Domestic Funded Enterprises |
| 国有企业 | State-owned Enterprises |
| 集体企业 | Collective-owned Enterprises |
| 股份合作企业 | Share-holding Cooperative Enterprises |
| 联营企业 | Joint Ownership Enterprises |
| # 国有联营企业 | State Joint Ownership Enterprises |
| 集体联营企业 | Collective Joint Ownership Enterprises |
| 国有与集体联营企业 | Joint State-collective Enterprises |
| 有限责任公司 | Limited Liability Corporations |
| # 国有独资公司 | State Sole Funded Corporations |
| 股份有限公司 | Share-holding Corporations Ltd. |
| 私营企业 | Private Enterprises |
| 其他企业 | Other Enterprises |
| 港、澳、台商投资企业 | Enterprises with Funds from Hong Kong, Macao and Taiwan |
| 与港、澳、台商合资经营企业 | Joint-venture Enterprises |
| 与港、澳、台商合作经营企业 | Cooperative Enterprises |
| 港、澳、台商独资经营企业 | Enterprises with Sole Funds |
| 港、澳、台商投资股份有限公司 | Share-holding Corporations Ltd. |
| 外商投资企业 | Foreign Funded Enterprises |
| 中外合资经营企业 | Joint-venture Enterprises |
| 中外合作经营企业 | Cooperative Enterprises |
| 外资企业 | Enterprises with Sole Foreign Funds |
| 外商投资股份有限公司 | Share-holding Corporations Ltd. |

# Statistics on Contracted Projects of Grade Construction Enterprises (2013)

(10000 yuan)

| 直接从建设单位承揽工程完成的产值 Output Value of Completed Projects Directly Contracted with Construction Units | 自行完成施工产值 Output Value of Projects Completed by Oneself | 分包出去工程产值 Output Value of Projects Subcontracted | 从建设单位以外承揽工程完成的产值 Output Value of Completed Projects Contracted with Other Units |
|---|---|---|---|
| **26102308** | **20718179** | **5384129** | **1110715** |
| | | | |
| 24835897 | 19818575 | 5017322 | 1110595 |
| 803659 | 507785 | 295874 | 51017 |
| 6933338 | 4755536 | 2177802 | 232172 |
| 5241101 | 3492250 | 1748851 | 547534 |
| 7910068 | 7365018 | 545050 | 124025 |
| 503847 | 372516 | 131332 | 23084 |
| 448383 | 382152 | 66231 | 82099 |
| 524054 | 494819 | 29235 | 3771 |
| 535977 | 534530 | 1447 | |
| 300233 | 298295 | 1938 | |
| 1635238 | 1615675 | 19563 | 46893 |
| 1266411 | 899604 | 366807 | 120 |
| 989888 | 623201 | 366687 | |
| 276523 | 276403 | 120 | 120 |
| | | | |
| 10628916 | 9116333 | 1512582 | 521996 |
| 5359813 | 4338492 | 1021322 | 181150 |
| 5153291 | 2769066 | 2384225 | 102891 |
| 585539 | 565659 | 19880 | 21603 |
| 4374749 | 3928629 | 446120 | 283077 |
| | | | |
| 25993432 | 20647635 | 5345797 | 1099247 |
| 3487571 | 2433740 | 1053831 | 228210 |
| 260291 | 247088 | 13203 | 38 |
| 82385 | 82385 | | 5369 |
| 23571 | 23571 | | |
| 23492 | 23492 | | |
| | | | |
| | | | |
| 15921072 | 12777545 | 3143527 | 645237 |
| 8514878 | 6302204 | 2212674 | 156886 |
| 3116646 | 2364495 | 752151 | 77 |
| 3101896 | 2718811 | 383085 | 220315 |
| | | | |
| 101834 | 63502 | 38332 | 11469 |
| 69800 | 32022 | 37778 | 11469 |
| 20324 | 20324 | | |
| 686 | 132 | 554 | |
| 11025 | 11025 | | |
| 7042 | 7042 | | |
| 6234 | 6234 | | |
| | | | |
| 808 | 808 | | |

# 12-6 资质以上建筑业企业财务指标(2013年)

单位：万元

| 项　　目 | Item |
|---|---|
| **总　计** | **Total** |
| **按地区分** | **Grouped by District** |
| 市　区 | Urban Districts |
| 荔湾区 | Liwan |
| 越秀区 | Yuexiu |
| 海珠区 | Haizhu |
| 天河区 | Tianhe |
| 白云区 | Baiyun |
| 黄埔区 | Huangpu |
| 番禺区 | Panyu |
| 花都区 | Huadu |
| 南沙区 | Nansha |
| 萝岗区 | Luogang |
| 县级市 | Cities at County Level |
| 增城市 | Zengcheng |
| 从化市 | Conghua |
| **按隶属关系分** | **Grouped by Administrative Relationship** |
| 中央属企业 | Central Government |
| 省属企业 | Provincial Government |
| 市属企业 | Municipal Government |
| 区县级市属企业 | District or County Governments |
| 其他企业 | Others |
| **按登记注册类型分** | **Grouped by Registration Status** |
| 内资企业 | Domestic Funded Enterprises |
| 国有企业 | State-owned Enterprises |
| 集体企业 | Collective-owned Enterprises |
| 股份合作企业 | Share-holding Cooperative Enterprises |
| 联营企业 | Joint Ownership Enterprises |
| # 国有联营企业 | State Joint Ownership Enterprises |
| 集体联营企业 | Collective Joint Ownership Enterprises |
| 国有与集体联营企业 | Joint State-collective Enterprises |
| 有限责任公司 | Limited Liability Corporations |
| # 国有独资公司 | State Sole Funded Corporations |
| 股份有限公司 | Share-holding Corporations Ltd. |
| 私营企业 | Private Enterprises |
| 其他企业 | Other Enterprises |
| 港、澳、台商投资企业 | Enterprises with Funds from Hong Kong, Macao and Taiwan |
| 与港、澳、台商合资经营企业 | Joint-venture Enterprises |
| 与港、澳、台商合作经营企业 | Cooperative Enterprises |
| 港、澳、台商独资经营企业 | Enterprises with Sole Funds |
| 港、澳、台商投资股份有限公司 | Share-holding Corporations Ltd. |
| 外商投资企业 | Foreign Funded Enterprises |
| 中外合资经营企业 | Joint-venture Enterprises |
| 中外合作经营企业 | Cooperative Enterprises |
| 外资企业 | Enterprises with Sole Foreign Funds |
| 外商投资股份有限公司 | Share-holding Corporations Ltd. |

# Financial Indicators of Grade Construction Enterprises (2013)

(10000 yuan)

| 资产总计 Total Assets | 负债合计 Total Liabilities | 所有者权益 Owners' Equity | # 实收资本 Paid-in Capitals | # 国家资本 State Capital |
|---|---|---|---|---|
| **31446706** | **23970231** | **7476475** | **4494361** | **755406** |
| 29714158 | 22634982 | 7079176 | 4307898 | 733302 |
| 827487 | 625134 | 202353 | 149715 | 57526 |
| 8733716 | 7266650 | 1467066 | 906683 | 155528 |
| 6818451 | 4972822 | 1845629 | 1205145 | 41485 |
| 7901953 | 5785164 | 2116789 | 1266493 | 238685 |
| 617892 | 355225 | 262667 | 163051 | 7700 |
| 719700 | 621846 | 97854 | 74656 | 31000 |
| 829473 | 612519 | 216954 | 128461 | 4387 |
| 840345 | 724161 | 116184 | 68432 | 19351 |
| 282474 | 235195 | 47279 | 35909 | |
| 2142666 | 1436265 | 706401 | 309354 | 177641 |
| 1732548 | 1335249 | 397299 | 186464 | 22104 |
| 1411350 | 1107665 | 303685 | 126511 | 22104 |
| 321198 | 227584 | 93614 | 59953 | |
| 11814292 | 9354493 | 2459799 | 1536145 | 253207 |
| 6738748 | 5199447 | 1539301 | 786863 | 293181 |
| 4880482 | 3632819 | 1247663 | 679819 | 129379 |
| 917105 | 723730 | 193375 | 112523 | 11465 |
| 7096078 | 5059741 | 2036337 | 1379011 | 68173 |
| 31258891 | 23835295 | 7423596 | 4459605 | 755205 |
| 3688014 | 2987881 | 700133 | 496299 | 300534 |
| 219065 | 167033 | 52032 | 35084 | 500 |
| 60154 | 33317 | 26837 | 20740 | |
| 16741 | 13954 | 2787 | 1000 | |
| 14190 | 11474 | 2716 | 1000 | |
| 17820754 | 13446027 | 4374727 | 2587015 | 425806 |
| 9048929 | 6744090 | 2304839 | 1392631 | 202639 |
| 4111183 | 3303848 | 807335 | 320473 | 22215 |
| 5340809 | 3881596 | 1459213 | 996995 | 6150 |
| 2172 | 1640 | 532 | 2000 | |
| 137639 | 107378 | 30261 | 22588 | 200 |
| 92074 | 69635 | 22439 | 17641 | 200 |
| 10178 | 8237 | 1941 | 1712 | |
| 1062 | 22 | 1040 | 1035 | |
| 34325 | 29484 | 4841 | 2200 | |
| 50176 | 27558 | 22618 | 12168 | |
| 44479 | 24887 | 19592 | 10900 | |
| 5697 | 2671 | 3026 | 1268 | |

12-6 续表 1

单位:万元

| 项目 | Item |
| --- | --- |
| **总计** | **Total** |
| **按地区分** | **Grouped by District** |
| 市区 | Urban Districts |
| 荔湾区 | Liwan |
| 越秀区 | Yuexiu |
| 海珠区 | Haizhu |
| 天河区 | Tianhe |
| 白云区 | Baiyun |
| 黄埔区 | Huangpu |
| 番禺区 | Panyu |
| 花都区 | Huadu |
| 南沙区 | Nansha |
| 萝岗区 | Luogang |
| 县级市 | Cities at County Level |
| 增城市 | Zengcheng |
| 从化市 | Conghua |
| **按隶属关系分** | **Grouped by Administrative Relationship** |
| 中央属企业 | Central Government |
| 省属企业 | Provincial Government |
| 市属企业 | Municipal Government |
| 区县级市属企业 | District or County Governments |
| 其他企业 | Others |
| **按登记注册类型分** | **Grouped by Registration Status** |
| 内资企业 | Domestic Funded Enterprises |
| 国有企业 | State-owned Enterprises |
| 集体企业 | Collective-owned Enterprises |
| 股份合作企业 | Share-holding Cooperative Enterprises |
| 联营企业 | Joint Ownership Enterprises |
| # 国有联营企业 | State Joint Ownership Enterprises |
| 集体联营企业 | Collective Joint Ownership Enterprises |
| 国有与集体联营企业 | Joint State-collective Enterprises |
| 有限责任公司 | Limited Liability Corporations |
| # 国有独资公司 | State Sole Funded Corporations |
| 股份有限公司 | Share-holding Corporations Ltd. |
| 私营企业 | Private Enterprises |
| 其他企业 | Other Enterprises |
| 港、澳、台商投资企业 | Enterprises with Funds from Hong Kong, Macao and Taiwan |
| 与港、澳、台商合资经营企业 | Joint-venture Enterprises |
| 与港、澳、台商合作经营企业 | Cooperative Enterprises |
| 港、澳、台商独资经营企业 | Enterprises with Sole Funds |
| 港、澳、台商投资股份有限公司 | Share-holding Corporations Ltd. |
| 外商投资企业 | Foreign Funded Enterprises |
| 中外合资经营企业 | Joint-venture Enterprises |
| 中外合作经营企业 | Cooperative Enterprises |
| 外资企业 | Enterprises with Sole Foreign Funds |
| 外商投资股份有限公司 | Share-holding Corporations Ltd. |

continued

(10000 yuan)

| 营业收入<br>Income of<br>Business | #主营业务收入<br>Revenue from<br>Principal Business | 主营业务成本<br>Cost of<br>Principal Business | 主营业务税金及附加<br>Tax and<br>Changes on<br>Principal Business | 其他业务利润<br>Other<br>Operational<br>Profit |
|---|---|---|---|---|
| **28241093** | **28026867** | **25224187** | **618201** | **70652** |
| | | | | |
| 26956165 | 26744876 | 24097674 | 574787 | 69258 |
| 1068848 | 1052442 | 947934 | 20996 | 1330 |
| 7744508 | 7694837 | 7120191 | 167352 | 21898 |
| 6337136 | 6313642 | 5644881 | 91378 | 14401 |
| 7493680 | 7419871 | 6640751 | 182115 | 14763 |
| 529517 | 520171 | 453169 | 12860 | 5554 |
| 908516 | 881551 | 798005 | 10834 | 7190 |
| 471938 | 467904 | 372119 | 11740 | 1554 |
| 571836 | 567598 | 511897 | 21298 | 3218 |
| 308841 | 308782 | 283838 | 10672 | 3 |
| 1521345 | 1518077 | 1324889 | 45542 | -651 |
| 1284927 | 1281991 | 1126513 | 43415 | 1394 |
| 955553 | 954162 | 836848 | 29380 | 792 |
| 329374 | 327829 | 289665 | 14035 | 602 |
| | | | | |
| 11128672 | 11086242 | 9990795 | 235667 | 15918 |
| 5740054 | 5655841 | 5118893 | 128346 | 17918 |
| 5457392 | 5408573 | 5005685 | 100065 | 22830 |
| 896941 | 889443 | 797955 | 28686 | 3228 |
| 5018033 | 4986768 | 4310860 | 125438 | 10758 |
| | | | | |
| 28063063 | 27849379 | 25074837 | 615871 | 70277 |
| 4183530 | 4124569 | 3831726 | 76879 | 20549 |
| 276792 | 273656 | 235893 | 9022 | 349 |
| 89251 | 88826 | 81126 | 1834 | 207 |
| 39119 | 39111 | 36760 | 1110 | 9 |
| 39041 | 39041 | 36693 | 1107 | |
| | | | | |
| 16161313 | 16037460 | 14496688 | 376463 | 36448 |
| 7938704 | 7906029 | 7215231 | 157478 | 11872 |
| 3771176 | 3760250 | 3325579 | 64549 | 7064 |
| 3541881 | 3525508 | 3067065 | 86015 | 5652 |
| | | | | |
| 132017 | 131496 | 114297 | 2134 | 354 |
| 92945 | 92510 | 82447 | 1383 | 348 |
| 20357 | 20357 | 18712 | 250 | |
| 644 | 644 | 510 | 18 | |
| 18072 | 17986 | 12629 | 483 | 7 |
| 46013 | 45992 | 35054 | 196 | 21 |
| 41012 | 41012 | 31478 | 162 | |
| | | | | |
| 5001 | 4980 | 3576 | 34 | 21 |

## 12-6 续表 2

单位：万元

| 项　　目 | Item |
|---|---|
| **总　计** | **Total** |
| **按地区分** | **Grouped by District** |
| 市　区 | Urban Districts |
| 荔湾区 | Liwan |
| 越秀区 | Yuexiu |
| 海珠区 | Haizhu |
| 天河区 | Tianhe |
| 白云区 | Baiyun |
| 黄埔区 | Huangpu |
| 番禺区 | Panyu |
| 花都区 | Huadu |
| 南沙区 | Nansha |
| 萝岗区 | Luogang |
| 县级市 | Cities at County Level |
| 增城市 | Zengcheng |
| 从化市 | Conghua |
| **按隶属关系分** | **Grouped by Administrative Relationship** |
| 中央属企业 | Central Government |
| 省属企业 | Provincial Government |
| 市属企业 | Municipal Government |
| 区县级市属企业 | District or County Governments |
| 其他企业 | Others |
| **按登记注册类型分** | **Grouped by Registration Status** |
| 内资企业 | Domestic Funded Enterprises |
| 国有企业 | State-owned Enterprises |
| 集体企业 | Collective-owned Enterprises |
| 股份合作企业 | Share-holding Cooperative Enterprises |
| 联营企业 | Joint Ownership Enterprises |
| # 国有联营企业 | State Joint Ownership Enterprises |
| 集体联营企业 | Collective Joint Ownership Enterprises |
| 国有与集体联营企业 | Joint State-collective Enterprises |
| 有限责任公司 | Limited Liability Corporations |
| # 国有独资公司 | State Sole Funded Corporations |
| 股份有限公司 | Share-holding Corporations Ltd. |
| 私营企业 | Private Enterprises |
| 其他企业 | Other Enterprises |
| 港、澳、台商投资企业 | Enterprises with Funds from Hong Kong, Macao and Taiwan |
| 与港、澳、台商合资经营企业 | Joint-venture Enterprises |
| 与港、澳、台商合作经营企业 | Cooperative Enterprises |
| 港、澳、台商独资经营企业 | Enterprises with Sole Funds |
| 港、澳、台商投资股份有限公司 | Share-holding Corporations Ltd. |
| 外商投资企业 | Foreign Funded Enterprises |
| 中外合资经营企业 | Joint-venture Enterprises |
| 中外合作经营企业 | Cooperative Enterprises |
| 外资企业 | Enterprises with Sole Foreign Funds |
| 外商投资股份有限公司 | Share-holding Corporations Ltd. |

continued

(10000 yuan)

| 管理费用 Management Cost | 财务费用 Financial Cost | 营业利润 Business Profits | 利润总额 Total Profits | 产值利润率(%) Rate of Profits to Output (%) |
|---|---|---|---|---|
| **961004** | **254044** | **865204** | **877889** | **4.02** |
| | | | | |
| 916514 | 228773 | 819929 | 832285 | 3.98 |
| 49936 | 2186 | 13575 | -3176 | -0.57 |
| 259037 | 40472 | 132711 | 160389 | 3.22 |
| 140603 | 51266 | 276527 | 272420 | 6.74 |
| 255250 | 98713 | 197128 | 198808 | 2.65 |
| 36630 | 1290 | 19999 | 19982 | 5.05 |
| 54098 | 5457 | 14324 | 16901 | 3.64 |
| 31413 | 3333 | 73023 | 73448 | 14.73 |
| 15770 | 5690 | 15398 | 15407 | 2.88 |
| 6126 | 1531 | 6649 | 6866 | 2.30 |
| 67652 | 18834 | 70595 | 71242 | 4.29 |
| 44490 | 25272 | 45275 | 45604 | 5.07 |
| 32685 | 24417 | 32514 | 33154 | 5.32 |
| 11805 | 855 | 12761 | 12449 | 4.50 |
| | | | | |
| 252225 | 144972 | 397416 | 378207 | 3.92 |
| 249667 | 52283 | 111601 | 117175 | 2.59 |
| 172734 | 9936 | 109539 | 143047 | 4.98 |
| 31332 | -5150 | 44503 | 37018 | 6.30 |
| 255047 | 52003 | 202146 | 202441 | 4.81 |
| | | | | |
| 943877 | 253464 | 860780 | 872770 | 4.01 |
| 160676 | 16443 | 54850 | 40489 | 1.52 |
| 17422 | 326 | 12386 | 12375 | 5.01 |
| 5561 | -51 | 473 | 634 | 0.72 |
| 962 | -20 | 308 | 304 | 1.29 |
| 930 | -15 | 326 | 321 | 1.37 |
| | | | | |
| 515876 | 157043 | 557598 | 584011 | 4.35 |
| 168760 | 119853 | 304461 | 302867 | 4.69 |
| 74769 | 35871 | 109705 | 111006 | 4.69 |
| 168485 | 43853 | 125586 | 124077 | 4.22 |
| 127 | -1 | -126 | -126 | |
| 10670 | 473 | 3201 | 3251 | 4.34 |
| 8009 | 132 | 884 | 890 | 2.05 |
| 1079 | -1 | 110 | 110 | 0.54 |
| 106 | -1 | 3 | 3 | 2.27 |
| 1476 | 342 | 2204 | 2249 | 20.40 |
| 6457 | 108 | 1224 | 1867 | 26.51 |
| 5799 | -31 | 913 | 1556 | 24.96 |
| | | | | |
| 658 | 139 | 311 | 311 | 38.49 |

## 12-7 资质以上建筑业企业盈亏情况(2013年)

单位:个、万元

| 项　　目 | Item |
|---|---|
| **总　计** | **Total** |
| **按地区分** | **Grouped by District** |
| 市　区 | Urban Districts |
| 荔湾区 | Liwan |
| 越秀区 | Yuexiu |
| 海珠区 | Haizhu |
| 天河区 | Tianhe |
| 白云区 | Baiyun |
| 黄埔区 | Huangpu |
| 番禺区 | Panyu |
| 花都区 | Huadu |
| 南沙区 | Nansha |
| 萝岗区 | Luogang |
| 县级市 | Cities at County Level |
| 增城市 | Zengcheng |
| 从化市 | Conghua |
| **按隶属关系分** | **Grouped by Administrative Relationship** |
| 中央属企业 | Central Government |
| 省属企业 | Provincial Government |
| 市属企业 | Municipal Government |
| 区县级市属企业 | District or County Governments |
| 其他企业 | Others |
| **按登记注册类型分** | **Grouped by Registration Status** |
| 内资企业 | Domestic Funded Enterprises |
| 国有企业 | State-owned Enterprises |
| 集体企业 | Collective-owned Enterprises |
| 股份合作企业 | Share-holding Cooperative Enterprises |
| 联营企业 | Joint Ownership Enterprises |
| # 国有联营企业 | State Joint Ownership Enterprises |
| 集体联营企业 | Collective Joint Ownership Enterprises |
| 国有与集体联营企业 | Joint State-collective Enterprises |
| 有限责任公司 | Limited Liability Corporations |
| # 国有独资公司 | State Sole Funded Corporations |
| 股份有限公司 | Share-holding Corporations Ltd. |
| 私营企业 | Private Enterprises |
| 其他企业 | Other Enterprises |
| 港、澳、台商投资企业 | Enterprises with Funds from Hong Kong, Macao and Taiwan |
| 与港、澳、台商合资经营企业 | Joint-venture Enterprises |
| 与港、澳、台商合作经营企业 | Cooperative Enterprises |
| 港、澳、台商独资经营企业 | Enterprises with Sole Funds |
| 港、澳、台商投资股份有限公司 | Share-holding Corporations Ltd. |
| 外商投资企业 | Foreign Funded Enterprises |
| 中外合资经营企业 | Joint-venture Enterprises |
| 中外合作经营企业 | Cooperative Enterprises |
| 外资企业 | Enterprises with Sole Foreign Funds |
| 外商投资股份有限公司 | Share-holding Corporations Ltd. |

# Statistics on Profits and Losses of Grade Construction Enterprises (2013)

(unit, 10000 yuan)

| 企业数 Number of Construction Enterprises | 盈余 Profits | | 亏损 Losses | |
|---|---|---|---|---|
| | 企业数 Number of Enterprises | 金额 Value | 企业数 Number of Enterprises | 金额 Value |
| **818** | **654** | **927310** | **164** | **49421** |
| | | | | |
| 771 | 612 | 880700 | 159 | 48415 |
| 39 | 29 | 12876 | 10 | 16052 |
| 197 | 167 | 168113 | 30 | 7724 |
| 104 | 82 | 280689 | 22 | 8269 |
| 193 | 154 | 209537 | 39 | 10729 |
| 60 | 46 | 21997 | 14 | 2015 |
| 17 | 14 | 17397 | 3 | 496 |
| 92 | 64 | 75099 | 28 | 1651 |
| 29 | 25 | 15741 | 4 | 334 |
| 10 | 8 | 7036 | 2 | 170 |
| 30 | 23 | 72216 | 7 | 974 |
| 47 | 42 | 46610 | 5 | 1006 |
| 23 | 19 | 34093 | 4 | 939 |
| 24 | 23 | 12516 | 1 | 67 |
| | | | | |
| 31 | 28 | 398231 | 3 | 20024 |
| 87 | 72 | 125039 | 15 | 7864 |
| 102 | 90 | 144585 | 12 | 1538 |
| 65 | 56 | 37702 | 9 | 684 |
| 533 | 408 | 221752 | 125 | 19311 |
| | | | | |
| 803 | 641 | 872770 | 162 | 48689 |
| 64 | 52 | 58251 | 12 | 17762 |
| 36 | 28 | 12829 | 8 | 454 |
| 4 | 3 | 635 | 1 | 1 |
| 2 | 1 | 321 | 1 | 17 |
| 1 | 1 | 321 | | |
| | | | | |
| 246 | 218 | 596366 | 28 | 12355 |
| 31 | 28 | 307981 | 3 | 5114 |
| 20 | 15 | 111505 | 5 | 499 |
| 430 | 324 | 141552 | 106 | 17475 |
| 1 | | | 1 | 126 |
| 12 | 10 | 3983 | 2 | 732 |
| 8 | 6 | 1622 | 2 | 732 |
| 2 | 2 | 110 | | |
| 1 | 1 | 3 | | |
| 1 | 1 | 2249 | | |
| 3 | 3 | 1867 | | |
| 2 | 2 | 1556 | | |
| | | | | |
| 1 | 1 | 311 | | |

# 12-8 资质以上建筑业企业年末技术装备情况(2013年)

| 项　　目 | Item |
| --- | --- |
| **总　计** | **Total** |
| **按地区分** | **Grouped by District** |
| 市　区 | Urban Districts |
| 荔湾区 | Liwan |
| 越秀区 | Yuexiu |
| 海珠区 | Haizhu |
| 天河区 | Tianhe |
| 白云区 | Baiyun |
| 黄埔区 | Huangpu |
| 番禺区 | Panyu |
| 花都区 | Huadu |
| 南沙区 | Nansha |
| 萝岗区 | Luogang |
| 县级市 | Cities at County Level |
| 增城市 | Zengcheng |
| 从化市 | Conghua |
| **按隶属关系分** | **Grouped by Administrative Relationship** |
| 中央属企业 | Central Government |
| 省属企业 | Provincial Government |
| 市属企业 | Municipal Government |
| 区县级市属企业 | District or County Governments |
| 其他企业 | Others |
| **按登记注册类型分** | **Grouped by Registration Status** |
| 内资企业 | Domestic Funded Enterprises |
| 国有企业 | State-owned Enterprises |
| 集体企业 | Collective-owned Enterprises |
| 股份合作企业 | Share-holding Cooperative Enterprises |
| 联营企业 | Joint Ownership Enterprises |
| # 国有联营企业 | State Joint Ownership Enterprises |
| 集体联营企业 | Collective Joint Ownership Enterprises |
| 国有与集体联营企业 | Joint State-collective Enterprises |
| 有限责任公司 | Limited Liability Corporations |
| # 国有独资公司 | State Sole Funded Corporations |
| 股份有限公司 | Share-holding Corporations Ltd. |
| 私营企业 | Private Enterprises |
| 其他企业 | Other Enterprises |
| 港、澳、台商投资企业 | Enterprises with Funds from Hong Kong, Macao and Taiwan |
| 与港、澳、台商合资经营企业 | Joint-venture Enterprises |
| 与港、澳、台商合作经营企业 | Cooperative Enterprises |
| 港、澳、台商独资经营企业 | Enterprises with Sole Funds |
| 港、澳、台商投资股份有限公司 | Share-holding Corporations Ltd. |
| 外商投资企业 | Foreign Funded Enterprises |
| 中外合资经营企业 | Joint-venture Enterprises |
| 中外合作经营企业 | Cooperative Enterprises |
| 外资企业 | Enterprises with Sole Foreign Funds |
| 外商投资股份有限公司 | Share-holding Corporations Ltd. |

## Number and Power of Machinery and Equipment of Grade Construction Enterprises at Year-end (2013)

| 自有机械设备净值<br>(万元)<br>Net Value of Machinery and Equipment Owned<br>(10000 yuan) | 全部设备功率<br>(千瓦)<br>Total Power of Machinery and Equipment<br>(kw) |
|---|---|
| **1198015** | **3048002** |
| | |
| 1107912 | 2837336 |
| 35804 | 141835 |
| 102242 | 479855 |
| 553075 | 741650 |
| 273338 | 1013097 |
| 14113 | 73524 |
| 31600 | 47204 |
| 10082 | 47422 |
| 23360 | 115013 |
| 7443 | 38054 |
| 56855 | 139682 |
| 90103 | 210666 |
| 84315 | 167006 |
| 5788 | 43660 |
| | |
| 674005 | 943546 |
| 312769 | 1009780 |
| 45520 | 289924 |
| 20293 | 116330 |
| 145429 | 688422 |
| | |
| 1196993 | 3046532 |
| 93954 | 499285 |
| 8780 | 56282 |
| 4403 | 14869 |
| 41 | 79 |
| 41 | 79 |
| | |
| | |
| 824986 | 1665868 |
| 553162 | 505408 |
| 157809 | 380043 |
| 107020 | 430106 |
| | |
| 470 | 1464 |
| 413 | 1116 |
| 28 | 48 |
| 20 | 50 |
| 10 | 250 |
| 552 | 6 |
| 552 | 6 |

# 12-9 资质以上劳务分包建筑企业生产经营情况(2013年)

单位：万元

| 项　　目 | Item |
|---|---|
| **总　计** | **Total** |
| **按地区分** | **Grouped by District** |
| 市　区 | Urban Districts |
| 荔湾区 | Liwan |
| 越秀区 | Yuexiu |
| 海珠区 | Haizhu |
| 天河区 | Tianhe |
| 白云区 | Baiyun |
| 黄埔区 | Huangpu |
| 番禺区 | Panyu |
| 花都区 | Huadu |
| 南沙区 | Nansha |
| 萝岗区 | Luogang |
| 县级市 | Cities at County Level |
| 增城市 | Zengcheng |
| 从化市 | Conghua |
| **按隶属关系分** | **Grouped by Administrative Relationship** |
| 中央属企业 | Central Government |
| 省属企业 | Provincial Government |
| 市属企业 | Municipal Government |
| 区县级市属企业 | District or County Governments |
| 其他企业 | Others |
| **按登记注册类型分** | **Grouped by Registration Status** |
| 内资企业 | Domestic Funded Enterprises |
| 国有企业 | State-owned Enterprises |
| 集体企业 | Collective-owned Enterprises |
| 股份合作企业 | Share-holding Cooperative Enterprises |
| 联营企业 | Joint Ownership Enterprises |
| # 国有联营企业 | State Joint Ownership Enterprises |
| 集体联营企业 | Collective Joint Ownership Enterprises |
| 国有与集体联营企业 | Joint State-collective Enterprises |
| 有限责任公司 | Limited Liability Corporations |
| # 国有独资公司 | State Sole Funded Corporations |
| 股份有限公司 | Share-holding Corporations Ltd. |
| 私营企业 | Private Enterprises |
| 其他企业 | Other Enterprises |
| 港、澳、台商投资企业 | Enterprises with Funds from Hong Kong, Macao and Taiwan |
| 与港、澳、台商合资经营企业 | Joint-venture Enterprises |
| 与港、澳、台商合作经营企业 | Cooperative Enterprises |
| 港、澳、台商独资经营企业 | Enterprises with Sole Funds |
| 港、澳、台商投资股份有限公司 | Share-holding Corporations Ltd. |
| 外商投资企业 | Foreign Funded Enterprises |
| 中外合资经营企业 | Joint-venture Enterprises |
| 中外合作经营企业 | Cooperative Enterprises |
| 外资企业 | Enterprises with Sole Foreign Funds |
| 外商投资股份有限公司 | Share-holding Corporations Ltd. |

# Statistics on Grade Construction Enterprises of Work Subcontractors (2013)

(10000 yuan)

| 企业数(个) Number of Construction Enterprises (unit) | 营业收入合计 Business Revenue | # 主营业务收入 Core Business Revenue | 利润总额 Total Profits | 从业人员平均人数(人) Average of Employed Persons | 应付职工薪酬 Benefits Payable of the Employee |
|---|---|---|---|---|---|
| **60** | **342272** | **341306** | **4274** | **42160** | **141472** |
| 58 | 340939 | 339974 | 4257 | 42101 | 141293 |
| 7 | 24487 | 24402 | -10 | 5819 | 4887 |
| 6 | 28801 | 28801 | 78 | 2058 | 7761 |
| 9 | 162337 | 161463 | 629 | 18426 | 47128 |
| 15 | 47855 | 47855 | 1205 | 8023 | 35169 |
| 5 | 31292 | 31292 | 1888 | 2938 | 21876 |
| 12 | 14004 | 14004 | 174 | 841 | 4059 |
| 4 | 32163 | 32157 | 294 | 3996 | 20414 |
| 2 | 1333 | 1333 | 16 | 59 | 179 |
| 1 | 758 | 758 | -1 | 25 | 179 |
| 1 | 574 | 574 | 18 | 34 | |
| 3 | 25299 | 25299 | 313 | 2813 | 10035 |
| 1 | 705 | 705 | | 19 | 101 |
| 56 | 316269 | 315303 | 3961 | 39328 | 131335 |
| 60 | 342272 | 341306 | 4274 | 42160 | 141472 |
| 1 | 1089 | 1089 | -32 | 82 | 201 |
| 13 | 79630 | 79630 | 1001 | 10056 | 40129 |
| 1 | 500 | 500 | -28 | 10 | 25 |
| 45 | 261053 | 260088 | 3332 | 32012 | 101117 |

【建筑业总产值】 指以货币表现的建筑业企业在一定时期内生产的建筑业产品和服务的总和。建筑业总产值包括三部分内容：

(1)建筑工程产值:指列入建筑工程预算内的各种工程价值。

(2)设备安装工程产值:指设备安装工程价值。

(3)其他产值:建筑业总产值中除建筑工程、安装工程以外的产值。包括房屋构筑物修理产值、非标准设备制造产值、总包企业向分包企业收取的管理费以及不能明确划分的施工活动所完成的产值。

a. 房屋构筑物修理产值：指房屋和构筑物的修理所完成的产值，但不包括被修理房屋、构筑物的本身价值和生产设备的本身的价值。

b. 非标准设备制造产值：指加工制造没有定型的非标准生产设备的加工费和原材料价值以及附属加工厂为本企业承建工程制作的非标准设备的价值。

【房屋建筑面积】指房屋全部平面面积的总和。它从房屋的外墙线算起，包括可供使用的有效面积和墙柱等结构占用面积。多层房屋按各层(包括地下室)面积总和计算。旧房加层或改造，只计算增加的建筑面积；旧房拆除重建，计算其全部面积；临时房屋不计算建筑面积。

【主营业务收入】指企业确认的销售商品、提供劳务等主营业务的收入。根据会计“主营业务收入”科目的期末贷方余额填报。执行2006年《企业会计准则》的企业，如未设置该科目，以“营业收入”代替填报。

【营业收入】指企业经营主要业务和其他业务所确认的收入总额。营业收入合计包括“主营业务收入”和“其他业务收入”。根据会计“利润表”中“营业收入”项目的本期金额数填报，即：

营业收入 =主营业务收入 +其他业务收入

【Gross Output Value of Construction】 refers to total Volume of construction products and services,expressed in monetary terms,completed by construction and installation enterprises during a given period of time.It includes:

(1)Output value of construction projects,that is the value of projects covered by the project budgets;

(2)Output value of installation projects,that is the value of the installation of equipment;

(3)Other output values,that is the values excluding output value of construction projects and output value of installation projects,including output value of repair of buildings and structures,output value of manufactured non-standard equipment, management expenses received by head enterprises from subcontract enterprises and output value of construction activities completed but unclassified.

a.Output value of repair of buildings and structures,that is the value created through the repairs of buildings or structures, but does not include the value of buildings or structures being repaired and the value of the repair of production equipment.

b.Output value of manufactured non-standard equipment, that is the value of non-standard production equipment (including raw materials and manufacturing cost)made for the construction project,and equipment manufactured by subsidiary workshops.

【Floor Space of Buildings under Construction】 refers to the sum of all of the surface area of the housing. Counting from the housing exterior lines, including the availability of effective area and wall and column structure occupied the area. The multi-storey housing according to the layers (including basement) area of the aggregate calculation. The additional layer or transformation of existing homes, only the increase in construction area; old house demolition and reconstruction, to calculate the total area; temporary housing does not calculate the building area.

【Main business income】 refers to the enterprise recognizes sales of goods and services, and other main business income. Furnished according to the final credit balances of accounting, the main business income subject. The implementation of the 2006 Enterprise Accounting Standards of the enterprise, if without a set of the subjects, operating income instead.

【Operating income】 refers to the total income of the business recognized by business and other business. Total operating revenue, including the main business income and other operating income. Fill in the number of business income project accounting income statement for the current amount, .its calculating formula is:

Operating income = the main business income + other operating income

第十三篇 CHAPTER 13

# 运输和邮电

# TRANSPORT, POSTAL AND TELECOMMUNICATION SERVICES

## 第十三篇　运输和邮电

一、本篇资料反映广州市运输、邮电通信业发展的基本状况。

交通运输业资料主要包括：五种运输方式的线路里程、运输设备拥有量、各种运输方式完成的货物运输量和旅客运输量、港口设备拥有量、港口货物吞吐量等。

邮电通信业资料主要包括：邮电业务量、邮电通信工具、邮电通信网、邮电通信水平等。

二、本篇资料由广州市统计局服务业统计处整理提供。

三、资料分别来源于民航、铁路、公路、水运、港口、公安、邮电等部门。管道运输资料由有关管道运输企业提供。

## 13 Transport,Postal and Telecommunication Services

I.The data in this chapter cover mainly the basis conditions of the development of transport, posts and telecommunications in Guangzhou. The data on transport cover mainly the length of the routes of five means of transportation, the owner-ship of the transport equipment, the freight traffic and passenger traffic accomplished by various means of transportation, the ownership of the port equipment and the cargo handled at ports, etc. The data on posts and telecommunications cover mainly the postal and telecommunication services, means of post and telecommunications, network of post and telecommunications, main financial of indicators of postal and telecommunication enterprises and the level of the development of the postal and telecommunication services, etc.

II.The data in this chapter are prepared and provided by the Division of Service Industries Statistics of Guangzhou Municipal Bureau of Statistics.

III.The data in this chapter come respectively from Guangzhou municipal departments of railways, transportation, post and telecommunications, etc. The data on the pipeline transport are provided by related pipeline enterprises.

# 13-1 运输邮电主要指标

## Basic Statistics of Transport and Post

| 项目 | Item | 2012 全市 Total | 2012 #市区 Urban Districts | 2013 全市 Total | 2013 #市区 Urban Districts |
|---|---|---|---|---|---|
| 全社会车辆数 (辆) | Total Motor Vehicles (unit) | 2440810 | 1950582 | 2477208 | 2083699 |
| # 民用汽车 | Civil Motor Vehicles | 2041592 | 1763436 | 2148053 | 1947937 |
| 全社会货运量 (万吨) | Total Freight Traffic (10000 tons) | 76100 | 70721 | 89099 | 82937 |
| # 公路 | Highways | 52697 | 47781 | 59142 | 53624 |
| 水路 | Waterways | 16449 | 15987 | 22908 | 22264 |
| 铁路 | Railways | 6029 | 6029 | 6137 | 6137 |
| 民航 | Civil Aviation | 99 | 99 | 102 | 102 |
| 全社会货物周转量(万吨公里) | Total Freight Ton-kilometers (10000 ton-km) | 49383911 | 46153148 | 68224384 | 63736243 |
| # 公路 | Highways | 6243335 | 5660815 | 6938527 | 6291144 |
| 水路 | Waterways | 40515665 | 37867422 | 58698937 | 54862173 |
| 铁路 | Railways | 2242090 | 2242090 | 2187242 | 2187242 |
| 民航 | Civil Aviation | 379167 | 379167 | 395684 | 395684 |
| 全社会客运量 (万人次) | Total Passenger Traffic (10000 person-times) | 76070 | 69262 | 89269 | 81080 |
| 公路 | Highways | 58875 | 52069 | 70815 | 62628 |
| 水路 | Waterways | 307 | 305 | 299 | 297 |
| 铁路 | Railways | 10703 | 10703 | 11703 | 11703 |
| 民航 | Civil Aviation | 6184 | 6184 | 6452 | 6452 |
| 全社会旅客周转量(万人公里) | Total Passenger-kilometers (10000 passenger-km) | 20746062 | 19781067 | 22776307 | 21691573 |
| 公路 | Highways | 6208643 | 5243793 | 6979164 | 5894572 |
| 水路 | Waterways | 23628 | 23483 | 23115 | 22973 |
| 铁路 | Railways | 4077744 | 4077744 | 4457895 | 4457895 |
| 民航 | Civil Aviation | 10436047 | 10436047 | 11316133 | 11316133 |
| 港口货物吞吐量 (万吨) | Volume of Freight Handled in Coastal Ports (10000 tons) | 45125 | 44452 | 47267 | 46554 |
| 进口 | Import | 27503 | 27247 | 28277 | 28014 |
| 出口 | Export | 17622 | 17205 | 18990 | 18540 |
| 白云国际机场货邮行吞吐量 (万吨) | Volume of Freight and Post Handled in Baiyun International Airport (10000 tons) | 163 | 163 | 173 | 173 |
| 白云国际机场旅客吞吐量 (万人次) | Volume of Passengers Handled in Baiyun International Airport (10000 person-times) | 4831 | 4831 | 5246 | 5246 |
| 邮电业务收入 (万元) | Revenue of Postal and Telecommunication Services (10000 yuan) | 3373039 | 3092908 | 4585063 | 4284941 |
| 电话交换机总容量 (万门) | Total Capacity of Telephone Exchanges (10000 gates) | 976 | 916 | 929 | 873 |
| 报纸发行量 (万份) | Newspapers Issued (10000 copies) | 175496 | 155489 | 158516 | 142397 |
| 杂志发行量 (万份) | Magazines Issued (10000 copies) | 5988 | 5482 | 5799 | 5135 |
| 本地电话年末用户 (万户) | Number of Telephone Sets at Year-end (10000 subscribes) | 576.84 | 539.70 | 551.73 | 512.49 |
| 移动电话年末户数 (万户) | Number of Mobile Telephone Subscribers at Year-end (10000 subscribes) | 3040 | 2754 | 3176 | 2903 |
| 国际互联网用户数 (万户) | Number of Internet Subscribers (10000 subscribes) | 645.20 | 596.16 | 766.45 | 710.22 |
| 城市电话普及率(含移动电话) (部/百人) | Popularity Rate of Urban Telephones (Including Mobile Telephones) (set/100 persons) | 435.35 | 484.83 | 447.89 | 497.41 |
| # 移动电话 | Mobile Telephones | 369.72 | 406.25 | 381.60 | 422.77 |

## 13-2 公路、航道线路基本情况(2013年)
## Basic Statisics on Highways and Waterways (2013)

| 项目 | Item | 全市 Total | 市区 Urban Districts | 增城市 Zengcheng | 从化市 Conghua |
|---|---|---|---|---|---|
| **公路里程 （公里）** | **Length of Highways (kilometer)** | **9004** | **4667** | **2335** | **2002** |
| # 晴雨通车里程 | Length of Highways in Any Weathers | 9004 | 4667 | 2335 | 2002 |
| 等级公路 | Expressway and Class I to IV Highways | 7870 | 4223 | 1684 | 1963 |
| 高　速 | Expressway | 798 | 559 | 197 | 42 |
| 一　级 | First Class | 1060 | 694 | 260 | 106 |
| 二　级 | Second Class | 893 | 598 | 132 | 163 |
| 三　级 | Third Class | 1424 | 922 | 367 | 135 |
| 四　级 | Fourth Class | 3695 | 1450 | 728 | 1517 |
| 等外公路 | Highways below Class IV | 1134 | 444 | 651 | 39 |
| 有路面里程 | Paved Highways | 7676 | 4240 | 1487 | 1949 |
| 沥青混凝土 | High Class | 1471 | 984 | 406 | 81 |
| 水泥混凝土 | Second High Class | 6205 | 3256 | 1081 | 1868 |
| 简易铺路面 | Medium Class | 82 | 33 | 37 | 12 |
| 未铺装路面 | Low Class | 1246 | 394 | 811 | 41 |
| **桥　梁** | **Bridges** | | | | |
| 座 （座） | Number (unit) | 3022 | 1913 | 645 | 464 |
| 长　度 （米） | Length (meter) | 469998 | 402268 | 50605 | 17125 |
| **永久式桥梁** | **Permanent Bridges** | | | | |
| 座 （座） | Number (unit) | 3022 | 1913 | 645 | 464 |
| 长　度 （米） | Length (meter) | 469998 | 402268 | 50605 | 17125 |
| **渡　口 （个）** | **Ferries (unit)** | **2** | **2** | | |
| **内河航道里程（公里）** | **Length of Navigable Inland Waterways (kilometer)** | **855** | **701** | **101** | **53** |
| # 等级航道里程 | Standand Waterways (kilometer) | 361 | 220 | 88 | 53 |

# 13-3 民用车辆拥有量(2013年)

# Possession of Civil Vehicles (2013)

单位：辆 (unit)

| 项目 | Item | 全市 Total | # 私人 Private |
|---|---|---|---|
| **合计** | **Total** | **2477208** | **2035503** |
| 汽车 | Civil Automobile | 2148053 | 1726966 |
| 载客汽车 | Passenger Vehicles | 1859693 | 1593485 |
| 大型 | Large | 35982 | 3428 |
| 中型 | Medium | 49877 | 33142 |
| 小型 | Small | 1755672 | 1539322 |
| 微型 | Minicar | 18162 | 17593 |
| 载货汽车 | Trucks | 275704 | 128510 |
| 重型 | Heavy | 37529 | 4638 |
| 中型 | Medium | 32595 | 10531 |
| 轻型 | Light | 200477 | 108923 |
| 微型 | Mini | 5103 | 4418 |
| 其他汽车 | Others | 12656 | 4971 |
| 电车 | Trolleybuses and Trams | 248 | |
| 无轨 | Trolleybuses | 248 | |
| 有轨 | Trams | | |
| 摩托车 | Motorcycle | 313216 | 307994 |
| 普通 | Ordinary | 313065 | 307844 |
| 轻便 | Light | 151 | 150 |
| 挂车 | Trailers | 15655 | 542 |
| 其他类型车 | Other Kinds of Vehicles | 36 | 1 |

注：本表资料由广州市公安局交警支队提供。

Note: The data in this table is provided by the transportation policy branch of Guangzhou policy bureau.

# 13-4 民用运输船舶拥有量

## Possession of Civil Transport Vessels

| 项　　目 | | Item | | 2012 | 2013 |
|---|---|---|---|---|---|
| **合　计** | **（艘）** | **Total** | **(unit)** | **1461** | **1433** |
| 机动船 | （艘） | Motor Vessels | (unit) | 1457 | 1431 |
| 载客量 | （客位） | Passenger Capacity | (seat) | 19009 | 20111 |
| 净载重量 | （吨位） | Dead Weight Tonnage | (ton) | 12890290 | 13748001 |
| 总功率 | （千瓦） | Total Power | (kw) | 2729108 | 2790019 |
| 1. 客　船 | （艘） | 1.Passenger Vessels | (unit) | 62 | 75 |
| 载客量 | （客位） | Passenger Capacity | (seat) | 19009 | 20111 |
| 2. 货　船 | （艘） | 2.Cargo Vessels | (unit) | 1383 | 1344 |
| 净载重量 | （吨位） | Dead Weight Tonnage | (ton) | 12872183 | 13728656 |
| 3. 拖　船 | （艘） | 3.Towboats | (unit) | 12 | 12 |
| 功　率 | （千瓦） | Power | (kw) | 10920 | 16625 |
| 驳　船 | （艘） | Barges | (unit) | 4 | 2 |
| 净载重量 | （吨位） | Dead Weight Tonnage | (ton) | 7565 | 5000 |

注：本表资料由广州港务局等单位提供。

Note: This table is provided by Guangzhou port authority.

# 13-5 主要年份全社会客货运输(吞吐量)和邮电业务收入
## Total Passenger and Freight Traffic and Revenue of Postal and Telecommunication Services in Main Years

| 年 份 Year | 客运量(万人次) Passenger Traffic (10000 person-times) | 旅客周转量(万人公里) Passenger-kilometers (10000 passenger-km) | 货运量(万吨) Freight Traffic (10000 tons) | 货物周转量(万吨公里) Freight Ton-kilometers (10000 ton-km) | 旅客离港量(万人次) Passengers Off Ports (10000 person-times) | 港口货物吞吐量(万吨) Volume of Freight Handled (10000 tons) | #集装箱 Container | 邮电业务收入(万元) Revenue of Postal and Telecommunication Services (10000 yuan) |
|---|---|---|---|---|---|---|---|---|
| 1978 | | | | | 433 | 1950 | | 2357 |
| 1979 | | | | | 495 | 2099 | | 2930 |
| 1980 | | | | | 489 | 2107 | | 3631 |
| 1985 | 11653 | 1017045 | 18233 | 15653824 | 514 | 3700 | | 9927 |
| 1986 | 10985 | 1090054 | 15439 | 16584196 | 788 | 3954 | | 12744 |
| 1987 | 9152 | 1158152 | 18947 | 17143674 | 742 | 4561 | | 19822 |
| 1988 | 10290 | 1340611 | 21390 | 18968882 | 765 | 5115 | 115 | 28482 |
| 1989 | 9051 | 1269994 | 18397 | 20193670 | 610 | 5106 | 103 | 38605 |
| 1990 | 9461 | 1340608 | 17842 | 21417482 | 531 | 5099 | 107 | 55960 |
| 1991 | 9996 | 1574625 | 19535 | 26703071 | 485 | 5657 | 161 | 79642 |
| 1992 | 12459 | 1897547 | 22562 | 28156518 | 484 | 6477 | 168 | 121473 |
| 1993 | 15988 | 2198885 | 24818 | 29564344 | 447 | 7610 | 177 | 180606 |
| 1994 | 17307 | 2202816 | 26461 | 35696673 | 406 | 8121 | 231 | 270330 |
| 1995 | 16107 | 2227019 | 26992 | 39618131 | 343 | 8340 | 440 | 380323 |
| 1996 | 15638 | 2066438 | 23315 | 30739572 | 233 | 8510 | 485 | 528343 |
| 1997 | 17725 | 2417966 | 23768 | 30573646 | 134 | 8390 | 599 | 687781 |
| 1998 | 19587 | 2563072 | 24443 | 26210641 | 91 | 8716 | 789 | 841107 |
| 1999 | 22007 | 2799796 | 24238 | 20924658 | 153 | 11336 | 1355 | 981527 |
| 2000 | 26097 | 4533805 | 27972 | 22660161 | 134 | 12455 | 1699 | 1384846 |
| 2001 | 27461 | 4986901 | 28248 | 23370862 | 135 | 13539 | 2633 | 1515282 |
| 2002 | 30084 | 5570611 | 28496 | 22346711 | 135 | 16772 | 3255 | 1751392 |
| 2003 | 30546 | 5408605 | 29309 | 25104134 | 112 | 19200 | 4161 | 1851326 |
| 2004 | 36941 | 8557982 | 35700 | 27833246 | 119 | 23887 | 4734 | 2108788 |
| 2005 | 40524 | 9750755 | 38153 | 27240509 | 99 | 27283 | 6672 | 2220589 |
| 2006 | 43777 | 10915614 | 42759 | 27954630 | 98 | 32816 | 9493 | 2307436 |
| 2007 | 51180 | 12906006 | 45852 | 24706845 | 111 | 37053 | 13298 | 2478199 |
| 2008 | 55385 | 13752318 | 49586 | 24620645 | 90 | 36954 | 15172 | 2663183 |
| 2009 | 57053 | 14538626 | 52525 | 21762287 | 78 | 37549 | 15383 | 2680007 |
| 2010 | 62595 | 16936472 | 57369 | 24508491 | 79 | 42526 | 18070 | 2900942 |
| 2011 | 67756 | 18790926 | 64929 | 28611908 | 80 | 44770 | 20682 | 3123440 |
| 2012 | 76070 | 20746062 | 76100 | 49383911 | 75 | 45125 | 21338 | 3373039 |
| 2013 | 89269 | 22776307 | 89099 | 68224384 | 77 | 47267 | 23053 | 4585063 |

注:本表根据铁路、民航统计口径变化，对2000年～2004年的相关数据作了调整。

Note: The data in this table from 2000 to 2004 was adjusted in accordance with the new statistical coverage of railway and civil aviation.

# 13-6 交通系统公路货运量及货物分类

## Freight Traffic and Type of Freight by Highway

单位：万吨 (10000 tons)

| 项　目 | Item | 2012 | 2013 |
|---|---|---|---|
| 运输车辆数 (辆) | Number of Motor Vehicles (unit) | 357 | 346 |
| 货物运输量 | Freight Traffic | 242 | 240 |
| 货物周转量 (万吨公里) | Freight Ton-kilometers (10000 ton-km) | 17918 | 18967 |
| 货物分类 | Type of Freight | | |
| 煤类及制品 | Coal and Related Products | | |
| 石油、天然气及制品 | Petroleum, Natural Gas and Related Products | 2.21 | 1.97 |
| 金属矿石 | Metal Ores | | |
| 钢　铁 | Steel and Iron | 11.29 | 2.46 |
| 矿物性建筑材料 | Mineral Building Materials | | |
| 水　泥 | Cement | | |
| 木　材 | Timber | | |
| 非金属 | Nonmetal Ores | 0.17 | |
| 化学肥料及农药 | Chemical Fertilizers and Pesticides | | |
| 盐 | Salt | | |
| 粮　食 | Grain | 8.40 | 13.97 |
| 机械、设备、电器 | Machinery, Equipment and Electric Appliance | 22.61 | 28.95 |
| 化工原料及制品 | Chemical Raw Materials and Related Products | 2.76 | 0.39 |
| 有色金属 | Nonferrous Metals | 1.55 | 2.50 |
| 轻工、医药产品 | Light Industry, Medical and Pharmaceutical Products | 19.32 | 12.30 |
| #日用工业品 | Industrial Products for Daily Use | 3.62 | 6.99 |
| 农林牧渔业产品 | Agricultural, Forestry, Animal Husbandry and Fishery Products | 0.27 | 4.60 |
| 其他产品 | Others | 173.45 | 173.06 |

注：本表资料由市交通集团提供。

Note: The data in this table is provided by Guangzhou municipal traffic group.

# 13-7 水路货运量及货物分类（2013年）

# Freight Traffic and Type of Freight by Waterway (2013)

单位：万吨 (10000 tons)

| 项目 | Item | 合计 Total | 远洋 Ocean | 沿海 Coastal Water | 内河 Inland Rivers |
|---|---|---|---|---|---|
| 货运量 | Freight Traffic | 22908.19 | 6866.31 | 10035.16 | 6006.72 |
| 货物周转量(万吨公里) | Freight Ton-kilometers (10000 ton-km) | 58698937 | 40835146 | 17131802 | 731989 |
| 货物分类 | Type of Freight | | | | |
| 煤类及制品 | Coal and Related Products | 9450.94 | 1070.75 | 7665.35 | 714.84 |
| 石油、天然气及制品 | Petroleum, Natural Gas and Related Products | 544.79 | 147.36 | 122.53 | 274.90 |
| # 原油 | Crude Oil | 0.67 | | | 0.67 |
| 金属矿石 | Metal Ores | 3901.13 | 2476.34 | 1290.57 | 134.22 |
| 钢铁 | Steel and Iron | 710.56 | 536.41 | 92.19 | 81.96 |
| 矿物性建筑材料 | Mineral Building Materials | 2575.57 | 210.04 | 13.59 | 2351.94 |
| 水泥 | Cement | 259.37 | 47.52 | 51.33 | 160.52 |
| 木材 | Timber | 114.27 | 108.33 | 5.56 | 0.38 |
| 非金属 | Nonmetal Ores | 516.58 | 88.17 | 91.34 | 337.07 |
| # 磷矿 | Phosphorite | | | | |
| 化学肥料及农药 | Chemical Fertilizers and Pesticides | 106.20 | 92.44 | 10.65 | 3.11 |
| 盐 | Salt | 8.19 | | | 8.19 |
| 粮食 | Grain | 866.10 | 89.06 | 520.87 | 256.17 |
| 机械、设备、电器 | Machinery, Equipment and Electric Appliance | 577.38 | 423.86 | 10.36 | 143.16 |
| 化工原料及制品 | Chemical Raw Materials and Related Products | 45.69 | 20.59 | 8.99 | 16.11 |
| 有色金属 | Nonferrous Metals | 8.65 | 5.75 | 2.90 | |
| 轻工、医药产品 | Light Industry, Medical and Pharmaceutical Products | 146.05 | 50.20 | | 95.85 |
| # 日用工业品 | Industrial Products for Daily Use | 24.89 | 3.83 | | 21.06 |
| 农林牧渔业产品 | Agricultural, Forestry, Animal Husbandry and Fishery Products | 15.82 | 5.73 | 6.28 | 3.81 |
| 其他货类 | Others | 3060.90 | 1493.76 | 142.65 | 1424.49 |

# 13-8 铁路运输基本情况
## Basic Statistics on Railway Transport

| 项目 | Item | 2012 | 2013 |
|---|---|---|---|
| 延展里程（公里） | Length of Extension (km) | 3441.02 | 3439.12 |
| 营业里程（公里） | Length of Railway in Operation (km) | 1652.97 | 1652.91 |
| # 正式营业 | In Formal Operation | 1652.97 | 1652.91 |
| 复线里程（公里） | Double-Tracking Length (km) | 730.37 | 730.31 |
| 电气化线路里程（公里） | Length of Electrified Railways (km) | 685.66 | 685.60 |
| 内燃机牵引线路里程（公里） | Length of Diesel Engine Routes (km) | 1292.38 | 1292.32 |
| 铁路机车（台） | Number of Railway Locomotives (unit) | 383 | 373 |
| 内燃机车 | Diesel Locomotives | 286 | 276 |
| 电力机车 | Electric Locomotives | 97 | 97 |
| 铁路客车（辆） | Passenger Locomotives (unit) | 572 | 595 |
| 铁路货车（辆） | Freight Locomotives (unit) | 1112 | 1112 |
| 客运量（万人次） | Passenger Traffic (10000 person-times) | 10703 | 11703 |
| 旅客周转量（万人公里） | Passenger-kilometers (10000 person-km) | 4077744 | 4457895 |
| 货运量（万吨） | Freight Traffic (10000 tons) | 6029 | 6137 |
| 货物周转量（万吨公里） | Freight Ton-kilometers (10000 ton-km) | 2242090 | 2187242 |

# 13-9 民航运输主要指标

# Main Indicators on Civil Aviation

| 项　目 | Item | 2012 | 2013 |
|---|---|---|---|
| 客运量　(万人次) | Passenger Traffic (10000 person-times) | 6184 | 6452 |
| 国际航线 | International Routes | 635 | 693 |
| 国内航线 | Domestic Routes | 5549 | 5759 |
| # 地区航线 | Regional Routes | 118 | 109 |
| 旅客周转量　(万人公里) | Passenger-kilometers (10000 person-km) | 10436047 | 11316133 |
| 国际航线 | International Routes | 2413566 | 2787615 |
| 国内航线 | Domestic Routes | 8022481 | 8528518 |
| # 地区航线 | Regional Routes | 182497 | 172513 |
| 货邮运量　(吨) | Freight Traffic (ton) | 990644 | 1019620 |
| 国际航线 | International Routes | 320945 | 333791 |
| 国内航线 | Domestic Routes | 669699 | 685829 |
| # 地区航线 | Regional Routes | 10317 | 8589 |
| 货邮周转量　(万吨公里) | Freight Ton-kilometers (10000 ton-km) | 379167 | 395684 |
| 国际航线 | International Routes | 270222 | 281853 |
| 国内航线 | Domestic Routes | 108945 | 113831 |
| # 地区航线 | Regional Routes | 1459 | 1020 |
| 总周转量　(万吨公里) | Total Air Traffic Ton-kilometers (10000 ton-km) | 1304967 | 1397607 |
| 国际航线 | International Routes | 484006 | 528324 |
| 国内航线 | Domestic Routes | 820961 | 869283 |
| # 地区航线 | Regional Routes | 17517 | 16196 |
| 飞行班次　(班次) | Flying Times of General Aviation (time) | 538324 | 565821 |
| 国际航线 | International Routes | 53809 | 55541 |
| 国内航线 | Domestic Routes | 484515 | 510280 |
| # 地区航线 | Regional Routes | 8921 | 8806 |
| 飞行时间　(小时) | Flying Time of General Aviation (hr) | 1285007 | 1373733 |
| 运输飞行 | Transportation Flying | 1265379 | 1352689 |
| 专业飞行 | Flying for Special Purpose | 19628 | 21044 |
| 飞机生产率　(吨公里/小时) | Flying Productivity (ton-km /hr) | 10313 | 10332 |
| 客座率　(%) | Ratio of Seat Occupied (%) | 80.40 | 80.40 |
| 载运率　(%) | Ratio of Transport Capacity Occupied (%) | 70.30 | 70.70 |

# 13-10 民航航线及飞机年末数

## Number of Civil Aviation Routes and Civil Aircraft at Year-end

| 指标名称 | Item | 2012 | 2013 |
|---|---|---|---|
| 民用航空航线条数 （条） | Number of Civil Aviation Routes (line) | 555 | 612 |
| 国际航线 | International Routes | 100 | 120 |
| 国内航线 | Domestic Routes | 455 | 492 |
| # 地区航线 | Regional Routes | 24 | 22 |
| 民用航空航线里程（公里） | Length of Civil Aviation Routes (km) | 1270545 | 1498208 |
| 国际航线 | International Routes | 401661 | 501066 |
| 国内航线 | Domestic Routes | 868884 | 997142 |
| # 地区航线 | Regional Routes | 38601 | 41230 |
| 民航飞机期末架数 （架） | Number of Civil Aircraft (unit) | 385 | 433 |
| 运输飞机 | Aero Transport | 367 | 412 |
| 大型飞机 | Air Bus | 344 | 386 |
| 小型飞机 | Puddle-jumper | 23 | 26 |
| 通用飞机 | General Aircraft | 18 | 21 |
| 其他用途飞机 | Others | | |
| 国外通航国家和地区（个） | Foreign Countries and Regions Linked with Civil Aviation Routes (unit) | 37 | 37 |
| 通航城市 （个） | Cities Linked with Civil Aviation Routes (unit) | 193 | 202 |
| # 国外通航城市 | Foreign Cities Linked with Civil Aviation Routes | 68 | 67 |

# 13-11 白云国际机场吞吐量

# Volume Handled in Baiyun International Airport

| 项　　目 | Item | 2012 | 2013 |
|---|---|---|---|
| 飞机起降架次　（万次） | Number of Aircrafts Taking off and Landing (10000 times) | 37.33 | 39.44 |
| 进　港 | Landing | 18.66 | 19.72 |
| 出　港 | Taking off | 18.67 | 19.72 |
| 旅客吞吐量　（万人次） | Volume of Passengers Handled (10000 person-times) | 4831 | 5246 |
| 进　港 | Landing | 2383 | 2588 |
| 出　港 | Taking off | 2448 | 2658 |
| 货邮行吞吐量　（万吨） | Volume of Freight Handled (10000 ton) | 163.44 | 173.13 |
| 进　港 | Landing | 70.65 | 74.59 |
| 出　港 | Taking off | 92.79 | 98.54 |
| 出港客座率　(%) | Ratio of Seat Occupied Taking off | 81.80 | 82.90 |
| 出港载运率　(%) | Ratio of Transport Capacity Occupied Taking off | 73.90 | 74.40 |
| 航线条数　（条） | Number of Civil Aviation Routes (line) | 204 | 222 |
| 国际航线 | International Routes | 59 | 64 |
| 国内航线 | Domestic Routes | 145 | 158 |
| # 地区航线 | Regional Routes | 4 | 4 |
| 国外通航国家和地区（个） | Foreign Countries and Regions Linked with Civil Aviation Routes (unit) | 35 | 36 |
| 通航城市 | Cities Linked with Civil Aviation Routes | 169 | 182 |
| # 国外通航城市 | Foreign Cities Linked with Civil Aviation Routes | 53 | 58 |

## 13-12 输油(气)管道基本情况(2013年)
## Basic Statistics on Pipelines (2013)

| 项目 | Item | 合计 Total | 输成品油管道 Refined Oil Pipelines | 输其他气体管道 Others Gas Pipelines |
|---|---|---|---|---|
| 条数 (条) | Number Of Pipelines (unit) | 22 | 18 | 4 |
| 输油(气)里程 (公里) | Length Of Pipelines (km) | 90.59 | 73.39 | 17.20 |
| 延展长度 (公里) | Extension Length of Pipelines (km) | 90.68 | 73.48 | 17.20 |
| 输油(气)能力 | Capacity of Pipeline Traffic | 2847.20 | 2708.00 | 139.20 |
| (万吨/年、千万立方米/年) | (10000 ton/year, 10 million cu.m/year) | | | |
| 输油(气)量 (万吨) | Pipeline Traffic (10000 tons) | 809.20 | 760.40 | 48.80 |
| 输油(气)周转量 (万吨公里) | Ton-kilometers (10000 ton-km) | 3994 | 3776 | 218.00 |

## 13-13 港口码头泊位数
## Number of Berths in Ports

| 项目 | Item | 2012 全市 Total | 2012 #广州港 Guangzhou Port | 2013 全市 Total | 2013 #广州港 Guangzhou Port |
|---|---|---|---|---|---|
| **总计** | **Total** | | | | |
| 码头长度 (米) | Length of Quay Line (m) | 67142 | 55675 | 67447 | 55897 |
| 泊位 (个) | Number of Berths (unit) | 845 | 657 | 849 | 662 |
| #万吨级 | 10000 Ton Class | 68 | 68 | 68 | 68 |
| 泊位年通过能力 | Berths Capacity | | | | |
| #货物 (万吨) | Cargo (10000 tons) | 31838 | 29082 | 31678 | 29082 |
| 集装箱 (万TEU) | Containers (10000 TEU) | 1049 | 1010 | 1051 | 1010 |
| 旅客 (万人) | Passengers (10000 persons) | 3131 | 3121 | 3131 | 3121 |
| 汽车 (万辆) | Automobile (10000 units) | 1034 | 1034 | 1034 | 1034 |
| 生产用 | **For Productive Use** | | | | |
| 码头长度 (米) | Length of Quay Line (m) | 55691 | 45255 | 55996 | 45477 |
| 泊位 (个) | Number of Berths (unit) | 669 | 493 | 673 | 498 |
| #万吨级 | 10000 Ton Class | 66 | 66 | 66 | 66 |

# 13-14 港口吞吐量及货物分类(2013年)
# Volume Handled in Ports and Type of Freight (2013)

单位：万吨 (10000 tons)

| 项目 | Item | 合计 Total | 进口 Import | 出口 Export | # 广州港 Guangzhou Port | 进口 Import | 出口 Export |
|---|---|---|---|---|---|---|---|
| 旅客吞吐量(万人次) | Volume of Passengers Handled(10000 person-times) | 77.02 | 36.87 | 40.15 | 77.02 | 36.87 | 40.15 |
| 国内航线 | Domestic Routes | 0.27 | 0.01 | 0.26 | 0.27 | 0.01 | 0.26 |
| 国际航线 | International Routes | 76.75 | 36.86 | 39.89 | 76.75 | 36.86 | 39.89 |
| 货物吞吐量 | Volume of Freight Handled | 47266.86 | 28277.32 | 18989.54 | 45516.57 | 26892.69 | 18623.88 |
| 外贸 | Foreign Trade | 11461.47 | 7668.60 | 3792.87 | 11329.27 | 7583.31 | 3745.96 |
| 内贸 | Inland Trade | 35805.39 | 20608.72 | 15196.67 | 34187.30 | 19309.38 | 14877.92 |
| 沿海 | Coastal Waters | 34187.30 | 19309.38 | 14877.92 | 34187.30 | 19309.38 | 14877.92 |
| 内河 | Inland Rivers | 1618.09 | 1299.34 | 318.75 | | | |
| 货物分类 | Type of Freight | | | | | | |
| 煤炭及制品 | Coal and Related Products | 8011.89 | 5554.14 | 2457.75 | 7602.88 | 5152.24 | 2450.64 |
| 石油、天然气及制品 | Petroleum, Natural Gas and Related Products | 2042.31 | 1111.07 | 931.24 | 1898.36 | 1023.77 | 874.59 |
| # 原油 | Crude Oil | 232.16 | 116.10 | 116.06 | 198.98 | 99.62 | 99.36 |
| # 成品油 | Refined Oil | 1392.17 | 806.61 | 585.56 | 1347.98 | 774.23 | 573.75 |
| 金属矿石 | Metal Ores | 710.56 | 693.12 | 17.44 | 708.79 | 691.35 | 17.44 |
| # 铁矿石 | Iron Ores | 613.75 | 602.00 | 11.75 | 613.36 | 601.61 | 11.75 |
| 钢铁 | Steel and Iron | 2890.76 | 2188.23 | 702.53 | 2872.77 | 2172.19 | 700.58 |
| 矿物性建筑材料 | Mineral Building Materials | 1864.38 | 1478.22 | 386.16 | 1603.14 | 1234.45 | 368.69 |
| 水泥 | Cement | 180.69 | 31.17 | 149.52 | 26.08 | 17.28 | 8.80 |
| 木材 | Timber | 285.55 | 203.44 | 82.11 | 285.55 | 203.44 | 82.11 |
| 非金属 | Nonmetal Ores | 275.99 | 161.44 | 114.55 | 191.34 | 76.95 | 114.39 |
| 化学肥料及农药 | Chemical Fertilizers and Pesticides | 19.06 | 13.02 | 6.04 | 15.06 | 9.98 | 5.08 |
| 盐 | Salt | 5.27 | 5.02 | 0.25 | 5.27 | 5.02 | 0.25 |
| 粮食 | Grain | 1865.72 | 1360.90 | 504.82 | 1659.16 | 1154.34 | 504.82 |
| 机械、设备、电器 | Machinery, Equipment and Electric Appliance | 3192.15 | 1577.28 | 1614.87 | 3185.13 | 1570.30 | 1614.83 |
| 化工原料及制品 | Chemical Raw Materials and Related Products | 731.65 | 583.90 | 147.75 | 553.21 | 420.27 | 132.94 |
| 有色金属 | Nonferrous Metals | 43.89 | 31.59 | 12.30 | 43.89 | 31.59 | 12.30 |
| 轻工、医药产品 | Light Industry, Medical and Pharmacestical Products | 654.71 | 366.27 | 288.44 | 623.21 | 345.52 | 277.69 |
| 农林牧渔业产品 | Agricultural, Forestry, Animal Husbandry and Fishery Products | 289.91 | 259.88 | 30.03 | 286.27 | 256.43 | 29.84 |
| 其他货类 | Others | 24202.37 | 12658.63 | 11543.74 | 23956.46 | 12527.57 | 11428.89 |

# 13-15　港口标准集装箱吞吐量(2013年)

## Cargo Handled in International Standard Containers (2013)

| 项　　目 | Item | 合　计 Total | 进　口 Import | 出　口 Export | # 广州港 Guangzhou Port | 进　口 Import | 出　口 Export |
|---|---|---|---|---|---|---|---|
| 箱数合计　（万箱） | Total Containers　(10000 units) | 1550.45 | 760.25 | 790.20 | 1531.11 | 750.77 | 780.34 |
| 重量合计　（万吨） | Total Weight　(10000 tons) | 23052.58 | 12105.49 | 10947.09 | 22864.97 | 11978.30 | 10886.67 |
| 国内小计 | National Total | | | | | | |
| 箱　数　（万箱） | Number of Containers　(10000 units) | 921.58 | 444.85 | 476.73 | 911.74 | 441.40 | 470.34 |
| 重　量　（万吨） | Weight　(10000 tons) | 16084.11 | 8552.28 | 7531.83 | 16002.42 | 8507.35 | 7495.07 |
| 国际小计 | International Total | | | | | | |
| 箱　数　（万箱） | Number of Containers　(10000 units) | 628.87 | 315.40 | 313.47 | 619.37 | 309.37 | 310.00 |
| # 中国香港 | Hong Kong, China | 248.01 | 118.99 | 129.02 | 238.51 | 112.96 | 125.55 |
| 日　本 | Japan | 0.45 | 0.02 | 0.44 | 0.45 | 0.02 | 0.44 |
| 韩　国 | Korea, Rep. | 4.01 | 2.80 | 1.21 | 4.01 | 2.80 | 1.21 |
| 马来西亚 | Malaysia | 20.34 | 4.49 | 15.85 | 20.34 | 4.49 | 15.85 |
| 新加坡 | Singapore | 22.06 | 16.78 | 5.28 | 22.06 | 16.78 | 5.28 |
| 泰　国 | Thailand | 3.41 | 3.26 | 0.15 | 3.41 | 3.26 | 0.15 |
| 意大利 | Italy | 2.91 | 1.85 | 1.06 | 2.91 | 1.85 | 1.06 |
| 印　尼 | Indonesia | 1.33 | 0.01 | 1.31 | 1.30 | 0.01 | 1.31 |
| 重　量　（万吨） | Weight　(10000 tons) | 6968.47 | 3553.21 | 3415.26 | 6862.55 | 3470.95 | 3391.60 |
| # 中国香港 | Hong Kong, China | 3357.31 | 1769.81 | 1587.50 | 3251.38 | 1687.54 | 1563.84 |
| 日　本 | Japan | 4.16 | 0.21 | 3.95 | 4.16 | 0.21 | 3.95 |
| 韩　国 | Korea, Rep. | 52.39 | 42.27 | 10.12 | 52.39 | 42.27 | 10.12 |
| 马来西亚 | Malaysia | 272.19 | 53.82 | 218.37 | 272.19 | 53.82 | 218.37 |
| 新加坡 | Singapore | 297.88 | 215.33 | 82.55 | 297.88 | 215.33 | 82.55 |
| 泰　国 | Thailand | 55.71 | 55.42 | 0.29 | 55.71 | 55.42 | 0.29 |
| 意大利 | Italy | 38.33 | 26.14 | 12.19 | 38.33 | 26.14 | 12.19 |
| 印　尼 | Indonesia | 16.89 | 0.09 | 16.81 | 16.89 | 0.09 | 16.81 |

# 13-16 邮 政 电 信 网
## Network of Postal and Telecommunication Services

| 项 目 | Item | 2012 全 市 Total | 2012 # 市 区 Urban Districts | 2013 全 市 Total | 2013 # 市 区 Urban Districts |
|---|---|---|---|---|---|
| 邮政网 （个） | Post Network (unit) | 278 | 236 | 244 | 205 |
| 自办邮政网点 | Post Office Owned by Itself | 189 | 159 | 171 | 141 |
| 代办网点 | Commission Office | 89 | 77 | 73 | 64 |
| 邮政储蓄所 （个） | Postal Savings Office (unit) | 130 | 105 | 131 | 106 |
| 信箱、信筒 （个） | Mail Box (unit) | 1303 | 1073 | 1326 | 994 |
| 电信网 （个） | Telecommunication Office (unit) | 25166 | 22600 | 24707 | 22517 |
| 自办电信网点 | Telecommunication Office Owned by Itself | 348 | 295 | 366 | 307 |
| 代办网点 | Commission Office | 24818 | 22305 | 24341 | 22210 |
| 邮政网络 （公里） | Postal Service Network (km) | | | | |
| 邮路总长度 | Total Length of Mail Routes | 28170 | 26102 | 47136 | 43589 |
| 农村投递线路总长度 | Length of Rural Delivery Routes | 16955 | 12981 | 19509 | 13966 |

# 13-17 邮政业务主要指标
## Main Indicators on Post

| 项 目 | Item | 2012 全 市 Total | 2012 # 市 区 Urban Districts | 2013 全 市 Total | 2013 # 市 区 Urban Districts |
|---|---|---|---|---|---|
| 国内分类业务总量 | Category of Domestic Services | | | | |
| 函 件 （万件） | Number of Letters (10000 pcs) | 23679 | 22804 | 25431 | 25332 |
| 包 件 （万件） | Packages (10000 pcs) | 141 | 131 | 128 | 118 |
| 汇 票 （万张） | Postal Orders (10000 pcs) | 319 | 265 | 768 | 677 |
| 订销报纸累计数 （万份） | Number of Newspapers Circulation (10000 copies) | 15969 | 12258 | 18664 | 16359 |
| 订销杂志累计数 （万份） | Number of Magazines Circulation (10000 copies) | 1322 | 1154 | 2291 | 2175 |
| 特快专递 （万件） | Pieces of Express Mail Services (10000 pcs) | 3332 | 3189 | 76734 | 70555 |
| 邮政储蓄年末收储余额 （万元） | Postal Savings Deposits at Year-end (10000 yuan) | 2123545 | 1684056 | 2439911 | 2138234 |
| 国际及港澳分类业务 | Category of International and Hong Kong & Macao Service | | | | |
| 函 件 （万件） | Number of Letters (10000 pcs) | 1501 | 1498 | 1796 | 1796 |
| 包 件 （万件） | Packages (10000 pcs) | 112 | 97 | 6 | 6 |
| 快 递 （万件） | Pieces of Express Mail Services (10000 pcs) | 551 | 548 | 2608 | 2559 |

# 13-18 电信业务主要指标

| 项目 | | Item | |
|---|---|---|---|
| 通信业务量 | | Business Volume of Telecommunications | |
| 移动电话年末用户 | （万户） | Number of Mobile Telephone Subscribers at Year-end | (10000 subscribers) |
| # 3G移动电话用户 | | 3G Mobile Telephone Subscribers | |
| 短信通信量 | （亿条） | Volume Of Message Services | |
| # 移动短信通信量 | | Short Message Services | |
| 本地电话年末用户 | （万户） | Number of Local Telephone Subscribers at Year-end | (10000 subscribers) |
| 城市电话用户 | | Number of Urban Telephone Subscribers | |
| 乡村电话用户 | | Number of Rural Telephone Subscribers | |
| 公用电话 | （万户） | Number of Public Telephones | (10000 subscribers) |
| 国际互联网用户 | （万户） | Number of Internet Subscribers | (10000 subscribers) |
| 宽带用户 | | Broadband Users | |
| 窄带用户 | | Narrowband Users | |
| 上网卡用户 | | Card Users | |
| 电信主要通信能力 | | Main Communication Capacity of Telecommunications | |
| 长途电话交换机容量 | （万路端） | Capacity of Long-distance Telephone Exchanges | (10000 circuits) |
| 电话交换机总容量 | （万门） | Capacity of Telephone Exchanges | (10000 gates) |
| 局用电话交换机容量 | | Capacity of Office Exchanges | |
| 城市电话用户 | | Urban Telephone Subscribers | |
| 乡村电话用户 | | Rural Telephone Subscribers | |
| 接入网交换机容量 | | Capacity of Exchanges Linked-out | |
| 城市电话用户 | | Urban Telephone Subscribers | |
| 乡村电话用户 | | Rural Telephone Subscribers | |
| 移动电话交换机容量 | （万户） | Capacity of Mobile Telephone Exchanges | (10000 subscribers) |
| 移动电话基站数 | （个） | Number of Mobile phone Base Station | (unit) |
| 互联网宽带接入端口 | （个） | Broad Band Subscribers Post Of Internet | (unit) |

# Main Indicators on Telecommunication Services

| 2012 | | 2013 | |
|---|---|---|---|
| 全 市 Total | # 市 区 Urban Districts | 全 市 Total | # 市 区 Urban Districts |
| 3040.21 | 2754.27 | 3176.12 | 2902.90 |
| 702.12 | 663.86 | 1027.55 | 942.59 |
| 205.47 | 195.24 | 209.49 | 199.38 |
| 130.10 | 120.30 | 126.38 | 117.91 |
| 576.84 | 539.70 | 551.73 | 512.49 |
| 539.70 | 539.70 | 512.49 | 512.49 |
| 37.14 | | 39.24 | |
| 71.58 | 68.81 | 69.89 | 67.19 |
| 645.20 | 596.16 | 766.45 | 710.22 |
| 562.55 | 515.81 | 680.93 | 626.71 |
| 29.66 | 28.40 | 29.84 | 28.52 |
| 52.99 | 51.95 | 55.68 | 54.99 |
| | | | |
| 126.15 | 126.15 | 102.28 | 102.28 |
| 975.56 | 916.25 | 929.12 | 872.67 |
| 610.69 | 575.41 | 562.87 | 535.62 |
| 575.41 | 575.41 | 535.62 | 535.62 |
| 35.28 | | 27.25 | |
| 364.87 | 340.84 | 366.25 | 337.05 |
| 340.84 | 340.84 | 337.05 | 337.05 |
| 24.03 | | 29.20 | |
| 4287 | 3987 | 4683 | 4383 |
| 28326 | 26131 | 40300 | 37089 |
| 3142677 | 2859760 | 3717236 | 3468665 |

# 13-19 邮电业务收入

## Revenue of Postal and Telecommunication Services

单位：万元 (10000 yuan)

| 项目 | Item | 2012 全市 Total | 2012 #市区 Urban Districts | 2013 全市 Total | 2013 #市区 Urban Districts |
|---|---|---|---|---|---|
| **总计** | **Total** | **3373039** | **3092908** | **4585063** | **4284941** |
| #港澳及国际 | Hong Kong, Macao and International | 80261 | 78169 | 240221 | 239087 |
| 邮政收入 | Revenue of Posts | 232504 | 227466 | 1256412 | 1170602 |
| #港澳及国际 | Hong Kong, Macao and International | 41257 | 41019 | 206784 | 206779 |
| 函件 | Letters | 42300 | 41713 | 59002 | 58425 |
| 快递 | Express Mail Services | 95122 | 93009 | 1055672 | 985014 |
| 汇票 | Postal Orders | 46072 | 46072 | 2522 | 2196 |
| 包件 | Package | 7485 | 7158 | 7266 | 6525 |
| 报刊 | Newspapers and Magazines | 6394 | 5769 | 9672 | 8615 |
| 集邮业务 | Stamps For Collection | 16213 | 15725 | 15078 | 14567 |
| 其他 | Others | 18918 | 18020 | 107200 | 95260 |
| 电信收入 | Revenue of Telecommunications | 3140535 | 2865442 | 3328651 | 3114339 |
| #港澳及国际长途电信收入 | Hong Kong, Macao and International | 39004 | 37150 | 33437 | 32308 |
| 长途电信收入 | Long Distance Telecommunications | 92989 | 87175 | 81993 | 78484 |
| 国内长途电话 | Domestic Long Distance Telephone Calls | 71525 | 67138 | 65152 | 62194 |
| 国际及港澳电话 | International and Hong Kong and Macao Calls | 17956 | 17229 | 14105 | 13637 |
| 其他 | Others | 3508 | 2808 | 2736 | 2654 |
| 市内电话收入 | Local Calls | 125301 | 117305 | 122205 | 115975 |
| 移动电话收入 | Mobile Telephone | 2121261 | 1913493 | 2292763 | 2137459 |

# 13-20　城市(市区)公共交通 (2013年)

# Public Trattic in City (Urban Districts)(2013)

| 项　目 | Item | 合计 Total | 汽、电车 Buses and Trolleys | #汽车 Buses |
|---|---|---|---|---|
| 年末营运车、船数(辆、艘) | Number of Vehicles and Vessels (unit) | 36323 | 13010 | 12710 |
| 营运车船客位数 (个) | Seat for Vehicles and Vessels for Business Transportation at Year-end (seat) | 1678256 | 1105850 | 1080350 |
| 营运线路条数 (条) | Lines Used by Public Traffic for Business Transportation(line) | 1037 | 1013 | 999 |
| 营运线路长度 (公里) | Length of Public Traffic (km) | 17096 | 16715 | 16549 |
| 客运量 (万人次) | Number of Passenger Traffic (10000 person-times) | 547639 | 263433 | 256576 |
| 客运收入 (万元) | Revenue of Passenger Transport (10000 yuan) | 1576606 | 498286 | 484586 |
| 车船完好率 (%) | Ratio of Vehicles and Vessels in Good Condition (%) | 98.22 | 98.65 | 98.67 |
| 每辆汽、电车负担人数(人) | Number of Passengers per Bus and Trolley (person) | | 528 | |

## 13-20　续表　continued

| 项　目 | Item | 轮渡 Ferries | 出租汽车 Cabs | #小汽车 Taxies | 轨道交通 Track Traffic |
|---|---|---|---|---|---|
| 年末营运车、船数(辆、艘) | Number of Vehicles and Vessels (unit) | 38 | 21437 | 21437 | 1838 |
| 营运车船客位数 (个) | Seat for Vehicles and Vessels for Business Transportation at Year-end (seat) | 9832 | 85748 | 85748 | 476826 |
| 营运线路条数 (条) | Lines Used by Public Traffic for Business Transportation(line) | 15 | | | 9 |
| 营运线路长度 (公里) | Length of Public Traffic (km) | 121 | | | 260 |
| 客运量 (万人次) | Number of Passenger Traffic (10000 person-times) | 2071 | 76739 | 76739 | 205396 |
| 客运收入 (万元) | Revenue of Passenger Transport (10000 yuan) | 3089 | 736846 | 736846 | 338385 |
| 车船完好率 (%) | Ratio of Vehicles and Vessels in Good Condition (%) | 95.00 | 99.25 | 99.25 | 83.25 |
| 每辆汽、电车负担人数(人) | Number of Passengers per Bus and Trolley (person) | | | | |

注：1. 本表数据由广州市交通委员会提供(营运车船客位数按实际可乘坐人数计算)。
2. 每辆汽、电车负担人数按市区人口计。

Note: I. The data in this table are provided by communications commission of Guangzhou municipality (seats of vehicles and vessels for business transportation are caculated by factual seats).
II. The number of Passengers per bus and trolley is calculated by population in urban districts.

# 13-21 规模以上运输邮电企业财务指标（2013年）

单位：万元

| 项目 | Item | 合计 Total | 按经济类型分 1. 国有经济 State-owned Economy | 2. 民营经济 Private Economy | 3. 其他经济 Others |
|---|---|---|---|---|---|
| 企业单位数（个） | Number of Enterprises (unit) | 383 | 104 | 161 | 118 |
| # 亏损企业 | Loss-making Enterprises | 87 | 29 | 29 | 29 |
| 固定资产原价合计 | Total Original Value of Fixed Assets | 52026891 | 45693721 | 984248 | 5348922 |
| 本年折旧 | Depreciation at Current Year | 2278343 | 1899008 | 85393 | 293942 |
| 资产合计 | Total Assets | 82984817 | 69289292 | 1206799 | 12488725 |
| 负债合计 | Total Liabilities | 35368358 | 29359335 | 1003610 | 5005412 |
| 营业收入 | Business Revenue | 21142791 | 17506991 | 916302 | 2719498 |
| 营业成本 | Cost of Business | 16915921 | 14394595 | 733889 | 1787437 |
| 营业税金及附加 | Taxes and Extra Charges on Business | 260075 | 215900 | 7951 | 36224 |
| 销售费用 | Cost of Sales | 1721942 | 1610565 | 75268 | 36110 |
| 管理费用 | Cost of Management | 1451850 | 1128051 | 99366 | 224433 |
| 财务费用 | Cost of Finance | 225055 | 119570 | 12059 | 93427 |
| 营业利润 | Operation Profits | 1670286 | 1097258 | 1403 | 571626 |
| 利润总额(亏损为-) | Total Profits("-" indicates losses) | 2051845 | 1440698 | -42439 | 653586 |
| 应付职工薪酬 | Benefits Payable of the Employee | 4337482 | 3482340 | 197627 | 657514 |
| 从业人员平均人数（人） | Average Employed Persons (person) | 293104 | 180307 | 32832 | 79965 |

# Finance Indicators of Transport, Postal and Telecommunication Services Enterprises above the Designated Size (2013)

(10000 yuan)

| 按行业类型分 | | | | | |
|---|---|---|---|---|---|
| 1. 公路运输 Highway Transport | 2. 水上运输 Waterway Transport | #港口 Port | 3. 民航 Civil Aviation | 4. 邮电 Postal and Telecommunication Services | 5. 其它 Others |
| 261 | 62 | 18 | 4 | 52 | 4 |
| 51 | 19 | 2 | | 13 | 4 |
| 13529357 | 8463004 | 2172083 | 16007751 | 9493539 | 4533241 |
| 466087 | 354465 | 99453 | 616301 | 729352 | 112139 |
| 25691905 | 13345299 | 3700819 | 14134840 | 20831031 | 8981742 |
| 12295870 | 7025893 | 1687544 | 10511741 | 1767631 | 3767223 |
| 4017720 | 3284014 | 667865 | 8003355 | 5099589 | 738114 |
| 3098256 | 2684941 | 470863 | 7108727 | 3355981 | 668016 |
| 62199 | 12028 | 2690 | 21089 | 147360 | 17399 |
| 50359 | 25994 | 9897 | 627926 | 1015196 | 2467 |
| 352464 | 252914 | 87938 | 243884 | 549028 | 53561 |
| 224501 | 144648 | 62130 | -106112 | -155952 | 117971 |
| 333566 | 295131 | 131983 | 104566 | 1058322 | -121299 |
| 617445 | 239228 | 131595 | 255553 | 1059156 | -119538 |
| 1037026 | 721167 | 133082 | 1394006 | 1000404 | 184879 |
| 125503 | 25350 | 9210 | 73103 | 53796 | 15352 |

【货(客)运量】 指运输业实际运送的货物(旅客)数量。货运按吨计算,客运按人计算。货物不论运输距离长短,货物类型,均按实际重量统计;旅客不论行程远近或票价多少,均按一人一次作为客运量统计。半价票、小孩票也按一人统计。货(客)运量反映运输业为国民经济和人民生活服务的数量,也是制定和检查运输生产计划,研究运输发展规模和速度的重要指标。

【货物(旅客)周转量】 指运输业运送的货物(旅客)与其相应运输距离的乘积之和,通常以吨公里和人公里为计算单位。计算货物周转量通常按发出站与到达站之间的最短距离,也就是计费距离计算。它是反映运输业生产总成果的重要指标,也是编制和检查运输生产计划,计算运输效率,劳动生产率以及核算运输单位成本的主要基础资料。

【移动电话用户】 指在邮电部门登记,通过移动电话交换机进入移动电话网、占有移动电话号码的电话用户。计量单位为“户”。用户数字以实际办理登记手续进入邮电部门移动电话网的户数进行计算,一部或一台移动电话统计为一户。

【Freight (Passenger)Traffic】 refers to the volume of freight (passenger)transported with various means.Freight transport is calculated in tons and passenger traffic is calculated in the number of persons. Despite the type of freight and traveling distance, the freight transport is calculated in the actual weight of the goods; and despite the traveling distance and ticket price,the passenger traffic is calculated by the principle that one person can be counted only once in one travel.The passenger who travels with a half price ticket or a child ticket is also calculated as one person.The freight (passenger)traffic provides a quantitative measure to show how the transport industry serves the national economy and people,and is also an important indicator for planning how the transport industry serves the national economy and people,and is also an important indicator for planning the transport industry and for studying the development scale and speed of the transport industry.

【Freight Ton-kilometers(Passenger-kilometers)】 refer to the sum of the products of the volume of transported cargo (passengers)multiplying by the transport distance,usually using ton-kilometer and passenger -kilometer as units for measurement. Normally, the shortest distance between the departure station and the destination station (i.e.the payable distance)is the basis to calculate the freight ton kilometers.This is an important indicator to show the total results of the transport industry,to prepare and examine the transport plan and to measure the efficiency,the labor productivity and the unit cost of transport.

【Mobile Telephone Subscribers】 refer to the persons who own mobile telephone number connected with the mobile telephone communication network and registered by postal and telecommunication organization.The number of subscribers is calculated only when the subscriber who has gone through all the register formalities and entered into the mobile telephone network.One mobile telephone is treated as a subscriber.

第十四篇

CHAPTER 14

# 国内贸易

# DOMESTIC TRADE

## 第十四篇　国内贸易

一、本篇资料反映广州市国内市场发展的基本情况。

二、本篇资料由广州市统计局贸易外经统计处整理提供。

三、本篇资料主要根据国家统计局制定的批发和零售业、住宿和餐饮业统计报表制度，通过采取全面调查、抽样调查等方法，对基层数据汇总取得。

四、各表的调查范围：

社会消费品零售总额表的调查范围是各种经济类型的批发和零售业、住宿和餐饮业法人单位、产业活动单位及个体户。

批发和零售业商品购、销、存总额表的调查范围是各种经济类型的批发和零售业法人单位及个体户。

商品购、销、存类值表的调查范围是各种经济类型的限额以上批发和零售业的法人单位及个体户。

财务状况表的调查范围是各种经济类型的限额以上批发和零售业、住宿和餐饮法人单位。

五、关于历史数据调整问题

根据2008年第二次经济普查结果，我们对2006年-2007年社会消费品零售总额进行了调整，2008年使用的是经济普查数据。

## 14 Domestic Trade

I.The data in this chapter show the development of Guangzhou's domestic markets.

II.The data in this chapter are prepared and provided by the Division of Trade and External Economic Relations Statistics of Guangzhou Municipal Bureau of Statistics.

III.The data are obtained mainly in accordance with the Statistical Reporting Scheme on Wholesale and Retail Trade and Catering Services stipulated by the National Bureau of Statistics. The Methods used in data collection for enterprises (units) are complete enumeration and sample surveys, under which data are reported from lower to higher level statistical offices.

IV. The statistical coverage comes as follows:

The total retail sales of social consumer goods covered the retail value of the corporation units, economic active units and individual operators of all economic types of wholesale and retail trade, accommodation and catering industry.

The investigated objects of total purchases and sales and inventory of wholesale and retail trade come from corporation units and individual operators.

The investigated objects of commodity purchases, sales and inventory covered the corporation units and individual operators of wholesale and retail trade enterprises above the designated size.

The investigated objects of financial situation covered the corporation units of wholesale and retail trade, catering and accommodation above the designated size.

V. Based on results from the Second National Economic Census in 2008, adjustments were made for total retail sales consumer goods from year 2006 to 2007.The data of year 2008 are from the census in 2008.

# 14-1 主要年份社会消费品零售总额

## Total Retail Sales of Consumer Goods in Main Years

单位：万元 (10000 yuan)

| 年 份 Year | 总 计 Total | 按行业分 By Sector | | | |
|---|---|---|---|---|---|
| | | 批发和零售业 Wholesale and Retail Trades | 住宿和餐饮业 Hotels and Catering Services | 其他行业 Others | # 制造业 Manufacturing |
| 1978 | 176300 | 148378 | 16242 | 11680 | 7327 |
| 1979 | 210990 | 171967 | 19167 | 19856 | 13341 |
| 1980 | 287127 | 224457 | 23307 | 39363 | 24261 |
| 1985 | 749841 | 499571 | 115750 | 134520 | 64827 |
| 1986 | 802044 | 536172 | 107943 | 157929 | 69972 |
| 1987 | 952332 | 622077 | 134437 | 195818 | 67362 |
| 1988 | 1303688 | 833448 | 175891 | 294349 | 86936 |
| 1989 | 1442483 | 910670 | 234931 | 296882 | 90114 |
| 1990 | 1477826 | 945047 | 239607 | 293172 | 74574 |
| 1991 | 1701215 | 1062833 | 286924 | 351458 | 83978 |
| 1992 | 2095177 | 1330726 | 340871 | 423580 | 106090 |
| 1993 | 3030090 | 1878281 | 550956 | 600853 | 163413 |
| 1994 | 4481850 | 2781693 | 803059 | 897098 | 274554 |
| 1995 | 5499678 | 3437585 | 962855 | 1099238 | 331749 |
| 1996 | 6864426 | 4549455 | 1193692 | 1121279 | 370657 |
| 1997 | 8025887 | 5329267 | 1387026 | 1309594 | 509907 |
| 1998 | 9045719 | 6010638 | 1583833 | 1451248 | 561812 |
| 1999 | 10006848 | 6661555 | 1820957 | 1524336 | 605225 |
| 2000 | 11211340 | 7839516 | 2081458 | 1290366 | 589711 |
| 2001 | 12482848 | 8803979 | 2399208 | 1279661 | 571027 |
| 2002 | 13706815 | 9733195 | 2659750 | 1313870 | 476489 |
| 2003 | 14942742 | 11833760 | 2818533 | 290449 | |
| 2004 | 16777731 | 14030973 | 2636742 | 110016 | |
| 2005 | 19058398 | 16171817 | 2835312 | 51269 | |
| 2006 | 21991379 | 18921556 | 3069823 | | |
| 2007 | 26242399 | 22841850 | 3400549 | | |
| 2008 | 31873862 | 27953721 | 3920141 | | |
| 2009 | 36157655 | 31565720 | 4591935 | | |
| 2010 | 44763780 | 38835933 | 5927847 | | |
| 2011 | 52430246 | 45444614 | 6985632 | | |
| 2012 | 59772666 | 51685711 | 8086955 | | |
| 2013 | 68828473 | 59858717 | 8969756 | | |

# 14-2 主要年份社会消费品零售总额指数

# Indices of Total Retail Sales of Consumer Goods in Main Years

上年=100　　(preceding year=100)

| 年 份<br>Year | 总 计<br>Total | 按行业分 By Sector | | | |
|---|---|---|---|---|---|
| | | 批发和零售业<br>Wholesale and Retail Trades | 住宿和餐饮业<br>Hotels and Catering Services | 其他行业<br>Others | # 制造业<br>Manufacturing |
| 1978 | 106.6 | 105.7 | 118.2 | 104.3 | 95.4 |
| 1979 | 119.7 | 115.9 | 118.0 | 170.0 | 182.1 |
| 1980 | 136.1 | 130.5 | 121.6 | 198.2 | 181.9 |
| 1985 | 138.1 | 124.7 | 224.2 | 147.9 | 133.1 |
| 1986 | 107.0 | 107.3 | 93.3 | 117.4 | 107.9 |
| 1987 | 118.7 | 116.0 | 124.5 | 124.0 | 96.3 |
| 1988 | 136.9 | 134.0 | 130.8 | 150.3 | 129.1 |
| 1989 | 110.7 | 109.3 | 133.6 | 100.9 | 103.7 |
| 1990 | 102.5 | 103.8 | 102.0 | 98.8 | 82.8 |
| 1991 | 115.1 | 112.5 | 119.8 | 119.9 | 112.6 |
| 1992 | 123.2 | 125.2 | 118.8 | 120.5 | 126.3 |
| 1993 | 144.6 | 141.2 | 161.6 | 141.9 | 154.0 |
| 1994 | 147.9 | 148.1 | 145.8 | 149.3 | 168.0 |
| 1995 | 122.7 | 123.6 | 119.9 | 122.5 | 120.8 |
| 1996 | 118.3 | 124.0 | 117.5 | 91.3 | 111.7 |
| 1997 | 116.9 | 117.1 | 116.2 | 116.8 | 137.6 |
| 1998 | 112.7 | 112.8 | 114.2 | 110.8 | 110.2 |
| 1999 | 110.6 | 110.8 | 115.0 | 105.0 | 107.7 |
| 2000 | 112.0 | 117.7 | 114.3 | 84.7 | 97.4 |
| 2001 | 111.3 | 112.3 | 115.3 | 99.2 | 96.8 |
| 2002 | 109.8 | 110.6 | 110.9 | 102.7 | 83.4 |
| 2003 | 109.0 | 121.6 | 106.0 | 22.1 | |
| 2004 | 112.1 | 115.2 | 106.6 | 38.4 | |
| 2005 | 113.6 | 115.3 | 107.5 | 46.6 | |
| 2006 | 115.4 | 117.0 | 108.3 | | |
| 2007 | 119.3 | 120.7 | 110.8 | | |
| 2008 | 121.5 | 122.4 | 115.3 | | |
| 2009 | 113.4 | 113.6 | 112.4 | | |
| 2010 | 124.2 | 123.4 | 129.5 | | |
| 2011 | 117.1 | 117.0 | 117.8 | | |
| 2012 | 115.2 | 114.9 | 117.1 | | |
| 2013 | 115.2 | 115.8 | 110.9 | | |

注：当年指数按可比口径计算。

Note: The indices are calculated at the comparable coverage.

# 14-3 主要年份市区社会消费品零售总额

## Total Retail Sales of Consumer Goods in Urban Districts in Main Years

单位：万元 (10000 yuan)

| 年 份 Year | 总 计 Total | 按行业分 By Sector | | | |
|---|---|---|---|---|---|
| | | 批发和零售业 Wholesale and Retail Trades | 住宿和餐饮业 Hotels and Catering Services | 其他行业 Others | # 制造业 Manufacturing |
| 1978 | 143227 | 119936 | 13745 | 9546 | 6116 |
| 1979 | 171426 | 138438 | 16378 | 16610 | 11231 |
| 1980 | 237418 | 184858 | 19935 | 32625 | 21400 |
| 1985 | 632251 | 416357 | 108856 | 107038 | 54359 |
| 1986 | 681288 | 456926 | 99921 | 124441 | 57869 |
| 1987 | 803824 | 529060 | 123490 | 151274 | 52263 |
| 1988 | 1087587 | 714635 | 159275 | 213677 | 66939 |
| 1989 | 1203058 | 777058 | 215097 | 210903 | 65976 |
| 1990 | 1222915 | 794325 | 216701 | 211889 | 53849 |
| 1991 | 1378776 | 877081 | 258642 | 243053 | 57014 |
| 1992 | 1672561 | 1088991 | 297661 | 285909 | 63464 |
| 1993 | 2388889 | 1511557 | 478287 | 399045 | 92711 |
| 1994 | 3583377 | 2285764 | 688293 | 609320 | 160524 |
| 1995 | 4343763 | 2783824 | 813012 | 746927 | 191899 |
| 1996 | 5618364 | 3795232 | 1030453 | 792679 | 217521 |
| 1997 | 6685149 | 4530462 | 1217018 | 937669 | 340696 |
| 1998 | 7552787 | 5144895 | 1380089 | 1027803 | 377159 |
| 1999 | 8385293 | 5685771 | 1575266 | 1124256 | 423649 |
| 2000 | 10507973 | 7341774 | 1993554 | 1172645 | 539212 |
| 2001 | 11661045 | 8157733 | 2293624 | 1209688 | 538575 |
| 2002 | 12798845 | 9041371 | 2533428 | 1224046 | 438922 |
| 2003 | 13949803 | 11034069 | 2672110 | 243624 | |
| 2004 | 15738249 | 13204837 | 2469271 | 64141 | |
| 2005 | 17835219 | 15161302 | 2626182 | 47735 | |
| 2006 | 20512973 | 17710949 | 2802024 | | |
| 2007 | 24603501 | 21535739 | 3067762 | | |
| 2008 | 29733665 | 26096150 | 3637515 | | |
| 2009 | 34301889 | 30039879 | 4262010 | | |
| 2010 | 42425974 | 36967331 | 5458643 | | |
| 2011 | 49635444 | 43197411 | 6438033 | | |
| 2012 | 56520342 | 49059097 | 7461245 | | |
| 2013 | 65048918 | 56833688 | 8215230 | | |

## 14-4 主要年份市区社会消费品零售总额指数
## Indices of Total Retail Sales of Consumer Goods in Urban Districts in Main Years

上年=100 (preceding year=100)

| 年 份<br>Year | 总 计<br>Total | 按行业分 By Sector | | | |
|---|---|---|---|---|---|
| | | 批发和零售业<br>Wholesale and Retail Trades | 住宿和餐饮业<br>Hotels and Catering Services | 其他行业<br>Others | # 制造业<br>Manufacturing |
| 1978 | 106.9 | 105.6 | 119.6 | 107.5 | 94.9 |
| 1979 | 119.7 | 115.4 | 119.2 | 174.0 | 183.6 |
| 1980 | 138.5 | 133.5 | 121.7 | 196.4 | 190.5 |
| 1985 | 138.6 | 121.6 | 235.5 | 159.0 | 139.6 |
| 1986 | 107.8 | 109.7 | 91.8 | 116.3 | 106.5 |
| 1987 | 118.0 | 115.8 | 123.6 | 121.6 | 90.3 |
| 1988 | 135.3 | 135.1 | 129.0 | 141.3 | 128.1 |
| 1989 | 110.6 | 108.7 | 135.1 | 98.7 | 98.6 |
| 1990 | 101.7 | 102.2 | 100.8 | 100.5 | 81.6 |
| 1991 | 112.8 | 110.4 | 119.4 | 114.7 | 105.9 |
| 1992 | 121.3 | 124.2 | 115.1 | 117.6 | 111.3 |
| 1993 | 142.8 | 138.8 | 160.7 | 139.6 | 146.1 |
| 1994 | 150.0 | 151.2 | 143.9 | 152.7 | 173.1 |
| 1995 | 121.2 | 121.8 | 118.1 | 122.6 | 119.6 |
| 1996 | 122.6 | 127.7 | 120.1 | 94.1 | 113.4 |
| 1997 | 119.0 | 119.4 | 118.1 | 118.3 | 156.6 |
| 1998 | 113.0 | 113.6 | 113.4 | 109.6 | 110.7 |
| 1999 | 111.0 | 110.5 | 114.1 | 109.4 | 112.3 |
| 2000 | 111.0 | 114.6 | 107.2 | 97.9 | 122.5 |
| 2001 | 111.0 | 111.1 | 115.1 | 103.2 | 99.9 |
| 2002 | 109.8 | 110.8 | 110.5 | 101.2 | 81.5 |
| 2003 | 109.0 | 122.0 | 105.5 | 19.9 | |
| 2004 | 112.3 | 115.6 | 106.3 | 32.6 | |
| 2005 | 113.3 | 114.8 | 106.4 | 74.4 | |
| 2006 | 115.0 | 116.8 | 106.7 | | |
| 2007 | 119.9 | 121.6 | 109.5 | | |
| 2008 | 120.9 | 121.2 | 118.6 | | |
| 2009 | 113.4 | 113.6 | 111.9 | | |
| 2010 | 124.0 | 123.4 | 128.5 | | |
| 2011 | 117.0 | 116.9 | 117.9 | | |
| 2012 | 115.0 | 114.7 | 118.7 | | |
| 2013 | 115.1 | 115.8 | 110.1 | | |

注：当年指数按可比口径计算。

Note: The indices are calculated at the comparable coverage.

# 14-5 各时期社会消费品零售总额

## Total Retail Sales of Consumer Goods in Different Periods

单位：万元 (10000 yuan)

| 时期 | Period | 总计 Total | 按行业分 By Sector 批发和零售业 Wholesale and Retail Trades | 住宿和餐饮业 Hotels and Catering Services | 其他行业 Others | # 制造业 Manufacturing |
|---|---|---|---|---|---|---|
| **全市** | **Total** | | | | | |
| "六五"时期 | 6th Five-year Plan Period | 2459903 | 1775024 | 260620 | 424259 | 222331 |
| "七五"时期 | 7th Five-year Plan Period | 5978373 | 3847414 | 892809 | 1238150 | 388958 |
| "八五"时期 | 8th Five-year Plan Period | 16808010 | 10491118 | 2944665 | 3372227 | 959784 |
| "九五"时期 | 9th Five-year Plan Period | 45154220 | 30390431 | 8066966 | 6696823 | 2637312 |
| "十五"时期 | 10th Five-year Plan Period | 76968534 | 60573724 | 13349545 | 3045265 | 1047516 |
| "十一五"时期 | 11th Five-year Plan Period | 161029075 | 140118780 | 20910295 | | |
| 1979-2013 | 1979-2013 | 489927617 | 404581957 | 70509717 | 14835943 | 5293503 |

## 14-5 续表 continued

单位:万元 (10000 yuan)

| 时期 | Period | 总计 Total | 按行业分 By Sector | | | |
|---|---|---|---|---|---|---|
| | | | 批发和零售业 Wholesale and Retail Trades | 住宿和餐饮业 Hotels and Catering Services | 其他行业 Others | # 制造业 Manufacturing |
| **市区** | **Urban Districts** | | | | | |
| "六五"时期 | 6th Five-year Plan Period | 2039838 | 1476139 | 234727 | 328972 | 183998 |
| "七五"时期 | 7th Five-year Plan Period | 4998672 | 3272004 | 814484 | 912184 | 296896 |
| "八五"时期 | 8th Five-year Plan Period | 13367366 | 8547217 | 2535895 | 2284254 | 565612 |
| "九五"时期 | 9th Five-year Plan Period | 38749566 | 26498134 | 7196380 | 5055052 | 1898237 |
| "十五"时期 | 10th Five-year Plan Period | 71983161 | 56599312 | 12594615 | 2789234 | 977497 |
| "十一五"时期 | 11th Five-year Plan Period | 151578002 | 132350048 | 19227954 | | |
| 1979-2013 | 1979-2013 | 454330153 | 378156346 | 64754876 | 11418931 | 3954871 |

# 14-6 社会消费品零售总额（2013年）
# Total Retail Sales of Consumer Goods (2013)

单位:万元 (10000 yuan)

| 项目 | Item | 全市 Total | 市区 Urban Districts | 增城市 Zengcheng | 从化市 Conghua |
|---|---|---|---|---|---|
| **社会消费品零售总额** | **Total** | **68828473** | **65048918** | **2729009** | **1050546** |
| **按行业分** | **By Sector** | | | | |
| 批发和零售业 | Wholesale and Retail Trades | 59858717 | 56833688 | 2172253 | 852776 |
| 限额以上企业 | Enterprises above Designated Size | 32572812 | 31531436 | 701632 | 339744 |
| 限额以下企业(单位)和个体户 | Enterprises (Units) below Designated Size and Individuals | 27285905 | 25302252 | 1470621 | 513032 |
| 住宿和餐饮业 | Hotels and Catering Services | 8969756 | 8215230 | 556756 | 197770 |
| 限额以上企业 | Enterprises above Designated Size | 3661100 | 3412748 | 152817 | 95535 |
| 限额以下企业(单位)和个体户 | Enterprises (Units) below Designated Size and Individuals | 5308656 | 4802482 | 403939 | 102235 |
| **按企业规模分** | **By Size of Enterprises** | | | | |
| 限额以上企业 | Enterprises above Designated Size | 36233912 | 34944184 | 854449 | 435279 |
| 限额以下企业(单位)和个体户 | Enterprises (Units) below Designated Size and Individuals | 32594561 | 30104734 | 1874560 | 615267 |

# 14-7 批发和零售业商品销售总额（2013年，按地区分）
# Total Purchases, Sales and Inventory of Wholesale and Retail Trade (2013, by Region)

单位：万元 (10000 yuan)

| 项目 | Item | 全市 Total | 市区 Urban Districts | 增城市 Zengcheng | 从化市 Conghua |
|---|---|---|---|---|---|
| 商品销售总额 | Total Sales | 413349006 | 404994525 | 5170333 | 3184148 |
| 批发业 | Wholesale Trade | 339740297 | 334601809 | 2993309 | 2145179 |
| 零售业 | Retail Trade | 73608709 | 70392716 | 2177024 | 1038969 |

# 14-8 限额以上批发业法人企业商品购、销、存总额（2013年）

单位：万元

| 项　　目 | Item |
| --- | --- |
| **合　计** | **Wholesale Trade** |
| # 国有及国有控股 | State-owned and State-controlled Enterprises |
| **按登记注册类型分** | **By Status of Registration** |
| 内资企业 | Domestic-funded Enterprises |
| 国有企业 | State-owned Enterprises |
| 集体企业 | Collective-owned Enterprises |
| 股份合作企业 | Cooperative Enterprises |
| 联营企业 | Joint Ownership Enterprises |
| 国有联营企业 | State Joint Ownership Enterprises |
| 集体联营企业 | Collective Joint Ownership Enterprises |
| 国有与集体联营企业 | Joint State-collective Enterprises |
| 其他联营企业 | Other Joint Ownership Enterprise |
| 有限责任公司 | Limited Liability Corporations |
| 国有独资企业 | State Sole Funded Corporations |
| 其他有限责任公司 | Other Limited Liability Corporations |
| 股份有限公司 | Share-holding Corporations Ltd. |
| 私营企业 | Private Enterprises |
| 私营独资企业 | Private-funded Enterprises |
| 私营合伙企业 | Private Partnership Enterprises |
| 私营有限责任公司 | Private Limited Liability Corporations |
| 私营股份有限公司 | Private Share-holding Corporations Ltd. |
| 其他企业 | Other Enterprises |
| 港、澳、台商投资企业 | Enterprises with Funds from Hong Kong, Macao and Taiwan |
| 与港、澳、台商合资经营企业 | Joint-venture Enterprises |
| 与港、澳、台商合作经营企业 | Cooperative Enterprises |
| 港、澳、台商独资经营企业 | Enterprises with Sole Funds |
| 港、澳、台商投资股份有限公司 | Share-holding Corporations Ltd. |
| 外商投资企业 | Foreign Funded Enterprises |
| 中外合资经营企业 | Joint-venture Enterprises |
| 中外合作经营企业 | Cooperative Enterprises |
| 外资企业 | Enterprises with Sole Foreign Funds |
| 外商投资股份有限公司 | Share-holding Corporations Ltd. |
| **按国民经济行业分组** | **By Economic Sector** |
| 农、林、牧产品批发 | Wholesale of Farming, Forestry, Animal Husbandry Products |
| 食品、饮料及烟草制品批发 | Wholesale of Food, Beverages and Tobacco Products |
| # 米、面制品及食用油批发 | Wholesale of Rice, Flour and Edible Oil |
| 烟草制品批发 | Wholesale of Tobacco |
| 纺织、服装及家庭用品批发 | Wholesale of Textile, Clothing and Household Goods |
| # 服装批发 | Wholesale of Garments |
| 家用电器批发 | Wholesale of Household Electrical Appliances |
| 文化、体育用品及器材批发 | Wholesale of Cultural, Sports Appliances and Equipment |
| 医药及医疗器材批发 | Wholesale of Medicine and Medical Appliances |
| 矿产品、建材及化工产品批发 | Wholesale of Mineral Products, Building Materials and Chemical Products |
| # 煤炭及制品批发 | Wholesale of Coal and Related Products |
| 石油及制品批发 | Wholesale of Petroleum and Related Products |
| 金属及金属矿批发 | Wholesale of Metal Minerals |
| 建材批发 | Wholesale of Building Materials |
| 化肥批发 | Wholesale of Chemical Fertilizers |
| 机械设备、五金产品及电子产品批发 | Wholesale of Mechanical Equipment, Metal Products and Electronic Products |
| # 汽车批发 | Wholesale of Automobile |
| 汽车零配件批发 | Wholesale of Automobile Accessories |
| 摩托车及零配件批发 | Wholesale of Motorcycles and Accessories |
| 计算机、软件及辅助设备批发 | Wholesale of Computers, Software and Assistant Equipments |
| 贸易经纪与代理 | Trade Broker and Agency |
| 其他批发业 | Wholesale of Other Trades |

# Total Purchases, Sales and Inventory of Enterprises above the Designated Size in Wholesale and Retail Trade (2013)

(10000 yuan)

| 购进总额 Total Purchase Value | # 进口 Imports Value | 销售总额 Total Sales Value | 批发额 Wholesale Value | 零售额 Retail Value | 年末库存 Stock at Year-end |
|---|---|---|---|---|---|
| **245095911** | **13462660** | **259812432** | **254204517** | **5607915** | **11701771** |
| 125072502 | 4606403 | 129224271 | 126789877 | 2434393 | 4548883 |
| | | | | | |
| 222742245 | 11018939 | 234842252 | 230626863 | 4215389 | 9295218 |
| 52963651 | 1061931 | 65634386 | 65561884 | 72502 | 1447096 |
| 212646 | 213 | 235249 | 232917 | 2332 | 12329 |
| 203500 | 11649 | 215983 | 210089 | 5894 | 7986 |
| 10405 | | 12905 | 12905 | | 33050 |
| | | | | | |
| | | | | | |
| 10405 | | 12905 | 12905 | | 33050 |
| | | | | | |
| 95972826 | 6676336 | 100522272 | 98147707 | 2374565 | 3638507 |
| 11467415 | 507651 | 13476179 | 13412569 | 63609 | 539335 |
| 84505411 | 6168686 | 87046094 | 84735138 | 2310956 | 3099172 |
| 18964308 | 677910 | 9113535 | 9010251 | 103284 | 571330 |
| 54327444 | 2590900 | 59012977 | 57382298 | 1630679 | 3578514 |
| 216974 | 5909 | 239540 | 237782 | 1759 | 6483 |
| 37524 | | 36890 | 31755 | 5135 | 2662 |
| 52281533 | 2496998 | 56781733 | 55249323 | 1532410 | 3482124 |
| 1791413 | 87994 | 1954814 | 1863438 | 91376 | 87246 |
| 87465 | | 94945 | 68813 | 26133 | 6405 |
| 6978037 | 632833 | 8634157 | 8358081 | 276076 | 1057013 |
| 1742616 | 108966 | 1817569 | 1794409 | 23160 | 94558 |
| 21482 | | 33055 | 33055 | | 1823 |
| 5152094 | 516126 | 6689801 | 6436885 | 252916 | 954207 |
| 61845 | 7741 | 93733 | 93733 | | 6424 |
| 15375629 | 1810888 | 16336023 | 15219573 | 1116451 | 1349540 |
| 6179197 | 726174 | 6657161 | 5590880 | 1066281 | 457353 |
| 47419 | 39970 | 98180 | 98180 | | 7852 |
| 6146952 | 1044744 | 7036893 | 6986724 | 50169 | 604095 |
| 3002061 | | 2543789 | 2543789 | | 280240 |
| | | | | | |
| 1916353 | 286817 | 2112812 | 2110126 | 2686 | 145622 |
| 7776921 | 463675 | 8949114 | 8787547 | 161567 | 944113 |
| 1615686 | 140190 | 1636472 | 1629393 | 7079 | 267419 |
| 925705 | | 1224861 | 1224155 | 707 | 44696 |
| 23924707 | 1330304 | 29082092 | 27930315 | 1151777 | 1606494 |
| 11120450 | 185362 | 13082869 | 12223069 | 859800 | 622409 |
| 2733344 | 330626 | 2950165 | 2902948 | 47217 | 316440 |
| 6147980 | 337738 | 6662495 | 6437583 | 224912 | 919261 |
| 10868322 | 628029 | 11606416 | 9623142 | 1983274 | 1006202 |
| 170912187 | 9131513 | 175826364 | 174362846 | 1463518 | 5366838 |
| 9037135 | 1028324 | 9382454 | 9365483 | 16971 | 686161 |
| 98032613 | 4589434 | 100923481 | 99903680 | 1019801 | 1954017 |
| 32606818 | 1223415 | 33205236 | 33076318 | 128918 | 1317323 |
| 10080462 | 502739 | 10335532 | 10266849 | 68683 | 277212 |
| 1397740 | 310822 | 1395593 | 1395510 | 83 | 135247 |
| 16718346 | 877692 | 18178751 | 17596137 | 582614 | 1257410 |
| 2973354 | 72022 | 3301942 | 3133332 | 168609 | 66379 |
| 3527106 | 211914 | 3866727 | 3821924 | 44803 | 208168 |
| 135976 | | 153445 | 148743 | 4702 | 4862 |
| 2556746 | 46422 | 2869676 | 2647948 | 221728 | 405529 |
| 4386125 | 196485 | 4733535 | 4728090 | 5445 | 284178 |
| 2444969 | 210407 | 2660853 | 2628731 | 32123 | 171654 |

# 14-9 限额以上零售业法人企业商品购、销、存总额(2013年)

单位：万元

| 项目 | Item |
|---|---|
| **合计** | **Retail Trade** |
| # 国有及国有控股 | State-owned and State-controlled Enterprises |
| **按登记注册类型分** | **By Status of Registration** |
| 内资企业 | Domestic-funded Enterprises |
| 国有企业 | State-owned Enterprises |
| 集体企业 | Collective-owned Enterprises |
| 股份合作企业 | Cooperative Enterprises |
| 联营企业 | Joint Ownership Enterprises |
| 国有联营企业 | State Joint Ownership Enterprises |
| 集体联营企业 | Collective Joint Ownership Enterprises |
| 国有与集体联营企业 | Joint State-collective Enterprises |
| 其他联营企业 | Other Joint Ownership Enterprise |
| 有限责任公司 | Limited Liability Corporations |
| 国有独资企业 | State Sole Funded Corporations |
| 其他有限责任公司 | Other Limited Liability Corporations |
| 股份有限公司 | Share-holding Corporations Ltd. |
| 私营企业 | Private Enterprises |
| 私营独资企业 | Private-funded Enterprises |
| 私营合伙企业 | Private Partnership Enterprises |
| 私营有限责任公司 | Private Limited Liability Corporations |
| 私营股份有限公司 | Private Share-holding Corporations Ltd. |
| 其他企业 | Other Enterprises |
| 港、澳、台商投资企业 | Enterprises with Funds from Hong Kong, Macao and Taiwan |
| 与港、澳、台商合资经营企业 | Joint-venture Enterprises |
| 与港、澳、台商合作经营企业 | Cooperative Enterprises |
| 港、澳、台商独资经营企业 | Enterprises with Sole Funds |
| 港、澳、台商投资股份有限公司 | Share-holding Corporations Ltd. |
| 外商投资企业 | Foreign Funded Enterprises |
| 中外合资经营企业 | Joint-venture Enterprises |
| 中外合作经营企业 | Cooperative Enterprises |
| 外资企业 | Enterprises with Sole Foreign Funds |
| 外商投资股份有限公司 | Share-holding Corporations Ltd. |
| **按国民经济行业分组** | **By Economic Sector** |
| 综合零售 | Comprehensive Retail Trade |
| # 百货零售 | Retail of General Merchandise |
| 超级市场零售 | Retail of Supermarket |
| 食品、饮料及烟草制品专门零售 | Retail of Food, Beverage and Tobacco |
| 纺织、服装及日用品专门零售 | Retail of Textile, Garments and Daily Articles Consumer |
| # 服装零售 | Retail of Garments |
| 文化、体育用品及器材专门零售 | Retail of Cultural, Sports Appliances and Equipment |
| # 体育用品及器材零售 | Retail of Sports Goods |
| 图书、报刊零售 | Retail of Books and Newspapers |
| 医药及医疗器材专门零售 | Retail of Medicine and Medical Appliances |
| # 药品零售 | Retail of Medicines |
| 汽车、摩托车、燃料及零配件专门零售 | Retail of Motor Vehicles, Motorcycles, Fuels and Parts |
| # 汽车零售 | Retail of Motor Vehicles |
| 机动车燃料零售 | Retail of Motor Vehicle Fuels |
| 家用电器及电子产品专门零售 | Retail of Household Electrical Appliances and Electronic Products |
| # 家用视听设备零售 | Retail of Household Audio and Video Equipment |
| 日用家电设备零售 | Retail of Household Electrical Appliances |
| 计算机、软件及辅助设备零售 | Retail of Computers, Software and Assistant Equipments |
| 通信设备零售 | Retail of Communication Equipments |
| 五金、家具及室内装饰材料专门零售 | Retail of Hardware, Furniture and Decoration Materials |
| 货摊、无店铺及其他零售业 | Retail of Booth and Others |

## Total Purchases, Sales and Inventory of Enterprises above the Designated Size in Wholesale and Retail Trade (2013)

(10000 yuan)

| 购进总额 Total Purchase Value | #进口 Imports Value | 销售总额 Total Sales | 批发额 Wholesale Trade | 零售额 Retail Trade | 年末库存 Stock at Year-end |
|---|---|---|---|---|---|
| **30034828** | **1675362** | **32349853** | **5970693** | **26379160** | **2590753** |
| 9026239 | 259040 | 9254110 | 1936484 | 7317626 | 486210 |
| | | | | | |
| 23653931 | 1210207 | 25049540 | 4313197 | 20736344 | 1922639 |
| 166831 | | 199790 | 16080 | 183710 | 22237 |
| 246022 | | 270709 | 10712 | 259997 | 14381 |
| 52502 | | 56703 | 17168 | 39535 | 4827 |
| 73799 | | 79970 | 3277 | 76693 | 2957 |
| 31280 | | 35152 | 3057 | 32095 | 1256 |
| 9588 | | 10949 | 83 | 10866 | 108 |
| 15116 | | 15970 | 138 | 15833 | 466 |
| 17815 | | 17899 | | 17899 | 1127 |
| 7835052 | 644405 | 8251647 | 690015 | 7561632 | 595763 |
| 211234 | 53283 | 178690 | 4519 | 174171 | 22943 |
| 7623818 | 591122 | 8072957 | 685496 | 7387461 | 572820 |
| 6554699 | 83963 | 6615605 | 1920504 | 4695101 | 333725 |
| 8567993 | 481840 | 9405599 | 1587661 | 7817938 | 941591 |
| 46580 | | 55294 | 2567 | 52726 | 3533 |
| 66633 | | 63847 | 990 | 62857 | 10577 |
| 7075612 | 481840 | 7721054 | 1516454 | 6204601 | 874216 |
| 1379169 | | 1565404 | 67649 | 1497754 | 53265 |
| 157034 | | 169518 | 67780 | 101738 | 7158 |
| 3325937 | 414854 | 3933319 | 1322547 | 2610773 | 413298 |
| 1245444 | 3740 | 1608009 | 232309 | 1375700 | 161805 |
| 27327 | | 33902 | | 33902 | 2251 |
| 2049955 | 411114 | 2286421 | 1090238 | 1196184 | 246776 |
| 3211 | | 4987 | | 4987 | 2465 |
| 3054961 | 50300 | 3366993 | 334949 | 3032044 | 254817 |
| 1486061 | 21017 | 1504246 | 25662 | 1478584 | 75184 |
| 572184 | | 640688 | 289047 | 351641 | 50919 |
| 996716 | 29283 | 1222059 | 20240 | 1201819 | 128713 |
| | | | | | |
| 4854561 | 5206 | 5646376 | 447207 | 5199169 | 332854 |
| 2364152 | 3260 | 2792164 | 16153 | 2776011 | 98389 |
| 2292425 | 1946 | 2639033 | 429212 | 2209821 | 213858 |
| 391474 | 8936 | 486325 | 100817 | 385508 | 53853 |
| 2415241 | 25887 | 3056793 | 390224 | 2666569 | 310514 |
| 2007964 | 3537 | 2452272 | 275219 | 2177052 | 200962 |
| 1389492 | 4072 | 1394951 | 710354 | 684597 | 188323 |
| 963262 | | 935912 | 598709 | 337203 | 102465 |
| 159825 | | 175602 | 31038 | 144564 | 24727 |
| 945944 | 12004 | 1153126 | 354034 | 799092 | 133355 |
| 774070 | 15 | 942977 | 278367 | 664610 | 107989 |
| 14851848 | 1583044 | 15102956 | 2960291 | 12142665 | 1192651 |
| 10630260 | 1572235 | 10756364 | 2401327 | 8355037 | 1125448 |
| 3952918 | 1612 | 4054997 | 475050 | 3579947 | 37176 |
| 2659417 | 7383 | 2810468 | 907560 | 1902908 | 126472 |
| 602638 | 10 | 618840 | 19355 | 599485 | 22545 |
| 834531 | 2367 | 878206 | 241993 | 636213 | 29483 |
| 154158 | 420 | 179338 | 74010 | 105328 | 11308 |
| 865283 | | 890249 | 514915 | 375334 | 45090 |
| 649197 | 6200 | 724435 | 71917 | 652519 | 134569 |
| 1877654 | 22631 | 1974423 | 28290 | 1946134 | 118163 |

# 14-10 市区限额以上批发业法人企业商品购、销、存总额(2013年)

单位:万元

| 项 目 | Item |
|---|---|
| 合 计 | Retail Trade |
| # 国有及国有控股 | State-owned and State-controlled Enterprises |
| **按登记注册类型分** | **By Status of Registration** |
| 内资企业 | Domestic-funded Enterprises |
| 国有企业 | State-owned Enterprises |
| 集体企业 | Collective-owned Enterprises |
| 股份合作企业 | Cooperative Enterprises |
| 联营企业 | Joint Ownership Enterprises |
| 国有联营企业 | State Joint Ownership Enterprises |
| 集体联营企业 | Collective Joint Ownership Enterprises |
| 国有与集体联营企业 | Joint State-collective Enterprises |
| 其他联营企业 | Other Joint Ownership Enterprise |
| 有限责任公司 | Limited Liability Corporations |
| 国有独资企业 | State Sole Funded Corporations |
| 其他有限责任公司 | Other Limited Liability Corporations |
| 股份有限公司 | Share-holding Corporations Ltd. |
| 私营企业 | Private Enterprises |
| 私营独资企业 | Private-funded Enterprises |
| 私营合伙企业 | Private Partnership Enterprises |
| 私营有限责任公司 | Private Limited Liability Corporations |
| 私营股份有限公司 | Private Share-holding Corporations Ltd. |
| 其他企业 | Other Enterprises |
| 港、澳、台商投资企业 | Enterprises with Funds from Hong Kong, Macao and Taiwan |
| 与港、澳、台商合资经营企业 | Joint-venture Enterprises |
| 与港、澳、台商合作经营企业 | Cooperative Enterprises |
| 港、澳、台商独资经营企业 | Enterprises with Sole Funds |
| 港、澳、台商投资股份有限公司 | Share-holding Corporations Ltd. |
| 外商投资企业 | Foreign Funded Enterprises |
| 中外合资经营企业 | Joint-venture Enterprises |
| 中外合作经营企业 | Cooperative Enterprises |
| 外资企业 | Enterprises with Sole Foreign Funds |
| 外商投资股份有限公司 | Share-holding Corporations Ltd. |
| **按国民经济行业分组** | **By Economic Sector** |
| 农、林、牧产品批发 | Wholesale of Farming, Forestry, Animal Husbandry Products |
| 食品、饮料及烟草制品批发 | Wholesale of Food, Beverages and Tobacco Products |
| # 米、面制品及食用油批发 | Wholesale of Rice, Flour and Edible Oil |
| 烟草制品批发 | Wholesale of Tobacco |
| 纺织、服装及家庭用品批发 | Wholesale of Textile, Clothing and Household Goods |
| # 服装批发 | Wholesale of Garments |
| 家用电器批发 | Wholesale of Household Electrical Appliances |
| 文化、体育用品及器材批发 | Wholesale of Cultural, Sports Appliances and Equipment |
| 医药及医疗器材批发 | Wholesale of Medicine and Medical Appliances |
| 矿产品、建材及化工产品批发 | Wholesale of Mineral Products, Building Materials and Chemical Products |
| # 煤炭及制品批发 | Wholesale of Coal and Related Products |
| 石油及制品批发 | Wholesale of Petroleum and Related Products |
| 金属及金属矿批发 | Wholesale of Metal Minerals |
| 建材批发 | Wholesale of Building Materials |
| 化肥批发 | Wholesale of Chemical Fertilizers |
| 机械设备、五金产品及电子产品批发 | Wholesale of Mechanical Equipment, Metal Products and Electronic Products |
| # 汽车批发 | Wholesale of Automobile |
| 汽车零配件批发 | Wholesale of Automobile Accessories |
| 摩托车及零配件批发 | Wholesale of Motorcycles and Accessories |
| 计算机、软件及辅助设备批发 | Wholesale of Computers, Software and Assistant Equipments |
| 贸易经纪与代理 | Trade Broker and Agency |
| 其他批发业 | Wholesale of Other Trades |

# Total Purchases, Sales and Inventory of Enterprises above the Designated Size in Wholesale and Retail Trade in Urban Districts (2013)

(10000 yuan)

| 购进总额 Total Purchase Value | #进口 Imports Value | 销售总额 Total Sales Value | 批发额 Wholesale Value | 零售额 Retail Value | 年末库存 Stock at Year-end |
|---|---|---|---|---|---|
| **240475836** | **13245798** | **254756245** | **249173079** | **5583166** | **11480482** |
| 123900587 | 4606403 | 127938060 | 125506563 | 2431497 | 4522666 |
| | | | | | |
| 218648435 | 10804948 | 230370167 | 226178800 | 4191367 | 9127106 |
| 52906242 | 1061931 | 65577647 | 65505786 | 71860 | 1427105 |
| 179377 | 213 | 200211 | 199412 | 800 | 11936 |
| 203500 | 11649 | 215983 | 210089 | 5894 | 7986 |
| | | | | | |
| 94686852 | 6665081 | 99089766 | 96726572 | 2363194 | 3613657 |
| 11464612 | 507651 | 13472703 | 13409093 | 63609 | 538933 |
| 83222239 | 6157431 | 85617064 | 83317479 | 2299585 | 3074724 |
| 18951021 | 677910 | 9097447 | 8994163 | 103284 | 571270 |
| 51633980 | 2388164 | 56094168 | 54473966 | 1620202 | 3488746 |
| 204718 | 5909 | 227448 | 225689 | 1759 | 6320 |
| 37524 | | 36890 | 31755 | 5135 | 2662 |
| 49600325 | 2294262 | 53882535 | 52360602 | 1521933 | 3392540 |
| 1791413 | 87994 | 1947296 | 1855920 | 91376 | 87225 |
| 87465 | | 94945 | 68813 | 26133 | 6405 |
| 6881893 | 629961 | 8531484 | 8256135 | 275349 | 1034840 |
| 1699972 | 108966 | 1773168 | 1750008 | 23160 | 85414 |
| | | | | | |
| 5120076 | 513254 | 6664584 | 6412395 | 252189 | 943003 |
| 61845 | 7741 | 93733 | 93733 | | 6424 |
| 14945508 | 1810888 | 15854594 | 14738144 | 1116451 | 1318536 |
| 5932984 | 726174 | 6415584 | 5349303 | 1066281 | 427773 |
| 47419 | 39970 | 98180 | 98180 | | 7852 |
| 5963045 | 1044744 | 6797042 | 6746872 | 50169 | 602670 |
| 3002061 | | 2543789 | 2543789 | | 280240 |
| | | | | | |
| 1898855 | 286817 | 2096480 | 2093794 | 2686 | 141803 |
| 7461516 | 463675 | 8575434 | 8415194 | 160240 | 899428 |
| 1523090 | 140190 | 1552842 | 1546593 | 6250 | 235503 |
| 925705 | | 1224861 | 1224155 | 707 | 44696 |
| 23183400 | 1296813 | 28243195 | 27093319 | 1149876 | 1588706 |
| 10765071 | 152449 | 12638040 | 11778240 | 859800 | 622061 |
| 2680930 | 330626 | 2893157 | 2847526 | 45630 | 311326 |
| 6106374 | 337738 | 6620586 | 6395674 | 224912 | 919254 |
| 10801310 | 628029 | 11525999 | 9546111 | 1979888 | 1004345 |
| 168950444 | 8948142 | 173715912 | 172263303 | 1452609 | 5253094 |
| 8711445 | 905751 | 8932012 | 8915041 | 16971 | 665646 |
| 97011497 | 4589434 | 99883422 | 98871448 | 1011973 | 1892912 |
| 32373829 | 1176166 | 32969595 | 32841026 | 128569 | 1306887 |
| 10027607 | 502739 | 10282094 | 10213767 | 68327 | 276925 |
| 1372897 | 309507 | 1370671 | 1370671 | | 134744 |
| 15265352 | 877692 | 16608368 | 16032271 | 576098 | 1218262 |
| 2973354 | 72022 | 3301942 | 3133332 | 168609 | 66379 |
| 2169588 | 211914 | 2399962 | 2357413 | 42548 | 173121 |
| 86612 | | 100362 | 95893 | 4469 | 2559 |
| 2552161 | 46422 | 2861682 | 2639954 | 221728 | 404275 |
| 4377947 | 196485 | 4725357 | 4719912 | 5445 | 284178 |
| 2430638 | 210407 | 2644915 | 2613502 | 31413 | 171412 |

# 14-11 市区限额以上零售业法人企业商品购、销、存总额(2013年)

单位:万元

| 项　　目 | Item |
|---|---|
| **合　　计** | **Retail Trade** |
| # 国有及国有控股 | State-owned and State-controlled Enterprises |
| **按登记注册类型分** | **By Status of Registration** |
| 内资企业 | Domestic-funded Enterprises |
| 国有企业 | State-owned Enterprises |
| 集体企业 | Collective-owned Enterprises |
| 股份合作企业 | Cooperative Enterprises |
| 联营企业 | Joint Ownership Enterprises |
| 国有联营企业 | State Joint Ownership Enterprises |
| 集体联营企业 | Collective Joint Ownership Enterprises |
| 国有与集体联营企业 | Joint State-collective Enterprises |
| 其他联营企业 | Other Joint Ownership Enterprise |
| 有限责任公司 | Limited Liability Corporations |
| 国有独资企业 | State Sole Funded Corporations |
| 其他有限责任公司 | Other Limited Liability Corporations |
| 股份有限公司 | Share-holding Corporations Ltd. |
| 私营企业 | Private Enterprises |
| 私营独资企业 | Private-funded Enterprises |
| 私营合伙企业 | Private Partnership Enterprises |
| 私营有限责任公司 | Private Limited Liability Corporations |
| 私营股份有限公司 | Private Share-holding Corporations Ltd. |
| 其他企业 | Other Enterprises |
| 港、澳、台商投资企业 | Enterprises with Funds from Hong Kong, Macao and Taiwan |
| 与港、澳、台商合资经营企业 | Joint-venture Enterprises |
| 与港、澳、台商合作经营企业 | Cooperative Enterprises |
| 港、澳、台商独资经营企业 | Enterprises with Sole Funds |
| 港、澳、台商投资股份有限公司 | Share-holding Corporations Ltd. |
| 外商投资企业 | Foreign Funded Enterprises |
| 中外合资经营企业 | Joint-venture Enterprises |
| 中外合作经营企业 | Cooperative Enterprises |
| 外资企业 | Enterprises with Sole Foreign Funds |
| 外商投资股份有限公司 | Share-holding Corporations Ltd. |
| **按国民经济行业分组** | **By Economic Sector** |
| 综合零售 | Comprehensive Retail Trade |
| # 百货零售 | Retail of General Merchandise |
| 超级市场零售 | Retail of Supermarket |
| 食品、饮料及烟草制品专门零售 | Retail of Food, Beverage and Tobacco |
| 纺织、服装及日用品专门零售 | Retail of Textile, Garments and Daily Articles Consumer |
| # 服装零售 | Retail of Garments |
| 文化、体育用品及器材专门零售 | Retail of Cultural, Sports Appliances and Equipment |
| # 体育用品及器材零售 | Retail of Sports Goods |
| 图书、报刊零售 | Books and Newspapers Retail |
| 医药及医疗器材专门零售 | Retail of Medicine and Medical Appliances |
| # 药品零售 | Retail of Medicines |
| 汽车、摩托车、燃料及零配件专门零售 | Retail of Motor Vehicles, Motorcycles, Fuels and Parts |
| # 汽车零售 | Retail of Motor Vehicles |
| 机动车燃料零售 | Retail of Motor Vehicle Fuels |
| 家用电器及电子产品专门零售 | Retail of Household Electrical Appliances and Electronic Products |
| # 家用视听设备零售 | Retail of Household Audio and Video Equipment |
| 日用家电设备零售 | Retail of Household Electrical Appliances |
| 计算机、软件及辅助设备零售 | Retail of Computers, Software and Assistant Equipment |
| 通信设备零售 | Retail of Communication Equipment |
| 五金、家具及室内装饰材料专门零售 | Retail of Hardware, Furniture and Decoration Materials |
| 货摊、无店铺及其他零售业 | Retail of Booth and Others |

# Total Purchases, Sales and Inventory of Enterprises above the Designated Size in Wholesale and Retail Trade in Urban Districts (2013)

(10000 yuan)

| 购进总额 Total Purchase Value | # 进口 Imports Value | 销售总额 Total Sales Value | 批发额 Wholesale Value | 零售额 Retail Value | 年末库存 Stock at Year-end |
|---|---|---|---|---|---|
| **29152491** | **1675362** | **31428948** | **5946246** | **25482702** | **2537097** |
| 8965009 | 259040 | 9191988 | 1936484 | 7255504 | 482137 |
| 22895747 | 1210207 | 24273514 | 4288750 | 19984763 | 1874178 |
| 165592 | | 198371 | 16080 | 182290 | 21197 |
| 232345 | | 255436 | 10712 | 244724 | 14202 |
| 52502 | | 56703 | 17168 | 39535 | 4827 |
| 64120 | | 70062 | 3277 | 66785 | 2923 |
| 30314 | | 34175 | 3057 | 31118 | 1246 |
| 8696 | | 9818 | 83 | 9735 | 104 |
| 15116 | | 15970 | 138 | 15833 | 466 |
| 9995 | | 10099 | | 10099 | 1107 |
| 7663087 | 644405 | 8072537 | 688039 | 7384498 | 582403 |
| 211234 | 53283 | 178690 | 4519 | 174171 | 22943 |
| 7451853 | 591122 | 7893847 | 683520 | 7210327 | 559459 |
| 6552689 | 83963 | 6613384 | 1920504 | 4692880 | 333610 |
| 8008378 | 481840 | 8837504 | 1565191 | 7272313 | 907858 |
| 38239 | | 47431 | 2567 | 44864 | 3054 |
| 52891 | | 47853 | 990 | 46862 | 10476 |
| 6538080 | 481840 | 7176817 | 1493984 | 5682833 | 841063 |
| 1379169 | | 1565404 | 67649 | 1497754 | 53265 |
| 157034 | | 169518 | 67780 | 101738 | 7158 |
| 3207236 | 414854 | 3795131 | 1322547 | 2472584 | 408156 |
| 1205659 | 3740 | 1561809 | 232309 | 1329500 | 158281 |
| 18231 | | 20965 | | 20965 | 1763 |
| 1980136 | 411114 | 2207369 | 1090238 | 1117131 | 245647 |
| 3211 | | 4987 | | 4987 | 2465 |
| 3049508 | 50300 | 3360304 | 334949 | 3025355 | 254763 |
| 1480608 | 21017 | 1497557 | 25662 | 1471895 | 75131 |
| 572184 | | 640688 | 289047 | 351641 | 50919 |
| 996716 | 29283 | 1222059 | 20240 | 1201819 | 128713 |
| 4720907 | 5206 | 5497241 | 447207 | 5050035 | 325614 |
| 2287103 | 3260 | 2706319 | 16153 | 2690166 | 96105 |
| 2235819 | 1946 | 2575743 | 429212 | 2146531 | 208901 |
| 375518 | 8936 | 468570 | 100817 | 367753 | 46804 |
| 2395471 | 25887 | 3034726 | 390224 | 2644502 | 309379 |
| 1990224 | 3537 | 2432466 | 275219 | 2157247 | 199833 |
| 1373077 | 4072 | 1379053 | 710354 | 668698 | 187010 |
| 949824 | | 922961 | 598709 | 324252 | 101434 |
| 156848 | | 172654 | 31038 | 141616 | 24445 |
| 940094 | 12004 | 1146277 | 354034 | 792244 | 132091 |
| 770185 | 15 | 938455 | 278367 | 660088 | 106831 |
| 14218425 | 1583044 | 14454024 | 2940333 | 11513691 | 1163211 |
| 10175528 | 1572235 | 10298560 | 2397241 | 7901319 | 1101680 |
| 3841001 | 1612 | 3930584 | 475050 | 3455535 | 34887 |
| 2617679 | 7383 | 2766520 | 903568 | 1862952 | 121564 |
| 593125 | 10 | 609747 | 19355 | 590393 | 21834 |
| 816329 | 2367 | 859082 | 241494 | 617588 | 26501 |
| 150129 | 420 | 174841 | 74010 | 100831 | 10842 |
| 865283 | | 890249 | 514915 | 375334 | 45090 |
| 637303 | 6200 | 712040 | 71421 | 640620 | 133542 |
| 1874017 | 22631 | 1970498 | 28290 | 1942209 | 117881 |

# 14-12 限额以上批发和零售业法人企业商品分类销售总额(2013年)

# Total Sales Value of Enterprises above the Designated Size in Wholesale and Retail Trade by Category of Commodities (2013)

单位:万元 (10000 yuan)

| 项目 | Item | 销售总额 Total Sales Value | 批发额 Wholesale Value | 零售额 Retail Value |
|---|---|---|---|---|
| **合计** | **Total** | **292162285** | **260175210** | **31987075** |
| 食品、饮料、烟酒类 | Food, Beverages, Tobacco and Liquor | 11958041 | 9604776 | 2353265 |
| 粮油、食品类 | Grain and Oil | 8079810 | 6223221 | 1856589 |
| #肉禽蛋类 | Meat, Poultry and Eggs | 818055 | 610609 | 207446 |
| 饮料类 | Beverages | 1926600 | 1690343 | 236257 |
| 烟酒类 | Tobacco and Liquor | 1951631 | 1691213 | 260418 |
| 服装鞋帽、针、纺织品类 | Garments, Footwear, Headgear, Knitwear and Textiles | 26243112 | 21111675 | 5131437 |
| 服装类 | Clothing | 21139615 | 16972142 | 4167473 |
| 鞋帽类 | Footwear and Headgear | 1962420 | 1312178 | 650242 |
| 针、纺织品类 | Knitwear and Textiles | 3141077 | 2827354 | 313723 |
| 化妆品类 | Cosmetics | 1742825 | 829395 | 913430 |
| 金银珠宝类 | Gold, Silver and Jewelry | 1935323 | 1338783 | 596540 |
| 日用品类 | Daily-Use Articles | 6911279 | 5938937 | 972342 |
| #洗涤用品类 | Washing Articles | 2907495 | 2611085 | 296410 |
| 儿童玩具类 | Toys for children | 130283 | 77153 | 53130 |
| 五金、电料类 | Hardware and Electrical Materials | 1255835 | 1080146 | 175689 |
| 体育、娱乐用品类 | Sports and Recreation Articles | 751416 | 493240 | 258176 |
| 书报杂志类 | Newspapers and Magazines | 608614 | 487176 | 121438 |
| 电子出版物及音像制品类 | E-journal and Video Products | 74921 | 61010 | 13911 |
| 家用电器和音像器材类 | Household Appliances and Video Appliances | 5776670 | 3641397 | 2135273 |
| 中西药品类 | Traditional Chinese and Western Medicines | 11702481 | 9206550 | 2495931 |
| #西药 | Western Medicines | 8903089 | 6891069 | 2012020 |
| 中草药及中成药 | Traditional Chinese Medicines | 2477975 | 2045420 | 432555 |
| 文化办公用品类 | Cultural and Office Goods | 4910531 | 3944466 | 966065 |
| 家具类 | Furniture | 1285751 | 806863 | 478888 |
| 通讯器材类 | Communication Appliances | 4499629 | 3225075 | 1274554 |
| 煤炭及制品类 | Coal and Related Products | 8924343 | 8924270 | 73 |
| 木材及制品类 | Wood and Wooden Products | 1202548 | 1202548 | |
| 石油及制品类 | Petroleum and Related Products | 101857935 | 97182343 | 4675592 |
| 化工材料及制品类 | Chemical Materials and Related Products | 22217055 | 22217055 | |
| #化肥类 | Chemical Fertilizers | 756746 | 756746 | |
| 金属材料类 | Metal Materials | 43037996 | 43037996 | |
| 建筑及装潢材料类 | Building and Decoration Materials | 3291543 | 2933759 | 357784 |
| 机电产品及设备类 | Mechanical and Electrical Products | 5309252 | 5111153 | 198099 |
| #农机类 | Agricultural Machinery | 28349 | 28349 | |
| 汽车类 | Motor Vehicles | 17751700 | 9344816 | 8406884 |
| 种子饲料类 | Seeds and Feedstuff | 479867 | 479867 | |
| 棉麻类 | Cotton and Hemp | 925646 | 925646 | |
| 其他类 | Others | 7507972 | 7046268 | 461704 |

# 14-13 市区限额以上批发和零售业法人企业商品分类销售总额(2013年)

# Total Sales Value of Enterprises above the Designated Size in Wholesale and Retail Trade by Category of Commodities in Urban Districts (2013)

单位：万元 (10000 yuan)

| 项目 | Item | 销售总额 Total Sales Value | 批发额 Wholesale Value | 零售额 Retail Value |
|---|---|---|---|---|
| **合计** | **Total** | **286185193** | **255119325** | **31065868** |
| 食品、饮料、烟酒类 | Food, Beverages, Tobacco and Liquor | 11575372 | 9305768 | 2269604 |
| 粮油、食品类 | Grain and Oil | 7723779 | 5931716 | 1792063 |
| # 肉禽蛋类 | Meat, Poultry and Eggs | 812016 | 610212 | 201804 |
| 饮料类 | Beverages | 1913893 | 1687808 | 226085 |
| 烟酒类 | Tobacco and Liquor | 1937700 | 1686243 | 251457 |
| 服装鞋帽、针、纺织品类 | Garments, Footwear, Headgear, Knitwear and Textiles | 25699553 | 20616954 | 5082599 |
| 服装类 | Clothing | 20693748 | 16563711 | 4130037 |
| 鞋帽类 | Footwear and Headgear | 1946233 | 1304379 | 641854 |
| 针、纺织品类 | Knitwear and Textiles | 3059572 | 2748863 | 310709 |
| 化妆品类 | Cosmetics | 1699286 | 796617 | 902669 |
| 金银珠宝类 | Gold, Silver and Jewelry | 1928384 | 1337955 | 590429 |
| 日用品类 | Daily-Use Articles | 6873205 | 5927045 | 946160 |
| # 洗涤用品类 | Washing Articles | 2888074 | 2608810 | 279264 |
| 儿童玩具类 | Toys for children | 129021 | 77028 | 51993 |
| 五金、电料类 | Hardware and Electrical Materials | 1245787 | 1071270 | 174517 |
| 体育、娱乐用品类 | Sports and Recreation Articles | 746491 | 492984 | 253507 |
| 书报杂志类 | Newspapers and Magazines | 601900 | 486489 | 115411 |
| 电子出版物及音像制品类 | E-journal and Video Products | 74512 | 60964 | 13548 |
| 家用电器和音像器材类 | Household Appliances and Video Appliances | 5691727 | 3601361 | 2090366 |
| 中西药品类 | Traditional Chinese and Western Medicines | 11609761 | 9126160 | 2483601 |
| # 西药 | Western Medicines | 8840030 | 6835485 | 2004545 |
| 中草药及中成药 | Traditional Chinese Medicines | 2459684 | 2031898 | 427786 |
| 文化办公用品类 | Cultural and Office Goods | 4896058 | 3934825 | 961233 |
| 家具类 | Furniture | 1276080 | 805452 | 470628 |
| 通讯器材类 | Communication Appliances | 4370804 | 3102834 | 1267970 |
| 煤炭及制品类 | Coal and Related Products | 8268419 | 8268346 | 73 |
| 木材及制品类 | Wood and Wooden Products | 1201379 | 1201379 | |
| 石油及制品类 | Petroleum and Related Products | 100671551 | 96104259 | 4567292 |
| 化工材料及制品类 | Chemical Materials and Related Products | 21955415 | 21955415 | |
| # 化肥类 | Chemical Fertilizers | 742485 | 742485 | |
| 金属材料类 | Metal Materials | 42835680 | 42835680 | |
| 建筑及装潢材料类 | Building and Decoration Materials | 3207275 | 2853705 | 353570 |
| 机电产品及设备类 | Mechanical and Electrical Products | 5227716 | 5067057 | 160659 |
| # 农机类 | Agricultural Machinery | 28175 | 28175 | |
| 汽车类 | Motor Vehicles | 15792163 | 7884008 | 7908155 |
| 种子饲料类 | Seeds and Feedstuff | 479192 | 479192 | |
| 棉麻类 | Cotton and Hemp | 924746 | 924746 | |
| 其他类 | Others | 7332737 | 6878860 | 453877 |

# 14-14 限额以上连锁店(公司)基本情况(2013年)

## Statistics on Chain Stores (Companies) above the Designated Size (2013)

单位：个 (unit)

| 项目 | Item | 连锁总店 General Chain Stores | 连锁门店 Branch Chain Stores | 直营店 Direct Stores | 加盟店 League Stores |
|---|---|---|---|---|---|
| **总计** | **Total** | **150** | **15368** | **8649** | **6719** |
| 批发业 | Wholesale Trade | 18 | 3861 | 2992 | 869 |
| 零售业 | Retail Trade | 101 | 9711 | 4011 | 5700 |
| # 国有及国有控股 | State-owned and State-controlled Enterprises | 5 | 293 | 268 | 25 |
| 外商及港澳台投资 | Enterprises with Funds from Foreign Countries, Hong Kong, Macao and Taiwan | 27 | 7225 | 1684 | 5541 |
| 百货商店 | Department Stores | 8 | 502 | 502 | |
| 超级市场 | Supermarkets | 16 | 448 | 434 | 14 |
| 专业店 | Specialized Stores | 54 | 2788 | 1885 | 903 |
| 专卖店 | Franchised Stores | 16 | 5065 | 316 | 4749 |
| 其他 | Others | 7 | 908 | 874 | 34 |
| 住宿业 | Accommodation Services | 5 | 260 | 181 | 79 |
| 餐饮业 | Catering Services | 26 | 1536 | 1465 | 71 |
| # 外商及港澳台投资 | Enterprises with Funds from Foreign Countries, Hong Kong, Macao and Taiwan | 7 | 1189 | 1189 | |
| 正餐 | Dinner | 15 | 202 | 135 | 67 |
| 快餐 | Snack | 8 | 1151 | 1151 | |
| 其他 | Others | 3 | 183 | 179 | 4 |

## 14-14 续表 continued

单位：万元 (10000 yuan)

| 项目 | Item | 营业面积(平方米) Business Area (sq.m) | 从业人数(人) Employed Persons (person) | 销售总额(营业总收入) Total Sales (Business Revenue) | # 零售额 Retail Sales |
|---|---|---|---|---|---|
| **总计** | **Total** | **14740412** | **206751** | **34874756** | **22659148** |
| 批发业 | Wholesale Trade | 9109387 | 40386 | 20155557 | 11129919 |
| 零售业 | Retail Trade | 5133480 | 91646 | 13439257 | 10391749 |
| # 国有及国有控股 | State-owned and State-controlled Enterprises | 877990 | 8553 | 2890641 | 1483668 |
| 外商及港澳台投资 | Enterprises with Funds from Foreign Countries, Hong Kong, Macao and Taiwan | 2219005 | 50541 | 4021425 | 3590339 |
| 百货商店 | Department Stores | 1271673 | 16217 | 2721981 | 2471481 |
| 超级市场 | Supermarkets | 1266262 | 19795 | 1852285 | 1606024 |
| 专业店 | Specialized Stores | 2162745 | 32069 | 8156659 | 5661615 |
| 专卖店 | Franchised Stores | 245254 | 18184 | 443797 | 435099 |
| 其他 | Others | 187546 | 5381 | 264535 | 217530 |
| 住宿业 | Accommodation Services | 6461 | 4865 | 144244 | 2530 |
| 餐饮业 | Catering Services | 491084 | 69854 | 1135698 | 1134950 |
| # 外商及港澳台投资 | Enterprises with Funds from Foreign Countries, Hong Kong, Macao and Taiwan | 305518 | 54256 | 892581 | 892570 |
| 正餐 | Dinner | 161635 | 11539 | 190558 | 189810 |
| 快餐 | Snack | 299739 | 55411 | 863734 | 863734 |
| 其他 | Others | 29710 | 2904 | 81406 | 81406 |

# 14-15 亿元以上商品交易市场成交情况(2013年)

# Statistics on Commodity Exchange Markets with Total Sale over 100 Million Yuan (2013)

| 项　　目 | Item | 出租摊位数（个） Number of Booths (unit) | 总成交额（万元） Total Transaction Values (10000 yuan) |
|---|---|---|---|
| **合　计** | **Total** | **90425** | **22248376** |
| 食品、饮料、烟酒类 | Food, Beverages, Tobacco and Liquor | 11446 | 4498397 |
| 服装鞋帽、针、纺织品类 | Garments, Shoes, Hats, Knitwear and Textiles | 44033 | 6315552 |
| 化妆品类 | Cosmetics | 2525 | 143225 |
| 金银珠宝类 | Gold, Silver and Jewelry | 933 | 73010 |
| 日用品类 | Articles for Daily Use | 12709 | 2319317 |
| 五金电料类 | Hardware and Electrical Appliances | 3188 | 610948 |
| 体育、娱乐用品类 | Sports and Recreation Articles | 94 | 26551 |
| 书报杂志类 | Books, Newspapers and Magazines | 103 | 29990 |
| 电子出版物及音像制品类 | E-journal and Video Products | 9 | 710 |
| 家用电器和音像器材类 | Household Appliances and Video Appliances | 1260 | 185525 |
| 中西药品类 | Traditional Chinese and Western Medicines | 413 | 12107 |
| 文化办公用品类 | Cultural and Office Goods | 1101 | 184636 |
| 家具类 | Furniture | 385 | 29099 |
| 通讯器材类 | Communication Equipments | 1194 | 86328 |
| 煤炭及制品类 | Coal and Coal Products | | |
| 木材及制品类 | Wood and Wooden Products | 1085 | 827437 |
| 石油及制品类 | Petroleum and Related Products | 2 | 3177 |
| 化工材料及制品类 | Chemical Materials and Related Products | 272 | 105231 |
| 金属材料类 | Metal Materials | 655 | 3585091 |
| 建筑及装潢材料类 | Building and Decoration Materials | 2209 | 228748 |
| 机电产品及设备类 | Mechanical and Electrical Products | 392 | 62513 |
| 汽车类 | Automobiles | 3836 | 2285229 |
| 种子饲料类 | Seed and Feedstuff | 13 | 366 |
| 棉麻类 | Cotton and Hemp | | |
| 其他类 | Others | 2568 | 635189 |

# 14-16 限额以上批发和零售业法人企业财务状况(2013年)

单位：万元

| 项目 | Item |
| --- | --- |
| **总计** | **Total** |
| **按登记注册类型分** | **Grouped by Registration Status** |
| 内资企业 | Domestic-funded Enterprises |
| 国有企业 | State-owned Enterprises |
| 集体企业 | Collective-owned Enterprises |
| 股份合作企业 | Share-holding Cooperative Enterprises |
| 联营企业 | Joint-opeartion Enterprises |
| 国有联营企业 | State-owned Joint-opeartion Enterprises |
| 集体联营企业 | Collective Joint-opeartion Enterprises |
| 国有与集体联营企业 | Joint State-collective Enterprises |
| 其他联营企业 | Other Joint Ownership Enterprises |
| 有限责任公司 | Limited Liability Corporations |
| 国有独资公司 | State Sole Investment Corporations |
| 其他有限责任公司 | Other Limited Liability Corporations |
| 股份有限公司 | Share-holding Corporations Ltd. |
| 私营企业 | Private Enterprises |
| 私营独资企业 | Private Sole Lnvestment Enterprises |
| 私营合伙企业 | Private Partnership Enterprises |
| 私营有限责任公司 | Private Limited Liability Corporations |
| 私营股份有限公司 | Private Share-holding Corporations Ltd. |
| 其他企业 | Other Enterprises |
| 港、澳、台商投资企业 | Enterprises with Funds from Hong Kong, Macao and Taiwan |
| 与港、澳、台商合资经营企业 | Joint-venture Enterprises |
| 与港、澳、台商合作经营企业 | Cooperative Enterprises |
| 港、澳、台商独资经营企业 | Enterprises with Sole Funds |
| 港、澳、台商投资股份有限公司 | Share-holding Corporations Ltd. |
| 外商投资企业 | Foreign Funded Enterprises |
| 中外合资经营企业 | Joint-venture Enterprises |
| 中外合作经营企业 | Cooperative Enterprises |
| 外资企业 | Enterprises with Sole Foreign Funds |
| 外商投资股份有限公司 | Share-holding Corporations Ltd. |

# Financial Situation of Enterprises above the Designated Size in Wholesale and Retail Trade (2013)

(10000 yuan)

| 资产总计 Total Assets | # 固定资产原价 Original Value of Fixed Assets | 负债合计 Total Liabilities | 所有者权益 Owners' Equity | 营业收入 Revenue from Principal Business |
|---|---|---|---|---|
| **94821306** | **8581029** | **74390113** | **20431194** | **259516489** |
| 82760696 | 7464441 | 66284128 | 16476568 | 230800979 |
| 8562095 | 1789633 | 6437619 | 2124477 | 57238516 |
| 173898 | 26383 | 104463 | 69435 | 447952 |
| 65859 | 10423 | 50401 | 15458 | 243735 |
| 16169 | 5320 | 9104 | 7066 | 81498 |
| 4671 | 2092 | 1874 | 2797 | 30340 |
| 1254 | 925 | 486 | 768 | 9358 |
| 5473 | 1252 | 3813 | 1660 | 25122 |
| 4772 | 1051 | 2932 | 1840 | 16679 |
| 39992655 | 1819465 | 35004186 | 4988469 | 97438357 |
| 3879066 | 191162 | 3120481 | 758586 | 12065984 |
| 36113589 | 1628303 | 31883706 | 4229883 | 85372373 |
| 9153271 | 2126857 | 5360689 | 3792582 | 14189034 |
| 24685327 | 1682870 | 19236437 | 5448890 | 60921792 |
| 48847 | 4492 | 32127 | 16720 | 259371 |
| 23873 | 2149 | 19583 | 4290 | 90474 |
| 23419765 | 1611498 | 18238307 | 5181457 | 57451631 |
| 1192842 | 64731 | 946419 | 246423 | 3120316 |
| 111422 | 3489 | 81230 | 30192 | 240095 |
| 5531279 | 409227 | 3687174 | 1844105 | 11266534 |
| 1313484 | 117269 | 1014407 | 299077 | 3056130 |
| 23261 | 5337 | 23663 | -402 | 59701 |
| 4117944 | 285545 | 2589899 | 1528045 | 8064345 |
| 76591 | 1075 | 59205 | 17386 | 86358 |
| 6529331 | 707361 | 4418811 | 2110520 | 17448977 |
| 2402735 | 302055 | 1835542 | 567193 | 7272549 |
| 366290 | 39624 | 294816 | 71473 | 658105 |
| 3335638 | 175492 | 2152215 | 1183423 | 7345767 |
| 424669 | 190190 | 136237 | 288431 | 2172556 |

## 14-16 续表 1

单位：万元

| 项　　目 | Item |
| --- | --- |
| **总　计** | **Total** |
| **按登记注册类型分** | **Grouped by Registration Status** |
| 内资企业 | Domestic-funded Enterprises |
| 国有企业 | State-owned Enterprises |
| 集体企业 | Collective-owned Enterprises |
| 股份合作企业 | Share-holding Cooperative Enterprises |
| 联营企业 | Joint-opeartion Enterprises |
| 国有联营企业 | State-owned Joint-opeartion Enterprises |
| 集体联营企业 | Collective Joint-opeartion Enterprises |
| 国有与集体联营企业 | Joint State-collective Enterprises |
| 其他联营企业 | Other Joint Ownership Enterprises |
| 有限责任公司 | Limited Liability Corporations |
| 国有独资公司 | State Sole Investment Corporations |
| 其他有限责任公司 | Other Limited Liability Corporations |
| 股份有限公司 | Share-holding Corporations Ltd. |
| 私营企业 | Private Enterprises |
| 私营独资企业 | Private Sole Lnvestment Enterprises |
| 私营合伙企业 | Private Partnership Enterprises |
| 私营有限责任公司 | Private Limited Liability Corporations |
| 私营股份有限公司 | Private Share-holding Corporations Ltd. |
| 其他企业 | Other Enterprises |
| 港、澳、台商投资企业 | Enterprises with Funds from Hong Kong, Macao and Taiwan |
| 与港、澳、台商合资经营企业 | Joint-venture Enterprises |
| 与港、澳、台商合作经营企业 | Cooperative Enterprises |
| 港、澳、台商独资经营企业 | Enterprises with Sole Funds |
| 港、澳、台商投资股份有限公司 | Share-holding Corporations Ltd. |
| 外商投资企业 | Foreign Funded Enterprises |
| 中外合资经营企业 | Joint-venture Enterprises |
| 中外合作经营企业 | Cooperative Enterprises |
| 外资企业 | Enterprises with Sole Foreign Funds |
| 外商投资股份有限公司 | Share-holding Corporations Ltd. |

continued

(10000 yuan)

| 主营业务收入 Revenue from Prmcipal Busmess | 主营业务成本 Cose of Primcipal Busmess | 主营业务税金及附加 Taxes and Other Charges on Prmcipal Busmess | 其他业务利润 Profit from Other Business | 销售费用 Operating Expenses |
|---|---|---|---|---|
| **258345714** | **237539087** | **515136** | **633668** | **6606005** |
| 229802818 | 212569513 | 436325 | 457160 | 4589544 |
| 57043855 | 51018873 | 24568 | 52018 | 429356 |
| 445433 | 393442 | 2148 | 2472 | 14004 |
| 243319 | 226095 | 421 | 663 | 8325 |
| 81475 | 72827 | 204 | 39 | 2222 |
| 30335 | 26540 | 66 | 3 | 1022 |
| 9358 | 8307 | 21 | 35 | 384 |
| 25103 | 22698 | 43 | | 438 |
| 16679 | 15282 | 75 | 1 | 378 |
| 97027535 | 93081860 | 169788 | 235671 | 1458623 |
| 12031525 | 11857383 | 5088 | 110548 | 90669 |
| 84996010 | 81224477 | 164700 | 125122 | 1367955 |
| 14006301 | 12859268 | 37126 | 58970 | 518336 |
| 60714805 | 54710742 | 201509 | 107233 | 2140994 |
| 259184 | 191429 | 1834 | 762 | 23205 |
| 88600 | 71298 | 263 | 35 | 6833 |
| 57274034 | 51660686 | 188554 | 105220 | 1928405 |
| 3092987 | 2787329 | 10859 | 1216 | 182551 |
| 240095 | 206405 | 560 | 96 | 17683 |
| 11143989 | 9303616 | 38523 | 105404 | 1078613 |
| 2983239 | 2605754 | 10018 | 54849 | 257958 |
| 57924 | 44956 | 323 | 1978 | 13036 |
| 8016470 | 6589753 | 27802 | 46147 | 790822 |
| 86356 | 63153 | 380 | 2430 | 16798 |
| 17398907 | 15665959 | 40289 | 71104 | 937848 |
| 7263876 | 6691097 | 12849 | 23354 | 315778 |
| 636683 | 522811 | 3676 | 21481 | 91825 |
| 7325793 | 6450876 | 20302 | 25985 | 418119 |
| 2172556 | 2001175 | 3462 | 284 | 112127 |

## 14-16 续表 2

单位：万元

| 项　　目 | Item |
| --- | --- |
| **总　计** | **Total** |
| **按登记注册类型分** | **Grouped by Registration Status** |
| 内资企业 | Domestic-funded Enterprises |
| 国有企业 | State-owned Enterprises |
| 集体企业 | Collective-owned Enterprises |
| 股份合作企业 | Share-holding Cooperative Enterprises |
| 联营企业 | Joint-opeartion Enterprises |
| 国有联营企业 | State-owned Joint-opeartion Enterprises |
| 集体联营企业 | Collective Joint-opeartion Enterprises |
| 国有与集体联营企业 | Joint State-collective Enterprises |
| 其他联营企业 | Other Joint Ownership Enterprises |
| 有限责任公司 | Limited Liability Corporations |
| 国有独资公司 | State Sole Investment Corporations |
| 其他有限责任公司 | Other Limited Liability Corporations |
| 股份有限公司 | Share-holding Corporations Ltd. |
| 私营企业 | Private Enterprises |
| 私营独资企业 | Private Sole Lnvestment Enterprises |
| 私营合伙企业 | Private Partnership Enterprises |
| 私营有限责任公司 | Private Limited Liability Corporations |
| 私营股份有限公司 | Private Share-holding Corporations Ltd. |
| 其他企业 | Other Enterprises |
| 港、澳、台商投资企业 | Enterprises with Funds from Hong Kong, Macao and Taiwan |
| 与港、澳、台商合资经营企业 | Joint-venture Enterprises |
| 与港、澳、台商合作经营企业 | Cooperative Enterprises |
| 港、澳、台商独资经营企业 | Enterprises with Sole Funds |
| 港、澳、台商投资股份有限公司 | Share-holding Corporations Ltd. |
| 外商投资企业 | Foreign Funded Enterprises |
| 中外合资经营企业 | Joint-venture Enterprises |
| 中外合作经营企业 | Cooperative Enterprises |
| 外资企业 | Enterprises with Sole Foreign Funds |
| 外商投资股份有限公司 | Share-holding Corporations Ltd. |

continued

(10000 yuan)

| 管理费用 Management Cost | 营业利润 Business Profit | 利润总额 Total Profits | 本年应付职工薪酬 Total Wages Payable | 本年应交增值税 Total Value-added Payable Tax |
|---|---|---|---|---|
| **3688274** | **5099452** | **5240365** | **3005383** | **3327477** |
| 2950301 | 4221673 | 4341825 | 2058591 | 2702262 |
| 164536 | 582010 | 525574 | 212524 | 218870 |
| 9949 | 27923 | 28621 | 11372 | 12030 |
| 5563 | 2520 | 3252 | 3639 | 2668 |
| 793 | 4501 | 5860 | 1542 | 1373 |
| 561 | 2121 | 2154 | 720 | 531 |
| 59 | 587 | 643 | 221 | 164 |
| 91 | 1560 | 1661 | 261 | 213 |
| 82 | 234 | 1403 | 340 | 465 |
| 750816 | 1594040 | 1657247 | 752169 | 1110045 |
| 75780 | 27833 | 51894 | 81674 | 81663 |
| 675036 | 1566206 | 1605353 | 670494 | 1028382 |
| 260917 | 275515 | 285830 | 217264 | 225593 |
| 1747315 | 1730574 | 1831353 | 855124 | 1127582 |
| 10285 | 28821 | 28627 | 6448 | 22266 |
| 1847 | 1030 | 780 | 3387 | 2739 |
| 1660541 | 1651320 | 1750499 | 792595 | 1056094 |
| 74642 | 49404 | 51447 | 52694 | 46483 |
| 10411 | 4591 | 4088 | 4957 | 4103 |
| 385888 | 444848 | 421277 | 560929 | 267886 |
| 100325 | 82898 | 112662 | 108090 | 72705 |
| 2702 | -1042 | -1036 | 4129 | 3825 |
| 278165 | 361164 | 307356 | 441713 | 188115 |
| 4697 | 1828 | 2296 | 6997 | 3241 |
| 352085 | 432931 | 477264 | 385863 | 357328 |
| 77122 | 158660 | 180036 | 119388 | 120071 |
| 16652 | 21026 | 21172 | 36901 | 36626 |
| 251546 | 209745 | 230236 | 196433 | 178262 |
| 6766 | 43500 | 45819 | 33142 | 22369 |

## 14-16 续表 3

单位：万元

| 项　　目 | Item |
|---|---|
| **按行业分** | **Grouped by Sector** |
| 农、林、牧产品批发 | Wholesale of Farming, Forestry, Animal Husbandry Products |
| 食品、饮料及烟草制品批发 | Wholesale of Food, Beverages and Tobacco Products |
| # 米、面制品及食用油批发 | Wholesale of Rice, Flour and Edible Oil |
| 烟草制品批发 | Wholesale of Tobacco |
| 纺织、服装及家庭用品批发 | Wholesale of Textile, Garments and Daily Articles Consumer |
| # 服装批发 | Wholesale of Garments |
| 家用电器批发 | Wholesale of Household Electrical Appliances |
| 文化、体育用品及器材批发 | Wholesale of Cultural, Sports Appliances and Equipment |
| 医药及医疗器材批发 | Wholesale of Medicine and Medical Appliances |
| 矿产品、建材及化工产品批发 | Wholesale of Mineral Products, Building Materials and Chemical Products |
| # 煤炭及制品批发 | Wholesale of Coal and Related Products |
| 石油及制品批发 | Wholesale of Petroleum and Related Products |
| 金属及金属矿批发 | Wholesale of Metal Minerals |
| 建材批发 | Wholesale of Building Materials |
| 化肥批发 | Wholesale of Chemical Fertilizers |
| 机械设备、五金产品及电子产品批发 | Wholesale of Mechanical Equipment, Metal Products and Electronic Products |
| # 汽车批发 | Wholesale of Automobile |
| 汽车零配件批发 | Wholesale of Automobile Accessories |
| 摩托车及零配件批发 | Wholesale of Motorcycles and Accessories |
| 计算机、软件及辅助设备批发 | Wholesale of Computers, Software and Assistant Appliances |
| 贸易经纪与代理 | Trade Broker and Agency |
| 其他批发业 | Other Wholesales Trades |
| 综合零售 | Integrated Retail |
| # 百货零售 | Retail of General Merchandise |
| 超级市场零售 | Retail of Supermarket |
| 食品、饮料及烟草制品专门零售 | Retail of Food, Beverage and Tobacco |
| 纺织、服装及日用品专门零售 | Retail of Textile, Garments and Daily Articles Consumer |
| # 服装零售 | Retail of Garments |
| 文化、体育用品及器材专门零售 | Retail of Cultural, Sports Appliances and Equipment |
| # 体育用品及器材零售 | Retail of Sporting Goods and Equipment |
| 图书、报刊零售 | Retail of Books and Newspapers |
| 医药及医疗器材专门零售 | Retail of Medicine and Medical Appliances |
| # 药品零售 | Retail of Medicine |
| 汽车、摩托车、燃料及零配件专门零售 | Retail of Motor Vehicles, Motorcycles, Fuels and Parts |
| # 汽车零售 | Retail of Motor Vehicles |
| 机动车燃料零售 | Retail of Fuels for Motor Vehicles |
| 家用电器及电子产品专门零售 | Retail of Household Electrical Appliances and Electronic Products |
| # 家用视听设备零售 | Retail of Household Audio and Video Equipment |
| 日用家电设备零售 | Retail of Household Electrical Appliances |
| 计算机、软件及辅助设备零售 | Retail of Computers, Software and Assistant Equipment |
| 通信设备零售 | Retail of Communication Equipment |
| 五金、家具及室内装饰材料专门零售 | Retail of Hardware, Furniture and Decoration Materials |
| 货摊、无店铺及其他零售业 | Retail of Booth and Others |

continued

(10000 yuan)

| 资产总计 Total Assets | # 固定资产原价 Original Value of Fixed Assets | 负债合计 Total Liabilities | 所有者权益 Owners' Equity | 营业收入 Revenue from Principal Business |
|---|---|---|---|---|
| 775776 | 38612 | 597131 | 178645 | 1929886 |
| 4211665 | 471830 | 2853036 | 1358629 | 7999264 |
| 884290 | 87380 | 734319 | 149971 | 1499616 |
| 550415 | 75166 | 250128 | 300287 | 1047123 |
| 9025172 | 713633 | 6099408 | 2925765 | 25203236 |
| 3819110 | 352493 | 2289512 | 1529598 | 11478988 |
| 1031794 | 53462 | 891872 | 139922 | 2595321 |
| 2441102 | 136124 | 1540791 | 900312 | 5975770 |
| 4650669 | 150591 | 3673964 | 976705 | 10150638 |
| 43945719 | 4855538 | 36369503 | 7576216 | 156071691 |
| 3411317 | 133028 | 2849152 | 562164 | 8143173 |
| 20779828 | 3719236 | 16350778 | 4429050 | 89213888 |
| 11532846 | 643390 | 10407655 | 1125191 | 29120171 |
| 3782850 | 99047 | 3436147 | 346702 | 9146545 |
| 636358 | 20984 | 536539 | 99819 | 1340292 |
| 12437278 | 507893 | 10282937 | 2154340 | 16312544 |
| 5761908 | 24675 | 5405856 | 356052 | 2835898 |
| 1328747 | 44326 | 953796 | 374950 | 3416247 |
| 53281 | 1406 | 47963 | 5319 | 132728 |
| 1123278 | 49188 | 903755 | 219523 | 2663891 |
| 2176476 | 65701 | 1749298 | 427178 | 4465744 |
| 1292495 | 75203 | 1068407 | 224088 | 2391267 |
| 2664907 | 565821 | 1954400 | 710507 | 5129583 |
| 1416222 | 265060 | 807950 | 608272 | 2518002 |
| 1170191 | 276547 | 1045380 | 124811 | 2395579 |
| 286630 | 44659 | 201553 | 85077 | 435167 |
| 1573480 | 71749 | 1152354 | 421125 | 2726597 |
| 1284165 | 44658 | 956247 | 327918 | 2179443 |
| 699627 | 78770 | 435511 | 264116 | 1248161 |
| 354337 | 19389 | 234083 | 120254 | 816303 |
| 151428 | 41112 | 72270 | 79158 | 168858 |
| 460461 | 42700 | 332619 | 127841 | 1029637 |
| 353765 | 37704 | 260315 | 93450 | 839129 |
| 6526130 | 648985 | 4751157 | 1774973 | 13541929 |
| 3767887 | 406139 | 3026666 | 741221 | 9649012 |
| 2689975 | 235721 | 1673021 | 1016954 | 3633108 |
| 1109923 | 57508 | 858309 | 251614 | 2491543 |
| 154424 | 8242 | 74354 | 80071 | 574305 |
| 603011 | 22796 | 520573 | 82439 | 727453 |
| 76052 | 6084 | 48587 | 27465 | 170995 |
| 207729 | 11922 | 181247 | 26482 | 793705 |
| 243641 | 43120 | 181773 | 61869 | 709113 |
| 300156 | 12594 | 287963 | 12193 | 1704722 |

## 14-16 续表 4

单位：万元

| 项目 | Item |
|---|---|
| **按行业分** | **Grouped by Sector** |
| 农、林、牧产品批发 | Wholesale of Farming, Forestry, Animal Husbandry Products |
| 食品、饮料及烟草制品批发 | Wholesale of Food, Beverages and Tobacco Products |
| # 米、面制品及食用油批发 | Wholesale of Rice, Flour and Edible Oil |
| 烟草制品批发 | Wholesale of Tobacco |
| 纺织、服装及家庭用品批发 | Wholesale of Textile, Garments and Daily Articles Consumer |
| # 服装批发 | Wholesale of Garments |
| 家用电器批发 | Wholesale of Household Electrical Appliances |
| 文化、体育用品及器材批发 | Wholesale of Cultural, Sports Appliances and Equipment |
| 医药及医疗器材批发 | Wholesale of Medicine and Medical Appliances |
| 矿产品、建材及化工产品批发 | Wholesale of Mineral Products, Building Materials and Chemical Products |
| # 煤炭及制品批发 | Wholesale of Coal and Related Products |
| 石油及制品批发 | Wholesale of Petroleum and Related Products |
| 金属及金属矿批发 | Wholesale of Metal Minerals |
| 建材批发 | Wholesale of Building Materials |
| 化肥批发 | Wholesale of Chemical Fertilizers |
| 机械设备、五金产品及电子产品批发 | Wholesale of Mechanical Equipment, Metal Products and Electronic Products |
| # 汽车批发 | Wholesale of Automobile |
| 汽车零配件批发 | Wholesale of Automobile Accessories |
| 摩托车及零配件批发 | Wholesale of Motorcycles and Accessories |
| 计算机、软件及辅助设备批发 | Wholesale of Computers, Software and Assistant Appliances |
| 贸易经纪与代理 | Trade Broker and Agency |
| 其他批发业 | Other Wholesales Trades |
| 综合零售 | Integrated Retail |
| # 百货零售 | Retail of General Merchandise |
| 超级市场零售 | Retail of Supermarket |
| 食品、饮料及烟草制品专门零售 | Retail of Food, Beverage and Tobacco |
| 纺织、服装及日用品专门零售 | Retail of Textile, Garments and Daily Articles Consumer |
| # 服装零售 | Retail of Garments |
| 文化、体育用品及器材专门零售 | Retail of Cultural, Sports Appliances and Equipment |
| # 体育用品及器材零售 | Retail of Sporting Goods and Equipment |
| 图书、报刊零售 | Retail of Books and Newspapers |
| 医药及医疗器材专门零售 | Retail of Medicine and Medical Appliances |
| # 药品零售 | Retail of Medicine |
| 汽车、摩托车、燃料及零配件专门零售 | Retail of Motor Vehicles, Motorcycles, Fuels and Parts |
| # 汽车零售 | Retail of Motor Vehicles |
| 机动车燃料零售 | Retail of Fuels for Motor Vehicles |
| 家用电器及电子产品专门零售 | Retail of Household Electrical Appliances and Electronic Products |
| # 家用视听设备零售 | Retail of Household Audio and Video Equipment |
| 日用家电设备零售 | Retail of Household Electrical Appliances |
| 计算机、软件及辅助设备零售 | Retail of Computers, Software and Assistant Equipment |
| 通信设备零售 | Retail of Communication Equipment |
| 五金、家具及室内装饰材料专门零售 | Retail of Hardware, Furniture and Decoration Materials |
| 货摊、无店铺及其他零售业 | Retail of Booth and Others |

continued

(10000 yuan)

| 主营业务收入 Revenue from Prmcipal Busmess | 主营业务成本 Cose of Primcipal Busmess | 主营业务税金及附加 Taxes and Other Charges on Prmcipal Busmess | 其他业务利润 Profit from Other Business | 销售费用 Operating Expenses |
|---|---|---|---|---|
| 1927815 | 1779663 | 4369 | 1767 | 74573 |
| 7970575 | 6711213 | 99110 | 25615 | 510130 |
| 1494994 | 1431463 | 2102 | 5231 | 44006 |
| 1045988 | 783777 | 63852 | | 13529 |
| 25104241 | 21574715 | 122121 | 62980 | 1263725 |
| 11463163 | 9724772 | 82765 | 15622 | 302036 |
| 2582996 | 2358778 | 4643 | 1737 | 153980 |
| 5962630 | 5172358 | 17018 | 13583 | 312302 |
| 10128930 | 9446224 | 15458 | 16053 | 271120 |
| 155688188 | 146749771 | 97960 | 162064 | 1386024 |
| 8132641 | 7842782 | 6801 | 2684 | 98282 |
| 88959580 | 82095297 | 39790 | 121329 | 678046 |
| 29066245 | 28456752 | 24843 | 14432 | 150176 |
| 9137039 | 8766779 | 8024 | 3912 | 83172 |
| 1339769 | 1309920 | 884 | 485 | 19779 |
| 16211805 | 14646438 | 44018 | 38758 | 550219 |
| 2824799 | 2413833 | 5173 | 6814 | 166352 |
| 3403388 | 3170168 | 3940 | 3723 | 74982 |
| 132321 | 122152 | 130 | 325 | 7576 |
| 2632862 | 2369651 | 4211 | 4833 | 89541 |
| 4443682 | 4366374 | 1359 | 1213 | 24628 |
| 2379586 | 2219411 | 5013 | 5878 | 86434 |
| 4954785 | 4096570 | 36706 | 171990 | 698427 |
| 2422250 | 1998699 | 22679 | 71512 | 304584 |
| 2318787 | 1941523 | 12897 | 94225 | 345111 |
| 434476 | 326362 | 5189 | 1833 | 63545 |
| 2686249 | 1987849 | 16760 | 15673 | 440385 |
| 2140787 | 1651591 | 12410 | 12262 | 342092 |
| 1238576 | 1097382 | 5688 | 12914 | 47193 |
| 815790 | 751083 | 2619 | 680 | 18827 |
| 161069 | 125857 | 931 | 7249 | 11880 |
| 1024624 | 836918 | 3881 | 6471 | 96598 |
| 834289 | 684633 | 3061 | 6151 | 84809 |
| 13341586 | 12243626 | 23306 | 62337 | 444498 |
| 9454233 | 8661550 | 17426 | 60741 | 340735 |
| 3628045 | 3345120 | 5304 | 1157 | 93937 |
| 2449943 | 2120532 | 8553 | 33204 | 178263 |
| 565316 | 497422 | 1659 | 4014 | 57986 |
| 706912 | 618333 | 2274 | 20245 | 73140 |
| 170849 | 135730 | 857 | 497 | 17366 |
| 782389 | 699762 | 1118 | 8217 | 21003 |
| 693879 | 577445 | 5356 | 1228 | 52873 |
| 1704145 | 1586236 | 3273 | 108 | 105068 |

# 14-16 续表 5

单位：万元

| 项　　目 | Item |
| --- | --- |
| **按行业分** | **Grouped by Sector** |
| 农、林、牧产品批发 | Wholesale of Farming, Forestry, Animal Husbandry Products |
| 食品、饮料及烟草制品批发 | Wholesale of Food, Beverages and Tobacco Products |
| # 米、面制品及食用油批发 | Wholesale of Rice, Flour and Edible Oil |
| 烟草制品批发 | Wholesale of Tobacco |
| 纺织、服装及家庭用品批发 | Wholesale of Textile, Garments and Daily Articles Consumer |
| # 服装批发 | Wholesale of Garments |
| 家用电器批发 | Wholesale of Household Electrical Appliances |
| 文化、体育用品及器材批发 | Wholesale of Cultural, Sports Appliances and Equipment |
| 医药及医疗器材批发 | Wholesale of Medicine and Medical Appliances |
| 矿产品、建材及化工产品批发 | Wholesale of Mineral Products, Building Materials and Chemical Products |
| # 煤炭及制品批发 | Wholesale of Coal and Related Products |
| 石油及制品批发 | Wholesale of Petroleum and Related Products |
| 金属及金属矿批发 | Wholesale of Metal Minerals |
| 建材批发 | Wholesale of Building Materials |
| 化肥批发 | Wholesale of Chemical Fertilizers |
| 机械设备、五金产品及电子产品批发 | Wholesale of Mechanical Equipment, Metal Products and Electronic Products |
| # 汽车批发 | Wholesale of Automobile |
| 汽车零配件批发 | Wholesale of Automobile Accessories |
| 摩托车及零配件批发 | Wholesale of Motorcycles and Accessories |
| 计算机、软件及辅助设备批发 | Wholesale of Computers, Software and Assistant Appliances |
| 贸易经纪与代理 | Trade Broker and Agency |
| 其他批发业 | Other Wholesales Trades |
| 综合零售 | Integrated Retail |
| # 百货零售 | Retail of General Merchandise |
| 超级市场零售 | Retail of Supermarket |
| 食品、饮料及烟草制品专门零售 | Retail of Food, Beverage and Tobacco |
| 纺织、服装及日用品专门零售 | Retail of Textile, Garments and Daily Articles Consumer |
| # 服装零售 | Retail of Garments |
| 文化、体育用品及器材专门零售 | Retail of Cultural, Sports Appliances and Equipment |
| # 体育用品及器材零售 | Retail of Sporting Goods and Equipment |
| 图书、报刊零售 | Retail of Books and Newspapers |
| 医药及医疗器材专门零售 | Retail of Medicine and Medical Appliances |
| # 药品零售 | Retail of Medicine |
| 汽车、摩托车、燃料及零配件专门零售 | Retail of Motor Vehicles, Motorcycles, Fuels and Parts |
| # 汽车零售 | Retail of Motor Vehicles |
| 机动车燃料零售 | Retail of Fuels for Motor Vehicles |
| 家用电器及电子产品专门零售 | Retail of Household Electrical Appliances and Electronic Products |
| # 家用视听设备零售 | Retail of Household Audio and Video Equipment |
| 日用家电设备零售 | Retail of Household Electrical Appliances |
| 计算机、软件及辅助设备零售 | Retail of Computers, Software and Assistant Equipment |
| 通信设备零售 | Retail of Communication Equipment |
| 五金、家具及室内装饰材料专门零售 | Retail of Hardware, Furniture and Decoration Materials |
| 货摊、无店铺及其他零售业 | Retail of Booth and Others |

continued

(10000 yuan)

| 管理费用 Management Cost | 营业利润 Business Profit | 利润总额 Total Profits | 本年应付职工薪酬 Total Wages Payable | 本年应交增值税 Total Value-added Payable Tax |
|---|---|---|---|---|
| 39832 | 23781 | 36922 | 18987 | 12482 |
| 244309 | 325297 | 448537 | 222742 | 236139 |
| 21796 | 6053 | 106990 | 19404 | 9940 |
| 41573 | 156092 | 157289 | 31648 | 42843 |
| 981627 | 1202265 | 1143549 | 578322 | 720724 |
| 613853 | 731785 | 673523 | 163088 | 366075 |
| 37407 | 47515 | 48225 | 54951 | 44412 |
| 148130 | 304015 | 303954 | 144611 | 96467 |
| 197123 | 181530 | 180915 | 144905 | 347078 |
| 758616 | 1664338 | 1660272 | 605813 | 748941 |
| 48217 | 100642 | 149870 | 25787 | 52760 |
| 280671 | 994091 | 921971 | 264043 | 254394 |
| 154070 | 205507 | 222736 | 144314 | 115184 |
| 66339 | 164720 | 160733 | 37873 | 183773 |
| 10580 | -1854 | 1191 | 9663 | 988 |
| 335882 | 645015 | 650403 | 255800 | 319073 |
| 26125 | 223506 | 226575 | 18325 | 99469 |
| 45586 | 120658 | 122929 | 45420 | 30702 |
| 1746 | 529 | 566 | 3286 | 990 |
| 69135 | 99301 | 101154 | 29212 | 37705 |
| 44630 | 13031 | 13371 | 15354 | 12941 |
| 44983 | 17863 | 21519 | 43335 | 145599 |
| 187236 | 120330 | 161686 | 269592 | 141548 |
| 77262 | 99524 | 82606 | 115439 | 71275 |
| 89958 | 27892 | 84636 | 134868 | 65756 |
| 30671 | 6797 | 9379 | 31237 | 12686 |
| 200787 | 77826 | 98570 | 169217 | 135873 |
| 112154 | 60896 | 72118 | 110765 | 102299 |
| 67870 | 34027 | 29677 | 48308 | 34791 |
| 34215 | 11986 | 12601 | 20825 | 18744 |
| 16132 | 14349 | 14289 | 13468 | 11287 |
| 38760 | 49781 | 51692 | 56790 | 25483 |
| 26752 | 36992 | 38420 | 49988 | 20099 |
| 234107 | 321526 | 326042 | 275340 | 243527 |
| 197812 | 181528 | 187118 | 223608 | 198763 |
| 28533 | 135567 | 136327 | 43408 | 39165 |
| 76970 | 95496 | 98648 | 78927 | 56672 |
| 8506 | 5605 | 4399 | 16765 | 7737 |
| 27663 | 3699 | 7552 | 26062 | 9592 |
| 13833 | 3307 | 3868 | 14997 | 4088 |
| 18050 | 48197 | 48116 | 15559 | 23395 |
| 32797 | 28638 | 17026 | 23227 | 24005 |
| 23945 | -12102 | -11794 | 22878 | 13447 |

# 14-17 市区限额以上批发和零售业法人企业财务状况(2013年)

单位：万元

| 项 目 | Item |
| --- | --- |
| **总 计** | **Total** |
| **按登记注册类型分** | **Grouped by Registration Status** |
| 内资企业 | Domestic-funded Enterprises |
| 国有企业 | State-owned Enterprises |
| 集体企业 | Collective-owned Enterprises |
| 股份合作企业 | Share-holding Cooperative Enterprises |
| 联营企业 | Joint-opeartion Enterprises |
| 国有联营企业 | State-owned Joint-opeartion Enterprises |
| 集体联营企业 | Collective Joint-opeartion Enterprises |
| 国有与集体联营企业 | Joint State-collective Enterprises |
| 其他联营企业 | Other Joint Ownership Enterprises |
| 有限责任公司 | Limited Liability Corporations |
| 国有独资公司 | State Sole Investment Corporations |
| 其他有限责任公司 | Other Limited Liability Corporations |
| 股份有限公司 | Share-holding Corporations Ltd. |
| 私营企业 | Private Enterprises |
| 私营独资企业 | Private Sole Lnvestment Enterprises |
| 私营合伙企业 | Private Partnership Enterprises |
| 私营有限责任公司 | Private Limited Liability Corporations |
| 私营股份有限公司 | Private Share-holding Corporations Ltd. |
| 其他企业 | Other Enterprises |
| 港、澳、台商投资企业 | Enterprises with Funds from Hong Kong, Macao and Taiwan |
| 与港、澳、台商合资经营企业 | Joint-venture Enterprises |
| 与港、澳、台商合作经营企业 | Cooperative Enterprises |
| 港、澳、台商独资经营企业 | Enterprises with Sole Funds |
| 港、澳、台商投资股份有限公司 | Share-holding Corporations Ltd. |
| 外商投资企业 | Foreign Funded Enterprises |
| 中外合资经营企业 | Joint-venture Enterprises |
| 中外合作经营企业 | Cooperative Enterprises |
| 外资企业 | Enterprises with Sole Foreign Funds |
| 外商投资股份有限公司 | Share-holding Corporations Ltd. |

## Financial Situation of Enterprises above the Designated Size in Wholesale and Retail Trade in Urban Districts (2013)

(10000 yuan)

| 资产总计 Total Assets | # 固定资产原价 Original Value of Fixed Assets | 负债合计 Total Liabilities | 所有者权益 Owners' Equity | 营业收入 Revenue from Principal Business |
|---|---|---|---|---|
| **93455402** | **8438088** | **73247369** | **20208033** | **254244654** |
| 81592708 | 7351593 | 65262162 | 16330546 | 226179953 |
| 8518069 | 1780699 | 6400451 | 2117619 | 57180849 |
| 163437 | 24555 | 97806 | 65630 | 400428 |
| 65859 | 10423 | 50401 | 15458 | 243735 |
| 9108 | 4570 | 3894 | 5213 | 61946 |
| 4567 | 2035 | 1832 | 2735 | 29451 |
| 1153 | 925 | 391 | 763 | 8391 |
| 1728 | 905 | 1042 | 686 | 14092 |
| 1659 | 705 | 629 | 1030 | 10012 |
| 39731968 | 1802116 | 34772836 | 4959132 | 96049645 |
| 3878235 | 191129 | 3119686 | 758549 | 12063013 |
| 35853733 | 1610987 | 31653150 | 4200583 | 83986632 |
| 9143731 | 2122147 | 5324987 | 3818744 | 14173385 |
| 23849116 | 1603595 | 18530557 | 5318558 | 57829869 |
| 47065 | 4385 | 31140 | 15925 | 242316 |
| 23763 | 1991 | 20042 | 3721 | 76523 |
| 22586180 | 1532563 | 17533372 | 5052808 | 54397140 |
| 1192108 | 64656 | 946004 | 246105 | 3113890 |
| 111422 | 3489 | 81230 | 30192 | 240095 |
| 5442138 | 390177 | 3634019 | 1808118 | 11039780 |
| 1275681 | 110128 | 993323 | 282358 | 2964116 |
| 9221 | 4630 | 17274 | -8053 | 19955 |
| 4080645 | 274344 | 2564217 | 1516428 | 7969352 |
| 76591 | 1075 | 59205 | 17386 | 86358 |
| 6420556 | 696318 | 4351188 | 2069368 | 17024921 |
| 2363405 | 297017 | 1800219 | 563186 | 7053494 |
| 366290 | 39624 | 294816 | 71473 | 658105 |
| 3266193 | 169487 | 2119916 | 1146277 | 7140766 |
| 424669 | 190190 | 136237 | 288431 | 2172556 |

## 14-17 续表 1

单位：万元

| 项　　目 | Item |
|---|---|
| **总　计** | **Total** |
| **按登记注册类型分** | **Grouped by Registration Status** |
| 内资企业 | Domestic-funded Enterprises |
| 国有企业 | State-owned Enterprises |
| 集体企业 | Collective-owned Enterprises |
| 股份合作企业 | Share-holding Cooperative Enterprises |
| 联营企业 | Joint-opeartion Enterprises |
| 国有联营企业 | State-owned Joint-opeartion Enterprises |
| 集体联营企业 | Collective Joint-opeartion Enterprises |
| 国有与集体联营企业 | Joint State-collective Enterprises |
| 其他联营企业 | Other Joint Ownership Enterprises |
| 有限责任公司 | Limited Liability Corporations |
| 国有独资公司 | State Sole Investment Corporations |
| 其他有限责任公司 | Other Limited Liability Corporations |
| 股份有限公司 | Share-holding Corporations Ltd. |
| 私营企业 | Private Enterprises |
| 私营独资企业 | Private Sole Lnvestment Enterprises |
| 私营合伙企业 | Private Partnership Enterprises |
| 私营有限责任公司 | Private Limited Liability Corporations |
| 私营股份有限公司 | Private Share-holding Corporations Ltd. |
| 其他企业 | Other Enterprises |
| 港、澳、台商投资企业 | Enterprises with Funds from Hong Kong, Macao and Taiwan |
| 与港、澳、台商合资经营企业 | Joint-venture Enterprises |
| 与港、澳、台商合作经营企业 | Cooperative Enterprises |
| 港、澳、台商独资经营企业 | Enterprises with Sole Funds |
| 港、澳、台商投资股份有限公司 | Share-holding Corporations Ltd. |
| 外商投资企业 | Foreign Funded Enterprises |
| 中外合资经营企业 | Joint-venture Enterprises |
| 中外合作经营企业 | Cooperative Enterprises |
| 外资企业 | Enterprises with Sole Foreign Funds |
| 外商投资股份有限公司 | Share-holding Corporations Ltd. |

continued

(10000 yuan)

| 主营业务收入 Revenue from Prmcipal Busmess | 主营业务成本 Cose of Primcipal Busmess | 主营业务税金及附加 Taxes and Other Charges on Prmcipal Busmess | 其他业务利润 Profit from Other Business | 销售费用 Operating Expenses |
|---|---|---|---|---|
| **253115184** | **232771113** | **509192** | **627884** | **6382545** |
| 225186803 | 208304735 | 431625 | 453236 | 4433699 |
| 56986220 | 50965965 | 24561 | 51986 | 428497 |
| 397910 | 348494 | 1834 | 2472 | 13194 |
| 243319 | 226095 | 421 | 663 | 8325 |
| 61923 | 54534 | 176 | 39 | 2052 |
| 29446 | 25714 | 63 | 3 | 1022 |
| 8391 | 7395 | 19 | 35 | 361 |
| 14074 | 12293 | 31 | | 429 |
| 10012 | 9132 | 63 | 1 | 241 |
| 95643186 | 91796372 | 169071 | 234601 | 1434222 |
| 12028554 | 11854632 | 5085 | 110537 | 90508 |
| 83614632 | 79941741 | 163986 | 124063 | 1343715 |
| 13990652 | 12845861 | 37103 | 58970 | 516550 |
| 57623499 | 51861008 | 197900 | 104409 | 2013176 |
| 242129 | 176396 | 1799 | 762 | 22437 |
| 74649 | 58147 | 245 | 35 | 6502 |
| 54220160 | 48844689 | 185010 | 102396 | 1801977 |
| 3086561 | 2781776 | 10846 | 1216 | 182260 |
| 240095 | 206405 | 560 | 96 | 17683 |
| 10953526 | 9153656 | 37914 | 103531 | 1054671 |
| 2926055 | 2563937 | 9834 | 54574 | 252713 |
| 18178 | 13030 | 181 | 1978 | 6892 |
| 7922938 | 6513537 | 27519 | 44550 | 778268 |
| 86356 | 63153 | 380 | 2430 | 16798 |
| 16974855 | 15312722 | 39653 | 71117 | 894175 |
| 7044825 | 6489403 | 12715 | 23354 | 304219 |
| 636683 | 522811 | 3676 | 21481 | 91825 |
| 7120792 | 6299333 | 19800 | 25998 | 386006 |
| 2172556 | 2001175 | 3462 | 284 | 112127 |

## 14-17 续表 2

单位：万元

| 项　　目 | Item |
| --- | --- |
| **总　计** | **Total** |
| **按登记注册类型分** | **Grouped by Registration Status** |
| 内资企业 | Domestic-funded Enterprises |
| 国有企业 | State-owned Enterprises |
| 集体企业 | Collective-owned Enterprises |
| 股份合作企业 | Share-holding Cooperative Enterprises |
| 联营企业 | Joint-opeartion Enterprises |
| 国有联营企业 | State-owned Joint-opeartion Enterprises |
| 集体联营企业 | Collective Joint-opeartion Enterprises |
| 国有与集体联营企业 | Joint State-collective Enterprises |
| 其他联营企业 | Other Joint Ownership Enterprises |
| 有限责任公司 | Limited Liability Corporations |
| 国有独资公司 | State Sole Investment Corporations |
| 其他有限责任公司 | Other Limited Liability Corporations |
| 股份有限公司 | Share-holding Corporations Ltd. |
| 私营企业 | Private Enterprises |
| 私营独资企业 | Private Sole Lnvestment Enterprises |
| 私营合伙企业 | Private Partnership Enterprises |
| 私营有限责任公司 | Private Limited Liability Corporations |
| 私营股份有限公司 | Private Share-holding Corporations Ltd. |
| 其他企业 | Other Enterprises |
| 港、澳、台商投资企业 | Enterprises with Funds from Hong Kong, Macao and Taiwan |
| 与港、澳、台商合资经营企业 | Joint-venture Enterprises |
| 与港、澳、台商合作经营企业 | Cooperative Enterprises |
| 港、澳、台商独资经营企业 | Enterprises with Sole Funds |
| 港、澳、台商投资股份有限公司 | Share-holding Corporations Ltd. |
| 外商投资企业 | Foreign Funded Enterprises |
| 中外合资经营企业 | Joint-venture Enterprises |
| 中外合作经营企业 | Cooperative Enterprises |
| 外资企业 | Enterprises with Sole Foreign Funds |
| 外商投资股份有限公司 | Share-holding Corporations Ltd. |

continued

(10000 yuan)

| 管理费用 Management Cost | 营业利润 Business Profit | 利润总额 Total Profits | 本年应付职工薪酬 Total Wages Payable | 本年应交增值税 Total Value-added Payable Tax |
|---|---|---|---|---|
| **3606928** | **4978063** | **5102396** | **2930461** | **3257804** |
| 2889330 | 4120484 | 4233566 | 2005001 | 2673906 |
| 162484 | 581838 | 525137 | 211495 | 218847 |
| 8935 | 27412 | 28087 | 8811 | 11681 |
| 5563 | 2520 | 3252 | 3639 | 2668 |
| 626 | 3899 | 5149 | 1391 | 1248 |
| 501 | 2121 | 2153 | 677 | 520 |
| 29 | 588 | 642 | 202 | 157 |
| 50 | 1290 | 1284 | 241 | 209 |
| 46 | -99 | 1071 | 270 | 362 |
| 742840 | 1529590 | 1589277 | 737902 | 1104783 |
| 75735 | 27813 | 51873 | 81542 | 81629 |
| 667105 | 1501777 | 1537403 | 656360 | 1023154 |
| 259612 | 274961 | 285260 | 213635 | 225338 |
| 1698858 | 1695673 | 1793317 | 823173 | 1105238 |
| 9951 | 28020 | 27826 | 6187 | 21830 |
| 1778 | 813 | 563 | 3220 | 2559 |
| 1612673 | 1617773 | 1713818 | 761305 | 1034546 |
| 74456 | 49067 | 51110 | 52461 | 46303 |
| 10411 | 4591 | 4088 | 4957 | 4103 |
| 379375 | 437454 | 413727 | 552200 | 251546 |
| 95749 | 80743 | 110480 | 106286 | 63232 |
| 2444 | -2349 | -2440 | 2813 | 1059 |
| 276485 | 357233 | 303391 | 436104 | 184014 |
| 4697 | 1828 | 2296 | 6997 | 3241 |
| 338222 | 420125 | 455102 | 373260 | 332352 |
| 75659 | 154505 | 175932 | 118181 | 118731 |
| 16652 | 21026 | 21172 | 36901 | 36626 |
| 239146 | 201094 | 212179 | 185036 | 154627 |
| 6766 | 43500 | 45819 | 33142 | 22369 |

## 14-17 续表 3

单位：万元

| 项　　目 | Item |
| --- | --- |
| **按行业分** | **Grouped by Sector** |
| 农、林、牧产品批发 | Wholesale of Farming, Forestry, Animal Husbandry Products |
| 食品、饮料及烟草制品批发 | Wholesale of Food, Beverages and Tobacco Products |
| # 米、面制品及食用油批发 | Wholesale of Rice, Flour and Edible Oil |
| 烟草制品批发 | Wholesale of Tobacco |
| 纺织、服装及家庭用品批发 | Wholesale of Textile, Garments and Daily Articles Consumer |
| # 服装批发 | Wholesale of Garments |
| 家用电器批发 | Wholesale of Household Electrical Appliances |
| 文化、体育用品及器材批发 | Wholesale of Cultural, Sports Appliances and Equipment |
| 医药及医疗器材批发 | Wholesale of Medicine and Medical Appliances |
| 矿产品、建材及化工产品批发 | Wholesale of Mineral Products, Building Materials and Chemical Products |
| # 煤炭及制品批发 | Wholesale of Coal and Related Products |
| 石油及制品批发 | Wholesale of Petroleum and Related Products |
| 金属及金属矿批发 | Wholesale of Metal Minerals |
| 建材批发 | Wholesale of Building Materials |
| 化肥批发 | Wholesale of Chemical Fertilizers |
| 机械设备、五金产品及电子产品批发 | Wholesale of Mechanical Equipment, Metal Products and Electronic Products |
| # 汽车批发 | Wholesale of Automobile |
| 汽车零配件批发 | Wholesale of Automobile Accessories |
| 摩托车及零配件批发 | Wholesale of Motorcycles and Accessories |
| 计算机、软件及辅助设备批发 | Wholesale of Computers, Software and Assistant Appliances |
| 贸易经纪与代理 | Trade Broker and Agency |
| 其他批发业 | Other Wholesales Trades |
| 综合零售 | Integrated Retail |
| # 百货零售 | Retail of General Merchandise |
| 超级市场零售 | Retail of Supermarket |
| 食品、饮料及烟草制品专门零售 | Retail of Food, Beverage and Tobacco |
| 纺织、服装及日用品专门零售 | Retail of Textile, Garments and Daily Articles Consumer |
| # 服装零售 | Retail of Garments |
| 文化、体育用品及器材专门零售 | Retail of Cultural, Sports Appliances and Equipment |
| # 体育用品及器材零售 | Retail of Sporting Goods and Equipment |
| 图书、报刊零售 | Retail of Books and Newspapers |
| 医药及医疗器材专门零售 | Retail of Medicine and Medical Appliances |
| # 药品零售 | Retail of Medicine |
| 汽车、摩托车、燃料及零配件专门零售 | Retail of Motor Vehicles, Motorcycles, Fuels and Parts |
| # 汽车零售 | Retail of Motor Vehicles |
| 机动车燃料零售 | Retail of Fuels for Motor Vehicles |
| 家用电器及电子产品专门零售 | Retail of Household Electrical Appliances and Electronic Products |
| # 家用视听设备零售 | Retail of Household Audio and Video Equipment |
| 日用家电设备零售 | Retail of Household Electrical Appliances |
| 计算机、软件及辅助设备零售 | Retail of Computers, Software and Assistant Equipment |
| 通信设备零售 | Retail of Communication Equipment |
| 五金、家具及室内装饰材料专门零售 | Retail of Hardware, Furniture and Decoration Materials |
| 货摊、无店铺及其他零售业 | Retail of Booth and Others |

continued

(10000 yuan)

| 主营业务收入 Revenue from Prmcipal Busmess | 主营业务成本 Cose of Primcipal Busmess | 主营业务税金及附加 Taxes and Other Charges on Prmcipal Busmess | 其他业务利润 Profit from Other Business | 销售费用 Operating Expenses |
|---|---|---|---|---|
| 1913116 | 1766500 | 4366 | 1765 | 74487 |
| 7643124 | 6452300 | 98312 | 25609 | 468975 |
| 1416274 | 1360006 | 1941 | 5212 | 41214 |
| 1045988 | 783777 | 63852 | | 13529 |
| 24327582 | 20866254 | 121296 | 62792 | 1232488 |
| 11034270 | 9311736 | 82605 | 15595 | 297198 |
| 2534049 | 2314009 | 4549 | 1600 | 152287 |
| 5920721 | 5130747 | 17018 | 13583 | 312175 |
| 10059286 | 9383420 | 15318 | 15952 | 267370 |
| 153872808 | 145058546 | 96785 | 160133 | 1312788 |
| 7747776 | 7506468 | 6657 | 2683 | 56516 |
| 88062967 | 81236428 | 39164 | 121293 | 663895 |
| 28843038 | 28238905 | 24685 | 13070 | 147864 |
| 9089949 | 8720627 | 7984 | 3741 | 82788 |
| 1314846 | 1285110 | 870 | 485 | 19701 |
| 14861600 | 13399604 | 43652 | 38519 | 523880 |
| 2824799 | 2413833 | 5173 | 6814 | 166352 |
| 2142218 | 2003764 | 3776 | 3509 | 53596 |
| 86951 | 79608 | 80 | 325 | 5361 |
| 2626029 | 2365066 | 4175 | 4822 | 88069 |
| 4435504 | 4358267 | 1358 | 1209 | 24600 |
| 2363910 | 2205267 | 4721 | 5878 | 85995 |
| 4821941 | 3982334 | 36108 | 170146 | 678881 |
| 2348338 | 1936112 | 22387 | 69667 | 296950 |
| 2259855 | 1889874 | 12592 | 94225 | 333199 |
| 418985 | 312785 | 5141 | 1823 | 63141 |
| 2667381 | 1973177 | 16697 | 15673 | 438391 |
| 2123859 | 1638761 | 12365 | 12262 | 340159 |
| 1224898 | 1084068 | 5685 | 12879 | 47077 |
| 804721 | 740116 | 2618 | 680 | 18804 |
| 158460 | 123510 | 930 | 7213 | 11787 |
| 1018720 | 832335 | 3861 | 6471 | 96021 |
| 830373 | 681695 | 3056 | 6151 | 84308 |
| 12769310 | 11726706 | 21876 | 61226 | 423366 |
| 9047782 | 8297623 | 16550 | 59659 | 324791 |
| 3521300 | 3247406 | 4816 | 1157 | 90943 |
| 2412223 | 2086440 | 8470 | 32891 | 176218 |
| 557544 | 490295 | 1647 | 4014 | 57525 |
| 690491 | 603351 | 2242 | 20083 | 72268 |
| 167005 | 132073 | 851 | 346 | 17366 |
| 782389 | 699762 | 1118 | 8217 | 21003 |
| 683285 | 568762 | 5261 | 1228 | 51976 |
| 1700790 | 1583603 | 3268 | 108 | 104718 |

# 14-17 续表 4

单位：万元

| 项　　目 | Item |
| --- | --- |
| **按行业分** | **Grouped by Sector** |
| 农、林、牧产品批发 | Wholesale of Farming, Forestry, Animal Husbandry Products |
| 食品、饮料及烟草制品批发 | Wholesale of Food, Beverages and Tobacco Products |
| # 米、面制品及食用油批发 | Wholesale of Rice, Flour and Edible Oil |
| 烟草制品批发 | Wholesale of Tobacco |
| 纺织、服装及家庭用品批发 | Wholesale of Textile, Garments and Daily Articles Consumer |
| # 服装批发 | Wholesale of Garments |
| 家用电器批发 | Wholesale of Household Electrical Appliances |
| 文化、体育用品及器材批发 | Wholesale of Cultural, Sports Appliances and Equipment |
| 医药及医疗器材批发 | Wholesale of Medicine and Medical Appliances |
| 矿产品、建材及化工产品批发 | Wholesale of Mineral Products, Building Materials and Chemical Products |
| # 煤炭及制品批发 | Wholesale of Coal and Related Products |
| 石油及制品批发 | Wholesale of Petroleum and Related Products |
| 金属及金属矿批发 | Wholesale of Metal Minerals |
| 建材批发 | Wholesale of Building Materials |
| 化肥批发 | Wholesale of Chemical Fertilizers |
| 机械设备、五金产品及电子产品批发 | Wholesale of Mechanical Equipment, Metal Products and Electronic Products |
| # 汽车批发 | Wholesale of Automobile |
| 汽车零配件批发 | Wholesale of Automobile Accessories |
| 摩托车及零配件批发 | Wholesale of Motorcycles and Accessories |
| 计算机、软件及辅助设备批发 | Wholesale of Computers, Software and Assistant Appliances |
| 贸易经纪与代理 | Trade Broker and Agency |
| 其他批发业 | Other Wholesales Trades |
| 综合零售 | Integrated Retail |
| # 百货零售 | Retail of General Merchandise |
| 超级市场零售 | Retail of Supermarket |
| 食品、饮料及烟草制品专门零售 | Retail of Food, Beverage and Tobacco |
| 纺织、服装及日用品专门零售 | Retail of Textile, Garments and Daily Articles Consumer |
| # 服装零售 | Retail of Garments |
| 文化、体育用品及器材专门零售 | Retail of Cultural, Sports Appliances and Equipment |
| # 体育用品及器材零售 | Retail of Sporting Goods and Equipment |
| 图书、报刊零售 | Retail of Books and Newspapers |
| 医药及医疗器材专门零售 | Retail of Medicine and Medical Appliances |
| # 药品零售 | Retail of Medicine |
| 汽车、摩托车、燃料及零配件专门零售 | Retail of Motor Vehicles, Motorcycles, Fuels and Parts |
| # 汽车零售 | Retail of Motor Vehicles |
| 机动车燃料零售 | Retail of Fuels for Motor Vehicles |
| 家用电器及电子产品专门零售 | Retail of Household Electrical Appliances and Electronic Products |
| # 家用视听设备零售 | Retail of Household Audio and Video Equipment |
| 日用家电设备零售 | Retail of Household Electrical Appliances |
| 计算机、软件及辅助设备零售 | Retail of Computers, Software and Assistant Equipment |
| 通信设备零售 | Retail of Communication Equipment |
| 五金、家具及室内装饰材料专门零售 | Retail of Hardware, Furniture and Decoration Materials |
| 货摊、无店铺及其他零售业 | Retail of Booth and Others |

continued

(10000 yuan)

| 资产总计 Total Assets | # 固定资产原价 Original Value of Fixed Assets | 负债合计 Total Liabilities | 所有者权益 Owners' Equity | 营业收入 Revenue from Principal Business |
|---|---|---|---|---|
| 768450 | 37990 | 592943 | 175507 | 1915187 |
| 4031390 | 429190 | 2726129 | 1305262 | 7671793 |
| 810852 | 53945 | 667145 | 143706 | 1420877 |
| 550415 | 75166 | 250128 | 300287 | 1047123 |
| 8807945 | 705046 | 5884763 | 2923182 | 24426578 |
| 3701040 | 351753 | 2176636 | 1524405 | 11050095 |
| 1014891 | 53209 | 877432 | 137460 | 2546374 |
| 2434533 | 136080 | 1534631 | 899902 | 5933860 |
| 4622932 | 148311 | 3649712 | 973219 | 10080994 |
| 43456048 | 4822064 | 35962473 | 7493575 | 154221212 |
| 3322970 | 129796 | 2784294 | 538677 | 7758308 |
| 20533361 | 3705663 | 16131582 | 4401779 | 88317275 |
| 11461948 | 636126 | 10350697 | 1111251 | 28896694 |
| 3766368 | 99008 | 3422074 | 344295 | 9099455 |
| 632498 | 20815 | 533553 | 98945 | 1315369 |
| 12224398 | 501325 | 10091815 | 2132584 | 14962332 |
| 5761908 | 24675 | 5405856 | 356052 | 2835898 |
| 1142363 | 38763 | 786391 | 355972 | 2155069 |
| 34841 | 1019 | 30617 | 4224 | 87358 |
| 1121131 | 49054 | 902038 | 219093 | 2657058 |
| 2175857 | 65591 | 1749009 | 426848 | 4457566 |
| 1289787 | 75188 | 1067993 | 221794 | 2375591 |
| 2629258 | 548332 | 1918753 | 710505 | 4991042 |
| 1403173 | 255918 | 799385 | 603788 | 2442082 |
| 1147590 | 268200 | 1018298 | 129293 | 2332959 |
| 276189 | 42393 | 193927 | 82262 | 419664 |
| 1570370 | 71691 | 1151548 | 418823 | 2707729 |
| 1281206 | 44601 | 955469 | 325737 | 2162516 |
| 698373 | 78259 | 434999 | 263375 | 1234483 |
| 354155 | 19388 | 233946 | 120209 | 805234 |
| 150357 | 40601 | 71896 | 78461 | 166249 |
| 458588 | 42640 | 331088 | 127500 | 1023733 |
| 352859 | 37662 | 259537 | 93321 | 835213 |
| 6384055 | 623506 | 4648175 | 1735880 | 12969182 |
| 3658339 | 387367 | 2940519 | 717820 | 9242108 |
| 2663503 | 229576 | 1661119 | 1002384 | 3526363 |
| 1093373 | 56063 | 845338 | 248036 | 2453824 |
| 153135 | 8026 | 73330 | 79805 | 566533 |
| 594804 | 21775 | 513371 | 81433 | 711033 |
| 72316 | 6057 | 45545 | 26771 | 167151 |
| 207729 | 11922 | 181247 | 26482 | 793705 |
| 235625 | 42350 | 177430 | 58195 | 698519 |
| 298230 | 12069 | 286644 | 11586 | 1701367 |

## 14-17 续表 5

单位：万元

| 项 目 | Item |
| --- | --- |
| **按行业分** | **Grouped by Sector** |
| 农、林、牧产品批发 | Wholesale of Farming, Forestry, Animal Husbandry Products |
| 食品、饮料及烟草制品批发 | Wholesale of Food, Beverages and Tobacco Products |
| # 米、面制品及食用油批发 | Wholesale of Rice, Flour and Edible Oil |
| 烟草制品批发 | Wholesale of Tobacco |
| 纺织、服装及家庭用品批发 | Wholesale of Textile, Garments and Daily Articles Consumer |
| # 服装批发 | Wholesale of Garments |
| 家用电器批发 | Wholesale of Household Electrical Appliances |
| 文化、体育用品及器材批发 | Wholesale of Cultural, Sports Appliances and Equipment |
| 医药及医疗器材批发 | Wholesale of Medicine and Medical Appliances |
| 矿产品、建材及化工产品批发 | Wholesale of Mineral Products, Building Materials and Chemical Products |
| # 煤炭及制品批发 | Wholesale of Coal and Related Products |
| 石油及制品批发 | Wholesale of Petroleum and Related Products |
| 金属及金属矿批发 | Wholesale of Metal Minerals |
| 建材批发 | Wholesale of Building Materials |
| 化肥批发 | Wholesale of Chemical Fertilizers |
| 机械设备、五金产品及电子产品批发 | Wholesale of Mechanical Equipment, Metal Products and Electronic Products |
| # 汽车批发 | Wholesale of Automobile |
| 汽车零配件批发 | Wholesale of Automobile Accessories |
| 摩托车及零配件批发 | Wholesale of Motorcycles and Accessories |
| 计算机、软件及辅助设备批发 | Wholesale of Computers, Software and Assistant Appliances |
| 贸易经纪与代理 | Trade Broker and Agency |
| 其他批发业 | Other Wholesales Trades |
| 综合零售 | Integrated Retail |
| # 百货零售 | Retail of General Merchandise |
| 超级市场零售 | Retail of Supermarket |
| 食品、饮料及烟草制品专门零售 | Retail of Food, Beverage and Tobacco |
| 纺织、服装及日用品专门零售 | Retail of Textile, Garments and Daily Articles Consumer |
| # 服装零售 | Retail of Garments |
| 文化、体育用品及器材专门零售 | Retail of Cultural, Sports Appliances and Equipment |
| # 体育用品及器材零售 | Retail of Sporting Goods and Equipment |
| 图书、报刊零售 | Retail of Books and Newspapers |
| 医药及医疗器材专门零售 | Retail of Medicine and Medical Appliances |
| # 药品零售 | Retail of Medicine |
| 汽车、摩托车、燃料及零配件专门零售 | Retail of Motor Vehicles, Motorcycles, Fuels and Parts |
| # 汽车零售 | Retail of Motor Vehicles |
| 机动车燃料零售 | Retail of Fuels for Motor Vehicles |
| 家用电器及电子产品专门零售 | Retail of Household Electrical Appliances and Electronic Products |
| # 家用视听设备零售 | Retail of Household Audio and Video Equipment |
| 日用家电设备零售 | Retail of Household Electrical Appliances |
| 计算机、软件及辅助设备零售 | Retail of Computers, Software and Assistant Equipment |
| 通信设备零售 | Retail of Communication Equipment |
| 五金、家具及室内装饰材料专门零售 | Retail of Hardware, Furniture and Decoration Materials |
| 货摊、无店铺及其他零售业 | Retail of Booth and Others |

continued

(10000 yuan)

| 管理费用 Management Cost | 营业利润 Business Profit | 利润总额 Total Profits | 本年应付职工薪酬 Total Wages Payable | 本年应交增值税 Total Value-added Payable Tax |
|---|---|---|---|---|
| 39186 | 23329 | 36454 | 18649 | 12456 |
| 228686 | 315811 | 429457 | 207366 | 211320 |
| 19162 | 5604 | 106550 | 17438 | 9934 |
| 41573 | 156092 | 157289 | 31648 | 42843 |
| 964815 | 1188032 | 1128953 | 563868 | 712025 |
| 610038 | 727476 | 669101 | 160576 | 365840 |
| 36143 | 46305 | 47083 | 53586 | 43600 |
| 148028 | 303945 | 303882 | 144548 | 96467 |
| 195227 | 180624 | 179991 | 143279 | 346384 |
| 739391 | 1652970 | 1646068 | 596435 | 739819 |
| 44616 | 97290 | 145363 | 24481 | 51016 |
| 277654 | 988230 | 916220 | 260950 | 249513 |
| 152508 | 204879 | 220334 | 143247 | 114230 |
| 65903 | 164642 | 160650 | 37706 | 183663 |
| 10495 | -1867 | 1151 | 8161 | 988 |
| 330384 | 578890 | 584137 | 247936 | 314975 |
| 26125 | 223506 | 226575 | 18325 | 99469 |
| 41780 | 55611 | 57785 | 38951 | 27768 |
| 1440 | 539 | 566 | 2649 | 605 |
| 68403 | 99292 | 101106 | 29034 | 37642 |
| 44587 | 13027 | 13367 | 15315 | 12931 |
| 44469 | 17570 | 21295 | 42544 | 145322 |
| 185448 | 118820 | 160093 | 261613 | 138891 |
| 76868 | 95293 | 78376 | 111742 | 69506 |
| 88564 | 30611 | 87273 | 130585 | 64868 |
| 29546 | 6729 | 8789 | 30438 | 12596 |
| 200089 | 76411 | 97118 | 168010 | 135321 |
| 111471 | 59479 | 70665 | 109599 | 101754 |
| 67728 | 33893 | 29536 | 48134 | 34733 |
| 34150 | 11977 | 12592 | 20748 | 18686 |
| 16055 | 14223 | 14157 | 13370 | 11287 |
| 38097 | 49722 | 51668 | 56309 | 25397 |
| 26339 | 36937 | 38400 | 49576 | 20062 |
| 219877 | 306661 | 308184 | 263367 | 225896 |
| 185380 | 171538 | 173844 | 214391 | 184594 |
| 27434 | 131444 | 132179 | 41812 | 36127 |
| 75471 | 95276 | 98353 | 77170 | 56104 |
| 8426 | 5517 | 4311 | 16667 | 7646 |
| 27107 | 3598 | 7382 | 25249 | 9378 |
| 13532 | 3288 | 3847 | 14790 | 4027 |
| 18050 | 48197 | 48116 | 15559 | 23395 |
| 32170 | 28608 | 16994 | 22803 | 23760 |
| 23729 | -12253 | -11944 | 22680 | 13408 |

# 14-18 限额以上住宿和餐饮业法人企业基本情况(2013年)

| 项　　目 | Item |
|---|---|
| **总　　计** | **Total** |
| **住宿业** | **Accommodation Trade** |
| # 国有及国有控股 | State-owned and State-controlled Enterprises |
| **按登记注册类型分组** | **Grouped by Registration Status** |
| 内资企业 | Domestic Funded Enterprises |
| 国有企业 | State-owned Enterprises |
| 集体企业 | Collective-owned Enterprises |
| 股份合作企业 | Share-holding Cooperative Enterprises |
| 联营企业 | Joint Ownership Enterprises |
| 国有联营企业 | State Joint Ownership Enterprises |
| 集体联营企业 | Collective Joint Ownership Enterprises |
| 国有与集体联营企业 | Joint State-collective Enterprises |
| 其他联营企业 | Other Joint Ownership Enterprise |
| 有限责任公司 | Limited Liability Corporations |
| 国有独资公司 | State Sole Investment Corporations |
| 其他有限责任公司 | Other Limited Liability Corporations |
| 股份有限公司 | Share-holding Corporations Ltd. |
| 私营企业 | Private Enterprises |
| 私营独资企业 | Private Sole Investment Enterprises |
| 私营合伙企业 | Private Partnership Enterprises |
| 私营有限责任公司 | Private Limited Liability Corporations |
| 私营股份有限公司 | Private Share-holding Corporations Ltd. |
| 其他企业 | Other Enterprises |
| 港、澳、台商投资企业 | Enterprises with Funds from Hong Kong, Macao and Taiwan |
| 与港、澳、台商合资经营企业 | Joint-venture Enterprises |
| 与港、澳、台商合作经营企业 | Cooperative Enterprises |
| 港、澳、台商独资经营企业 | Enterprises with Sole Funds |
| 港、澳、台商投资股份有限公司 | Share-holding Corporations Ltd. |
| 外商投资企业 | Foreign Funded Enterprises |
| 中外合资经营企业 | Joint-venture Enterprises |
| 中外合作经营企业 | Cooperative Enterprises |
| 外资企业 | Enterprises with Sole Foreign Funds |
| 外商投资股份有限公司 | Share-holding Corporations Ltd. |
| **按住宿行业中类分组** | **Grouped by Accomodation Middle Sector** |
| 旅游饭店 | Travel Hotel |
| 一般旅馆 | Common Hotel |
| 其它住宿服务业 | Others |

# Basic Statistics on Enterprises in Hotels and Catering Services above Designated Size (2013)

| 法人企业（个）Number of Corporation Units (unit) | 营业额（万元）Business Revenue (10000 yuan) | # 客房收入 Lodging Revenue | # 餐费收入 Dinner Revenue | # 商品销售收入 Sale Revenue of Commodities |
|---|---|---|---|---|
| **1483** | **4022353** | **927712** | **2762267** | **70051** |
| **536** | **1544344** | **880936** | **429452** | **13036** |
| 141 | 542310 | 259345 | 161007 | 3999 |
| 488 | 1030315 | 551611 | 308235 | 9606 |
| 83 | 295016 | 140090 | 94013 | 2553 |
| 18 | 12158 | 7589 | 939 | 6 |
| 4 | 3066 | 1468 | 1201 | 218 |
| 1 | 358 | 185 | 174 | |
| 1 | 358 | 185 | 174 | |
| 95 | 318435 | 169466 | 99743 | 1989 |
| 8 | 24259 | 19462 | 1725 | 26 |
| 87 | 294176 | 150004 | 98018 | 1963 |
| 4 | 44769 | 16563 | 19375 | 344 |
| 279 | 349326 | 214251 | 88851 | 4327 |
| 47 | 32258 | 24981 | 6034 | 275 |
| 14 | 6727 | 5818 | 136 | 56 |
| 214 | 308198 | 181958 | 82093 | 3996 |
| 4 | 2143 | 1494 | 588 | |
| 4 | 7187 | 1999 | 3939 | 169 |
| 28 | 227075 | 140481 | 52767 | 339 |
| 8 | 46942 | 21138 | 17213 | 81 |
| 11 | 83314 | 36862 | 26247 | 204 |
| 8 | 95084 | 80932 | 9211 | |
| 1 | 1735 | 1549 | 96 | 54 |
| 20 | 286954 | 188845 | 68453 | 3092 |
| 7 | 88527 | 39787 | 33987 | 437 |
| 2 | 4521 | 2219 | 1257 | |
| 10 | 184312 | 142068 | 31120 | 2561 |
| 1 | 9594 | 4771 | 2089 | 94 |
| 304 | 1213834 | 615991 | 397295 | 9335 |
| 215 | 315052 | 258832 | 28243 | 3701 |
| 17 | 15459 | 6113 | 3914 | |

# 14-18 续表

| 项　　目 | Item |
|---|---|
| **餐饮业** | **Catering Trade** |
| # 国有及国有控股 | State-owned and State-controlled Enterprises |
| **按登记注册类型分组** | **Grouped by Registration Status** |
| 内资企业 | Domestic Funded Enterprises |
| 国有企业 | State-owned Enterprises |
| 集体企业 | Collective-owned Enterprises |
| 股份合作企业 | Share-holding Cooperative Enterprises |
| 联营企业 | Joint Ownership Enterprises |
| 国有联营企业 | State Joint Ownership Enterprises |
| 集体联营企业 | Collective Joint Ownership Enterprises |
| 国有与集体联营企业 | Joint State-collective Enterprises |
| 其他联营企业 | Other Joint Ownership Enterprise |
| 有限责任公司 | Limited Liability Corporations |
| 国有独资公司 | State Sole Investment Corporations |
| 其他有限责任公司 | Other Limited Liability Corporations |
| 股份有限公司 | Share-holding Corporations Ltd. |
| 私营企业 | Private Enterprises |
| 私营独资企业 | Private Sole Investment Enterprises |
| 私营合伙企业 | Private Partnership Enterprises |
| 私营有限责任公司 | Private Limited Liability Corporations |
| 私营股份有限公司 | Private Share-holding Corporations Ltd. |
| 其他企业 | Other Enterprises |
| 港、澳、台商投资企业 | Enterprises with Funds from Hong Kong, Macao and Taiwan |
| 与港、澳、台商合资经营企业 | Joint-venture Enterprises |
| 与港、澳、台商合作经营企业 | Cooperative Enterprises |
| 港、澳、台商独资经营企业 | Enterprises with Sole Funds |
| 港、澳、台商投资股份有限公司 | Share-holding Corporations Ltd. |
| 外商投资企业 | Foreign Funded Enterprises |
| 中外合资经营企业 | Joint-venture Enterprises |
| 中外合作经营企业 | Cooperative Enterprises |
| 外资企业 | Enterprises with Sole Foreign Funds |
| 外商投资股份有限公司 | Share-holding Corporations Ltd. |
| **按餐饮行业中类分组** | **Grouped by Catering Middle Sector** |
| 正餐服务 | Dinner |
| 快餐服务 | Snack |
| 饮料及冷饮服务 | Baverage and cold drinks |
| 其他餐饮服务 | Others |

continued

| 法人企业（个）Number of Corporation Units (unit) | 营业额（万元）Business Revenue (10000 yuan) | # 客房收入 Lodging Revenue | # 餐费收入 Dinner Revenue | # 商品销售收入 Sale Revenue of Commodities |
|---:|---:|---:|---:|---:|
| **947** | **2478009** | **46776** | **2332815** | **57015** |
| 48 | 205524 | 22584 | 143867 | 19708 |
| 858 | 1305200 | 553763 | 1207929 | 371364 |
| 13 | 54951 | 12699 | 36185 | 302 |
| 11 | 26588 | 941 | 21331 | 199 |
| 32 | 35851 | 7 | 35812 | 29 |
| 90 | 226796 | 11403 | 185851 | 21215 |
| 2 | 14035 | | 9595 | 4441 |
| 88 | 212761 | 11403 | 176256 | 16774 |
| 7 | 2096 | 511122 | 13516 | 337291 |
| 682 | 931986 | 17217 | 888800 | 12316 |
| 178 | 159500 | 590 | 157319 | 1356 |
| 49 | 43148 | 650 | 42361 | 101 |
| 431 | 696211 | 15977 | 656249 | 10859 |
| 24 | 33127 | | 32871 | |
| 23 | 26932 | 374 | 26434 | 12 |
| 59 | 288242 | 601 | 276705 | 8875 |
| 9 | 30289 | | 30100 | 189 |
| 6 | 51284 | | 43825 | 6592 |
| 42 | 198158 | 601 | 194269 | 2094 |
| 2 | 8511 | | 8511 | |
| 30 | 835554 | 2181 | 827971 | 117 |
| 8 | 285398 | 2178 | 278799 | 111 |
| 2 | 1159 | | 292 | |
| 19 | 545275 | 3 | 545158 | 6 |
| 1 | 3722 | | 3722 | |
| 860 | 1410209 | 46657 | 1275375 | 49707 |
| 47 | 926746 | 79 | 921400 | 3918 |
| 19 | 100965 | 13 | 100253 | 466 |
| 21 | 40089 | 27 | 35787 | 2924 |

## 14-19 限额以上住宿和餐饮业企业财务状况(2013年)

单位:万元

| 项目 | Item |
|---|---|
| **总计** | **Total** |
| **住宿业** | **Accommodation Trade** |
| # 国有及国有控股 | State-owned and State-controlled Enterprises |
| **按登记注册类型分组** | **Grouped by Registration Status** |
| 内资企业 | Domestic Funded Enterprises |
| 国有企业 | State-owned Enterprises |
| 集体企业 | Collective-owned Enterprises |
| 股份合作企业 | Share-holding Cooperative Enterprises |
| 联营企业 | Joint Ownership Enterprises |
| 国有联营企业 | State Joint Ownership Enterprises |
| 集体联营企业 | Collective Joint Ownership Enterprises |
| 国有与集体联营企业 | Joint State-collective Enterprises |
| 其他联营企业 | Other Joint Ownership Enterprise |
| 有限责任公司 | Limited Liability Corporations |
| 国有独资公司 | State Sole Investment Corporations |
| 其他有限责任公司 | Other Limited Liability Corporations |
| 股份有限公司 | Share-holding Corporations Ltd. |
| 私营企业 | Private Enterprises |
| 私营独资企业 | Private Sole Investment Enterprises |
| 私营合伙企业 | Private Partnership Enterprises |
| 私营有限责任公司 | Private Limited Liability Corporations |
| 私营股份有限公司 | Private Share-holding Corporations Ltd. |
| 其他企业 | Other Enterprises |
| 港、澳、台商投资企业 | Enterprises with Funds from Hong Kong, Macao and Taiwan |
| 与港、澳、台商合资经营企业 | Joint-venture Enterprises |
| 与港、澳、台商合作经营企业 | Cooperative Enterprises |
| 港、澳、台商独资经营企业 | Enterprises with Sole Funds |
| 港、澳、台商投资股份有限公司 | Share-holding Corporations Ltd. |
| 外商投资企业 | Foreign Funded Enterprises |
| 中外合资经营企业 | Joint-venture Enterprises |
| 中外合作经营企业 | Cooperative Enterprises |
| 外资企业 | Enterprises with Sole Foreign Funds |
| 外商投资股份有限公司 | Share-holding Corporations Ltd. |
| **按住宿行业中类分组** | **Grouped by Accomodation Middle Sector** |
| 旅游饭店 | Travel Hotel |
| 一般旅馆 | Common Hotel |
| 其它住宿服务业 | Others |

## Financial Situation of Enterprises above the Designated Size in Wholesale and Retail Trade (2013)

(10000 yuan)

| 资产总计 Total Assets | # 固定资产原价 Original Value of Fixed Assets | 负债合计 Total Liabilities | 所有者权益 Owners' Equity | 营业收入 Revenue from Principal Business | # 主营业务收入 Revenue from Primcipal Busmess |
|---|---|---|---|---|---|
| **4955362** | **2913744** | **3529254** | **1426108** | **3931915** | **3902656** |
| **3548361** | **2244567** | **2456826** | **1091535** | **1512504** | **1490254** |
| 1367915 | 1088975 | 744865 | 623050 | 537741 | 525103 |
| | | | | | |
| 1990980 | 1245263 | 1435237 | 555744 | 1020037 | 1010911 |
| 573908 | 460661 | 352700 | 221208 | 296993 | 292746 |
| 19432 | 28130 | 12327 | 7105 | 12061 | 11625 |
| 2428 | 2159 | 1250 | 1178 | 3066 | 3066 |
| 1060 | 2336 | 906 | 154 | 358 | 358 |
| | | | | | |
| 1060 | 2336 | 906 | 154 | 358 | 358 |
| | | | | | |
| | | | | | |
| 698461 | 418034 | 452498 | 245963 | 313878 | 311333 |
| 122608 | 114854 | 46307 | 76301 | 24440 | 24238 |
| 575853 | 303180 | 406191 | 169662 | 289438 | 287095 |
| 112478 | 101259 | 21275 | 91203 | 44066 | 44066 |
| 576645 | 225619 | 588811 | -12166 | 342428 | 340530 |
| 22608 | 10870 | 37189 | -14581 | 31961 | 31636 |
| 4557 | 1799 | 2572 | 1985 | 6583 | 6468 |
| 547955 | 211750 | 547361 | 594 | 301776 | 300327 |
| 1525 | 1200 | 1689 | -164 | 2108 | 2099 |
| 6568 | 7065 | 5470 | 1099 | 7187 | 7187 |
| 630396 | 447718 | 441949 | 188448 | 205622 | 197661 |
| 194708 | 126364 | 44322 | 150387 | 48250 | 48247 |
| 294108 | 237100 | 305780 | -11672 | 83262 | 75304 |
| 139573 | 83801 | 87641 | 51932 | 72375 | 72375 |
| 2007 | 453 | 4206 | -2199 | 1735 | 1735 |
| 926983 | 551587 | 579640 | 347344 | 286847 | 281683 |
| 280760 | 84640 | 159878 | 120883 | 88519 | 88519 |
| 6682 | 5398 | 3382 | 3300 | 4521 | 4521 |
| 420147 | 243350 | 134285 | 285863 | 184213 | 179049 |
| 219394 | 218199 | 282095 | -62702 | 9594 | 9594 |
| | | | | | |
| 3036843 | 1942524 | 2174094 | 862749 | 1185301 | 1171236 |
| 495925 | 291933 | 269484 | 226442 | 312632 | 304586 |
| 15593 | 10110 | 13248 | 2345 | 14571 | 14432 |

## 14-19 续表 1

单位：万元

| 项 目 | Item |
|---|---|
| **总 计** | **Total** |
| **住宿业** | **Accommodation Trade** |
| # 国有及国有控股 | State-owned and State-controlled Enterprises |
| **按登记注册类型分组** | **Grouped by Registration Status** |
| 内资企业 | Domestic Funded Enterprises |
| 国有企业 | State-owned Enterprises |
| 集体企业 | Collective-owned Enterprises |
| 股份合作企业 | Share-holding Cooperative Enterprises |
| 联营企业 | Joint Ownership Enterprises |
| 国有联营企业 | State Joint Ownership Enterprises |
| 集体联营企业 | Collective Joint Ownership Enterprises |
| 国有与集体联营企业 | Joint State-collective Enterprises |
| 其他联营企业 | Other Joint Ownership Enterprise |
| 有限责任公司 | Limited Liability Corporations |
| 国有独资公司 | State Sole Investment Corporations |
| 其他有限责任公司 | Other Limited Liability Corporations |
| 股份有限公司 | Share-holding Corporations Ltd. |
| 私营企业 | Private Enterprises |
| 私营独资企业 | Private Sole Investment Enterprises |
| 私营合伙企业 | Private Partnership Enterprises |
| 私营有限责任公司 | Private Limited Liability Corporations |
| 私营股份有限公司 | Private Share-holding Corporations Ltd. |
| 其他企业 | Other Enterprises |
| 港、澳、台商投资企业 | Enterprises with Funds from Hong Kong, Macao and Taiwan |
| 与港、澳、台商合资经营企业 | Joint-venture Enterprises |
| 与港、澳、台商合作经营企业 | Cooperative Enterprises |
| 港、澳、台商独资经营企业 | Enterprises with Sole Funds |
| 港、澳、台商投资股份有限公司 | Share-holding Corporations Ltd. |
| 外商投资企业 | Foreign Funded Enterprises |
| 中外合资经营企业 | Joint-venture Enterprises |
| 中外合作经营企业 | Cooperative Enterprises |
| 外资企业 | Enterprises with Sole Foreign Funds |
| 外商投资股份有限公司 | Share-holding Corporations Ltd. |
| **按住宿行业中类分组** | **Grouped by Accomodation Middle Sector** |
| 旅游饭店 | Travel Hotel |
| 一般旅馆 | Common Hotel |
| 其它住宿服务业 | Others |

continued

(10000 yuan)

| 主营业务成本 Cost of Principal Business | 主营业务税金及附加 Taxes and Other Charges on Principal Business | 其他业务利润 Profit from Other Business | 销售费用 Operating Expenses |
|---:|---:|---:|---:|
| **1604142** | **205238** | **37946** | **1234187** |
| **486411** | **76501** | **20850** | **422451** |
| 141043 | 28916 | 4256 | 170615 |
| | | | |
| 339859 | 53449 | 14875 | 314519 |
| 75268 | 15826 | 1390 | 108820 |
| 4581 | 774 | 742 | 3269 |
| 1615 | 160 | | 198 |
| 84 | 21 | | 158 |
| | | | |
| 84 | 21 | | 158 |
| | | | |
| | | | |
| 107916 | 16365 | 9498 | 88316 |
| 1012 | 1365 | 928 | 14365 |
| 106904 | 15000 | 8570 | 73951 |
| 16548 | 2423 | | 7870 |
| 131668 | 17698 | 3245 | 102654 |
| 18298 | 1261 | 158 | 4260 |
| 3553 | 338 | | 602 |
| 108650 | 15997 | 2969 | 97787 |
| 1167 | 102 | 118 | 5 |
| 2179 | 182 | | 3234 |
| 29601 | 9847 | 1605 | 47346 |
| 8302 | 2689 | 4 | 13659 |
| 15218 | 3669 | 619 | 18475 |
| 5970 | 3482 | 982 | 15195 |
| 111 | 7 | | 17 |
| 116954 | 13206 | 4370 | 60587 |
| 12974 | 5019 | 999 | 31487 |
| 1338 | 271 | | 2257 |
| 101707 | 7692 | 3371 | 19935 |
| 935 | 224 | | 6908 |
| | | | |
| 327203 | 61219 | 14234 | 364629 |
| 152786 | 14331 | 6576 | 53863 |
| 6422 | 951 | 40 | 3959 |

## 14-19 续表 2

单位:万元

| 项　　目 | Item |
|---|---|
| **总　计** | **Total** |
| **住宿业** | **Accommodation Trade** |
| # 国有及国有控股 | State-owned and State-controlled Enterprises |
| **按登记注册类型分组** | **Grouped by Registration Status** |
| 内资企业 | Domestic Funded Enterprises |
| 国有企业 | State-owned Enterprises |
| 集体企业 | Collective-owned Enterprises |
| 股份合作企业 | Share-holding Cooperative Enterprises |
| 联营企业 | Joint Ownership Enterprises |
| 国有联营企业 | State Joint Ownership Enterprises |
| 集体联营企业 | Collective Joint Ownership Enterprises |
| 国有与集体联营企业 | Joint State-collective Enterprises |
| 其他联营企业 | Other Joint Ownership Enterprise |
| 有限责任公司 | Limited Liability Corporations |
| 国有独资公司 | State Sole Investment Corporations |
| 其他有限责任公司 | Other Limited Liability Corporations |
| 股份有限公司 | Share-holding Corporations Ltd. |
| 私营企业 | Private Enterprises |
| 私营独资企业 | Private Sole Investment Enterprises |
| 私营合伙企业 | Private Partnership Enterprises |
| 私营有限责任公司 | Private Limited Liability Corporations |
| 私营股份有限公司 | Private Share-holding Corporations Ltd. |
| 其他企业 | Other Enterprises |
| 港、澳、台商投资企业 | Enterprises with Funds from Hong Kong, Macao and Taiwan |
| 与港、澳、台商合资经营企业 | Joint-venture Enterprises |
| 与港、澳、台商合作经营企业 | Cooperative Enterprises |
| 港、澳、台商独资经营企业 | Enterprises with Sole Funds |
| 港、澳、台商投资股份有限公司 | Share-holding Corporations Ltd. |
| 外商投资企业 | Foreign Funded Enterprises |
| 中外合资经营企业 | Joint-venture Enterprises |
| 中外合作经营企业 | Cooperative Enterprises |
| 外资企业 | Enterprises with Sole Foreign Funds |
| 外商投资股份有限公司 | Share-holding Corporations Ltd. |
| **按住宿行业中类分组** | **Grouped by Accomodation Middle Sector** |
| 旅游饭店 | Travel Hotel |
| 一般旅馆 | Common Hotel |
| 其它住宿服务业 | Others |

continued

(10000 yuan)

| 管理费用 Management Cost | 营业利润 Business Profit | 利润总额 Total Profits | 本年应付职工薪酬 Total Wages Payable |
|---|---|---|---|
| **647799** | **176437** | **191072** | **854154** |
| **375744** | **94860** | **109336** | **384617** |
| 149226 | 36601 | 45173 | 167053 |
| | | | |
| 250779 | 26164 | 40410 | 281412 |
| 85374 | 5619 | 17630 | 100452 |
| 2509 | 1212 | 225 | 3747 |
| 1025 | 60 | 52 | 483 |
| 144 | -50 | -50 | 191 |
| | | | |
| 144 | -50 | -50 | 191 |
| | | | |
| 73387 | 15390 | 13655 | 79267 |
| 11034 | -3591 | -3138 | 7677 |
| 62353 | 18981 | 16793 | 71590 |
| 11236 | 7232 | 7973 | 12167 |
| 75394 | -3168 | 1059 | 82608 |
| 4471 | 3230 | 2982 | 10541 |
| 1560 | 359 | 507 | 1513 |
| 68736 | -6954 | -2627 | 70154 |
| 627 | 197 | 197 | 400 |
| 1710 | -131 | -134 | 2497 |
| 84948 | 19582 | 19635 | 43475 |
| 19458 | 6725 | 6739 | 13517 |
| 33689 | -3021 | -2945 | 16044 |
| 31733 | 15956 | 15919 | 13591 |
| 68 | -78 | -78 | 323 |
| 40018 | 49114 | 49292 | 59731 |
| 23331 | 13333 | 14290 | 22616 |
| 796 | -159 | -157 | 1104 |
| 12092 | 38173 | 36703 | 29996 |
| 3799 | -2233 | -1544 | 6015 |
| | | | |
| 323864 | 54148 | 68467 | 312741 |
| 47292 | 42132 | 41203 | 67691 |
| 4587 | -1421 | -334 | 4185 |

## 14-19 续表 3

单位：万元

| 项　　目 | Item |
| --- | --- |
| **餐饮业** | **Catering Trade** |
| # 国有及国有控股 | State-owned and State-controlled Enterprises |
| **按登记注册类型分组** | **Grouped by Registration Status** |
| 内资企业 | Domestic Funded Enterprises |
| 国有企业 | State-owned Enterprises |
| 集体企业 | Collective-owned Enterprises |
| 股份合作企业 | Share-holding Cooperative Enterprises |
| 联营企业 | Joint Ownership Enterprises |
| 国有联营企业 | State Joint Ownership Enterprises |
| 集体联营企业 | Collective Joint Ownership Enterprises |
| 国有与集体联营企业 | Joint State-collective Enterprises |
| 其他联营企业 | Other Joint Ownership Enterprise |
| 有限责任公司 | Limited Liability Corporations |
| 国有独资公司 | State Sole Investment Corporations |
| 其他有限责任公司 | Other Limited Liability Corporations |
| 股份有限公司 | Share-holding Corporations Ltd. |
| 私营企业 | Private Enterprises |
| 私营独资企业 | Private Sole Investment Enterprises |
| 私营合伙企业 | Private Partnership Enterprises |
| 私营有限责任公司 | Private Limited Liability Corporations |
| 私营股份有限公司 | Private Share-holding Corporations Ltd. |
| 其他企业 | Other Enterprises |
| 港、澳、台商投资企业 | Enterprises with Funds from Hong Kong, Macao and Taiwan |
| 与港、澳、台商合资经营企业 | Joint-venture Enterprises |
| 与港、澳、台商合作经营企业 | Cooperative Enterprises |
| 港、澳、台商独资经营企业 | Enterprises with Sole Funds |
| 港、澳、台商投资股份有限公司 | Share-holding Corporations Ltd. |
| 外商投资企业 | Foreign Funded Enterprises |
| 中外合资经营企业 | Joint-venture Enterprises |
| 中外合作经营企业 | Cooperative Enterprises |
| 外资企业 | Enterprises with Sole Foreign Funds |
| 外商投资股份有限公司 | Share-holding Corporations Ltd. |
| **按行业分** | **Grouped by Catering Middle Sector** |
| 正餐服务 | Dinner |
| 快餐服务 | Snack |
| 饮料及冷饮服务 | Beverage and Cold Drinks |
| 其他餐饮服务 | Others |

continued

(10000 yuan)

| 资产总计 Total Assets | # 固定资产原价 Original Value of Fixed Assets | 负债合计 Total Liabilities | 所有者权益 Owners' Equity | 营业收入 Revenue from Principal Business | # 主营业务收入 Revenue from Primcipal Busmess |
|---|---|---|---|---|---|
| **1407001** | **669177** | **1072428** | **334572** | **2419411** | **2412402** |
| 255352 | 199722 | 209112 | 46240 | 202411 | 199236 |
| 849890 | 377312 | 751518 | 98372 | 1295449 | 1288586 |
| 62864 | 65883 | 34887 | 27977 | 54271 | 53911 |
| 19181 | 7607 | 11070 | 8111 | 26588 | 26303 |
| 13304 | 3541 | 13464 | -160 | 35799 | 35798 |
| 235750 | 142012 | 255105 | -19356 | 227497 | 224551 |
| 997 | 101 | 337 | 660 | 13395 | 13395 |
| 234753 | 141911 | 254768 | -20016 | 214102 | 211156 |
| 57838 | 11216 | 14808 | 43030 | 49293 | 47212 |
| 451796 | 143659 | 416566 | 35230 | 875068 | 873910 |
| 39243 | 19340 | 28436 | 10807 | 158830 | 158631 |
| 9088 | 2766 | 7744 | 1344 | 42757 | 42731 |
| 376100 | 118085 | 357008 | 19092 | 640565 | 639886 |
| 27365 | 3468 | 23378 | 3987 | 32916 | 32662 |
| 9157 | 3394 | 5618 | 3540 | 26933 | 26901 |
| 200560 | 76652 | 115685 | 84874 | 288270 | 288218 |
| 19912 | 7619 | 4947 | 14965 | 30289 | 30289 |
| 38554 | 26539 | 30837 | 7717 | 51021 | 51021 |
| 136441 | 40923 | 78482 | 57958 | 198449 | 198397 |
| 5653 | 1571 | 1419 | 4234 | 8511 | 8511 |
| 356552 | 215215 | 205226 | 151326 | 835695 | 835600 |
| 160357 | 135932 | 94122 | 66235 | 285539 | 285444 |
| 1480 | 128 | 218 | 1262 | 1159 | 1159 |
| 194225 | 78416 | 110862 | 83363 | 545275 | 545275 |
| 490 | 739 | 24 | 466 | 3722 | 3722 |
| 910776 | 467597 | 792997 | 117779 | 1371945 | 1367683 |
| 421753 | 182216 | 242652 | 179101 | 904713 | 904078 |
| 44967 | 14183 | 21240 | 23727 | 100966 | 100966 |
| 29505 | 5182 | 15539 | 13966 | 41786 | 39675 |

## 14-19 续表 4

单位：万元

| 项　　目 | Item |
|---|---|
| **餐饮业** | **Catering Trade** |
| # 国有及国有控股 | State-owned and State-controlled Enterprises |
| **按登记注册类型分组** | **Grouped by Registration Status** |
| 内资企业 | Domestic Funded Enterprises |
| 国有企业 | State-owned Enterprises |
| 集体企业 | Collective-owned Enterprises |
| 股份合作企业 | Share-holding Cooperative Enterprises |
| 联营企业 | Joint Ownership Enterprises |
| 国有联营企业 | State Joint Ownership Enterprises |
| 集体联营企业 | Collective Joint Ownership Enterprises |
| 国有与集体联营企业 | Joint State-collective Enterprises |
| 其他联营企业 | Other Joint Ownership Enterprise |
| 有限责任公司 | Limited Liability Corporations |
| 国有独资公司 | State Sole Investment Corporations |
| 其他有限责任公司 | Other Limited Liability Corporations |
| 股份有限公司 | Share-holding Corporations Ltd. |
| 私营企业 | Private Enterprises |
| 私营独资企业 | Private Sole Investment Enterprises |
| 私营合伙企业 | Private Partnership Enterprises |
| 私营有限责任公司 | Private Limited Liability Corporations |
| 私营股份有限公司 | Private Share-holding Corporations Ltd. |
| 其他企业 | Other Enterprises |
| 港、澳、台商投资企业 | Enterprises with Funds from Hong Kong, Macao and Taiwan |
| 与港、澳、台商合资经营企业 | Joint-venture Enterprises |
| 与港、澳、台商合作经营企业 | Cooperative Enterprises |
| 港、澳、台商独资经营企业 | Enterprises with Sole Funds |
| 港、澳、台商投资股份有限公司 | Share-holding Corporations Ltd. |
| 外商投资企业 | Foreign Funded Enterprises |
| 中外合资经营企业 | Joint-venture Enterprises |
| 中外合作经营企业 | Cooperative Enterprises |
| 外资企业 | Enterprises with Sole Foreign Funds |
| 外商投资股份有限公司 | Share-holding Corporations Ltd. |
| **按行业分** | **Grouped by Catering Middle Sector** |
| 正餐服务 | Dinner |
| 快餐服务 | Snack |
| 饮料及冷饮服务 | Beverage and Cold Drinks |
| 其他餐饮服务 | Others |

continued

(10000 yuan)

| 主营业务成本<br>Cost of Principal Business | 主营业务税金及附加<br>Taxes and Other Charges on Principal Business | 其他业务利润<br>Profit from Other Business | 销售费用<br>Operating Expenses |
|---|---|---|---|
| **1117731** | **128737** | **17096** | **811737** |
| 87724 | 9827 | 4546 | 69112 |
| 640473 | 68583 | 16223 | 365959 |
| 23311 | 2498 | 1464 | 21761 |
| 15502 | 1471 | 1113 | 4593 |
| 17414 | 1968 | 132 | 11379 |
| 95157 | 11692 | 1308 | 79619 |
| 6419 | 531 | | 3264 |
| 88738 | 11161 | 1308 | 76355 |
| 22728 | 2145 | 2032 | 12522 |
| 452220 | 47236 | 9866 | 229292 |
| 85811 | 8581 | 1523 | 32047 |
| 23613 | 2458 | 208 | 11415 |
| 324924 | 35075 | 7949 | 180136 |
| 17872 | 1122 | 186 | 5694 |
| 14141 | 1573 | 308 | 6793 |
| 111542 | 15306 | 876 | 120673 |
| 10716 | 1414 | | 13069 |
| 24824 | 2622 | 306 | 21216 |
| 72337 | 10794 | 570 | 82863 |
| 3665 | 476 | | 3525 |
| 365718 | 44850 | -2 | 325107 |
| 102299 | 14548 | -2 | 144894 |
| 69 | 65 | | |
| 261464 | 30025 | | 179582 |
| 1886 | 212 | | 631 |
| 653441 | 72127 | 16232 | 421536 |
| 407205 | 48547 | 864 | 343501 |
| 34603 | 5650 | | 41152 |
| 22481 | 2413 | | 5547 |

## 14-19 续表 5

单位：万元

| 项　　目 | Item |
| --- | --- |
| **餐饮业** | **Catering Trade** |
| # 国有及国有控股 | State-owned and State-controlled Enterprises |
| **按登记注册类型分组** | **Grouped by Registration Status** |
| 内资企业 | Domestic Funded Enterprises |
| 国有企业 | State-owned Enterprises |
| 集体企业 | Collective-owned Enterprises |
| 股份合作企业 | Share-holding Cooperative Enterprises |
| 联营企业 | Joint Ownership Enterprises |
| 国有联营企业 | State Joint Ownership Enterprises |
| 集体联营企业 | Collective Joint Ownership Enterprises |
| 国有与集体联营企业 | Joint State-collective Enterprises |
| 其他联营企业 | Other Joint Ownership Enterprise |
| 有限责任公司 | Limited Liability Corporations |
| 国有独资公司 | State Sole Investment Corporations |
| 其他有限责任公司 | Other Limited Liability Corporations |
| 股份有限公司 | Share-holding Corporations Ltd. |
| 私营企业 | Private Enterprises |
| 私营独资企业 | Private Sole Investment Enterprises |
| 私营合伙企业 | Private Partnership Enterprises |
| 私营有限责任公司 | Private Limited Liability Corporations |
| 私营股份有限公司 | Private Share-holding Corporations Ltd. |
| 其他企业 | Other Enterprises |
| 港、澳、台商投资企业 | Enterprises with Funds from Hong Kong, Macao and Taiwan |
| 与港、澳、台商合资经营企业 | Joint-venture Enterprises |
| 与港、澳、台商合作经营企业 | Cooperative Enterprises |
| 港、澳、台商独资经营企业 | Enterprises with Sole Funds |
| 港、澳、台商投资股份有限公司 | Share-holding Corporations Ltd. |
| 外商投资企业 | Foreign Funded Enterprises |
| 中外合资经营企业 | Joint-venture Enterprises |
| 中外合作经营企业 | Cooperative Enterprises |
| 外资企业 | Enterprises with Sole Foreign Funds |
| 外商投资股份有限公司 | Share-holding Corporations Ltd. |
| **按行业分** | **Grouped by Catering Middle Sector** |
| 正餐服务 | Dinner |
| 快餐服务 | Snack |
| 饮料及冷饮服务 | Beverage and Cold Drinks |
| 其他餐饮服务 | Others |

continued

(10000 yuan)

| 管理费用 Management Cost | 营业利润 Business Profit | 利润总额 Total Profits | 本年应付职工薪酬 Total Wages Payable |
|---:|---:|---:|---:|
| **272055** | **81577** | **81736** | **469537** |
| 29373 | 15866 | 17023 | 50734 |
| 182425 | 33414 | 34078 | 259900 |
| 6558 | -1277 | -1251 | 13134 |
| 2613 | 2139 | 2140 | 5794 |
| 3811 | 737 | 810 | 7450 |
| 38355 | -4752 | -2153 | 47778 |
| 940 | 2184 | 2186 | 921 |
| 37415 | -6936 | -4339 | 46857 |
| 7859 | 19647 | 20532 | 12770 |
| 119669 | 16289 | 13432 | 166893 |
| 20318 | 9712 | 8228 | 30909 |
| 5127 | -63 | -87 | 7689 |
| 88134 | 5258 | 3898 | 122318 |
| 6090 | 1382 | 1393 | 5977 |
| 3560 | 631 | 568 | 6081 |
| 27347 | 13435 | 13022 | 49390 |
| 2855 | 2309 | 2296 | 6183 |
| 6288 | -3833 | -4052 | 10571 |
| 17609 | 14733 | 14555 | 30987 |
| 595 | 226 | 223 | 1649 |
| 62284 | 34729 | 34639 | 160249 |
| 11566 | 10073 | 9312 | 47811 |
| 902 | 119 | 119 | 213 |
| 49560 | 23808 | 24479 | 110897 |
| 256 | 729 | 729 | 1328 |
| 187548 | 31932 | 33243 | 284650 |
| 69405 | 34972 | 33891 | 164982 |
| 6395 | 12403 | 12189 | 13211 |
| 8707 | 2271 | 2414 | 6695 |

# 14-20 市区限额以上住宿和餐饮业法人企业财务状况(2013年)

单位：万元

| 项 目 | Item |
|---|---|
| **总 计** | **Total** |
| **住宿业** | **Accommodation Trade** |
| # 国有及国有控股 | State-owned and State-controlled Enterprises |
| **按登记注册类型分组** | **Grouped by Registration Status** |
| 内资企业 | Domestic-funded Enterprises |
| 国有企业 | State-owned Enterprises |
| 集体企业 | Collective-owned Enterprises |
| 股份合作企业 | Share-holding Cooperative Enterprises |
| 联营企业 | Joint-opeartion Enterprises |
| 国有联营企业 | State-owned Joint-opeartion Enterprises |
| 集体联营企业 | Collective Joint-opeartion Enterprises |
| 国有与集体联营企业 | Joint State-collective Enterprises |
| 其他联营企业 | Other Joint Ownership Enterprises |
| 有限责任公司 | Limited Liability Corporations |
| 国有独资公司 | State Sole Investment Corporations |
| 其他有限责任公司 | Other Limited Liability Corporations |
| 股份有限公司 | Share-holding Corporations Ltd. |
| 私营企业 | Private Enterprises |
| 私营独资企业 | Private Sole Lnvestment Enterprises |
| 私营合伙企业 | Private Partnership Enterprises |
| 私营有限责任公司 | Private Limited Liability Corporations |
| 私营股份有限公司 | Private Share-holding Corporations Ltd. |
| 其他企业 | Other Enterprises |
| 港、澳、台商投资企业 | Enterprises with Funds from Hong Kong, Macao and Taiwan |
| 与港、澳、台商合资经营企业 | Joint-venture Enterprises |
| 与港、澳、台商合作经营企业 | Cooperative Enterprises |
| 港、澳、台商独资经营企业 | Enterprises with Sole Funds |
| 港、澳、台商投资股份有限公司 | Share-holding Corporations Ltd. |
| 外商投资企业 | Foreign Funded Enterprises |
| 中外合资经营企业 | Joint-venture Enterprises |
| 中外合作经营企业 | Cooperative Enterprises |
| 外资企业 | Enterprises with Sole Foreign Funds |
| 外商投资股份有限公司 | Share-holding Corporations Ltd. |
| **按住宿行业中类分组** | **Grouped by Accomodation Middle Sector** |
| 旅游饭店 | Travel Hotel |
| 一般旅馆 | Common Hotel |
| 其它住宿服务业 | Others |

# Financial Situation on Enterprises in Hotels and Catering Services of Corporate above Designated Size in Urban Districts (2013)

(10000 yuan)

| 资产总计<br>Total<br>Assets | # 固定资产原价<br>Original Value of<br>Fixed Assets | 负债合计<br>Total<br>Liabilities | 所有者权益<br>Owners'<br>Equity | 营业收入<br>Revenue from<br>Principal Business | # 主营业务收入<br>Revenue from<br>Primcipal Busmess |
|---:|---:|---:|---:|---:|---:|
| **4367306** | **2489208** | **3011228** | **1356078** | **3725438** | **3696212** |
| **3021166** | **1866363** | **1975366** | **1045800** | **1387382** | **1365132** |
| 1290468 | 1047292 | 708731 | 581738 | 497858 | 485220 |
| | | | | | |
| 1841066 | 1148881 | 1342285 | 498783 | 940481 | 931355 |
| 525186 | 426463 | 343288 | 181898 | 273539 | 269291 |
| 18933 | 27877 | 12262 | 6671 | 11256 | 10820 |
| 2428 | 2159 | 1250 | 1178 | 3066 | 3066 |
| 1060 | 2336 | 906 | 154 | 358 | 358 |
| | | | | | |
| 1060 | 2336 | 906 | 154 | 358 | 358 |
| | | | | | |
| | | | | | |
| 656017 | 405600 | 407620 | 248397 | 290689 | 288143 |
| 122608 | 114854 | 46307 | 76301 | 24440 | 24238 |
| 533409 | 290746 | 361313 | 172096 | 266249 | 263905 |
| 112478 | 101259 | 21275 | 91203 | 44066 | 44066 |
| 519109 | 176624 | 550307 | -31197 | 311657 | 309761 |
| 15751 | 5998 | 34673 | -18921 | 27023 | 26699 |
| 1719 | 966 | 1184 | 535 | 4641 | 4526 |
| 500114 | 168460 | 512761 | -12647 | 277885 | 276437 |
| 1525 | 1200 | 1689 | -164 | 2108 | 2099 |
| 5855 | 6563 | 5377 | 479 | 5850 | 5850 |
| 629401 | 447651 | 440973 | 188429 | 196342 | 188382 |
| 194708 | 126364 | 44322 | 150387 | 48250 | 48247 |
| 293113 | 237033 | 304804 | -11691 | 73982 | 66025 |
| 139573 | 83801 | 87641 | 51932 | 72375 | 72375 |
| 2007 | 453 | 4206 | -2199 | 1735 | 1735 |
| 550698 | 269833 | 192109 | 358590 | 250559 | 245396 |
| 254843 | 58155 | 132620 | 122223 | 79123 | 79123 |
| 6682 | 5398 | 3382 | 3300 | 4521 | 4521 |
| 289173 | 206280 | 56107 | 233067 | 166915 | 161752 |
| | | | | | |
| | | | | | |
| 2519082 | 1567062 | 1698180 | 820902 | 1069726 | 1055661 |
| 486490 | 289191 | 263937 | 222553 | 303085 | 295039 |
| 15593 | 10110 | 13248 | 2345 | 14571 | 14432 |

## 14-20 续表 1

单位：万元

| 项　　目 | Item |
| --- | --- |
| **总　计** | **Total** |
| **住宿业** | **Accommodation Trade** |
| # 国有及国有控股 | State-owned and State-controlled Enterprises |
| **按登记注册类型分组** | **Grouped by Registration Status** |
| 内资企业 | Domestic-funded Enterprises |
| 国有企业 | State-owned Enterprises |
| 集体企业 | Collective-owned Enterprises |
| 股份合作企业 | Share-holding Cooperative Enterprises |
| 联营企业 | Joint-opeartion Enterprises |
| 国有联营企业 | State-owned Joint-opeartion Enterprises |
| 集体联营企业 | Collective Joint-opeartion Enterprises |
| 国有与集体联营企业 | Joint State-collective Enterprises |
| 其他联营企业 | Other Joint Ownership Enterprises |
| 有限责任公司 | Limited Liability Corporations |
| 国有独资公司 | State Sole Investment Corporations |
| 其他有限责任公司 | Other Limited Liability Corporations |
| 股份有限公司 | Share-holding Corporations Ltd. |
| 私营企业 | Private Enterprises |
| 私营独资企业 | Private Sole Lnvestment Enterprises |
| 私营合伙企业 | Private Partnership Enterprises |
| 私营有限责任公司 | Private Limited Liability Corporations |
| 私营股份有限公司 | Private Share-holding Corporations Ltd. |
| 其他企业 | Other Enterprises |
| 港、澳、台商投资企业 | Enterprises with Funds from Hong Kong, Macao and Taiwan |
| 与港、澳、台商合资经营企业 | Joint-venture Enterprises |
| 与港、澳、台商合作经营企业 | Cooperative Enterprises |
| 港、澳、台商独资经营企业 | Enterprises with Sole Funds |
| 港、澳、台商投资股份有限公司 | Share-holding Corporations Ltd. |
| 外商投资企业 | Foreign Funded Enterprises |
| 中外合资经营企业 | Joint-venture Enterprises |
| 中外合作经营企业 | Cooperative Enterprises |
| 外资企业 | Enterprises with Sole Foreign Funds |
| 外商投资股份有限公司 | Share-holding Corporations Ltd. |
| **按行业分** | **Grouped by Accomodation Middle Sector** |
| 旅游饭店 | Travel Hotel |
| 一般旅馆 | Common Hotel |
| 其它住宿服务 | Others |

continued

(10000 yuan)

| 主营业务成本 Cost of Principal Business | 主营业务税金及附加 Taxes and Other Charges on Principal Business | 其他业务利润 Profit from Other Business | 销售费用 Operating Expenses |
|---|---|---|---|
| **1515693** | **195499** | **37371** | **1181554** |
| **440917** | **70974** | **20823** | **390016** |
| 132686 | 26811 | 4229 | 159493 |
| | | | |
| 312543 | 49392 | 14848 | 296464 |
| 71692 | 14545 | 1364 | 100680 |
| 4121 | 727 | 742 | 3226 |
| 1615 | 160 | | 198 |
| 84 | 21 | | 158 |
| | | | |
| 84 | 21 | | 158 |
| | | | |
| | | | |
| 100190 | 15137 | 9498 | 83973 |
| 1012 | 1365 | 928 | 14365 |
| 99178 | 13772 | 8570 | 69608 |
| 16548 | 2423 | | 7870 |
| 116893 | 16271 | 3244 | 97192 |
| 14500 | 1079 | 158 | 4143 |
| 2284 | 225 | | 499 |
| 98942 | 14865 | 2968 | 92545 |
| 1167 | 102 | 118 | 5 |
| 1400 | 108 | | 3167 |
| 28062 | 9792 | 1605 | 45011 |
| 8302 | 2689 | 4 | 13659 |
| 13679 | 3614 | 619 | 16140 |
| 5970 | 3482 | 982 | 15195 |
| 111 | 7 | | 17 |
| 100315 | 11790 | 4370 | 48542 |
| 10510 | 4488 | 999 | 27644 |
| 1338 | 271 | | 2257 |
| 88467 | 7031 | 3371 | 18641 |
| | | | |
| | | | |
| 287991 | 56201 | 14207 | 332893 |
| 146504 | 13822 | 6576 | 53165 |
| 6422 | 951 | 40 | 3959 |

## 14-20 续表 2

单位:万元

| 项　　目 | Item |
| --- | --- |
| **总　　计** | **Total** |
| **住宿业** | **Accommodation Trade** |
| # 国有及国有控股 | State-owned and State-controlled Enterprises |
| **按登记注册类型分组** | **Grouped by Registration Status** |
| 内资企业 | Domestic Funded Enterprises |
| 国有企业 | State-owned Enterprises |
| 集体企业 | Collective-owned Enterprises |
| 股份合作企业 | Share-holding Cooperative Enterprises |
| 联营企业 | Joint Ownership Enterprises |
| 国有联营企业 | State Joint Ownership Enterprises |
| 集体联营企业 | Collective Joint Ownership Enterprises |
| 国有与集体联营企业 | Joint State-collective Enterprises |
| 其他联营企业 | Other Joint Ownership Enterprise |
| 有限责任公司 | Limited Liability Corporations |
| 国有独资公司 | State Sole Investment Corporations |
| 其他有限责任公司 | Other Limited Liability Corporations |
| 股份有限公司 | Share-holding Corporations Ltd. |
| 私营企业 | Private Enterprises |
| 私营独资企业 | Private Sole Investment Enterprises |
| 私营合伙企业 | Private Partnership Enterprises |
| 私营有限责任公司 | Private Limited Liability Corporations |
| 私营股份有限公司 | Private Share-holding Corporations Ltd. |
| 其他企业 | Other Enterprises |
| 港、澳、台商投资企业 | Enterprises with Funds from Hong Kong, Macao and Taiwan |
| 与港、澳、台商合资经营企业 | Joint-venture Enterprises |
| 与港、澳、台商合作经营企业 | Cooperative Enterprises |
| 港、澳、台商独资经营企业 | Enterprises with Sole Funds |
| 港、澳、台商投资股份有限公司 | Share-holding Corporations Ltd. |
| 外商投资企业 | Foreign Funded Enterprises |
| 中外合资经营企业 | Joint-venture Enterprises |
| 中外合作经营企业 | Cooperative Enterprises |
| 外资企业 | Enterprises with Sole Foreign Funds |
| 外商投资股份有限公司 | Share-holding Corporations Ltd. |
| **按住宿行业中类分组** | **Grouped by Accomodation Middle Sector** |
| 旅游饭店 | Travel Hotel |
| 一般旅馆 | Common Hotel |
| 其它住宿服务业 | Others |

continued

(10000 yuan)

| 管理费用 Management Cost | 营业利润 Business Profit | 利润总额 Total Profits | 本年应付职工薪酬 Total Wages Payable |
|---|---|---|---|
| **609253** | **166238** | **181450** | **800157** |
| **345995** | **88542** | **102113** | **349702** |
| 137744 | 31086 | 39629 | 155331 |
| | | | |
| 231187 | 18392 | 32505 | 259026 |
| 75878 | 4783 | 16768 | 93061 |
| 2433 | 1039 | 52 | 3553 |
| 1025 | 60 | 52 | 483 |
| 144 | -50 | -50 | 191 |
| | | | |
| 144 | -50 | -50 | 191 |
| | | | |
| | | | |
| 68890 | 11175 | 9434 | 73395 |
| 11034 | -3591 | -3138 | 7677 |
| 57856 | 14766 | 12572 | 65718 |
| 11236 | 7232 | 7973 | 12167 |
| 69990 | -5431 | -1305 | 74093 |
| 3989 | 2894 | 2647 | 9370 |
| 1377 | 102 | 250 | 1145 |
| 63997 | -8624 | -4399 | 63178 |
| 627 | 197 | 197 | 400 |
| 1591 | -416 | -419 | 2083 |
| 82835 | 18258 | 18311 | 42307 |
| 19458 | 6725 | 6739 | 13517 |
| 31576 | -4345 | -4269 | 14876 |
| 31733 | 15956 | 15919 | 13591 |
| 68 | -78 | -78 | 323 |
| 31972 | 51892 | 51298 | 48369 |
| 20896 | 14037 | 14913 | 20325 |
| 796 | -159 | -157 | 1104 |
| 10280 | 38014 | 36542 | 26940 |
| | | | |
| | | | |
| 295301 | 48620 | 62034 | 280183 |
| 46107 | 41343 | 40414 | 65334 |
| 4587 | -1421 | -334 | 4185 |

## 14-20 续表 3

单位：万元

| 项　　目 | Item |
| --- | --- |
| **餐饮业** | **Catering Trade** |
| # 国有及国有控股 | State-owned and State-controlled Enterprises |
| **按登记注册类型分组** | **Grouped by Registration Status** |
| 内资企业 | Domestic Funded Enterprises |
| 国有企业 | State-owned Enterprises |
| 集体企业 | Collective-owned Enterprises |
| 股份合作企业 | Share-holding Cooperative Enterprises |
| 联营企业 | Joint Ownership Enterprises |
| 国有联营企业 | State Joint Ownership Enterprises |
| 集体联营企业 | Collective Joint Ownership Enterprises |
| 国有与集体联营企业 | Joint State-collective Enterprises |
| 其他联营企业 | Other Joint Ownership Enterprise |
| 有限责任公司 | Limited Liability Corporations |
| 国有独资公司 | State Sole Investment Corporations |
| 其他有限责任公司 | Other Limited Liability Corporations |
| 股份有限公司 | Share-holding Corporations Ltd. |
| 私营企业 | Private Enterprises |
| 私营独资企业 | Private Sole Investment Enterprises |
| 私营合伙企业 | Private Partnership Enterprises |
| 私营有限责任公司 | Private Limited Liability Corporations |
| 私营股份有限公司 | Private Share-holding Corporations Ltd. |
| 其他企业 | Other Enterprises |
| 港、澳、台商投资企业 | Enterprises with Funds from Hong Kong, Macao and Taiwan |
| 与港、澳、台商合资经营企业 | Joint-venture Enterprises |
| 与港、澳、台商合作经营企业 | Cooperative Enterprises |
| 港、澳、台商独资经营企业 | Enterprises with Sole Funds |
| 港、澳、台商投资股份有限公司 | Share-holding Corporations Ltd. |
| 外商投资企业 | Foreign Funded Enterprises |
| 中外合资经营企业 | Joint-venture Enterprises |
| 中外合作经营企业 | Cooperative Enterprises |
| 外资企业 | Enterprises with Sole Foreign Funds |
| 外商投资股份有限公司 | Share-holding Corporations Ltd. |
| **按行业分** | **Grouped by Catering Middle Sector** |
| 正餐服务 | Dinner |
| 快餐服务 | Snack |
| 饮料及冷饮服务 | Beverage and Cold Drinks |
| 其他餐饮服务 | Others |

continued

(10000 yuan)

| 资产总计 Total Assets | # 固定资产原价 Original Value of Fixed Assets | 负债合计 Total Liabilities | 所有者权益 Owners' Equity | 营业收入 Revenue from Principal Business | # 主营业务收入 Revenue from Primcipal Busmess |
|---|---|---|---|---|---|
| **1346140** | **622845** | **1035862** | **310278** | **2338056** | **2331080** |
| 254915 | 199705 | 208441 | 46474 | 200276 | 197101 |
| 810793 | 351225 | 728044 | 82750 | 1228703 | 1221873 |
| 62426 | 65865 | 34215 | 28211 | 52136 | 51776 |
| 19181 | 7607 | 11070 | 8111 | 26588 | 26303 |
| 13304 | 3541 | 13464 | -160 | 35799 | 35798 |
| 228528 | 139314 | 249758 | -21230 | 225873 | 222927 |
| 997 | 101 | 337 | 660 | 13395 | 13395 |
| 227531 | 139213 | 249421 | -21890 | 212478 | 209532 |
| 56608 | 10790 | 13550 | 43057 | 48379 | 46298 |
| 423297 | 121120 | 401220 | 22078 | 820242 | 819085 |
| 30199 | 14088 | 24539 | 5661 | 141084 | 140885 |
| 8247 | 2247 | 7572 | 675 | 41950 | 41924 |
| 357486 | 101317 | 345731 | 11755 | 604292 | 603614 |
| 27365 | 3468 | 23378 | 3987 | 32916 | 32662 |
| 7449 | 2988 | 4767 | 2683 | 19686 | 19686 |
| 180462 | 58462 | 103003 | 77460 | 279868 | 279816 |
| 19912 | 7619 | 4947 | 14965 | 30289 | 30289 |
| 37758 | 22891 | 30654 | 7105 | 46814 | 46814 |
| 117139 | 26381 | 65983 | 51156 | 194254 | 194202 |
| 5653 | 1571 | 1419 | 4234 | 8511 | 8511 |
| 354884 | 213158 | 204816 | 150068 | 829488 | 829393 |
| 160357 | 135932 | 94122 | 66235 | 285539 | 285444 |
| 1480 | 128 | 218 | 1262 | 1159 | 1159 |
| 193047 | 77098 | 110476 | 82571 | 542790 | 542790 |
| 853169 | 423999 | 757288 | 95881 | 1298876 | 1294646 |
| 420576 | 180897 | 242266 | 178310 | 902228 | 901593 |
| 42890 | 12768 | 20769 | 22122 | 95166 | 95166 |
| 29505 | 5182 | 15539 | 13966 | 41786 | 39675 |

## 14-20 续表 4

单位：万元

| 项　　目 | Item |
| --- | --- |
| **餐饮业** | **Catering Trade** |
| # 国有及国有控股 | State-owned and State-controlled Enterprises |
| **按登记注册类型分组** | **Grouped by Registration Status** |
| 内资企业 | Domestic Funded Enterprises |
| 国有企业 | State-owned Enterprises |
| 集体企业 | Collective-owned Enterprises |
| 股份合作企业 | Share-holding Cooperative Enterprises |
| 联营企业 | Joint Ownership Enterprises |
| 国有联营企业 | State Joint Ownership Enterprises |
| 集体联营企业 | Collective Joint Ownership Enterprises |
| 国有与集体联营企业 | Joint State-collective Enterprises |
| 其他联营企业 | Other Joint Ownership Enterprise |
| 有限责任公司 | Limited Liability Corporations |
| 国有独资公司 | State Sole Investment Corporations |
| 其他有限责任公司 | Other Limited Liability Corporations |
| 股份有限公司 | Share-holding Corporations Ltd. |
| 私营企业 | Private Enterprises |
| 私营独资企业 | Private Sole Investment Enterprises |
| 私营合伙企业 | Private Partnership Enterprises |
| 私营有限责任公司 | Private Limited Liability Corporations |
| 私营股份有限公司 | Private Share-holding Corporations Ltd. |
| 其他企业 | Other Enterprises |
| 港、澳、台商投资企业 | Enterprises with Funds from Hong Kong, Macao and Taiwan |
| 与港、澳、台商合资经营企业 | Joint-venture Enterprises |
| 与港、澳、台商合作经营企业 | Cooperative Enterprises |
| 港、澳、台商独资经营企业 | Enterprises with Sole Funds |
| 港、澳、台商投资股份有限公司 | Share-holding Corporations Ltd. |
| 外商投资企业 | Foreign Funded Enterprises |
| 中外合资经营企业 | Joint-venture Enterprises |
| 中外合作经营企业 | Cooperative Enterprises |
| 外资企业 | Enterprises with Sole Foreign Funds |
| 外商投资股份有限公司 | Share-holding Corporations Ltd. |
| **按行业分** | **Grouped by Catering Middle Sector** |
| 正餐服务 | Dinner |
| 快餐服务 | Snack |
| 饮料及冷饮服务 | Beverage and Cold Drinks |
| 其他餐饮服务 | Others |

continued

(10000 yuan)

| 主营业务成本 Cost of Principal Business | 主营业务税金及附加 Taxes and Other Charges on Principal Business | 其他业务利润 Profit from Other Business | 销售费用 Operating Expenses |
|---|---|---|---|
| **1074775** | **124524** | **16548** | **791538** |
| 86485 | 9706 | 4546 | 68216 |
| | | | |
| 603702 | 65275 | 15807 | 350973 |
| 22072 | 2377 | 1464 | 20865 |
| 15502 | 1471 | 1113 | 4593 |
| 17414 | 1968 | 132 | 11379 |
| | | | |
| 94854 | 11625 | 1308 | 78957 |
| 6419 | 531 | | 3264 |
| 88435 | 11094 | 1308 | 75693 |
| 22391 | 2095 | 2032 | 12236 |
| 421756 | 44604 | 9452 | 217667 |
| 73735 | 7915 | 1355 | 29466 |
| 23133 | 2338 | 208 | 11368 |
| 307016 | 33229 | 7703 | 171139 |
| 17872 | 1122 | 186 | 5694 |
| 9713 | 1135 | 306 | 5276 |
| 108054 | 14750 | 744 | 117532 |
| 10716 | 1414 | | 13069 |
| 23261 | 2309 | 306 | 19964 |
| 70412 | 10551 | 438 | 80974 |
| 3665 | 476 | | 3525 |
| 363021 | 44500 | -2 | 323034 |
| 102299 | 14548 | -2 | 144894 |
| 69 | 65 | | |
| 260653 | 29887 | | 178140 |
| | | | |
| 615402 | 68312 | 15683 | 403210 |
| 406394 | 48409 | 864 | 342059 |
| 30499 | 5390 | | 40722 |
| 22481 | 2413 | | 5547 |

## 14-20 续表 5

单位：万元

| 项　　目 | Item |
|---|---|
| **餐饮业** | **Catering Trade** |
| # 国有及国有控股 | State-owned and State-controlled Enterprises |
| **按登记注册类型分组** | **Grouped by Registration Status** |
| 内资企业 | Domestic Funded Enterprises |
| 国有企业 | State-owned Enterprises |
| 集体企业 | Collective-owned Enterprises |
| 股份合作企业 | Share-holding Cooperative Enterprises |
| 联营企业 | Joint Ownership Enterprises |
| 国有联营企业 | State Joint Ownership Enterprises |
| 集体联营企业 | Collective Joint Ownership Enterprises |
| 国有与集体联营企业 | Joint State-collective Enterprises |
| 其他联营企业 | Other Joint Ownership Enterprise |
| 有限责任公司 | Limited Liability Corporations |
| 国有独资公司 | State Sole Investment Corporations |
| 其他有限责任公司 | Other Limited Liability Corporations |
| 股份有限公司 | Share-holding Corporations Ltd. |
| 私营企业 | Private Enterprises |
| 私营独资企业 | Private Sole Investment Enterprises |
| 私营合伙企业 | Private Partnership Enterprises |
| 私营有限责任公司 | Private Limited Liability Corporations |
| 私营股份有限公司 | Private Share-holding Corporations Ltd. |
| 其他企业 | Other Enterprises |
| 港、澳、台商投资企业 | Enterprises with Funds from Hong Kong, Macao and Taiwan |
| 与港、澳、台商合资经营企业 | Joint-venture Enterprises |
| 与港、澳、台商合作经营企业 | Cooperative Enterprises |
| 港、澳、台商独资经营企业 | Enterprises with Sole Funds |
| 港、澳、台商投资股份有限公司 | Share-holding Corporations Ltd. |
| 外商投资企业 | Foreign Funded Enterprises |
| 中外合资经营企业 | Joint-venture Enterprises |
| 中外合作经营企业 | Cooperative Enterprises |
| 外资企业 | Enterprises with Sole Foreign Funds |
| 外商投资股份有限公司 | Share-holding Corporations Ltd. |
| **按行业分** | **Grouped by Catering Middle Sector** |
| 正餐服务 | Dinner |
| 快餐服务 | Snack |
| 饮料及冷饮服务 | Beverage and Cold Drinks |
| 其他餐饮服务 | Others |

continued

(10000 yuan)

| 管理费用<br>Management<br>Cost | 营业利润<br>Business<br>Profit | 利润总额<br>Total<br>Profits | 本年应付职工薪酬<br>Total Wages<br>Payable |
|---|---|---|---|
| **263259** | **77696** | **79337** | **450455** |
| 29362 | 16006 | 17163 | 50075 |
| | | | |
| 176358 | 29056 | 31189 | 246037 |
| 6547 | -1137 | -1111 | 12475 |
| 2613 | 2139 | 2140 | 5794 |
| 3811 | 737 | 810 | 7450 |
| | | | |
| | | | |
| | | | |
| | | | |
| | | | |
| 38053 | -4701 | -2102 | 47401 |
| 940 | 2184 | 2186 | 921 |
| 37113 | -6885 | -4288 | 46480 |
| 7644 | 19640 | 20524 | 12532 |
| 114842 | 11860 | 10473 | 156070 |
| 19022 | 8730 | 7803 | 27762 |
| 5036 | -123 | -147 | 7316 |
| 84694 | 1871 | 1424 | 115015 |
| 6090 | 1382 | 1393 | 5977 |
| 2848 | 518 | 455 | 4315 |
| 25040 | 14567 | 14165 | 46019 |
| 2855 | 2309 | 2296 | 6183 |
| 4641 | -3235 | -3454 | 8236 |
| 16949 | 15267 | 15100 | 29951 |
| 595 | 226 | 223 | 1649 |
| 61861 | 34073 | 33983 | 158401 |
| 11566 | 10073 | 9312 | 47811 |
| 902 | 119 | 119 | 213 |
| 49393 | 23881 | 24552 | 110377 |
| | | | |
| | | | |
| 179377 | 28451 | 31221 | 267032 |
| 69238 | 35045 | 33964 | 164461 |
| 5936 | 11929 | 11738 | 12267 |
| 8707 | 2271 | 2414 | 6695 |

【社会消费品零售总额】 指批发和零售业、餐饮业、新闻出版业、邮政业和其他服务业等，售予城乡居民用于生活消费的商品和社会集团用于公共消费的商品之总量。社会消费品零售总额包括：

一、批发和零售业企业（单位）：

1. 售予城乡居民的各种生活消费品；

2. 售予入境旅游的外国人、华侨、港澳台同胞的各类商品；

3. 售予行政事业单位、社会团体、军队和武警等机构的商品，以及以零售方式售予各类企业的商品。具体包括：用于非生产和社会交往的办公用品，如通讯设备、计算器具和设备、电讯网络设备、文印设备、音像视听器材和设备、纸张、本册、文具及装订文印材料、家具、日用电器、针纺织品、清洁卫生用品、文体用品、奖品、纪念品、礼品等；供内部人员乘坐的交通工具和燃料；用于办公设施修缮的各类配件、材料、工具等；用于取暖和防暑降温的设备、燃料、材料及食品等；专用于教学的用品和设备；非营利医疗机构的中、西药品、中药材和医疗设备器材；非专用的劳动保护用品；不对外营业的内部食堂用的餐具、炊具、设备、清洁卫生工具和食品、燃料等；军队、武警用于其人员生活的衣着品和个人用品；其他各类非生产性设备和用品。

二、餐饮业出售的主食、菜肴、烟酒饮料和其他商品。

三、新闻出版业、邮政业售予城乡居民、企事业单位、军队和武警等机构的书报杂志、音像制品、邮品等。

四、其他服务业出售的食品、烟酒饮料、服装鞋帽、日常生活用品、医药保健用品、艺术品、工艺美术品、玩具、殡葬用品以及其他消费品。

【商品购进总额】 指从本企业（单位）以外的单位和个人购进（包括从境外直接进口）作为转卖或加工后转卖的商品总额。它反映批发零售贸易业从国内、国外市场上购进商品的总量。商品购进总额包括：（1）从工农业生产者购进的商品；（2）从出版社、报社的出版发行部门购进的图书、杂志和报纸；（3）从各种登记注册类型的批发零售贸易企业（单位）购进的商品；（4）从其他单位购进的商品，如从机关、团体、企业等单位购进的剩余物资，从餐饮业、服务业购进的商品，从海关、市场管理部门购进的缉私和没收的商品，从居民手中收购的废旧商品等；（5）从国（境）外直接进口的商品。不包括企业（单位）为自身经营用和未通过买卖行为而收入的商品以及销售退回、商品升溢等。

【商品销售总额】 指对本企业以外的单位和个人出售（包括对国（境）外直接出口）的商品。这个指标反映批发零售贸易业在广州市场以及广州以外市场上销售商品的总量。商品销售总额包括：（1）售给城乡居民和社会集团消费用的商品；（2）售给工业、农业、建筑业、运输邮电业、批发零售贸易业、餐饮业、服务业等作为生产、经营使用的商品；（3）售给批发零售贸易业作为转卖或加工后转卖的商品；（4）对国（境）外直接出口的商品。不包括：出售本企业自用的废旧包装用品，未通过买卖行为付出的商品，经本单位介绍，由买卖双方直接结算，本单位只收取手续费的业务，购货退出的商品以及商品损耗和损失等。

【住宿餐饮业营业额】 指住宿和餐饮业法人企业、产业活动单位在经营活动中因提供服务或销售商品等取得的收入，包括客房收入、餐费收入、商品销售收入和其他收入。客房收入指住宿和餐饮业法人企业、产业活动单位在经营活动中因提供住宿服务取得的客房收入。餐费收入指住宿和餐饮业法人企业、产业活动单位因为顾客提供就餐服务取得的收入，包括经烹饪、调制加工后出售的各种食品，如主食、炒菜、凉拌菜等的收入。商品销售收入指住宿和餐饮业法人企业、产业活动单位伴随服务而出售商品所取得的收入。其他收入指营业收入中除客房收入、餐费收入、商品销售收入以外的其他收入，包括娱乐、健身和商务服务等。

# 主要指标解释

# Explanatory Notes on Main Statistical Indicators

【Total Retail Sales of Consumer Goods】 refer to the sum of retail sales of commodities sold by wholesale, retail, catering, publishing, post and telecommunications and other service industries to urban and rural households for private consumption and to social institutions for public consumption. Retail sales of consumer goods include:

Sales by wholesale and retail units:

of consumer goods sold to urban and rural households.

of commodities sold to foreigners, overseas Chinese and Chinese compatriots from Hong Kong, Macau and Taiwan visiting in China.

of commodities sold to government agencies, institutions, social organizations, military and armed police units, and commodities sold to enterprises in the form of retail sales. More specifically, they include: office facilities and articles for non-production purposes such as communications equipment, computing equipment and instruments, TV and network equipment, printing and copying equipment, audio-visual equipment and instruments, paper, notebooks, stationeries, furniture, electric appliances, knitwear, sanitation and cleaning articles, cultural and sport articles, articles for prizes, souvenirs, etc.; transport vehicles and fuels for employees; materials, spare parts and tools for the maintenance of office facilities; equipment, fuels, materials and food for winter heating or summer cooling purposes; articles and equipment for teaching purpose; Chinese and western medicines and medical equipment and facilities purchased by non profit-making medical institutes; non-specialized work safety articles; cooking utensils, tableware, equipment, cleaning articles, food and fuels purchased by internal cafeterias; clothes and personal articles purchased by military or armed police units for their officials and soldiers; and other equipment and articles for non-production purposes.

Sales of stable food, cooked dishes, beverages, tobaccos and other articles by catering units.

Sales of books, newspapers, magazines, audio-visual products and post products by publishing, post and telecommunications departments to urban and rural households and to enterprises, institutions, military and armed police units.

Sales of food, beverages, tobaccos, clothing, hats, footwear, articles for daily use, medicines, medical and health articles, work of art, handicrafts, toys, funeral articles and other articles by other service industries.

【Total Purchases of Commodities】 refer to the total value of purchases of commodities by the enterprises (establishments) from other establishments or individuals (including direct import from abroad) for the purpose of reselling, either with or without further processing of the commodities purchased. This indicator is used to show the total value of purchases of commodities by wholesale and retail establishments from domestic and overseas markets. The total purchases include: (1) agricultural and industrial products purchased from producers; (2) books, magazines and newspapers purchased from distribution departments of the publishers; (3) commodities purchased from wholesale and retail establishments of different status of registration; (4) commodities purchased from other units, such as surplus materials purchased from government agencies, enterprises or institutions, commodities purchased from catering and service establishments, confiscated goods purchased from customs authorities or market management agencies, second-hand goods and wastes purchased from residents; and (5) commodities directly imported from abroad. Excluded are commodities purchased by enterprises (establishments) for use in their own business operation, commodities obtained without buying or selling procedures, rejected commodities, etc.

【Total Sales of Commodities】 refer to the selling of commodities to other establishments and individuals (including direct export). Reflecting the total value of sales of commodities at Guangzhou markets and out-of-Guangzhou markets, this indicator includes: (1) commodities sold to urban and rural households and institutions for their consumption; (2) commodities sold to establishments in industry, agriculture, construction, transportation, post and telecommunications, wholesale and retail trade, catering and service trade and public utility for their production and operation; (3) commodities sold to wholesale and retail establishments for reselling, with or without further processing; and (4) commodities for direct export to other countries. Excluded are selling of waste packaging materials used by enterprises themselves, commodities transferred without buying or selling procedures, commission income from brokerage in transactions whose settlement is directly handled by buyers and sellers, rejected commodities in the purchase, loss in commodities, etc.

【Business Revenue of Hotels and Catering Services】 refer to revenue received from providing services or selling commodities by corporate enterprises and establishments engaged in hotel and catering services, including income from hotel rooms, from catering services, from selling of commodities and from other services. Income from hotel rooms refers to income of corporate enterprises and establishments by providing lodging services. Income from catering services refers to income of corporate enterprises and establishments by providing catering services, including selling of cooked or prepared foods such as stable food, cooked dishes or cold dishes. Income from selling of commodities refers to income of corporate enterprises and establishments by selling commodities that accompany the services they provide. Income from other activities refers to income received other than income from hotel rooms, catering services or selling of commodities, such as income from providing recreation, fitness or business services.

第十五篇 CHAPTER 15

# 对外经济贸易和旅游
# FOREIGN ECONOMY AND TOURISM

## 第十五篇　对外经济贸易和旅游

一、本篇资料反映广州市对外贸易、利用外资、对外承包工程和劳务合作、境外投资、外商投资企业工商注册登记以及旅游业概况及发展情况。

二、本篇资料由广州市统计局贸易外经统计处整理提供。

三、资料来源及统计范围：

1．广州进出口贸易的规模、结构情况资料主要来源于广州海关，统计范围为广州地区进出口经营单位（广州地区口岸进出口资料除外）。

2．广州利用外资规模及结构、对外承包工程及劳务合作状况、境外投资情况、软件出口和技术进口情况的资料来源于广州市对外贸易经济合作局。

3．广州外商投资企业注册登记情况的资料由广州市工商行政管理局提供，但不包括在广东省工商行政管理局注册登记的在穗外商投资企业。

4．广州旅游业发展情况的资料由广州市旅游局提供。

5．广州与国外城市交流情况，广州与国外结成友好城市情况及各国驻广州领事馆情况的资料由广州市政府外事办公室提供。

6．外商投资企业包括国外及港澳台投资企业。

## 15 Foreign Economy and Tourism

I.The data in this chapter show the Summary data of Guangzhou's foreign trade, utilization of foreign capital, contracted projects and labor cooperation with the foreign countries or territories, external investment, basic indicators of three kinds of registered foreign-funded enterprises and international tourism.

II.The data in this chapter are prepared and provided by the Division of Trade and External Economic Relations Statistics of Guangzhou Municipal Bureau of Statistics.

III. Data sources and statistical coverage:

(1)The data on the size and composition of Guangzhou's imports and exports come from Guangzhou Customs Office; the statistical coverage covers the imports and exports operating units in Guangzhou, excluding the data of imports and exports through ports in Guangzhou.

(2)The data on the scale and composition of the utilization of foreign capitals and the contracted projects and labor cooperation with the foreign countries or territories, external investment, software exports and technical imports of Guangzhou come from the Bureau of Foreign Trade and Economic Cooperation of Guangzhou.

(3)The basic indicators of the registered foreign-funded enterprises come from the Administration of Industry and Commerce of Guangzhou Municipality but exclude those registered by the Administration of Industry and Commerce of Guangdong Province.

(4)The data on the development of international tourism are provided by the Tourism Administration of Guangzhou Municipality.

(5)The data on exchange between Guangzhou and foreign friendly cities, consulate generals in Guangzhou are provided by Foreign Affair Office of Guangzhou Municipal People's Government.

(6)The foreign-funded enterprises cover the enterprises whose fund come from Hong Kong, Macao, Taiwan and foreign countries.

# 15-1 主要年份商品进出口总值和商品进出口总值指数

## Total Value and Indices of Import and Export Commodities in Main Years

| 年 份 Year | 进出口总值（亿美元） Total Value of Imports and Exports (USD 100 million) | 进口总值 Imports | 出口总值 Exports | 进出口差额（亿美元） Balance (USD 100 million) | 进出口总值指数（上年=100） Indices of Total Imports and Exports (preceding year=100) | 进口总值 Imports | 出口总值 Exports |
|---|---|---|---|---|---|---|---|
| 1987 | 21.71 | 11.47 | 10.24 | -1.23 | | | |
| 1988 | 32.25 | 17.66 | 14.59 | -3.07 | 148.5 | 154.0 | 142.4 |
| 1989 | 35.32 | 17.62 | 17.70 | 0.08 | 109.5 | 99.8 | 121.3 |
| 1990 | 41.79 | 18.24 | 23.55 | 5.31 | 118.3 | 103.5 | 133.0 |
| 1991 | 53.82 | 24.40 | 29.42 | 5.02 | 128.8 | 133.8 | 125.0 |
| 1992 | 70.75 | 33.88 | 36.87 | 2.99 | 131.5 | 138.8 | 125.3 |
| 1993 | 134.33 | 69.84 | 64.49 | -5.35 | 189.9 | 206.2 | 174.9 |
| 1994 | 161.36 | 74.67 | 86.69 | 12.02 | 120.1 | 106.9 | 134.4 |
| 1995 | 166.99 | 71.32 | 95.67 | 24.35 | 103.5 | 95.5 | 110.4 |
| 1996 | 166.89 | 75.53 | 91.36 | 15.83 | 99.9 | 105.9 | 95.5 |
| 1997 | 187.46 | 81.51 | 105.95 | 24.44 | 112.3 | 107.9 | 116.0 |
| 1998 | 178.77 | 75.39 | 103.38 | 27.99 | 95.4 | 92.5 | 97.6 |
| 1999 | 191.85 | 93.18 | 98.67 | 5.49 | 107.3 | 123.6 | 95.4 |
| 2000 | 233.51 | 115.60 | 117.91 | 2.31 | 121.7 | 124.1 | 119.5 |
| 2001 | 230.37 | 114.13 | 116.24 | 2.11 | 98.7 | 98.7 | 98.6 |
| 2002 | 279.27 | 141.49 | 137.78 | -3.71 | 121.2 | 124.0 | 118.5 |
| 2003 | 349.41 | 180.52 | 168.89 | -11.63 | 125.1 | 127.6 | 122.6 |
| 2004 | 447.88 | 233.14 | 214.74 | -18.40 | 128.2 | 129.2 | 127.2 |
| 2005 | 534.75 | 268.07 | 266.68 | -1.39 | 119.4 | 115.0 | 124.2 |
| 2006 | 637.62 | 313.85 | 323.77 | 9.92 | 119.2 | 117.1 | 121.4 |
| 2007 | 734.94 | 355.91 | 379.03 | 23.12 | 115.3 | 113.4 | 117.1 |
| 2008 | 818.73 | 389.47 | 429.26 | 39.79 | 111.4 | 109.4 | 113.3 |
| 2009 | 766.85 | 392.82 | 374.03 | -18.79 | 93.7 | 100.9 | 87.1 |
| 2010 | 1037.68 | 553.89 | 483.79 | -70.10 | 135.3 | 141.0 | 129.3 |
| 2011 | 1161.68 | 596.94 | 564.74 | -32.20 | 112.0 | 107.8 | 116.7 |
| 2012 | 1171.67 | 582.52 | 589.15 | 6.63 | 100.9 | 97.6 | 104.3 |
| 2013 | 1188.96 | 560.89 | 628.07 | 67.18 | 101.5 | 96.3 | 106.6 |

# 15-2 商品进出口总值

单位:万美元

| 项 目 | Item |
|---|---|
| **总 计** | **Total** |
| **按贸易方式分** | **By Trade Form** |
| 一般贸易 | Ordinary Trade |
| 国家间国际组织无偿援助和捐赠的物资 | Donation and Gratis Aid of International Organizations |
| 华侨港澳同胞外籍华人捐赠的物资 | Donation of Overseas Chinese |
| 补偿贸易 | Compensation Trade |
| 来料加工装配贸易 | Trade of Processing and Assembling Supplied Materials |
| 进料加工贸易 | Trade of Processing Imported Materials |
| 寄售代销贸易 | Sale by Consignment |
| 边境小额贸易 | Small Trade on Border |
| 来料加工装配进口的设备 | Equipment for Processing and Assembling by Import |
| 对外承包工程货物 | Goods for Contracted Foreign Projects |
| 租赁贸易 | Leasing Trade |
| 外商投资企业作为投资进口的设备物品 | Imported Equipment Used as Investment by Foreign Funded Enterprises |
| 出料加工贸易 | Trade of Processing Exported Materials |
| 保税监管场所进出境货物 | Inbound and Outbound Goods in Bonded Warehouses |
| 海关特殊监管区域物流货物 | Storage of Transit Goods in Bonded Warehouses |
| 易货贸易 | Barter Trade |
| 海关特殊监管区域进口设备 | Facility of Export Manufacturing District |
| 其他贸易 | Others |
| **按登记注册类型分** | **Grouped by Registration Status** |
| 国有企业 | State-owned Enterprises |
| 集体企业 | Collective-owned Enterprises |
| 外商及港澳台投资企业 | Enterprises with Funds from Foreign Countries, Hong Kong, Macao and Taiwan |
| 合资企业 | Joint-venture Enterprises |
| 合作企业 | Cooperative Enterprises |
| 外资企业 | Enterprises with Sole Foreign Funds |
| 私营企业 | Private Enterprises |
| 其他企业 | Others |
| 个体工商户 | Individual Operating Households |

# Total Value of Import and Export Commodities through Customs

(USD 10000)

| 2012 | | | 2013 | | |
|---|---|---|---|---|---|
| 合 计 Total | 进 口 Imports | 出 口 Exports | 合 计 Total | 进 口 Imports | 出 口 Exports |
| **11716670** | **5825216** | **5891454** | **11889571** | **5608901** | **6280670** |
| 5505737 | 2903958 | 2601779 | 5802504 | 2880859 | 2921645 |
| 99 | 9 | 90 | 174 | 11 | 163 |
| 26 | 26 | | | | |
| 1236790 | 489999 | 746791 | 1393048 | 572681 | 820367 |
| 3904651 | 1660487 | 2244164 | 3548309 | 1471422 | 2076887 |
| 4009 | 4009 | | 2711 | 2711 | |
| 13817 | | 13817 | 25407 | | 25407 |
| 145661 | 145610 | 51 | 107482 | 106907 | 575 |
| 33385 | 33385 | | 38296 | 38296 | |
| | | | 61 | 33 | 28 |
| 489666 | 321487 | 168179 | 476762 | 315882 | 160880 |
| 380257 | 263732 | 116525 | 342619 | 217796 | 124823 |
| 368 | 368 | | 487 | 487 | |
| 2205 | 2148 | 57 | 151712 | 1817 | 149895 |
| 2206236 | 1030603 | 1175633 | 2292248 | 1016603 | 1275645 |
| 135611 | 91468 | 44143 | 103391 | 47681 | 55710 |
| 6662002 | 3268902 | 3393100 | 6442629 | 3143944 | 3298685 |
| 1565158 | 760523 | 804635 | 1618821 | 833094 | 785727 |
| 188635 | 63337 | 125298 | 172133 | 53562 | 118571 |
| 4908208 | 2445041 | 2463167 | 4651675 | 2257288 | 2394387 |
| 2557580 | 1293327 | 1264253 | 2866355 | 1228247 | 1638108 |
| 152954 | 140902 | 12052 | 181833 | 172403 | 9430 |
| 2287 | 14 | 2273 | 3116 | 23 | 3093 |

15-2 续表

单位:万美元

| 项　　目 | Item |
|---|---|
| **按国别(地区)分** | **By Country (Territory)** |
| 亚洲小计 | Asia |
| # 中国香港 | Hong Kong, China |
| 中国澳门 | Macao, China |
| 印度尼西亚 | Indonesia |
| 日　本 | Japan |
| 马来西亚 | Malaysia |
| 新加坡 | Singapore |
| 韩　国 | Republic of Korea |
| 泰　国 | Thailand |
| 中国台湾 | Taiwan, China |
| 阿拉伯联合酋长国 | United Arab Emirates |
| 印　度 | India |
| 非洲小计 | Africa |
| # 南　非 | South Africa |
| 欧洲小计 | Europe |
| # 英　国 | United Kingdom |
| 德　国 | Germany |
| 法　国 | France |
| 意大利 | Italy |
| 荷　兰 | Netherlands |
| 西班牙 | Spain |
| 比利时 | Belgium |
| 瑞　士 | Switzerland |
| 俄罗斯 | Russia |
| 拉丁美洲小计 | Latin America |
| # 墨西哥 | Mexico |
| 巴拿马 | Panama |
| 北美洲小计 | North America |
| # 加拿大 | Canada |
| 美　国 | United States |
| 大洋洲小计 | Oceania |
| # 澳大利亚 | Australia |
| 其　他 | Others |

continued

(USD 10000)

| 2012 | | | 2013 | | |
|---|---|---|---|---|---|
| 合 计 Total | 进 口 Imports | 出 口 Exports | 合 计 Total | 进 口 Imports | 出 口 Exports |
| 6541076 | 3681057 | 2860019 | 6660626 | 3480366 | 3180260 |
| 1372083 | 69462 | 1302621 | 1407875 | 56443 | 1351432 |
| 41655 | 2119 | 39536 | 47736 | 4469 | 43267 |
| 282597 | 195379 | 87218 | 292949 | 180332 | 112617 |
| 1340626 | 1039941 | 300685 | 1276995 | 976527 | 300468 |
| 290436 | 179961 | 110475 | 372098 | 174120 | 197978 |
| 200341 | 93699 | 106642 | 212792 | 83645 | 129147 |
| 908065 | 778664 | 129401 | 827622 | 700770 | 126852 |
| 300756 | 216608 | 84148 | 264281 | 167682 | 96599 |
| 419843 | 276079 | 143764 | 445698 | 285376 | 160322 |
| 158432 | 64015 | 94417 | 187826 | 57993 | 129833 |
| 181839 | 99305 | 82534 | 219410 | 134575 | 84835 |
| 488976 | 220291 | 268685 | 625250 | 311775 | 313475 |
| 221773 | 182441 | 39332 | 317014 | 272992 | 44022 |
| 1958827 | 953704 | 1005123 | 1840479 | 821508 | 1018971 |
| 152794 | 44851 | 107943 | 159658 | 44304 | 115354 |
| 412248 | 212770 | 199478 | 415351 | 222473 | 192878 |
| 273764 | 192974 | 80790 | 173428 | 80281 | 93147 |
| 119193 | 57908 | 61285 | 133908 | 77034 | 56874 |
| 176867 | 80964 | 95903 | 175268 | 85965 | 89303 |
| 97637 | 49040 | 48597 | 75168 | 31677 | 43491 |
| 198343 | 89633 | 108710 | 154271 | 64533 | 89738 |
| 133131 | 113027 | 20104 | 102649 | 83123 | 19526 |
| 114159 | 30742 | 83417 | 124841 | 23747 | 101094 |
| 688372 | 241656 | 446716 | 607677 | 171299 | 436378 |
| 141286 | 10088 | 131198 | 155671 | 13381 | 142290 |
| 70579 | 1273 | 69306 | 47651 | 487 | 47164 |
| 1742510 | 544256 | 1198254 | 1844849 | 629743 | 1215106 |
| 117578 | 40944 | 76634 | 125274 | 41112 | 84162 |
| 1624748 | 503311 | 1121437 | 1719573 | 588631 | 1130942 |
| 292389 | 179733 | 112656 | 309289 | 192808 | 116481 |
| 248078 | 149965 | 98113 | 241503 | 141236 | 100267 |
| 4520 | 4520 | | 1402 | 1402 | |

# 15-3 商品进口总值(2013年，按地区分)

单位:万美元

| 项　　目 | Item | 荔湾区 Liwan |
| --- | --- | --- |
| **总　计** | **Total** | **122206** |
| **按贸易方式分** | **By Trade Form** | |
| 一般贸易 | Ordinary Trade | 101225 |
| 国家间国际组织无偿援助和捐赠的物资 | Donation and Gratis Aid of International Organizations | |
| 华侨港澳同胞外籍华人捐赠的物资 | Donation of Overseas Chinese | |
| 来料加工装配贸易 | Trade of Processing and Assembling Supplied Materials | 1596 |
| 进料加工贸易 | Trade of Processing Imported Materials | 8646 |
| 来料加工装配进口的设备 | Equipment for Processing and Assembling by Import | 8 |
| 租赁贸易 | Leasing Trade | |
| 外商投资企业作为投资进口的设备物品 | Imported Equipment Used as Investment by Foreign Funded Enterprises | |
| 出料加工贸易 | Outward Processing Trade | |
| 保税监管场所进出境货物 | Inbound and Outbound Goods in Bonded Warehouses | 10729 |
| 海关特殊监管区域物流货物 | Storage of Transit Goods in Bonded Warehouses | |
| 海关特殊监管区域进口设备 | Facility of Export Manufacturing District | |
| 其他贸易 | Others | 1 |
| **按登记注册类型分** | **Grouped by Registration Status** | |
| 国有企业 | State-owned Enterprises | 25500 |
| 集体企业 | Collective-owned Enterprises | |
| 外商及港澳台投资企业 | Enterprises with Funds from Foreign Countries, Hong Kong, Macao and Taiwan | 40994 |
| 合资企业 | Joint-venture Enterprises | 38354 |
| 合作企业 | Cooperative Enterprises | |
| 外资企业 | Enterprises with Sole Foreign Funds | 2640 |
| 私营企业 | Private Enterprises | 55712 |
| 其他企业 | Others | |
| 个体工商户 | Individual Operating Households | |

# Total Value of Import Commodities through Customs (2013, by Region)

(USD 10000)

| 越秀区 Yuexiu | 海珠区 Haizhu | 天河区 Tianhe | 白云区 Baiyun | 黄埔区 Huangpu | 番禺区 Panyu | 花都区 Huadu | 南沙区 Nansha | 萝岗区 Luogang | 增城市 Zengcheng | 从化市 Conghua |
|---|---|---|---|---|---|---|---|---|---|---|
| **507692** | **68764** | **403427** | **295494** | **114914** | **659177** | **239689** | **785525** | **2029076** | **88988** | **92158** |
| 491685 | 58350 | 395206 | 142446 | 86366 | 150233 | 172367 | 370218 | 675396 | 70778 | 17831 |
| 59 | 1681 | 409 | 11745 | 10152 | 396863 | 9975 | 52578 | 20554 | 3755 | 62228 |
| 6037 | 8722 | 1117 | 11684 | 13633 | 76285 | 14401 | 200792 | 1105188 | 12829 | 12044 |
| | | | 33 | 65 | 981 | 111 | 971 | 490 | | 52 |
| | | | 105925 | | 56 | | | | | |
| | | | | | 748 | 545 | 5605 | 25346 | 1205 | |
| | | | | | | | | 33 | | |
| 9718 | | 6598 | 23606 | 4696 | 34002 | 41794 | 105747 | 32752 | 415 | |
| | | | | | | | 49514 | 168139 | | |
| | | | | | | | 46 | 441 | | |
| 192 | 12 | 97 | 56 | 2 | 9 | 496 | 53 | 736 | 6 | 4 |
| 306561 | 22899 | 124529 | 211348 | 28976 | 25015 | 118262 | 37134 | 37987 | 2541 | 16972 |
| 18659 | 7435 | 267 | 3369 | | 16283 | 206 | | 699 | 638 | |
| 19947 | 21928 | 59899 | 41240 | 59333 | 302754 | 93834 | 614552 | 1736895 | 41178 | 69748 |
| 1808 | 12352 | 11642 | 7102 | 40690 | 135014 | 35678 | 301630 | 219040 | 11762 | 6845 |
| | 1495 | 32 | 2121 | 3658 | 25123 | 2285 | 266 | 11217 | 2448 | 1 |
| 18140 | 8080 | 48225 | 32017 | 14985 | 142618 | 55871 | 312656 | 1506638 | 26968 | 62901 |
| 162523 | 16502 | 218732 | 39536 | 26605 | 159357 | 17145 | 128541 | 253340 | 44632 | 5438 |
| | | | | | 155767 | 10230 | 5289 | 155 | | |
| | | | | | | 13 | 8 | | | |

# 15-4 商品出口总值(2013年，按地区分)

单位：万美元

| 项　　目 | Item | 荔湾区 Liwan |
| --- | --- | --- |
| **总　计** | **Total** | **120701** |
| **按贸易方式分** | **By Trade Form** | |
| 一般贸易 | Ordinary Trade | 90486 |
| 国家间国际组织无偿援助和捐赠的物资 | Donation and Gratis Aid of International Organizations | |
| 来料加工装配贸易 | Trade of Processing and Assembling Supplied Materials | 2625 |
| 进料加工贸易 | Trade of Processing Imported Materials | 27591 |
| 对外承包工程货物 | Goods for Contracted Foreign Projects | |
| 租赁贸易 | Leasing Trade | |
| 出料加工贸易 | Outward Processing Trade | |
| 保税监管场所进出境货物 | Inbound and Outbound Goods in Bonded Warehouses | |
| 海关特殊监管区域物流货物 | Storage of Transit Goods in Bonded Warehouses | |
| 其他贸易 | Others | |
| **按登记注册类型分** | **Grouped by Registration Status** | |
| 国有企业 | State-owned Enterprises | 43706 |
| 集体企业 | Collective-owned Enterprises | |
| 外商及港澳台投资企业 | Enterprises with Funds from Foreign Countries, Hong Kong, Macao and Taiwan | 42091 |
| 合资企业 | Joint-venture Enterprises | 33236 |
| 合作企业 | Cooperative Enterprises | 313 |
| 外资企业 | Enterprises with Sole Foreign Funds | 8543 |
| 私营企业 | Private Enterprises | 34904 |
| 其他企业 | Others | |
| 个体工商户 | Individual Operating Households | |

# Total Value of Export Commodities through Customs (2013, by Region)

(USD 10000)

| 越秀区 Yuexiu | 海珠区 Haizhu | 天河区 Tianhe | 白云区 Baiyun | 黄埔区 Huangpu | 番禺区 Panyu | 花都区 Huadu | 南沙区 Nansha | 萝岗区 Luogang | 增城市 Zengcheng | 从化市 Conghua |
|---|---|---|---|---|---|---|---|---|---|---|
| **947172** | **231820** | **274718** | **313321** | **117005** | **1035293** | **347742** | **801807** | **1535647** | **334021** | **189020** |
| | | | | | | | | | | |
| 909953 | 189417 | 260007 | 182682 | 26564 | 239430 | 253439 | 126144 | 284228 | 266340 | 67619 |
| | 63 | 99 | | | | | | | | |
| 199 | 5879 | 696 | 27499 | 18469 | 533497 | 24032 | 83787 | 34887 | 8120 | 79120 |
| 36340 | 24097 | 8171 | 27822 | 56308 | 243413 | 52386 | 370374 | 1143772 | 49041 | 37546 |
| 136 | 12360 | 1053 | | 1313 | | 21 | | 53 | 10472 | |
| 239 | | | | | | | | 336 | | |
| | | | | | | | | 28 | | |
| 203 | | 245 | 75317 | 7688 | 18952 | 17864 | 24052 | 16190 | 47 | |
| | | | | | | | 68705 | 56118 | | |
| 101 | 4 | 4446 | | 6663 | | | 128745 | 35 | | 4734 |
| | | | | | | | | | | |
| 800896 | 145869 | 57700 | 5132 | 51216 | 8867 | 27966 | 53689 | 41195 | 941 | 37880 |
| 8936 | 19 | 1040 | 6192 | | 35513 | 1002 | | 909 | 2100 | |
| 10587 | 12933 | 68001 | 152795 | 38275 | 674244 | 145657 | 533972 | 1393739 | 119396 | 102883 |
| 234 | 6545 | 10734 | 84085 | 5291 | 294641 | 49484 | 109334 | 130919 | 44534 | 16074 |
| | 3282 | 7993 | 4731 | 488 | 47232 | 13726 | 4478 | 30084 | 5498 | 746 |
| 10353 | 3106 | 49274 | 63979 | 32496 | 332371 | 82447 | 420160 | 1232735 | 69364 | 86063 |
| 126753 | 73000 | 147977 | 149202 | 27514 | 316202 | 161698 | 213513 | 99805 | 211585 | 48257 |
| | | | | | 246 | 8966 | 217 | | | |
| | | | | | 221 | 2452 | 417 | | | |

# 15-5 主要进口商品数量和金额

单位:万美元

| 商品名称 | | Name of Commodities | |
|---|---|---|---|
| 谷物及谷物粉 | (吨) | Cereals and Cereal Flour | (ton) |
| 大　豆 | (吨) | Soybean | (ton) |
| 食用植物油 | (吨) | Edible Vegetable Oil | (ton) |
| 鲜干水果及坚果 | (吨) | Fresh or Dried Fruits and Nuts | (ton) |
| 天然橡胶 | (吨) | Natural Rubber | (ton) |
| 合成橡胶 | (吨) | Synthetic Rubber | (ton) |
| 原　木 | (立方米) | Logs | (cu.m) |
| 原　油 | (吨) | Crude Oil | (ton) |
| 成品油 | (吨) | Petroleum Products Refined | (ton) |
| 医药品 | (吨) | Pharmaceutical Products | (ton) |
| 肥　料 | (吨) | Fertilizers | (ton) |
| 牛皮革及马皮革 | (吨) | Bovine or Equine Leather | (ton) |
| 纸及纸板 | (吨) | Paper and Paperboards | (ton) |
| 棉纱线 | (吨) | Cotton Yarn | (ton) |
| 合成纤维纱线 | (吨) | Yarn of Synthetic Fibers | (ton) |
| 棉机织物 | | Cotton Cloth | |
| 涂覆或浸渍塑料的织物 | (吨) | Plastic Impregnated or Coated Textile Fabrics | (ton) |
| 针织或钩编织物 | (万米) | Knitted or Crocheted Fabrics | (10000 meters) |
| 钻　石 | (千克) | Diamonds | (kg) |
| 钢　材 | (吨) | Rolled Steel | (ton) |
| 未锻造的铜及铜材 | (吨) | Unwrought Copper and Copper Products | (ton) |
| 未锻造的铝及铝材 | (吨) | Unwrought Aluminum and Aluminum Products | (ton) |
| 机械提升搬运装卸设备及零件 | | Mechanical Handling Equipment and Parts | |
| 印刷、装订机械及零件 | | Printing or Book-binding Machinery and Parts | |
| 纺织机械及零件 | | Textile Machinery and Parts | |
| 金属加工机床 | (台) | Machine Tools | (set) |
| 橡胶或塑料加工机械及零件 | | Rubber or Plastic Processing Machinery and Parts | |
| 电视、收音机及无线电讯设备的零附件 | (吨) | Parts of Television, Radio, Telecommunications Apparatus | (ton) |
| 通断及保护电路装置及零件 | | Electrical Apparatus and Parts for Switching or Protecting Electrical Circuits | |
| 电线和电缆 | (吨) | Electric Wires and Cables | (ton) |
| 初级形状的塑料 | (吨) | Primary Plastics | (ton) |
| 飞　机 | (架) | Aircraft | (unit) |
| 自动数据处理设备及其部件 | (万台) | Automatic Data Processing Machines and Components | (10000 sets) |
| 自动数据处理设备的零件 | (吨) | Parts of Automatic Data Processing Machines | (ton) |
| 汽车及汽车底盘 | (辆) | Motor Vehicles and Chassis | (unit) |
| 汽车零件 | | Parts of Motor Vehicles | |
| 变压、整流、电感器及零件 | | Transformers, Rectifiers and Inductance Suppliers and Parts | |
| 电容器及其零件 | (吨) | Capacitors and Parts | (ton) |
| 二极管及类似半导体器件 | (百万个) | Diode and Semi-conductors | (million units) |
| 计量检测分析自控仪器及器具 | | Measuring or Checking Instruments and Apparatus | |
| 铁矿砂及其精矿 | (吨) | Iron Ore | (ton) |
| 医疗仪器及器械 | | Medical Instruments and Appliances | |
| 塑料制品 | (吨) | Plastic Articles | (ton) |

# Main Import Commodities in Volume and Value

(USD 10000)

| 2012 | | 2013 | |
|---|---|---|---|
| 数量 Volume | 金额 Value | 数量 Volume | 金额 Value |
| 947874 | 34823 | 1036579 | 38783 |
| 1655391 | 98946 | 1177923 | 71026 |
| 721888 | 77115 | 206112 | 17448 |
| 77248 | 16003 | 87640 | 16001 |
| 36907 | 10737 | 33675 | 8219 |
| 69804 | 24073 | 67676 | 19565 |
| 560218 | 20401 | 540030 | 19194 |
| 135115 | 10739 | | |
| 822938 | 75542 | 1245298 | 111893 |
| 3002 | 83678 | 4518 | 104343 |
| 238 | 85 | 1388 | 212 |
| 18126 | 20478 | 24158 | 22777 |
| 156704 | 21305 | 124195 | 17807 |
| 177348 | 66910 | 222942 | 81986 |
| 35608 | 28655 | 40095 | 33685 |
| | 11073 | | 10554 |
| 5223 | 3991 | 4668 | 4191 |
| 6433 | 14229 | 6093 | 13364 |
| 1282 | 183301 | 1286 | 248785 |
| 1444864 | 150723 | 1515400 | 139196 |
| 328697 | 272348 | 252686 | 198225 |
| 45014 | 15070 | 65680 | 17960 |
| | 18289 | | 17837 |
| | 75342 | | 82742 |
| | 6061 | | 4348 |
| 4427 | 49408 | 3079 | 30184 |
| | 9312 | | 10604 |
| 485 | 19073 | 352 | 26767 |
| | 60936 | | 66107 |
| 8271 | 14737 | 10000 | 15454 |
| 1839213 | 361541 | 1802085 | 372952 |
| 48 | 216186 | 36 | 173036 |
| 2492 | 183888 | 1148 | 88416 |
| 1405 | 23513 | 1158 | 17318 |
| 9879 | 24915 | 8900 | 23385 |
| | 238879 | | 224632 |
| | 34695 | | 38942 |
| 1984 | 15122 | 2257 | 17550 |
| 8217 | 72751 | 8606 | 84859 |
| | 106018 | | 121236 |
| 5042875 | 61592 | 2550025 | 30449 |
| | 31543 | | 32721 |
| 19988 | 22313 | 18276 | 21355 |

# 15-6 主要出口商品数量和金额

单位：万美元

| 商品名称 | | Name of Commodities | |
|---|---|---|---|
| 活　猪 | （万头） | Live Hogs | (10000 heads) |
| 活家禽 | （万只） | Live Poultry | (10000 heads) |
| 水海产品 | （吨） | Aquatic and Seawater Products | (ton) |
| 谷物及谷物粉 | （吨） | Cereals and Cereals Flour | (ton) |
| 蔬　菜 | （吨） | Vegetables | (ton) |
| 鲜干水果及坚果 | （吨） | Fresh or Dried Fruits and Nuts | (ton) |
| 食用植物油 | （吨） | Edible Vegetable Oil | (ton) |
| 茶　叶 | （吨） | Tea | (ton) |
| 药　材 | （吨） | Medical Materials | (ton) |
| 纸　烟 | （万条） | Cigarettes | (10000 units) |
| 成品油 | （吨） | Refined Petroleum Products | (ton) |
| 医药品 | （吨） | Medical and Pharmaceutical Products | (ton) |
| 烟花炮竹 | （吨） | Fireworks and Firecrackers | (ton) |
| 纺织纱线、织物及制品 | | Textile Yarn, Fabrics and Related Products | |
| 水泥及水泥熟料 | （吨） | Cement and Cement Clinker | (ton) |
| 珍珠、钻石、宝石及半宝石 | | Pearls, Diamonds, Jewelry and Semi-jewelry | |
| 钢　材 | （吨） | Rolled Steel | (ton) |
| 电　扇 | （万台） | Electric Fans | (10000 sets) |
| 电子计算器 | （万台） | Electric Calculators | (10000 sets) |
| 原电池 | （百万个） | Primary Cells and Batteries | (million units) |
| 蓄电池 | （万个） | Electric Accumulators | (10000 units) |
| 集装箱 | （个） | Containers | (unit) |
| 服装及衣着附件 | | Garments and Clothing Accessories | |
| 照相机 | （万架） | Cameras | (10000 sets) |
| 手　表 | （万只） | Wrist Watches | (10000 units) |
| 船　舶 | （艘） | Ships | (unit) |
| 家具及其零件 | | Furniture and Parts | |
| 灯具、照明装置及类似品 | | Lamps and Lighting Fittings | |
| 鞋 | （万双） | Footwear | (10000 pairs) |
| 塑料制品 | （吨） | Plastic Articles | (ton) |
| 玩　具 | | Toys | |
| 贵金属或包贵金属的首饰 | （千克） | Jewelry of Precious Metals or Rolled Precious Metals | |
| 新的充气橡胶轮胎 | （万条） | New Pneumatic Rubber Tires | (10000 units) |
| 不锈钢厨具、餐具等家用器具 | （吨） | Household Stainless Steel Cookware and Tableware | (ton) |
| 自动数据处理设备及其部件 | （万台） | Automatic Data Processing Machines and Components | (10000 sets) |
| 自动数据处理设备的零件 | （吨） | Parts of Automatic Data Processing Machines | (ton) |
| 扬声器 | （万个） | Loudspeakers | (10000 units) |
| 录、放像机 | （万台） | Video Tape Recorders | (10000 sets) |
| 印刷电路 | （百万块） | Printed Circuits | (million units) |
| 电线和电缆 | | Electronic Wires and Cables | |
| 自行车 | （万辆） | Bicycles | (10000 units) |
| 箱包及类似容器 | | Package Bags and Similar Containers | |
| 摩托车 | （辆） | Motorcycles | (unit) |

# Main Export Commodities in Volume and Value

(USD 10000)

| 2012 | | 2013 | |
|---|---|---|---|
| 数 量 Volume | 金 额 Value | 数 量 Volume | 金 额 Value |
| 25 | 6881 | 22 | 6053 |
| 161 | 650 | 145 | 631 |
| 13472 | 6023 | 11499 | 6541 |
| 598 | 26 | 23 | 1 |
| 31125 | 2595 | 31255 | 2256 |
| 2734 | 461 | 2379 | 496 |
| 567 | 178 | 449 | 153 |
| 3856 | 2476 | 4300 | 2618 |
| 1354 | 1075 | 910 | 831 |
| 562 | 2720 | 154 | 1266 |
| 1305673 | 117202 | 1203982 | 108021 |
| 22162 | 10820 | 25866 | 9982 |
| 12029 | 3241 | 12124 | 3226 |
| | 248949 | | 266270 |
| 229803 | 1469 | 258288 | 1660 |
| | 129329 | | 111817 |
| 878832 | 155288 | 1021091 | 176616 |
| 1871 | 12074 | 1769 | 12622 |
| 237 | 267 | 309 | 400 |
| 6769 | 37589 | 7487 | 37733 |
| 6377 | 18792 | 5797 | 21099 |
| 34959 | 12019 | 52560 | 17371 |
| | 594250 | | 703013 |
| 505 | 32598 | 380 | 11194 |
| 1474 | 8638 | 1459 | 8757 |
| 7296 | 227089 | 6274 | 152054 |
| | 169851 | | 209280 |
| | 68398 | | 86149 |
| 22646 | 129853 | 23991 | 136064 |
| 209736 | 68782 | 215549 | 82536 |
| | 42947 | | 43915 |
| 144415 | 259517 | 147801 | 376397 |
| 1473 | 36827 | 1212 | 30220 |
| 22238 | 10445 | 21463 | 10451 |
| 6770 | 343121 | 4571 | 242350 |
| 13446 | 26098 | 13777 | 20992 |
| 8890 | 57731 | 8107 | 59245 |
| 722 | 18858 | 510 | 13918 |
| 1426 | 130937 | 1207 | 123234 |
| | 37706 | | 50619 |
| 237 | 19737 | 205 | 17162 |
| 159152 | 148936 | 181056 | 177649 |
| 1599261 | 84483 | 1816782 | 94882 |

# 15-7 主要进口商品数量(2013年，按洲别分)

| 商品名称 | | Name of Commodities | | 合计 Total |
|---|---|---|---|---|
| 谷物及谷物粉 | (吨) | Cereals and Cereal Flour | (ton) | 1036579 |
| 大　豆 | (吨) | Soybean | (ton) | 1177923 |
| 食用植物油 | (吨) | Edible Vegetable Oil | (ton) | 206112 |
| 鲜干水果及坚果 | (吨) | Fresh or Dried Fruits and Nuts | (ton) | 87640 |
| 天然橡胶 | (吨) | Natural Rubber | (ton) | 33675 |
| 合成橡胶 | (吨) | Synthetic Rubber | (ton) | 67676 |
| 原　木 | (立方米) | Logs | (cu.m) | 540030 |
| 原　油 | (吨) | Crude Oil | (ton) | |
| 成品油 | (吨) | Petroleum Products Refined | (ton) | 1245298 |
| 医药品 | (吨) | Pharmaceutical Products | (ton) | 4518 |
| 肥　料 | (吨) | Fertilizers | (ton) | 1388 |
| 牛皮革及马皮革 | (吨) | Bovine or Equine Leather | (ton) | 24158 |
| 纸及纸板 | (吨) | Paper and Paperboards | (ton) | 124195 |
| 棉纱线 | (吨) | Cotton Yarn | (ton) | 222942 |
| 合成纤维纱线 | (吨) | Yarn of Synthetic Fibers | (ton) | 40095 |
| 涂覆或浸渍塑料的织物 | (吨) | Plastic Impregnated or Coated Textile Fabrics | (ton) | 4668 |
| 针织或钩编织物 | (万米) | Knitted or Crocheted Fabrics | (10000 meters) | 6093 |
| 钻　石 | (千克) | Diamonds | (kg) | 1286 |
| 钢　材 | (吨) | Rolled Steel | (ton) | 1515400 |
| 未锻造的铜及铜材 | (吨) | Unwrought Copper and Copper Products | (ton) | 252686 |
| 未锻造的铝及铝材 | (吨) | Unwrought Aluminum and Aluminum Products | (ton) | 65680 |
| 金属加工机床 | (台) | Machine Tools | (set) | 3079 |
| 电视、收音机及无线电讯设备的零附件 | (吨) | Parts of Television, Radio, Telecommunications Apparatus | (ton) | 352 |
| 电线和电缆 | (吨) | Electric Wires and Cables | (ton) | 10000 |
| 初级形状的塑料 | (吨) | Primary Plastics | (ton) | 1802085 |
| 飞　机 | (架) | Aircraft | (unit) | 36 |
| 自动数据处理设备及其部件 | (万台) | Automatic Data Processing Machines and Components | (10000 sets) | 1148 |
| 自动数据处理设备的零件 | (吨) | Parts of Automatic Data Processing Machines | (ton) | 1158 |
| 汽车及汽车底盘 | (辆) | Motor Vehicles and Chassis | (unit) | 8900 |
| 电容器及其零件 | (吨) | Capacitors and Parts | (ton) | 2257 |
| 二极管及类似半导体器件 | (百万个) | Diode and Semi-conductors | (million units) | 8606 |
| 铁矿砂及其精矿 | (吨) | Iron Ore | (ton) | 2550025 |
| 塑料制品 | (吨) | Plastic Articles | (ton) | 18276 |

# Main Import Commodities in Volume (2013, by Continent)

| 亚洲 Asia | # 港澳台 Hong Kong, Macao and Taiwan | # 日本 Japan | # 韩国 Republic of Korea | # 马来西亚 Malaysia | # 新加坡 Singapore | 非洲 Africa | 大洋州 Oceania | # 澳大利亚 Australia |
|---|---|---|---|---|---|---|---|---|
| 334305 | 33 | | | | | | 286382 | 286382 |
| | | | | | | | | |
| 203747 | 495 | | … | 98998 | 2 | 6 | 35 | 35 |
| 40119 | | | | 641 | | 14093 | 5215 | 2588 |
| 32477 | 59 | | | 11942 | | 1198 | | |
| 48692 | 8668 | 12516 | 24766 | 712 | 185 | | 1 | 1 |
| 6003 | 209 | | | 596 | 85 | 203520 | 94417 | 13996 |
| | | | | | | | | |
| 1154214 | 33918 | 19129 | 192167 | 164560 | 198395 | 1 | 23 | 23 |
| 1560 | 912 | 427 | 12 | … | 8 | 1 | 36 | 36 |
| 988 | 14 | … | 1 | | | | | |
| 4577 | 677 | 149 | 2054 | | … | 673 | 1042 | 852 |
| 39003 | 10707 | 7449 | 5796 | 548 | 37 | | 1123 | 8 |
| 222924 | 20335 | 5 | 9700 | 278 | | | | |
| 40014 | 8967 | 4910 | 2759 | … | 274 | | … | … |
| 4230 | 1754 | 328 | 769 | | 1 | | 1 | 1 |
| 5945 | 2655 | 464 | 477 | 8 | | | … | … |
| 618 | | … | | | | 477 | 1 | 1 |
| 1482893 | 157251 | 1084771 | 192581 | 1148 | 230 | 3568 | 87 | 60 |
| 109012 | 7472 | 40924 | 3715 | 3101 | 358 | 6618 | 10566 | 10566 |
| 33760 | 609 | 5862 | 6421 | 1855 | … | 614 | 4755 | 4755 |
| 1413 | 623 | 682 | 57 | 3 | 4 | | 1 | 1 |
| 305 | 10 | 95 | 17 | 2 | … | | … | … |
| 8920 | 462 | 614 | 238 | 604 | 112 | … | … | … |
| 1470807 | 259442 | 189419 | 336275 | 25896 | 67403 | 122 | 864 | 864 |
| | | | | | | | | |
| 1147 | 12 | 3 | 1 | 1 | … | | … | … |
| 1150 | 43 | 2 | 321 | 220 | 3 | | … | |
| 8203 | | 7685 | 518 | | | | | |
| 2058 | 95 | 373 | 16 | 122 | 24 | … | … | |
| 8536 | 496 | 537 | 2034 | 724 | 1 | 10 | … | … |
| 728081 | | | | 325883 | | 114194 | 1021699 | 1021699 |
| 14330 | 2010 | 3455 | 5214 | 632 | 93 | 4 | 46 | 45 |

## 15-7 续表

| 商品名称 | | Item | | 欧 洲 Europe |
|---|---|---|---|---|
| 谷物及谷物粉 | (吨) | Cereals and Cereal Flour | (ton) | 42851 |
| 大　豆 | (吨) | Soybean | (ton) | |
| 食用植物油 | (吨) | Edible Vegetable Oil | (ton) | 2255 |
| 鲜干水果及坚果 | (吨) | Fresh or Dried Fruits and Nuts | (ton) | 744 |
| 天然橡胶 | (吨) | Natural Rubber | (ton) | |
| 合成橡胶 | (吨) | Synthetic Rubber | (ton) | 8050 |
| 原　木 | (立方米) | Logs | (cu.m) | 173048 |
| 原　油 | (吨) | Crude Oil | (ton) | |
| 成品油 | (吨) | Petroleum Products Refined | (ton) | 10232 |
| 医药品 | (吨) | Pharmaceutical Products | (ton) | 2238 |
| 肥　料 | (吨) | Fertilizers | (ton) | 1 |
| 牛皮革及马皮革 | (吨) | Bovine or Equine Leather | (ton) | 1613 |
| 纸及纸板 | (吨) | Paper and Paperboards | (ton) | 54515 |
| 棉纱线 | (吨) | Cotton Yarn | (ton) | 18 |
| 合成纤维纱线 | (吨) | Yarn of Synthetic Fibers | (ton) | 67 |
| 涂覆或浸渍塑料的织物 | (吨) | Plastic Impregnated or Coated Textile Fabrics | (ton) | 305 |
| 针织或钩编织物 | (万米) | Knitted or Crocheted Fabrics | (10000 meters) | 123 |
| 钻　石 | (千克) | Diamonds | (kg) | 180 |
| 钢　材 | (吨) | Rolled Steel | (ton) | 20878 |
| 未锻造的铜及铜材 | (吨) | Unwrought Copper and Copper Products | (ton) | 33476 |
| 未锻造的铝及铝材 | (吨) | Unwrought Aluminum and Aluminum Products | (ton) | 25925 |
| 金属加工机床 | (台) | Machine Tools | (set) | 1588 |
| 电视、收音机及无线电讯设备的零附件 | (吨) | Parts of Television, Radio, Telecommunications Apparatus | (ton) | 11 |
| 电线和电缆 | (吨) | Electric Wires and Cables | (ton) | 682 |
| 初级形状的塑料 | (吨) | Primary Plastics | (ton) | 129111 |
| 飞　机 | (架) | Aircraft | (unit) | 12 |
| 自动数据处理设备及其部件 | (万台) | Automatic Data Processing Machines and Components | (10000 sets) | 1 |
| 自动数据处理设备的零件 | (吨) | Parts of Automatic Data Processing Machines | (ton) | 3 |
| 汽车及汽车底盘 | (辆) | Motor Vehicles and Chassis | (unit) | 396 |
| 电容器及其零件 | (吨) | Capacitors and Parts | (ton) | 134 |
| 二极管及类似半导体器件 | (百万个) | Diode and Semi-conductors | (million units) | 40 |
| 铁矿砂及其精矿 | (吨) | Iron Ore | (ton) | 218606 |
| 塑料制品 | (吨) | Plastic Articles | (ton) | 1507 |

continued

| # 德 国 Germany | # 英 国 United Kingdom | # 比利时 Belgium | # 荷 兰 Netherlands | 北美洲 North America | # 美 国 United States | 拉丁美洲 Latin America |
|---|---|---|---|---|---|---|
| | 1 | 17 | | 344490 | 258165 | 28551 |
| | | | | 720171 | 720171 | 457752 |
| 21 | 46 | | 1 | 69 | 36 | |
| 6 | … | | | 16844 | 16843 | 10624 |
| 1756 | 2008 | 1094 | 483 | 9836 | 6865 | 1096 |
| 88078 | | 6755 | 2068 | 31080 | 30314 | 31962 |
| 1600 | 79 | 1005 | 110 | 46217 | 46186 | 34611 |
| 534 | 129 | 500 | … | 681 | 278 | 3 |
| 1 | | | … | 399 | 330 | |
| 147 | 51 | 4 | 23 | 309 | 309 | 15908 |
| 4117 | 509 | 134 | 1250 | 29503 | 29452 | 52 |
| … | | | | … | … | |
| 7 | 1 | 4 | | 13 | 13 | … |
| 5 | 21 | 10 | 3 | 131 | 131 | … |
| 3 | 1 | … | | 24 | 24 | … |
| | | 140 | | … | … | |
| 5320 | 2867 | 690 | 2448 | 3638 | 3587 | 4335 |
| 10940 | 6 | 8109 | 1 | 3014 | 3006 | 90001 |
| 594 | 324 | 61 | 333 | 610 | 606 | 15 |
| 1414 | 10 | | 4 | 77 | 77 | |
| 1 | 3 | … | 1 | 2 | 2 | 33 |
| 334 | 9 | 2 | 1 | 147 | 146 | 251 |
| 19215 | 2129 | 11059 | 47261 | 192181 | 178735 | 9000 |
| 9 | | | | 24 | 24 | |
| … | … | … | … | … | … | … |
| 1 | … | … | … | 4 | 4 | … |
| 301 | 32 | | | 301 | 301 | |
| 17 | 1 | … | … | 18 | 18 | 47 |
| 12 | 8 | … | … | 13 | 13 | 7 |
| | | | | | | 467446 |
| 469 | 238 | 75 | 12 | 2354 | 2213 | 35 |

# 15-8 主要进口商品金额(2013年，按洲别分)

单位:万美元

| 商品名称 | Name of Commodities | 合计 Total |
|---|---|---|
| 谷物及谷物粉 | Cereals and Cereal Flour | 38783 |
| 大　豆 | Soybean | 71026 |
| 食用植物油 | Edible Vegetable Oil | 17448 |
| 鲜干水果及坚果 | Fresh or Dried Fruits and Nuts | 16001 |
| 天然橡胶 | Natural Rubber | 8219 |
| 合成橡胶 | Synthetic Rubber | 19565 |
| 原　木 | Logs | 19194 |
| 原　油 | Crude Oil | |
| 成品油 | Petroleum Products Refined | 111893 |
| 医药品 | Pharmaceutical Products | 104343 |
| 肥　料 | Fertilizers | 212 |
| 牛皮革及马皮革 | Bovine or Equine Leather | 22777 |
| 纸及纸板 | Paper and Paperboards | 17807 |
| 棉纱线 | Cotton Yarn | 81986 |
| 合成纤维纱线 | Yarn of Synthetic Fibers | 33685 |
| 棉机织物 | Cotton Cloth | 10554 |
| 涂覆或浸渍塑料的织物 | Plastic Impregnated or Coated Textile Fabrics | 4191 |
| 针织或钩编织物 | Knitted or Crocheted Fabrics | 13364 |
| 钻　石 | Diamonds | 248785 |
| 钢　材 | Rolled Steel | 139196 |
| 未锻造的铜及铜材 | Unwrought Copper and Copper Products | 198225 |
| 未锻造的铝及铝材 | Unwrought Aluminum and Aluminum Products | 17960 |
| 机械提升搬运装卸设备及零件 | Mechanical Handling Equipment and Parts | 17837 |
| 印刷、装订机械及零件 | Printing or Book-binding Machinery and Parts | 82742 |
| 纺织机械及零件 | Textile Machinery and Parts | 4348 |
| 金属加工机床 | Machine Tools | 30184 |
| 橡胶或塑料加工机械及零件 | Rubber or Plastic Processing Machinery and Parts | 10604 |
| 电视、收音机及无线电讯设备的零附件 | Parts of Television, Radio, Telecommunications Apparatus | 26767 |
| 通断及保护电路装置及零件 | Electrical Apparatus and Parts for Switching or Protecting Electrical Circuits | 66107 |
| 电线和电缆 | Electric Wires and Cables | 15454 |
| 初级形状的塑料 | Primary Plastics | 372952 |
| 飞　机 | Aircraft | 173036 |
| 自动数据处理设备及其部件 | Automatic Data Processing Machines and Components | 88416 |
| 自动数据处理设备的零件 | Parts of Automatic Data Processing Machines | 17318 |
| 汽车及汽车底盘 | Motor Vehicles and Chassis | 23385 |
| 汽车零件 | Parts of Motor Vehicles | 224632 |
| 变压、整流、电感器及零件 | Transformers, Rectifiers and Inductance Suppliers and Parts | 38942 |
| 电容器及其零件 | Capacitors and Parts | 17550 |
| 二极管及类似半导体器件 | Diode and Semi-conductors | 84859 |
| 计量检测分析自控仪器及器具 | Measuring or Checking Instruments and Apparatus | 121236 |
| 铁矿砂及其精矿 | Iron Ore | 30449 |
| 医疗仪器及器械 | Medical Instruments and Appliances | 32721 |
| 塑料制品 | Plastic Articles | 21355 |

# Main Import Commodities in Value (2013, by Continent)

(USD 10000)

| 亚 洲 Asia | # 港澳台 Hong Kong, Macao and Taiwan | # 日 本 Japan | # 韩 国 Republic of Korea | # 马来西亚 Malaysia | # 新加坡 Singapore | 非 洲 Africa | 大洋州 Oceania | # 澳大利亚 Australia |
|---|---|---|---|---|---|---|---|---|
| 15369 | 6 | | | | | | 10169 | 10169 |
| | | | | | | | | |
| 16512 | 57 | | ... | 8065 | 1 | 3 | 19 | 19 |
| 5756 | | | | 165 | | 2377 | 1328 | 623 |
| 7992 | 13 | | | 3072 | | 227 | | |
| 13256 | 2331 | 4797 | 5458 | 142 | 90 | | 1 | 1 |
| 704 | 6 | | | 30 | 3 | 10481 | 1814 | 174 |
| | | | | | | | | |
| 102262 | 3996 | 2608 | 19842 | 16107 | 15433 | ... | 11 | 11 |
| 23283 | 12881 | 7883 | 371 | ... | 76 | 64 | 605 | 605 |
| 36 | 3 | ... | 1 | | | | | |
| 9208 | 1283 | 182 | 4987 | | ... | 183 | 801 | 546 |
| 5850 | 1640 | 1451 | 604 | 163 | 6 | | 92 | 2 |
| 81949 | 6446 | 5 | 4086 | 135 | | | | |
| 33611 | 4703 | 5758 | 2115 | ... | 526 | | ... | ... |
| 9391 | 1029 | 1563 | 463 | 3 | | 32 | ... | ... |
| 3491 | 1055 | 709 | 688 | | ... | | 1 | 1 |
| 12683 | 2735 | 3693 | 1070 | 21 | | | ... | ... |
| 98784 | | 272 | | | | 107297 | 125 | 125 |
| 132408 | 14120 | 97463 | 16024 | 196 | 59 | 421 | 15 | 12 |
| 88458 | 7912 | 32936 | 3627 | 2482 | 768 | 4858 | 7737 | 7737 |
| 10199 | 288 | 2615 | 3092 | 363 | 2 | 125 | 947 | 947 |
| 12170 | 385 | 9013 | 950 | 403 | 1175 | | 20 | 18 |
| 76593 | 1035 | 19203 | 817 | 1943 | 166 | 1 | 5 | 5 |
| 563 | 77 | 139 | 69 | | | 12 | | |
| 22871 | 4965 | 16334 | 1171 | 15 | 136 | | ... | ... |
| 4282 | 511 | 2979 | 556 | | 10 | | ... | |
| 25903 | 505 | 5425 | 646 | 20 | 1 | | 6 | 6 |
| 51657 | 1444 | 24293 | 5476 | 1342 | 202 | 8 | 204 | 49 |
| 12827 | 597 | 2191 | 741 | 709 | 25 | 2 | 7 | 7 |
| 280390 | 51778 | 48486 | 69544 | 4591 | 13459 | 23 | 278 | 278 |
| | | | | | | | | |
| 83919 | 525 | 985 | 284 | 111 | 172 | | 6 | 3 |
| 17166 | 261 | 89 | 1219 | 313 | 278 | | 1 | |
| 20005 | | 18721 | 1284 | | | | | |
| 191337 | 1129 | 179913 | 1267 | 384 | 18 | 11 | 6 | 6 |
| 24922 | 3035 | 6099 | 3782 | 460 | 55 | 3 | 6 | 6 |
| 15906 | 3915 | 4291 | 282 | 644 | 195 | ... | ... | |
| 81819 | 11441 | 21613 | 18098 | 11135 | 5 | 102 | ... | ... |
| 65855 | 1153 | 48184 | 3400 | 2690 | 4411 | 35 | 339 | 325 |
| 6581 | | | | 2453 | | 1132 | 12482 | 12482 |
| 6312 | 168 | 3642 | 1434 | 251 | 45 | 1 | 613 | 41 |
| 16613 | 1218 | 7448 | 4809 | 313 | 69 | 3 | 36 | 32 |

## 15-8 续表

单位：万美元

| 商品名称 | Item | 欧洲 Europe |
|---|---|---|
| 谷物及谷物粉 | Cereals and Cereal Flour | 1558 |
| 大　豆 | Soybean | |
| 食用植物油 | Edible Vegetable Oil | 894 |
| 鲜干水果及坚果 | Fresh or Dried Fruits and Nuts | 175 |
| 天然橡胶 | Natural Rubber | |
| 合成橡胶 | Synthetic Rubber | 2328 |
| 原　木 | Logs | 3530 |
| 原　油 | Crude Oil | |
| 成品油 | Petroleum Products Refined | 2301 |
| 医药品 | Pharmaceutical Products | 72896 |
| 肥　料 | Fertilizers | … |
| 牛皮革及马皮革 | Bovine or Equine Leather | 2586 |
| 纸及纸板 | Paper and Paperboards | 7751 |
| 棉纱线 | Cotton Yarn | 35 |
| 合成纤维纱线 | Yarn of Synthetic Fibers | 36 |
| 棉机织物 | Cotton Cloth | 1116 |
| 涂覆或浸渍塑料的织物 | Plastic Impregnated or Coated Textile Fabrics | 436 |
| 针织或钩编织物 | Knitted or Crocheted Fabrics | 541 |
| 钻　石 | Diamonds | 41143 |
| 钢　材 | Rolled Steel | 4694 |
| 未锻造的铜及铜材 | Unwrought Copper and Copper Products | 25844 |
| 未锻造的铝及铝材 | Unwrought Aluminum and Aluminum Products | 6255 |
| 机械提升搬运装卸设备及零件 | Mechanical Handling Equipment and Parts | 3800 |
| 印刷、装订机械及零件 | Printing or Book-binding Machinery and Parts | 4983 |
| 纺织机械及零件 | Textile Machinery and Parts | 3722 |
| 金属加工机床 | Machine Tools | 4803 |
| 橡胶或塑料加工机械及零件 | Rubber or Plastic Processing Machinery and Parts | 5887 |
| 电视、收音机及无线电讯设备的零附件 | Parts of Television, Radio, Telecommunications Apparatus | 398 |
| 通断及保护电路装置及零件 | Electrical Apparatus and Parts for Switching or Protecting Electrical Circuits | 9173 |
| 电线和电缆 | Electric Wires and Cables | 1509 |
| 初级形状的塑料 | Primary Plastics | 38823 |
| 飞　机 | Aircraft | 5317 |
| 自动数据处理设备及其部件 | Automatic Data Processing Machines and Components | 3372 |
| 自动数据处理设备的零件 | Parts of Automatic Data Processing Machines | 80 |
| 汽车及汽车底盘 | Motor Vehicles and Chassis | 1538 |
| 汽车零件 | Parts of Motor Vehicles | 29948 |
| 变压、整流、电感器及零件 | Transformers, Rectifiers and Inductance Suppliers and Parts | 12711 |
| 电容器及其零件 | Capacitors and Parts | 857 |
| 二极管及类似半导体器件 | Diode and Semi-conductors | 2332 |
| 计量检测分析自控仪器及器具 | Measuring or Checking Instruments and Apparatus | 32406 |
| 铁矿砂及其精矿 | Iron Ore | 3747 |
| 医疗仪器及器械 | Medical Instruments and Appliances | 13659 |
| 塑料制品 | Plastic Articles | 2030 |

continued

(USD 10000)

| # 德国 Germany | # 英国 United Kingdom | # 比利时 Belgium | # 荷兰 Netherlands | 北美洲 North America | # 美国 United States | 拉丁美洲 Latin America |
|---|---|---|---|---|---|---|
| | ... | 3 | | 10646 | 7408 | 1040 |
| | | | | 43618 | 43618 | 27408 |
| 5 | 12 | | ... | 21 | 14 | |
| 5 | ... | | | 3235 | 3234 | 3130 |
| | | | | | | |
| 432 | 469 | 502 | 169 | 3695 | 2304 | 286 |
| 1822 | | 158 | 47 | 571 | 548 | 2093 |
| | | | | | | |
| 574 | 38 | 209 | 45 | 5003 | 4984 | 2316 |
| 23288 | 3480 | 5060 | 1 | 5498 | 3273 | 1997 |
| ... | | | ... | 175 | 135 | |
| 80 | 37 | 16 | 62 | 394 | 393 | 9597 |
| 920 | 200 | 154 | 217 | 4108 | 4095 | 6 |
| ... | | | | 1 | 1 | |
| 4 | 1 | 2 | | 37 | 37 | 1 |
| 62 | 7 | ... | ... | 9 | 9 | 7 |
| 23 | 26 | 9 | 4 | 263 | 263 | ... |
| 31 | 14 | 3 | | 137 | 137 | 2 |
| | | 31615 | | 151 | 151 | |
| 1763 | 401 | 196 | 253 | 1174 | 1072 | 484 |
| 8861 | 9 | 6233 | 7 | 3703 | 3677 | 67625 |
| 491 | 189 | 44 | 189 | 422 | 409 | 11 |
| 2074 | 230 | 53 | 221 | 1847 | 1707 | ... |
| 3853 | 414 | 15 | 5 | 1111 | 1107 | 49 |
| 1382 | 31 | 667 | | 51 | 51 | ... |
| 1567 | 547 | | ... | 2508 | 2508 | |
| 4050 | 397 | | 85 | 435 | 258 | |
| 77 | 154 | 13 | 5 | 295 | 258 | 164 |
| 3631 | 831 | 12 | 169 | 4344 | 4164 | 721 |
| 738 | 112 | 8 | 1 | 762 | 756 | 347 |
| 6657 | 1062 | 2422 | 13555 | 52029 | 49487 | 1409 |
| 5290 | | | | 167719 | 167719 | |
| 1008 | 17 | 3 | 7 | 942 | 612 | 177 |
| 40 | 15 | 1 | ... | 71 | 70 | ... |
| 1150 | 233 | | | 1839 | 1839 | |
| 4090 | 2193 | 53 | 10595 | 2893 | 2833 | 333 |
| 4433 | 191 | 1 | 210 | 1085 | 1043 | 214 |
| 74 | 61 | ... | ... | 319 | 319 | 468 |
| 159 | 73 | ... | ... | 364 | 358 | 242 |
| 12366 | 5672 | 101 | 928 | 22502 | 22113 | 203 |
| | | | | | | 6507 |
| 7230 | 242 | 30 | 2348 | 12042 | 11984 | 94 |
| 741 | 229 | 164 | 21 | 2586 | 2455 | 85 |

## 15-9 主要出口商品数量（2013年，按洲别分）

| 商品名称 | Name of Commodities | 合计 Total |
|---|---|---|
| 活猪 （万头） | Live Hogs (10000 heads) | 22 |
| 活家禽 （万只） | Live Poultry (10000 heads) | 145 |
| 水海产品 （吨） | Aquatic and Seawater Products (ton) | 11499 |
| 谷物及谷物粉 （吨） | Cereals and Cereal Flour (ton) | 23 |
| 蔬菜 （吨） | Vegetables (ton) | 31255 |
| 鲜干水果及坚果 （吨） | Fresh or Dried Fruits and Nuts (ton) | 2379 |
| 食用植物油 （吨） | Edible Vegetable Oil (ton) | 449 |
| 茶叶 （吨） | Tea (ton) | 4300 |
| 药材 （吨） | Medical Materials (ton) | 910 |
| 纸烟 （万条） | Cigarettes (10000 units) | 154 |
| 成品油 （吨） | Refined Petroleum Products (ton) | 1203982 |
| 医药品 （吨） | Pharmaceutical Products (ton) | 25866 |
| 烟花炮竹 （吨） | Fireworks and Firecrackers (ton) | 12124 |
| 水泥及水泥熟料 （吨） | Cement and Cement Clinker (ton) | 258288 |
| 钢材 （吨） | Rolled Steel (ton) | 1021091 |
| 电扇 （万台） | Electric Fans (10000 sets) | 1769 |
| 电子计算器 （万台） | Electric Calculators (10000 sets) | 309 |
| 原电池 （百万个） | Primary Cells and Batteries (million units) | 7487 |
| 蓄电池 （万个） | Electric Accumulators (10000 units) | 5797 |
| 集装箱 （个） | Containers (unit) | 52560 |
| 照相机 （万架） | Cameras (10000 sets) | 380 |
| 手表 （万只） | Wrist Watches (10000 units) | 1459 |
| 船舶 （艘） | Ships (unit) | 6274 |
| 鞋 （万双） | Footwear (10000 pairs) | 23991 |
| 塑料制品 （吨） | Plastic Articles (ton) | 215549 |
| 新的充气橡胶轮胎 （万条） | New Pneumatic Rubber Tires (10000 units) | 1212 |
| 不锈钢厨具、餐具等家用器具 （吨） | Household Stainless Steel Cookware and Tableware (ton) | 21463 |
| 自动数据处理设备及其部件 （万台） | Automatic Data Processing Machines and Components (10000 sets) | 4571 |
| 自动数据处理设备的零件 （吨） | Parts of Automatic Data Processing Machines (ton) | 13777 |
| 扬声器 （万个） | Loudspeakers (10000 units) | 8107 |
| 录、放像机 （万台） | Video Tape Recorders (10000 sets) | 510 |
| 印刷电路 （百万块） | Printed Circuits (million units) | 1207 |
| 自行车 （万辆） | Bicycles (10000 units) | 205 |
| 摩托车 （辆） | Motorcycles (unit) | 1816782 |

# Main Export Commodities in Volume (2013, by Continent)

| 亚 洲<br>Asia | # 港澳台<br>Hong Kong, Macao and Taiwan | # 日 本<br>Japan | # 韩 国<br>Republic of Korea | # 马来西亚<br>Malaysia | # 新加坡<br>Singapore | 非 洲<br>Africa | 大洋州<br>Oceania | # 澳大利亚<br>Australia |
|---|---|---|---|---|---|---|---|---|
| 22 | 22 | | | | | | | |
| 145 | 145 | | | | | | | |
| 4562 | 3098 | 4 | | 1193 | 11 | 143 | 71 | 52 |
| 23 | 23 | | | | | | | |
| 20897 | 18627 | 162 | | 122 | 1665 | 27 | 777 | 777 |
| 2126 | 268 | 545 | | 874 | 66 | | | |
| 174 | 79 | | … | | 5 | 23 | 121 | 117 |
| 3671 | 910 | 2240 | | 368 | 70 | 399 | 11 | 9 |
| 851 | 97 | 339 | | 251 | 27 | 30 | | |
| 133 | 127 | | … | 1 | … | 7 | … | |
| 993919 | 804820 | 1451 | 49104 | 1779 | 31386 | 34402 | 18225 | |
| 19773 | 10147 | 365 | 15 | 455 | 766 | 2515 | 67 | 52 |
| 4490 | | 1628 | | 58 | | 27 | 5 | 3 |
| 257994 | 257980 | | | 2 | | 26 | 264 | |
| 920569 | 605625 | 1798 | 48994 | 53741 | 13800 | 31910 | 2689 | 2092 |
| 1097 | 34 | 802 | 7 | 37 | 18 | 79 | 87 | 84 |
| 129 | 5 | 60 | 1 | 7 | 17 | 1 | 4 | 4 |
| 1253 | 68 | 4 | 12 | 130 | … | 5758 | 8 | 7 |
| 4537 | 3593 | 77 | 12 | 36 | 17 | 88 | 103 | 29 |
| 52548 | 52548 | | | | | | | |
| 120 | 60 | 60 | … | … | … | … | … | … |
| 1427 | 228 | 1151 | | 10 | 3 | 2 | … | … |
| 174 | 49 | 12 | | 4 | 71 | 8 | 640 | 628 |
| 8797 | 634 | 1250 | 80 | 1753 | 818 | 3354 | 277 | 242 |
| 63299 | 16381 | 7086 | 1888 | 4321 | 1556 | 36846 | 13147 | 11950 |
| 179 | 37 | 4 | … | 9 | 2 | 445 | 18 | 16 |
| 4526 | 190 | 589 | 149 | 177 | 195 | 729 | 222 | 207 |
| 2654 | 2012 | 4 | 18 | 56 | 108 | 55 | 27 | 25 |
| 8276 | 6216 | 16 | 87 | 206 | 545 | 162 | 7 | 7 |
| 3720 | 2462 | 631 | 12 | 70 | 66 | 251 | 30 | 28 |
| 157 | 16 | 4 | 5 | 13 | 6 | 31 | 2 | 1 |
| 1186 | 1122 | 3 | 36 | 2 | 4 | … | … | … |
| 57 | 4 | 2 | 1 | 13 | 1 | 17 | 5 | 3 |
| 286653 | 857 | 15508 | 3982 | 353 | 13 | 1154974 | 1426 | 1012 |

| 商品名称 | Item | 欧 洲 Europe |
|---|---|---|
| 活 猪 (万头) | Live Hogs (10000 heads) | |
| 活家禽 (万只) | Live Poultry (10000 heads) | |
| 水海产品 (吨) | Aquatic and Seawater Products (ton) | 15 |
| 谷物及谷物粉 (吨) | Cereals and Cereal Flour (ton) | |
| 蔬 菜 (吨) | Vegetables (ton) | 848 |
| 鲜干水果及坚果 (吨) | Fresh or Dried Fruits and Nuts (ton) | 7 |
| 食用植物油 (吨) | Edible Vegetable Oil (ton) | 44 |
| 茶 叶 (吨) | Tea (ton) | 66 |
| 药 材 (吨) | Medical Materials (ton) | |
| 纸 烟 (万条) | Cigarettes (10000 units) | 11 |
| 成品油 (吨) | Refined Petroleum Products (ton) | 72249 |
| 医药品 (吨) | Pharmaceutical Products (ton) | 1829 |
| 烟花炮竹 (吨) | Fireworks and Firecrackers (ton) | 4458 |
| 水泥及水泥熟料 (吨) | Cement and Cement Clinker (ton) | 4 |
| 钢 材 (吨) | Rolled Steel (ton) | 19413 |
| 电 扇 (万台) | Electric Fans (10000 sets) | 143 |
| 电子计算器 (万台) | Electric Calculators (10000 sets) | 39 |
| 原电池 (百万个) | Primary Cells and Batteries (million units) | 221 |
| 蓄电池 (万个) | Electric Accumulators (10000 units) | 616 |
| 集装箱 (个) | Containers (unit) | |
| 照相机 (万架) | Cameras (10000 sets) | 51 |
| 手 表 (万只) | Wrist Watches (10000 units) | 8 |
| 船 舶 (艘) | Ships (unit) | 4562 |
| 鞋 (万双) | Footwear (10000 pairs) | 4276 |
| 塑料制品 (吨) | Plastic Articles (ton) | 43273 |
| 新的充气橡胶轮胎 (万条) | New Pneumatic Rubber Tires (10000 units) | 211 |
| 不锈钢厨具、餐具等家用器具 (吨) | Household Stainless Steel Cookware and Tableware (ton) | 9458 |
| 自动数据处理设备及其部件 (万台) | Automatic Data Processing Machines and Components (10000 sets) | 481 |
| 自动数据处理设备的零件 (吨) | Parts of Automatic Data Processing Machines (ton) | 3553 |
| 扬声器 (万个) | Loudspeakers (10000 units) | 1689 |
| 录、放像机 (万台) | Video Tape Recorders (10000 sets) | 73 |
| 印刷电路 (百万块) | Printed Circuits (million units) | 11 |
| 自行车 (万辆) | Bicycles (10000 units) | 92 |
| 摩托车 (辆) | Motorcycles (unit) | 26470 |

continued

| | | | | 北美洲 North America | | 拉丁美洲 Latin America |
|---|---|---|---|---|---|---|
| # 德 国 Germany | # 英 国 United Kingdom | # 比利时 Belgium | # 荷 兰 Netherlands | | # 美 国 United States | |
| | | | 15 | 5546 | 5500 | 1161 |
| 7 | 229 | 10 | 440 | 8704 | 5361 | 2 |
| | | | 6 | 245 | 24 | |
| 1 | | | 9 | | | 87 |
| 22 | 1 | | 9 | 111 | 110 | 42 |
| | | | | 29 | 29 | |
| | … | | … | | | 3 |
| 15660 | 15087 | … | 715 | 3799 | 3799 | 81388 |
| 387 | 39 | 18 | 952 | 1181 | 1122 | 501 |
| 1652 | 216 | 121 | 743 | 2478 | 2478 | 666 |
| | | | | | | |
| 238 | 1119 | 603 | 285 | 20231 | 3865 | 26280 |
| 3 | 8 | 1 | 9 | 244 | 226 | 119 |
| 2 | … | | 2 | 131 | 113 | 4 |
| 9 | 139 | | 3 | 99 | 99 | 149 |
| 12 | 98 | 18 | 30 | 300 | 296 | 154 |
| | | | | 12 | 12 | |
| 2 | | 1 | 48 | 207 | 206 | 3 |
| … | 2 | | … | 8 | 8 | 13 |
| 186 | 4 | | 5 | 882 | 854 | 8 |
| 558 | 531 | 209 | 255 | 4675 | 4492 | 2611 |
| 4532 | 6031 | 1511 | 4141 | 46851 | 42974 | 12134 |
| 21 | 28 | 107 | 7 | 132 | 124 | 226 |
| 1089 | 545 | 810 | 1098 | 4299 | 4117 | 2229 |
| 167 | 10 | 70 | 90 | 1120 | 1118 | 233 |
| 2326 | 42 | 8 | 217 | 435 | 414 | 1343 |
| 565 | 79 | 413 | 300 | 1946 | 1939 | 472 |
| 6 | 19 | 26 | 3 | 158 | 95 | 89 |
| 2 | … | … | … | 8 | 6 | 1 |
| | 1 | | 1 | 23 | 22 | 11 |
| 1054 | 1410 | 4852 | | 1428 | 528 | 345831 |

# 15-10 主要出口商品金额（2013年，按洲别分）

单位：万美元

| 商品名称 | Name of Commodities | 合计 Total |
|---|---|---|
| 活猪 | Live Hogs | 6053 |
| 活家禽 | Live Poultry | 631 |
| 水海产品 | Aquatic and Seawater Products | 6541 |
| 谷物及谷物粉 | Cereals and Cereal Flour | 1 |
| 蔬菜 | Vegetables | 2256 |
| 鲜干水果及坚果 | Fresh or Dried Fruits and Nuts | 496 |
| 食用植物油 | Edible Vegetable Oil | 153 |
| 茶叶 | Tea | 2618 |
| 药材 | Medical Materials | 831 |
| 纸烟 | Cigarettes | 1266 |
| 成品油 | Refined Petroleum Products | 108021 |
| 医药品 | Pharmaceutical Products | 9982 |
| 烟花炮竹 | Fireworks and Firecrackers | 3226 |
| 纺织纱线、织物及制品 | Textile Yarn, Fabrics and Related Products | 266270 |
| 水泥及水泥熟料 | Cement and Cement Clinker | 1660 |
| 珍珠、钻石、宝石及半宝石 | Pearls, Diamonds, Jewelry and Semi-jewelry | 111817 |
| 钢材 | Rolled Steel | 176616 |
| 电扇 | Electric Fans | 12622 |
| 电子计算器 | Electric Calculators | 400 |
| 原电池 | Primary Cells and Batteries | 37733 |
| 蓄电池 | Electric Accumulators | 21099 |
| 集装箱 | Containers | 17371 |
| 服装及衣着附件 | Garments and Clothing Accessories | 703013 |
| 照相机 | Cameras | 11194 |
| 手表 | Wrist Watches | 8757 |
| 船舶 | Ships | 152054 |
| 家具及其零件 | Furniture and Parts | 209280 |
| 灯具、照明装置及类似品 | Lamps and Lighting Fittings | 86149 |
| 鞋 | Footwear | 136064 |
| 塑料制品 | Plastic Articles | 82536 |
| 玩具 | Toys | 43915 |
| 贵金属或包贵金属的首饰 | Jewelry of Precious Metals or Rolled Precious Metals | 376397 |
| 新的充气橡胶轮胎 | New Pneumatic Rubber Tires | 30220 |
| 不锈钢厨具、餐具等家用器具 | Household Stainless Steel Cookware and Tableware | 10451 |
| 自动数据处理设备及其部件 | Automatic Data Processing Machines and Components | 242350 |
| 自动数据处理设备的零件 | Parts of Automatic Data Processing Machines | 20992 |
| 扬声器 | Loudspeakers | 59245 |
| 录、放像机 | Video Tape Recorders | 13918 |
| 印刷电路 | Printed Circuits | 123234 |
| 电线和电缆 | Electronic Wires and Cables | 50619 |
| 自行车 | Bicycles | 17162 |
| 箱包及类似容器 | Package Bags and Similar Containers | 177649 |
| 摩托车 | Motorcycles | 94882 |

# Main Export Commodities in Value (2013, by Continent)

(USD 10000)

| 亚 洲 Asia | #港澳台 Hong Kong, Macao and Taiwan | #日 本 Japan | #韩 国 Republic of Korea | #马来西亚 Malaysia | #新加坡 Singapore | 非 洲 Africa | 大洋州 Oceania | #澳大利亚 Australia |
|---|---|---|---|---|---|---|---|---|
| 6053 | 6053 | | | | | | | |
| 631 | 631 | | | | | | | |
| 2650 | 1380 | 3 | | 1182 | 8 | 34 | 37 | 34 |
| 1 | 1 | | | | | | | |
| 1435 | 1240 | 32 | | 22 | 106 | 6 | 74 | 74 |
| 456 | 81 | 65 | | 245 | 7 | | | |
| 64 | 24 | | ... | | 3 | 7 | 60 | 59 |
| 2384 | 1102 | 839 | | 358 | 53 | 77 | 11 | 9 |
| 762 | 271 | 185 | | 242 | 26 | 6 | | |
| 1149 | 1105 | | 2 | 2 | 4 | 66 | 2 | |
| 93152 | 76869 | 102 | 4559 | 377 | 2044 | 2262 | 1234 | |
| 5172 | 2486 | 255 | 24 | 270 | 606 | 1815 | 90 | 64 |
| 1541 | | 582 | | 14 | | 6 | 8 | 8 |
| 212253 | 118856 | 3158 | 994 | 7346 | 1415 | 8577 | 1333 | 1135 |
| 1657 | 1656 | | | 1 | | 1 | 2 | |
| 66461 | 45928 | 29 | | | | | ... | ... |
| 162602 | 113347 | 697 | 9877 | 8907 | 3179 | 3356 | 331 | 276 |
| 6214 | 262 | 2439 | 39 | 598 | 170 | 1025 | 952 | 908 |
| 164 | 18 | 41 | 1 | 24 | 35 | 2 | 5 | 5 |
| 5187 | 734 | 45 | 66 | 351 | 17 | 31083 | 23 | 19 |
| 15064 | 11414 | 371 | 23 | 569 | 283 | 1007 | 944 | 806 |
| 17369 | 17369 | | | | | | | |
| 243269 | 102362 | 10944 | 2935 | 30175 | 13891 | 33450 | 19317 | 18254 |
| 8774 | 728 | 7753 | 1 | 1 | ... | ... | 134 | 134 |
| 8643 | 4100 | 4387 | | 29 | 4 | 5 | ... | ... |
| 136439 | 88119 | 2 | | 1913 | 27500 | 4765 | 196 | 191 |
| 86747 | 8818 | 17425 | 1837 | 14111 | 6509 | 13426 | 5928 | 5277 |
| 24003 | 2813 | 1535 | 917 | 6145 | 1419 | 3396 | 3412 | 3057 |
| 38486 | 5681 | 9567 | 1147 | 4890 | 3352 | 4974 | 2152 | 1855 |
| 29614 | 7875 | 3764 | 1116 | 2389 | 786 | 8622 | 4878 | 4485 |
| 8617 | 3747 | 1216 | 347 | 367 | 161 | 677 | 1304 | 1189 |
| 57809 | 52098 | 688 | 1 | | 4712 | 354 | 4831 | 4831 |
| 8466 | 829 | 191 | ... | 516 | 153 | 2463 | 986 | 887 |
| 2372 | 123 | 398 | 84 | 159 | 72 | 302 | 124 | 114 |
| 84172 | 49226 | 543 | 2368 | 1988 | 7887 | 1128 | 4598 | 4310 |
| 16138 | 13274 | 20 | 243 | 355 | 1287 | 69 | 3 | 3 |
| 22102 | 9587 | 2118 | 168 | 1300 | 894 | 3319 | 625 | 567 |
| 4785 | 820 | 126 | 188 | 381 | 160 | 796 | 43 | 33 |
| 113165 | 106499 | 274 | 1151 | 2174 | 1843 | 71 | 15 | 10 |
| 37693 | 18586 | 476 | 257 | 3870 | 2436 | 1569 | 166 | 133 |
| 3828 | 404 | 412 | 123 | 607 | 78 | 893 | 1157 | 742 |
| 37165 | 9932 | 8073 | 1246 | 2894 | 1390 | 3566 | 2144 | 1958 |
| 18192 | 52 | 2087 | 436 | 16 | ... | 52313 | 119 | 84 |

15-10 续表

单位：万美元

| 商品名称 | Item | 欧洲 Europe |
|---|---|---|
| 活猪 | Live Hogs | |
| 活家禽 | Live Poultry | |
| 水海产品 | Aquatic and Seawater Products | 4 |
| 谷物及谷物粉 | Cereals and Cereal Flour | |
| 蔬菜 | Vegetables | 80 |
| 鲜干水果及坚果 | Fresh or Dried Fruits and Nuts | 3 |
| 食用植物油 | Edible Vegetable Oil | 13 |
| 茶叶 | Tea | 46 |
| 药材 | Medical Materials | |
| 纸烟 | Cigarettes | 21 |
| 成品油 | Refined Petroleum Products | 5292 |
| 医药品 | Pharmaceutical Products | 1521 |
| 烟花炮竹 | Fireworks and Firecrackers | 1085 |
| 纺织纱线、织物及制品 | Textile Yarn, Fabrics and Related Products | 16644 |
| 水泥及水泥熟料 | Cement and Cement Clinker | … |
| 珍珠、钻石、宝石及半宝石 | Pearls, Diamonds, Jewelry and Semi-jewelry | 44861 |
| 钢材 | Rolled Steel | 4373 |
| 电扇 | Electric Fans | 1187 |
| 电子计算器 | Electric Calculators | 58 |
| 原电池 | Primary Cells and Batteries | 797 |
| 蓄电池 | Electric Accumulators | 2090 |
| 集装箱 | Containers | |
| 服装及衣着附件 | Garments and Clothing Accessories | 177854 |
| 照相机 | Cameras | 1402 |
| 手表 | Wrist Watches | 32 |
| 船舶 | Ships | 8557 |
| 家具及其零件 | Furniture and Parts | 48167 |
| 灯具、照明装置及类似品 | Lamps and Lighting Fittings | 29235 |
| 鞋 | Footwear | 36379 |
| 塑料制品 | Plastic Articles | 17465 |
| 玩具 | Toys | 13184 |
| 贵金属或包贵金属的首饰 | Jewelry of Precious Metals or Rolled Precious Metals | 22485 |
| 新的充气橡胶轮胎 | New Pneumatic Rubber Tires | 6045 |
| 不锈钢厨具、餐具等家用器具 | Household Stainless Steel Cookware and Tableware | 4110 |
| 自动数据处理设备及其部件 | Automatic Data Processing Machines and Components | 46814 |
| 自动数据处理设备的零件 | Parts of Automatic Data Processing Machines | 2647 |
| 扬声器 | Loudspeakers | 12447 |
| 录、放像机 | Video Tape Recorders | 1822 |
| 印刷电路 | Printed Circuits | 3334 |
| 电线和电缆 | Electronic Wires and Cables | 4007 |
| 自行车 | Bicycles | 6205 |
| 箱包及类似容器 | Package Bags and Similar Containers | 67754 |
| 摩托车 | Motorcycles | 2824 |

continued

(USD 10000)

| | | | | 北美洲 North America | | 拉丁美洲 Latin America |
|---|---|---|---|---|---|---|
| # 德国 Germany | # 英国 United Kingdom | # 比利时 Belgium | # 荷兰 Netherlands | | # 美国 United States | |
| | | | 4 | 3081 | 3051 | 735 |
| 2 | 26 | ... | 37 | 658 | 411 | 2 |
| | | | 3 | 37 | 4 | |
| ... | | | 3 | | | 9 |
| 11 | 1 | | 7 | 52 | 49 | 48 |
| | | | | 63 | 63 | |
| | 1 | | ... | | | 28 |
| 985 | 950 | ... | 58 | 422 | 422 | 5659 |
| 307 | 30 | 14 | 735 | 986 | 916 | 397 |
| 349 | 73 | 44 | 192 | 471 | 471 | 114 |
| 1767 | 2219 | 443 | 2165 | 11272 | 9952 | 16190 |
| | | | | | | |
| ... | | 36929 | | 495 | 495 | ... |
| 55 | 275 | 182 | 101 | 2374 | 920 | 3580 |
| 25 | 85 | 15 | 79 | 2282 | 2069 | 961 |
| 4 | ... | | 2 | 160 | 133 | 11 |
| 59 | 378 | | 23 | 249 | 244 | 393 |
| 162 | 476 | 224 | 262 | 1569 | 1525 | 425 |
| | | | | 2 | 2 | |
| 39254 | 31564 | 5560 | 9489 | 171572 | 160313 | 57551 |
| 781 | | 2 | 173 | 874 | 871 | 9 |
| 3 | 10 | | 1 | 41 | 41 | 35 |
| 9 | 2 | | 5 | 82 | 78 | 2015 |
| 12022 | 5085 | 2863 | 5264 | 40192 | 34495 | 14821 |
| 6671 | 3853 | 2150 | 3936 | 21539 | 20758 | 4563 |
| 2415 | 5119 | 1317 | 2524 | 44337 | 42121 | 9736 |
| 1966 | 2496 | 617 | 2390 | 17392 | 16038 | 4566 |
| 2146 | 1425 | 1772 | 312 | 15890 | 15399 | 4243 |
| 519 | 6643 | 16 | 7 | 290870 | 290538 | 48 |
| 807 | 860 | 3129 | 269 | 7133 | 6827 | 5126 |
| 426 | 257 | 412 | 510 | 2603 | 2473 | 941 |
| 24742 | 680 | 9554 | 9060 | 96623 | 96600 | 9015 |
| 1636 | 61 | 13 | 308 | 1049 | 1027 | 1085 |
| 3107 | 528 | 1595 | 4231 | 17324 | 17157 | 3428 |
| 224 | 309 | 544 | 107 | 2607 | 1759 | 3864 |
| 449 | 143 | ... | 11 | 5171 | 4597 | 1479 |
| 145 | 217 | 9 | 155 | 5079 | 4142 | 2105 |
| | 78 | | 63 | 4430 | 4290 | 648 |
| 6377 | 9861 | 4990 | 4512 | 51910 | 47874 | 15110 |
| 66 | 189 | 495 | | 94 | 42 | 21340 |

# 15-11 进出口商品分类金额

单位：万美元

| 项　目 | Item |
| --- | --- |
| 合　计 | **Total** |
| 第一类 活动物、动物产品 | Live Animals & Animal Products |
| 活动物 | Live Animals |
| 肉及食用杂碎 | Meat and Edible Haslets |
| 水产品 | Aquatic Products |
| 乳品、蛋品、天然蜂蜜、其他食用动物产品 | Dairy Products, Eggs, Natural Honey and Other Edible Animal Products |
| 其他动物产品 | Other Animal Products |
| 第二类 植物产品 | Vegetables Products |
| 树苗及花草 | Saplings, Flowers and Herbs |
| 蔬　菜 | Edible Vegetables |
| 水果及坚果 | Fruits and Nuts |
| 咖啡、茶叶及调味香料 | Coffee, Tea and Spices |
| 谷　物 | Cereals |
| 制粉工业产品 | Flour,Starch and Related Prouducts |
| 植物油籽、果实、种子、药材及饲料 | Oil Seeds and Kernels and Oleaginous Fruits, Seeds, Plants for Medicinal Use and Forge |
| 虫胶、树胶、树脂 | Shellacs, Gums and Resins |
| 编结植物材料、其他植物产品 | Vegetable Plaiting Materials and Other Vegetable Products |
| 第三类 动、植物油脂及蜡 | Animal Fat ,Vegetable Oils and Waxes |
| 动、植物油脂及蜡 | Animal and Vegetable Oils, Fats and Waxes |
| 第四类 食品、烟草及制品 | Food, Tobacco and Related Products |
| 动物产品制品 | Animal Products |
| 糖及糖食 | Sugar and Sugar Confectionery |
| 可可及可可制品 | Cocoa and Cocoa Products |
| 粮食及乳制品、糕饼点心 | Grain, Milk and Pastry Products |
| 蔬菜、水果等植物制品 | Vegetable and Fruit Products |
| 杂项食品 | Miscellaneous Edible Preparation |
| 饮料、酒及醋 | Beverages, Liquor and Vinegar |
| 食品的残渣、动物饲料 | Residues and Waste from Food and Animal Fodder |
| 烟草及烟草制品 | Tobacco and Tobacco Products |
| 第五类 矿产品 | Mineral |
| 盐、硫磺、建筑材料 | Salt, Sulfur and Building Materials |
| 矿砂、矿渣及矿灰 | Ore, Slag and Mortar |
| 矿物燃料、矿物油及产品 | Mineral Fuels, Mineral Oils and Related Products |
| 第六类 化工产品 | Chemicals |
| 无机化学品 | Inorganic Chemicals |
| 有机化学品 | Organic Chemicals |
| 药　品 | Medicinal and Pharmaceuticaland Products |
| 肥　料 | Fertilizers |
| 鞣料、染料浸膏、染料、颜料、油漆、油墨 | Tanning and Dyeing Extracts, Coloring and Dyeing Materials, Paint and Printing Ink |

# Value of Imports and Exports by Category of Commodities

(USD 10000)

| 2012 | | 2013 | |
|---|---|---|---|
| 进 口<br>Imports | 出 口<br>Exports | 进 口<br>Imports | 出 口<br>Exports |
| **5825216** | **5891454** | **5608901** | **6280670** |
| 59779 | 15886 | 91729 | 16449 |
| 568 | 8496 | 679 | 7699 |
| 22983 | 996 | 25550 | 976 |
| 12317 | 5507 | 20636 | 5814 |
| 20670 | 814 | 41658 | 703 |
| 3241 | 73 | 3206 | 1257 |
| 167628 | 14695 | 145421 | 15045 |
| 15 | 264 | 43 | 160 |
| 5246 | 2490 | 4523 | 2115 |
| 16035 | 465 | 16050 | 521 |
| 1609 | 3256 | 781 | 2768 |
| 34802 | | 38729 | |
| 1739 | 4929 | 2416 | 6388 |
| 104938 | 1681 | 79284 | 1357 |
| 2121 | 740 | 2128 | 829 |
| 1123 | 870 | 1467 | 907 |
| 90673 | 3547 | 32339 | 3646 |
| 90673 | 3547 | 32339 | 3646 |
| 104888 | 36829 | 130514 | 36859 |
| 56 | 519 | 151 | 729 |
| 3496 | 6546 | 5310 | 6923 |
| 1523 | 211 | 1418 | 173 |
| 41801 | 8853 | 57410 | 9100 |
| 2514 | 2229 | 3141 | 2182 |
| 17058 | 6667 | 20827 | 7209 |
| 16418 | 3780 | 15848 | 4019 |
| 21984 | 2976 | 26351 | 2624 |
| 38 | 5048 | 58 | 3900 |
| 536590 | 142882 | 483326 | 158080 |
| 3504 | 3019 | 4883 | 3334 |
| 85234 | 16 | 57814 | 90 |
| 447852 | 139847 | 420629 | 154656 |
| 435868 | 166676 | 459169 | 175803 |
| 19817 | 25024 | 27732 | 29994 |
| 174914 | 31837 | 171594 | 36346 |
| 81814 | 5955 | 101446 | 6382 |
| 85 | 482 | 212 | 285 |
| 27990 | 9806 | 27416 | 9912 |

## 15-11 续表 1

单位：万美元

| 项　　目 | Item |
| --- | --- |
| 化妆品及其原料、芳香料制品 | Cosmetics and Related Products, Perfumed Materials |
| 洗涤用品 | Detergents |
| 蛋白类物质、改性淀粉、胶、酶 | Protein Materials, Modified Starches, Glues and Enzymes |
| 炸药、烟火制品、易燃材料制品 | Explosives, Pyrotechnic Products and Combustible Products |
| 照相及电影用品 | Photographic and Cinematographic Goods |
| 杂项化学产品 | Miscellaneous Chemical Products |
| 第七类 塑料、橡胶及其制品 | Plastics, Rubber and Related Products |
| 塑料及其制品 | Plastics and Related Products |
| 橡胶及其制品 | Rubber and Related Products |
| 第八类 皮革、毛皮及其制品、旅行用品、手提包 | Leather, Furs Skins and Related Products, Travel Articles and Handbags |
| 生皮及皮革 | Raw Hides and Leather |
| 皮革制品、旅行用品及手提包 | Leather Products, Travel Articles and Handbags |
| 毛皮、人造毛皮及制品 | Furs Shins, Artificial Furs Manufactures Thereof |
| 第九类 木及木制品、草柳编结品 | Wood and Wooden Products, Straw and Wicker Plaited Products |
| 木及木制品、木炭 | Wood and Wooden Products, Charcoal |
| 软木及软木制品 | Cork and Related Products |
| 草柳编结品 | Straw and Wicker Plaited Products |
| 第十类 木浆、纸、纸板及制品 | Wood Paper Pulp, Paper, Paperboard and Related Products |
| 木浆及其他纤维素浆、废碎纸板 | Paper Pulp and Cellulose, Waste Paperboard |
| 纸及纸板、纸浆、纸制品 | Paper and Paperboard, Articles of Paper Pulp and Paper Products |
| 书籍、印刷品、设计图纸 | Books, Printed Matter and Design Drawings |
| 第十一类 纺织原料及纺织制品 | Textile Materials and Products |
| 蚕　丝 | Natural Silk |
| 羊毛、动物毛、毛纱线及制品 | Wool, Animal Hair and Woolen Woven Fabrics |
| 棉花及制品 | Cotton and Related Products |
| 其他纺织纤维、纸纱线及机织物 | Other Textile Fiber, Yarn and Related Woven Fabrics |
| 化学纤维长丝 | Chemical Fiber, Continuous Filament |
| 化学纤维短丝 | Chemical Fiber, Staple Fiber |
| 絮胎、毡尼及无纺物、特种纱线、线绳索缆 | Wadding, Felt and Adhesive-Bond Fabrics, Special Yarn, Thread, Rope and Cable |
| 地毯及纺织铺地制品 | Carpets and Related Products |
| 特种机织物、纺织装饰品、刺绣品 | Special Woven Fabrics, Textile Trimmings and Embroidery |
| 浸渍、涂布、包覆或层压的纺织物 | Soaked, Coated or Overlapping Textiles |
| 针织物及钩编织物 | Knitwear and Crocheted Fabrics |
| 针织或钩编的服装及衣着附件 | Knitted or Crocheted Garments and Clothing Accessories |
| 非针织或非钩编的服装及衣着附件 | Garments and Clothing Accessories Not Knitted or Crocheted |
| 其他纺织制成品、成套物品 | Other Textile Products |
| 第十二类 鞋帽伞杖、加工羽毛、人造花、人发制品 | Footwear, Headgear, Umbrellas, Canes, Processed Feather, Artificial Flowers and Wigs |
| 鞋类及零件 | Footwear and Accessories |
| 帽类及零件 | Headgear and Accessories |

continued

(USD 10000)

| 2012 | | 2013 | |
|---|---|---|---|
| 进口 Imports | 出口 Exports | 进口 Imports | 出口 Exports |
| 21373 | 36354 | 21585 | 39038 |
| 26551 | 13944 | 26317 | 15538 |
| 17438 | 10097 | 18842 | 11063 |
| 12 | 3241 | 373 | 3228 |
| 3789 | 1693 | 3911 | 1928 |
| 62085 | 28243 | 59741 | 22089 |
| 522954 | 260897 | 531406 | 265670 |
| 456396 | 204303 | 470256 | 215399 |
| 66558 | 56594 | 61150 | 50271 |
| 43005 | 165376 | 50687 | 197020 |
| 32642 | 663 | 38389 | 514 |
| 4797 | 159118 | 4996 | 189263 |
| 5566 | 5595 | 7302 | 7243 |
| 36063 | 22641 | 36698 | 21998 |
| 35924 | 20014 | 36543 | 19420 |
| 33 | 8 | 20 | 11 |
| 106 | 2619 | 135 | 2567 |
| 65931 | 58750 | 62940 | 68554 |
| 38907 | 65 | 39053 | 139 |
| 24238 | 40928 | 21242 | 49008 |
| 2786 | 17757 | 2645 | 19407 |
| 176660 | 829915 | 200169 | 955060 |
| 455 | 5687 | 395 | 5319 |
| 1650 | 4799 | 1602 | 3092 |
| 82727 | 27151 | 96647 | 35354 |
| 4356 | 545 | 3129 | 2211 |
| 25323 | 8704 | 28911 | 8508 |
| 20105 | 6054 | 23176 | 5327 |
| 9719 | 12606 | 11354 | 12244 |
| 652 | 3822 | 426 | 4715 |
| 4130 | 22187 | 4448 | 13966 |
| 6077 | 25913 | 6177 | 25598 |
| 14229 | 114970 | 13364 | 131634 |
| 2126 | 261640 | 3211 | 327152 |
| 4278 | 313730 | 6523 | 356277 |
| 833 | 22107 | 806 | 23663 |
| 3926 | 153723 | 4037 | 162580 |
| 3786 | 135013 | 3875 | 142319 |
| 56 | 7762 | 72 | 7479 |

## 15-11 续表 2

单位：万美元

| 项 目 | Item |
|---|---|
| 伞、杖、鞭及零件 | Umbrellas, Canes, Whips and Accessories |
| 加工羽毛、羽绒及制品、人造花、人发制品 | Processed Feathers and Related Products, Artificial Flowers and Wigs |
| 第十三类 石材制品、陶瓷产品、玻璃及其制品 | Stone Products,Leramics,Glass and Glossware |
| 石材制品 | Stone and Related Products |
| 陶瓷产品 | Ceramics |
| 玻璃及其制品 | Glass and Glassware |
| 第十四类 珠宝首饰、硬币 | Jewellery and Coins |
| 珠宝首饰 | Jewellery |
| 第十五类 贱金属及其制品 | Base Metals and Related Products |
| 钢 铁 | Iron and Steel |
| 钢铁制品 | Iron and Steel Products |
| 铜及其制品 | Copper and Related Products |
| 镍及其制品 | Nickel and Related Products |
| 铝及其制品 | Aluminum and Related Products |
| 铅及其制品 | Lead and Related Products |
| 锌及其制品 | Zinc and Related Products |
| 锡及其制品 | Tin and Related Products |
| 其他贱金属、金属陶瓷及其制品 | Other Base Metals, Metal Ceramics and Related Products |
| 贱金属工具、器具、利口器、餐具及零件 | Base Metal Tools, Implements, Cutlery, Tableware and Related Parts |
| 贱金属杂项制品 | Miscellaneous Products of Base Metals |
| 第十六类 机械、电气设备、电视机及音响设备 | Machinery, Electric Equipment, Television Sets and Sound Appliances |
| 核反应堆、锅炉、机械设备及零件 | Nuclear Reactors, Boilers, Mechanical Equipment and Accessories |
| 机电、电气设备、电视机及音响设备 | Machinery and Electric Equipment, Television Sets and Sound Appliances |
| 第十七类 车辆、航空器、船舶及有关运输设备 | Locomotives, Vehicles, Aircraft, Ships and Related Transportation Equipment |
| 铁道及电车机车、车辆及零件 | Railway Locomotives, Tramcars and Accessories |
| 车辆及零附件(铁道车辆除外) | Vehicles and Related Parts and Accessories (excluding railway locomotives) |
| 航空器、航天器及零件 | Aircraft, Spacecraft and Related Parts |
| 船舶及浮动结构体 | Ships and Related Products |
| 第十八类 仪器、医疗器械、钟表及乐器 | Instruments, Medical Instruments and Equipment, Clocks and Musical Instruments |
| 光学、照相电影、计量检验、医疗仪器设备 | Optical, Photographic, Film, Measuring and Checking, Medical Instruments and Equipments |
| 钟表及零件 | Clocks and Related Parts |
| 乐器及零附件 | Musical Instruments and Related Parts and Accessories |
| 第十九类 武器、弹药及其零件、附件 | Arms and Ammunition, Parts and Auessories thereof |
| 第二十类 杂项制品 | Miscellaneous Products |
| 家具、床上用品、照明装置、活动房 | Furniture, Bed Articles, Lighting Apparatus and Luminous Signs |
| 玩具、游戏、运动用品及零附件 | Toys, Games and Sports Goods and Related Parts and Accessories |
| 杂项制品 | Miscellaneous Manufactured Articles |
| 第二十一类 艺术品、收藏品及古物 | Works of Art, Collector's Pieces and Antiques |
| 第二十二类 特殊交易品及未分类商品 | Special Commodities and Unclassified Commodities |

continued

(USD 10000)

| 2012 | | 2013 | |
|---|---|---|---|
| 进　口<br>Imports | 出　口<br>Exports | 进　口<br>Imports | 出　口<br>Exports |
| 6 | 2663 | 12 | 3059 |
| 78 | 8285 | 78 | 9723 |
| 23849 | 65612 | 25065 | 88473 |
| 4646 | 4621 | 4265 | 5375 |
| 1439 | 24031 | 1504 | 35390 |
| 17764 | 36960 | 19296 | 47708 |
| 225488 | 405441 | 296504 | 510116 |
| 225488 | 405441 | 296504 | 510116 |
| 666456 | 376390 | 588324 | 403086 |
| 188013 | 123690 | 188466 | 148257 |
| 48463 | 111743 | 49700 | 112932 |
| 340224 | 15430 | 262253 | 9481 |
| 14147 | 85 | 10056 | 283 |
| 28295 | 51306 | 31420 | 48604 |
| 352 | 155 | 141 | 45 |
| 12922 | 248 | 10448 | 361 |
| 8352 | 3897 | 11825 | 5357 |
| 1983 | 1689 | 2119 | 2163 |
| 15645 | 41749 | 14951 | 41312 |
| 8060 | 26398 | 6945 | 34291 |
| 1270036 | 1815384 | 1177477 | 1828709 |
| 682500 | 813449 | 571193 | 731133 |
| 587536 | 1001935 | 606284 | 1097576 |
| 495106 | 516673 | 429836 | 456968 |
| 993 | 12404 | 593 | 18136 |
| 264576 | 273695 | 246227 | 282074 |
| 224703 | 3395 | 182344 | 4607 |
| 4834 | 227179 | 672 | 152151 |
| 749651 | 469300 | 676817 | 484086 |
| 724304 | 431738 | 654379 | 447436 |
| | | | |
| 23773 | 22864 | 20597 | 22666 |
| 1574 | 14698 | 1841 | 13984 |
| 3 | 6 | 7 | 18 |
| 31286 | 370826 | 27105 | 432353 |
| 15870 | 251704 | 13021 | 309908 |
| 8775 | 89067 | 6723 | 88779 |
| 6641 | 30055 | 7361 | 33666 |
| 89 | 3 | 228 | 97 |
| 119289 | | 159103 | |

## 15-12 广州地区口岸进出口商品总值
## Commodity Value of Imports and Exports through Ports in Guangzhou Area

单位：万美元 (USD 10000)

| 项　　目 | Item | 2012 | 2013 |
|---|---|---|---|
| **进出口商品货物总值** | **Total** | **14307239** | **15418532** |
| 进口商品货物总值 | Imports | 8146514 | 7549622 |
| 出口商品货物总值 | Exports | 6160725 | 7868910 |

## 15-13 软件出口和技术进口情况
## Software Export and Technology Import in Guangzhou

| 项　　目 | Item | 2013 | |
|---|---|---|---|
| | | 项　目 (个) Number (unit) | 金　额 (万美元) Amount (USD 10000) |
| 软件出口 | Software Export | | 150844 |
| 嵌入式软件 | Embedded Software | | 97601 |
| 软件产品 | Software Products | 12 | 608 |
| 软件服务 | Software Services | 766 | 52635 |
| 技术进口 | Technology Import | 711 | 160029 |
| 制造业 | Manufacturing | 602 | 152850 |
| 房地产业 | Real Estate | 45 | 3140 |
| 计算机应用业 | Computer Applied Software Industry | 20 | 1401 |
| 技术咨询服务业 | Technology Consulting Service | 44 | 2638 |

注：1. 嵌入式软件出口是指通过海关出口方式向境外用户提供的嵌入在信息系统或设备中的软件。
2. 技术进口是指办理了合同登记手续的，通过贸易、投资或经济技术合作等方式转移技术到境内的行为。

Notes: I. Embedded software export refers to providing overseas users with software inlaid information system or equipment in the form of customs export.

II. Technology import refers to the action of transferring technology into China in forms of trade, investment or economic technological cooperation after the contracts registrations formalities have been gone through.

# 15-14 历年利用外资情况

## Statistics on Utilization of Foreign Capital in Main Years

| 年份<br>Year | 项目(企业)个数(个)<br>Number of Contracts (unit) | #外商直接投资<br>Foreign Direct Investment | 合同外资金额(万美元)<br>Amount of Contracted Foreign Capital (USD 10000) | #外商直接投资<br>Foreign Direct Investment | 实际使用外资金额(万美元)<br>Amount of Foreign Capital Actually Used (USD 10000) | #外商直接投资<br>Foreign Direct Investment |
|---|---|---|---|---|---|---|
| 1978 | 2 | | 53 | | | |
| 1979 | 551 | 7 | 2305 | 1970 | 984 | 165 |
| 1980 | 1379 | 21 | 24905 | 24794 | 3013 | 1287 |
| 1985 | 4394 | 290 | 70175 | 51575 | 15782 | 10389 |
| 1986 | 2062 | 104 | 33668 | 29569 | 17966 | 9316 |
| 1987 | 2271 | 126 | 28510 | 20374 | 8574 | 5562 |
| 1988 | 2120 | 289 | 52650 | 39338 | 27119 | 14521 |
| 1989 | 2121 | 292 | 57778 | 40101 | 43892 | 27481 |
| 1990 | 2711 | 389 | 55426 | 47183 | 27263 | 18613 |
| 1991 | 2678 | 571 | 87517 | 70635 | 40519 | 25938 |
| 1992 | 2925 | 1193 | 471080 | 449654 | 74595 | 57135 |
| 1993 | 2620 | 1275 | 704764 | 683634 | 147028 | 128464 |
| 1994 | 2907 | 1906 | 709683 | 685763 | 204816 | 181403 |
| 1995 | 2564 | 1774 | 685657 | 673101 | 225298 | 214444 |
| 1996 | 1793 | 865 | 510301 | 447393 | 260002 | 233153 |
| 1997 | 3066 | 661 | 219922 | 169824 | 289379 | 248003 |
| 1998 | 986 | 643 | 245058 | 193178 | 304467 | 271608 |
| 1999 | 1053 | 537 | 172808 | 141377 | 317600 | 298687 |
| 2000 | 1445 | 647 | 163454 | 152759 | 311541 | 298923 |
| 2001 | 1087 | 678 | 200604 | 196229 | 332746 | 300119 |
| 2002 | 1177 | 776 | 316579 | 302322 | 265299 | 228386 |
| 2003 | 1204 | 870 | 402176 | 351117 | 306409 | 258076 |
| 2004 | 1506 | 1046 | 334767 | 320494 | 247696 | 240062 |
| 2005 | 1599 | 1061 | 366155 | 340205 | 284128 | 264882 |
| 2006 | 1465 | 1025 | 463987 | 439124 | 305477 | 292339 |
| 2007 | 1460 | 959 | 715269 | 703506 | 341138 | 328579 |
| 2008 | 1378 | 991 | 604536 | 591864 | 377413 | 362277 |
| 2009 | 1022 | 844 | 388633 | 378401 | 387476 | 377339 |
| 2010 | 1170 | 980 | 505928 | 497384 | 408121 | 397862 |
| 2011 | 1273 | 1134 | 683809 | 674734 | 437626 | 427009 |
| 2012 | 1204 | 1095 | 693071 | 680188 | 474312 | 457485 |
| 2013 | 1258 | 1092 | 734009 | 711428 | 507853 | 480385 |

注：合同外资金额、实际使用外资金额按当年口径统计。

Note: The amount of contracted foreign capital and foreign capital actually used are calculated at current coverage.

## 15-15 历年利用外资项目(企业)个数、合同外资金额、实际使用外资金额指数(上年=100)

## Indices of Contracts Number, Contracted Foreign Capital and Foreign Capital Actually Used in Main Years (Preceding Year=100)

| 年 份 Year | 项目(企业)个数 Number of Contracts | # 外商直接投资 Foreign Direct Investment | 合同外资金额 Amount of Contracted Foreign Capital | # 外商直接投资 Foreign Direct Investment | 实际使用外资金额 Amount of Foreign Capital Actually Used | # 外商直接投资 Foreign Direct Investment |
|---|---|---|---|---|---|---|
| 1979 | 27550.0 | | 4349.1 | | | |
| 1980 | 250.3 | 300.0 | 1080.5 | 1258.6 | 306.2 | 780.0 |
| 1985 | 97.2 | 163.8 | 344.8 | 272.3 | 101.3 | 79.7 |
| 1986 | 46.9 | 35.9 | 48.0 | 57.3 | 113.8 | 89.7 |
| 1987 | 110.1 | 121.2 | 84.7 | 68.9 | 47.7 | 59.7 |
| 1988 | 93.4 | 229.4 | 184.7 | 193.1 | 316.3 | 261.1 |
| 1989 | 100.1 | 101.0 | 109.7 | 101.9 | 161.9 | 189.3 |
| 1990 | 127.8 | 133.2 | 95.9 | 117.7 | 62.1 | 67.7 |
| 1991 | 98.8 | 146.8 | 157.9 | 149.7 | 148.6 | 139.4 |
| 1992 | 109.2 | 208.9 | 538.3 | 636.6 | 184.1 | 220.3 |
| 1993 | 89.6 | 106.9 | 149.6 | 152.0 | 197.1 | 224.8 |
| 1994 | 111.0 | 149.5 | 100.7 | 100.3 | 139.3 | 141.2 |
| 1995 | 88.2 | 93.1 | 96.6 | 98.2 | 110.0 | 118.2 |
| 1996 | 69.9 | 48.8 | 74.4 | 66.5 | 115.4 | 108.7 |
| 1997 | 171.0 | 76.4 | 43.1 | 38.0 | 111.3 | 106.4 |
| 1998 | 32.2 | 97.3 | 111.4 | 113.8 | 105.2 | 109.5 |
| 1999 | 106.8 | 83.5 | 70.5 | 73.2 | 104.3 | 110.0 |
| 2000 | 137.2 | 120.5 | 94.6 | 108.1 | 98.1 | 100.1 |
| 2001 | 75.2 | 104.8 | 122.7 | 128.5 | 106.8 | 100.4 |
| 2002 | 108.3 | 114.5 | 174.1 | 170.4 | 110.6 | 110.2 |
| 2003 | 102.3 | 112.1 | 127.0 | 116.1 | 115.5 | 113.0 |
| 2004 | 125.1 | 120.2 | 127.7 | 125.6 | 164.8 | 164.4 |
| 2005 | 106.2 | 101.4 | 109.4 | 106.2 | 114.7 | 110.3 |
| 2006 | 91.6 | 96.6 | 126.7 | 129.1 | 107.5 | 110.4 |
| 2007 | 99.7 | 93.6 | 154.2 | 160.2 | 111.7 | 112.4 |
| 2008 | 94.4 | 103.3 | 84.5 | 84.1 | 110.6 | 110.3 |
| 2009 | 74.2 | 85.2 | 64.3 | 63.9 | 102.7 | 104.2 |
| 2010 | 114.5 | 116.1 | 130.2 | 131.4 | 105.3 | 105.4 |
| 2011 | 108.8 | 115.7 | 135.2 | 135.7 | 107.2 | 107.3 |
| 2012 | 94.6 | 96.6 | 101.4 | 100.8 | 108.4 | 107.1 |
| 2013 | 104.5 | 99.7 | 105.9 | 104.6 | 107.1 | 105.0 |

注：2002年和2004年合同外资金额、实际使用外资金额统计口径调整，当年指数按可比口径计算。

Note: The coverage of amount of contracted foreign capital and foreign capital actually used were adjusted in 2002 and 2004, the indices of which being calculated on the same coverage.

# 15-16 利用外资情况
# Utilization of Foreign Capital

单位：万美元 (USD 10000)

| 项　　目 | Item | 2012 | 2013 | 1978-2013 |
|---|---|---|---|---|
| **项目(企业)个数(个)** | **Number of Contracts (unit)** | **1204** | **1258** | **69003** |
| 对外借款 | Foreign Loans | | | 57 |
| 外商直接投资 | Foreign Direct Investment | 1095 | 1092 | 24385 |
| 合资企业 | Joint-venture Enterprises | 120 | 119 | 5218 |
| 合作企业 | Cooperative Enterprises | 4 | 2 | 5701 |
| 外资企业 | Enterprises with Sole Foreign Funds | 971 | 969 | 13453 |
| 外商投资股份制企业 | Share-holding Corporations | | 2 | 13 |
| 外商其他投资 | Other Foreign Investment | 109 | 166 | 44561 |
| 国际租赁 | International Lease | | | 121 |
| 补偿贸易 | Compensation Trade | | | 107 |
| 加工装配 | Processing and Assembling | 109 | 166 | 44333 |
| **合同外资金额** | **Contracted Foreign Capital** | **693071** | **734009** | **10748498** |
| 对外借款 | Foreign Loans | | | 322066 |
| 外商直接投资 | Foreign Direct Investment | 680188 | 711428 | 10146781 |
| 合资企业 | Joint-venture Enterprises | 220789 | 101280 | 1901781 |
| 合作企业 | Cooperative Enterprises | 22696 | 4708 | 3141664 |
| 外资企业 | Enterprises with Sole Foreign Funds | 426286 | 596287 | 5015888 |
| 外商投资股份制企业 | Share-holding Corporations | 10417 | 9153 | 87448 |
| 外商其他投资 | Other Foreign Investment | 12883 | 22581 | 279651 |
| 国际租赁 | International Lease | | | 21840 |
| 补偿贸易 | Compensation Trade | | | 12111 |
| 加工装配 | Processing and Assembling | 12883 | 22581 | 245700 |
| **实际使用外资金额** | **Amount of Foreign Capital Actually Used** | **474312** | **507853** | **7025207** |
| 对外借款 | Foreign Loans | | | 342358 |
| 外商直接投资 | Foreign Direct Investment | 457485 | 480385 | 6484275 |
| 合资企业 | Joint-venture Enterprises | 104424 | 153384 | 1537484 |
| 合作企业 | Cooperative Enterprises | 21995 | 22182 | 1753667 |
| 外资企业 | Enterprises with Sole Foreign Funds | 323715 | 302087 | 3103041 |
| 外商投资股份制企业 | Share-holding Corporations | 7351 | 2732 | 90083 |
| 外商其他投资 | Other Foreign Investment | 16827 | 27468 | 198574 |
| 对外发行股票 | Share on Sale | | | 4070 |
| 国际租赁 | International Lease | | | 10590 |
| 补偿贸易 | Compensation Trade | | | 8421 |
| 加工装配 | Processing and Assembling | 16827 | 27468 | 175493 |

# 15-17 外商直接投资情况(按地区分)

## Statistics on Utilization of Foreign Direct Investment Capital (by Region)

单位：万美元 (USD 10000)

| 项　目 | Item | 2012 | | | 2013 | | |
|---|---|---|---|---|---|---|---|
| | | 项目(企业)个数(个) Number of Contracts (unit) | 合同外资金　额 Contracted Foreign Capital | 实际使用外资金额 Amount of Foreign Capital Actually Used | 项目(企业)个数(个) Number of Contracts (unit) | 合同外资金　额 Contracted Foreign Capital | 实际使用外资金额 Amount of Foreign Capital Actually Used |
| **全　市** | **Total** | **1095** | **680188** | **457485** | **1092** | **711428** | **480385** |
| 市　区 | Urban Districts | 1055 | 626335 | 423782 | 1051 | 654757 | 465282 |
| #荔湾区 | Liwan | 73 | 17328 | 20189 | 80 | 19110 | 20300 |
| 越秀区 | Yuexiu | 298 | 47126 | 35846 | 326 | 49800 | 36880 |
| 海珠区 | Haizhu | 83 | 18617 | 16520 | 64 | 19598 | 17019 |
| 天河区 | Tianhe | 276 | 111517 | 51469 | 246 | 119383 | 62154 |
| 白云区 | Baiyun | 60 | 14466 | 16245 | 66 | 4548 | 7044 |
| 黄埔区 | Huangpu | 7 | 6680 | 6455 | 9 | 7518 | 6740 |
| 番禺区 | Panyu | 121 | 47118 | 44691 | 91 | 28725 | 27170 |
| 花都区 | Huadu | 38 | 19837 | 18962 | 21 | 24655 | 37803 |
| 南沙区 | Nansha | 24 | 130344 | 73338 | 47 | 157760 | 95613 |
| 萝岗区 | Luogang | 72 | 210000 | 140063 | 97 | 220627 | 149634 |
| 县级市 | City at County Level | 40 | 53853 | 33703 | 41 | 56671 | 15103 |
| 增城市 | Zengcheng | 13 | 25544 | 11428 | 19 | 26823 | 12604 |
| 从化市 | Conghua | 27 | 28309 | 22275 | 22 | 29848 | 2499 |

# 15-18 外商直接投资项目分类(2013年)
# Amount of Foreign Direct Investment Capital Actually Used by Category (2013)

单位：万美元 (USD 10000)

| 项　目 | Item | 项目(企业)个数(个) Number of Contracts (unit) | 合同外资金额 Contracted Foreign Capital | 实际使用外资金额 Amount of Foreign Capital Actually Used |
|---|---|---|---|---|
| **总　计** | **Total** | **1092** | **711428** | **480385** |
| # 投资额1000万美元以上项目 | Projects with Investment above 10 million USD | 193 | 597880 | |
| **按国民经济行业分** | **By Sector** | | | |
| 农、林、牧、渔业 | Agriculture, Forestry, Animal Husbandry and Fishing | 3 | 1043 | 601 |
| 采矿业 | Mining | | | 13 |
| 制造业 | Manufacturing | 125 | 295930 | 157569 |
| 电力、热力、燃气及水生产和供应业 | Production and Supply of Electricity, Heat,Gas and Water | 1 | 7245 | 7387 |
| 建筑业 | Construction | 5 | 1203 | 232 |
| 批发和零售业 | Wholesale and Retail Trade | 649 | 115364 | 50291 |
| 交通运输、仓储和邮政业 | Transport, Storage and Post | 18 | 14857 | 12761 |
| 住宿和餐饮业 | Hotels and Catering Services | 20 | 2167 | 4342 |
| 信息传输、软件和信息技术服务业 | Information Transmission, Software and Information Technology | 22 | 7546 | 18049 |
| 金融业 | Financial Intermediation | 27 | 63531 | 58966 |
| 房地产业 | Real Estate | 20 | 132009 | 90369 |
| 租赁和商务服务业 | Leasing and Business Services | 163 | 54252 | 40409 |
| 科学研究和技术服务业 | Scientific Research and Technical Services | 24 | 9519 | 7062 |
| 水利、环境和公共设施管理业 | Management of Water Conservancy,Environment and Public Facilities | | 340 | 26626 |
| 居民服务、修理和其他服务业 | Service to Households, Repair and Other Services | 7 | 5258 | 1486 |
| 教育 | Education | 1 | 27 | 5 |
| 卫生和社会工作 | Health and Social Service | 2 | 358 | |
| 文化、体育和娱乐业 | Culture, Sports and Entertainment | 5 | 779 | 4217 |
| 公共管理、社会保障和社会组织 | Public Management, Social Security and Social Organization | | | |
| 国际组织 | International Organizations | | | |

## 15-18 续表 continued

单位：万美元 (USD 10000)

| 项 目 | Item | 项目(企业)个数(个) Number of Contracts (unit) | 合同外资金 额 Contracted Foreign Capital | 实际使用外资金额 Amount of Foreign Capital Actually Used |
|---|---|---|---|---|
| **按国别(地区)分** | **By Country (Territory)** | | | |
| 中国香港 | Hong Kong, China | 745 | 522740 | 274892 |
| 中国澳门 | Macao, China | 12 | 3141 | 962 |
| 中国台湾 | Taiwan, China | 32 | 6819 | 908 |
| 日 本 | Japan | 23 | 27022 | 28661 |
| 泰 国 | Thailand | 1 | 33 | 72 |
| 新加坡 | Singapore | 19 | 11024 | 40242 |
| 马来西亚 | Malaysia | 11 | 153 | 305 |
| 韩 国 | Republic of Korea | 47 | -8254 | 29083 |
| 英 国 | United Kingdom | 6 | -1063 | 109 |
| 德 国 | Germany | 6 | 2 | 733 |
| 加拿大 | Canada | 11 | 244 | 842 |
| 美 国 | United States | 23 | -2613 | 576 |
| 澳大利亚 | Australia | 10 | 2859 | 949 |
| 法 国 | France | 3 | 1567 | 237 |
| 荷 兰 | Netherlands | | 1124 | 3826 |
| 英属维尔京群岛 | Virgin Islands | 32 | 66834 | 41246 |
| 意大利 | Italy | 3 | 1779 | 805 |
| 瑞 士 | Switzerland | 2 | 6729 | 7397 |
| 萨摩亚 | Samoa | 6 | 282 | 257 |
| 毛里求斯 | Mauritius | 2 | 3304 | 457 |
| 开曼群岛 | Cayman Islands | 2 | 6287 | 8020 |
| 百慕大 | Bermuda | | 6392 | 11054 |
| 塞浦路斯 | Cyprus | | | 753 |
| 阿拉伯联合酋长国 | United Arab Emirates | 5 | 84 | 18 |
| 巴巴多斯 | Barbados | | | |
| 其 他 | Others | 91 | 54939 | 27981 |

# 15-19 境外企业情况(2013年)

# Statistics on Overseas Enterprises Funded by Domestic Capital (2013)

单位：万美元 (USD 10000)

| 项 目 | Item | 当年新增 Newly Increased in Current Year | |
|---|---|---|---|
| | | 企业数(个) Number of Enterprises (unit) | 中方投资额 Volume of Investment from China |
| **总 计** | **Total** | **96** | **156539** |
| **按登记注册类型分** | **By Registration Status** | | |
| 合资经营 | Joint Ventures | 30 | 21359 |
| 合作经营 | Cooperative Operation | | |
| 独资经营 | Solely Funded Ventures | 66 | 135180 |
| **按贸易性、非贸易性分** | **By Character of Trade** | | |
| 贸易性企业 | Trade Enterprises | 46 | 22123 |
| 非贸易性企业 | Non-trade Enterprises | 50 | 134416 |
| **按投资国家(地区)分** | **By Investment Destination** | | |
| 中国香港 | Hong Kong, China | 49 | 111416 |
| 柬埔寨 | Cambodia | 1 | 950 |
| 印 尼 | Indonesia | 1 | 300 |
| 新加坡 | Singapore | 2 | 10850 |
| 老 挝 | Laos | 1 | 100 |
| 越 南 | Vietnam | 2 | 98 |
| 阿联酋 | United Arab Emirates | 1 | 990 |
| 马来西亚 | Malaysia | 1 | 80 |
| 沙特阿拉伯 | Saudi Arabia | 1 | 5300 |
| 日 本 | Japan | 2 | 38 |
| 印 度 | India | 1 | 439 |
| 泰 国 | Thailand | 1 | 800 |
| 韩 国 | Republic of Korea | 1 | 400 |
| 德 国 | Germany | 1 | 9800 |
| 荷 兰 | Holland | 1 | 3660 |
| 英 国 | Britain | 3 | 1315 |
| 比利时 | Belgium | 1 | 20 |
| 法 国 | France | 1 | 450 |
| 澳大利亚 | Australia | 1 | 212 |
| 新西兰 | New Zealand | 3 | 431 |
| 美 国 | United States of America | 11 | 2285 |
| 加拿大 | Canada | 1 | 100 |
| 加 纳 | The Republic of Ghana | 1 | 100 |
| 坦桑尼亚 | Tanzania | 1 | 150 |
| 墨西哥 | Mexico | 1 | 150 |
| 英属维尔京群岛 | The British Virgin Islands | 1 | 990 |
| 秘鲁 | Peru | 1 | 990 |
| 乌干达 | Uganda | 3 | 3045 |
| 津巴布韦 | Zimbabwe | 1 | 1080 |

# 15-20 对外经济合作业务情况(2013年)

# Statistics on Economic Cooperation with Foreign Countries or Territories (2013)

| 项　目 | Item | 合同额（万美元） Contracted Value (USD 10000) | 完成营业额（万美元） Turnover (USD 10000) |
|---|---|---|---|
| **合　计** | **Total** | **51373** | **36696** |
| 对外承包工程 | Contracted Projects | 21195 | 15823 |
| 中国澳门 | Macao, China | 360 | 360 |
| 孟 加 拉 | Bangladesh | 40 | 40 |
| 文　莱 | Brunei | 223 | 223 |
| 缅　甸 | Burma | 50 | 45 |
| 柬 埔 寨 | Cambodia | 249 | 110 |
| 中国香港 | Hong Kong, China | 286 | 195 |
| 印　度 | India | 1233 | 1209 |
| 印度尼西亚 | Indonesia | 1884 | 1476 |
| 伊　朗 | Iran | 697 | 697 |
| 科 威 特 | Kuwait | 1187 | 1187 |
| 马来西亚 | Malaysia | 58 | 32 |
| 菲律宾 | Philippines | 103 | 98 |
| 阿拉伯联合酋长国 | United Arab Emirates | 120 | 120 |
| 泰　国 | Thailand | 4606 | 1281 |
| 越　南 | Vietnam | 778 | 2484 |
| 阿尔及利亚 | Algeria | 4248 | 2965 |
| 埃　及 | Egypt | 118 | 118 |
| 尼日利亚 | Nigeria | 1219 | 1219 |
| 乌兹别克斯坦 | Uzbekistan | 534 | 534 |
| 南　非 | South Africa | 76 | 76 |
| 苏　丹 | Sudan | 75 | 75 |
| 巴哈马 | Bahamas | 877 | 15 |
| 巴　西 | Brazil | 227 | 227 |
| 古　巴 | Cuba | 127 | 127 |
| 墨西哥 | Mexico | 1120 | 560 |
| 秘　鲁 | Peru | 700 | 350 |
| 对外劳务合作 | Labor Cooperation | 30178 | 20873 |
| 中国澳门 | Macao, China | 26669 | 17370 |
| 中国香港 | Hong Kong, China | 3488 | 3483 |
| 日　本 | Germany | 21 | 20 |

## 15-21 主要年份对外经济合作业务情况

## Contracted Projects and Labor Cooperation with Foreign Countries or Territories in Main Years

| 年份 Year | 新签合同数（个） Number of Contracts Newly Signed (unit) | 合同额（万美元） Contracted Value (USD 10000) | 完成营业额（万美元） Turnover (USD 10000) | 派出人数（人次） Persons Sent Abroad (person-times) | 年末在外人数（人） Persons Abroad in Year-end (person) |
|---|---|---|---|---|---|
| 1985 | 201 | 189 | 189 | 113 | 113 |
| 1990 | 1005 | 1887 | 1072 | 994 | 1201 |
| 1995 | 806 | 6632 | 5810 | 1473 | 2893 |
| 2000 | 4989 | 10588 | 7288 | 684 | 1833 |
| 2001 | 6317 | 8186 | 7487 | 1088 | 2247 |
| 2002 | 6577 | 7837 | 9115 | 2390 | 3378 |
| 2003 | 9089 | 10737 | 10919 | 3237 | 4080 |
| 2004 | 9728 | 13047 | 13247 | 3530 | 4456 |
| 2005 | 11815 | 16490 | 16237 | 3556 | 5001 |
| 2006 | 13611 | 19691 | 18093 | 3784 | 5011 |
| 2007 | 13615 | 23174 | 21365 | 4503 | 5962 |
| 2008 | 19872 | 30362 | 32037 | 4844 | 7912 |
| 2009 | 20457 | 40527 | 38827 | 5187 | 8142 |
| 2010 | 47416 | 81878 | 47187 | 6685 | 8970 |
| 2011 | | 43928 | 24765 | 8795 | 11790 |
| 2012 | | 44553 | 28856 | 9867 | 13770 |
| 2013 | | 51373 | 36696 | 11282 | 16617 |

注：2011年开始取消新签合同数统计。

Note: Since 2011, the indicator number of contracts newly signed has been canceled.

## 15-22 旅游业总收入、外汇收入情况(2013年)

## Total Income from Tourism and Foreign Exchange Earnings (2013)

| 项目 | Item | 旅游业总收入（万元） Total Income (10000 yuan) | 国内旅游收入 Domestic Travel Income | 旅游外汇收入 Foreign Exchange Income | 旅游外汇收入（万美元） Foreign Exchange Income (USD 10000) |
|---|---|---|---|---|---|
| **合　计** | **Total** | **22023853** | **18822948** | **3200905** | **516884** |
| 商品销售 | Commodity Sales | 4482856 | 4092109 | 390747 | 63098 |
| 餐　饮 | Catering Services | 3373354 | 3117080 | 256274 | 41383 |
| 长途交通 | Long Distance Transport | 5336680 | 3941525 | 1395155 | 225290 |
| 住　宿 | Accommodation | 5170201 | 4568330 | 601871 | 97191 |
| 邮电通讯 | Post and Telecommunications | 115024 | 97879 | 17145 | 2769 |
| 市内交通 | Local Transport | 370501 | 303050 | 67451 | 10892 |
| 游　览 | Tours | 825294 | 709460 | 115834 | 18705 |
| 娱　乐 | Recreation | 1196795 | 1027733 | 169062 | 27300 |
| 其　他 | Others | 1153148 | 965782 | 187366 | 30256 |

# 15-23 城市接待过夜旅游者情况

## Tourists Staying Overnight in Guangzhou

| 项　　目 | Item | 2012 | 2013 |
|---|---|---|---|
| **人次数合计　　（万人次）** | **Total Number of Tourists　　(10000 person-times)** | **4809.57** | **5041.92** |
| 入境旅游者 | Overseas Tourists | 792.21 | 768.20 |
| 外国人 | Foreigners | 290.32 | 278.99 |
| 亚　洲 | Asia | 143.28 | 137.36 |
| #日　本 | Japan | 17.46 | 23.93 |
| 韩　国 | Republic of Korea | 8.50 | 10.76 |
| 蒙　古 | Mongolia | 0.12 | 0.15 |
| 印度尼西亚 | Indonesia | 6.70 | 10.91 |
| 马来西亚 | Malaysia | 11.74 | 18.63 |
| 菲律宾 | Philippines | 2.38 | 3.51 |
| 新加坡 | Singapore | 7.02 | 9.50 |
| 泰　国 | Thailand | 5.28 | 8.01 |
| 印　度 | India | 5.17 | 7.93 |
| 越　南 | Vietnam | 3.26 | 7.98 |
| 沙特阿拉伯 | Saudi Arabia | 3.14 | 4.19 |
| 欧　洲 | Europe | 51.50 | 48.84 |
| #英　国 | United Kingdom | 3.73 | 6.44 |
| 法　国 | France | 4.41 | 6.48 |
| 德　国 | Germany | 3.28 | 4.27 |
| 意大利 | Italy | 2.59 | 3.15 |
| 瑞　士 | Switzerland | 0.57 | 0.84 |
| 瑞　典 | Sweden | 0.69 | 0.91 |
| 荷　兰 | Netherlands | 1.52 | 2.09 |
| 俄罗斯 | Russia | 4.38 | 7.68 |
| 西班牙 | Spain | 1.62 | 2.32 |
| 美　洲 | America | 33.34 | 31.67 |
| #美　国 | United States | 13.00 | 18.08 |
| 加拿大 | Canada | 3.14 | 4.04 |
| 大洋洲 | Oceania | 7.95 | 7.09 |
| #澳大利亚 | Australia | 5.99 | 5.42 |
| 新西兰 | New Zealand | 0.89 | 0.88 |
| 非　洲 | Africa | 54.25 | 54.03 |
| 香港同胞 | Compatriots from Hong Kong | 397.05 | 384.59 |
| 澳门同胞 | Compatriots from Macao | 49.11 | 49.53 |
| 台湾同胞 | Compatriots from Taiwan | 55.73 | 55.09 |
| 境内旅游者 | Domestic Tourists | 4017.36 | 4273.72 |
| **人天数合计　　（万人天）** | **Total Number of Tourists and Days (10000 person-days)** | **10968.35** | **11633.00** |
| 入境旅游者 | Overseas Tourists | 1826.09 | 1785.98 |
| 外国人 | Foreigners | 768.20 | 729.34 |
| 香港同胞 | Compatriots from Hong Kong | 817.83 | 812.36 |
| 澳门同胞 | Compatriots from Macao | 100.96 | 104.21 |
| 台湾同胞 | Compatriots from Taiwan | 139.09 | 140.07 |
| 境内旅游者 | Domestic Tourists | 9142.27 | 9847.02 |

# 15-24 主要宾馆(酒店)基本情况

## Statistics on Main Hotels

| 项　　目 | Item | 2012 | 2013 |
|---|---|---|---|
| 企业情况 | Statistics of Enterprises | | |
| 宾馆酒店数（家） | Number of Hotels (unit) | 340 | 320 |
| #星　级 | Star-rated | 226 | 227 |
| 五星级 | Five-star | 21 | 23 |
| 四星级 | Four-star | 36 | 38 |
| 三星级 | Three-star | 135 | 132 |
| 二星级 | Two-star | 34 | 34 |
| 一星级 | One-star | | |
| 客房总数（间） | Number of Guest Rooms (unit) | 65267 | 72311 |
| 床位总数（张） | Number of Beds (unit) | 106810 | 114072 |
| 接待情况 | Reception Capacity | | |
| 过夜旅游者（万人次） | Tourists Staying Overnight (10000 person-times) | 1532.09 | 1566.25 |
| 海外旅游者 | Overseas Tourists | 238.64 | 218.69 |
| 国内旅游者 | Domestic Tourists | 1293.45 | 1347.56 |
| 过夜旅游者（万人天） | Tourists Staying Overnight (10000 person-days) | 2332.60 | 2396.09 |
| 经营情况 | Statistics of Operation | | |
| 营业收入（万元） | Operating Income (10000 yuan) | 1399675 | 1358646 |
| 营业成本（万元） | Operating Cost (10000 yuan) | 409891 | 399374 |
| 营业费用（万元） | Operating Expense (10000 yuan) | 460787 | 451034 |
| 营业税金及附加（万元） | Operating Taxes and Extra Charges (10000 yuan) | 79384 | 74394 |
| 经营利润（万元） | Operational Profit (10000 yuan) | 449613 | 433844 |
| 管理费用（万元） | Management Expense (10000 yuan) | 339472 | 334436 |
| 财务费用（万元） | Financial Expense (10000 yuan) | 48824 | 56141 |
| 营业利润（万元） | Operating Profit (10000 yuan) | 61317 | 43267 |
| 投资收益（万元） | Investment Revenue (10000 yuan) | 6185 | 8159 |
| 营业外收支净额（万元） | Net Non-operating Income and Expenditure (10000 yuan) | 6407 | 10679 |
| 利润总额（万元） | Total Profits (10000 yuan) | 73909 | 62105 |
| 年末从业人员（人） | Employed Person at Year-end (person) | 67070 | 63309 |
| 开房率（%） | Room Occupancy (%) | 64.35 | 64.40 |

# 15-25 旅行社基本情况
## Statistics on Travel Agencies

单位：万元 (10000 yuan)

| 项　　目 | Item | 2012 | 2013 |
|---|---|---|---|
| 企业情况 | Statistics of Enterprises | | |
| 企业数 (个) | Number of Enterprises (unit) | 289 | 311 |
| 年末从业人员 (人) | Employed Persons at Year-end (person) | 10833 | 11929 |
| 组团(外联)旅游情况 | Organized (Overseas) Tourism Contracted | | |
| 组团(外联)人数 (万人次) | Organized (Overseas) Persons Contracted (10000 person-times) | 1144.36 | 1074.23 |
| 入境旅游者 | Overseas Tourists | 46.94 | 25.03 |
| 国内旅游者 | Domestic Tourists | 1097.42 | 1049.20 |
| # 出境游 | Local Residents Going Overseas | 243.89 | 246.40 |
| 经营情况 | Statistics of Operation | | |
| 营业收入 | Operating Income | 2345491 | 2542019 |
| 营业成本 | Operating Cost | 2144541 | 2357005 |
| 营业费用 | Operating Expense | 113155 | 103340 |
| 营业税金及附加 | Operating Taxes and Extra Charges | 13303 | 11525 |
| 经营利润 | Operational Profit | 74492 | 70149 |
| 管理费用 | Management Expense | 62023 | 60538 |
| 财务费用 | Financial Expense | 3015 | 128 |
| 营业利润 | Operating Profit | 9454 | 9483 |
| 营业外收支净额 | Net Income of Non-business | 5196 | 13657 |
| 利润总额 | Total Profits | 16063 | 25036 |

注：组团(外联)人数包括旅行社外联入境旅游者人数和组团境内旅游者人数，包括过夜人数和不过夜人数，不包括接待人数。

Note: The organized (overseas) persons contracted includes both international and domestic tourists contracted by travel agencies and the data includes tourists staying overnight or not, except reception persons.

# 15-26　主要年份人民币对主要外币年平均汇价

## Average Exchange Rates of RMB Against Main Convertible in Main Years

单位:人民币，元　　(RMB/yuan)

| 年　份<br>year | 100美元<br>100 US Dollars | 100日元<br>100 Japanese Yen | 100港元<br>100 Hong Kong Dollars | 100欧元<br>100 Euros |
|---|---|---|---|---|
| 1987 | 372.21 | 2.5799 | 47.74 | |
| 1988 | 372.21 | 2.9082 | 47.70 | |
| 1989 | 376.59 | 2.7360 | 48.28 | |
| 1990 | 478.38 | 3.3233 | 61.39 | |
| 1991 | 532.27 | 3.9602 | 68.45 | |
| 1992 | 551.49 | 4.3608 | 71.24 | |
| 1993 | 576.19 | 5.2020 | 74.41 | |
| 1994 | 861.87 | 8.4370 | 111.53 | |
| 1995 | 835.07 | 8.9225 | 107.96 | |
| 1996 | 830.57 | 7.6238 | 107.40 | |
| 1997 | 828.97 | 6.8623 | 107.09 | |
| 1998 | 827.90 | 6.3487 | 106.88 | |
| 1999 | 827.83 | 7.2913 | 106.66 | |
| 2000 | 827.84 | 7.6950 | 106.17 | |
| 2001 | 827.71 | 6.8098 | 106.07 | |
| 2002 | 827.70 | 6.6651 | 106.08 | 801.45 |
| 2003 | 827.70 | 7.1347 | 106.24 | 937.77 |
| 2004 | 827.70 | 7.6552 | 106.23 | 1029.00 |
| 2005 | 819.17 | 7.4484 | 105.00 | 1019.53 |
| 2006 | 797.18 | 6.8570 | 102.62 | 1001.90 |
| 2007 | 760.40 | 6.4632 | 97.46 | 1041.75 |
| 2008 | 694.51 | 6.7427 | 89.19 | 1022.27 |
| 2009 | 683.25 | 7.3244 | 88.15 | 955.25 |
| 2010 | 678.89 | 7.7122 | 87.39 | 906.86 |
| 2011 | 649.43 | 8.1309 | 83.39 | 902.34 |
| 2012 | 631.71 | 7.9343 | 81.43 | 814.64 |
| 2013 | 621.35 | 6.4682 | 80.11 | 824.47 |

# 15-27 外商投资企业及分支机构工商登记情况（2013）
# Statistics on Foreign Funded Enterprises Registered by Departments of Industry and Commerce(2013)

单位：万美元 (USD 10000)

| 项　　目 | Item | 年末户数（个）Number of Enterprises at Year-end (unit) | 投资总额 Total Investment | 注册资本 Registered Capital | #外方 Capital from Foreign Partners |
|---|---|---|---|---|---|
| **总　计** | **Total** | **18487** | **11673656** | **6216283** | **5220709** |
| **按国民经济行业分** | **By Sector** | | | | |
| 农、林、牧、渔业 | Agriculture, Forestry, Animal Husbandry and Fishing | 159 | 76292 | 41008 | 40634 |
| 采矿业 | Mining | 30 | 12366 | 6046 | 6046 |
| 制造业 | Manufacturing | 4826 | 5618855 | 2863984 | 2367187 |
| 电力、热力、燃气及水生产和供应业 | Production and Supply of Electricity,Heat,Gas and Water | 113 | 214286 | 82273 | 50085 |
| 建筑业 | Construction | 86 | 228821 | 58430 | 42680 |
| 批发和零售业 | Wholesale and Retail Trade | 5006 | 619686 | 340090 | 308803 |
| 交通运输、仓储和邮政业 | Transport, Storage and Post | 538 | 353591 | 169188 | 130158 |
| 住宿和餐饮业 | Hotels and Catering Services | 1099 | 120943 | 74091 | 69239 |
| 信息传输、软件和信息技术服务业 | Information Transmission, Software and Information Technology | 663 | 197198 | 126183 | 118641 |
| 金融业 | Financial Intermediation | 182 | 101739 | 100101 | 67087 |
| 房地产业 | Real Estate | 1459 | 2817569 | 1494225 | 1350591 |
| 租赁和商务服务业 | Leasing and Business Services | 2994 | 794343 | 550812 | 397075 |
| 科学研究和技术服务业 | Scientific Research and Technical Services | 633 | 314981 | 189082 | 166542 |
| 水利、环境和公共设施管理业 | Management of Water Conservancy,Environment and Public Facilities | 27 | 60162 | 30385 | 27661 |
| 居民服务、修理和其他服务业 | Service to Households, Repair and Other Services | 574 | 44465 | 29088 | 25872 |
| 教育 | Education | 10 | 158 | 158 | 70 |
| 卫生和社会工作 | Health and Social Service | 9 | 11089 | 6023 | 3568 |
| 文化、体育和娱乐业 | Culture, Sports and Entertainment | 75 | 87056 | 55074 | 48749 |
| 其他 | Others | 4 | 59 | 41 | 22 |

注：本表不包括在省工商局注册登记的在穗企业数。
Note: The data in this table exclude the enterprises located in Grangzhou and registered by Guangdong provincial bureau of industry and commerce.

# 15-28 广州市与国外结成友好城市一览(2013年末)

# List of Foreign Friendly Cities with Guangzhou (Year-end of 2013)

| 国别 | Country | 城市 | City | 缔结日期（年、月、日） | Date of Signing |
|---|---|---|---|---|---|
| 日本 | Japan | 福冈 | Fukuoka | 1979.05.02 | May 2,1979 |
| 美国 | United States | 洛杉矶 | Los Angeles | 1981.12.08 | December 8,1981 |
| 菲律宾 | Philippines | 马尼拉 | Manila | 1982.12.08 | December 8,1982 |
| 加拿大 | Canada | 温哥华 | Vancouver | 1985.03.27 | March 27,1985 |
| 澳大利亚 | Australia | 悉尼 | Sydney | 1986.05.12 | May 12,1986 |
| 意大利 | Italy | 巴里 | Bari | 1986.11.12 | November 12,1986 |
| 法国 | France | 里昂 | Lyon | 1988.01.19 | January 19,1988 |
| 德国 | Germany | 法兰克福 | Frankfurt | 1988.04.11 | April 11,1988 |
| 新西兰 | New Zealand | 奥克兰 | Auckland | 1989.02.17 | February 17,1989 |
| 韩国 | Republic of Korea | 光州 | Gwangju | 1996.10.25 | October 25,1996 |
| 瑞典 | Sweden | 林雪平 | Linkoping | 1997.11.24 | November 24,1997 |
| 南非 | South Africa | 德班 | Durban | 2000.07.17 | July 17,2000 |
| 英国 | United Kingdom | 布里斯托尔 | Bristol | 2001.05.23 | May 23,2001 |
| 俄罗斯 | Russia | 叶卡捷琳堡 | Ekaterinburg | 2002.07.10 | July 10,2002 |
| 秘鲁 | Peru | 阿雷基帕 | Arequipa | 2004.10.27 | October 27,2004 |
| 印度尼西亚 | Indonesia | 泗水 | Surabaya | 2005.12.21 | December 21,2005 |
| 立陶宛 | Litawen | 维尔纽斯 | Vilnius | 2006.10.12 | October 12,2006 |
| 英国 | United Kingdom | 伯明翰 | Birmingham | 2006.12.04 | December 4,2006 |
| 斯里兰卡 | Sri lanka | 汉班托塔 | Hambantota | 2007.02.27 | February 27,2007 |
| 巴西 | Brazil | 累西腓 | Recife | 2007.10.22 | October 22,2007 |
| 芬兰 | Finland | 坦佩雷 | Tampere | 2008.12.02 | December 2,2008 |
| 泰国 | Thailand | 曼谷 | Bangkok | 2009.11.13 | November 13,2009 |
| 阿根廷 | Agentine Republic | 布宜诺斯艾利斯 | Buenos Aires | 2012.04.16 | April 16,2012 |
| 阿联酋 | United Arab Emirates | 迪拜 | Dubai | 2012.04.18 | April 18,2012 |
| 科威特 | State of Kuwait | 科威特城 | Kuwait City | 2012.04.25 | April 25,2012 |
| 俄罗斯 | Russian Federation | 喀山 | Kazan | 2012.07.06 | July 6,2012 |
| 土耳其 | Republic of Turkey | 伊斯坦布尔 | Istanbul | 2012.07.18 | July 18,2012 |
| 津巴布韦 | Repulic of Zimbabwe | 哈拉雷 | Harare | 2012.09.03 | September 3,2012 |
| 哥斯达黎加 | Republic of Costa Rica | 圣何塞 | San Jose | 2012.09.11 | September 11,2012 |
| 日本 | Japan | 登别 | Noboribetsu | 2012.11.15 | November 15,2012 |
| 西班牙 | Kingdom of Spain | 巴伦西亚 | Valencia | 2012.12.29 | December 29,2012 |
| 摩洛哥 | Kingdom of Morocco | 拉巴特 | Rabat | 2013.10.03 | October 3,2013 |

# 15-29　各国驻广州总领事馆一览(2013年末)
# List of Consulate General in Guangzhou (Year-end of 2013)

| 馆　务 | Consulates | 设立时间 Date of Setting up | 领区范围 | Consular Region |
|---|---|---|---|---|
| 美　国 | United States | 1979.08.31 | 广东、广西、福建、海南 | Guangdong Guangxi Fujian Hainan |
| 日　本 | Japan | 1980.03.01 | 广东、广西、福建、海南 | Guangdong Guangxi Fujian Hainan |
| 泰　国 | Thailand | 1989.02.12 | 广东、广西、福建、海南 | Guangdong Guangxi Fujian Hainan |
| 波　兰 | Poland | 1989.07.22 | 广东、广西、海南 | Guangdong Guangxi Hainan |
| 澳大利亚 | Australia | 1992.12.09 | 广东、广西、福建、海南、湖南 | Guangdong Guangxi Fujian Hainan Hunan |
| 越　南 | Viet Nam | 1993.01.18 | 广东 | Guangdong (Interim) |
| 马来西亚 | Malaysia | 1993.10.24 | 广东、福建、海南、江西、湖南 | Guangdong Fujian Hainan Jiangxi Hunan |
| 德　国 | Germany | 1995.11.07 | 广东、广西、福建、海南 | Guangdong Guangxi Fujian Hainan |
| 英　国 | United Kingdom | 1997.01.14 | 广东、广西、福建、海南 | Guangdong Guangxi Fujian Hainan |
| 法　国 | France | 1997.04.24 | 广东、广西、福建、海南 | Guangdong Guangxi Fujian Hainan |
| 菲律宾 | Philippines | 1997.05.23 | 广东、广西、海南、湖南 | Guangdong Guangxi Hainan Hunan |
| 荷　兰 | Netherlands | 1997.09.15 | 广东、广西、福建、海南 | Guangdong Guangxi Fujian Hainan |
| 加拿大 | Canada | 1997.11.20 | 广东、广西、福建、海南 | Guangdong Guangxi Fujian Hainan |
| 柬埔寨 | Cambodia | 1998.07.01 | 广东、广西、福建、海南 | Guangdong Guangxi Fujian Hainan |
| 丹　麦 | Denmark | 1998.09.23 | 广东、广西、福建、海南 | Guangdong Guangxi Fujian Hainan |
| 意大利 | Italy | 1998.11.04 | 广东、广西、福建、海南 | Guangdong Guangxi Fujian Hainan |
| 韩　国 | Republic of Korea | 2001.08.28 | 广东、广西、福建、海南 | Guangdong Guangxi Fujian Hainan |
| 印度尼西亚 | Indonesia | 2002.12.12 | 广东、广西、福建、海南 | Guangdong Guangxi Fujian Hainan |

注：瑞典总领事馆2009年已撤馆，墨西哥领事馆已于2008年升级为总领事馆。

Note: The Consulate General of Sweden in Guangzhou was withdrawn in 2009. And the Mexican Consulate has upgraded to the Consulate General of Mexico since 2008.

15-29 续表 conitnued

| 馆　务 | Consulates | 设立时间 Date of Setting up | 领区范围 | Consular Region |
|---|---|---|---|---|
| 芬　兰 | Finland | 2004.11.19 | 广东、广西、福建、海南 | Guangdong Guangxi Fujian Hainan |
| 瑞　士 | Switzerland | 2005.09.20 | 广东、广西、福建、海南 | Guangdong Guangxi Fujian Hainan |
| 新加坡 | Singapore | 2006.04.13 | 广东、广西、湖南、海南、贵州、云南 | Guangdong Guangxi Hunan Hainan Guizhou Yunnan |
| 比利时 | belgium | 2006.06.06 | 广东、广西、福建、海南、云南 | Guangdong Guangxi Fujian Hainan Yunnan |
| 古　巴 | Cuba | 2006.12.18 | 广东、广西、海南 | Guangdong Guangxi Hainan |
| 俄罗斯 | Russia | 2007.04.05 | 广东、福建、海南、云南、江西、广西 | Guangdong Fujian Hainan Yunnan Jiangxi Guangxi |
| 新西兰 | New Zealand | 2007.04.26 | 广东、广西、海南、福建、湖南 | Guangdong Guangxi Hainan Fujian Hunan |
| 希　腊 | Greece | 2007.05.15 | 广东、福建、海南、广西 | Guangdong Fujian Hainan Guangxi |
| 印　度 | India | 2007.10.18 | 广东、福建、海南 | Guangdong Fujian Hainan |
| 奥地利 | Austria | 2007.11.25 | 广东、广西、海南、湖南、云南、贵州 | Guangdong Guangxi Hainan Hunan Yunnan Guizhou |
| 挪　威 | Norway | 2008.02.18 | 广东、广西、福建、海南 | Guangdong Guangxi Fujian Hainan |
| 科威特 | Kuwait | 2008.02.21 | 广东、广西、福建、海南 | Guangdong Guangxi Fujian Hainan |
| 墨西哥 | Mexico | 2008.04.25 | 广东、广西、海南 | Guangdong Guangxi Hainan |
| 巴基斯坦 | Pakistan | 2008.06.27 | 广东、广西、福建、海南、湖南 | Guangdong Guangxi Fujian Hainan Hunan |
| 以色列 | Israel | 2009.03.22 | 广东、福建、海南、广西 | Guangdong Fujian Hainan Guangxi |
| 西班牙 | Spain | 2009.06.14 | 广东、福建、湖南、广西、海南、贵州、云南 | Guangdong Fujian Hunan Guangxi Hainan Guizhou Yunnan |
| 埃塞俄比亚 | Ethiopia | 2009.06.14 | 广东、湖南、福建、江西、海南、广西 | Guangdong Hunan Fujian Jiangxi Hainan Guangxi |
| 阿根廷 | Argentina | 2009.07.21 | 广东、福建、海南、广西 | Guangdong Fujian Hainan Guangxi |
| 厄瓜多尔 | Ecuador | 2009.09.08 | 广东 | Guangdong |
| 巴　西 | Brazil | 2010.04.15 | 广东、海南、广西、福建 | Guangdong Hainan Guangxi Fujian |
| 智　利 | Chile | 2010.10.27 | 广东、海南、广西、福建 | Guangdong Hainan Guangxi Fujian |
| 马　里 | Mali | 2011.07.18 | 广东、海南、广西、福建 | Guangdong Hainan Guangxi Fujian |
| 乌干达 | Uganda | 2011.08.15 | 广东、海南、广西、福建 | Guangdong Hainan Guangxi Fujian |
| 伊　朗 | Iran | 2011.12.23 | 广东、广西、福建、湖南 | Guangdong Guangxi Fujian Hunan |
| 土耳其 | Turkey | 2012.01.12 | 广东、海南、广西、福建 | Guangdong Hainan Guangxi Fujian |
| 斯里兰卡 | Sri Lanka | 2012.3.27 | 广东、海南、广西、福建、江西 | Guangdong Hainan Guangxi Fujian Jiangxi |
| 乌克兰 | Ukraine | 2012.05.30 | 广东、海南、广西、湖南、贵州 | Guangdong Hainan Guangxi Hunan Guizhou |
| 秘　鲁 | Peru | 2013.09.17 | 广东、广西、贵州、云南、湖南、海南 | Guangdong Guangxi Guizhou Yunnan Hunan Hainan |
| 老　挝 | Lao | 2013.09.23 | 广东、海南、江西、福建 | Guangdong Hainan Jiangxi Fujian |

【进出口总值】指实际进出我国关境的货物总金额。包括我国境内法人和其他组织以一般贸易、易货贸易、加工贸易、补偿贸易、寄售代销贸易等方式进出口货物,保税区和保税仓库进出境货物,租赁期一年及以上的租赁进出口货物,边境小额贸易货物,国际援助物资或捐赠品,溢卸货物,无进出口经营权的单位经批准临时进出口的货品等。进出口总额用以观察一个国家在对外贸易方面的总规模。我国规定出口货物按离岸价格统计,进口货物按到岸价格统计。

【利用外资】 指我国各级政府、部门、企业和其他经济组织通过对外借款、吸收外商直接投资以及用其他方式筹措的境外现汇、设备、技术等。

【对外借款】 指通过对外正式签订借款协议，从境外筹措的资金，包括外国政府贷款、国际金融组织贷款、外国银行商业贷款、出口信贷以及对外发行债券等。1996年及以前还包括对外发行股票。该指标是我国利用外资的重要部分。

【外商直接投资】 是指国外及港澳台地区的法人和自然人,按我国有关政策、法规,用现金、实物、无形资产等,在中国大陆地区对非上市公司的全部投资,以及对单个境外投资者所占股权比例不低于10%的上市公司的投资,包括设立或与大陆境内企业及经济组织共同设立外资企业、中外合资企业、中外合作企业、外商投资股份有限公司,以及合作开发资源项目,设立境外公司分支机构等的投资。

【Total Imports and Exports at Customs】 refer to the real value of commodities imported into and exported from the boundary of China. They include the actual imports and exports through foreign trade, imported and exported goods under the processing and assembling trades and materials, supplies and gifts as aid given gratis between governments and by the United Nations and other international organizations, and contributions donated by overseas Chinese, compatriots in Hong Kong and Macao and Chinese with foreign citizenship, leasing commodities owned by tenant at the expiration of leasing period, the imported and exported commodities processed with imported materials, commodities trading in border areas (excluding mutual exchange goods), the imported and exported commodities and articles for public use of the Sino-foreign joint ventures, cooperative enterprises and ventures exclusively with foreign own investment. Also included are import or export of samples and advertising goods for whose CIF or FOB value are beyond the permitted ceiling (excluding goods of no trading or use value and free commodities for export), imported goods sold in China from bonded warehouses and other imported or exported goods. The indicator of the total imports and exports at customs can be used to observe the total size of external trade in a country. In accordance with the stipulation of the Chinese government, imports are calculated at CIF, while exports are calculated at FOB.

【Utilization of Foreign Capitals】 refers to remittance, equipment and technology financed from abroad, by loans, foreign direct investment and other forms undertaken by the Chinese governments at all levels, by various departments, enterprises and other economic units.

【Foreign Borrowings】 refer to funds borrowed from abroad through formal signing of borrowing agreements with foreign institutions, including loans of foreign governments, loans of international financial institutions, commercial loans of foreign banks, export credit, and funds raised by Chinese bonds (and shares before 1996) issued abroad. It is an important part of China's utilization of foreign capitals.

【Foreign Direct Investment】 refers to the investments inside China by foreign enterprises and economic organizations or individuals (including overseas Chinese, compatriots from Hong Kong, Macao and Taiwan, and Chinese enterprises registered abroad), following the relevant policies and laws of China, for the establishment of ventures exclusively with foreign own investment, Sino-foreign joint ventures and cooperative enterprises or for co-operative exploration of resources with enterprises or economic organizations in China. It includes the re investment of the foreign entrepreneurs with the profits gained from the investment and the funds that enterprises borrow from abroad in the total investment of projects which are approved by the relevant department of the government.

第十六篇 CHAPTER 16

# 科技
# SCIENCE AND TECHNOLOGY

## 第十六篇　科　技

一、本篇资料反映广州市科学技术活动的基本情况。

二、本篇资料由广州市统计局人口和社会科技统计处整理提供。

三、资料来源：

规模以上工业企业基本情况根据国家统计局规模以上工业企业科技活动情况年报表数据进行加工整理，其余资料根据广州市科技和信息化局、广州市知识产权局、广州市科协等部门提供的统计数据加工整理。16-11、16-12、16-13、16-14表分别由广州市统计局综合处、农村处、工业处、服务业处提供。

## 16 Science and Technology

I.The data in this chapter show the basic conditions of Guangzhou's activities of science and technology.

II.The data in this chapter are prepared and provided by the Division of Population, Social, Science and Technology Statistics of Guangzhou Municipal Bureau of Statistics.

III. Data resources: The data on the basic conditions of industrial enterprises above designated size are processed and prepared in accordance with the reporting scheme on scientific and technological activities statistics of industrial enterprises above designated size of National Bureau of Statistics. The other data are processed and prepared in accordance with the annual statistical reports provided by Guangzhou Municipal Bureau of Science and Technology, Guangzhou Municipal Bureau of Knowledge and Patent, Guangzhou Municipal Association for Science and Technology, etc. Table 16-11, 16-12, 16-13, 16-14 are prepared and provided by the Division of Comprehensive Statistics, Division of Rural Statistics, Division of Industry Statistics, Division of Service Industries Statistics of Guangzhou Municipal Bureau of Statistics respectively.

# 16-1 广州市科技监测主要指标

## Main Indicators of Scientific and Technological Monitoring in Guangzhou

| 项　　目 | Item | 2012 | 2013 |
|---|---|---|---|
| 科研机构人均固定资产原价 （千元/人） | Per Capita Original Value of Fixed Assets of Scientific Research Institutions (1000 yuan/person) | 379.86 | 427.49 |
| 科学研究和技术服务业新增固定资产占全社会新增固定资产比重 (%) | Proportion of Newly-increasing Fixed Assets in Science Research and Technology Services to Newly-increasing Fixed Assets of the Whole Society (%) | 2.27 | 2.12 |
| 每万人口专利申请量 （件/万人） | Number of Patent Applications per 1 Million Persons (piece/10000 persons) | 40.79 | 48.05 |
| 每万人口专利授权量 （件/万人） | Number of Patent Applications Granted per 1 Million Persons (piece/10000 persons) | 26.88 | 31.62 |
| 每万人口发明专利授权量 （件/万人） | Number of Invention & Patent Applications Granted per Million Persons (piece/10000 persons) | 4.92 | 4.90 |
| 每万人口城镇单位专业技术人员数 （人/万人） | Professional and Technological Personnel in Urban Areas per 10000 Persons (person/10000 persons) | 713 | 713 |
| 技术市场合同成交金额年增长率 (%) | Annual Growth Rates of Contracted Transaction Value in Technical Market (%) | 24.19 | 12.48 |
| 高新技术产品增加值占地区生产总值比重 (%) | Proportion of Added Value of High-tech Products to GDP (%) | 13.33 | 12.88 |
| 工业高新技术产品产值占工业总产值的比重 (%) | Proportion of High-tech Products of Industry to Gross Industrial Output Value (%) | 42.20 | 42.79 |
| 工业高新技术出口产品销售收入占工业出口产品交货值比重 (%) | Proportion of Export Value of High-tech Products to Total Export Value of Commodities (%) | 58.51 | 50.91 |

## 16-2 各类科学研究与开发机构基本情况
## Basic Statistics of Scientific Research and Development Institutions

| 项目 | Item | 2012 全市 Total | 2012 #市区 Urban Districts | 2012 #市属 City-owned | 2013 全市 Total | 2013 #市区 Urban Districts | 2013 #市属 City-owned |
|---|---|---|---|---|---|---|---|
| 机构数（个） | Number of Institutions (unit) | 152 | 148 | 57 | 148 | 144 | 56 |
| #自然科学 | Natural Science | 142 | 138 | 54 | 139 | 135 | 53 |
| 从业人员（人） | Employed Persons (person) | 27272 | 27153 | 6632 | 27795 | 27688 | 6593 |
| #自然科学 | Natural Science | 26626 | 26507 | 6396 | 27175 | 27068 | 6358 |
| 在从业人员中的科研人员（人） | Scientific Researchers of Employed Persons (person) | 19059 | 18997 | 4157 | 19731 | 19651 | 4412 |
| #自然科学 | Natural Science | 18482 | 18420 | 3945 | 19176 | 19096 | 4197 |

## 16-3 获得省级以上科技成果奖励情况
## Statistics on Provincial Prizes and Above for Scientific and Technological Research Achievements

单位：项 (item)

| 指标 | Indicators | 2012 | 2013 |
|---|---|---|---|
| **国家级科技奖励成果** | **National Prizes for Scientific and Technological Research Achievements** | **14** | **15** |
| 国家发明奖 | Number of National Invention Prizes Awarded | | 2 |
| 国家自然科学奖 | Number of National Natural Sciences Prizes Awarded | 3 | 4 |
| 国家科技进步奖 | Number of National Scientific and Technological Progress Prizes Awarded | 11 | 9 |
| **省级科技奖励成果** | **Provincial Prizes for Scientific and Technological Research Achievements** | **184** | **181** |
| 省科技进步奖 | Number of Provincial Scientific and Technological Progress Prizes Awarded | 184 | 181 |

# 16-4 城镇单位专业技术人员（按行业分）

## Number of Scientific and Technological Personnel in Urban Area (by Sector)

单位：人 (person)

| 项目 | Item | 2012 全市 Total | 2012 #市区 Urban Districts | 2013 全市 Total | 2013 #市区 Urban Districts |
|---|---|---|---|---|---|
| **合计** | **Total** | **586022** | **538279** | **593404** | **547229** |
| 农、林、牧、渔业 | Agriculture, Forestry, Animal Husbandry and Fishery | 357 | 300 | 322 | 275 |
| 采矿业 | Mining | 129 | 101 | 129 | 104 |
| 制造业 | Manufacturing | 86240 | 78345 | 90066 | 83186 |
| 电力、热力、燃气及水生产和供应业 | Production and Supply of Electricity,Heat,Gas and Water | 8854 | 7912 | 7462 | 6622 |
| 建筑业 | Construction | 50731 | 46453 | 48477 | 43673 |
| 批发和零售业 | Wholesale and Retail Trade | 21859 | 21217 | 20993 | 20398 |
| 交通运输、仓储和邮政业 | Transport, Storage and Post | 27332 | 27156 | 25401 | 25207 |
| 住宿和餐饮业 | Hotels and Catering Services | 4962 | 4660 | 4484 | 4272 |
| 信息传输、软件和信息技术服务业 | Information Transmission, Software and Information Technology | 17783 | 17247 | 20561 | 20020 |
| 金融业 | Financial Intermediation | 42823 | 41485 | 41836 | 40449 |
| 房地产业 | Real Estate | 15562 | 13876 | 13856 | 12224 |
| 租赁和商务服务业 | Leasing and Business Services | 17649 | 17170 | 18100 | 17523 |
| 科学研究和技术服务业 | Scientific Research and Technical Services | 42742 | 42360 | 47487 | 47033 |
| 水利、环境和公共设施管理业 | Management of Water Conservancy,Environment and Public Facilities | 3672 | 3553 | 4400 | 4288 |
| 居民服务、维修和其他服务业 | Service to Households, Repair and Other Services | 1993 | 1958 | 1523 | 1481 |
| 教育 | Education | 118438 | 99060 | 119011 | 101570 |
| 卫生和社会工作 | Health and Social Service | 83206 | 75597 | 88108 | 79694 |
| 文化、体育和娱乐业 | Culture, Sports and Entertainment | 11201 | 11031 | 10068 | 9886 |
| 公共管理、社会保障和社会组织 | Public Management, Social Security and Social Organizations | 30489 | 28798 | 31120 | 29324 |

# 16-5 城镇单位专业技术人员(按职称分)

单位：人

| 项　　目 | Item |
| --- | --- |
| **合　计** | **Total** |
| 工程技术人员 | Engineering |
| 高级工程师 | Senior Engineers |
| 工程师 | Engineers |
| 助理工程师、技术员 | Assistant Engineers and Technicians |
| 未聘任专业技术职务的 | No Professional Titles Appointed |
| 农业技术人员 | Agriculture |
| 高级农艺师 | Senior Agricultral Specialist |
| 农艺师 | Agricultral Specialist |
| 助理农艺师、技术员 | Assistant Agronomist, Agricultural Technicians |
| 未聘任专业技术职务的 | No Professional Titles Appointed |
| 科学研究人员 | Scientific Research |
| 正副研究员 | Research Fellows and Associate Research Fellows |
| 助理研究员 | Assistant Research Fellows |
| 研究实习员、实验员 | Research Assistant and Laboratory Technicians |
| 未聘任专业技术职务的 | No Professional Titles Appointed |
| 卫生技术人员 | Health Care |
| 正副主任医师 | Professors and Associate Professors |
| 主治医师 | Attending Doctors |
| 医(护)师(士) | Doctors, Assistant Doctors, Nurse Practitioners and Nurses |
| 未聘任专业技术职务的 | No Professional Titles Appointed |
| 教学人员 | Teaching |
| 正、副教授、高级讲(教)师 | Professors, Associate Professors, Senior Lecturers and Senior Teachers |
| 讲师、一级教师 | Lecturers |
| 助教、教员、二、三级教师 | Assistants, Teachers, Class II and Class III Teachers |
| 未聘任专业技术职务的 | No Professional Titles Appointed |
| 经济人员 | Economy |
| 高级经济师 | Senior Economic Specialist |
| 经济师 | Economic Specialist |
| 助理经济师、经济员 | Assistant Economc Specialist and Economic Clerks |
| 未聘任专业技术职务的 | No Professional Titles Appointed |
| 会计人员 | Accounting |
| 高级会计师 | Senior Accountants |
| 会计师 | Accountants |
| 助理会计师、会计员 | Assistant Accountants and Treasurers |
| 未聘任专业技术职务的 | No Professional Titles Appointed |
| 统计人员 | Statistics |
| 高级统计师 | Senior Statisticians |
| 统计师 | Statisticians |
| 助理统计师、统计员 | Assistant Statisticians and Junior Statisticians |
| 未聘任专业技术职务的 | No Professional Titles Appointed |
| 翻译人员 | Translation |
| 正副译审 | Revisers and Associate Revisers of Translation |

## Number of Scientific and Technological Personnel in Urban Area (by Professional Title)

(person)

| 2012 | | | 2013 | | |
|---|---|---|---|---|---|
| 全　市 Total | # 市　区 Urban Districts | # 市　属 City-owned | 全　市 Total | # 市　区 Urban Districts | # 市　属 City-owned |
| **586022** | **538279** | **341040** | **593404** | **547229** | **348903** |
| 208267 | 196424 | 121254 | 211702 | 199612 | 126218 |
| 23876 | 22911 | 10895 | 25989 | 24982 | 12033 |
| 60048 | 57438 | 32651 | 62152 | 59353 | 34712 |
| 87352 | 81226 | 52236 | 86043 | 79781 | 53958 |
| 36991 | 34849 | 25472 | 37518 | 35496 | 25515 |
| 1765 | 1589 | 922 | 1686 | 1482 | 883 |
| 424 | 415 | 129 | 458 | 424 | 174 |
| 530 | 492 | 223 | 550 | 498 | 227 |
| 560 | 470 | 429 | 447 | 362 | 315 |
| 251 | 212 | 141 | 231 | 198 | 167 |
| 9740 | 9582 | 2028 | 9959 | 9836 | 2402 |
| 3528 | 3493 | 677 | 3764 | 3740 | 733 |
| 3271 | 3185 | 577 | 3571 | 3522 | 775 |
| 1815 | 1779 | 521 | 1681 | 1639 | 556 |
| 1126 | 1125 | 253 | 943 | 935 | 338 |
| 92136 | 84403 | 55520 | 97909 | 89218 | 56585 |
| 11487 | 11082 | 5904 | 11973 | 11569 | 6210 |
| 19386 | 17833 | 11873 | 19532 | 17982 | 12045 |
| 50214 | 45404 | 33457 | 53729 | 48465 | 32886 |
| 11049 | 10084 | 4286 | 12675 | 11202 | 5444 |
| 118066 | 98150 | 82467 | 117775 | 100713 | 82591 |
| 23657 | 22192 | 9565 | 24825 | 23178 | 10242 |
| 53110 | 42640 | 38483 | 51742 | 42683 | 37358 |
| 31833 | 26685 | 27247 | 32858 | 27430 | 28744 |
| 9466 | 6633 | 7172 | 8350 | 7422 | 6247 |
| 59657 | 57796 | 22426 | 58340 | 56444 | 21909 |
| 2098 | 2064 | 481 | 2170 | 2128 | 600 |
| 19182 | 18661 | 6708 | 19030 | 18494 | 6969 |
| 22731 | 21644 | 9848 | 21357 | 20201 | 9222 |
| 15646 | 15427 | 5389 | 15783 | 15621 | 5118 |
| 61057 | 56586 | 38259 | 61367 | 56845 | 39851 |
| 1666 | 1632 | 661 | 1814 | 1777 | 789 |
| 12467 | 11906 | 6949 | 12625 | 11983 | 7429 |
| 37704 | 34432 | 25678 | 38273 | 34910 | 26946 |
| 9220 | 8616 | 4971 | 8655 | 8175 | 4687 |
| 5852 | 5111 | 4765 | 5721 | 5008 | 4817 |
| 82 | 71 | 33 | 57 | 53 | 26 |
| 855 | 758 | 580 | 724 | 665 | 506 |
| 3826 | 3344 | 3231 | 3863 | 3297 | 3324 |
| 1089 | 938 | 921 | 1077 | 993 | 961 |
| 1842 | 1721 | 1338 | 1726 | 1588 | 1303 |
| 71 | 68 | 25 | 66 | 64 | 30 |

## 16-5 续表

单位：人

| 项　　目 | Item |
| --- | --- |
| 翻　译 | Translators |
| 助理翻译 | Assistant Translators |
| 未聘任专业技术职务的 | No Professional Titles Appointed |
| 图书、档案、文博人员 | Books, Archives, Relics and Museum |
| 正副研究馆员 | Chief and Associate Chief of Librarians, Archivists and Reseach Fellows |
| 馆　员 | Librarians, Archivists and Museum Fellows |
| 助理馆员、管理员 | Assistants and Clerks |
| 未聘任专业技术职务的 | No Professional Titles Appointed |
| 新闻、出版人员 | Press and Publication |
| 正副编审、高级、主任记者 | Chief and Associate Chief of Editors, Senior and Associate Senior Reporters |
| 编辑、记者、一级校对 | Editors, Reporters and Class I Proofreaders |
| 助理编辑、记者、二、三级校对 | Assistant Editors, Assistant Reporters, Class II and Class III Proofreaders |
| 未聘任专业技术职务的 | No Professional Titles Appointed |
| 律师、公证人员 | Law and Notary |
| 一、二级律师、公证员 | Class I and Class II Lawyers and Notary Publics |
| 三级律师、公证员 | Class III Lawyers and Notary Publics |
| 四级律师、公证员、助理 | Class IV Lawyers, Notary Publics and Assistants |
| 未聘任专业技术职务的 | No Professional Titles Appointed |
| 播音人员 | Announcing |
| 播音指导、主任播音员 | Directors of Announcing and Chief of Announcers |
| 一级播音员 | Class I Announcers |
| 二级、三级播音员 | Class II and Class III Announcers |
| 未聘任专业技术职务的 | No Professional Titles Appointed |
| 工艺美术人员 | Painting |
| 高级工艺美术师 | Senior Fine-arts Artists |
| 工艺美术师 | Industrial Artists |
| 助理工艺师、美术员 | Assistant Industrial Artists and Painters of Handcraft |
| 未聘任专业技术职务的 | No Professional Titles Appointed |
| 体育人员 | Sports |
| 主教练 | Chief Coaches |
| 教　练 | Coaches |
| 助理教练 | Assistant Coaches |
| 未聘任专业技术职务的 | No Professional Titles Appointed |
| 艺术人员 | Arts |
| 一、二级艺术人员 | Class I and Class II Art Personnel |
| 三级艺术人员 | Class III Art Personnel |
| 四级艺术人员 | Class IV Art Personnel |
| 未聘任专业技术职务的 | No Professional Titles Appointed |
| 政工人员 | Political Work |
| 高级政工师 | Senior Political Workers |
| 政工师 | Political Workers |
| 助理政工师、政工员 | Assistant Political Workers and Clerks |
| 海关专业人员 | Customs |

continued

(person)

| 2012 | | | 2013 | | |
|---|---|---|---|---|---|
| 全　市 Total | # 市　区 Urban Districts | # 市　属 City-owned | 全　市 Total | # 市　区 Urban Districts | # 市　属 City-owned |
| 826 | 755 | 661 | 778 | 697 | 660 |
| 637 | 602 | 373 | 604 | 560 | 377 |
| 308 | 296 | 279 | 278 | 267 | 236 |
| 4842 | 4639 | 2150 | 4885 | 4675 | 2137 |
| 776 | 764 | 229 | 824 | 811 | 228 |
| 1907 | 1863 | 766 | 2008 | 1954 | 805 |
| 1729 | 1629 | 914 | 1618 | 1522 | 869 |
| 430 | 383 | 241 | 435 | 388 | 235 |
| 5720 | 5642 | 2528 | 5417 | 5306 | 2422 |
| 845 | 843 | 268 | 799 | 794 | 215 |
| 1842 | 1827 | 773 | 1753 | 1742 | 814 |
| 1936 | 1876 | 926 | 1833 | 1738 | 890 |
| 1097 | 1096 | 561 | 1032 | 1032 | 503 |
| 682 | 670 | 535 | 1373 | 1344 | 1209 |
| 175 | 174 | 131 | 336 | 329 | 306 |
| 77 | 75 | 52 | 235 | 233 | 209 |
| 236 | 230 | 203 | 281 | 264 | 250 |
| 194 | 191 | 149 | 521 | 518 | 444 |
| 236 | 219 | 126 | 226 | 210 | 139 |
| 18 | 18 | 8 | 12 | 12 | 6 |
| 42 | 40 | 8 | 39 | 39 | 13 |
| 119 | 104 | 60 | 107 | 91 | 53 |
| 57 | 57 | 50 | 68 | 68 | 67 |
| 1703 | 1683 | 1540 | 1923 | 1917 | 1767 |
| 114 | 114 | 90 | 128 | 128 | 101 |
| 196 | 189 | 159 | 233 | 230 | 198 |
| 351 | 343 | 302 | 418 | 416 | 378 |
| 1042 | 1037 | 989 | 1144 | 1143 | 1090 |
| 709 | 681 | 369 | 796 | 766 | 444 |
| 197 | 194 | 48 | 234 | 231 | 84 |
| 219 | 206 | 121 | 253 | 240 | 147 |
| 245 | 238 | 154 | 229 | 222 | 144 |
| 48 | 43 | 46 | 80 | 73 | 69 |
| 1864 | 1858 | 825 | 1523 | 1520 | 579 |
| 528 | 526 | 233 | 455 | 454 | 187 |
| 536 | 535 | 226 | 454 | 454 | 154 |
| 535 | 535 | 226 | 391 | 389 | 139 |
| 265 | 262 | 140 | 223 | 223 | 99 |
| 7900 | 7606 | 3600 | 7270 | 6988 | 3303 |
| 1463 | 1428 | 556 | 1414 | 1385 | 513 |
| 2842 | 2743 | 1168 | 2559 | 2472 | 1076 |
| 3595 | 3435 | 1876 | 3297 | 3131 | 1714 |
| 3984 | 3919 | 388 | 3806 | 3757 | 344 |

# 16-6　科协基本情况(2013年)

| 项　　目 | | Item | |
|---|---|---|---|
| 机构数 | (个) | Number of Associations for Science & Technology | (unit) |
| 机关人数 | (人) | Number of Agency Personnel | (person) |
| 在册学会、协会、研究会 | (个) | Number of Registered Societies, Associations and Research Societies | (unit) |
| 企业科协 | (个) | Associations in Enterprises | (unit) |
| 街道科普协会 | (个) | Associations in Communities | (unit) |
| 乡镇科普协会 | (个) | Associations in County-level cities | (unit) |
| 农村专业技术协会 | (个) | Specialized Rural Technological Societies | (unit) |
| 举行国内外学术交流活动 | (次) | Number of Domestic and International Academic Meetings | (times) |
| 参加人数 | (人) | Number of Participants | (person-times) |
| 举办科普宣讲活动 | (次) | Number of Lectures on Popular Science | (times) |
| # 举办专题展览 | (次) | Number of Special Subject Exhibitions | (times) |
| 开展科技咨询 | (次) | Number of Scientific and Technological Consulting | (times) |
| 科普宣讲活动受众人数 | (人次) | Number of Participants in Lectures on Popular Science | (person-time) |
| 举办实用技术培训 | (次) | Number of Practical and Technical Training Courses | (times) |
| 实用技术培训人数 | (人) | Number of Participants to Practical and Technical Training Courses | (person) |
| 推广新技术、新品种 | (项) | Popularizing New Technologies and New Species | (items) |
| 科普宣讲活动覆盖村 | (个) | Number of Villages covered by Lectures on Popular Science | (unit) |
| 科普宣讲活动覆盖社区 | (个) | Number of Communities covered by Lectures on Popular Science | (unit) |
| 举办青少年科普宣讲活动 | (次) | Number of Lectures on Popular Science for Teenagers | (times) |
| 青少年宣讲活动受众人数 | (人次) | Number of Participants to Lectures on Popular Science for Teenagers | (person-time) |
| 举办青少年科技竞赛 | (项) | Number of Teenagers Science and Technology Competitions | (times) |
| 青少年科技竞赛参加人数 | (人) | Number of Persons Engaged in Teenagers Science and Technology Competitions | (person) |
| 青少年科技竞赛获奖人数 | (人) | Number of Winners in Teenagers Science and Technology Competitions | (person) |
| 科技馆(科普活动中心) | (个) | Number of Science Centers | (unit) |
| 科普教育基地(示范基地) | (个) | Number of Popular Science Exhibitions Bases | (unit) |
| 科普活动站(室) | (个) | Number of Popular Science labs | (unit) |
| 科普画廊建筑面积(宣传栏、科普橱窗) | (平方米) | Construction Area of Popular Science Galleries | (Square meter) |
| 科普画廊展示面积 | (平方米) | Demonstration Area of Popular Science Galleries | (Square meter) |
| 制作科普挂图种数 | (种) | Types of Popular Science Charts | (type) |
| 科普挂图总印数 | (张) | Total Amount of Printed Popular Science Charts | (piece) |
| 接待国外专家学者 | (人) | Foreign Experts and Scholars | (person) |
| 接待港澳台地区专家学者 | (人) | Experts and Scholars from Hong Kong, Macao and Taiwan | (person) |
| 开展“讲、比”活动企业数 | (个) | Number of Enterprises Holding Speech and Competition Activities | (unit) |
| # 国有企业 | (个) | Number of State-owned Enterprises | (unit) |
| 参与“讲、比”活动的科技人员数 | (人) | Number of Persons Engaged in Science and Technology Participating in the Speech and Competition Activities | |
| “讲、比”活动中被采纳合理化建议 | (条) | Number of Rationalization Proposals Adopted in the Speech and Competition Activities | (unit) |

## Basic Statistics on Associations for Science and Technology(2013)

| 合 计 Total | #市科协 City-level Associations | 区科协 District-level Associations | 县级市科协 County-level City Associations |
|---|---|---|---|
| 13 | 1 | 10 | 2 |
| 105 | 38 | 52 | 15 |
| 189 | 77 | 86 | 26 |
| 66 | 46 | 19 | 1 |
| 163 | | 120 | 43 |
| 49 | | 38 | 11 |
| 43 | | 42 | 1 |
| 8 | 3 | 5 | |
| 1641 | 890 | 751 | |
| 818 | 48 | 629 | 141 |
| 275 | 12 | 228 | 35 |
| 471 | 12 | 363 | 96 |
| 820487 | 136290 | 660500 | 23697 |
| 648 | | 244 | 404 |
| 53146 | | 20320 | 32826 |
| 39 | | 29 | 10 |
| 956 | 31 | 633 | 292 |
| 1118 | 75 | 999 | 44 |
| 102 | 8 | 56 | 38 |
| 62410 | 6200 | 48210 | 8000 |
| 72 | 12 | 50 | 10 |
| 61591 | 9241 | 20350 | 32000 |
| 7398 | 4369 | 2529 | 500 |
| 2 | 1 | 1 | |
| 43 | | 42 | 1 |
| 771 | 20 | 456 | 295 |
| 8390 | 69 | 6529 | 1792 |
| 39163 | 466 | 31529 | 7168 |
| 27 | | 27 | |
| 3500 | | 3500 | |
| 132 | 120 | 12 | |
| 114 | 110 | 4 | |
| 743 | 7 | 736 | |
| 18 | 6 | 12 | |
| 5139 | 3725 | 1414 | |
| 3154 | 835 | 2319 | |

# 16-7 专利申请量和专利授权量

## Patent Applications and Patent Certified

单位：件 (item)

| 指　　标 | Indicators | 专利申请量 Patent Applications 2012 | 2013 | 专利授权量 Patent Certified 2012 | 2013 |
|---|---|---|---|---|---|
| **总　　计** | **Total** | **33387** | **39751** | **21997** | **26156** |
| **按种类分** | **By Sort** | | | | |
| 发　　明 | Creations and Inventions | 9815 | 12156 | 4027 | 4055 |
| 实用新型 | Utility Models | 11824 | 14575 | 9692 | 12098 |
| 外观设计 | Appearance Designs | 11748 | 13020 | 8278 | 10003 |
| **按对象分** | **By Applicant** | | | | |
| 非职务发明创造 | Non-position Creations and Inventions | 12161 | 14559 | 7837 | 9412 |
| 职务发明创造 | Position Creations and Inventions | 21226 | 25192 | 14160 | 16744 |
| 大专院校 | Universities and Colleges | 3983 | 4715 | 2360 | 3011 |
| 科研单位 | Research Institutions | 1573 | 2223 | 892 | 931 |
| 工矿企业 | Industrial Enterprises | 15286 | 17538 | 10292 | 12563 |
| 机关团体 | Govermment Agencies and Organizations | 384 | 716 | 616 | 239 |

# 16-8 规模以上工业企业科技机构、人员情况

## Statistics on Scientific and Technological Institutions and Personnel of Industrial Enterprises above Designated Size

| 项目 | Item | 2012 全市 Total | 2012 # 市区 Urban Districts | 2013 全市 Total | 2013 # 市区 Urban Districts |
|---|---|---|---|---|---|
| 规模以上工业企业数（个） | Number of Industrial Enterprises above Designated Size (unit) | 4373 | 3144 | 4812 | 3552 |
| # 有科技机构的企业数（个） | Number of Industrial Enterprises Having Development Institutions above Designated Size (unit) | 346 | 326 | 371 | 344 |
| R&D人员（人） | R&D Personnel (person) | 64394 | 59408 | 66165 | 60072 |
| R&D人员折合全时当量（人年） | Full-time Equivalent of R&D Personnel (man-year) | 52360 | 48345 | 52682 | 47944 |
| 企业办科技机构数（个） | Number of Scientific and Technological Institutions in Enterprises (unit) | 478 | 453 | 496 | 460 |
| 科技机构的人员（人） | Personnel in Scientific and Technological Institutions (person) | 35369 | 33507 | 37714 | 35704 |
| # 硕士毕业及以上的人员 | Personnel with Educational Background of Master and Above | 4556 | 4468 | 5185 | 5048 |

# 16-9 规模以上工业企业R&D经费内部支出情况
# Total Expenditures for Scientific and Technological Activity of Industrial Enterprises above Designated Size

单位：万元 (10000 yuan)

| 项目 | Item | 2012 全市 Total | 2012 #市区 Urban Districts | 2013 全市 Total | 2013 #市区 Urban Districts |
|---|---|---|---|---|---|
| R&D经费内部支出合计 | Expenditure for R&D | 1580580 | 1502792 | 1656936 | 1540503 |
| **按支出用途分组** | **Grouped by use of Expenditure** | | | | |
| 经常性支出 | Recurrent Expenditure | 1334418 | 1261824 | 1457898 | 1348638 |
| 资产性支出 | Capital Expenditure | 246162 | 240968 | 199038 | 191865 |
| **按资金来源分组** | **Grouped by Source of Funds** | | | | |
| 政府资金 | Government Appropriation Funds | 69777 | 60449 | 60366 | 56075 |
| 企业资金 | Self-raised Funds of Enterprises | 1490246 | 1423261 | 1573973 | 1465359 |
| 境外资金 | Overseas Funds | 14264 | 13616 | 11414 | 10164 |
| 其他资金 | Others | 6293 | 5466 | 11183 | 8905 |

## 16-10 规模以上工业企业科技成果

## Scientific and Technological Results of Industrial Enterprises above Designated Size

| 项目 | Item | 2012 全市 Total | 2012 #市区 Urban Districts | 2013 全市 Total | 2013 #市区 Urban Districts |
|---|---|---|---|---|---|
| 专利申请数 (件) | Number of Patent Applications (piece) | 6957 | 6507 | 8540 | 8153 |
| 发明专利申请数 | Number of Invention Patents | 2875 | 2780 | 3472 | 3346 |
| 新产品项目数 (个) | Applied Research (unit) | 5998 | 5592 | 6033 | 5532 |
| R&D项目数 (个) | R&D Projects (unit) | 6303 | 5809 | 6270 | 5676 |

## 16-11 高新技术产品情况(2013年)

## Statistics on High-tech Products (2013)

单位：万元 (10000 yuan)

| 项目 | Item | 企业数(个) Number of Enterprises (unit) | 总产值 Gross Output Value | 增加值 Added Value | 产品销售收入 Sales Revenue | 出口销售收入(万美元) Sales Revenue of Export (10000 USD) | 实现利税总额 Total Profits and Taxes | 享受减免税总额 Total Tax Exemption and Reduction |
|---|---|---|---|---|---|---|---|---|
| **合计** | **Total** | **1356** | **75937364** | **19858179** | **73204852** | **15649232** | **10299181** | **673050** |
| 农业 | Agriculture | 62 | 204495 | 82332 | 165520 | 2298 | 10145 | 1596 |
| 工业 | Industry | 826 | 73601373 | 18927970 | 70944816 | 15600979 | 9690967 | 638481 |
| 服务业 | Service | 468 | 2131496 | 847877 | 2094516 | 45955 | 598069 | 32973 |

注：工业数据为规模以上工业企业口径。

Note: The data of industry are calculated according to industrial enterprises above designated size.

# 16-12 农业企业高新技术产品情况(2013年)

单位：万元

| 项目 | Item | 企业数(个) Number of Enterprises (unit) | 产品数(个) Number of Products (unit) |
|---|---|---|---|
| **总　计** | **Total** | **62** | **88** |
| 按地区分 | By District | | |
| 荔湾区 | Liwan | 4 | 9 |
| 越秀区 | Yuexiu | | |
| 海珠区 | Haizhu | 1 | 1 |
| 天河区 | Tianhe | 2 | 2 |
| 白云区 | Baiyun | 6 | 6 |
| 黄埔区 | Huangpu | 4 | 9 |
| 番禺区 | Panyu | 13 | 27 |
| 花都区 | Huadu | 9 | 10 |
| 南沙区 | Nansha | 4 | 7 |
| 萝岗区 | Luogang | | |
| 增城市 | Zengcheng | 11 | 29 |
| 从化市 | Conghua | 8 | 16 |
| 按技术领域分 | By Technological Circle | | |
| 电子与信息技术 | Electronic and Information Technology | | |
| 机电一体化技术 | Integration Technology for Machinery with Electronics | | |
| 生物技术 | Biotechnology | | |
| 新材料技术 | New Material Technology | | |
| 新能源高效节能 | New Energy and High-efficiency Energy-saving | | |
| 环保技术 | Environmental Protection Technology | | |
| 其他技术 | Others | | |

注：1. 从2010年起，根据广州市科技信息局新修订《广州市农业高新技术产品目录》进行统计。
　　2. “产品数”指标因各区(县级)市之间存在重复计算，其合计数大于全市数。

# Statistics on High-tech Products of Agricultural Enterprises (2013)

(10000 yuan)

| 总产值<br>Total Output Value | 增加值<br>Added Value | 产品销售收入<br>Sales Revenue | 出口销售收入（万美元）<br>Sales Revenue of Exports (10000 USD) | 实现利税总额<br>Total Profits and Taxes | 享受减免税总额<br>Total Taxes Exemption and Reduction |
|---|---|---|---|---|---|
| **204495** | **82332** | **165520** | **2298** | **10145** | **1596** |
| | | | | | |
| 3816 | 2630 | 3816 | 14 | 152 | |
| | | | | | |
| 122 | 52 | 122 | | 9 | |
| 19423 | 6965 | 19175 | | 1463 | 1196 |
| 31815 | 12240 | 30736 | 1063 | -2385 | 117 |
| 519 | 381 | 461 | | 197 | |
| 43969 | 27161 | 40864 | 278 | 2717 | 14 |
| 56218 | 10189 | 22190 | 626 | 26 | |
| 4079 | 456 | 4079 | | 813 | 269 |
| | | | | | |
| 21366 | 15035 | 19403 | | 2138 | |
| 23168 | 7223 | 24674 | 317 | 5015 | |
| | | | | | |
| | | | | | |
| | | | | | |
| 204495 | 82332 | 165520 | 2298 | 10145 | 1596 |

Note: I. Since 2010, the data in this table are calculated according to the "Catalog of Agriculture High-tech Product in Guangzhou".

II. Summation of all districts by number of products is greater than total because different districts would have the same products.

# 16-13 规模以上工业企业高新技术产品情况（2013年）

单位：万元

| 项　目 | Item | 企业数（个）Number of Enterprises (unit) | 产品数（个）Number of Products (unit) |
|---|---|---|---|
| **总　计** | **Total** | **826** | **1566** |
| 按地区分 | By District | | |
| 荔湾区 | Liwan | 12 | 42 |
| 越秀区 | Yuexiu | 5 | 7 |
| 海珠区 | Haizhu | 26 | 79 |
| 天河区 | Tianhe | 29 | 71 |
| 白云区 | Baiyun | 83 | 209 |
| 黄埔区 | Huangpu | 31 | 74 |
| 番禺区 | Panyu | 107 | 257 |
| 花都区 | Huadu | 81 | 167 |
| 南沙区 | Nansha | 65 | 96 |
| 萝岗区 | Luogang | 163 | 288 |
| 增城市 | Zengcheng | 182 | 200 |
| 从化市 | Conghua | 42 | 76 |
| 按技术领域分 | By Technological Circle | | |
| 电子与信息技术 | Electronic and Information Technology | | 238 |
| 机电一体化技术 | Integration Technology for Machinery with Electronics | | 415 |
| 生物技术 | Biotechnology | | 311 |
| 新材料技术 | New Material Technology | | 360 |
| 新能源高效节能 | New Energy and High-efficiency Energy-saving | | 142 |
| 环保技术 | Environmental Protection Technology | | 100 |
| 其他技术 | Others | | |

## Statistics on High-tech Products of Industrial Enterprisesa Above The Designated Size (2013)

(10000 yuan)

| 总产值<br>Total Output Value | 增加值<br>Added Value | 产品销售收入<br>Sales Revenue | 出口销售收入（万美元）<br>Sales Revenue of Exports (10000 USD) | 实现利税总额<br>Total Profits and Taxes | 享受减免税总额<br>Total Taxes Exemption and Reduction |
|---|---|---|---|---|---|
| **73601373** | **18927970** | **70944816** | **15600979** | **9690967** | **638481** |
| | | | | | |
| 485146 | 111418 | 449990 | 182615 | 52137 | 2701 |
| 36295 | 20820 | 40503 | 3358 | 5113 | |
| 981445 | 296436 | 950550 | 7609 | 154447 | 5316 |
| 833192 | 267187 | 996944 | 125289 | 152270 | 9748 |
| 2713371 | 587392 | 2691977 | 171087 | 250689 | 9939 |
| 8320270 | 1929855 | 8252413 | 167619 | 1371505 | 3315 |
| 7041465 | 1586810 | 6849147 | 1451373 | 574725 | 16821 |
| 8748501 | 2573180 | 8833908 | 410601 | 1763370 | 10097 |
| 12171004 | 3412995 | 11911218 | 1874431 | 1936781 | 5828 |
| 25062498 | 6449552 | 22877702 | 9958612 | 2953057 | 555022 |
| 6059265 | 1434958 | 6056403 | 1182668 | 429429 | 16741 |
| 1148921 | 257367 | 1034061 | 65717 | 47444 | 2953 |
| | | | | | |
| 14218412 | 2672319 | 12920716 | 9016217 | 804012 | 68528 |
| 30580366 | 8468120 | 30482088 | 2054389 | 5261620 | 29637 |
| 9027733 | 3585790 | 8420141 | 128453 | 2143127 | 20124 |
| 12985963 | 2772930 | 12315941 | 2517257 | 1046426 | 507568 |
| 4048700 | 889343 | 4118989 | 969538 | 251543 | 9236 |
| 2740199 | 539468 | 2686941 | 915125 | 184239 | 3388 |

# 16-14 服务业企业高新技术产品情况(2013年)

单位:万元

| 项　　目 | Item | 企业数(个) Number of Enterprises (unit) | 产品数(个) Number of Products (unit) |
|---|---|---|---|
| **总　　计** | **Total** | **468** | **1256** |
| 按地区分 | By District | | |
| 荔湾区 | Liwan | 10 | 28 |
| 越秀区 | Yuexiu | 100 | 217 |
| 海珠区 | Haizhu | 52 | 122 |
| 天河区 | Tianhe | 254 | 730 |
| 白云区 | Baiyun | 18 | 80 |
| 黄埔区 | Huangpu | | |
| 番禺区 | Panyu | 9 | 42 |
| 花都区 | Huadu | 1 | 2 |
| 南沙区 | Nasha | 2 | 6 |
| 萝岗区 | Luogang | 21 | 28 |
| 增城市 | Zengcheng | | |
| 从化市 | Conghua | 1 | 1 |
| 按技术领域分 | By Technological Circle | | |
| 电子与信息技术 | Electronic and Information Technology | | 1256 |
| 机电一体化技术 | Integration Technology for Machinery with Electronics | | |
| 生物技术 | Biotechnology | | |
| 新材料技术 | New Material Technology | | |
| 新能源高效节能 | New Energy and High-efficiency Energy-saving | | |
| 环保技术 | Environmental Protection Technology | | |
| 其他技术 | Others | | |

# Statistics on High-tech Products of Enterprises in Service Trades (2013)

(10000 yuan)

| 总产值 Total Output Value | 增加值 Added Value | 产品销售收入 Sales Revenue | 出口销售收入（万美元） Sales Revenue of Exports (10000 USD) | 实现利税总额 Total Profits and Taxes | 享受减免税总额 Total Taxes Exemption and Reduction |
|---|---|---|---|---|---|
| **2131496** | **847877** | **2094516** | **45955** | **598069** | **32973** |
| 8287 | 4854 | 8287 | | 4162 | 421 |
| 418820 | 122289 | 418278 | 4983 | 49668 | 4388 |
| 54189 | 20152 | 54175 | 205 | 9205 | 1588 |
| 1409333 | 613357 | 1431798 | 40508 | 479571 | 24657 |
| 84358 | 34603 | 64185 | | 20360 | 1024 |
| 13661 | 15629 | 13662 | 138 | 13070 | 247 |
| 35 | 12 | 35 | | 2 | |
| 38851 | 203 | 134 | | 667 | 19 |
| 103293 | 36192 | 103293 | | 21330 | 594 |
| 669 | 586 | 669 | 121 | 34 | 35 |
| 2131496 | 847877 | 2094516 | 45955 | 598069 | 32973 |

# 16-15 民营科技企业情况

## Statistics on Privately-run Scientific and Technological Enterprises

| 项目 | Item | 2012 | 2013 |
|---|---|---|---|
| 民营科技企业数（个） | Number of Privately-run Scientific and Technological Enterprises (unit) | 1698 | 2278 |
| 高新技术民营科技企业(个) | High-tech Enterprises (unit) | 1209 | 1369 |
| 从业人员（人） | Number of Employed Persons (person) | 291695 | 336322 |
| 全年技工贸总收入（亿元） | Total Revenue of Scientific and Technological Development(100 million yuan) | 2291 | 2876 |

# 16-16 年收入超100万元的民营科技企业情况

## Statistics on Privately-run Scientific and Technological Enterprises of Revenue over One Million Yuan

| 项目 | Item | 2012 | 2013 |
|---|---|---|---|
| 民营科技企业个数（个） | Number of Privately-run Scietific and Technological Enterprises (unit) | 1435 | 1981 |
| 从业人员数（人） | Number of Employed Persons (person) | 281556 | 331375 |
| # 科技人员 | Number of Persons Engaged in Science and Technology | 90519 | 111383 |
| 具有高、中、初级职称人员 | Persons with Senior, Medium and Junior Professional Titles | 30108 | 37537 |
| 资产总额（亿元） | Total Assets (100 million yuan) | 2756 | 3186 |
| 全年技工贸总收入（亿元） | Total Revenue of Scientific and Technological Development(100 million yuan) | 2291 | 2875 |
| 出口创汇（万美元） | Foreign Exchange through Exports (10000 USD) | 641161 | 753470 |
| 上缴税金（亿元） | Taxes Turnover to Governments (100 million yuan) | 122 | 136 |

**【研究与试验发展（R&D）经费内部支出】**指调查单位在报告年度用于内部开展R&D活动（基础研究、应用研究和试验发展）的实际支出。包括用于R&D项目（课题）活动的直接支出，以及间接用于R&D活动的管理费、服务费、与R&D有关的基本建设支出以及外协加工费等。不包括生产性活动支出、归还贷款支出以及与外单位合作或委托外单位进行R&D活动而转拨给对方的经费支出。

**【专业技术人员】**指城镇单位事业、企业单位中已被聘任专业技术职务的从事专业技术工作和专业技术管理的人员，以及虽未被聘任专业技术职务，但现在专业技术岗位上工作的人员。

【Total Expenditure on Research and Development】 refers to internally to carry out R&D activities (basic research, applied research and experimental development) the actual expenditure refers to the year. Including for the direct expenditure of R&D project (the subject), and indirectly for the R&D activities of management fees, service charges, and R&D related infrastructure spending, and outside processing fees. Do not include productive activities expenses, the return of loan expenditures as well as cooperation with other units or entrust other units to carry out R&D activities and switch to pull each other expenditures.

【Professional and Technical Personnel】 refer to professional, technical and managerial staff members in urban institutions or enterprises who not only have professional and technical titles but also hold professional and technical posts. They also include those who work on professional and technical posts but do not have professional and technical titles.

第十七篇 CHAPTER 17

# 教育、文化、体育、卫生、社会福利、环保和其他

# EDUCATION, CULTURE, SPORTS, PUBLIC HEALTH, SOCIAL WELFARE, ENVIRONMENTAL PROTECTION AND OTHERS

### 第十七篇　教育、文化、体育、卫生、社会福利、环保和其他

一、本篇资料反映广州市教育、文化、体育、卫生、社会福利、环保及其他事业的发展情况。

二、本篇资料由广州市统计局人口和社会科技统计处整理提供。

三、教育部分包括高等、中等、基础教育、幼儿教育、各级成人教育。资料由省教育厅、市教育局、省人力资源和社会保障厅等相关部门提供。

四、文化部分主要包括文化机构、人员及业务活动开展情况等。文化统计资料根据省文化厅、市文广新局、省新闻出版局、珠江电影制片厂、省广播电影电视局、省档案局、市档案局等有关部门提供的统计年报加工整理。

五、体育部分主要包括体育行政部门主办的运动会和比赛活动、全民健身活动情况及运动竞技成绩等，资料由市体育局提供。

六、卫生部分主要包括卫生事业机构、床位及人员数、医院业务情况、妇幼保健情况等，资料由市卫生局提供。

七、社会福利部分主要包括社会福利事业的机构数、收养救济人数、婚姻登记状况等，资料由市民政局提供。各种社会保险情况等资料由市人力资源和社会保障局提供。

八、环保部分主要包括“三废”的排放、治理、综合利用、环境管理情况等，资料由市环保局提供。

九、其他部分主要包括司法工作开展情况和刑事、交通、火灾事故发生情况等，资料由市司法局、市公安局提供。

十、关于数据口径与计算的说明：

17-27表甲、乙类传染病从1997年起增加肺结核和新生儿破伤风两种病；2003年起婴儿出生缺陷发生率统计指标口径有变，从抽样调查改为全面调查。

### 17 Education, Culture, Sports, Public Health, Social Welfare,Environmental Protection and Others

I. The data in this chapter show the development conditions of Guangzhou's education, culture, sports, public health, social welfare, environmental protection and others.

II.The data in this chapter are prepared and provided by the Division of Population, Social, Science and Technology Statistic of Guangzhou Municipal Bureau of Statistics.

III.The data on education cover the situations on higher education, secondary education, primary education, kindergartens and adult education at all levels. The data are provided by Guangdong Provincial Bureau of Education, Guangzhou Municipal Bureau of Education, Guangdong Provincial Bureau of Human Resources and Social Security, etc.

IV. The data on culture mainly cover the situations on institutes, employed persons and business activities of culture. The data on culture are processed and prepared in accordance with the annual statistical reports provided by Guangdong Provincial Department of Culture, Guangzhou Municipal Culture, Radio and Press and Publication Bureau, Guangdong Provincial Press and Publication Administration, Pearl River Movie Factory, Administration of Radio and Movie and Television of Guangdong Province, Guangdong Provincial Bureau of Archives and Guangzhou Municipal Bureau of Archives.

V. The data on sports mainly include the sports games and matches organized by sports administrative departments, mass sports and athletics sports. The data are provided by Guangzhou Municipal Bureau of Sports.

VI. The data on public health mainly include the number of institutions, hospital beds and personnel, hospital business, women and babies hygiene. The data are provided by Guangzhou Municipal Bureau of Public Health.

VII. The data on social welfare mainly include the number of institutions, the number receiving social welfare relief funds and marriage registrations, etc. The data are provided by Guangzhou Municipal Bureau of Civil Affairs. The data on social insurance are provided by Guangzhou Municipal Bureau of Labor and Social Security.

VIII. The data on environmental protection mainly include the discharge and treatment and comprehensive utilization of waste water, waste gas and solid wastes, and the administration of environment, etc. The data are provided by Guangzhou Municipal Bureau of Environmental Protection.

IX. The data on others mainly include the judicial conditions, basic statistics on traffic accidents and fires, etc. The data are provided by Guangzhou Municipal Bureau of Justice and Guangzhou Municipal Bureau of Public Security.

X. Introduction about coverage and computing:

Table 17-27 A&B Infectious Diseases has included phthisic and new born children lockjaw since 1997.The coverage has changed from results of spot check to results of general investigation on incidence rate of birth defect since 2003.

# 17-1 主要年份教育事业基本情况

# Basic Statistics on Education in Main Years

| 项　　目 | Item | 2012 | 2013 |
|---|---|---|---|
| **学校数　　（所）** | **Number of Schools　　(unit)** | **1686** | **1685** |
| 普通高等学校 | Regular Institutions of Higher Education | 80 | 80 |
| 中等职业学校 | Vocational Secondary Schools | 85 | 85 |
| 技工学校 | Technical Schools | 81 | 69 |
| 普通中学 | Regular Secondary Schools | 478 | 494 |
| 高　中 | Senior Secondary Schools | 124 | 124 |
| 初　中 | Junior Secondary Schools | 354 | 370 |
| 小　学 | Primary Schools | 941 | 936 |
| 特殊教育学校 | Special Schools | 21 | 21 |
| **专任教师　　（人）** | **Number of Full-time Teachers　(person)** | **154386** | **157458** |
| 普通高等学校 | Regular Institutions of Higher Education | 53706 | 55416 |
| 中等职业学校 | Vocational Secondary Schools | 7577 | 7768 |
| 技工学校 | Technical Schools | 7690 | 7680 |
| 普通中学 | Regular Secondary Schools | 40082 | 40791 |
| 高　中 | Senior Secondary Schools | 13407 | 13597 |
| 初　中 | Junior Secondary Schools | 26675 | 27194 |
| 小　学 | Primary Schools | 44632 | 45075 |
| 特殊教育学校 | Special Schools | 699 | 728 |

## 17-1 续表 continued

| 项　　目 | Item | 2012 | 2013 |
|---|---|---|---|
| **招生数　（人）** | **New Student Enrollment　(person)** | **814607** | **831559** |
| 普通高等学校 | Regular Institutions of Higher Education | 289479 | 296530 |
| 中等职业学校 | Vocational Secondary Schools | 81379 | 86482 |
| 技工学校 | Technical Schools | 107586 | 97372 |
| 普通中学 | Regular Secondary Schools | 184319 | 182627 |
| 高　中 | Senior Secondary Schools | 59286 | 60452 |
| 初　中 | Junior Secondary Schools | 125033 | 122175 |
| 小　学 | Primary Schools | 151108 | 167919 |
| 特殊教育学校 | Special Schools | 736 | 629 |
| **在校学生　（人）** | **Total Student Enrollment　(person)** | **2846603** | **2913552** |
| 普通高等学校 | Regular Institutions of Higher Education | 939208 | 983051 |
| 中等职业学校 | Vocational Secondary Schools | 239446 | 240579 |
| 技工学校 | Technical Schools | 289967 | 279329 |
| 普通中学 | Regular Secondary Schools | 550669 | 546941 |
| 高　中 | Senior Secondary Schools | 177188 | 177227 |
| 初　中 | Junior Secondary Schools | 373481 | 369714 |
| 小　学 | Primary Schools | 822594 | 859263 |
| 特殊教育学校 | Special Schools | 4719 | 4389 |
| **毕业生数　（人）** | **Graduates　(person)** | **702409** | **677503** |
| 普通高等学校 | Regular Institutions of Higher Education | 236855 | 240789 |
| 中等职业学校 | Vocational Secondary Schools | 77832 | 73977 |
| 技工学校 | Technical Schools | 66869 | 50694 |
| 普通中学 | Regular Secondary Schools | 181672 | 179258 |
| 高　中 | Senior Secondary Schools | 58829 | 59080 |
| 初　中 | Junior Secondary Schools | 122843 | 120178 |
| 小　学 | Primary Schools | 138461 | 131947 |
| 特殊教育学校 | Special Schools | 720 | 838 |

# 17-2 主要年份每万人口在校学生数、每个教师负担学生数

# Students Enrollment per 10000 Persons and Students Taught by Every Teacher in Main Years

单位：人 (person)

| 年 份 Year | 平均每万人口在校学生数 Students Enrollment Per 10000 Persons | | | 平均每个教师负担学生数 Students Taught by Every Teacher | | |
|---|---|---|---|---|---|---|
| | 普通高校 College and University Students | 普通中学生 High School Students | 小学生 Primary School Students | 普通高校 College and University Students | 普通中学 Regular Secondary Schools | 小 学 Primary School Students |
| 1978 | 44.94 | 795.85 | 1178.65 | 3.10 | 18.25 | 24.05 |
| 1979 | 54.69 | 676.24 | 1182.47 | 3.71 | 17.01 | 22.67 |
| 1980 | 54.28 | 598.04 | 1175.91 | 3.65 | 15.83 | 21.80 |
| 1985 | 94.77 | 456.79 | 993.46 | 4.83 | 15.15 | 20.43 |
| 1986 | 99.43 | 471.25 | 967.81 | 4.87 | 16.10 | 21.05 |
| 1987 | 103.35 | 487.88 | 938.26 | 5.18 | 16.40 | 21.04 |
| 1988 | 112.42 | 481.43 | 919.33 | 5.52 | 16.21 | 21.05 |
| 1989 | 116.10 | 463.41 | 941.98 | 5.74 | 15.44 | 21.93 |
| 1990 | 110.16 | 446.65 | 963.03 | 5.52 | 15.25 | 22.79 |
| 1991 | 106.92 | 446.28 | 985.58 | 5.58 | 15.56 | 23.24 |
| 1992 | 109.37 | 461.81 | 1009.11 | 6.04 | 15.99 | 24.16 |
| 1993 | 126.51 | 469.79 | 1034.06 | 6.87 | 15.94 | 24.52 |
| 1994 | 139.74 | 475.66 | 1058.77 | 7.75 | 16.20 | 24.62 |
| 1995 | 147.56 | 494.03 | 1073.74 | 8.13 | 16.42 | 23.90 |
| 1996 | 151.23 | 516.39 | 1074.82 | 8.23 | 16.53 | 22.77 |
| 1997 | 153.60 | 538.65 | 1085.07 | 8.72 | 16.79 | 22.24 |
| 1998 | 160.76 | 562.95 | 1087.87 | 9.33 | 16.99 | 22.14 |
| 1999 | 196.03 | 581.75 | 1083.13 | 10.83 | 17.25 | 22.81 |
| 2000 | 264.14 | 606.92 | 1080.31 | 13.95 | 17.59 | 22.16 |
| 2001 | 343.44 | 642.86 | 1106.66 | 16.48 | 17.60 | 22.04 |
| 2002 | 414.97 | 668.15 | 1133.21 | 14.40 | 17.38 | 22.04 |
| 2003 | 516.75 | 705.69 | 1168.69 | 14.48 | 17.21 | 21.76 |
| 2004 | 623.14 | 719.53 | 1185.82 | 15.45 | 17.28 | 21.88 |
| 2005 | 738.58 | 733.24 | 1203.62 | 15.89 | 17.09 | 22.02 |
| 2006 | 814.28 | 746.16 | 1174.64 | 16.22 | 16.89 | 21.85 |
| 2007 | 888.35 | 745.78 | 1149.31 | 16.33 | 16.38 | 21.24 |
| 2008 | 938.77 | 742.25 | 1100.35 | 16.90 | 16.07 | 20.45 |
| 2009 | 1001.75 | 723.94 | 1043.13 | 17.30 | 15.50 | 19.61 |
| 2010 | 1046.88 | 709.90 | 1023.16 | 17.32 | 14.97 | 18.88 |
| 2011 | 1100.10 | 689.46 | 1006.37 | 17.31 | 14.48 | 18.74 |
| 2012 | 1142.17 | 669.67 | 1000.36 | 17.49 | 13.74 | 18.43 |
| 2013 | 1181.11 | 657.14 | 1032.38 | 17.74 | 13.41 | 19.06 |

# 17-3 主要年份各级各类学校在校学生数

## Students Enrollment by Various Schools in Main Years

单位：人 (person)

| 年 份<br>Year | 普通高等学校<br>Regular Institutions of Higher Education | 中等职业学校<br>Vocational Secondary Schools | 技工学校<br>Technical Schools | 普通中学<br>Regular Secondary Schools | 小 学<br>Primary Schools | 特殊教育学校<br>Special Schools |
|---|---|---|---|---|---|---|
| 1978 | 21699 | | | 384313 | 569165 | 326 |
| 1979 | 26982 | | | 333650 | 583418 | 274 |
| 1980 | 27239 | 18852 | 8273 | 300134 | 590146 | 289 |
| 1985 | 51647 | 48959 | 5615 | 248940 | 541420 | 372 |
| 1986 | 55223 | 61913 | 8670 | 261733 | 537528 | 481 |
| 1987 | 58402 | 69693 | 12479 | 275690 | 530189 | 546 |
| 1988 | 64859 | 78025 | 17225 | 277743 | 530368 | 651 |
| 1989 | 67969 | 84662 | 18514 | 271291 | 551458 | 724 |
| 1990 | 65465 | 95048 | 20319 | 265423 | 572286 | 854 |
| 1991 | 64389 | 103860 | 21692 | 268760 | 593537 | 949 |
| 1992 | 66958 | 113218 | 23842 | 282720 | 617779 | 1032 |
| 1993 | 78901 | 141307 | 25242 | 292991 | 644907 | 1680 |
| 1994 | 89019 | 154144 | 29742 | 303004 | 674464 | 3760 |
| 1995 | 95429 | 182090 | 36078 | 319493 | 694401 | 5411 |
| 1996 | 99214 | 212396 | 43446 | 338776 | 705134 | 6096 |
| 1997 | 102372 | 210956 | 50566 | 359000 | 723183 | 5977 |
| 1998 | 108378 | 210566 | 58396 | 379505 | 733375 | 5827 |
| 1999 | 134283 | 227084 | 59779 | 398499 | 741950 | 6106 |
| 2000 | 185078 | 219640 | 59570 | 425261 | 756961 | 5224 |
| 2001 | 244736 | 209340 | 64008 | 458099 | 788604 | 5877 |
| 2002 | 299037 | 200090 | 76660 | 481481 | 816617 | 5495 |
| 2003 | 374742 | 200337 | 87878 | 511756 | 847524 | 4947 |
| 2004 | 459676 | 184682 | 104317 | 530776 | 874749 | 5302 |
| 2005 | 554327 | 191499 | 122108 | 550320 | 903353 | 5010 |
| 2006 | 619442 | 216555 | 153175 | 567619 | 893575 | 5045 |
| 2007 | 687115 | 237411 | 173413 | 576845 | 888965 | 5340 |
| 2008 | 736152 | 244070 | 196197 | 582051 | 862859 | 5246 |
| 2009 | 796006 | 251077 | 242085 | 575252 | 828889 | 5131 |
| 2010 | 843934 | 248060 | 252812 | 572280 | 824807 | 5153 |
| 2011 | 896123 | 248614 | 269188 | 561618 | 819771 | 4527 |
| 2012 | 939208 | 239446 | 289967 | 550669 | 822594 | 4719 |
| 2013 | 983051 | 240579 | 279329 | 546941 | 859263 | 4389 |

# 17-4 普通高等院校各类专业本科学生数(2013年)

## lents Enrollment in Regular Institutions of Higher Education by Field of Study (2013)

单位:人 (person)

| 项　目 | Item | 毕业生数 Number of Graduates | 招生数 New Students Enrollment | 在校学生数 Number Of Students Enrollment |
|---|---|---|---|---|
| **合　计** | **Total** | **112553** | **140254** | **529460** |
| 哲　学 | Philosophy | 123 | 137 | 503 |
| 经济学 | Economics | 12536 | 15086 | 56311 |
| 法　学 | Law | 5570 | 5550 | 22706 |
| 教育学 | Education | 2708 | 2971 | 11487 |
| 文　学 | Literature | 12374 | 17342 | 62876 |
| 历史学 | History | 464 | 474 | 1800 |
| 理　学 | Science | 6914 | 8959 | 33876 |
| 工　学 | Engineering | 29968 | 38162 | 143113 |
| 农　学 | Agriculture | 1507 | 1836 | 7185 |
| 医　学 | Medicine | 9131 | 9691 | 42933 |
| 管理学 | Management | 31258 | 40046 | 146670 |

注：2011年起普通高等院校各类专业本科学生数统计口径有调整。

Note:Since 2011,students enrollment in regular institutions of higher education have been adjusted.

# 17-5 主要年份研究生基本情况

## Basic Statistics on Postgraduates in Main Years

单位：人 (person)

| 年份 Year | 培养单位（所） Training Units (unit) | #普通高校 Regular Institutions of Higher Education | 毕业生数 Graduates | #普通高校 Regular Institutions of Higher Education | #博士 Doctors |
|---|---|---|---|---|---|
| 1985 | 15 | 12 | 654 | 650 | 7 |
| 1990 | 25 | 13 | 1491 | 1438 | 101 |
| 1991 | 24 | 13 | 1272 | 1234 | 109 |
| 1992 | 19 | 13 | 947 | 917 | 76 |
| 1993 | 18 | 13 | 1025 | 1003 | 76 |
| 1994 | 18 | 13 | 1079 | 1064 | 142 |
| 1995 | 21 | 13 | 1259 | 1215 | 154 |
| 1996 | 21 | 13 | 1440 | 1396 | 188 |
| 1997 | 21 | 13 | 1770 | 1715 | 253 |
| 1998 | 21 | 13 | 1843 | 1759 | 420 |
| 1999 | 21 | 13 | 2168 | 2059 | 371 |
| 2000 | 21 | 13 | 2131 | 2028 | 417 |
| 2001 | 22 | 14 | 2753 | 2671 | 540 |
| 2002 | 20 | 12 | 3133 | 3022 | 574 |
| 2003 | 20 | 12 | 4439 | 4299 | 772 |
| 2004 | 24 | 16 | 6541 | 6303 | 1160 |
| 2005 | 24 | 16 | 9006 | 8699 | 1331 |
| 2006 | 24 | 16 | 11790 | 11360 | 1579 |
| 2007 | 26 | 18 | 12624 | 12170 | 1751 |
| 2008 | 26 | 18 | 14773 | 14286 | 2086 |
| 2009 | 26 | 18 | 15395 | 14969 | 2462 |
| 2010 | 26 | 18 | 16244 | 15828 | 2265 |
| 2011 | 26 | 18 | 18584 | 18155 | 2374 |
| 2012 | 27 | 19 | 20816 | 20372 | 2583 |
| 2013 | 27 | 19 | 21833 | 21382 | 2700 |

## 17-5 续表 continued

单位:人 (person)

| 年 份 Year | 招生数 New Students Enrollment | # 普通高校 Regular Institutions of Higher Education | # 博 士 Doctors | 在校学生数 Students Enrollment | # 普通高校 Regular Institutions of Higher Education | # 博 士 Doctors |
|---|---|---|---|---|---|---|
| 1985 | 1526 | 1518 | 74 | 2878 | 2859 | 92 |
| 1990 | 1113 | 1090 | 76 | 3355 | 3264 | 293 |
| 1991 | 1171 | 1157 | 167 | 3216 | 3149 | 338 |
| 1992 | 1258 | 1228 | 162 | 3492 | 3426 | 417 |
| 1993 | 1521 | 1490 | 201 | 3940 | 3865 | 533 |
| 1994 | 1866 | 1831 | 298 | 4656 | 4562 | 681 |
| 1995 | 1875 | 1782 | 407 | 5283 | 5080 | 935 |
| 1996 | 2367 | 2249 | 457 | 6162 | 5888 | 1192 |
| 1997 | 2387 | 2288 | 457 | 6696 | 6388 | 1391 |
| 1998 | 2997 | 2921 | 582 | 7821 | 7521 | 1539 |
| 1999 | 3673 | 3559 | 788 | 9253 | 8952 | 1933 |
| 2000 | 5435 | 5274 | 1048 | 12492 | 12135 | 2549 |
| 2001 | 7080 | 6837 | 1352 | 17150 | 16631 | 3421 |
| 2002 | 8245 | 7910 | 1596 | 20408 | 19674 | 4256 |
| 2003 | 10864 | 10403 | 2104 | 26294 | 25253 | 5499 |
| 2004 | 13642 | 13143 | 2656 | 34599 | 33302 | 7474 |
| 2005 | 15642 | 15140 | 2780 | 40594 | 39124 | 8980 |
| 2006 | 17093 | 16586 | 2672 | 45238 | 43725 | 9149 |
| 2007 | 18084 | 17578 | 2819 | 49838 | 48298 | 9846 |
| 2008 | 19298 | 18776 | 2893 | 53826 | 52313 | 10753 |
| 2009 | 22181 | 21684 | 3132 | 60129 | 58635 | 11530 |
| 2010 | 23390 | 22844 | 3059 | 65911 | 64321 | 11528 |
| 2011 | 24216 | 23690 | 3119 | 69825 | 68223 | 12125 |
| 2012 | 25042 | 24504 | 3195 | 73118 | 71484 | 12526 |
| 2013 | 26002 | 25457 | 3294 | 76193 | 74535 | 13389 |

# 17-6　普通高等院校本专科基本情况(2013年)

单位：人

| 院 校 名 称 | Name of Universities, Institutes and Colleges |
|---|---|
| **合　　计** | **Total** |
| 中山大学 | Sun Yat-sen University |
| 华南理工大学 | South China University of Technology |
| 暨南大学 | Jinan University |
| 华南农业大学 | South China Agricultural University |
| 南方医科大学 | Southern Medical University |
| 广州中医药大学 | Guangzhou University of Traditional Chinese Medicine |
| 华南师范大学 | South China Normal University |
| 广东工业大学 | Guangdong University of Technology |
| 广东外语外贸大学 | Guangdong University of Foreign Studies |
| 广东财经大学 | Guangdong Business Institute |
| 仲恺农业工程学院 | Zhongkai Agritechnical College |
| 广东药学院 | Guangdong Medicine Institute |
| 星海音乐学院 | Xinghai Conservatory of Music |
| 广州美术学院 | Guangzhou Academy of Fine Arts |
| 广州体育学院 | Guangzhou Institute of Physical Education |
| 广东技术师范学院 | Guangdong Polytechnic Normal University |
| 广东金融学院 | Guangdong Finance College |
| 广东警官学院 | Guangdong Police College |
| 广州大学 | Guangzhou University |
| 广州医学院 | Guangzhou Medical Institute |
| 广东白云学院 | Guangdong Baiyun Vocational Technical College |
| 广东培正学院 | Guangdong Peizheng College |
| 广东第二师范学院 | Guangdong University of Education |
| 广州民航职业技术学院 | Guangzhou Civil Aviation College |
| 广州航海学院 | Guangzhou Maritime College |
| 广东轻工职业技术学院 | Guangdong Light Industry Technical College |
| 广东省外语艺术职业学院 | Guangdong College of Foreign Languages and Art |
| 广东机电职业技术学院 | Guangdong Machinery and Electricity College |
| 广东工贸职业技术学院 | Guangdong Vocational College of Industry & Commerce |
| 广东交通职业技术学院 | Guangdong Communication Polytechnic College |
| 广东水利电力职业技术学院 | Guangdong Technical College of Water Resources and Electric Engineering |
| 广东财经职业学院 | Guangdong Vocational College of Finance and Economics |
| 广东司法警官职业学院 | Judicial Police Officers' Professional Institute of Guangdong |
| 广东女子职业技术学院 | Guangdong Women's Professional College |
| 广东农工商职业技术学院 | Guangdong AIB Polytechnic College |
| 广东邮电职业技术学院 | Guangdong Posts & Telecom Vocational Technology College |
| 广东建设职业技术学院 | Guangdong Construction Vocational Technology Institute |
| 广东行政职业学院 | Guangdong Vocational of Administration |

# Basic Statistics on Regular Institutions of Higher Education (2013)

(person)

| 毕业生数 Number of Graduates | 招生数 Number of New Entrants | 在校学生数 Number of Enrolled Students | 校本部教职工人数 Number of Teachers and Staff | # 专任教师 Full-time Teachers | # 正高级 Professors | # 副高级 Associate Professors | # 中级 Lecturers |
|---|---|---|---|---|---|---|---|
| **240789** | **296530** | **983051** | **78489** | **55416** | **7547** | **14757** | **22398** |
| 7408 | 7882 | 32563 | 5585 | 3456 | 1169 | 1137 | 882 |
| 5986 | 6187 | 24803 | 4167 | 2705 | 659 | 951 | 1072 |
| 3983 | 5166 | 19501 | 3107 | 1922 | 504 | 692 | 620 |
| 8872 | 9396 | 38302 | 2707 | 2005 | 354 | 627 | 874 |
| 3377 | 3096 | 14870 | 2087 | 1377 | 243 | 429 | 482 |
| 3165 | 3440 | 14212 | 1625 | 1289 | 347 | 437 | 364 |
| 7490 | 6931 | 27464 | 2993 | 2105 | 524 | 591 | 839 |
| 10942 | 10535 | 43127 | 3181 | 2605 | 392 | 803 | 1240 |
| 5407 | 5034 | 20013 | 2022 | 1304 | 239 | 372 | 511 |
| 6045 | 5809 | 21668 | 1437 | 1170 | 210 | 362 | 519 |
| 2863 | 4922 | 16970 | 1215 | 856 | 122 | 223 | 393 |
| 5555 | 4976 | 20701 | 1695 | 1498 | 160 | 417 | 749 |
| 947 | 973 | 3678 | 467 | 343 | 42 | 86 | 159 |
| 1215 | 1384 | 5328 | 698 | 442 | 71 | 127 | 171 |
| 1564 | 1682 | 6430 | 615 | 421 | 59 | 107 | 193 |
| 3112 | 6011 | 18702 | 1340 | 912 | 135 | 277 | 421 |
| 5306 | 5100 | 20768 | 1277 | 915 | 104 | 221 | 489 |
| 1076 | 1032 | 6207 | 478 | 273 | 39 | 111 | 101 |
| 8228 | 10340 | 34296 | 2813 | 1796 | 296 | 648 | 530 |
| 2714 | 2403 | 9900 | 2103 | 1450 | 329 | 622 | 378 |
| 3410 | 4309 | 14848 | 919 | 709 | 65 | 156 | 296 |
| 4110 | 3938 | 13628 | 937 | 644 | 49 | 80 | 325 |
| 1049 | 2656 | 9854 | 688 | 462 | 44 | 122 | 157 |
| 3390 | 3705 | 10829 | 617 | 494 | 14 | 74 | 288 |
| 2507 | 5356 | 8481 | 686 | 418 | 34 | 137 | 212 |
| 5891 | 7029 | 19686 | 1175 | 871 | 71 | 259 | 448 |
| 2075 | 2924 | 8073 | 526 | 368 | 13 | 108 | 202 |
| 4658 | 4873 | 14886 | 791 | 655 | 7 | 159 | 279 |
| 1581 | 4871 | 14087 | 846 | 589 | 11 | 110 | 336 |
| 4863 | 4578 | 14102 | 877 | 613 | 25 | 136 | 381 |
| 3206 | 4057 | 12825 | 679 | 526 | 22 | 156 | 258 |
| | | | | | | | |
| 1163 | 1594 | 4875 | 282 | 185 | 9 | 62 | 91 |
| 1897 | 1989 | 6037 | 399 | 237 | 11 | 69 | 128 |
| 5543 | 6911 | 19722 | 995 | 865 | 18 | 165 | 447 |
| 783 | 913 | 2238 | 360 | 105 | | 32 | 55 |
| 1717 | 2294 | 7062 | 378 | 250 | 2 | 49 | 127 |
| 2097 | 1807 | 5382 | 426 | 285 | 36 | 94 | 93 |

## 17-6 续表

单位：人

| 院 校 名 称 | Name of Universities, Institutes and Colleges |
|---|---|
| 广东体育职业技术学院 | Guangdong Sports Vocational Technical Institute |
| 广东食品药品职业学院 | Guangdong Food and Drug Vocational School |
| 广东文艺职业学院 | Guangdong Vocational Literature and Art College |
| 广州工程技术职业学院 | Guangzhou Institute of Technology |
| 广州番禺职业技术学院 | Guangzhou Panyu Polytechnic College |
| 广州体育职业技术学院 | Guangzhou Sports Training and Technical College |
| 广东理工职业学院 | Guangdong Polytechnic Institute of Technology |
| 广州城市职业学院 | Guangzhou City Polytechnic College |
| 广东工程职业技术学院 | Guangdong Polytechnic College of Engineering |
| 广州铁路职业技术学院 | Guangzhou Railway Vocational Technical College |
| 广东科贸职业学院 | Guangdong Vocational College of Science and Trade |
| 广州科技贸易职业学院 | Guangzhou Polytechnic of Science and Trade |
| 广东青年职业学院 | Guangdong Youth Polytechnic College |
| 广东舞蹈戏剧职业学院 | Guangdong Dance and Drama College |
| 民办南华工商学院 | Nanhua Industrial and Commercial College |
| 私立华联学院 | Private Hualian University |
| 广东岭南职业技术学院 | Guangdong Lingnan Polytechnic College |
| 广州康大职业技术学院 | Kanda Vocational Technical College |
| 广州工商职业技术学院 | GuangZhou Vocational&Technical Instiute of Industry & Commerce |
| 广州涉外经济职业技术学院 | Guangzhou International Economics College |
| 广州南洋理工职业学院 | Guangzhou Nanyang Institute of Technology |
| 广州科技职业技术学院 | Guangzhou Vocational College of Science and Technology |
| 广州现代信息工程职业技术学院 | Guangzhou Modern Information Engineering College |
| 广州华南商贸职业学院 | South China Business Trade College |
| 广州华立科技职业学院 | Guangzhou HuaLi Vocational College of Science and Technology |
| 广州珠江职业技术学院 | Guangzhou Pearl-river Vocational College of Technology |
| 广州松田职业学院 | Guangzhou Songtian Polytechnic College |
| 广州城建职业学院 | Guangzhou City Construction College |
| 广州华商职业学院 | Guangzhou Huashang Vocational College |
| 广州华夏职业学院 | Guangzhou Huaxia Technical College |
| 广州东华职业学院 | Guangdong Donghua Polytechnic College |
| 广东工业大学华立学院 | Huali College, Guangdong University |
| 广州大学松田学院 | Songtian College, Guangzhou University |
| 华南师范大学增城学院 | Zengcheng College of SCNU |
| 中山大学新华学院 | Xinhua College of SYSU |
| 广州大学华软软件学院 | South Institute of Software Engineering |
| 中山大学南方学院 | Nanfang College of SYSU |
| 广东外语外贸大学南国商学院 | South China Business College, Guangdong University of Foreign Studies |
| 广东财经大学华商学院 | Huashang College, Guangdong University of Business Studies |
| 华南农业大学珠江学院 | Zhujiang College of South China Agriculture University |
| 广东技术师范学院天河学院 | Tianhe College of Guangdong Polytechnic Normal University |
| 华南理工大学广州学院 | Guangzhou College of SCUT |

continued

(person)

| 毕业生数 Number of Graduates | 招生数 Number of New Entrants | 在校学生数 Number of Enrolled Students | 校本部教职工人数 Number of Teachers and Staff | # 专任教师 Full-time Teachers | # 正高级 Professors | # 副高级 Associate Professors | # 中级 Lecturers |
|---|---|---|---|---|---|---|---|
| 701 | 910 | 2292 | 258 | 126 | 4 | 31 | 54 |
| 3205 | 4964 | 12463 | 614 | 565 | 29 | 87 | 265 |
| 1164 | 1389 | 3995 | 332 | 213 | 6 | 26 | 82 |
| 2115 | 2771 | 8135 | 501 | 374 | 5 | 84 | 194 |
| 3348 | 3612 | 10594 | 912 | 535 | 20 | 109 | 256 |
| 391 | 523 | 1727 | 430 | 165 | 6 | 40 | 82 |
| 3121 | 3416 | 9906 | 713 | 412 | 21 | 68 | 258 |
| 2612 | 3126 | 9317 | 565 | 436 | 21 | 118 | 243 |
| 2761 | 4292 | 11499 | 603 | 508 | 10 | 88 | 305 |
| 1968 | 2846 | 7715 | 556 | 338 | 8 | 81 | 160 |
| 1949 | 2747 | 7736 | 496 | 337 | 7 | 69 | 149 |
| 2100 | 2341 | 6963 | 454 | 324 | 7 | 64 | 179 |
| | 1395 | 5887 | 340 | 273 | 7 | 53 | 87 |
| | 236 | 281 | 223 | 171 | 2 | 37 | 67 |
| 3186 | 3624 | 10269 | 527 | 430 | 15 | 85 | 195 |
| 1917 | 3254 | 8650 | 572 | 389 | 21 | 60 | 112 |
| 5729 | 5521 | 15705 | 935 | 706 | 19 | 153 | 171 |
| 2175 | 2573 | 7525 | 488 | 315 | 8 | 55 | 166 |
| 4036 | 2485 | 9055 | 823 | 556 | 63 | 140 | 200 |
| 2512 | 3532 | 9468 | 533 | 422 | 24 | 67 | 131 |
| 1995 | 3387 | 9461 | 644 | 406 | 8 | 73 | 138 |
| 3037 | 4026 | 11329 | 787 | 540 | 14 | 109 | 117 |
| 772 | 2236 | 6193 | 548 | 359 | 9 | 39 | 87 |
| 1293 | 1825 | 5137 | 374 | 240 | 4 | 46 | 93 |
| 3112 | 3646 | 9643 | 599 | 472 | 24 | 83 | 239 |
| 585 | 1490 | 4116 | 332 | 241 | 23 | 26 | 58 |
| 1799 | 1424 | 4841 | 276 | 224 | 10 | 23 | 87 |
| 5110 | 5487 | 15725 | 946 | 728 | 30 | 149 | 278 |
| 1347 | 3579 | 8867 | 454 | 351 | 1 | 38 | 74 |
| 1127 | 3521 | 7692 | 632 | 393 | 18 | 62 | 63 |
| | 1558 | 3042 | 208 | 151 | 2 | 28 | 113 |
| 3379 | 5364 | 18558 | 1265 | 923 | 51 | 231 | 373 |
| 2022 | 2635 | 9242 | 525 | 421 | 36 | 63 | 230 |
| 2272 | 2818 | 9737 | 698 | 539 | 61 | 114 | 242 |
| 1304 | 4776 | 13244 | 644 | 504 | 89 | 113 | 110 |
| 3006 | 2763 | 10933 | 742 | 530 | 40 | 104 | 256 |
| 3767 | 4386 | 18520 | 589 | 466 | 41 | 66 | 184 |
| 1825 | 2175 | 8655 | 738 | 460 | 83 | 100 | 163 |
| 3856 | 5619 | 19821 | 945 | 788 | 78 | 114 | 251 |
| 2216 | 2594 | 10746 | 662 | 494 | 58 | 116 | 180 |
| 3171 | 4501 | 14650 | 846 | 715 | 57 | 132 | 285 |
| 3609 | 5060 | 17599 | 967 | 756 | 78 | 205 | 311 |

# 17-7 各类学校数及在校学生数（2013年）

## Number of Schools and Enrolled Students by Type of School (2013)

| 项目 | Item | 全市 Total | 市区 Urban Districts | 增城市 Zengcheng | 从化市 Conghua |
|---|---|---|---|---|---|
| **各类学校数合计（所）** | **Total Number of Schools (unit)** | **1685** | **1426** | **158** | **101** |
| 普通高等学校 | Regular Institutions of Higher Education | 80 | 67 | 7 | 6 |
| 中等职业学校 | Vocational Secondary Schools | 85 | 81 | 3 | 1 |
| 技工学校 | Technical Schools | 69 | 66 | 2 | 1 |
| 普通中学 | Regular Secondary Schools | 494 | 417 | 50 | 27 |
| #高　中 | Senior Secondary Schools | 124 | 106 | 10 | 8 |
| 小　学 | Primary Schools | 936 | 776 | 95 | 65 |
| 特殊学校 | Special Schools | 21 | 19 | 1 | 1 |
| **各类学校在校学生数（人）** | **Number of Enrolled Students by Type of School(person)** | **2913552** | **2530772** | **224246** | **158534** |
| 普通高等学校 | Regular Institutions of Higher Education | 983051 | 834886 | 75088 | 73077 |
| 中等职业学校 | Vocational Secondary Schools | 240579 | 226705 | 10137 | 3737 |
| 技工学校 | Technical Schools | 279329 | 267111 | 6375 | 5843 |
| 普通中学 | Regular of Secondary Schools | 546941 | 447874 | 60311 | 38756 |
| #高　中 | Senior Secondary Schools | 177227 | 143378 | 21937 | 11912 |
| 小　学 | Primary Schools | 859263 | 750241 | 72074 | 36948 |
| 特殊学校 | Special Schools | 4389 | 3955 | 261 | 173 |

# 17-8 各类学校招生数及毕业生数(2013年)

# New Students Enrollment and Graduates by Type of School (2013)

单位：人 (person)

| 项　目 | Item | 全市 Total | 市区 Urban Districts | 增城市 Zengcheng | 从化市 Conghua |
|---|---|---|---|---|---|
| **各类学校招生数** | **Number of New Students Enrollment by Type of School** | **831559** | **721569** | **63221** | **46769** |
| 普通高等学校 | Regular Institutions of Higher Education | 296530 | 250635 | 23757 | 22138 |
| 中等职业学校 | Vocational Secondary Schools | 86482 | 82025 | 3157 | 1300 |
| 技工学校 | Technical Schools | 97372 | 90769 | 3300 | 3303 |
| 普通中学 | Regular Secondary Schools | 182627 | 151221 | 18971 | 12435 |
| #高　中 | Senior Secondary Schools | 60452 | 48885 | 7434 | 4133 |
| 小　学 | Primary Schools | 167919 | 146342 | 14007 | 7570 |
| 特殊学校 | Special Schools | 629 | 577 | 29 | 23 |
| **各类学校毕业生数** | **Number of Graduates by Type of School** | **677503** | **580289** | **56182** | **41032** |
| 普通高等学校 | Regular Institutions of Higher Education | 240789 | 207468 | 16100 | 17221 |
| 中等职业学校 | Vocational Secondary Schools | 73977 | 69132 | 3797 | 1048 |
| 技工学校 | Technical Schools | 50694 | 49212 | 822 | 660 |
| 普通中学 | Regular Secondary Schools | 179258 | 142227 | 23045 | 13986 |
| #高　中 | Senior Secondary Schools | 59080 | 47922 | 7275 | 3883 |
| 小　学 | Primary Schools | 131947 | 111479 | 12386 | 8082 |
| 特殊学校 | Special Schools | 838 | 771 | 32 | 35 |

## 17-9 高中、初中、小学毕业生升学情况

| 项　　目 | Item |
|---|---|
| 高中毕业生数 (人) | Graduates of Senior Secondary Schools (person) |
| 已升学人数 (人) | Students Entering Institution of Higher Education (person) |
| 升学率 (%) | Percentage of Graduates of Senior Secondary Schools Entering Institution of Higher Education (%) |
| 初中毕业生数 (人) | Graduates of Junior Secondary Schools (person) |
| 已升学人数 (人) | Students Entering Senior Secondary Schools (person) |
| 升学率 (%) | Percentage of Graduates of Junior Secondary Schools Entering Senior Secondary Schools (%) |
| 小学毕业生数 (人) | Graduates of Primary Schools (person) |
| 已升学人数 (人) | Students Entering Junior Secondary Schools (person) |
| 升学率 (%) | Percentage of Graduates of Primary Schools Entering Junior Secondary Schools (%) |

## 17-10 普通中学专任教师学历情况(2013年)

| 项　　目 | Item |
|---|---|
| **合　计** | **Total** |
| 研究生毕业 | Postgraduates |
| 本科毕业 | Graduates Attending Regular College Course |
| 专科及以下毕业 | Graduates Attending Specialized Subject |

注：教师学历达标率:高中:99.32%，初中:99.86%。

## Statistics on Graduates of Senior, Junior Secondary Schools and Primary Schools Entering Higher Level Schools

| 2012 | | | 2013 | | |
|---|---|---|---|---|---|
| 全 市 Total | 市 区 Urban Districts | 县级市 Cities at County Level | 全 市 Total | 市 区 Urban Districts | 县级市 Cities at County Level |
| 58829 | 48584 | 10245 | 59080 | 47922 | 11158 |
| 54799 | 45786 | 9013 | 54127 | 44157 | 9970 |
| 93.15 | 94.24 | 87.97 | 91.62 | 92.14 | 89.35 |
| 122843 | | | 120178 | | |
| 108139 | | | 114480 | | |
| 88.03 | | | 95.26 | | |
| 138461 | 115938 | 22523 | 131947 | 111479 | 20468 |
| 137874 | 115351 | 22523 | 128734 | 109279 | 19455 |
| 99.58 | 99.49 | 100.00 | 97.56 | 98.03 | 95.05 |

## Diploma Qualifications of Full-time Teachers in Regular Secondary Schools (2013)

| 人 数 (人) Personnel (person) | 高 中 Senior Secondary Schools | 初 中 Junior Secondary Schools | 构 成 (%) Composition (%) | 高 中 Senior Secondary Schools | 初 中 Junior Secondary Schools |
|---|---|---|---|---|---|
| **40791** | **13597** | **27194** | **100.00** | **100.00** | **100.00** |
| 2544 | 1544 | 1000 | 6.24 | 11.36 | 3.68 |
| 35053 | 11961 | 23092 | 85.93 | 87.96 | 84.91 |
| 3194 | 92 | 3102 | 7.83 | 0.68 | 11.41 |

Note: The academic qualification rate of teachers in senior secondary schools is 99.32 percent, that in junior secondary schools is 99.86 percent.

## 17-11 各类学校教职工人数及专任教师数（2013年）

## Staff and Workers and Full-time Teachers by Type of School (2013)

单位：人 (person)

| 项 目 | Item | 全 市 Total | 市 区 Urban Districts | 增城市 Zengcheng | 从化市 Conghua |
|---|---|---|---|---|---|
| **各类学校教职工人数** | **Number of Staff and Workers by Type of School** | **204826** | **178461** | **15764** | **10601** |
| 普通高等学校 | Regular Institutions of Higher Education | 83404 | 74758 | 4419 | 4227 |
| 中等职业学校 | Vocational Secondary Schools | 11310 | 10612 | 578 | 120 |
| 技工学校 | Technical Schools | 11784 | 11169 | 370 | 245 |
| 普通中学 | Regular Secondary Schools | 48360 | 39775 | 5563 | 3022 |
| 小 学 | Primary Schools | 49008 | 41219 | 4810 | 2979 |
| 特殊学校 | Special Schools | 960 | 928 | 24 | 8 |
| **各类学校专任教师数** | **Number of Full-time Teachers by Type of School** | **157458** | **135482** | **13382** | **8594** |
| 普通高等学校 | Regular Institutions of Higher Education | 55416 | 48979 | 3420 | 3017 |
| 中等职业学校 | Vocational Secondary Schools | 7768 | 7191 | 475 | 102 |
| 技工学校 | Technical Schools | 7680 | 7240 | 298 | 142 |
| 普通中学 | Regular Secondary Schools | 40791 | 33362 | 4860 | 2569 |
| # 高 中 | Senior Secondary Schools | 13597 | 11258 | 1551 | 788 |
| 小 学 | Primary Schools | 45075 | 38011 | 4307 | 2757 |
| 特殊学校 | Special Schools | 728 | 699 | 22 | 7 |

## 17-12 学生辍学情况

## Statistics on Students Dropping Out of Schools

| 项 目 | Item | 2012 全 市 Total | 2012 市 区 Urban Districts | 2012 县级市 Cities at County Level | 2013 全 市 Total | 2013 市 区 Urban Districts | 2013 县级市 Cities at County Level |
|---|---|---|---|---|---|---|---|
| **高 中** | **Senior Secondary Schools** | | | | | | |
| 上学年初学生（人） | Number of Students at the Beginning of Preceding Academic Year (person) | 175369 | 142416 | 32953 | 110261 | 94768 | 15493 |
| # 辍学生 （人） | Students Dropping Out of Schools (person) | 1127 | 1003 | 124 | 2017 | 1962 | 55 |
| 辍学率 （%） | Percentage of Students Dropping Out of Schools(%) | 0.64 | 0.70 | 0.38 | 1.83 | 2.07 | 0.35 |
| **初 中** | **Junior Secondary Schools** | | | | | | |
| 上学年初学生（人） | Number of Students at the Beginning of Preceding Academic Year (person) | 379795 | 299930 | 79865 | 372298 | 299235 | 73063 |
| # 辍学生 （人） | Students Dropping Out of Schools (person) | 1484 | 892 | 592 | 2344 | 1841 | 503 |
| 辍学率 （%） | Percentage of Students Dropping Out of Schools(%) | 0.39 | 0.30 | 0.74 | 0.63 | 0.62 | 0.69 |
| **小 学** | **Primary Schools** | | | | | | |
| 上学年初学生（人） | Number of Students at the Beginning of Preceding Academic Year (person) | 814242 | 702487 | 111755 | 815431 | 707970 | 107461 |
| # 辍学生 （人） | Students Dropping Out of Schools (person) | 363 | 361 | 2 | 257 | 256 | 1 |
| 辍学率 （%） | Percentage of Students Dropping Out of Schools(%) | 0.04 | 0.05 | … | 0.03 | 0.04 | … |

# 17-13 小学教育情况

## Statistics on Primary Education

| 项　　目 | Item | 2012 全　市 Total | 2012 市　区 Urban Districts | 2012 县级市 Cities at County | 2013 全　市 Total | 2013 市　区 Urban Districts | 2013 县级市 Cities at County |
|---|---|---|---|---|---|---|---|
| 适龄儿童入学率　(%) | Percentage of School-age Children Enrolled　(%) | 100.00 | 100.00 | 100.00 | 100.00 | 100.00 | 100.00 |
| 6-11岁学龄儿童数　(人) | Number of 6-11 School-age Children　(person) | 792376 | 687698 | 104678 | 834219 | 727691 | 106528 |
| # 已入学人数　(人) | Number of Children Enrolled in Schools(person) | 792376 | 687698 | 104678 | 834219 | 727691 | 106528 |
| 毕业率　(%) | Percentage of Graduation　(%) | 100.18 | 100.36 | 99.30 | 99.29 | 98.84 | 101.85 |
| 上学年预计毕业生数(人) | Number of Graduated Pupils in Previous Year (person) | 138208 | 115526 | 22682 | 132884 | 112787 | 20097 |
| 毕业生人数　(人) | Number of Graduates　(person) | 138461 | 115938 | 22523 | 131947 | 111479 | 20468 |

# 17-14 成人高等教育基本情况

## Basic Statistics on Adult Higher Education

单位：人　(person)

| 项　　目 | Item | 2012 全　市 Total | 2012 # 市　区 Urban Districts | 2013 全　市 Total | 2013 # 市　区 Urban Districts |
|---|---|---|---|---|---|
| **成人高等教育** | **Higher Education for Adults** | | | | |
| 学校数　(所) | Number of Schools　(unit) | 9 | 9 | 10 | 10 |
| 教职工人数 | Number of Teachers and Staff | 3545 | 3545 | 3462 | 3462 |
| # 专任教师数 | Number of Full-time Teachers | 2149 | 2149 | 2066 | 2066 |
| 聘请校外教师(人次) | Number of Teachers Engaged from Other Schools(Person-time) | 3919 | 3919 | 3941 | 3941 |
| 毕业生 | Graduates | 89769 | 89769 | 82751 | 82751 |
| 招生数 | New Students Enrollment | 108466 | 108466 | 118864 | 118864 |
| 在校学生数 | Students Enrolled | 282370 | 282370 | 306649 | 306649 |

# 17-15 成人高等教育在校学生数

## Number of Students Enrolled in Adult Higher Education by Level

单位：人 (person)

| 项 目 | Item | 2012 全市 Total | 2012 #市区 Urban Districts | 2013 全市 Total | 2013 #市区 Urban Districts |
|---|---|---|---|---|---|
| **成人高等教育** | **Higher Education for Adults** | **282370** | **282370** | **306649** | **306649** |
| 成人高等学校 | Institutions of Higher Education for Adults | 12829 | 12829 | 11352 | 11352 |
| 广播电视大学 | Radio and TV Universities | 10226 | 10226 | 8736 | 8736 |
| 职工高等学校 | Schools of Higher Education for Staff and Workers | 2603 | 2603 | 2616 | 2616 |
| 管理干部学院 | Colleges for Management Cadres | | | | |
| 普通高校附设 | Departments Run by Regular Institutions of Higher Education | 269541 | 269541 | 295297 | 295297 |
| 函 授 | Correspondence Divisions | 79634 | 79634 | 81980 | 81980 |
| 业 余 | Evening Universities | 189746 | 189746 | 213317 | 213317 |
| 脱 产 | Courses in Form of Full Time for Adults | 161 | 161 | | |

# 17-16 民办普通中小学及幼儿园情况(2013年)

## Statistics on Regular Secondary Schools, Primary Schools and Kindergartens Run by Society (2013)

单位：人 (person)

| 项 目 | Item | 学校数(所) Number of Schools (unit) | 毕业生数 Number of Graduates | 招生数 Number of New Entrants | 在校学生数 Number of Enrolled Students | 教职工数 Number of Teachers and Staff | #专任教师 Full-time Teachers |
|---|---|---|---|---|---|---|---|
| **合 计** | **Total** | **1454** | **136740** | **190962** | **674320** | **62379** | **38898** |
| 普通中学 | Regular Secondary Schools | 187 | 31553 | 43487 | 119097 | 11043 | 7381 |
| 高 中 | Senior Secondary Schools | 19 | 3565 | 3871 | 11127 | | |
| 初 中 | Junior Secondary Schools | 168 | 27988 | 39616 | 107970 | | |
| 小 学 | Primary Schools | 153 | 39728 | 62294 | 295153 | 15336 | 13558 |
| 幼儿园 | Kindergartens | 1114 | 65459 | 85181 | 260070 | 36000 | 17959 |

## 17-17 幼儿园基本情况

## Basic Statistics on Kindergartens

| 项目 | Item | 2012 全市 Total | 2012 市区 Urban Districts | 2012 县级市 Cities at County Level | 2013 全市 Total | 2013 市区 Urban Districts | 2013 县级市 Cities at County Level |
|---|---|---|---|---|---|---|---|
| **幼儿园数 (所)** | **Number of Kindergartens (unit)** | **1601** | **1441** | **160** | **1562** | **1389** | **173** |
| 教育部门及集体办 | Kindergartens Run by Educational Departments and Collective Behavior | 301 | 258 | 43 | 350 | 303 | 47 |
| 其他部门办 | Kindergartens Run by Other Departments | 80 | 76 | 4 | 98 | 94 | 4 |
| 民办 | Kindergartens Run by Society | 1220 | 1107 | 113 | 1114 | 992 | 122 |
| **教职工人数 (人)** | **Number of Teachers and Staff (person)** | **51345** | **46170** | **5175** | **51558** | **45708** | **5850** |
| # 教师 | Teachers | 25393 | 22833 | 2560 | 26119 | 23130 | 2989 |
| **在园幼儿数 (人)** | **Number of Student Enrollment (person)** | **383364** | **340208** | **43156** | **378728** | **332281** | **46447** |

## 17-18 体育事业基本情况

## Basic Statistics on Sports

| 项目 | Item | 2012 | 2013 |
|---|---|---|---|
| 群众体育活动情况 | Mass Sports Activities | | |
| 市区街三级全民健身活动及比赛 (项) | Number of Nationwide Body-building Activities Run by Municipal and District Institutions (times) | 2231 | 2210 |
| 参加市区街三级全民健身活动人数 (万人次) | Number of Persons Taking Part in Nationwide Body- building Activities Run by Municipal and District Institutions (10000 person-times) | 815 | 820 |
| 举办国际、国内单项比赛次数 (次) | Number of international and national individual competitions (times) | 116 | 127 |
| 破纪录 | Records Chalked up | | |
| 破世界纪录 (项、人次) | World Records Chalked up (item, person-times) | | |
| 破亚洲纪录 (项、人次) | Asian Records Chalked up (item, person-times) | | |
| 破全国纪录 (项、人次) | National Records Chalked up (item, person-times) | | 1项1人次 |
| 获得冠军 | Champions Won | | |
| 广州运动员获世界冠军 (项、人次) | World Champions (item, person-times) | 9项8人次 | 13项14人次 |
| 广州运动员获亚洲冠军 (项、人次) | Asian Champions (item, person-times) | 18项11人次 | 9项11人次 |
| 广州运动员获全国冠军 (项、人次) | National Champions (item, person-times) | 52项53人次 | 37项51人次 |

# 17-19 文化主要指标

| 项　　目 | | Item | |
|---|---|---|---|
| **电影、艺术** | | **Films and Arts** | |
| 全年摄制完成影片 | (部) | Film Production | (film) |
| # 故事片 | | Feature Films | |
| 全年发行各种新影片 | (部) | Release of Various New Films | (film) |
| # 国产与合拍片 | | Chinese-made Films | |
| 进口片 | | Hong Kong-made and Import Films | |
| 电影放映、艺术表演单位 | | Film Projection Units and Art Performance Units | |
| 电影院 | (间) | Cinemas | (unit) |
| 电影院座位 | (个) | Seats of Cinemas | (unit) |
| 艺术表演场馆 | (个) | Art Performance Halls | (unit) |
| 艺术表演场馆座席数 | (个) | Seats of Art Performance Halls | (unit) |
| 电影映出场次 | (场) | Number of Film Showing | (scene) |
| 电影观众人数 | (万人次) | Number of Film Spectators | (10000 person-times) |
| 专业艺术表演团体 | (个) | Specialized Arts Performance Troupes | (unit) |
| 本团原创首演剧目 | (个) | Premiere Performance of Original Play | (unit) |
| 艺术表演团体演出场次 | (万场) | Number of Performance for Arts Performance Troupes | (scene) |
| 艺术表演团体国内演出观众人次 | (万人次) | Number of Spectators for Arts Performance Troupes | (10000 person-times) |
| **广播电视事业** | | **Broadcasting and Television Stations** | |
| 广　播 | | Broadcasting | |
| 广播电台 | (座) | Number of Broadcasting Stations | (set) |
| 节目套数 | (套) | Number of Programs | (set) |
| 中短波转播发射台 | (座) | Medium Wave and Short Wave Broadcasting Transmission Stations | (set) |
| 平均日播音 | (小时：分) | Broadcasting Hours per Day | (hour：minute) |
| 广播综合人口覆盖率 | (%) | Listener Rating | (%) |
| 电　视 | | Television | |
| 电视台 | (座) | Number of Television Stations | (set) |
| 节目套数 | (套) | Number of Programs | (set) |
| 平均周播放时间 | (小时：分) | Broadcasting Hours per Week | (hour：minute) |
| 制作电视剧 | (集) | TV Play Programs | (set) |
| 电视综合人口覆盖率 | (%) | Viewer Rating | (%) |

注：从2011年起专业艺术表演团体统计口径有调整。

# Main Indicators of Culture

| 2012 | | 2013 | |
|---|---|---|---|
| 全　市 Total | #市　区 Urban Districts | 全　市 Total | #市　区 Urban Districts |
| 1 | | 2 | 2 |
| 1 | | 2 | 2 |
| 306 | 306 | 318 | 318 |
| 222 | 222 | 243 | 243 |
| 84 | 84 | 75 | 75 |
| | | | |
| 46 | 44 | 54 | 52 |
| 41858 | 41186 | 47872 | 47200 |
| 13 | 13 | 17 | 17 |
| 28779 | 28779 | 33048 | 33048 |
| 403123 | | 484516 | |
| 1210 | | 1429 | |
| 50 | 50 | 58 | 58 |
| 32 | 32 | 24 | 24 |
| 0.39 | 0.39 | 0.41 | 0.41 |
| 386 | 386 | 432 | 432 |
| | | | |
| 2 | 2 | 2 | 2 |
| 18 | 15 | 17 | 15 |
| 3 | 3 | 3 | 3 |
| 363 | 322 | 366 | 343 |
| 100.00 | 100.00 | 100.00 | 100.00 |
| | | | |
| 3 | 3 | 3 | 3 |
| 29 | 26 | 28 | 26 |
| 3249 | 3134 | 3485 | 3288 |
| 1959 | 1959 | 1383 | 1383 |
| 100.00 | 100.00 | 100.00 | 100.00 |

Note：In 2011 the coverage of specialized arts performance troupes has been adjusted.

17-19 续表

| 项　　目 | | Item | |
|---|---|---|---|
| **图书、档案事业** | | **Books and Archives** | |
| 公共图书馆 | （间） | Public Libraries | (unit) |
| 总藏量 | （万册） | Total Collections | (10000 volumes) |
| #图　书 | | Books | |
| 阅览室座席 | （个） | Seating Capacity of Reading Rooms | (seat) |
| #少儿阅览室座席 | | Seating Capacity of Children Reading Rooms | |
| 总流通人次 | （万人次） | Total Number of Circulation | (10000 person-times) |
| 书刊文献外借册次 | （万册次） | Number of Books Borrowed by the Readers | (10000 volume-times) |
| 档案馆 | （个） | Archives | (unit) |
| 馆藏案卷总数 | （万卷） | Number of Archives | (10000 volumes) |
| **群众文化事业** | | **Mass Culture** | |
| 群众艺术馆、文化馆 | （间） | Units Responsible for Guiding Mass Art | (unit) |
| 文化站 | （个） | Cultural Stations | (unit) |
| 举办展览 | （个） | Number of Exhibitions | (unit) |
| 组织文艺活动 | （次） | Art Performances and Story-telling | (times) |
| 举办训练班 | （次） | Training Courses | (times) |
| **文物事业** | | **Cultural Relics** | |
| 博物馆、纪念馆及美术馆 | （个） | Museums and Memorial Halls | (unit) |
| 文物藏品 | （件） | Number of Cultural Relics Collection | (piece) |
| #一级品 | | Grade One | |
| 举办陈列展览 | （个） | Number of Displays and Exhibitions | (unit) |
| 参观人次 | （千人次） | Number of Visitors | (1000 person-times) |
| #外　宾 | | Foreign Guests | |
| 文物商店 | （间） | Cultural Relic Stores | (unit) |
| **出版事业** | | **Publishing Undertaking** | |
| 全年出版报纸 | （种） | Number of Newspapers Published | (kind) |
| 全年出版报纸 | （万份） | Number of Newspapers Published | (10000 copies) |
| 全年出版图书 | （种） | Number of Books Published | (kind) |
| 全年出版图书 | （万册） | Number of Books Published | (10000 copies) |
| 全年出版杂志 | （种） | Number of Magazines Published | (kind) |
| 全年出版杂志 | （万册） | Number of Magazines Published | (10000 copies) |
| 图书销售量 | （万册） | Number of Books Sold | (10000 volumes) |

注：1. 报纸出版种数不包含校报、院报。
2. 2013年文物事业参观人次不再统计"外宾"指标。
3. 2013年图书销售量不包括花都区、番禺区、增城市和从化市数据。

continued

| 2012 | | 2013 | |
| --- | --- | --- | --- |
| 全　市<br>Total | # 市　区<br>Urban Districts | 全　市<br>Total | # 市　区<br>Urban Districts |
| 15 | 13 | 15 | 13 |
| 2333 | 2236 | 2153 | 2086 |
| 1647 | 1584 | 1854 | 1788 |
| 17167 | 16317 | 19404 | 18448 |
| 2429 | 2189 | 3353 | 2757 |
| 2349 | 2297 | 2537 | 2484 |
| 804 | 768 | 1229 | 1183 |
| 30 | 28 | 31 | 29 |
| 1335 | 1307 | 1514 | 1483 |
| | | | |
| 14 | 12 | 14 | 12 |
| 165 | 148 | 161 | 144 |
| 1061 | 950 | 1094 | 963 |
| 5963 | 5674 | 7505 | 6463 |
| 6793 | 6501 | 6690 | 5968 |
| | | | |
| 32 | 30 | 33 | 31 |
| 326205 | 324581 | 343039 | 340816 |
| 1027 | 1027 | 1029 | 1029 |
| 332 | 316 | 296 | 279 |
| 10510 | 10268 | 9147 | 9039 |
| 172 | 172 | | |
| 2 | 2 | 2 | 2 |
| | | | |
| 55 | 55 | 54 | 54 |
| 334794 | 334794 | 328176 | 328176 |
| 9276 | 9276 | 9935 | 9935 |
| 29177 | 29177 | 24246 | 24246 |
| 287 | 287 | 301 | 301 |
| 14798 | 14798 | 15025 | 15025 |
| 4810 | 4635 | 4041 | 4041 |

Note: I. Number of newspaper publishing do not included college newspaper.

II. Number of visitors to cultural relics in 2013 does not statistic the foreign guests.

III. Number of books sold in 2013 does not include Huadu, Panyu, Zengcheng and Conghua.

## 17-20　主要年份卫生事业基本情况
## Basic Statistics on Public Health in Main Years

| 年 份 Year | 卫生机构数（个） Health Care Institutions (unit) | # 医 院 Hospitals | 卫 生 技术人员（人） Medical Professionals (person) | # 医 生 Doctors | 卫生机构 床位数（张） Hospital Beds (bed) | # 医 院 Hospitals | 每万人口 医生数（人） Doctors per 10000 Population (person) | 每万人口 医院床位数（张） Hospital Beds per 10000 Population (bed) |
|---|---|---|---|---|---|---|---|---|
| 1978 | 1589 | 140 | 31547 | 12014 | 17109 | 14382 | 24.88 | 29.78 |
| 1979 | 1657 | 140 | 33239 | 13049 | 17530 | 14725 | 26.45 | 29.84 |
| 1980 | 1802 | 141 | 35792 | 14566 | 17673 | 14747 | 29.02 | 29.38 |
| 1985 | 2098 | 163 | 42522 | 18079 | 23830 | 19439 | 33.17 | 35.67 |
| 1986 | 2319 | 165 | 44666 | 19152 | 25031 | 20020 | 34.48 | 36.05 |
| 1987 | 2173 | 174 | 45818 | 19557 | 26599 | 21544 | 34.61 | 38.13 |
| 1988 | 2387 | 182 | 46957 | 20094 | 27981 | 22663 | 34.83 | 39.28 |
| 1989 | 2409 | 186 | 47988 | 20913 | 28988 | 23458 | 35.72 | 40.07 |
| 1990 | 2353 | 190 | 48276 | 21015 | 29930 | 24395 | 35.36 | 41.05 |
| 1991 | 2347 | 194 | 48618 | 21026 | 31293 | 25286 | 34.91 | 41.99 |
| 1992 | 2323 | 200 | 49052 | 21304 | 32646 | 26901 | 34.80 | 43.94 |
| 1993 | 2094 | 210 | 50097 | 22153 | 32399 | 27339 | 35.52 | 43.84 |
| 1994 | 2131 | 216 | 50819 | 22401 | 33086 | 27871 | 35.17 | 43.75 |
| 1995 | 2238 | 221 | 52851 | 23321 | 34139 | 28721 | 36.06 | 44.41 |
| 1996 | 1987 | 222 | 52450 | 22384 | 34338 | 29728 | 34.12 | 45.31 |
| 1997 | 1989 | 224 | 53654 | 22829 | 35301 | 30067 | 34.25 | 45.11 |
| 1998 | 2013 | 224 | 54053 | 22817 | 35306 | 30791 | 33.85 | 45.67 |
| 1999 | 1670 | 250 | 54480 | 23068 | 36431 | 31284 | 33.68 | 45.67 |
| 2000 | 1703 | 252 | 55677 | 23503 | 38758 | 33716 | 33.54 | 48.12 |
| 2001 | 2257 | 253 | 56262 | 23949 | 39417 | 34558 | 33.61 | 48.50 |
| 2002 | 2265 | 196 | 54652 | 22169 | 40430 | 32736 | 30.76 | 45.43 |
| 2003 | 2349 | 183 | 57274 | 23464 | 42210 | 34140 | 32.36 | 47.08 |
| 2004 | 2443 | 188 | 59943 | 24493 | 45687 | 35979 | 33.20 | 48.77 |
| 2005 | 2517 | 211 | 64182 | 25852 | 47888 | 39359 | 34.44 | 52.44 |
| 2006 | 2603 | 223 | 69091 | 27338 | 50500 | 42821 | 35.94 | 56.29 |
| 2007 | 2543 | 225 | 76791 | 29056 | 52640 | 45209 | 37.57 | 58.45 |
| 2008 | 2388 | 218 | 80687 | 29953 | 54973 | 47128 | 38.20 | 60.10 |
| 2009 | 2341 | 224 | 89179 | 32926 | 59038 | 50367 | 41.44 | 63.39 |
| 2010 | 2387 | 216 | 95546 | 33575 | 62552 | 53227 | 41.65 | 66.03 |
| 2011 | 3459 | 207 | 100832 | 35638 | 65940 | 55429 | 43.75 | 68.05 |
| 2012 | 3511 | 224 | 106708 | 37442 | 70649 | 62194 | 45.53 | 75.63 |
| 2013 | 3729 | 222 | 114802 | 39694 | 73301 | 64864 | 47.69 | 77.93 |

注：1. 2002年起卫生指标按照新的《中国卫生统计调查制度》统计。其中，医生为执业(助理)医师数；护师、护士为注册护士数。
　　2. 从2004年起医院不包卫生院及社区卫生服务中心(站)。

Note: I. Since 2002 statistics of health care have been based on China Health Care Statistical Investigation System of which, doctors, refer to medical practitioners and associate medical practitioners, senior and junior nurses refer to registered nurses.
II. The number of hospitals haven't included the township hospitals since 2004.

# 17-21 医疗卫生机构数（2013年）

# Number of Health Institutions (2013)

单位：个 (unit)

| 项　目 | Item | 全市 Total | 市区 Urban Districts | 增城市 Zengcheng | 从化市 Conghua |
|---|---|---|---|---|---|
| **各类医疗卫生机构合计** | **Total Number of Health Care Institutions** | **3729** | **2998** | **393** | **338** |
| **医　院** | **Hospitals** | **222** | **210** | **8** | **4** |
| 综合医院 | General Hospitals | 132 | 125 | 5 | 2 |
| 中医医院 | TCM Hospitals | 27 | 25 | 1 | 1 |
| 中西医结合医院 | Hospitals Which Integrate Traditional Chinese Therapeutics with Western Therapeutics in Practice | 5 | 5 | | |
| 专科医院 | Specialized Hospitals | 57 | 54 | 2 | 1 |
| 护理院 | Nursing Homes | 1 | 1 | | |
| **基层医疗卫生机构** | **Basic Health Care Institutions** | **3234** | **2547** | **367** | **320** |
| 社区卫生服务中心(站) | Health Service Certers(Stations) for Community | 316 | 295 | 9 | 12 |
| 社区卫生服务中心 | Health Service Centers for Community | 149 | 141 | 4 | 4 |
| 社区卫生服务站 | Health Service Stations for Community | 167 | 154 | 5 | 8 |
| 卫生院 | Township Hospitals | 31 | 14 | 9 | 8 |
| 村卫生室 | Village Health Hospitals | 1090 | 600 | 269 | 221 |
| 门诊部 | Outpatient Departments | 593 | 567 | 6 | 20 |
| 诊　所 | Clinics | 673 | 571 | 68 | 34 |
| 卫生所、医务室 | Health Stations, Infirmaries | 531 | 500 | 6 | 25 |
| **专业公共卫生机构** | **Specialized Health Care Institutions** | **200** | **171** | **17** | **12** |
| 疾病预防控制中心 | CDC(Epidemic Prevention Stations) | 18 | 16 | 1 | 1 |
| 专科疾病防治院(所、站) | Specialized Disease Prevention & Treatment Institutions | 8 | 8 | | |
| 健康教育所(站、中心) | Health Education Stations(Centers) | 4 | 4 | | |
| 妇幼保健院(所、站) | Maternity and Child Care Centers | 15 | 14 | 1 | |
| 急救中心(站) | First Aid Centers(Stations) | 5 | 3 | 1 | 1 |
| 采供血机构 | Blood Collection Agencies | 5 | 3 | 1 | 1 |
| 卫生监督所(中心) | Health Supervision Stations | 15 | 13 | 1 | 1 |
| 计划生育技术服务机构 | Family-planning Technical Service Institutions | 130 | 110 | 12 | 8 |
| **其他卫生机构** | **Others** | **73** | **70** | **1** | **2** |
| 疗养院 | Sanitariums | 9 | 8 | | 1 |
| 医学科学研究机构 | Research Institutions of Medical Science | 5 | 5 | | |
| 医学在职培训机构 | Training Institutions of Medical Science for Incunbent | 1 | 1 | | |
| 临床检验中心(所、站) | Clinical Inspect Centers(stations) | 7 | 7 | | |
| 统计信息中心 | Statistical Information Centers | 1 | 1 | | |
| 其　他 | Other Medical Institutions | 50 | 48 | 1 | 1 |

注：1. 2011年起医疗卫生机构数包含村卫生室；
　　2. 2013年起医疗卫生机构数含计生机构。

Note: I. Number of health institutions include village hospitals since 2011.
　　II. Number of health institutions include family-planning Institutions since 2013.

## 17-22 医疗卫生机构床位数(2013年)

单位：张

| 项　　目 | Item |
|---|---|
| **各类医疗卫生机构床位** | **Total Number of Beds in Health Institutions** |
| **医　院** | **Hospitals** |
| 综合医院 | General Hospitals |
| 中医医院 | TCM Hospitals |
| 中西医结合医院 | Hospitals Which Integrate Traditional Chinese Therapeutics with Therapeutics in Practice |
| 专科医院 | Specialized Hospitals |
| 护理院 | Nursing Homes |
| **基层医疗卫生机构** | **Community Medical and Health Institutions** |
| 社区卫生服务中心(站) | Health Service Centers for Community |
| 卫生院 | Township Hospitals |
| 门诊部 | Outpatient Departments |
| **专业公共卫生机构** | **Specialized Public Health Institutions** |
| 专科疾病防治院(所、站) | Specialized Disease Prevention & Treatment Institutions |
| 妇幼保健院(所、站) | Maternity and Child Care Centers |
| **其他卫生机构** | **Others** |
| 疗养院 | Sanitariums |

## 17-23 医疗卫生机构工作人员 (2013年)

单位:人

| 项　　目 | Item |
|---|---|
| **合　计** | **Total** |
| # 卫生技术人员小计 | Medical Technical Personnel |
| 执业(助理)医师 | Assistant Certified Doctors |
| # 执业医师 | Certified Doctors |
| 注册护士 | Registered Nurses |
| 药　师(士) | Pharmacists |
| 技　师(士) | Technicians |
| # 检验师(士) | Testers |
| 其　他 | Others |
| 其他技术人员 | Other Technical Personnel |
| 管理人员 | Managerial Personnel |
| 工勤技能人员 | Workers |

注：1. 2011年起医疗卫生机构工作人员数含村卫生室人员。
　　2. 2013年起医疗卫生机构工作人员数含计生机构人员。

## Number of Beds in Medical and Health Institutions (2013)

(unit)

| 全　市 Total | 市　区 Urban Districts | 增城市 Zengcheng | 从化市 Conghua |
|---|---|---|---|
| **73301** | **67589** | **2942** | **2770** |
| **64864** | **61139** | **1857** | **1868** |
| 42691 | 40226 | 1447 | 1018 |
| 8976 | 8356 | 290 | 330 |
| 1039 | 1039 | | |
| 12008 | 11368 | 120 | 520 |
| 150 | 150 | | |
| **4485** | **2984** | **849** | **652** |
| 2602 | 2178 | 267 | 157 |
| 1857 | 780 | 582 | 495 |
| 26 | 26 | | |
| **2439** | **2203** | **236** | |
| 106 | 106 | | |
| 2333 | 2097 | 236 | |
| **1513** | **1263** | | **250** |
| 1513 | 1263 | | 250 |

## Number of Employed Personnel in Medical and Health Institutions (2013)

(person)

| 全　市 Total | 市　区 Urban Districts | 增城市 Zengcheng | 从化市 Conghua |
|---|---|---|---|
| **141932** | **130323** | **6724** | **4885** |
| 114802 | 105867 | 5223 | 3712 |
| 39694 | 36668 | 1769 | 1257 |
| 37011 | 34603 | 1397 | 1011 |
| 48531 | 44807 | 2217 | 1507 |
| 7778 | 7104 | 460 | 214 |
| 7036 | 6523 | 322 | 191 |
| 4968 | 4629 | 207 | 132 |
| 11763 | 10765 | 455 | 543 |
| 4812 | 4349 | 306 | 157 |
| 6904 | 6320 | 339 | 245 |
| 13793 | 12856 | 446 | 491 |

Note: I. Number of medical persons include persons of village hospitals since 2011.
II. Number of medical persons include persons of family-planning groups since 2013.

# 17-24 民营医疗机构基本情况(2013年，按地区分)

## Basic Statistics on Private Medical and Health Institutions(2013, by District)

| 地　区 | District | 医疗机构数(个) Numbers of Medical Institutions (unit) | 床位数(张) Number of Beds (unit) | 人员数(人) Number of Employed Personnel (person) | #卫生技术人员(人) Medical Technical Personnel (person) | #执业(助理)医师(人) Assistant Certified Doctors (person) | #注册护士(人) Registered Nurses (person) |
|---|---|---|---|---|---|---|---|
| **总　计** | **Total** | **1514** | **5997** | **20934** | **16464** | **7061** | **5720** |
| **市　区** | **Urban Districts** | **1379** | **5831** | **20288** | **15905** | **6790** | **5536** |
| 荔湾区 | Liwan | 102 | 152 | 1306 | 1122 | 534 | 349 |
| 越秀区 | Yuexiu | 136 | 531 | 2388 | 1717 | 827 | 630 |
| 海珠区 | Haizhu | 85 | 288 | 2425 | 1773 | 543 | 327 |
| 天河区 | Tianhe | 282 | 854 | 4506 | 3428 | 1496 | 1277 |
| 白云区 | Baiyun | 441 | 2515 | 4920 | 3979 | 1798 | 1522 |
| 黄埔区 | Huangpu | 64 | 297 | 670 | 542 | 256 | 192 |
| 番禺区 | Panyu | 76 | 729 | 2214 | 1786 | 640 | 710 |
| 花都区 | Huadu | 113 | 344 | 1120 | 913 | 402 | 330 |
| 南沙区 | Nansha | 21 | 60 | 247 | 207 | 88 | 71 |
| 萝岗区 | Luogang | 59 | 61 | 492 | 438 | 206 | 128 |
| **县级市** | **Cities at County Level** | **135** | **166** | **646** | **559** | **271** | **184** |
| 增城市 | Zengcheng | 71 | 166 | 437 | 380 | 161 | 148 |
| 从化市 | Conghua | 64 | | 209 | 179 | 110 | 36 |

## 17-25 医疗资源与服务情况（2013年）

## Resources and Services on Medical Institutions (2013)

| 项　目 | Item | 合　计 Total | 非营利性医疗机构 Non-profitable Medical Institutions | #政府办 Run by Governments | 营利性医疗机构 Profitable Medical Institutions |
|---|---|---|---|---|---|
| 医疗机构数（个） | Number of Units (unit) | 3500 | 2223 | 476 | 1277 |
| 总诊疗人次（万人次） | Patients Treated (10000 person-times) | 13208.09 | 12076.73 | 10380.78 | 1131.36 |
| #门　诊 | Outpatient Visits | 11836.31 | 10784.58 | 9227.54 | 1051.73 |
| 急　诊 | Emergency Visits | 1084.57 | 1060.92 | 973.15 | 23.65 |
| 观察室留观病例数（万人次） | Number of Persons for Further Observation (10000 person-times) | 113.98 | 113.80 | 112.21 | 0.18 |
| 健康检查人次（万人次） | Number of Persons for Health Examination (10000 person-times) | 595.09 | 558.05 | 460.70 | 37.04 |
| 入院人数（万人次） | Number of Inpatients (10000 person-times) | 235.38 | 224.53 | 212.86 | 10.85 |
| 出院人数（万人次） | Number of Leaving Hospital (10000 person-times) | 234.75 | 224.01 | 212.28 | 10.74 |
| 年底实有病床数（张） | Number of Beds at Year-end (unit) | 73301 | 68284 | 62142 | 5017 |
| 病床使用率（%） | Utilization Rate of Beds (%) | 88.82 | 90.13 | 92.07 | 70.50 |
| 病床周转率（次/年） | Turnover Rate of Beds (times/year) | 32.8 | 33.5 | 34.9 | 22.4 |
| 出院者平均住院日（日） | Average Hospitalization Period (day) | 9.5 | 9.5 | 9.4 | 9.7 |
| 医师人均每日担负诊疗人次（人） | Average Daily For Per Doctor visited (person) | 13.20 | 14.20 | 14.50 | 7.60 |
| 医师人均每日担负住院床日（人） | Doctor Responsible For Inpatient Bed Days Per Capita Daily (person) | 1.70 | 1.90 | 2.00 | 0.60 |

注：2011年起含村卫生室数据。

Note: Number of medical persons include person of village hospitals since 2011.

## 17-26　医院、卫生院工作情况（2013年）
## Statistics on Hospitals and Township Hospitals (2013)

| 项　目 | Item | 医　院 Hospitals | #市　区 Urban Districts | 卫生院 Township Hospitals | #市　区 Urban Districts |
|---|---|---|---|---|---|
| 机构数　(个) | Number of Units　(unit) | 222 | 210 | 31 | 14 |
| 总诊疗人次　(万人次) | Patients Treated　(10000 person-times) | 8735.53 | 8233.05 | 317.87 | 156.17 |
| #门　诊 | Outpatient Visits | 7758.96 | 7346.83 | 259.59 | 123.81 |
| 急　诊 | Emergency Visits | 840.24 | 753.43 | 54.68 | 28.98 |
| 观察室留观病例数(万人次) | Number of Persons for Further Observation(10000 person-times) | 89.05 | 88.36 | 15.56 | 14.80 |
| 健康检查人次　(万人次) | Number of Persons for Health Examination(10000 person-times) | 380.65 | 335.37 | 24.86 | 18.29 |
| 入院人数　(万人次) | Number of Inpatients　(10000person-times) | 204.37 | 190.54 | 6.26 | 3.06 |
| 出院人数　(万人次) | Number of Leaving Hospital　(10000 person-times) | 203.64 | 189.85 | 6.27 | 3.06 |
| 年末实有病床数　(张) | Number of Beds at Year-end　(unit) | 64864 | 61139 | 1857 | 780 |
| 平均开放病床数　(张) | Average Number of Beds in Use　(unit) | 63358 | 59745 | 1808 | 772 |
| 病床使用率　(%) | Utilization Rate of Beds　(%) | 90.96 | 90.87 | 64.28 | 68.62 |
| 病床周转次数　(次/年) | Turnover Rate of Beds　(times/year) | 32.1 | 31.8 | 34.7 | 39.7 |
| 出院者平均住院日　(日) | Average Hospitalization Period　(day) | 9.9 | 10.0 | 6.5 | 6.2 |

## 17-27　农村卫生室基本情况（2013年）
## Statistics on Rural Health Institutions (2013)

| 项　目 | Item | 全　市 Total | 市　区 Urban Districts | 增城市 Zengcheng | 从化市 Conghua |
|---|---|---|---|---|---|
| 机构数　(个) | Number of Institutions　(unit) | 1090 | 600 | 269 | 221 |
| 执业(助理)医师　(人) | Certified (Assistant) Doctors　(person) | 352 | 210 | 78 | 64 |
| 注册护士　(人) | Certified (Assistant) Nurses　(person) | 128 | 94 | 17 | 17 |
| 乡村医生和卫生员(人) | Rural Doctors and Medical Attendants(person) | 1621 | 931 | 410 | 280 |
| 乡村医生数 | Rural Doctors | 1407 | 763 | 370 | 274 |
| 卫生员 | Medical Attendants | 214 | 168 | 40 | 6 |
| 总诊疗人次　(万人次) | Patients Treated　(10000 person-times) | 577.91 | 422.79 | 82.79 | 72.33 |

# 17-28 卫生事业其他指标

# Other Indicators of Health Care

| 项　　目 | Item | 2013 |
|---|---|---|
| **人均卫生资源** | **Per Capita Health Resources** | |
| 每万人口卫生机构床位数　(张) | Number of Hospital Beds per 10000 Population　(unit) | 56.70 |
| 每万人口卫生技术人员数　(人) | Number of Medical Technical Personnel per 10000 Population　(person) | 88.81 |
| 每万人口执业(助理)医师数 (人) | Number of Certified (Assistant) Doctors per 10000 Population　(person) | 30.71 |
| 每万人口注册护士数　(人) | Number of Registered Nurses per 10000 Population　(person) | 37.54 |
| **防病工作** | **Disease Prevention** | |
| 甲、乙类传染病发病率(1/10万) | Incidence Disease Rate of type A&B Infectious Disease(per 100000 persons) | 212.68 |
| 甲、乙类传染病死亡率(1/10万) | Death Rate of type A&B Infectious Diseases　(per 100000 persons) | 0.57 |
| 儿童计划免疫接种率　(%) | Planned Vaccination Rate of Children　(%) | |
| 卡介苗接种率 | BCG Vaccination Rate | 99.90 |
| 脊髓灰质炎接种率 | Poliovirus Vaccination Rate | 99.67 |
| 百白破接种率 | Pertussis, Diphtheria & Tetanus Vaccination Rate | 99.79 |
| 麻疹接种率 | Measles Virus Vaccination Rate | 98.05 |
| 乙肝基础免疫 | Hepatitis B Basic Vaccination Rate | 99.78 |
| 乙脑基础免疫 | Encephalitis B Basic Vaccination Rate | 99.75 |

注：1. 本表人均卫生资源用年末常住人口计算；
2. 甲、乙类传染病从1997年起增加肺结核和新生儿破伤风两种病；
3. 甲、乙类传染病发病率、死亡率用年平均常住人口计算。

Note: I. Per capita health resources is calculated by annual resident population.
II. Type A and B infections diseases include pulmonary tuberculosis and neonatal tetanus since 1997.
III. The incidence disease rate and death rate of type A and B infections diseases are calculated by annual resident population.

## 17-28 续表 continued

| 项　　目 | Item | 2013 |
|---|---|---|
| **妇幼工作** | **Women and Children** | |
| 孕产妇保健系统管理率 (%) | Management Rate of Maternity Health Care System (%) | 93.10 |
| 孕产妇保健管理覆盖率 (%) | Coverage Rate of Maternity Health Care Management (%) | 97.81 |
| 3岁以下儿童保健系统管理率 (%) | Management Rate of Children Health Care System at 3 Years Old and below (%) | 94.73 |
| 7岁以下儿童保健管理覆盖率 (%) | Coverage Rate of Children Health Care Management at 7 Years Old and below(%) | 99.00 |
| 出生缺陷发生率 (1/万) | Incidence Rate of Birth Defect (persons per 10000 persons) | 184.30 |
| 出生低体重儿发生率 (%) | Incidence Rate of Low Weight Infants at Birth (%) | 5.30 |
| 5岁以下儿童中、重度营养不良患病率 (%) | Incidence Disease Rate from Medium and Serious Malnutrition of Children at 5 Years Old and below (%) | 1.25 |
| 婚前医学检查 (%) | Medical Examination Rate before Marriage (%) | 45.58 |
| 婚前医学检查疾病检出率 (%) | Disease Rate through Medical Examination before Marriage (%) | 15.37 |
| **生命指标** | **Life Indicators** | |
| 平均期望寿命 (岁) | Life Expectancy (year) | 80.63 |
| 男　性 | Male | 77.88 |
| 女　性 | Female | 83.56 |
| 孕产妇死亡率 (1/10万) | Death Rate of Pregnant and Lying-in Women (per 100000 persons) | 7.33 |
| 5岁以下儿童死亡率 (‰) | Death Rate of Children at 5 Years Old and below (‰) | 4.49 |

注：1. 平均期望寿命以死因统计年报计算。
　　2. 用"出生缺陷发生率"指标代替"每住院分娩出生缺陷发生率"。

Note: I. Life expectancy is calculated according to the statistical yearbook of death.
　　II. Use incidence rate of birth defect instead of each hospital delivery incidence of birth defects.

# 17-29 社会治安主要指标

## Main Indicators of Public Security

| 项目 | Item | 2012 全市 Total | 2012 #市区 Urban Districts | 2013 全市 Total | 2013 #市区 Urban Districts |
|---|---|---|---|---|---|
| **刑事案件** | **Criminal Cases** | | | | |
| 立案数 (件) | Number of Cases Registered (case) | 115059 | 100603 | 240625 | 211927 |
| 破案数 (件) | Number of Cases Cracked in Current Year (case) | 29635 | 25477 | 23676 | 20936 |
| 破案率 (%) | Percentage of Cases Cracked to Total Criminal Cases in Current Year(%) | 25.76 | 25.32 | 9.84 | 9.88 |
| **治安案件** | **Offense Cases against Public Order** | | | | |
| 受理数 (件) | Number of Cases Accepted to be Treated (case) | 167954 | 147944 | 160583 | 136195 |
| 查处数 (件) | Number of Cases Investigated and Treated (case) | 165349 | 145354 | 157050 | 132808 |
| **城市交通事故** | **City Traffic Accidents** | | | | |
| 交通事故 (件) | Number of Traffic Accidents (case) | 2455 | | 2521 | |
| 死伤人数 (人) | Number of Deaths and Injuries (person) | 3595 | | 3712 | |
| #死亡人数 | Number of Deaths | 889 | | 879 | |
| 损失折款(万元) | Losses Converted into Cash (10000 yuan) | 1081 | | 944 | |
| **火 灾** | **Fires** | | | | |
| 火灾起数 (起) | Number of Fires (case) | 1034 | 999 | 2431 | |
| 死伤人数 (人) | Number of Deaths and Injuries (person) | 18 | 14 | 40 | |
| #死亡人数 | Number of Deaths | 11 | 9 | 22 | |
| 损失折款(万元) | Losses Converted into Cash (10000 yuan) | 1608 | 1530 | 9611 | |

注：2013年“刑事案件”和“火灾”统计口径有调整，“火灾”不统计市区指标。

Note: In 2013 the coverage of criminal cases and fires has been adjusted, and fires do not statistic urban districts.

# 17-30 律师、公证、基层司法基本情况

| 项目 | | Item | | 1995 | 2000 |
|---|---|---|---|---|---|
| **律师工作** | | **Lawyers** | | | |
| 律师事务所 | （个） | Number of Law Offices | (unit) | 95 | 153 |
| 执业律师 | （人） | Number of Certified Lawyers | (person) | 1940 | 2637 |
| 担任常年法律顾问 | （家） | Number of Units with Permanent Legal Advisors | (unit) | 3496 | 3810 |
| 民事诉讼代理 | （件） | Civil Case Litigation Agency | (case) | 5753 | 6994 |
| 经济诉讼代理 | （件） | Economic Case Litigation Agency | (case) | 4077 | 8190 |
| 行政诉讼代理 | （件） | Administrative Action Case Litigation Agency | (case) | 85 | 154 |
| 非诉讼法律事务 | （件） | off-court Case | (case) | 11890 | 13247 |
| 刑事辩护及代理 | （件） | Criminal Case Litigation Agency | (case) | 1920 | 2246 |
| 涉外法律事务 | （件） | Agent of Foreign-related Legal Affairs Agency | (case) | 3866 | 3604 |
| 索回赔、欠款 | （万元） | Claiming Indemnity and Arrears | (10000 yuan) | 45751 | 94218 |
| **公证工作** | | **Notarization** | | | |
| 公证处 | （个） | Number of Notary Offices | (unit) | 14 | 14 |
| 公证人员 | （人） | Number of Notary Personnel | (person) | 288 | 290 |
| 办结公证总数 | （件） | Number of Notary Documents | (case) | | |
| # 国内公证业务 | | Domestic Notarization Business | | | |
| 涉外公证业务 | | Foreign-related Notarization Business | | | |
| 涉港澳台公证业务 | | Notarization Business Related to Hong Kong, Macao and Taiwan | | | |
| 帮助避免经济损失 | （万元） | Amount of Helping to Avoid Economic Losses | (10000 yuan) | 17386 | 22168 |
| **基层司法工作** | | **Grassroots Judicial Work** | | | |
| 司法所 | （个） | Number of Law Services | (unit) | | |
| 司法所人员 | （人） | Number of Law Service Personnel | (person) | | |
| 司法所兼职人员 | （人） | Number of Units with Legal Advisors | (person) | | |
| 司法助理员 | （人） | Agent of Civil Cases | (person) | | |
| 人民调解委员会 | （个） | Number of People's Mediation Committees at Year-end | (unit) | 3766 | 3569 |
| 调解人员 | （人） | Number of Mediators at Year-end | (person) | 35608 | 36177 |
| 调解纠纷总数 | （件） | Number of Disputes Mediated | (case) | 8070 | 10044 |

# Basic Statistics on Lawyers, Notarization and Grassroots Judicial Work

| 2005 | 2006 | 2007 | 2008 | 2009 | 2010 | 2011 | 2012 | 2013 |
|---|---|---|---|---|---|---|---|---|
| 268 | 279 | 287 | 293 | 357 | 381 | 417 | 477 | 482 |
| 4322 | 4727 | 5061 | 5634 | 6167 | 6659 | 7340 | 7702 | 8326 |
| 3550 | 1395 | 1051 | 7371 | 10095 | 9980 | 11186 | 11290 | 12300 |
| 23845 | 23888 | 19636 | 28775 | 45447 | 40259 | 41170 | 42012 | 47552 |
| 12407 | 9712 | 6526 | | | | | | |
| 610 | 455 | 526 | 674 | 874 | 612 | 816 | 771 | 966 |
| 26597 | 21676 | 22155 | 22604 | 47579 | 30841 | 39823 | 25956 | 54044 |
| 6952 | 6793 | 5293 | 1781 | 1477 | 8553 | 9098 | 7260 | 7818 |
| 486 | 1531 | 633 | | | | | | |
| 54437 | 59740 | 19179 | | | | | | |
| | | | | | | | | |
| 12 | 11 | 11 | 8 | 8 | 11 | 9 | 9 | 9 |
| 401 | 287 | 309 | 334 | 121 | 348 | 381 | 384 | 397 |
| | | | | | | | 456359 | 392176 |
| | | | | | | | 318112 | 273448 |
| | | | | | | | 129815 | 111183 |
| | | | | | | | 8432 | 7545 |
| 20640 | 4150 | 4250 | | | | | | |
| | | | | | | | | |
| | | | | | | 165 | 165 | 164 |
| | | | | | | 582 | 543 | 515 |
| | | | | | | 506 | 21 | 16 |
| | | | | | | 24 | | |
| 2976 | 3093 | 3012 | 3130 | 2858 | 3068 | 3280 | 3322 | 3435 |
| 19233 | 21700 | 27000 | 26977 | 20506 | 18075 | 18871 | 19726 | 19901 |
| 13521 | 13908 | 20039 | 17065 | 21018 | 21238 | 19778 | 22968 | 24787 |

# 17-31 结婚和离婚对数

## Couples of Marriage and Divorce

单位：对 (couple)

| 区、县级市 | District and City at County Level | 2012 | | 2013 | |
|---|---|---|---|---|---|
| | | 登记结婚对数 Number of Marriage Registration | 离婚对数 Number of Divorces | 登记结婚对数 Number of Marriage Registration | 离婚对数 Number of Divorces |
| **全　市** | **Total** | **92207** | **20715** | **88832** | **24764** |
| 市　区 | Urban Districts | 76308 | 16903 | 72310 | 20665 |
| 荔湾区 | Liwan | 6564 | 1617 | 6196 | 2021 |
| 越秀区 | Yuexiu | 13325 | 3164 | 12206 | 3963 |
| 海珠区 | Haizhu | 9310 | 2177 | 8448 | 2849 |
| 天河区 | Tianhe | 11213 | 2249 | 10967 | 2661 |
| 白云区 | Baiyun | 9682 | 1972 | 9176 | 2294 |
| 黄埔区 | Huangpu | 2596 | 681 | 2561 | 829 |
| 番禺区 | Panyu | 10599 | 2545 | 8226 | 2576 |
| 花都区 | Huadu | 8262 | 1522 | 7991 | 1885 |
| 南沙区 | Nansha | 1890 | 309 | 3463 | 701 |
| 萝岗区 | Luogang | 2867 | 667 | 3076 | 886 |
| 县级市 | Cities at County Level | 14713 | 3584 | 15615 | 3894 |
| 增城市 | Zengcheng | 8435 | 2033 | 9179 | 2127 |
| 从化市 | Conghua | 6278 | 1551 | 6436 | 1767 |
| 广州市本级 | City Level | 1186 | 228 | 907 | 205 |

注：法院判决解除和调解解除2013年3220对、2012年3331对。
Note: Number of divorces by the court is about 3220 in 2013, and 3331 in 2012.

# 17-32 社会保险情况

# Conditions of Social Insurance

单位：人 (person)

| 项 目 | Item | 2012 年末参保人数 Persons Participating in Insurance at Year-end | 2012 全年享受人数 Persons Enjoying Insurance | 2013 年末参保人数 Persons Participating in Insurance at Year-end | 2013 全年享受人数 Persons Enjoying Insurance |
|---|---|---|---|---|---|
| 基本养老保险 | Basic Pension Insurance | 7283165 | 1267632 | 7495989 | 1333015 |
| 城镇职工基本养老保险 | Basic Pension Insurance for Employed Persons in Urban Units | 5834193 | 733957 | 6029256 | 785604 |
| 城乡居民养老保险 | Pension Insurance for Urban and Rural Resident | 1227078 | 407155 | 1237724 | 418050 |
| 农转居养老保险 | Pension Insurance for Resident transferred from Farmers | 221894 | 126520 | 229009 | 129361 |
| 基本医疗保险 | Basic Medical Care Insurance | 9794133 | 2807157 | 10157259 | 4435326 |
| 城镇职工基本医疗保险 | Basic Medical Care Insurance for Employed Persons in Urban Units | 5078604 | 2180660 | 5382826 | 3414941 |
| 城镇居民基本医疗保险 | Basic Medical Care Insurance for Urban Resident | 2603576 | 626497 | 2656104 | 1020385 |
| 新型农村合作医疗 | The New Rural Cooperative Medical Care | 2111953 | | 2118329 | |
| 失业保险 | Unemployment Insurance | 3916627 | 56108 | 4132275 | 56916 |
| 工伤保险 | Work Injury Insurance | 4067073 | 21090 | 4153885 | 20194 |
| 生育保险 | Maternity Insurance | 2766591 | 55503 | 3194209 | 61999 |

注：城镇职工医保享受人数仅统计享受医疗待遇人数，未包含医保个人账户注资人数。

Note: Number of basic medical care insurance for employed persons in urban units only calculates the number of persons enjoyed medical treatment, excluding the number of personal capital account for medical insurance.

# 17-33 优抚和社会救助、福利事业情况

| 项目 | Item | 1995 |
|---|---|---|
| **优抚事业** | **Special Care and Preferential Treatment** | |
| 抚恤. 补助优抚对象总人数 (人) | Number of Persons Enjoying Regular Pensions and Allowances (person) | 7029 |
| 优待优抚对象户数 (户) | Number of Households Enjoying Special Care and Preferential Treatment(household) | 6068 |
| 抚恤事业财政性支出 (万元) | Expenses on Special Care and Preferential Treatment (10000 yuan) | 2536 |
| **社会救助** | **Social Relief** | |
| 城市居民最低生活保障人数 (人) | Number of Peason Enjoying Mininum living Security In Urbar Areas (Person) | |
| 农村居民最低生活保障人数 (人) | Number of Peason Enjoying Mininum living Security In Rural Areas (Person) | |
| 农村五保供养人数 (人) | Peason Households Enjoying the Five Guarantees in Rural Areas (Person) | |
| 农村五保供养户数 (户) | Number of Households Enjoying the Five Guarantees in Rural Areas (household) | |
| 生活无着人员救助人次数 (人次) | Number of Poor Peason Enjoying Relief (Person-times) | |
| # 儿童救济人次数 (人次) | Number of Child Enjoying Relief (Person-times) | |
| 城市家庭临时救助户次 (户次) | Number of households Enjoying Temporary Relief in Urban Areas (household-times) | |
| 农村家庭临时救助户次 (户次) | Number of households Enjoying Temporary Relief in Rural Areas (household-times) | |
| 社会救济事业财政性支出 (万元) | Expenses on Social Relief (10000 yuan) | |
| 自然灾害生活救助财政性支出 (万元) | Financial Relief Funds for Disasters (10000 yuan) | 242 |
| **社会福利** | **Social Welfare** | |
| 社会福利收养性单位数 (个) | Number of Social Welfare Adoption Units (unit) | 139 |
| 社会福利收养性单位床位数 (张) | Number of Beds in Social Welfare Adoption Units (unit) | 5238 |
| 年末社会福利收养性单位在院人数(人) | Number of Persons in Social Welfare Adoption Units at Year-end (person) | 3956 |
| # 优抚对象 | Persons Enjoying Special Care and Preferential Treatment | |
| "三无"对象 | Three-no People in Short | |
| 社会福利企业单位数 (个) | Number of Social Welfare Enterprises (unit) | 3113 |
| 社会福利企业残疾职工人数 (人) | Number of Disabled Persons in Social Welfare Enterprises (person) | 5816 |
| 社会福利事业财政性支出 (万元) | Expenses on Social Welfare (10000 yuan) | |
| 城乡社区服务 | **Grassroots Social Security in Urban and Rural Areas** | |
| 社区服务设施数 (个) | Number of Community Service Facilities in Urban Areas (unit) | 348 |
| # 社区服务中心 (站) | Centers of Community Service | 69 |

注："三无"对象指无法定赡养(抚养、扶养)义务人、无劳动能力和无生活来源的居民。

# Statistics on Special Care, Social Relief and Social Welfare

| 2000 | 2005 | 2006 | 2007 | 2008 | 2009 | 2010 | 2011 | 2012 | 2013 |
|---|---|---|---|---|---|---|---|---|---|
| 7128 | 7295 | 6677 | 13403 | 15478 | 16039 | 17422 | 21151 | 23590 | 24633 |
| 7947 | 9953 | 6986 | 13135 | 9909 | 8362 | 9073 | 7649 | 11053 | 9950 |
| 5027 | 11818 | 13921 | 18887 | 19572 | 23971 | 21669 | 21171 | 24590 | 31623 |
| 20132 | 45038 | 47822 | 48045 | 44991 | 45412 | 43206 | 41548 | 37682 | 34523 |
| 15687 | 68265 | 72988 | 74892 | 70151 | 70552 | 68545 | 65528 | 56657 | 52284 |
| | | | | | | | 4932 | 4850 | 4805 |
| | 3136 | 5030 | 5254 | 3206 | 4941 | 5044 | 4907 | 4838 | 4794 |
| | | | | | | | 30625 | 36754 | 37070 |
| | | | | | | | 1833 | 1971 | 1815 |
| | | | | | | | | 85322 | 61776 |
| | | | | | | | | 67371 | 85685 |
| | | | | 31840 | 33458 | 38634 | 47020 | 64492 | 73489 |
| 220 | 823 | 654 | 1908 | 1848 | 503 | 725 | 388 | 323 | 585 |
| 182 | 166 | 154 | 152 | 153 | 178 | 159 | 165 | 173 | 180 |
| 12371 | 17770 | 18130 | 20585 | 23064 | 24469 | 27704 | 33070 | 34566 | 41237 |
| 8142 | 8603 | 9213 | 9826 | 17762 | 18440 | 23666 | 26023 | 25382 | 25151 |
| 302 | 145 | 193 | 397 | 574 | 312 | 278 | 198 | 193 | 85 |
| 3702 | 3756 | 4228 | 4239 | 4899 | 4107 | 4738 | 4652 | 4953 | 3485 |
| 118 | 80 | 49 | 41 | 40 | 33 | 34 | 37 | 34 | 32 |
| 1643 | 1743 | 454 | 1098 | 929 | 985 | 952 | 1279 | 1220 | 1094 |
| | | | | 25748 | 64639 | 41674 | 53871 | 70465 | 83795 |
| 236 | 1871 | 1747 | 1073 | 1180 | 1570 | 1391 | 3302 | 3888 | 2301 |
| 80 | 102 | 108 | 108 | 123 | 122 | 238 | 1210 | 1471 | 1496 |

Note: "Three-no people" is short for those urban citizens who have no ability to work, no source of income, and no legal supporters to provide their lives.

# 17-34 主要年份环境保护基本情况

| 项目 | Item | 1995 |
|---|---|---|
| **市区二氧化硫年日平均值（毫克/立方米）** | **Daily Mean Value of SO2 in Urban Area (mg/m3)** | **0.059** |
| 市区二氧化氮年日平均值（毫克/立方米） | Daily Mean Value of NO2 in Urban Area (mg/m3) | |
| 市区可吸入颗粒平均浓度（毫克/立方米） | Annual Concentration of Breathable Particular Matter (mg/m3) | |
| 降水PH值 | The PH Value of the Precipitation | 3.65 |
| 酸雨频率 (%) | Frequency of Acid Rain (%) | 73.40 |
| 环境空气质量优良天数 (天) | The Number of Days of Good Air Quality (day) | |
| 环境空气质量优良率 (%) | The Rate of Good Air Quality (%) | |
| **废水排放总量（万吨）** | **Volume of Waste Water Discharged (10000 tons)** | **91267** |
| 工业废水排放量 | Volume of Industrial Waste Water Discharged | 30930 |
| 生活污水排放量 | Volume of Living Waste Water Discharged | 60337 |
| 工业废水排放达标量（万吨） | Volume of Industrial Waste Water up to the Discharge Standards (10000 tons) | 19685 |
| 工业废水排放达标率 (%) | Percentage of Industrial Waste Water up to the Discharge Standards (%) | 63.64 |
| **工业废气排放总量（亿标立方米）** | **Volume of Industrial Waste Gas Emission (100 million cu.m)** | **1871.61** |
| 二氧化硫排放量（万吨） | Volume of Sulphur Dioxide Emission (10000 tons) | 14.09 |
| 工　业 | Industry | 14.09 |
| 生　活 | Living | |
| 工业烟粉尘排放量（万吨） | Volume of Industrial Soot and Dust Emission (10000 tons) | 3.09 |
| **建成烟尘控制区数（个）** | **Number of Soot Control Zones Established (unit)** | |
| 建成烟尘控制区面积（平方公里） | Area of Soot Control Zones Established (sq.km) | |
| **一般工业固体废物产生量（万吨）** | **Volume of General Industrial Solid Wastes Produced (10000 tons)** | **313.00** |
| 一般工业固体废物综合利用量 | Volume of Comprehensive Utilization of General Industrial Solid Wastes | 224.00 |
| 一般工业固体废物综合利用率 (%) | Comprehensive Utilization Rate of General Industrial Solid Wastes (%) | 71.30 |
| **危险废物产生量（万吨）** | **Volume of Hazardous Wastes Produced (10000 tons)** | |
| **交通干线噪声平均值（分贝）** | **The Average of Main Road Noise (decibel)** | **72.60** |

注：1. 从2012年起市环保局不再统计工业废水排放达标量、工业废水排放达标率、建成烟尘控制区数、建成烟尘控制区面积4个指标。
2. 从2013年起广州市全面实施新的环境空气质量标准(GB3095-2012)，环境空气质量优良天数和环境空气质量优良率依据二氧化硫、二氧化氮、可吸入颗粒物、细颗粒物、一氧化碳和臭氧等6项指标进行评价。
3. 废水排放总量从2013年起统计口径调整为包含工业废水排放量、城镇生活污水排放量和集中式治理设施废水排放量(不包括污水处理厂)。
4. 二氧化硫排放量从2013年起统计口径调整为包含工业二氧化硫排放量、生活二氧化硫排放量和集中式治理二氧化硫排放量。

# Fundamental State of Environment Protection in Main Year

| 2000 | 2005 | 2006 | 2007 | 2008 | 2009 | 2010 | 2011 | 2012 | 2013 |
|---|---|---|---|---|---|---|---|---|---|
| **0.045** | **0.053** | **0.054** | **0.051** | **0.046** | **0.039** | **0.030** | **0.028** | **0.022** | **0.020** |
| 0.061 | 0.068 | 0.067 | 0.065 | 0.056 | 0.056 | 0.050 | 0.049 | 0.049 | 0.052 |
| | 0.088 | 0.076 | 0.077 | 0.071 | 0.070 | 0.070 | 0.069 | 0.069 | 0.072 |
| 4.71 | 4.34 | 4.41 | 4.42 | 4.47 | 4.74 | 5.06 | 5.20 | 5.24 | 5.34 |
| 62.30 | 81.40 | 75.40 | 82.60 | 77.80 | 60.50 | 50.70 | 42.00 | 40.60 | 23.70 |
| | 332 | 334 | 333 | 345 | 347 | 357 | 360 | 360 | 260 |
| 98.57 | 91.00 | 91.51 | 91.20 | 94.50 | 95.07 | 97.81 | 98.63 | 98.36 | 71.23 |
| **95434** | **125837** | **128302** | **111491** | **126156** | **119317** | **125662** | **141521** | **152747** | **157843** |
| 24123 | 20249 | 20445 | 21103 | 34475 | 26023 | 23604 | 24580 | 22716 | 22558 |
| 71311 | 105588 | 107858 | 90388 | 91681 | 93294 | 102059 | 116941 | 130031 | 135179 |
| 21732 | 19449 | 19629 | 20102 | 33045 | 25116 | 22828 | 23916 | | |
| 90.09 | 96.05 | 96.01 | 95.25 | 95.85 | 96.51 | 96.72 | 97.30 | | |
| **1959.16** | **2342.16** | **2126.49** | **1994.63** | **2435.84** | **2539.47** | **3155.59** | **4120.19** | **3646.58** | **3753.74** |
| 19.58 | 14.94 | 12.92 | 10.53 | 9.99 | 9.05 | 7.85 | 6.83 | 6.66 | 6.57 |
| 19.21 | 14.50 | 12.48 | 10.09 | 9.55 | 8.61 | 7.41 | 6.59 | 6.42 | 6.33 |
| 0.37 | 0.44 | 0.44 | 0.44 | 0.44 | 0.44 | 0.44 | 0.24 | 0.24 | 0.24 |
| 4.69 | 1.79 | 1.80 | 1.79 | 1.86 | 1.38 | 1.13 | 1.53 | 1.26 | 1.10 |
| | **14** | **14** | **13** | **13** | **15** | **15** | **15** | | |
| 284.60 | 441.61 | 470.82 | 779.86 | 908.62 | 895.00 | 927.10 | 952.03 | | |
| **346.80** | **540.36** | **632.30** | **609.03** | **661.56** | **641.84** | **691.79** | **659.34** | **614.85** | **555.56** |
| 285.30 | 520.25 | 605.46 | 592.13 | 605.65 | 597.95 | 621.91 | 625.53 | 588.98 | 528.89 |
| 83.48 | 91.23 | 91.13 | 100.00 | 91.24 | 92.35 | 89.75 | 94.87 | 95.70 | 95.17 |
| **18.30** | **22.48** | **18.43** | **20.39** | **16.38** | **22.59** | **24.54** | **30.30** | **29.78** | **38.55** |
| **69.10** | **69.30** | **69.40** | **69.20** | **69.10** | **69.20** | **69.10** | **68.90** | **68.90** | **68.80** |

Note: Ⅰ. Since 2012,Guangzhou Municipal Bureau of Environmental Protection have canceled the following items:Volume of Industrial Waste Water Discharged,Percentage of Industrial Waste Water up to the Discharge Standards,Number of Soot Control Zones Established and Area of Soot Control Zones Established.

Ⅱ. Since 2013, new environment air quality standard (GB3095-2012) has been implemented in guangzhou. The Number of Days of Good Air Quality and The Rate of Good Air Quality are tested on the basis of the following items : Sulfur dioxide, Nitrogen ioxide, TSP, PM, carbon monoxide,ozone.

Ⅲ. Since 2013,Volume of Waste Water Discharged statistic scope has been adjusted.The scope includes Volume of Industrial Waste Water Discharged, Volume of Living Waste Water Discharged and Volume of Waste Water Discharged of centralized facilities.

Ⅳ. Since 2013, Volume of Sulphur Dioxide Emission statistic scope has been adjusted. The scope includes Volume of Industry Sulphur Dioxide Emission, Volume of Living Sulphur Dioxide Emission and Volume of Sulphur Dioxide Emission of centralized facilities.

【卫生技术人员】指卫生事业机构支付工资的全部固定职工和合同制职工现任职务为卫生技术工作的专业人员。包括中医师、西医师、中西医结合高级医师、护师、中药师、西药师、检验师、其他技师、中医士、西医士、护士、助产士、中药剂士、检验士、其他初级卫生技术人员。

【医生】指经卫生部门审查合格，具有执业资格的医疗专业人员。

【社会福利收养性单位在院人数】包括民政部门管理的和城镇及农村集体举办的社会福利事业单位中收养的老人、少年儿童、缺乏生活自理能力的残疾人员和精神病人。

【律师】指依法取得律师执业证书，为社会提供法律服务的执业人员。

【公证员】指符合《公证法》规定的条件，在公证机构从事公证业务的执业人员。

【办理公证文书】指公证处在一定时期内办结的公证文书件数。公证文书是按司法部规定或批准的格式制作。包括国内公证和涉外公证两部分。其中国内公证分为经济合同公证和民事法律关系公证两大类。

【调解人员】是经群众选举或者接受聘任，在人民调解委员会领导下，从事调解工作的人员。

【调解民间纠纷】指调解委员会依照法律规定，根据自愿原则，用说服教育的方法调解社会上发生的有关民事权利和义务的争执，促成相关当事双方达到协议和谅解，解决纠纷。包括婚姻家庭纠纷，财产权益纠纷等，不包括法院受理调解的民事案件数。

【废水排放总量】包括工业废水排放量和生活污水排放量。

【工业废水排放量】指报告期内经过企业厂区所有排放口排到企业外部的工业废水量。包括生产废水、外排的直接冷却水、超标排放的矿井地下水和与工业废水混排的厂区生活污水，不包括独立外排的间接冷却水（清浊不分流的间接冷却水应计算在内）。

【一般工业固体废物产生量】指未被列入《国家危险废物名录》或者根据国家规定的危险废物鉴别标准（GB5085）、固体废物浸出毒性浸出方法（GB5086)及固体废物浸出毒性测定方法（GB/T 15555）鉴定方法判定不具有危险特性的工业固体废物。

【一般工业固体废物综合利用量】报告期内企业通过回收、加工、循环、交换等方式，从固体废物中提取或者使其转化为可以利用的资源、能源和其他原材料的固体废物量（包括当年利用的往年工业固体废物堆累计贮存量）。如用作农业肥料、生产建筑材料、筑路等。

# 主要指标解释

# Explanatory Notes on Main Statistical Indicators

【Medical Technical Personnel】 refer to all permanent medical staff and workers employed by medical institutions, including doctors of Chinese and Western medicine, senior doctors who integrate traditional Chinese therapeutics with Western therapeutics in practice, senior nurses, pharmacists of Chinese and Western medicine,1aboratory specialists, other specialists, paramedics of Chinese and Western medicine, nurses, midwives, druggists in Chinese and Western medicine, laboratory technicians, other technicians, other practitioners of Chinese medicine, nursing attendants, pharmacological workers of Chinese and Western medicine, laboratory workers, and other primary medical technical personne1.

【Doctors】 refer to qualified professional medical workers approved to practice by public health departments.

【Number of People Taken in by adoption units of Social Welfare Institutions】 refers to the number of old people, children, totally dependent handicapped people and mental patients taken in by social welfare institutions run by civil affairs departments and those run by collective units in urban and rural areas.

【Lawyers】 are certified legal workers according to law, and provide legal service to the public.

【Notary Personnel】 refer to judicial workers of the state notary offices handling notarization work according to law.

【Notarized Documents】 refer to the documents settled by notary offices in a year. The nutria documents are drawn up in accordance with the regulations of the Ministry of Justice, including domestic documents and foreign-related documents. Domestic documents are divided into two major categories: documents on economic contracts and documents on civil legal relations.

【Mediators】 refer to workers who are selected or employed by the masses under the lead of people's mediation committees responsible for mediating in civil disputes and cases of slight infraction of the law.

【Mediation of Civil Disputes】 refers to mediation committees' work in mediating in civil disputes concerning civil rights and duties through persuasion and education in accordance with the provisions of law on a voluntary basis, so as to solve disputes by helping the parties involved come to an agreement and understanding. These disputes include divorce cases and disputes over property ownership, but exclude the civil cases to be handled by the court.

【Total Volume of Waste Water Discharged】 includes the volume of production waste water, domestic sewage waste water.

【Volume of Industrial Waste Water Discharged】 refers to the volume of industrial waste water discharged ,through all outlets to the outside of industrial enterprises in the reference period, including waste water produced, direct cooling water, underground water from mines that does not meet the standard of discharge, and the domestic sewage mixed up with industrial waste water when discharged, but excluding independent discharged indirect cooling water. (the indirect cooling water that clear water and turbid water is not divided should be included)

【Volume of General Industrial Solid Wastes Produced】 refers not included in the "National List of Hazardous Waste"or in accordance with state hazardous waste identification standard(GB5085),solid waste leaching toxicity method(GB5086)and solid waste leaching toxicity determination method(GB/T 15555)identification of characteristics is determined not to be hazardous industrial solid waste.

【Volume of General Industrial Solid Wastes Utilized in a Comprehensive Way】 refers to the volume of solid wastes from which useful materials can be extracted or which can be converted into usable resources, energy or other materials by means of reclamation, processing, recycling and exchange(including utilizing in the year the stocks of industrial solid wastes of the previous year). Examples of such utilizations include fertilizers, building materials and road materials.

# 附录 APPENDIX

# 附 1 全国国民经济主要指标

## Appendix Ⅰ. Main Indicators of National Economy of China

| 项 目 | | Item | | 2012 | 2013 |
|---|---|---|---|---|---|
| 年末总人口 | (万人) | Year-end Population | (10000 persons) | 135404 | 136072 |
| 国内生产总值 | (亿元) | Gross Domestic Product | (100 million yuan) | 519470 | 568845 |
| # 第一产业 | | Added Value of Agriculture | | 52374 | 56957 |
| 工业增加值 | | Added Value of Industry | | 199671 | 210689 |
| 全社会固定资产投资额 | (亿元) | Total Investment in Fixed Assets | (100 million yuan) | 374695 | 446294 |
| 社会消费品零售总额 | (亿元) | Total Retail Sales of Consumer Goods | (100 million yuan) | 210307 | 237810 |
| 货物周转量 | (亿吨公里) | Total Freight To-kilometers | (100 million ton-km) | 173804 | 168014 |
| 旅客周转量 | (亿人公里) | Total Passener-kilometers | (100 million passenger-km) | 33383 | 27572 |
| 邮电业务总量 | (亿元) | Business Volume of Postal and Telecommunication Services | (100 million yuan) | 15019.3 | 18432.2 |
| 货物进口总额 | (亿美元) | Total Imports through Customs | (USD 100 million) | 18184.1 | 19499.9 |
| 货物出口总额 | (亿美元) | Total Exports through Customs | (USD 100 million) | 20487.1 | 22090.0 |
| 实际使用外商直接投资 | (亿美元) | Amount of Capital Actually Used in Foreign Direct Investment | (USD 100 million) | 1117.2 | 1175.9 |
| 财政收入 | (亿元) | Government Revenue | (100 million yuan) | 117253.5 | 129209.6 |
| 居民消费价格总指数 | (上年=100) | General Consumer Price Index | (preceding year=100) | 102.6 | 102.6 |
| 城镇单位在岗职工平均工资 | (元) | Average Wage of Fully Employed Staff and Workers in Urban Units | (yuan) | 47593 | 52388 |
| 城镇居民年人均可支配收入 | (元) | Per Capita Annual Disposable Income of Urban Residents | (yuan) | 24565 | 26955 |
| 农村居民年人均纯收入 | (元) | Per Capita Annual Net Income of Rural Residents | (yuan) | 7917 | 8896 |
| 在校学生数 | | Number of Enrolled Students by Level of School | | | |
| # 普通高等学校 | (万人) | Institutions of Higher Education | (10000 persons) | 2391.3 | 2468.1 |
| 普通中学 | (万人) | Regular Secondary Schools | (10000 persons) | 7230.3 | 6876.0 |
| 普通小学 | (万人) | Primary Schools | (10000 persons) | 9695.9 | 9360.5 |
| 医疗卫生机构床位数 | (万张) | Hospital Beds | (10000 units) | 572.5 | 618.2 |
| 卫生技术人员 | (万人) | Medical Technical Personnel | (10000 persons) | 667.6 | 721.1 |
| # 执业医师 | | Doctors | | 261.6 | 279.5 |

注：1. 2013年为初步统计数据。

2. 规模以上港口的统计范围为年通过能力在100万吨以上的沿海港口和200万吨以上的内河港口，以及从事外贸、集装箱装卸的港口，具体范围由交通运输部划定。

Note: I. The figures of 2013 are preliminary ststistics.

II. Data on production capacity and handing capacity include the seaports handing cargo more than 1 million tons. Inland river ports with turnover over 2 million tons and ports with operation in foreign trade and containing shipping. The specific scope are decided by the Administration of Transportation.

# 附 2 广东省国民经济主要指标

# Appendix Ⅱ. Main Indicators of National Economy of Guangdong Province

| 项　　目 | Item | 2012 | 2013 |
|---|---|---|---|
| 年末常住人口 (万人) | Year-end Population (10000 persons) | 10594 | 10644 |
| 年末从业人数 (万人) | Year-end Employed Persons (10000 persons) | 5965.95 | 6117.68 |
| 地区生产总值 (亿元) | Gross Domestic Products (100 million yuan) | 57067.92 | 62163.97 |
| 人均地区生产总值 (元) | Per Capita GDP (yuan) | 54095 | 58540 |
| 固定资产投资额 (亿元) | Total Investment in Fixed Assets (100 million yuan) | 19307.53 | 22828.65 |
| 社会消费品零售总额 (亿元) | Total Retail Sales of Consumer Goods (100 million yuan) | 22677.11 | 25453.93 |
| 货物周转量 (亿吨公里) | Total Freight To-kilometers (10 million ton-km) | 9780.56 | 12495.93 |
| 旅客周转量 (亿人公里) | Total Passener-kilometers (100 million passenger-km) | 4372.06 | 4852.41 |
| 沿海主要港口货物吞吐量(万吨) | Volume of Freight Handled at Ports (10000 tons) | 121266 | 130831 |
| 邮电业务总量 (亿元) | Business Volume of Postal and Telecommunication Services(100 million yuan) | 2174.67 | 2507.99 |
| 进口总值 (亿美元) | Total Imports (USD 100 million) | 4098.88 | 4554.58 |
| 出口总值 (亿美元) | Total Exports (USD 100 million) | 5740.59 | 6363.64 |
| 实际利用外商直接投资(亿美元) | Amount of Direct Foreign Capital Actually Used (USD 100 million) | 235.49 | 249.52 |
| 地方财政一般预算收入 (亿元) | Budgetary Revenue of Local Government (100 million yuan) | 6229.18 | 7081.47 |
| 地方财政支出 (亿元) | Budgetary Expenditure of Local Government (100 million yuan) | 7387.86 | 8411.00 |
| 居民消费价格指数 (上年=100) | General Consumer Price Index (preceding year=100) | 102.8 | 102.5 |
| 商品零售价格指数 (上年=100) | General Retail Price Index (preceding year=100) | 102.2 | 101.0 |
| 城镇单位职工年人均工资 (元) | Average Wage of Fully Employed Staff and Workers in Urban Units (yuan) | 50577 | 53611 |
| 城镇居民年人均可支配收入(元) | Per Capita Annual Disposable Income of Urban Residents (yuan) | 30227 | 33090 |
| 农村居民年人均纯收入 (元) | Per Capita Annual Net Income of Rural Residents (yuan) | 10543 | 11669 |
| 在校学生数 (万人) | Number of Enrolled Students by Level of School (10000 persons) | | |
| 普通高等学校 | Institutions of Higher Education | 161.68 | 170.99 |
| 中等职业教育学校 | Secondary Vocational Schools | 149.57 | 140.89 |
| 普通中学 | Regular Secondary Schools | 668.40 | 625.24 |
| 小　学 | Primary Schools | 808.24 | 807.94 |
| 医院及卫生院床位 (万张) | Hospital Beds (10000 units) | 32.47 | 34.65 |
| 卫生技术人员 (万人) | Medical Technical Personnel (10000 persons) | 51.03 | 54.56 |
| # 医　生 | Doctors | 19.21 | 20.37 |

# 附 3 香港特别行政区主要统计指标

## Appendix Ⅲ. Main Indicators of Hong Kong Special Administrative Region

| 项目 | | Item | | 2012 | 2013 |
|---|---|---|---|---|---|
| **人口及生命统计** | | **Population and Vital Events** | | | |
| 总人口(年中数) | (万人) | Mid-year Population | (10000 persons) | 715.5 | 718.8 |
| 男性 | | Male | | 332.7 | 333.1 |
| 女性 | | Female | | 382.8 | 385.7 |
| 粗出生率 | (‰) | Crude Birth Rate | (‰) | 12.8 | 7.9 |
| 粗死亡率 | (‰) | Crude Death Rate | (‰) | 6.1 | 5.9 |
| **劳动、就业** | | **Labor and Employment** | | | |
| 劳动人口 | (万人) | Labor Force | (10000 persons) | 378.5 | 385.9 |
| 劳动人口参与率 | (%) | Labor Force Participation Rate | (%) | 60.5 | 61.2 |
| 失业率 | (%) | Unemployment Rate | (%) | 3.3 | 3.4 |
| 就业不足率 | (%) | Underemployment Rate | (%) | 1.5 | 1.5 |
| **本地生产总值** | | **Gross Domestic Product** | **(GDP)** | | |
| 本地生产总值(按2012年环比物量计算) | (亿港元) | GDP(in chained 2010 dollars, HKD 1000 million) | | 20371 | 20968 |
| 人均本地生产总值(按2012年环比物量计算) | (港元) | Per Capita GDP | (in chained 2010 dollars, HKD) | 284721 | 291728 |
| 本地生产总值(按当年价格计算) | (亿港元) | GDP | (at current prices, HKD 1000 million) | 20371 | 21254 |
| 人均本地生产总值(按当年价格计算) | (港元) | Per Capita GDP | (at current prices, HKD) | 284721 | 295701 |
| **对外商品贸易** | | **External Merchandise Trade** | | | |
| 进口 | (亿港元) | Imports | (CIF, HKD 100 million) | 39122 | 40607 |
| 香港产品出口 | (亿港元) | Domestic Exports | (HKD 100 million) | 588 | 544 |
| 转口 | (亿港元) | Re-exports | (HKD 100 million) | 33755 | 35053 |
| **电力耗用** | **(兆焦耳)** | **Consumption of Electricity** | **(Mega joule)** | | |
| #工业 | | Industrial | | 11282 | 11190 |
| 商业 | | Commercial | | 102050 | 101683 |
| 住宅 | | Residential | | 41189 | 39941 |
| **工业生产指数** | **(2008年为100)** | **Index of Industrial Production** | **(2008 = 100)** | | |
| 纺织制品 | | Textiles | | 58.8 | 54.2 |
| 成衣 | | Wearing Apparel | | 43.8 | 38.9 |
| 金属、电脑、电子及光学产品、机械及设备 | | Metal, Computer, Electrical and Optical Products, Machinery and Equipment | | 81.1 | 74.8 |

附 3 续表 continued

| 项目 | | Item | | 2012 | 2013 |
|---|---|---|---|---|---|
| **新落成私人楼宇** | | **Newly-Built Real Estate** | | | |
| 实用楼面面积 | （万平方米） | Usable Floor Area | (10000 sq.m) | | |
| 住 宅 | | Residential | | 56 | 35 |
| 非住宅 | | Non-residential | | 84 | 48 |
| **持牌车辆总数** | **（万辆）** | **Motor Vehicles Licensed** | **(10000 units)** | | |
| #货 车 | | Vans | | 11.3 | 11.7 |
| 私家车 | | Sedan | | 45.5 | 47.6 |
| **旅 游** | | **Tourism** | | | |
| 访港旅客 | （万人次） | Visitors Arrivals | (10000 person-times) | 4861.5 | 5429.9 |
| 酒店入住率 | (%) | Hotel Room Occupancy Rate | (%) | 89 | 89 |
| **运输、通讯** | | **Transport and Communications** | | | |
| 进出香港货物总量 | （万吨） | Inward and Outward Movements of Cargo | (10000 tons) | | |
| 总卸下 | | Total Discharged | | 17214 | 17942 |
| 总装上 | | Total Loaded | | 12738 | 12632 |
| 集装箱吞吐量 | （万标准集装箱） | Container Throughput | (10000 TEUs) | 2312 | 2235 |
| 公共交通工具客运量 | （百万人次） | Passenger Traffic by Public Vehicles | (million person-times) | 4427 | 4514 |
| 电话服务 | （万条操作线路） | Telephone Services | (10000 working lines) | 425 | 432 |
| **政府收支** | **（亿港元）** | **Public Accounts** | **(HKD 100 million)** | | |
| 政府收入 | | Total Government Revenue | | 4422 | 4553 |
| 政府支出 | | Total Government Expenditure | | 3773 | 4335 |
| **消费价格指数** | **（以2009年10月至2010年9月=100）** | **Consumer Price Indices** | **(Oct.2009 - Sept.2010 = 100)** | | |
| 综合消费价格指数 | | Composite Consumer Price Index | | 110.3 | 115.1 |
| **工资指数** | **（以1992年9月为100）** | **Wage Index** | **(September 1992 = 100)** | | |
| 名义工资指数 | | Nominal Wage Index | | 187.5 | 195.2 |
| 实际工资指数 | | Real Wage Index | | 118.9 | 118.7 |
| **教 育** | **（万人）** | **Education** | **(persons)** | | |
| 小学学生人数 | | Student Enrolment in Primary Schools | | 31.74 | 32.09 |
| 中学学生人数 | | Student Enrolment in Secondary Schools | | 42.21 | 39.84 |

# 附 4　澳门特别行政区主要统计指标

# Appendix Ⅳ. Main Indicators of Macao Special Administrative Region

| 项　　目 | | Item | | 2012 | 2013 |
|---|---|---|---|---|---|
| **人口及生命统计** | | **Population and Demographics Characteristis** | | | |
| 年中人口估计 | (万人) | Mid-year Estimates of Population | (10000 persons) | 56.8 | 59.2 |
| 出生率 | (‰) | Crude Birth Rate | (‰) | 12.9 | 11.1 |
| 死亡率 | (‰) | Crude Death Rate | (‰) | 3.2 | 3.2 |
| **劳动、就业** | | **Labour** | | | |
| 劳动人口 | (万人) | Labour Force | | 35.0 | 36.8 |
| 劳动力参与率 | (%) | Labour Force Participation Rate | (%) | 72.4 | 72.7 |
| 失业率 | (%) | Unemployment Rate | (%) | 2.0 | 1.8 |
| 就业不足率 | (%) | Underemployment Rate | (%) | 0.8 | 0.6 |
| **本地生产总值** | | **Gross Domestic Product** | | | |
| 按2012年不变价格计算 | | At Constant (2011) Prices | | | |
| 本地生产总值 | (亿澳门元) | GDP | (100 million MOP) | 3434.2 | 3842.4 |
| 人均本地生产总值 | (万澳门元) | GDP per Capita | (100 million MOP) | 60.3 | 64.8 |
| 按当年价格计算 | | At Current Prices | | | |
| 本地生产总值 | (亿澳门元) | GDP | (100 million MOP) | 3434.2 | 4134.7 |
| 人均本地生产总值 | (万澳门元) | GDP per Capita | (10000 MOP) | 60.3 | 69.8 |
| **对外商品贸易** | | **External Merchandise Trade** | | | |
| 出口总值 | (亿澳门元) | Exports | (100 million MOP) | 82 | 91 |
| 进口总值 | (亿澳门元) | Imports | (100 million MOP) | 709 | 810 |
| **运输、旅游** | | **Transport, Tourism** | | | |
| 进出澳门货运车数目 | (万次) | Lorries Entering and Departing Macao | (10000 times) | 32.5 | 31.1 |
| 访澳旅客 | (万人次) | Visitors Arrival | (10000 person-times) | 2808 | 2932 |
| 酒店入住率 | (%) | Hotel Room Occupancy Rate | (%) | 84 | 83 |
| **财政收支** | | **Government Accounts** | | | |
| 公共财政总收入 | (亿澳门元) | Total Government Revenue | (100 million MOP) | 1450 | 1759 |
| 公共财政总支出 | (亿澳门元) | Total Government Expenditure | (100 million MOP) | 540 | 514 |
| **消费价格指数** | | **Consumer Price Index** | | | |
| 综合消费价格指数(2008年4月至2009年3月=100) | | Composite Consumer Price Index(Apr.2008 - Mar.2009 = 100) | | 117.0 | 123.5 |
| **教　育** | | **Education** | | | |
| 小学生 | (人) | Primary Education | (person) | 22231 | 22862 |
| 中学生 | (人) | Secondary Education | (person) | 33921 | 32054 |
| 高等教育学生 | (人) | Higher Education | (person) | 27776 | 29521 |

注：2013年数据在日后得到更多资料时会作出修订。

Notes: Figures of 2013 are subject to revision as more data become available.

# 中国统计出版社最新图书简目

(仅供参考,以最后出书为准)

## 统计资料

综合类:中国统计年鉴　中国统计摘要　中国发展报告

国际资料类:国际统计年鉴　金砖国家联合统计手册　世界能源资源年鉴

区域资料类:中国区域经济统计年鉴　中国县域统计年鉴　中国城市统计年鉴

中国农村统计年鉴　中国地区经济监测报告

经贸与投资类:中国贸易外经统计年鉴　中国对外直接投资统计公报　中国商品交易市场统计年鉴

大中型批发零售和住宿餐饮企业统计年鉴　中国零售和餐饮连锁企业统计年鉴

住户与物价类:中国住户调查年鉴　中国价格统计年鉴　中国农产品价格调查年鉴

全国农产品成本收益资料汇编

资源与环境类:中国环境统计年鉴　中国能源统计年鉴

产业类:中国工业统计年鉴　中国建筑业统计年鉴　中国房地产统计年鉴

中国第三产业统计年鉴　中国证券期货统计年鉴

科技类:中国科技统计年鉴　中国高技术产业统计年鉴　工业企业科技活动资料

人口与就业类:中国劳动统计年鉴　中国人口和就业统计年鉴　中国人才资源统计报告

社会与文化类:中国社会统计年鉴　中国文化及相关产业统计年鉴

公共管理类:中国民政统计年鉴　中国民族统计年鉴　中国乡镇街道行政区域简册

## 省级综合统计年鉴系列

北京 天津 河北 山西 内蒙古 辽宁 吉林 黑龙江 上海 江苏 浙江 安徽 福建 江西 山东

河南 湖北 湖南 广东 广西 海南 重庆 四川 贵州 云南 西藏 陕西 甘肃 青海 宁夏 新疆

新疆生产建设兵团

## 市(县)级综合统计年鉴系列

天津滨海新区 石家庄 唐山 邯郸 太原 大同 阳泉 长治 晋城 朔州 晋中 运城 忻州 临汾 呼和浩特

鄂尔多斯 包头 沈阳 大连 长春 吉林市 四平 哈尔滨 黑龙江垦区 上海浦东新区 南京 无锡 徐州

常州 苏州 南通 连云港 淮安 盐城 扬州 镇江 泰州 宿迁 江阴 丹阳 杭州 宁波 温州 嘉兴 绍兴 金华

衢州 舟山 台州 丽水 合肥 福州 厦门 宁德 福州经济技术开发区 南昌 济南 青岛 郑州 洛阳 平顶山

三门峡 南阳 武汉 十堰 荆州 宜昌 荆门 咸宁 长沙 广州 深圳 惠州 东莞 南宁 柳州 桂林 来宾 海口

三亚 成都 贵阳 昆明 西安 兰州 庆阳 银川 乌鲁木齐 兵团一师 兵团十师

## 调查年鉴系列

山西 内蒙古 吉林 辽宁 上海 福建 湖北 广西 重庆 四川 云南 甘肃 宁夏 新疆 南宁 桂林

## “十二五”规划教材

统计学(经济管理类专业本科适用,单薇 等)　抽样调查理论与方法(冯士雍 等)

贝叶斯统计(茆诗松 等)　统计学(黄良文 等)　试验设计(茆诗松 等)

统计学:从数据到结论(吴喜之)　医学统计学(于浩)　统计学(经济、管理类专业基础教材,张小斐)

概率论与数理统计三十三讲(魏振军)　概率论与数理统计三十三:学习指导与习题解答(魏振军)

非参数统计(吴喜之 等)　统计学:经济与管理中的数据分析(李慧云 等)

卫生管理统计学(新编医学院校基础课教材,尚磊)医院统计学(新编医学院校基础课教材,徐天和 等)

社会统计学(蒋萍 等)　现代金融投资统计分析(李腊生 等)

国民经济核算初级教程(经济类、统计类、管理类专业适用,蒋萍 等)

## 重点图书

新中国65年　新编英汉汉英统计大词典　中华医学统计百科全书

挑大学选专业2014—考研择校指南　挑大学选专业2014—高考志愿填报指南

中国统计出版社发行部电话:(010)63376907,63376908　同楫行书店电话:68783171,68783172

通讯地址:北京市西城区三里河月坛南街57号　邮政编码:100826

网址:http://csp.stats.gov.cn